EFAS
Effektives Arbeits- und Sozialrecht

Herausgegeben von
Hans-Jürgen Dörner und Friedrich Hauck

D1663544

Die betriebsbedingte Kündigung

von

Dr. Heinrich Kiel
Direktor des Arbeitsgerichts
Celle

und

Dr. Ulrich Koch
Direktor des Arbeitsgerichts
Stralsund

Verlag C.H. Beck München 2000

Die Deutsche Bibliothek – CIP-Einheitsaufnahme

Kiel, Heinrich:
Die betriebsbedingte Kündigung / von Heinrich Kiel und
Ulrich Koch. – München : Beck, 2000
(Effektives Arbeits- und Sozialrecht)
ISBN 3 406 46220 0

ISBN 3 406 46220 2

© 2000 C. H. Beck'sche Verlagsbuchhandlung Oscar Beck oHG
Wilhelmstraße 9, 80801 München
Satz und Druck: C. H. Beck'sche Buchdruckerei, Nördlingen
(Adresse wie Verlag)

Gedruckt auf säurefreiem, alterungsbeständigem Papier
(hergestellt aus chlorfrei gebleichtem Zellstoff)

Vorwort der Herausgeber

Die Interpretation der Vorschriften des Kündigungsschutzgesetzes gehört zur täglichen Arbeit derjenigen, die den Schwerpunkt ihrer beruflichen Tätigkeit in der Beschäftigung mit der Arbeitswelt und ihrem Recht sehen. Das gilt gleichermaßen für die beratende Praxis in der Anwaltschaft und den Verbänden, für Wissenschaft und Studium sowie für die Richterschaft aller Instanzen. Im Mittelpunkt der Überlegungen steht seit Jahrzehnten § 1 KSchG mit seiner Dreiteilung, aus der wir die uns geläufigen Begriffe der personenbedingten, verhaltensbedingten und betriebsbedingten Kündigung ableiten. Der Bereich der betriebsbedingten Kündigung muß nicht nur wegen der Fülle der Rechtsstreitigkeiten, die dort angesiedelt sind, sondern auch wegen seiner betriebs- und volkswirtschaftlichen Bedeutung als besonders wichtig angesehen werden.

Angesichts dessen freuen sich Verlag und Herausgeber, für die neue Reihe EFAS zwei junge Richter der Arbeitsgerichtsbarkeit für die Fertigung einer umfassenden systematischen Darstellung des Rechts der betriebsbedingten Kündigung gewonnen zu haben. Die Autoren verfügen über eine langjährige Erfahrung in beiden Tatsacheninstanzen und haben als wissenschaftliche Mitarbeiter am Bundesarbeitsgericht auch die fallübergreifenden Überlegungen des Revisionsgerichts kennengelernt. Das Buch ist dennoch nicht allein aus richterlicher Sichtweise geschrieben. Vielmehr wollen die Autoren auch den Parteivertretern in Verbänden und Anwaltschaft Hilfestellung bei der Aufarbeitung der Tatsachen für eine außergerichtliche Klärung und gegebenenfalls für einen schlüssigen und erheblichen Parteivortrag geben. Schließlich soll das Werk dem jungen Arbeitsrechtler die Beschäftigung mit der generalklauselartigen Fassung des § 1 KSchG und der umfangreichen und ausdifferenzierten Rechtsprechung erleichtern.

Erfurt, im März 2000 *Die Herausgeber*

Vorwort

Ein neues Buch zur betriebsbedingten Kündigung? Vor dem Hintergrund der aktuellen Entwicklungen in Gesetzgebung und Rechtsprechung empfanden wir es als Herausforderung, ein Kompendium über dieses virulente und praktisch äußerst bedeutsame Thema zu verfassen. Unser besonderes Anliegen galt dabei der Darstellung von Strukturen, um auch zu höchstrichterlich noch ungeklärten Rechtsfragen Position beziehen zu können. Fragen der Beteiligung der Arbeitnehmervertretung und des Sonderkündigungsschutzes werden angesprochen, soweit sie beim Ausspruch einer betriebsbedingten Kündigung bedeutsam werden können. In diesem Bestreben verstehen wir das Buch als Beitrag zur Diskussion um den Stand und die weiteren Rechtsentwicklungen zur betriebsbedingten Kündigung, die es auf Grund ständiger Veränderung in Wirtschaft und Arbeitswelt weiterhin geben wird. Es richtet sich in erster Linie an die Praktiker in den Gerichten, Unternehmen, Arbeitgeberverbänden, Gewerkschaften sowie in der Rechtsanwaltschaft, die sich mit dieser schwierigen Materie ständig auseinandersetzen müssen. Auf ihre Anregungen und Kritik legen wir für zukünftige Auflagen besonderen Wert.

Bei der Erstellung des Manuskripts haben wir vom Gedankenaustausch mit zahlreichen Kollegen profitiert, denen wir an dieser Stelle sehr herzlich danken möchten. Unser besonderer Dank gilt unseren Familien, ohne deren Geduld und Nachsicht das vorliegende Buch nicht hätte erstellt werden können.

Hannover/Neubrandenburg, im Januar 2000 *Die Verfasser*

Vorbemerkung

Am 20. Januar 2000 hat der Deutsche Bundestag in 2./3. Lesung das „Ge- **1**
setz zur Vereinfachung und Beschleunigung des arbeitsgerichtlichen Verfahrens (Arbeitsgerichtsbeschleunigungsgesetz)" verabschiedet. Bei Drucklegung
stand noch nicht fest, ob das Gesetz wie vorgesehen am 1. Mai 2000 in Kraft
treten kann, da seine Zustimmungspflicht zwischen Bundestag und Bundes-
rat umstritten war. Bei den nachfolgenden Ausführungen wird sein Inkrafttreten mit dem vom Bundestag verabschiedeten Inhalt unterstellt.

Die Neuregelungen wirken sich im Bereich der betriebsbedingten Kündigung wie folgt aus:

I. Schriftformgebot bei Kündigungen

Neu eingefügt wird § 623 BGB mit folgendem Wortlaut: **2**

Die Beendigung von Arbeitsverhältnissen durch Kündigung oder Auflösungsvertrag sowie
die Befristung bedürfen zu ihrer Wirksamkeit der Schriftform.

Diese Regelung enthält ein zwingendes, sog. konstitutives Schriftformer- **3**
fordernis für die Kündigungserklärung von Arbeitsverhältnissen. § 623 BGB
gilt für die Kündigung von Arbeitgeber und Arbeitnehmer gleichermaßen.
Die Regelung soll Unsicherheiten vermeiden, die bei der Beendigung von Arbeitsverhältnissen auftreten können (BT-Drucks. 14/626 S. 14). Sie erfaßt
nicht die Vertragsverhältnisse der im Rahmen eines Dienstvertrags Beschäftigten; für diese gilt § 623 BGB nicht. Gleichfalls keine Anwendung findet
die Norm auf Berufsausbildungsverhältnisse, hier bleibt es bei der Geltung
von § 15 BBiG. Entsprechendes gilt für Heuerverhältnisse (§§ 62 Abs. 1, 64
Abs. 2, 78 Abs. 3 SeemG).

Das gesetzliche Schriftformerfordernis kann zu tariflichen oder einzelver- **4**
traglichen Schriftformklauseln in Konkurrenz treten. Sofern diese nur deklaratorische Bedeutung haben, d.h. nur zu Beweiszwecken dienen, geht § 623
BGB vor, da die Norm keinen Vorbehalt zu Gunsten von Tarifverträgen
oder einzelvertraglichen Vereinbarungen enthält. Deklaratorische Schriftformklauseln sind auch für den Arbeitnehmer nicht stets vorteilhafter; das
gesetzliche Schriftformerfordernis wird daher nicht durch das Günstigkeits-
prinzip verdrängt.

§ 623 BGB gilt für außerordentliche, ordentliche, Änderungs- und Teil- **5**
kündigungen im Rahmen von Arbeitsverhältnissen. Keine Anwendung findet
die Norm auf Anfechtungserklärungen und die Ausübung eines Widerrufsvorbehalts. Die Kündigungserklärung muß vom Kündigenden mit seinem
Namen eigenhändig unterzeichnet werden (§ 126 BGB), ein Kürzel oder eine
Paraphe sind nicht ausreichend. Die Übermittlung des Kündigungsschreibens

durch Telefax wahrt das Schriftformerfordernis, sofern das Original des gesendeten Schriftstücks vom Erklärenden unterzeichnet ist (BT-Drucks. 14/2490, Bericht A III., 3. Absatz), nicht jedoch eine Kündigung durch E-mail.

6 Wahrt die Kündigung das Schriftformerfordernis nicht, ist sie unwirksam, d. h. nichtig (§ 125 Satz 1 BGB). Eine Heilung ist nicht möglich. Aus diesem Grund sind mündlich erklärte Kündigungen stets unwirksam, insoweit sind die Ausführungen unter Rn. 61 teilweise obsolet. Bei Änderungskündigungen müssen sowohl das Änderungsangebot wie auch die Kündigungserklärung den Anforderungen des § 623 BGB genügen. Eine Bezugnahme auf ein vorangehendes mündliches Änderungsangebot dürfte danach unwirksam sein (vgl. dazu Rn. 413).

7 § 623 BGB tritt zum 1. Mai 2000 in Kraft. Er gilt erst für alle seit diesem Tag zugegangenen Kündigungen. Erfolgt etwa der Zugang einer nur mündlich erklärten Kündigung vor dem 1. Mai 2000, ist § 623 BGB auch dann nicht anwendbar, wenn das Arbeitsverhältnis erst nach dem genannten Termin endet. Gleiches gilt, wenn die Kündigungsschutzklage nach dem 1. Mai 2000 erhoben wird.

II. Nachträgliche Zulassung der Kündigungsschutzklage

8 § 5 Abs. 4 Satz 1 KSchG wird wie folgt neu gefaßt:

> Über den Antrag entscheidet die Kammer durch Beschluss, der ohne mündliche Verhandlung ergehen kann.

9 Die Neuregelung ermöglicht, über den Antrag auf nachträgliche Zulassung der Kündigungsschutzklage (§ 5 KSchG) ohne mündliche Verhandlung zu entscheiden (anders noch Rn. 82). Vielfach wird jedoch eine mündliche Verhandlung sinnvoll sein, wenn eine umfassende Einigung der Parteien über andere, im Streit stehende Punkte nicht ausgeschlossen ist. Klargestellt ist nunmehr aber die Pflicht des Gerichts, eine Entscheidung nach § 5 KSchG unter Beteiligung der ehrenamtlichen Richter zu treffen. Ob danach eine Alleinentscheidung durch den Vorsitzenden nach § 55 Abs. 3 ArbGG noch möglich ist, erscheint angesichts des Gesetzeswortlauts zweifelhaft.

Inhaltsübersicht

Inhaltsverzeichnis

C. Die ordentliche betriebsbedingte Kündigung nach § 1 KSchG

H. Betriebsbedingte Kündigungen nach dem UmwG

I. Die außerordentliche betriebsbedingte Kündigung

J. Sonderkündigungsschutz einzelner Personengruppen

Abkürzungsverzeichnis

a. A.	anderer Ansicht
a. E.	am Ende
a. F.	alte Fassung
aaO.	am angegebenen Ort
AAS	Acta Apostolicae Sedis
abl.	ablehnend
Abs.	Absatz
abw.	abweichend
AFG	Arbeitsförderungsgesetz
AGB	Arbeitsgesetzbuch der DDR
AngKSchG	Gesetz über die Fristen für die Kündigung von Angestellten
Anm.	Anmerkung
AP	Arbeitsrechtliche Praxis. Nachschlagewerk des Bundesarbeitsgerichts
AR-Blattei	Arbeitsrecht-Blattei
ArbBeschFG	Arbeitsrechtliches Beschäftigungsförderungsgesetz
ArbG	Arbeitsgericht
ArbGG	Arbeitsgerichtsgesetz
ArbPlSchG	Arbeitsplatzschutzgesetz
ArbuR	Arbeit und Recht, Zeitschrift
ArbZG	Arbeitszeitgesetz
Art.	Artikel
AuA	Arbeit und Arbeitsrecht, Zeitschrift
Aufl.	Auflage
AÜG	Arbeitnehmerüberlassungsgesetz
AUB	Allgemeine Unfallversicherungsbedingungen, Zeitschrift
AVR	Arbeitsvertragsrichtlinien des Diakonischen Werkes der EKD
BAG	Bundesarbeitsgericht
BAnz.	Bundesanzeiger
BAT	Bundesangestelltentarifvertrag
BB	Betriebs-Berater, Zeitschrift
BBDW	Bader/Bram/Dörner/Wenzel, Kommentar zum Kündigungsschutzgesetz, Loseblattausgabe
BBiG	Berufsbildungsgesetz
BErzGG	Bundeserziehungsgeldgesetz
BeschFG	Beschäftigungsförderungsgesetz
BetrVG	Betriebsverfassungsgesetz
BFH	Bundesfinanzhof
BGB	Bürgerliches Gesetzbuch
BGBl.	Bundesgesetzblatt

BGH	Bundesgerichtshof
BGHZ	Entscheidungen des Bundesgerichtshofes in Zivilsachen (Amtliche Sammlung)
BMT-G	Bundesmanteltarifvertrag für Arbeit der Gemeinden
BPersVG	Bundespersonalvertretungsgesetz
BR-Drucks.	Drucksache des Deutschen Bundesrates
BRAK-Mitt	Mitteilungen der Bundesrechtsanwaltskammer, Zeitschrift
BRTV	Bundesrahmentarifvertrag
BSG	Bundessozialgericht
BT-Drucks.	Drucksachen des Deutschen Bundestages
BUrlG	Bundesurlaubsgesetz
BVerfG	Bundesverfassungsgericht
BVerfGE	Entscheidungen des Bundesverfassungsgerichts (Amtliche Sammlung)
BVerwG	Bundesverwaltungsgericht
bzw.	beziehungsweise
DKK	Däubler/Kittner/Klebe (Hrsg.), Betriebsverfassungsgesetz mit Wahlordnung, Kommentar, 6. Aufl. 1998
d.h.	das heißt
DB	Der Betrieb, Zeitschrift
DLW	Dörner/Luczak/Wildschütz, Arbeitsrecht in der anwaltlichen und gerichtlichen Praxis, 1997
Drucks.	Drucksache
DZWir	Deutsche Zeitschrift für Wirtschaftsrecht, Zeitschrift
EFZG	Entgeltfortzahlungsgesetz
ErfK	Erfurter Kommentar zum Arbeitsrecht (hrsg. von Dieterich/Hanau/Schaub), 1998, mit Nachtrag 1999
EStG	Einkommensteuergesetz
evtl.	eventuell
EzA	Entscheidungssammlung zum Arbeitsrecht, herausgegeben und bearbeitet von Stahlhacke
f.	folgende
ff.	fortfolgende
Fn.	Fußnote
GbR	Gesellschaft bürgerlichen Rechts
GewO	Gewerbeordnung
GG	Grundgesetz für die Bundesrepublik Deutschland
ggf.	gegebenenfalls
GK-BetrVG	Betriebsverfassungsgesetz, Gemeinschaftskommentar, bearbeitet von Fabricius, Kraft, Kreutz, Wiese, Bd. 1, §§ 1–73, 5. Aufl. 1994, Bd. 2, §§ 74–Schluß, 5. Aufl. 1995
GS	Großer Senat
GVBl.	Gesetz- und Verordnungsblatt
GVG	Gerichtsverfassungsgesetz

h. L.	herrschende Lehre
HAS	Weiss/Gagel (Hrsg.), Handbuch des Arbeits- und Sozialrechts, Loseblattausgabe
HdBVR	Dunkl/Moeller/Baur/Feldmeier, Handbuch des vorläufigen Rechtsschutzes, 3. Aufl. 1999
HGB	Handelsgesetzbuch
HKK	Dorndorf/Weller/Hauck – Heidelberger Kommentar zum Kündigungsschutzgesetz, 3. Aufl. 1999
h. M.	herrschende Meinung
HSG	Betriebsverfassungsgesetz, Kommentar, 5. Aufl. 1997
Hueck/von Hoyningen-Huene	Kündigungsschutzgesetz, Kommentar, 12. Aufl. 1997
HzA	Handbuch zum Arbeitsrecht, Loseblattausgabe
i. S.	im Sinne
InsO	Insolvenzordnung
JArbSchG	Jugendarbeitsschutzgesetz
KG	Kommanditgesellschaft
Kittner/Trittin	Kündigungsschutzrecht, Kommentar, 3. Aufl. 1999
KO	Konkursordnung
KPK	Sowka (Hrsg.), Kündigungsschutzgesetz, Kölner Praxis-Kommentar unter Berücksichtigung sozialrechtlicher Bezüge, 1996
KR	Gemeinschaftskommentar zum Kündigungsrecht, bearbeitet von Becker, Etzel, Fischermeier, Friedrich, Lipke, Pfeiffer, Rost, Spilger, Weigand, I. Wolff, 5. Aufl. 1998
krit.	kritisch
KSchG	Kündigungsschutzgesetz
LAG	Landesarbeitsgericht
LAGE	Entscheidungen der Landesarbeitsgerichte, hrsg. Von Lipke
Löwisch	Kommentar zum Kündigungsschutzgesetz, 7. Aufl. 1997
LPVG	Landespersonalvertretungsgesetz
LSG	Landessozialgericht
MDR	Monatsschrift für Deutsches Recht
MünchArbR	Richardi/Wlotzke (Hrsg.), Münchener Handbuch zum Arbeitsrecht, 3 Bde., 1992/1993
MünchKomm.	Münchener Kommentar zum BGB, Band 4, §§ 607–704, 3. Aufl. 1997
MuSchG	Mutterschutzgesetz
mwN.	mit weiteren Nachweisen
n. F.	neuer Fassung
nv.	nicht veröffentlicht
NJW	Neue Juristische Wochenschrift
Nr.	Nummer
NZA	Neue Zeitschrift für Arbeitsrecht

OHG	Offene Handelsgesellschaft
Preis, Prinzipien	Prinzipien des Kündigungsrechts bei Arbeitsverhältnissen, 1987
RAG	Reichsarbeitsgericht
Reg.-Entw.	Regierungsentwurf
RGRK	Das Bürgerliche Gesetzbuch, Kommentar herausgeben von den Mitgliedern des Bundesgerichtshofes, §§ 611–630, 12. Aufl. 1991/1994/1997
RdA	Recht der Arbeit, Zeitschrift
Rn.	Randnummer
Richardi	Betriebsverfassungsgesetz, 7. Aufl. 1998
Rspr.	Rechtsprechung
SAE	Sammlung arbeitsrechtlicher Entscheidungen, Zeitschrift
Schaub	Arbeitsrechts-Handbuch, 8. Aufl. 1996, mit Ergänzungsheft 1999
SchwbG	Schwerbehindertengesetz
SGB	Sozialgesetzbuch
sog.	sogenannte
SprAuG	Sprecherausschußgesetz
Stahlhacke/Preis/ Vossen	Kündigung und Kündigungsschutz im Arbeitsverhältnis, 7. Aufl. 1999
Staudinger	J. v. Staudingers Kommentar zum BGB, §§ 620–630, 13. Bearbeitung 1995 (Preis)
std. Rspr.	ständige Rechtsprechung
teilw.	Teilweise
TVAL II	Tarifvertrag für die Arbeitnehmer bei den Stationierungsstreitkräften im Gebiet der Bundesrepublik Deutschland
TVG	Tarifvertragsgesetz
u. a.	unter anderem
u. U.	unter Umständen
VerwG	Verwaltungsgericht
vgl.	vergleiche
VglO	Vergleichsordnung
WRV	Weimarer Reichsverfassung
z. B.	zum Beispiel
z. T.	zum Teil
ZDG	Zivildienstgesetz
ZfA	Zeitschrift für Arbeitsrecht
ZIP	Zeitschrift für Wirtschaftsrecht und Insolvenzpraxis
ZPO	Zivilprozeßordnung
ZSchG	Zivilschutzgesetz
zust.	zustimmend

A. Gerichtliche Kontrolle betriebsbedingter Kündigungen

I. Betriebsbedingte Kündigung: Normsetzung und Normanwendung im Spannungsfeld der Grundrechte

Aus den Grundrechten ergibt sich kein konkreter Mindeststandard für den **1** Schutz vor einer betriebsbedingten Kündigung, vielmehr ist es Aufgabe des Gesetzgebers, die Grenzen für die Zulässigkeit einer Kündigung aus betrieblichen Gründen zu bestimmen. Bei der formellen und inhaltlichen Ausgestaltung des Kündigungsschutzes hat er allerdings die sich aus der Verfassung ergebenen Vorgaben zu beachten. Dabei sieht er sich Grundrechtsträgern mit gegenläufigen Rechten gegenüber, durch deren Grundrechtspositionen seiner Gestaltungsfreiheit Grenzen gesetzt werden: Während der Eingriff in die unternehmerische Freiheit des Arbeitgebers einerseits durch das Übermaßverbot begrenzt wird, darf der Arbeitsplatzschutz des Arbeitnehmers andererseits nicht uneffektiv bleiben (ErfK/*Dieterich* GG Vorbem. Rn. 42, Art. 12 GG Rn. 20).

1. Lösungsinteresse des Arbeitgebers

Der Arbeitgeber darf an das einmal begründete Arbeitsverhältnis nicht über- **2** mäßig gebunden werden (ErfK/*Dieterich* Art. 12 GG Rn. 34). Ein gesetzlicher Schutz des Arbeitsplatzes, der das Recht zur betriebsbedingten Kündigung ausschließt oder in unverhältnismäßiger Weise erschwert, würde unzulässig in den verfassungsrechtlichen Schutz der Berufsfreiheit des Arbeitgebers nach Art 12 GG eingreifen. Geschützt ist die Gründung und Führung von Unternehmen, die sog. **Unternehmerfreiheit** (BVerfG 1. 3. 1979 AP MitbestG § 1 Nr. 1 = NJW 1979, 593; BAG 3. 4. 1990 AP GG Art. 9 Nr. 56 = NZA 1990, 886). Der Arbeitgeber, der seinen Beruf wählen und ausüben kann, muß grundsätzlich auch das Recht haben, frei über die Aufgabe seines Unternehmens sowie über dessen Größenordnung und technische bzw. organisatorische Ausrichtung entscheiden zu können (vgl. *Bröhl*, FS Schaub, S. 55, 66; *Pauly* ZTR 1997, 113; *Preis* NZA 1995, 241, 242). Dies schließt die Disposition ein, wieviel Arbeitskräfte er für seine unternehmerischen Zielsetzungen benötigt. Die materielle Grenze der Einschränkbarkeit der unternehmerischen Freiheit durch das KSchG wird durch den **Grundsatz der Verhältnismäßigkeit** bestimmt. Dabei hängt das gesetzgeberische Gestaltungsermessen von der Eingriffsintensität ab. Nach der vom BVerfG entwickelten Stufenlehre genügen für Beschränkungen der Berufsausübungsfreiheit „vernünftige Erwägungen des Gemeinwohls", während Eingriffe in die Berufswahl schwerer wiegen und deshalb strengeren Anforderungen unterworfen sind (vgl. BVerfG 11. 6. 1958 BVerfGE 7, 377, 405 ff. = NJW 1958, 1035; ErfK/*Dieterich* Art. 12 GG Rn. 25 f.).

3   Ein absoluter Schutz vor betriebsbedingten Kündigungen besteht nicht. Er
wäre außerdem nicht mit **Art. 14 GG** in Einklang zu bringen, der eine **Institutsgarantie für das Privateigentum** enthält. Sachbereiche, die zum elementaren Bestand grundrechtlich geschützter Betätigung im vermögensrechtlichen
Bereich gehören, dürfen nicht der Grundrechtsordnung entzogen werden
(BVerfG 15. 7. 1981 E 58, 300, 339). Nicht nur der Ausschluß einer betriebsbedingten Kündigung, sondern schon deren Einschränkung kann einen
Eingriff in die Eigentumsfreiheit darstellen, wobei Art. 14 GG die unternehmerische Freiheit nur insoweit schützt, als es die Freiheit des **Eigentums der
Produktionsmittel** und damit die **Funktionsfähigkeit des Unternehmens** absichert. Der Inhalt der Eigentumsfreiheit und seine Schranken werden unter
Beachtung der Sozialbindung des Eigentums (Art. 14 Abs. 2 GG) gesetzlich
bestimmt (Art. 14 Abs. 1 Satz 2 GG). Die Freiheit der individuellen Erwerbsfähigkeit wird durch Art. 12 GG garantiert, während Art. 14 GG die Beibehaltung und Verwendung vorhandener Vermögensgüter und damit das Erworbene betrifft (BVerfG 10. 3. 1992 AP GG Art. 38 Einigungsvertrag Nr. 1
= NJW 1992, 1373; 25. 5. 1993 BVerfGE 88, 366, 377; weitergehend offenbar *Berkowsky* § 6 Rn. 17; *Pauly* ZTR 1997, 113, 114, die die unternehmerische Handlungsfreiheit als durch Art. 14 GG geschützt ansehen).

2. Bestandsschutzinteresse des Arbeitnehmers

4   Das Interesse des Arbeitnehmers an der Aufrechterhaltung seines Arbeitsverhältnisses wird gleichfalls durch die Berufsfreiheit des Art. 12 GG geschützt.
Das Grundrecht erfaßt nach der Rspr. des BVerfG jede Tätigkeit, die der
Schaffung und Erhaltung der Lebensgrundlage dient (BVerfG 18. 6. 1980 E
54, 301, 313), also die Freiheit zur Berufswahl und Berufsausübung in allen
denkbaren Formen (ErfK/*Dieterich* Art. 12 Rn. 9). Schutz vor der Kündigung des Arbeitsverhältnisses erhält der Arbeitnehmer durch die Berufsausübungsfreiheit. Diese umfaßt sein Recht, einen Arbeitsplatz nach eigener Wahl
anzunehmen, beizubehalten oder aufzugeben. Arbeitsplatz im verfassungsrechtlichen Sinne ist die konkrete Betätigungsmöglichkeit, die es erlaubt, berufliche Arbeit zu verrichten. Dieser Schutz gilt für Arbeitnehmer wie für
Selbständige (vgl. BVerfG 24. 4. 1991 AP GG Art. 12 Nr. 70 = NJW 1991,
1667; ErfK/*Dieterich* Art. 12 GG Rn. 7; *Matthießen* NZA 1998, 1153,
1154).

5   Für den Kündigungsschutz des Arbeitnehmers bedeutsam ist die Stellung
des Art. 12 GG als **Schutzpflicht** des Gesetzgebers. Der sich aus dem Grundrecht ergebene objektiv-rechtliche Schutzgehalt erfordert einen wirksamen
Schutz der unselbständigen Arbeit (BVerfG 21. 2. 1995 AP Einigungsvertrag
Anlage I Kap. XIX Nr. 44 = NZA 1995, 619; 7. 2. 1990 AP GG Art. 12
Nr. 65 = NZA 1990, 389; vgl. zum **Untermaßverbot** *Dieterich*, FS Schaub
1998, S. 117, 122). Diese Schutzpflicht fordert vom Gesetzgeber zwar weder
die Bereitstellung eines Arbeitsplatzes noch dessen Bestandsgarantie (ErfK/
Dieterich Art. 12 GG Rn. 11). Sie verlangt vom Gesetzgeber aber einen wirksamen Kündigungsschutz und drängt damit die unternehmerische Freiheit

zurück. Ein ungerechtfertigter oder willkürlicher Entzug des Arbeitsplatzes darf angesichts dessen Bedeutung für die Berufsausübung nicht zugelassen werden (vgl. *Dieterich* RdA 1995, 129, 134; KR/*Etzel* § 1 KSchG Rn. 15 ff.; *Preis* NZA 1995, 241, 242). Bei der Bewertung des Schutzminimums ist zu beachten, daß der Arbeitgeber bei der betriebsbedingten Kündigung durch seine unternehmerische Entscheidung letztlich selbst die Ursache für die Kündigung setzt. Darin besteht ein Unterschied zu personen- bzw. verhaltensbedingten Kündigungen, deren kündigungsbegründende Ursachen aus der Sphäre des Arbeitnehmers stammen. Die durch das Untermaßverbot gezogene Grenze ist verletzt, wenn das Bestandsschutzinteresse des Arbeitnehmers unberücksichtigt oder unverhältnismäßig vernachlässigt wurde.

3. Gerichtliche Konkretisierung und verfassungskonforme Normanwendung

Zur Auflösung der dargestellten gegenläufigen Grundrechtspositionen zwischen Arbeitgeber und Arbeitnehmer steht dem Gesetzgeber auf dem Gebiet der Arbeitsmarkt-, Sozial- und Wirtschaftsordnung ein weiter **Beurteilungs- und Gestaltungsspielraum** zur Verfügung (BVerfG 17. 11. 1992 AP BAZG § 5 Nr. 13 = BVerfGE 87, 363, 383; 7. 2. 1990 AP GG Art. 12 Nr. 65 = NZA 1990, 389; ErfK/*Dieterich* Art. 12 GG Rn. 35; *Preis* RdA 1995, 333, 341). Insoweit ist das KSchG das Ergebnis der Abwägungsentscheidung des Gesetzgebers in Bezug auf den allgemeinen Kündigungsschutz anzusehen. Die betriebsbedingte Kündigung ist nur unter den Voraussetzungen des § 1 KSchG wirksam. Bei der Herausnahme von Arbeitsverhältnissen in Kleinbetrieben iSd. § 23 KSchG und vor erfüllter Wartezeit hat der Gesetzgeber den Interessengegensatz zu Gunsten einer erleichterten Lösungsmöglichkeiten für die Arbeitgeber aufgelöst. Zumindest in seiner derzeitigen Fassung verletzt das KSchG weder das Über- noch das Untermaßverbot des Art. 12 GG (BVerfG 27. 1. 1998 AP KSchG 1969 § 23 Nr. 17 = NZA 1998, 470; 27. 1. 1998 AP KSchG 1969 § 23 Nr. 18 = NZA 1998, 469 – Kleinbetrieb; zur verfassungskonformen Auslegung der Kleinbetriebsklausel Rn. 41). **6**

Die Frage, ob der grundrechtlich gewährte Mindestschutz noch gewährleistet ist, stellte sich zuletzt, als der Gesetzgeber den gesetzlichen Schutz vor betriebsbedingten Kündigungen aufgrund des **Arbeitsrechtlichen BeschFG vom 25. 9. 1996** durch eine Absenkung des Schwellenwertes reduziert hatte. Dies wurde im Hinblick auf den Gestaltungsfreiraum des Gesetzgebers und die Auffangfunktion der allgemeinen zivilrechtlichen Generalklauseln (§§ 138, 242 BGB) in der geänderten Gesetzesfassung bejaht (ErfK/*Dieterich* Art. 12 GG Rn. 34). Die gleiche Argumentation findet sich bei Bedarfskündigungen nach dem Einigungsvertrag, der keine Bestimmungen zur Sozialauswahl vorsieht. Die Auswahlentscheidung darf dennoch nicht willkürlich sein. Vielmehr verlangt der im Rahmen der §§ 242, 315 BGB zu beachtende gewährleistete Mindestschutz des Art. 12 GG, daß die Belange besonders schutzwürdiger Arbeitnehmer nicht völlig unberücksichtigt bleiben dürfen (BVerfG 27. 1. 1998 AP KSchG 1969 § 23 Nr. 17 = NZA 1998, 470; BAG 19. 1. 1995 AP Einigungsvertrag Art. 13 Nr. 12 = NZA 1995, 585). **7**

8   Diese Argumentation verdeutlicht, welche Pflichten die Rechtsprechung wahrzunehmen hat, wenn der Gesetzgeber auf spezielle Regelungen verzichtet oder unbestimmte Rechtsbegriffe verwendet. Je weniger genau er die Tatbestände faßt, je mehr weist er den Gerichten die Verantwortung zur praktischen Ausgestaltung und Realisierung eines verfassungsmäßigen Kündigungsschutzes zu. Dies gilt auch für die Konkretisierung der unbestimmten Rechtsbegriffe in § 1 Abs. 2, 3 KSchG. Die **Gerichte** haben nämlich im Rahmen einer **subsidiären Konkretisierungskompetenz** die **Pflicht, Gesetze im Lichte der Grundrechte auszulegen und anzuwenden** (BVerfG 8. 7. 1997 NZA 1997, 932 = NJW 1997, 2312; 19. 10. 1993 AP GG Art. 2 Nr. 35 = NJW 1994, 36; 15. 1. 1958 E 7, 198, 205 f.; BAG 23. 6. 1994 AP BGB § 242 Kündigung Nr. 9 = NZA 1994, 1080; ErfK/*Dieterich* GG Vorbem. Rn. 15, 87 ff.; Art. 12 Rn. 34; *Oetker* RdA 1997, 9, 18). Dies bedeutet, daß die Kündigungsmöglichkeit nicht einerseits im Wege gerichtlicher Interpretation durch den Arbeitgeber übermäßig erschwert werden darf. Anderseits ist bei der Auslegung und Anwendung des § 1 Abs. 2 KSchG stets das Schutzminimum der Grundrechte zu beachten. Der Kündigungsschutz muß wirksam bleiben.

9   Die verfassungskonforme Auslegung eines Gesetzes ist jedoch immer erst der zweite Schritt. Zunächst hat sich die Auslegung an seinen Zielen zu orientieren, soweit sie im Wortlaut, Systematik und Entstehungsgeschichte des Gesetzes zum Ausdruck gelangt sind. Erforderlich ist eine stringente Anwendung der gesetzlichen Grundlagen; sie verbietet den Rückgriff auf Globalkriterien wie „das Recht auf Arbeit" (dazu *Preis* NZA 1998, 449, 452: „Programmsatz ohne Regelungsfunktion") oder die „unternehmerische Entscheidungsfreiheit" als pauschale Lösungsprinzipien. Anderenfalls bestünde die Gefahr einer isolierten Abwägung von Grundrechtspositionen außerhalb des Gesetzes, wie sie vor allem in den frühen Jahren des Kündigungsschutzgesetzes stattgefunden hat (vgl. *Preis* NZA 1995, 241, 243).

II. Kündigung ohne Kündigungsschutz

10 Findet auf das Arbeitsverhältnis das KSchG wegen noch nicht erfüllter Wartezeit oder einer zu geringen Beschäftigtenzahl (§ 23 Abs. 1 Satz 2 KSchG) keine Anwendung, wird die ausgesprochene Kündigung **nicht auf ihre soziale Rechtfertigung** (§ 1 KSchG) gerichtlich überprüft. Jedoch kann sich aus den Grundrechten bzw. bei Anwendung der zivilrechtlichen Generalklauseln eine Einschränkung der Kündigungsmöglichkeit des Arbeitgebers ergeben.

11   Aus der Konkretisierung der sich aus Art. 12 GG ergebenen gegenläufigen Grundrechtspositionen durch das KSchG folgt aber nicht, daß Arbeitnehmer in Kleinbetrieben iSd. § 23 KSchG oder vor Ablauf der Wartezeit vor einer Kündigung ihres Arbeitsverhältnisses nicht geschützt werden. **Kündigungsschutz** erhalten diese Arbeitnehmer durch die **speziellen gesetzlichen oder tarifvertraglichen Kündigungsbeschränkungen**, die für ihr Arbeitsverhältnis gelten. Daneben hat das BVerfG die Herausnahme der Kleinbetriebe aus dem allgemeinen Kündigungsschutz u. a. damit gerechtfertigt, daß insoweit die zivilrechtlichen Generalklauseln (§§ 138, 242 BGB) den durch Art. 12 GG gebotenen Mindestschutz der Arbeitnehmer gewährleisten. Diese bewahren den Arbeitnehmer vor einer sitten- und treuwidrigen Ausübung des Kündigungsrechts durch den Arbeitgeber. Im Rahmen dieser Prüfung ist – so das BVerfG – auch der objektive Gehalt des Art. 12 GG zu beachten, weshalb der verfassungsrechtlich gebotene Mindestschutz des Arbeitsplatzes vor Verlust durch private Disposition gewährleistet ist (BVerfG 27. 1. 1998 AP KSchG 1969 § 23 Nr. 17 = NZA 1998, 470). Anderseits muß die Unwirksamkeit einer Kündigung in einem Arbeitsverhältnis ohne allgemeinen Kündigungsschutz auf Rechtsverstöße beschränkt bleiben, die nicht (ausschließlich) unter den Anwendungsbereich des § 1 KSchG fallen. Ansonsten würde die Entscheidung des Gesetzgebers zum Ausschluß des allgemeinen Kündigungsschutz unterlaufen. Es sind dies im wesentlichen solche Sachverhalte, bei denen die Kündigung wegen Umständen aus der Privatsphäre des Arbeitnehmers ausgesprochen wird (BAG 23. 6. 1994 AP BGB § 242 Kündigung Nr. 9 = NZA 1994, 1080 – Homosexualität) oder auf Gründen beruht, die gegen die verfassungsrechtlichen Differenzierungsgebote bzw. -verbote verstoßen. Ansonsten erfaßt der grundrechtliche Schutz vielfach noch Fallgestaltungen, die vom Anwendungsbereich des § 612a BGB erfaßt werden.

Eine **Sozialauswahl** entsprechend den Grundsätzen von § 1 Abs. 3 KSchG **12** findet dementsprechend bei einer Kündigung in einem Kleinbetrieb nicht statt. Kommen jedoch bei einer auf „an-sich" betriebsbedingte Gründe gestützten Kündigungsentscheidung des Arbeitgebers mehrere Arbeitnehmer in Betracht, erfolgt die Auswahlentscheidung nach den Grundsätzen des § 315 BGB (dazu BAG 19. 1. 1995 AP Einigungsvertrag Art. 13 Nr. 12 = NZA 1995, 585 – Sozialauswahl bei Sonderkündigungen im Beitrittsgebiet). Der Arbeitgeber muß bei seiner Entscheidung die Grundsätze des billigen Ermessens einhalten. Insoweit kann sich ergeben, daß die Kündigung eines langjährig beschäftigten älteren Arbeitnehmer oder eines/einer Alleinerziehenden unzulässig ist. Nach Ansicht des BVerfG werden diese Personengruppen wegen der typischerweise bestehenden Schwierigkeiten, ein neues Arbeitsverhältnis zu begründen, in besonderem Maß durch Art. 12 GG geschützt (BVerfG 27. 1. 1998 AP KSchG 1969 § 23 Nr. 17 = NZA 1998, 470; 24. 4. 1991 AP GG Art. 12 Nr. 70 = NJW 1991, 1667). Hat allerdings der Arbeitgeber nachvollziehbare Gründe für eine abweichende Entscheidung, steht dies einer Auswahlentscheidung zu Lasten eines langjährig beschäftigten Arbeitnehmers oder einer/eines Alleinerziehenden nicht entgegen. Solche Gründe können sich insbesondere aus der Leistungsstärke anderer Arbeitnehmer ergeben, jedoch brauchen die Anforderungen des § 1 Abs. 3 Satz 2 KSchG nicht erfüllt sein.

III. Gesetzlicher Kündigungsschutz

Der gesetzliche Kündigungsschutz wird verwirklicht durch den allgemeinen **13** (dazu im einzelnen Rn. 27 ff.) sowie den besonderen Kündigungsschutz für bestimmte Personengruppen. Letzterer besteht u. a. in den gesetzlichen Kündigungsbeschränkungen und Mitwirkungsrechten der Arbeitnehmervertretung vor dem Kündigungsausspruch (z. B. § 102 BetrVG, dazu Rn. 634 ff.), im Ausschluß einer ordentlichen Kündigungsmöglichkeit und/oder in einem Zustimmungserfordernis vor Ausspruch der außerordentlichen Kündigung.

14 Die wichtigsten Anwendungsfälle des besonderen gesetzlichen Kündigungsschutzes sind ferner
- das Kündigungsverbot von **Schwangeren** und nach der Niederkunft (§ 9 MuSchG, Rn. 542 ff.),
- das Kündigungsverbot von Arbeitnehmern im **Erziehungsurlaub** (§ 18 BErzGG, Rn. 556 ff.),
- das Zustimmungserfordernis vor dem Kündigungsausspruch gegenüber **Schwerbehinderten** (§§ 15–21 SchwbG, Rn. 565 ff.),
- der grundsätzliche Ausschluß der ordentlichen Kündigungsmöglichkeit und das Zustimmungserfordernis der **Arbeitnehmervertretung** vor dem Ausspruch einer außerordentlichen Kündigung eines Betriebsratsmitglieds sowie der nachwirkende Kündigungsschutz von Mandatsträgern (§§ 15 KSchG, 103 BetrVG, Rn. 582 ff.).

Nicht zum Sonderkündigungsschutz im engeren Sinn zählen die Vorschriften über die Anzeigepflicht von **Massenentlassungen** (§§ 17 ff. KSchG, dazu Rn. 454 ff.), da sie einen arbeitsmarktpolitischen Zweck verfolgen und nicht die Kündigung, sondern nur die tatsächliche Beendigung des Arbeitsverhältnis (zeitweise) verhindern.

IV. Tarifvertragliche Änderungen gegenüber dem gesetzlichen Kündigungsschutz

1. Erweiterung des gesetzlichen Kündigungsschutzes

15 Die Tarifvertragsparteien können nach § 1 Abs. 1 TVG unter Beachtung der branchentypischen Besonderheiten weitere Kündigungsbeschränkungen vereinbaren. Zu denken ist beispielsweise an tarifliche Rechtsnormen über einen zeitlich befristeten Ausschluß des Rechts zur betriebsbedingten Kündigung, wie er in tariflichen „Bündnissen für Arbeit" von den Tarifvertragsparteien im Gegenzug für Zugeständnisse im Bereich der Lohnkosten vereinbart wird (vgl. *Oetker* RdA 1997, 9, 13) oder an den Ausschluß betriebsbedingter Kündigungen für bestimmte Personengruppen nach Lebensalter und Betriebszugehörigkeit. So ist z. B. ein Angestellter, der das 40. Lebensjahr vollendet hat, gem. §§ 53 Abs. 3, 55 Abs. 2 BAT nach einer Beschäftigungszeit von 15 Jahren unkündbar. Die Tarifvertragsparteien können das Kündigungsrecht außerdem dadurch einseitig beschränken, daß der Arbeitgeber nur noch unter bestimmten Voraussetzungen eine außerordentliche Beendigungs- oder ordentliche Änderungskündigung erklären darf (vgl. z. B. § 55 Abs. 2 Satz 2 BAT). Der tarifvertragliche Kündigungsausschluß hat große praktische Bedeutung. Nach dem Ergebnis einer Tarifauswertung des Bundesministeriums für Arbeit- und Sozialordnung war Ende 1996 für 56% der erfaßten Arbeitnehmer die ordentliche Kündigung in Tarifverträgen ausgeschlossen (*Halbach/ Paland/Schwedes/Wlotzke* Kap. 2 Rn. 478; dazu *Höland* Anm. AP BGB § 626 Nr. 143 unter I.).

Das Recht zur **außerordentlichen betriebsbedingten Kündigung** aus wich- **16** tigem Grund (§ 626 BGB) kann aus verfassungsrechtlichen Gründen durch tarifvertragliche Regelungen dabei nicht ausgeschlossen werden. Bei § 626 BGB handelt es sich im Gegensatz zu § 1 KSchG um keine den Arbeitnehmer nur einseitig schützende Vorschrift (BAG 5. 2. 1998 AP BGB § 626 Nr. 143 mit zust. Anm. von *Höland* = NZA 1998, 771; 22. 7. 1992 EzA § 626 n. F. Nr. 141; *Bröhl*, FS Schaub, S. 55, 66; HKK/*Dorndorf* § 13 Rn. 10; *Kittner/ Trittin* § 626 BGB Rn. 2; KR/*Fischermeier* § 626 BGB Rn. 58; *Preis/Ha-macher*, FS Arbeitsgerichtsbarkeit Rheinland-Pfalz, S. 245, 254 f.; Münch-Komm/*Schwerdtner* § 626 Rn. 65; *Säcker/Oetker* S. 290 f.; Staudinger/*Preis* § 626 BGB Rn. 38). Die Tarifvertragsparteien verfügen zwar aufgrund der Tarifautonomie (Art. 9 Abs. 3 GG) über eine sachverständige Beurteilungs-kompetenz. Wegen der Gleichwertigkeit der Tarifvertragsparteien besteht eine materielle inhaltliche Richtigkeitsgewähr für tarifvertragliche Regelun-gen. Die Tarifvertragsparteien haben jedoch keine weitergehenden Gestal-tungsbefugnisse als der Gesetzgeber (st. Rspr. BAG 29. 10. 1998 – 2 AZR 683/97 – nv. unter II b; 16. 9. 1993 AP BGB § 622 Nr. 42 = NZA 1994, 221; 15. 1. 1955 AP GG Art. 3 Nr. 4; *Waltermann* RdA 1990, 138, 141; *Wiedemann* RdA 1997, 297, 302; kritisch ErfK/*Dieterich* GG Vorbem. Rn. 51 f.). Die Tarifautonomie wird durch den objektiv-rechtlichen Gehalt der Grundrechte begrenzt. Die Berufsfreiheit des Art. 12 Abs. 1 GG und die wirtschaftliche Betätigungsfreiheit nach Art. 14 GG, Art. 2 Abs. 1 GG bein-halten das Recht des Arbeitgebers, sein Unternehmen aufzugeben oder des-sen Größenordnung zu bestimmen (Rn. 2 f.). Die von Tarifabschlüssen aus-gehende Richtigkeitsgewähr beseitigt nicht den in Freiheitsrechten liegenden individuellen Schutz beider Parteien des Arbeitsverhältnisses vor unzumutba-ren Belastungen (KR/*Fischermeier* § 626 BGB Rn. 58). Unverzichtbar sind deshalb Beendigungsmöglichkeiten, die zur Anpassung des Arbeitnehmer-bestandes an die Unternehmensentwicklung erforderlich sind. Die verfas-sungswidrige Beschränkung des Kündigungsrechts führt zur partiellen Un-wirksamkeit der Tarifvertrages (BAG 5. 2. 1998 AP BGB § 626 Nr. 143 = NZA 1998, 771 unter II 2 b).

Solange dem Arbeitgeber das Recht zur außerordentlichen Kündigung ver- **17** bleibt, ist ein **Grundrechtsverstoß** durch den tarifvertraglichen Ausschluß der **ordentlichen betriebsbedingten Kündigung** nur dann ausnahmsweise denk-bar, wenn die grundrechtlich geschützten Interessen des Arbeitgebers oder drittbetroffener Arbeitnehmer offensichtlich völlig unausgewogen berück-sichtigt wurden (grds. ablehnend *Preis/Hamacher*, FS Arbeitsgerichtsbarkeit Rheinland-Pfalz, S. 245, 257, da dem Arbeitgeber das Recht zur außeror-dentlichen Kündigung verbleibt; zur Reflexwirkung bei der Sozialauswahl Rn. 316 ff.; 322 ff.). Dies ist wegen der tarifvertraglichen Richtigkeitsgewähr in der Regel nicht der Fall, wenn die Tarifvertragsparteien für eine bestimmte Zeit, für eine bestimmte Gruppe von Arbeitnehmern und gegebenenfalls un-ter bestimmten Voraussetzungen eine ordentliche betriebsbedingte Kündigung ausschließen und damit dem Arbeitgeber das begrenzte Risiko zuweisen, Arbeitsentgelt auch ohne Beschäftigung zahlen zu müssen. Nur wenn der Schwellenwert für den Ausschluß einer Kündigung wegen dringender betrieblicher Erfordernisse nach § 1 Abs. 2 KSchG unzumutbar niedrig angesetzt und die personelle Disposition des Arbeitgebers in unzumutbarer Weise beeinträchtigt wird, kann ein Evidenzfall vorliegen. Kriterien für eine verfassungsrechtlich zulässige tarifvertragliche Kündigungsbeschränkung ergeben sich aufgrund branchentypischer Besonderheiten, der Befristung eines Kündigungsausschlusses (tarifliches „Bündnis für Arbeit"), dem Alter der geschützten Arbeitnehmergruppe, der vorbehaltenen Möglichkeit einer Änderungskündigung zur Absenkung der Arbeitsbedingungen und deren inhaltlicher Ausgestaltung. Die objektiv-rechtliche Funktion der Grundrechte verlangt für den Arbeitgeber weniger Schutz, wenn er sich in einem Haustarifvertrag selbst Kündigungsbeschränkungen unterworfen hat. Die gleiche Entscheidungsfreiheit hat auch derjenige Arbeitgeber, der einzelvertraglich der Anwendung eines Tarifvertrages zustimmt und die Kündigungsbeschränkungen bei Vertragsschluß kennt (vgl. zum einzelvertraglichen Kündigungsausschluß Rn. 23). Flächentarifverträge, in denen der Arbeitgeber über den Verband verpflichtet wird, unterliegen einem erheblich strengeren Kontrollmaßstab.

18 Ist die ordentliche betriebsbedingte Kündigung durch Tarifvertrag wirksam ausgeschlossen, bleibt nur zu prüfen, ob unter Beachtung sämtlicher Einzelfallumstände die Voraussetzungen einer außerordentlichen Kündigung vorliegen (Rn. 535 ff.). Bei der Prüfung der außerordentlichen betriebsbedingten Kündigung eines ordentlich unkündbaren Arbeitnehmers treten **Wertungswidersprüche** auf, z.B. im Hinblick auf die **Kündigungsfrist** und die **soziale Auswahl** (näher Rn. 540 f.). Nach einem Vorschlag von *Bröhl* soll deshalb in Fällen einer evidenten Unzumutbarkeit die Ewigkeitsbindung dadurch vermieden werden, daß trotz des tariflichen Ausschlusses die ordentlichen Kündigung zugelassen wird. Die Tarifnorm sei **verfassungskonform einzuschränken,** wenn durch den Ausschluß der ordentlichen Kündigung ein evident unzumutbares Arbeitsverhältnis ausgestaltet werde (FS Schaub, S. 55, 67; siehe auch *Höland* Anm. AP BGB § 626 Nr. 143 unter II 2 und IV). Gegen diese Lösung ist einzuwenden, daß ein normativ unzulässiger Eingriff in das Recht zur außerordentlichen Kündigung nach § 626 BGB anzunehmen wäre, wenn bei einem verfassungskonformen (Flächen-)Tarifvertrag nicht mehr geprüft werden könnte, ob die individuelle Vertragsbeziehung einer wirtschaftlich unzumutbaren Belastung unterliegt. Dieses Bedenken läßt sich auch nicht dadurch überzeugend entkräften, daß bezogen auf die konkrete Fallsituation geprüft wird, ob die Tarifnorm verfassungskonform einzuschränken ist. Zum einen ist dies nicht erforderlich, weil das Gesetz in § 626 BGB für die Einzelfallumstände einen Abwägungsmaßstab bereithält. Zum anderen entstünden durch eine verfassungskonforme Auslegung der Tarifnorm unter Beachtung der Konstellation des Einzelfalls andere Rechtsunsicherheiten, weil hierfür kein klar strukturiertes Abwägungsprogramm vorhanden ist. Dies spricht dafür, den Einzelfall mit den von der Rechtsprechung entwickelten Grundsätzen zu § 626 BGB zu beurteilen und bestehende Wertungswidersprüche systemimmanent aufzulösen (dazu Rn. 540f., ebenso *Preis/Hamacher*, FS Arbeits-gerichtsbarkeit Rheinland-Pfalz, S. 245, 255).

Unbedenklich sind Beschränkungen des Rechts zur ordentlichen betriebs- **19**
bedingten Kündigung, denen sich der **Arbeitgeber des öffentlichen Dienstes,**
der sich aufgrund seiner verfassungsrechtlichen Stellung nicht auf Grundrechte berufen kann und eines im Vergleich zum privaten Arbeitgeber praktisch nicht eintretenden Insolvenzrisikos in einem Tarifvertrag unterwirft. So
sieht der BAT wegen einer Begrenzung des Rechts zur außerordentlichen
Kündigung engere Kündigungsschranken vor. Nach § 55 Abs. 1 BAT kann
dem nach § 53 BAT unkündbaren Angestellten aus in seiner Person oder in
seinem Verhalten liegenden Gründen fristlos gekündigt werden. § 55 Abs. 2
Satz 1 stellt klar, daß andere wichtige Gründe, insbesondere dringende betriebliche Erfordernisse, die einer Weiterbeschäftigung entgegenstehen, den
Arbeitgeber nicht zur Kündigung berechtigen. Für diesen Fall besteht nach
Abs. 2 Satz 2 nur die Möglichkeit, zum Zwecke der Herabgruppierung um
eine Stufe der Vergütungsgruppe zu kündigen, wenn eine Beschäftigung zu
den bisherigen Vertragsbedingungen aus dienstlichen Gründen nachweisbar
nicht möglich ist. Wegen der aufgezeigten verfassungsrechtlichen Bedenken
ist es aber zweifelhaft, ob eine solche tarifvertragliche Kündigungsbeschränkung aus dem Bereich des öffentlichen Dienstes wirksam ist, wenn sich private Arbeitgeber der Rechtsanwendung durch arbeitsvertragliche Inbezug-
nahme unterworfen haben.

2. Beschränkung des gesetzlichen Kündigungsschutzes

Eine Beschränkung des gesetzlichen Kündigungsschutzes durch einen Tarif- **20**
vertrag ist damit nur möglich, soweit **das Gesetz eine entsprechende Öff-**
nungsklausel enthält (BAG 11. 3. 1976 AP BetrVG 1972 § 95 Nr. 1). Die
Tarifvertragsparteien sind auch nicht befugt, zum Nachteil des geschützten
Arbeitnehmers von Rechtssätzen abzuweichen, die die Rechtsprechung zur
Konkretisierung der im Gesetzestatbestand enthaltenen unbestimmten Rechtsbegriffe entwickelt hat. Darin läge ein Verstoß gegen höherrangiges zwingendes Recht.

Problematisch sind **tarifvertragliche Bestimmungen** zur betriebsbedingten **21**
Kündigung vor allem wegen des **Drittbezugs** bei der sozialen Auswahl,
der den gesetzlichen Kündigungsschutz für den betroffenen Arbeitnehmer
herabsetzt. Der Ausschluß der Kündigungsmöglichkeit für einzelne Arbeitnehmer kann zu einer Verschiebung der Sozialauswahl führen, wenn der
zusätzliche Kündigungsschutz von persönlichen Daten abhängt (in der Regel von der Betriebsseniorität und dem Lebensalter). In diesen Fällen erhält ein Arbeitnehmer die Kündigung, der davor nach den in § 1 Abs. 3
KSchG festgelegten sozialen Gesichtspunkten „an sich" geschützt wäre.
Würde man den tarifvertraglichen Kündigungsschutz wegen der Reflexwirkung in der Sozialauswahl als unzulässige Unterschreitung des gesetzliche Kündigungsschutzes ansehen, wäre der besondere Kündigungsschutz
gerade in den Fällen wirkungslos, für den er geschaffen ist, insbesondere in

Tarifverträgen zum Rationalisierungsschutz für ältere Arbeitnehmer (dazu Rn. 316 ff.).

V. Schutz vor betriebsbedingten Kündigungen durch Betriebsvereinbarung

22 Die Autonomie der Betriebspartner ist darauf beschränkt, die vom KSchG vorgesehenen Regelungsspielräume zu nutzen. Nach § 1 Abs. 2 Satz 2 Ziffer 1a KSchG ist eine Kündigung auch dann sozial ungerechtfertigt, wenn sie gegen eine Richtlinie nach § 95 BetrVG verstößt. Für Betriebe und Verwaltungen des öffentlichen Dienstes enthält § 1 Abs. 2 Nr. 2a) KSchG eine entsprechende Regelung. Nach § 1 Abs. 4 KSchG haben die Betriebsparteien bei der Auswahl und Bewertung der Sozialdaten nach § 1 Abs. 3 KSchG den gleichen Bewertungsspielraum wie die Tarifvertragsparteien (dazu Rn. 383 ff.). Darüber hinaus haben sie im Hinblick auf die Regelungssperre nach § 77 Abs. 3 BetrVG aber keine Befugnis, mit dem Arbeitgeber in Betriebsvereinbarungen einen besonderen Schutz vor betriebsbedingten Kündigungen zu schaffen. Dies gilt insbesondere für die in letzter Zeit verstärkt diskutierten „betrieblichen Bündnisse für Arbeit".

VI. Einzelvertraglicher Kündigungsschutz vor betriebsbedingter Kündigung

23 Haben die Parteien des Arbeitsvertrages das Recht des Arbeitgebers zur ordentlichen Kündigung ausgeschlossen, ist dies nach dem Grundsatz der Vertragsfreiheit zulässig (*Preis/Hamacher,* FS Arbeitsgerichtsbarkeit Rheinland-Pfalz, S. 245, 256; einschränkend *Adam* NZA 1999, 846 ff.). Nicht abdingbar ist dagegen der generelle Ausschluß des Rechts zur außerordentlichen betriebsbedingten Kündigung aus wichtigem Grund. § 626 BGB ist eine zwingende Grundsatznorm. Sie garantiert ein unverzichtbares Freiheitsrecht beider Arbeitsvertragsparteien, sich bei extremen Belastungen zu trennen (BAG 5. 2. 1998 AP BGB § 626 Nr. 143 = DB 1998, 1035 mwN.; 22. 7. 1992 EzA § 626 BGB n.F. Nr. 141; 6. 11. 1956 AP BGB § 626 Nr. 14; *Kittner/Trittin* § 626 BGB Rn. 2; KR/*Fischermeier* § 626 BGB Rn. 58; *Preis,* Prinzipien, S. 59 f.). Von den Umständen des Einzelfalls hängt es ab, wann die Voraussetzungen eines wichtigen Grundes vorliegen (Rn. 535 ff.).

24 Haben sich die Parteien im Arbeitsvertrag auf einen Ausschluß der ordentlichen Kündigung verständigt, stellt sich in der Frage der Sozialauswahl ein ähnliches Problem wie bei einer entsprechenden tarifvertraglichen Regelung: der vertragliche Sonderkündigungsschutz eines Arbeitnehmers führt zu Verschiebungen bei der Sozialauswahl. Dennoch liegt im Abschluß einer solchen Vereinbarung kein unwirksamer Vertrag zu Lasten Dritter. Bestehen allerdings konkrete Anhaltspunkte dafür, daß die gesetzliche Regelung des § 1 Abs. 3 KSchG umgangen werden sollte, kann sich der Arbeitnehmer nach allgemeinen Grundsätzen nicht auf diese Vereinbarung berufen (str., dazu Rn. 322 f.).

VII. Beurteilungszeitpunkt

Maßgeblicher Zeitpunkt für die Beurteilung der Wirksamkeit der Kündigung **25** ist der Zeitpunkt der **Zugang der Kündigungserklärung (§ 130 BGB)**. Die Kündigung ist ihrer Rechtsnatur nach eine einseitig empfangsbedürftige Willenserklärung mit Gestaltungswirkung. Nach Zugang eintretende Umstände können damit keinen Einfluß auf ihre Wirksamkeit haben. Das Kündigungsschutzrecht ist **zukunftsbezogen**. Kann der Arbeitnehmer gesetzlichen Kündigungsschutz in Anspruch nehmen (z. B. nach § 626 BGB vor außerordentlichen Kündigungen oder nach § 1 KSchG vor ordentlichen Kündigungen), muß der Arbeitgeber im Zeitpunkt seiner Kündigungsentscheidung eine Prognose anstellen. Das Prognoseprinzip ist ein Grundsatz des Kündigungsschutzrechts, der z. B. in dem Wort „Weiterbeschäftigung" in § 1 Abs. 2 KSchG zum Ausdruck kommt. Das BVerfG hat im Zusammenhang mit einer Kündigung wegen mangelnder persönlicher Eignung nach dem Einigungsvertrag bestätigt, daß eine allein vergangenheitsorientierte Prüfung der Kündigungsgründe mit Art. 12 Abs. 1 und 33 Abs. 2 GG unvereinbar ist (BVerfG 21. 1. 1995 AP Einigungsvertrag Anlage I Kap XIX Nr. 44 = NZA 1995, 619, 621; ebenso zum Prognoseprinzip *Ascheid* Rn. 28 ff.; *Preis*, Prinzipien, S. 322 f.; *Hueck/von Hoyningen-Huene* § 1 Rn. 126 ff.; MünchArbR/ *Berkowsky* § 130 Rn. 70 ff.; *Stahlhacke/Preis/Vossen* Rn. 618; grds. ablehnend *Rüthers* NJW 1998 1433, 1435 – dazu *Preis* NJW 1998, 1889).

Bei der betriebsbedingten Kündigung ist demnach nach dem **zukünftigen 26 Beschäftigungsbedarf** zu fragen (BAG 27. 2. 1997 AP KSchG 1969 Wiedereinstellung Nr. 1 = NZA 1997, 757). Der Arbeitgeber muß vor Ausspruch einer betriebsbedingten Kündigung prüfen, ob die Beschäftigung im Betrieb spätestens zum Ende der Kündigungsfrist wegfällt und bis zu diesem Zeitpunkt in den Betrieben des Unternehmens auch keine anderweitigen Beschäftigungsmöglichkeiten bestehen (zu nach Ablauf der Kündigungsfrist frei werdenden Stellen Rn. 226). Es genügt nach der Rechtsprechung des BAG, daß sich die betrieblichen Gründe im Zeitpunkt der Kündigung konkret und greifbar abzeichnen und mit einiger Sicherheit der Eintritt des Kündigungsgrundes gegeben ist (BAG 10. 10. 1996 AP KSchG 1969 § 1 Betriebsbedingte Kündigung Nr. 81 = NZA 1997, 251 mwN. zur st. Rspr.; ferner BAG 19. 6. 1991 AP KSchG 1969 § 1 Betriebsbedingte Kündigung Nr. 53 = NZA 1991, 891). Im Hinblick auf die nach § 286 ZPO erforderliche Überzeugung des Gerichts müssen an den Wahrscheinlichkeitsgrad strengere Voraussetzungen gestellt werden. Die betriebsbedingte Kündigung ist grundsätzlich nur zulässig, wenn feststeht, daß die Beschäftigungsmöglichkeit entfällt, z. B. wenn der Betrieb im Zeitpunkt der Kündigungserklärung stillgelegt ist. Gemessen daran ist für die Prognose eine an Sicherheit grenzende Wahrscheinlichkeit erforderlich (HKK/*Weller/Dorndorf* § 1 Rn. 944; *Hueck/von Hoyningen-Huene* § 1 Rn. 131 ff.).

B. Voraussetzungen des allgemeinen Kündigungsschutzes und Kündigungsschutzklage

I. Voraussetzungen des allgemeinen Kündigungsschutzes (§§ 1, 23 KSchG)

Der allgemeine Kündigungsschutz besteht gegenüber der Kündigung eines (1) **27** Arbeitsverhältnisses, wenn dieses (2) zum Zeitpunkt des Kündigungszugangs zumindest 6 Monate bestanden hat und (3) im Betrieb bzw. Unternehmen in der Regel mehr als 5 Arbeitnehmer, ausschließlich der zu ihrer Berufsausbildung Beschäftigten tätig sind. Unter dem Betriebsbegriff des KSchG fallen Betriebe und Verwaltungen des privaten und öffentlichen Rechts, sofern sie nicht von den Ausnahmevorschriften des § 23 KSchG erfaßt sind. Ohne Bedeutung ist es, welchen arbeitstechnischen Zweck der Betrieb verfolgt. Deshalb fallen auch grundsätzlich Arbeitnehmer in Tendenzunternehmen unter den 1. Abschnitt des KSchG. Hingegen ist der Familienhaushalt kein eigenständiger Betrieb iSd. § 1 KSchG, da er nur zur Befriedigung privater Bedürfnisse dient (ErfK/*Ascheid* § 23 KSchG Rn. 7). Haushaltsangehörige haben daher keinen allgemeinen Kündigungsschutz.

1. Arbeitnehmer

Das Kündigungsschutzgesetz findet nur Anwendung auf Arbeitsverhältnisse, **28** nicht auf Personen, die im Rahmen von Dienst- oder Werkverträgen beschäftigt werden. Keinen allgemeinen Kündigungsschutz haben ebenfalls arbeitnehmerähnliche Personen. Als solche gelten Dienstverpflichtete, die in persönlich selbständiger, aber wirtschaftlich abhängiger Stellung für andere Arbeit verrichten. Dabei handelt es sich im wesentlichen um Handelsvertreter (§ 84 HGB), Heimarbeiter (§§ 1, 2 HAG) sowie die sog. freien Mitarbeiter im Medienbereich.

a) Gesetzliche Grundlagen

Ein Arbeitsgesetzbuch mit einer für das gesamte Arbeitsrecht geltenden Defi- **29** nition des Arbeitnehmerbegriff existiert (immer noch) nicht. Regelmäßig wird der Arbeitnehmerbegriff vom Gesetzgeber sogar vorausgesetzt oder nur sehr unvollkommen beschrieben. So sind nach den §§ 2 Satz 1 BUrlG, 5 Abs. 1 BetrVG, 5 Abs. 1 Satz 1 ArbGG Arbeitnehmer „Arbeiter und Angestellte sowie die zu ihrer Berufsausbildung Beschäftigten". Durch die §§ 5 Abs. 1 Satz 3 ArbGG, 5 Abs. 2 bis 4 BetrVG werden bestimmte Personen ausdrücklich als Arbeitnehmer im Sinne der jeweiligen Gesetze ausgenommen, der Arbeitnehmerbegriff also (teilweise) negativ fingiert.

13

30   Wegen des Fehlens von gesetzlichen Vorgaben zieht die Rechtsprechung des Bundesarbeitsgerichts für die Abgrenzung zwischen Arbeitnehmern und Selbständigen die §§ 84 HGB, 121 GewO heran. Nach § 84 Abs. 1 S. 2 HGB ist selbständiger Handelsvertreter, **„wer im wesentlichen frei seine Tätigkeit gestalten und seine Arbeitszeit bestimmen kann"**. Nach Abs. 2 gilt als Angestellter, „wer, ohne selbständig im Sinne des Abs. 1 zu sein, ständig damit betraut ist, für einen Unternehmer Geschäfte zu vermitteln oder in dessen Namen abzuschließen". Nach § 121 GewO sind Gesellen und Gehilfen verpflichtet, den Anordnungen ihres Arbeitgebers „in Bezug auf die ihnen übertragenen Arbeiten und auf die häuslichen Einrichtungen Folge zu leisten".

b) Die Rechtsprechung des BAG

31   Aus den spärlichen gesetzlichen Vorgaben für die Abgrenzung zwischen Arbeitnehmer und Selbständiger hat das BAG in einer Vielzahl von Entscheidungen Kriterien für die Unterscheidung herausgearbeitet. Danach unterscheiden sich das Arbeitsverhältnis und das Rechtsverhältnis eines freien Mitarbeiters im wesentlichen durch den **Grad der persönlichen Abhängigkeit,** in der sich der zur Dienstleistung Verpflichtete befindet (ausführlich dazu BAG 6. 5. 1998 AP BGB § 611 Abhängigkeit Nr. 94 = NZA 1998, 873; 30. 11. 1994 AP BGB § 611 BGB Abhängigkeit Nr. 74 = NZA 1995, 622). Das BAG trägt den neuen Entwicklungen Rechnung und stellt nicht mehr maßgeblich auf das Kriterium „Arbeitszeitsouveränität", sondern im wesentlichen auf die Art und Organisation der Tätigkeit ab. Die Qualifizierung eines Rechtsverhältnisses als Arbeitsverhältnis steht nicht entgegen, daß die Parteien das Vertragsverhältnis als freies Mitarbeiter- oder Dienstverhältnis bezeichnet haben, eine **Dispositionsmöglichkeit** über den Status des Rechtsverhältnisses **besteht regelmäßig nicht** (BAG 12. 9. 1996 AP BGB § 611 Lehrer, Dozenten Nr. 122 = NZA 1997, 600). Unterschiedliche Auffassungen vertreten bisher der 5. und 7. Senat des BAG zur Frage, ob die Arbeitnehmereigenschaft aufgrund einer typisierenden Betrachtung der Tätigkeit (dafür BAG 12. 9. 1996 AP BGB § 611 Lehrer, Dozenten Nr. 122 = NZA 1997, 600) oder aufgrund einer individualisierenden Einschätzung des Rechtsverhältnisses festgestellt wird (so BAG 13. 11. 1991 AP BGB § 611 Abhängigkeit Nr. 60 = NZA 1992, 1125).

32   Abgelehnt hat das BAG in der Vergangenheit zu Recht die Berücksichtigung einer **wirtschaftlichen Betrachtungsweise** zur Bestimmung des Arbeitnehmerbegriffs. Die Gegenauffassung (*Wank* DB 1992, 90; ebenso LAG Köln 30. 6. 1995 AP BGB § 611 Abhängigkeit Nr. 80 = ArbuR 1996, 413; dagegen aber LAG Düsseldorf 4. 9. 1996 LAGE § 611 BGB Arbeitnehmerbegriff Nr. 33 = BB 1997, 891; *Griebeling* RdA 1998, 208 ff.) will in Ergänzung zur Rechtsprechung des BAG die nachfolgend dargestellten Merkmale als typische Arbeitnehmermerkmale heranziehen:
– die auf Dauer angelegte;
– Arbeit nur für einen Auftraggeber;
– in eigener Person und Mitarbeiter;
– im wesentlichen ohne eigenes Kapital;
– im wesentlichen ohne eigene Organisation.

Keine Bedeutung für den Arbeitnehmerbegriff im Arbeitsrecht ergibt sich **33**
aus der **Neufassung des § 7 SGB IV** durch das Korrekturgesetz vom 19. 12.
1998 (BGBl. I, 3843; h. M. vgl. ErfK/*Preis*, Nachtrag, § 7 SGB IV Rn. 40;
Reinecke NZA 1999, 735 jeweils mwN.). Das SGB IV gilt nach § 1 Abs. 1
(nur) für die vier Zweige der Sozialversicherung. Nach der Gesetzesbegründung soll die Vorschrift den Sozialversicherungträgern die Erfassung der
Scheinselbständigen erleichtern, eine darüber hinausgehende Bedeutung der
Norm in anderen Rechtsgebieten wird nicht erwähnt.

Die Berufung auf ein Arbeitsverhältnis kann aber bei vorangegangenem wi- **34**
dersprüchlichen Verhalten **rechtsmißbräuchlich** sein (dazu BAG 11. 12. 1996
AP BGB § 242 BGB Unzulässige Rechtsausübung-Verwirkung Nr. 35 =
NZA 1997, 817 – rechtskräftiges Urteil; 11. 12. 1996 AP BGB § 242 Unzu-
lässige Rechtsausübung-Verwirkung Nr. 36 = NZA 1997, 818 – vorheriges
Ausschlagen eines Arbeitsvertrags; LAG Köln 5. 3. 1997 NZA-RR 1998, 373
= BB 1997, 1212 – Rechtswegerschleichung eines Organvertreters).

c) Einzelne Vertragsverhältnisse

Der allgemeine Kündigungsschutz gilt grundsätzlich auch für **Aushilfs-** oder **35**
Probearbeitsverhältnisse, sofern diese länger als 6 Monate bestehen. Ob
Auszubildende Arbeitnehmer iSd. KSchG sind, ist umstritten (dazu KR/*Etzel*
§ 1 KSchG Rn. 49 mwN.), aber kaum von praktischer Bedeutung, da die
ordentliche Kündigung eines **Auszubildenden** nach der Probezeit durch § 15
Abs. 2 BBiG ausgeschlossen wird. Der allgemeine Kündigungsschutz besteht
bei Vorliegen der sonstigen Voraussetzungen auch für die Rechtsverhältnisse
der **Volontäre** und **Praktikanten** (§ 19 BBiG, BAG 20. 2. 1975 AP BGB
§ 611 BGB Ausbildungsbeihilfe Nr. 2). Das KSchG gilt schließlich für **Teil-**
zeitarbeitsverhältnisse, auch wenn dieses lediglich die Nebenbeschäftigung
eines Arbeitnehmers darstellt (BAG 13. 3. 1987 AP KSchG 1969 § 1 Betriebsbedingte Kündigung Nr. 37 = NZA 1987, 629). Daher genießen auch
geringfügig Beschäftigte iSv. § 8 Abs. 1 SGB IV bei Vorliegen der sonstigen
Voraussetzungen allgemeinen Kündigungsschutz.

Auch die Vertragsverhältnisse von **leitenden Angestellten** sind vom allge- **36**
meinen Kündigungsschutz nicht ausgenommen. Jedoch besteht für den Arbeitgeber gegenüber diesem Personenkreis nach § 14 Abs. 2 KSchG wegen
ihrer besonderen Vertrauensstellung eine erleichterte Lösungsmöglichkeit, da
beim Ausspruch einer (ungerechtfertigten) ordentlichen Kündigung der **Auflö-**
sungsantrag des Arbeitgebers keiner Begründung bedarf (§ 14 Abs. 2 Satz 2
KSchG). Voraussetzung ist aber, daß es sich bei dem Beschäftigten um einen
Geschäftsführer, Betriebsleiter (dazu BAG 28. 9. 1961 AP KSchG 1951 § 1
Personenbedingte Kündigung Nr. 1 = NJW 1962, 73) oder ähnlichen leitenden Angestellten handelt, der zur selbständigen Einstellung oder Entlassung
berechtigt ist. Die Begriffe des Geschäftsführers und Betriebsleiters sind dabei als exemplarische Beschreibung von Tätigkeiten eines leitenden Angestellten zu verstehen (BAG 25. 11. 1993 AP KSchG § 14 Nr. 4 = NZA 1994, 837),
im übrigen sind bei Abgrenzungsschwierigkeiten die Kriterien des § 5 Abs. 3,
4 BetrVG heranzuziehen. Nach der Rspr. des BAG muß aber nicht nur dem
„ähnlichen leitenden Angestellten", sondern auch den Geschäftsführern und

Betriebsleitern die rechtliche (nicht die tatsächliche) Befugnis entweder zur Einstellung oder Entlassung von Arbeitnehmers verliehen sein (krit. dazu ErfK/*Ascheid* § 14 KSchG Rn. 10 – nur ähnlicher leitender Angestellter). Diese Rechtsmacht muß der leitende Angestellte auch im Innenverhältnis eigenverantwortlich, d.h. frei von Weisungen Dritter ausüben können. Ob sie auch tatsächlich wahrgenommen wird, ist hingegen unerheblich (BAG 28. 11. 1968 AP KSchG § 1 Betriebsbedingte Kündigung Nr. 19 = BB 1969, 315).

d) Organvertreter

37 Nach § 14 Abs. 1 Nr. 1 findet das KSchG keine Anwendung auf Organmitglieder, die zur gesetzlichen Vertretung von juristischen Personen berufen sind. Gleiches gilt für die durch Gesetz, Satzung oder Gesellschaftsvertrag zur Vertretung von Personengesamtheiten berufenen Personen (Abs. 1 Nr. 2). Die Herausnahme aus dem allgemeinen Kündigungsschutz beruht auf der Vorstellung des Gesetzgebers, daß dieser Personenkreis nicht wie ein Arbeitnehmer sozial schutzwürdig ist. Hinzu kommt, daß der gesetzliche Vertreter das Willensorgan der juristischen Person oder Personengesamtheit ist und damit auch regelmäßig die Arbeitgeberfunktion ausübt (BAG 15. 4. 1982 AP KSchG 1969 § 14 Nr. 1 = NJW 1983, 2405). **Entscheidend** für den Ausschluß vom allgemeinen Kündigungsschutz ist die **formale Stellung als Organvertreter.** Während dieses Zeitraums besteht kein allgemeiner Kündigungsschutz, selbst wenn das der organschaftlichen Stellung zugrunde liegende Vertragsverhältnis aufgrund seiner inhaltlichen Ausgestaltung als Arbeitsverhältnis anzusehen ist (KR/*Rost* § 14 KSchG Rn. 3 mwN.). Unerheblich ist deshalb, ob der Organvertreter im Innenverhältnis von der ihm nach dem Gesetz eingeräumten umfassenden Vertretungsmacht auch tatsächlich Gebrauch machen darf. Endet die Organstellung entweder durch Zeitablauf, Abberufung oder aus sonstigen Gründen, wird das Vertragsverhältnis aber nicht zwangsläufig vom allgemeinen Kündigungsschutz erfaßt. Allein durch den Abberufungsakt wird das bestehende Anstellungsverhältnis nicht zum Arbeitsverhältnis (BAG 21. 2. 1994 AP ArbGG 1979 § 5 Nr. 17 = NZA 1994, 905). Maßgeblich ist vielmehr die inhaltliche Ausgestaltung der vertraglichen Beziehungen zwischen dem (früheren) Organvertreter und der Gesellschaft. War letztere aufgrund der vertraglichen Vereinbarungen oder der tatsächlichen Vertragsdurchführung weitgehend weisungsbefugt, kann das Anstellungsverhältnis rechtlich als ein Arbeitsverhältnis zu qualifizieren sein, das dem materiellen Arbeitsrecht unterliegt. Für Streitigkeiten aus dem Anstellungsvertrag, der der Organvertreterbestellung zugrunde liegt, ist der Rechtsweg zu den Gerichten für Arbeitssachen nicht gegeben, selbst wenn zwischenzeitlich die Organvertreterstellung beendet worden ist (§ 5 Abs. 1 Satz 3 ArbGG, BAG 6. 5. 1999 NZA 1999, 839).

38 Problematisch ist, wenn nicht zweifelsfrei festgestellt werden kann, ob **neben dem Dienstverhältnis,** das der Organvertreterstellung zugrunde liegt, noch **ein weiteres Arbeitsverhältnis** mit dem Unternehmen besteht. Es sind dies die Fallgestaltungen, in denen zunächst ein Arbeitsverhältnis bestanden hat, der Arbeitnehmer aber später zum Organvertreter bestellt worden ist. Die Frage ist deshalb von Bedeutung, weil der Arbeitnehmer auch bei Bestehen einer langjährigen Betriebszugehörigkeitszeit mit dem Abschluß des neuen (Dienst-) Vertrags seinen gesamten sozialen Besitzstand und damit auch den allgemeinen Kündigungsschutz verliert. Denkbar ist dabei, daß während seines Anstellungsverhältnisses als Organvertreter das zuvor begründete Arbeitsverhältnis ruht und später wiederauflebt. Regelmäßig wollen aber die Parteien das bestehende Arbeitsverhältnis in ein Vertragsverhältnis als Organvertreter umwandeln und ihre vertragliche Beziehungen nicht aufspalten. Fehlt es an einer entsprechenden Vereinbarung bei der Umwandlung eines Arbeitsverhältnisses in ein Anstellungsverhältnis, geht die Rechtsprechung des BAG nunmehr von der Beendigung des bisherigen Arbeitsverhältnisses aus (BAG 18. 12. 1996 AP ArbGG 1979 § 2 Zuständigkeitsprüfung Nr. 3 = NZA 1997, 509; anders noch BAG 9. 5. 1985 AP ArbGG 1979 § 5 Nr. 3 = NZA 1986, 792). Empfehlenswert ist es dennoch für den Arbeitgeber, die Kündigung eines Dienstverhältnisses eines Organvertreters gleichzeitig bzw. hilfsweise auf ein möglicherweise noch bestehendes Arbeitsverhältnis zu erstrecken. Allerdings besteht bei der Kündigung des Arbeitsverhältnisses regelmäßig ein Beteiligungsrecht des Betriebsrates nach § 102 BetrVG.

Die Herausnahme aus dem allgemeinen Kündigungsschutz nach dem KSchG **39** bezieht sich aber nur auf **unmittelbare Organvertreter** (BAG 15. 4. 1982 AP KSchG 1969 § 14 Nr. 1 = NJW 1983, 2405; anders OLG Hamm 27. 3. 1998 NZA-RR 1998, 372 für den Geschäftsführer einer Komplementär-GmbH, die ihrerseits als persönlich haftende Gesellschafterin zur Vertretung einer Kommanditgesellschaft befugt ist). Maßgebend für die Beurteilung für die Herausnahme des Gekündigten aus dem allgemeinen Kündigungsschutz des KSchG ist der Zeitpunkt des Zugangs der Kündigung, auch wenn diese auf Gründe gestützt wird, die während der organschaftlichen Stellung entstanden sind (BAG 22. 2. 1974 AP ArbGG 1952 § 5 Nr. 19).

2. Mindestarbeitnehmerzahl

Der 1. Abschnitt des KSchG ist nur anwendbar, wenn im Betrieb in der Re- **40** gel mehr als 5 Arbeitnehmer ausschließlich der zu ihrer Berufsbildung Beschäftigten beschäftigt werden (§ 23 Abs. 1 Satz 2 KSchG). Das Eingreifen des allgemeinen Kündigungsschutzes ist dementsprechend an die regelmäßige Beschäftigung einer Mindestarbeitnehmerzahl (5,25) geknüpft. Die Kündigungen von Arbeitnehmern in sog. **Kleinbetrieben** werden daher keiner Kontrolle auf ihre soziale Rechtfertigung (§ 1 KSchG) unterworfen.

a) Kleinbetrieb/-unternehmen

Die Herausnahme der in Kleinbetrieben Beschäftigten vom allgemeinen **41** Kündigungsschutz ist trotz der hierin liegenden Ungleichbehandlung mit der Verfassung vereinbar. Die Besserstellung der Kleinbetriebe ist nach Ansicht des BVerfG wegen ihrer geringeren wirtschaftlichen und verwaltungsmäßigen Leistungsfähigkeit sowie der besonderen Nähe zwischen dem Betriebsinhaber und seinen Arbeitnehmern gerechtfertigt (BVerfG 27. 1. 1998 AP KSchG 1969 § 23 Nr. 17 = NZA 1998, 470). Das Gericht verlangt jedoch eine Anwendung der Kleinbetriebsklausel auf solche Einheiten, für deren Schutz die

Kleinbetriebsklausel allein bestimmt ist und bei denen die Benachteiligung der betroffenen Arbeitnehmer sachlich begründet ist. Aus diesem Grund kommt die Herausnahme aus dem allgemeinen Kündigungsschutz nur für solche Unternehmen in Betracht, die insgesamt nicht mehr als 5 Arbeitnehmer iSd. § 23 Abs. 1 KSchG beschäftigen (sog. **Kleinunternehmen**). Überholt ist daher die bis zur Entscheidung des BVerfG vertretene Auffassung der Rspr., daß es auf die Arbeitnehmerzahl des Beschäftigungsbetriebs ankommt, in dem der gekündigte Arbeitnehmer tätig ist. Diese hatte den Begriff des Kleinbetriebs entsprechend dem des § 1 BetrVG ausgelegt (vgl. nur BAG 19. 4. 1990 AP KSchG 1969 § 23 Nr. 8 = NZA 1990, 724; dagegen schon *Bepler* ArbuR 1997, 54 mwN.). Entsprechend der Vorgaben des BVerfG wendet das BAG nunmehr § 23 KSchG nur auf Unternehmen oder Verwaltungen an, die insgesamt den Schwellenwert von 5 Arbeitnehmern nicht überschreiten (BAG 23. 4. 1998 AP KSchG 1969 § 23 Nr. 19 = NZA 1998, 995 – Italienisches Kulturinstitut; 12. 11. 1998 AP KSchG 1969 § 23 Nr. 20 = NZA 1999, 590 = DB 1999, 965 – evangelische Kirchengemeinde). Einen darüber hinausgehenden „Berechnungsdurchgriff im Konzern", d.h. die Zusammenrechnung der Arbeitnehmerzahl in Konzernunternehmen hat es jedoch unter Hinweis auf die seiner Ansicht nach abschließende Regelung in § 322 Abs. 2 UmwG abgelehnt (BAG 28. 4. 1999 NZA 1999, 932; 12. 11. 1998 AP KSchG 1969 § 23 Nr. 20 = NZA 1999, 590; für einen Berechnungsdurchgriff hingegen *Bepler* ArbuR 1997, 54, 58; *Kittner* NZA 1998, 731, 732 zum Gemeinschaftsbetrieb auch Rn. 42). Die Herausnahme der Kleinunternehmen verstößt auch nicht gegen Gemeinschaftsrecht (EuGH 30. 11. 1993 AP KSchG 1969 § 23 Nr. 13 – keine unzulässige Beihilfe oder mittelbare Diskriminierung). Die Grundsätze des BVerfG in seiner Entscheidung vom 28. 1. 1998 behalten auch nach der Neufassung des § 23 KSchG durch das Korrekturgesetz vom 19. 12. 1998 weiterhin Gültigkeit. Der Gesetzgeber hat offenbar in Kenntnis der Verfassungsgerichtsentscheidung von der eigentlich notwendigen (redaktionellen) Korrektur des Gesetzeswortlaut abgesehen (dazu ausführlich *Preis* RdA 1999, 311, 313 ff.).

b) Gemeinschaftsbetrieb

42 Bilden mehrere Unternehmen einen einheitlichen Betrieb, werden die im Gemeinschaftsbetrieb tätigen Arbeitnehmer bei der Berechnung des Schwellenwerts des § 23 Abs. 1 KSchG über die Unternehmensgrenzen hinweg zusammengezählt. Ein einheitlicher Betrieb mehrerer Unternehmen iSd. §§ 1, 23 KSchG besteht, wenn sie (1) im Rahmen einer gemeinsamen Arbeitsorganisation (2) unter einer einheitlichen Leitungsmacht einen arbeitstechnischen Zweck fortgesetzt verfolgen. Voraussetzung für einen gemeinschaftlicher Betrieb von zwei oder mehr Unternehmen ist die **Bildung einer einheitlichen Organisation,** die von einer einheitlichen Führung gesteuert werden muß. Die Einheit der Organisation ist zu bejahen, wenn ein einheitlicher Leitungsapparat vorhanden ist, der die Gesamtheit der für die Erreichung der arbeitstechnischen Zwecke eingesetzten personellen, technischen und immateriellen Mittel lenkt. Die dabei von den einzelnen arbeitstechnischen Zwecke müssen nicht identisch sein oder in einem funktionellen Zusammenhang stehen; die verbundenen Unternehmen können auch unterschiedliche arbeitstechnische Ziele verfolgen (BAG 13. 6. 1985 AP KSchG 1969 § 1 Nr. 10 = NZA 1986, 600). Weitere Voraussetzung für die Annahme eines gemeinsamen Betriebs mehrerer Unternehmen ist eine **Vereinbarung über die gemeinsame Leitung** der einzelnen Unternehmen (sog. Führungsvereinbarung). Diese muß nicht ausdrücklich in vertraglichen Abmachungen geregelt sein, sondern kann sich auch aus den tatsächlichen Umständen ergeben. Aus einer engen Zusammenarbeit der Unternehmen folgt aber noch keine Führungsvereinbarung, notwendig ist vielmehr die einheitliche Leitung des gemeinschaftlichen Betriebsablaufs. Hierzu ist erforderlich, daß diese Führung die Arbeitgeberfunktionen im Bereich der sozialen und personellen Angelegenheiten (§§ 87, 92 ff. BetrVG) sowie die unternehmerischen Funktionen im Bereich der wirtschaftlichen Angelegenheiten (§§ 111 ff. BetrVG) tatsächlich ausübt. Ist dies der Fall, wird das Bestehen einer Führungsvereinbarung **vermutet** (BAG 18. 1. 1990 AP KSchG 1969 § 23 Nr. 9 = NZA 1990, 977, siehe zur Darlegungslast Rn. 54, zur Weiterbeschäftigungsmöglichkeit im Gemeinschaftsbetrieb Rn. 211, zur Sozialauswahl Rn. 292). Nach der früheren Rspr. sollte ein Gemeinschaftsbetrieb enden, wenn über ein Unternehmen ein Konkurs- oder Gesamtvollstreckungsverfahren eröffnet wird (BAG 5. 3. 1987 AP KSchG 1969 § 15 Nr. 30 = NZA 1988, 32). Dieser Rechtssatz ist auf das Insolvenzverfahren nur eingeschränkt übertragbar, da es nicht zwangsläufig zur Auflösung der Gesellschaft und Verwertung ihres Vermögens führt. Vielmehr endet der Gemeinschaftsbetrieb erst wenn feststeht, daß eine der beteiligten Gesellschaften liquidiert wird und der bisherige Gemeinschaftsbetrieb (bei ursprünglich mehr als 2 Gesellschaften) von den verbleibenden Unternehmen nicht mehr fortgeführt wird.

c) Berücksichtigung von Teilzeitbeschäftigten

Der Schwellenwert für das Eingreifen des allgemeinen Kündigungsschutzes in **43** § 23 KSchG ist vom Gesetzgeber im Korrekturgesetz vom 19. 12. 1998 (BGBl. I, 3843) wieder auf „in der Regel mehr als 5 Arbeitnehmer" ermäßigt worden. Daneben ist die Berechnungsregel des Abs. 1 Satz 3 für die Berücksichtigung der nur teilzeitbeschäftigten Arbeitnehmer geändert worden. Nach § 23 Abs. 1 Satz 3 KSchG a. F. waren teilzeitbeschäftigte Arbeitnehmer mit einer regelmäßigen wöchentlichen Arbeitszeit von nicht mehr als 10 Stunden mit 0,25, nicht mehr als 20 Stunden mit 0,5 und nicht mehr als 30 Stunden mit 0,75 zu berücksichtigen. Nach der Neufassung zählen alle regelmäßig bis zu 20 Stunden wöchentlich Beschäftigten ab dem 1. 1. 1999 mit einem Wert von 0,5. Unverändert ist hingegen der Wert von 0,75 Arbeitnehmer für die bis zu 30 Stunden wöchentlich Beschäftigten geblieben. Nach Ansicht des BVerfG war die Berechnungsregel des § 23 KSchG a. F. nicht zu beanstanden, vielmehr verstieß die vor dem 1. 10. 1996 geltende völlige Herausnahme der mit weniger als 10 Stunden beschäftigten Teilzeitbeschäftigten gegen den Gleichheitssatz des Art. 3 Art. 1 GG (BVerfG 27. 1. 1998 AP KSchG 1969 § 23 Nr. 18 = NZA 1998, 469). Gegen die durch das Korrekturgesetz auch für andere Normen (§ 622 Abs. 5 S. 2 BGB, 2 Abs. 3 S. 3 ArbPlSchG, 6 Abs. 1 S. 4 ArbSchG, 11 S. 1 ASiG) geänderte Berechnungsregel bestehen inhaltlich keine durchgreifenden verfassungsrechtlichen Bedenken, da sie nicht zur gleichheitswidrigen Herausnahme von Arbeitnehmern aus dem allgemeinen Kündigungsschutz führt, sich andererseits aber noch im Rahmen des gesetzgeberischen Ermessens bei der Einbeziehung von Kleinunternehmen unter den 1. Abschnitt des KSchG hält.

d) Berechnung der „in der Regel" Beschäftigten

44 Für die Anzahl der im Kleinunternehmen Beschäftigten sind nur solche Arbeitnehmer mitzuzählen, die in einem Arbeitsverhältnis zum Unternehmen stehen, Leiharbeitnehmer sind daher im Entleiherbetrieb nicht berücksichtigungsfähig. Gleiches gilt für Personen, die ihre Tätigkeit aufgrund eines Dienst- oder Werkvertrags mit dem Betriebsinhaber erbringen oder als arbeitnehmerähnliche Person bzw. im Rahmen der familienrechtlichen Unterhaltspflicht beschäftigt werden. Unerheblich ist aber, ob die Arbeitnehmer überwiegend im Außendienst eingesetzt werden. Auch leitende Angestellte zählen zu den Arbeitnehmern iSd. § 23 KSchG, selbst wenn sie die Voraussetzungen des § 14 Abs. 2 KSchG erfüllen. Ausländische Arbeitnehmer zählen mit, auch wenn auf ihr Arbeitsverhältnis nicht deutsches Arbeitsrecht anzuwenden ist (LAG Frankfurt 18. 12. 1979 NJW 1980, 2664; anders ErfK/*Ascheid* § 23 KSchG Rn. 9). Gleiches gilt für ruhende Arbeitsverhältnisse, in diesem Fall ist jedoch die vertretungsweise eingestellte Ersatzkraft nicht mitzuzählen (vgl. § 21 Abs. 7 BErzGG; LAG Hamm 3. 4. 1997 AP KSchG 1969 § 23 Nr. 15 = DB 1997, 881). Maßgeblich bei der Berechnung ist die Beschäftigtenzahl zum Zeitpunkt des Kündigungszugangs. Bei **wechselnden Beschäftigungszahlen** ist auf die vergangenen 6 Monate und auf die voraussichtliche Entwicklung in der Zukunft abzustellen (BAG 31. 1. 1991 AP KSchG 1969 § 23 Nr. 11 = NZA 1991, 562). Wird der Betrieb stillgelegt oder besteht die zukünftige Entwicklung ausschließlich in einem Personalabbau, ist auf die vom BAG zur Feststellung der Arbeitnehmerzahl bei Betriebsänderungen aufgestellten Grundsätze zurückzugreifen (dazu BAG 11. 11. 1997 AP BetrVG 1972 § 111 Nr. 42 = NZA 1998, 723; 9. 5. 1995 AP BetrVG 1972 § 111 Nr. 33; enger LAG Rheinland-Pfalz 16. 2. 1996 AP KSchG 1969 § 23 Nr. 14 = NZA 1997, 315 – geringere Beschäftigtenzahl maßgeblich). Zur Berechnung der Beschäftigtenzahl bei der Anzeigepflicht nach § 17 KSchG Rn. 458.

3. Wartezeit

a) Grundsatz

45 Der allgemeine Kündigungsschutz greift erst nach einem sechsmonatigen ununterbrochenen Bestand des Beschäftigungsverhältnisses im Betrieb oder Unternehmen ein (sog. Wartezeit). Diese stellt nach der Neuregelung des Kündigungsschutzes im Jahr 1969 nicht mehr auf die tatsächliche Beschäftigung, sondern auf den ununterbrochenen rechtlichen Bestand des Arbeitsverhältnisses ab. Sie beginnt ab dem Tag, an dem der Arbeitnehmer nach dem Arbeitsvertrag die Arbeit aufnehmen soll. Ist dieser aus von ihm nicht zu vertretenden Gründen an der Arbeitsaufnahme gehindert (Krankheit, Unfall, Annahmeverzug des Arbeitgebers), ist dies für den Fristbeginn ohne Belang.

Andererseits läuft die Wartezeit dann nicht, wenn der Arbeitnehmer aus von ihm zu vertretenden Gründen nicht zum vereinbarten Arbeitsbeginn erscheint (KR/*Etzel* § 1 KSchG Rn. 110).

Regelmäßig erwirbt der Arbeitnehmer erst nach Ablauf von 6 Monaten **46** den allgemeinen Kündigungsschutz. Maßgeblich ist dabei der Zugang der Kündigung, nicht der Zeitpunkt, zu dem das Arbeitsverhältnis beendet wird. Kündigt der Arbeitgeber kurz vor Ablauf der Wartezeit, soll er sich nach der Rechtsprechung nicht auf deren fehlende Vollendung berufen können, wenn er die Kündigung wenige Tage vor Ablauf dieser Wartezeit erklärt, um den Erwerb des allgemeinen Kündigungsschutzes zu vereiteln. In diesem Fall kann die ausgesprochene Kündigung analog § 162 BGB unwirksam sein. Allerdings führt allein der Kündigungsausspruch kurz vor Ablauf der Wartezeit noch nicht zu deren Unwirksamkeit; vielmehr müssen noch weitere Umstände vorliegen, die für einen Rechtsmißbrauch eines Arbeitgebers sprechen (BAG 18. 8. 1982 AP BetrVG 1972 § 102 Nr. 24; LAG Schleswig-Holstein 3. 3. 1983 DB 1983, 2260).

Für den Lauf der Wartezeit ist unerheblich, in welcher Eigenschaft bzw. **47** Funktion der Arbeitnehmer in der Vergangenheit im Betrieb tätig war. Insbesondere können auch Zeiten eines befristeten Arbeitsverhältnisses, einer Arbeitsbeschaffungsmaßnahme sowie Berufsausbildungszeiten (BAG 12. 12. 1985 AP BGB § 620 Befristeter Arbeitsvertrag Nr. 90 = NZA 1986, 571) auf die Wartezeit angerechnet werden, wenn zwischen den Beschäftigungsverhältnisse keine zeitliche Unterbrechung lag (BAG 12. 2. 1981 AP BAT § 5 Nr. 1; 23. 9. 1976 AP KSchG 1969 § 1 Nr. 1 – Weiterarbeit am nächsten Tag; KR/*Etzel* § 1 KSchG Rn. 116 f.). Ein Beschäftigung außerhalb eines Arbeitsverhältnisses, etwa als freier Mitarbeiter oder arbeitnehmerähnliche Person, wird hingegen nicht auf die Wartezeit angerechnet.

b) Zusammenrechnung von Beschäftigungszeiten

Obwohl die Erfüllung der Wartezeit grundsätzlich einen ununterbrochenen **48** rechtlichen Bestand des Arbeitsverhältnisses voraussetzt, können ausnahmsweise Zeiten eines früheren Arbeitsverhältnisses auf die Wartezeit angerechnet. Dies gilt aber nur, wenn zwischen den Arbeitsverhältnissen ein **enger sachlicher Zusammenhang** besteht und darüber hinaus die **Unterbrechung nur kurzfristig war** (BAG 20. 8. 1998 AP KSchG 1969 § 1 Wartezeit Nr. 10 = NZA 1999, 314 mwN.). Bei der Beurteilung, ob zwischen den Arbeitsverhältnissen ein enger sachlicher Zusammenhang besteht, berücksichtigt das BAG, ob die auszuübende Tätigkeit im wesentlichen gleich geblieben ist und von welcher Vertragspartei die Initiative zur Auflösung des früheren Arbeitsverhältnis ausgegangen ist (BAG 10. 5. 1989 AP KSchG § 1 Wartezeit Nr. 7 = NZA 1990, 221 – Eigenkündigung; 20. 8. 1998 AP KSchG 1969 § 1 Wartezeit Nr. 9 = NZA 1999, 481 – Einstellungszusage). Wie lange der zwischen den Beschäftigungsverhältnissen liegende Zeitraum sein darf, ist bisher nicht abschließend geklärt. Die Rechtsprechung hat in der Vergangenheit die aufeinander folgenden Arbeitsverhältnisse bei der Berechnung der Wartezeit zusammengerechnet, wenn die Unterbrechung nicht länger als 6 Wochen betragen hat; eine Orientierung an der gesetzlichen Fiktion des engen sachlichen Zusammenhangs in § 1 Abs. 1 Satz 3 BeschFG 1985 hat sie abgelehnt (BAG 10. 5. 1989 AP KSchG § 1 Wartezeit Nr. 7 = NZA 1990, 221).

49 Durch **Parteivereinbarung** kann – ggf. auch konkludent – der allgemeine Kündigungsschutz vor Ablauf von 6 Monaten begründet werden (BAG 8. 6. 1972 AP KSchG 1969 § 1 Nr. 1 – Dauerstellung). Gesetzliche Anrechnungsvorschriften enthalten u. a. die §§ 10 Abs. 2 MuSchG, 6 Abs. 2 ArbPlSchG. Auch tarifliche Anrechnungsvorschriften einer früheren Beschäftigung- bzw. Betriebszugehörigkeitszeit können zur Zusammenrechnung von früheren Beschäftigungsverhältnissen führen (dazu BAG 28. 2. 1990 AP KSchG 1969 § 1 Wartezeit Nr. 8 = NZA 1990, 858; 14. 5. 1987 AP KSchG 1969 § 1 Wartezeit Nr. 5 = DB 1987, 2575).

50 Da das KSchG grundsätzlich Unternehmens-, aber nicht konzernbezogen gilt, ist eine Versetzung in einen anderen Betrieb des Unternehmens für die Berechnung der Wartezeit unschädlich, während bei einer Neubegründung des Beschäftigungsverhältnisses bei einem anderen Konzernunternehmen frühere Beschäftigungszeiten nicht angerechnet werden. Allerdings kann zugunsten des Arbeitnehmers von der Berechnung der Wartezeit tarifvertraglich wie auch durch eine einzelvertragliche Vereinbarung abgewichen werden. Ein solcher Fall kann insbesondere bei einem Wechsel innerhalb des Konzerns vorliegen. Hingegen führt ein Betriebsübergang (§ 613 a BGB) oder eine Gesamtrechtsnachfolge nach dem UmwG nicht zu einer rechtlichen Unterbrechung der Wartezeit.

51 Der (beschäftigungslose) **Unterbrechungszeitraum** bleibt bei der Länge der zurückgelegten Beschäftigungszeit **unberücksichtigt**, selbst wenn frühere Beschäftigungszeiten aus einem bereits beendeten Arbeitsverhältnis zusammengerechnet werden.

4. Darlegungs- und Beweislast

52 Die Darlegungs- und Beweislast für das Vorliegen der Tatsachen, die den allgemeinen Kündigungsschutz begründen, hat grundsätzlich der Arbeitnehmer. Dies gilt auch für die tatsächlichen Umstände, aus denen sich die **Arbeitnehmereigenschaft** iSd. KSchG ergibt. Die Beweislastregel des § 7 Abs. 4 SGB IV ist nicht (auch nicht entsprechend) anwendbar, da sie nur für die Feststellung des sozialversicherungsrechtlichen Beschäftigungsverhältnisses (§ 7 Abs. 1 SGB IV) gilt. Die Darlegungs- und Beweislast trifft aber den Arbeitgeber, sofern er sich darauf beruft, daß der Beschäftigte als Organvertreter anzusehen ist oder zu den sonstigen nicht durch das Kündigungsschutzgesetz erfaßten Beschäftigungsgruppen (Beamte, Tätigkeit aus karitativen, religiösen, medizinischen oder erzieherischen Gründen) zählt (KR/*Etzel* § 1 KSchG Rn. 99).

53 Umstritten ist, wen die Darlegungs- oder Beweislast für das Eingreifen des **betrieblichen Geltungsbereichs** des KSchG trifft. Nach Auffassung des BAG hat der Arbeitnehmer darzulegen und ggf. zu beweisen, daß er in einem Betrieb beschäftigt war, in dem regelmäßig mehr als 5 Arbeitnehmer ausschließ-

lich der Auszubildenden beschäftigt werden (BAG 18. 1. 1990 AP KSchG
1969 § 23 Nr. 9 = NZA 1990, 977). Das LAG Hamm tritt hingegen für eine
abgestufte Darlegungs- und Beweislast ein. Danach muß der Arbeitnehmer
zunächst darzulegen, daß nach der Kopfzahl die als Grenzwert angegebene Arbeitnehmerzahl (sog. Schwellenwert) überschritten ist. Dann ist es aufgrund
der Sachnähe Aufgabe des Arbeitgebers, die Umstände dazulegen, weshalb die
vom Arbeitnehmer bezeichneten Beschäftigten nicht oder nicht in vollem Umfang für die Berechnung der Mindestarbeitnehmerzahl mitzuberücksichtigen
sind (LAG Hamm 3. 4. 1997 AP KSchG 1969 § 23 Nr. 15 = DB 1997, 881;
enger LAG Rheinland-Pfalz 16. 2. 1996 AP KSchG 1969 § 23 Nr. 14 =
NZA 1997, 315 – Arbeitnehmer muß darlegen und beweisen, daß ein im Betrieb mitarbeitendes Familienmitglied als Arbeitnehmer beschäftigt wird).

Nach zutreffender Ansicht ist § 23 Abs. 1 S. 2 KSchG eine Ausnahmevor- **54**
schrift, deren Voraussetzungen derjenige darzulegen und ggf. zu beweisen hat,
der sich darauf beruft, weshalb der Arbeitgeber insoweit die Darlegungs- und
Beweislast für das Vorliegen eines **Kleinbetriebs** trägt (LAG Berlin 22. 8.
1996 BB 1997, 1000 = ZTR 1997, 189 – keine greifbare Gesetzwidrigkeit;
28. 10. 1994 LAGE § 23 KSchG Nr. 11 = BB 1995, 784; ErfK/*Ascheid* § 23
KSchG Rn. 25; *Stahlhacke/Preis/Vossen* Rn. 606 c). Die Darlegungslast trifft
hingegen den Arbeitnehmer, wenn er geltend macht, daß er in einem **gemein-
samen Betrieb mehrerer Unternehmen** beschäftigt wird (BAG 12. 11. 1998
NZA 1999, 590; 18. 1. 1990 AP KSchG 1969 § 23 Nr. 9 = NZA 1990, 977;
ErfK/*Ascheid* § 23 KSchG Rn. 5; anders *Stahlhacke/Preis/Vossen* Rn. 606 c;
vermittelnd KR/*Weigand* § 23 KSchG Rn. 50 – abgestufte Darlegungslast).
Es besteht jedoch eine vom Arbeitgeber auszuräumende Vermutung für die
Existenz einer Führungsvereinbarung, wenn 2 räumlich beieinander liegende
Betriebe von derselben Person geleitet werden (LAG Schleswig-Holstein 22. 4.
1997 DB 1997, 372 = ArbuR 1997, 372).

Die Voraussetzungen für die Anwendung des KSchG nach dem **persönli-** **55**
chen Geltungsbereich trifft den Arbeitnehmer. Er muß vortragen, daß das
Arbeitsverhältnis 6 Monate vor Zugang der Kündigung rechtlich begründet
worden ist. Dem Arbeitgeber obliegt es dann, die Umstände für eine rechtlich erhebliche Unterbrechung des Beschäftigungsverhältnisses darzulegen und
ggf. zu beweisen. Dies gilt auch dann, wenn das Arbeitsverhältnis unstreitig
tatsächlich unterbrochen war. Ist im Rahmen von § 1 Abs. 1 KSchG zwischen den Parteien streitig, ob ein unstreitig begründetes, dann tatsächlich
unterbrochenes Arbeitsverhältnis auch rechtlich unterbrochen war, so hat
der Arbeitgeber darzulegen und zu beweisen, daß auch eine rechtliche Unterbrechung vorlag (BAG 16. 3. 1989 AP KSchG 1969 § 1 Wartezeit Nr. 6 =
NZA 1889, 884). Anders ist es im Fall einer unstreitigen rechtlichen Unterbrechung des Arbeitsverhältnisses. Hier ist der Arbeitnehmer wieder darle-
gungs- und beweispflichtig dafür, daß entweder die Neubegründung in einem engen sachlichen Zusammenhang mit dem vorherigen Arbeitsverhältnis
bestanden hat oder eine Anrechnungsvereinbarung getroffen wurde. Bei Kündigungen kurz vor Ablauf der Wartezeit hat der Arbeitnehmer die Tatsachen
vorzutragen und ggf. zu beweisen, aus denen sich das rechtsmißbräuchliche
Verhalten des Arbeitgebers ergibt (BAG 5. 3. 87 RzK I 4 d Nr. 7).

II. Die Kündigungsschutzklage

56 Die ausgesprochene Kündigung wird vom Arbeitsgericht nur auf ihre soziale Rechtfertigung (§ 1 Abs. 2 KSchG) überprüft, wenn der Arbeitnehmer innerhalb von 3 Wochen Klage beim zuständigen Arbeitsgericht erhebt (Kündigungsschutzklage, § 4 KSchG). Wird die Frist nicht gewahrt, ist die ausgesprochene Kündigung nur unwirksam, wenn die Voraussetzungen einer Unwirksamkeit aus „sonstigen Gründen" (§ 13 Abs. 2 bzw. 3 KSchG) vorliegen.

1. Örtliche und Rechtswegzuständigkeit

57 Für die örtliche Zuständigkeit der Arbeitsgerichte gelten über § 46 Abs. 2 ArbGG die §§ 12–37 ZPO. Danach bestehen im wesentlichen die Zuständigkeiten nach
- Wohnsitz (bei natürlichen Personen), §§ 12 f. ZPO
- Sitz (bei juristischen Personen), § 17 ZPO
- Erfüllungsort, § 29 ZPO iVm. § 269 BGB
- besonderer tarifvertraglicher Vereinbarung, § 48 Abs. 2 ArbGG.

Bei mehreren örtlich zuständigen Arbeitsgerichten hat der Arbeitnehmer ein Wahlrecht (Ausnahme: § 48 ArbGG, wenn im Tarifvertrag ein ausschließlicher Gerichtsstand festgelegt worden ist). Die Einreichung der Kündigungsschutzklage bei einem **örtlich unzuständigen Arbeitsgericht** wahrt die Frist des § 4 Satz 1 KSchG, wenn der Rechtsstreit an das örtlich zuständige Arbeitsgericht verwiesen wird, sofern nur die Klageschrift dem Arbeitgeber „demnächst" zustellt wird (BAG 31. 3. 1993 AP KSchG 1969 § 4 Nr. 27 = NZA 1994, 237). Als „demnächst" ist eine Zustellung noch anzusehen, wenn diese nur geringfügig verzögert wird, selbst wenn die Fristversäumung vom Kläger verschuldet ist (BAG 8. 4. 1976 AP KSchG 1969 § 4 Nr. 2 = NJW 1976, 1421). Trifft den Kläger an der verzögerten Zustellung kein Verschulden, ist auch eine Zustellung weit außerhalb der 3-Wochen-Frist des § 4 KSchG unschädlich. Zur Fristwahrung läßt die höchstrichterliche Rechtsprechung die Entstehung eines „Prozeßrechtsverhältnisses" ausreichen, welches durch die demnächstige Klagezustellung begründet wird. Auch die Einreichung einer Kündigungsschutzklage bei einem Gericht des **unzulässigen Rechtsweges** innerhalb der 3-Wochen-Frist des § 4 KSchG ist daher fristwahrend, wenn nur die Klage demnächst zugestellt wird. Dies gilt jedenfalls, wenn das Verfahren durch Beschluß nach § 17a GVG an das Arbeitsgericht verwiesen wird, da nach § 17b Satz 2 GVG (weitergehender LAG Sachsen-Anhalt 23. 2. 1995 LAGE § 4 KSchG Nr. 26 = BB 1995, 784 – auch bei formloser Abgabe).

2. Form der Kündigungsschutzklage

58 Die Klageschrift muß die Kündigung, die angegriffen werden soll, näher bezeichnen und den Klagegrund angeben (§ 253 Abs. 2 ZPO). Zwar muß sie nach der genannten Vorschrift einen bestimmten Antrag enthalten, die Rechtsprechung stellt hier aber keine allzu strengen Anforderungen. Bei einer Kündigungsschutzklage ist es für die wirksame Klageerhebung ausreichend, wenn der Kläger vorträgt, bei wem er beschäftigt war und daß er die Kündigung für unwirksam hält; insoweit sind nicht eindeutige Anträge der Auslegung zugänglich (BAG 21. 5. 1981 AP KSchG 1969 § 4 Nr. 7 = NJW 1982, 1174). Unschädlich ist, wenn in einer Klage das Kündigungsdatum unrichtig angegeben ist, zwischen den Parteien aber kein Streit besteht, welche Kündigung gemeint ist (LAG Hamm 28. 9. 1992 NZA 1993, 864). Dies gilt nur eingeschränkt, wenn mehrere Kündigungen vom Arbeitgeber ausgesprochen worden sind. Hier kann aber ein allgemeiner Feststellungsantrag (§ 256 ZPO) helfen (dazu Rn. 87).

Die Kündigungsschutzklage muß von ihrem Verfasser **eigenhändig unter-** **59** **schrieben** sein (§§ 253 Abs. 4, 130 Nr. 6 ZPO). Eine nicht unterschriebene Klage stellt einen prozessual unbeachtlichen Klageentwurf dar, der die 3-Wochen-Frist regelmäßig nicht wahrt. Nur wenn sich aus einem dem Klageentwurf beigefügten Schriftstück ergibt, daß der Entwurf mit Wissen und Wollen seines Urhebers in den Rechtsverkehr gelangt ist, wahrt der Entwurf die Frist nach § 4 KSchG (BAG 26. 1. 1976 AP KSchG 1969 § 4 Nr. 1 = NJW 1976, 1285; zum Unterschriftserfordernis bei Massensachen BAG 14. 2. 1978 AP GG Art. 9 Arbeitskampf Nr. 60 = NJW 1979, 233). Jedoch ist eine Heilung nach § 295 ZPO möglich, da es sich bei der Frist des § 4 Satz 1 KSchG nach Auffassung des BAG um eine **prozessuale Klageerhebungsfrist** handelt (BAG 26. 6. 1986 AP KSchG 1969 § 4 Nr. 14 = NZA 1986, 761). Auch die Klageerhebung durch einen **Rechtsbeistand** wahrt die Klagefrist, da die Beschränkungen für Rechtsbeistände im arbeitsgerichtlichen Verfahren (§ 11 Abs. 3 ArbGG) lediglich das Auftreten in der mündlichen Verhandlung selbst, nicht aber bei Prozeßhandlungen außerhalb der mündlichen Verhandlung betreffen (BAG 26. 9. 1996 AP ArbGG 1979 § 11 Nr. 2 = NZA 1997, 174).

3. Klagefrist

Nach § 4 Satz 1 KSchG beträgt die Frist zur Erhebung einer Kündigungs- **60** schutzklage 3 Wochen und beginnt mit dem Zugang der Kündigung bei dem Gekündigten. Die Klagefrist endet mit Ablauf von 3 Wochen nach dem Tag, an dem die Kündigung zugegangen ist. Auf die Klagefrist braucht der Arbeitgeber den Arbeitnehmer nicht hinzuweisen.

a) Zugang unter Anwesenden

Maßgeblich für den Fristbeginn des § 4 Satz 1 KSchG ist der Zugang der **61** Kündigung, nicht deren Kenntnisnahme durch den Gekündigten. Mündliche oder fernmündliche Kündigungen gehen sofort zu, wenn der Anwesende sie akustisch richtig empfangen hat. Eine schriftliche Kündigung gilt mit ihrer Übergabe an einen Anwesenden zu, selbst wenn der Arbeitnehmer das Kündigungsschreiben nicht zur Kenntnis nimmt (BAG 16. 2. 1983 AP BGB § 130 Nr. 22 = NJW 1983, 2958). Erforderlich ist aber die seine subjektive Fähigkeit, sie wahrnehmen zu können.

b) Zugang der Kündigung bei Abwesenheit

62 Nach § 130 Abs. 1 BGB wird die Kündigungserklärung bei Abwesenheit des Arbeitnehmers wirksam, wenn sie in seinen Machtbereich gelangt. Der **Zugang** ist bewirkt, wenn sie so in seinen Machtbereich gelangt ist, daß bei Annahme gewöhnlicher Verhältnisse damit zu rechnen war, daß der Kündigungsempfänger von ihr Kenntnis nehmen konnte. Die abstrakte Möglichkeit ist ausreichend (BAG 2. 3. 1989 AP BGB § 130 Nr. 17 = NZA 1989, 635). Ein in den Hausbriefkasten eingeworfener Brief geht mit dem Zeitpunkt zu, in dem mit der **Leerung des Briefkastens** gerechnet werden konnte. Dies gilt entsprechend auch für andere Empfangseinrichtungen des Arbeitnehmers (Briefkasten, Postschließfach und Telefaxgerät). Befindet sich der Arbeitnehmer nicht oder nicht mehr an seinem gewöhnlichen Aufenthaltsort, geht ihm die Kündigung gleichwohl zu. Unerheblich ist, ob die fehlende Kenntnisnahme bzw. deren Möglichkeit vom Arbeitnehmer verschuldet worden ist. Besondere Umstände in der Sphäre des Arbeitnehmer, mit dem der Arbeitgeber nicht rechnen brauchte, hindern den Zugang dementsprechend nicht. Daher geht einem Arbeitnehmer eine Kündigung auch während des **Urlaubs** zu, selbst wenn dem Arbeitgeber bekannt ist, daß der Arbeitnehmer während seines Urlaubs ortsabwesend ist (BAG 16. 3. 1988 AP BGB § 130 Nr. 16 = NZA 1988, 875). Bei einem **Nachsendeantrag** ist der Zugang erst bewirkt, wenn das nachgesandte Schreiben den Arbeitnehmer tatsächlich erreicht.

63 Eine Willenserklärung bzw. eine Postsendung geht ihrem Empfänger auch zu, wenn sie in den tatsächlichen Machtbereich einer von ihm bevollmächtigte Person gelangt (BAG 11. 11. 1992 AP BGB § 130 Nr. 18 = NZA 1993, 259). Bevollmächtigt zur Entgegennahme von Kündigungsschreiben sind regelmäßig die im Haushalt lebenden **Familienangehörigen** des Arbeitnehmers (LAG Hamm 28. 7. 1988 DB 1988, 1759 = BB 1988, 2110 – Ehefrau; LAG Hamburg 6. 7. 1990 LAGE § 130 BGB Nr. 16 – Sohn) sowie **sonstige Personen** (Haushaltsangestellte, Vermieter BAG 16. 1. 1976 AP BGB § 130 Nr. 7 = DB 1976, 1018; LAG Bremen 17. 2. 1988 NZA 1988, 548). Verweigert ein als Empfangsbote anzusehender Familienangehöriger die Annahme eines Kündigungsschreibens, muß der Arbeitnehmer die Kündigung nur gegen sich gelten lassen, wenn er die Annahmeverweigerung ohne zureichenden Grund verursacht hat (BAG 11. 11. 1992 AP BGB § 130 Nr. 18 = NZA 1993, 259).

64 Besonderheiten gelten für die Kündigung per **Einschreiben.** Wird der Arbeitnehmer von dem Postbediensteten nicht angetroffen, ersetzt die schriftliche Mitteilung über die Niederlegung des Einschreibens den Zugang der Kündigungserklärung nicht (BAG 3. 4. 1986 AP SchwbG § 18 Nr. 9 = DB 1986, 2336). Hat allerdings der Arbeitnehmer Kenntnis von der bevorstehenden Kündigung und vereitelt er deren Zugang durch Nichtabholung bei der Post, muß er sich so behandeln lassen, als sei der Zugang erfolgt (LAG Frankfurt 7. 5. 1987 DB 1987, 2314). Hiervon zu unterscheiden ist der Sachverhalt, wenn der Arbeitnehmer das Einschreiben nicht am nächsten Tag, sondern noch in der Aufbewahrungsfrist von der Post abholt. Hier ist das Kündigungsschreiben erst zugegangen, wenn der Arbeitnehmer das Schriftstück selbst im Empfang nimmt. Die Klagefrist für die Erhebung der Kündigungsschutzklage beginnt erst an diesem Tag (BAG 25. 4. 1996 AP KSchG 1969 § 4 Nr. 35 = NZA 1996, 1227). Zum sog. **Einwurf-Einschreiben** vgl. *Stahlhacke/Preis/Vossen* Rn. 109 mwN. Die sichersten Möglichkeiten zum Bewirken des Zugangs sind die Übergabe durch Boten und die Zustellung durch Vermittlung des Gerichtsvollziehers (§ 132 Abs. 1 BGB).

Die Kündigung ist regelmäßig nicht bereits dann zugegangen, wenn sie an **65** einen **Rechtsanwalt** des Arbeitnehmers übermittelt hat, der keine besondere Empfangsvollmacht hat. Ihr Zugang ist erst bewirkt, wenn der Rechtsanwalt dem Arbeitnehmer das Kündigungsschreiben übermittelt. Jedoch gilt aufgrund der **allgemeinen Prozeßvollmacht** ein Rechtsanwalt zur Entgegennahme von weiteren Kündigungen während des Verfahrens als ermächtigt, wenn er für den Arbeitnehmer neben dem Antrag nach § 4 KSchG eine allgemeine Feststellungsklage (§ 256 ZPO) erhoben hat. Die Prozeßvollmacht, aufgrund derer eine Kündigung mit der allgemeinen Feststellungsklage nach § 256 ZPO angegriffen wird, bevollmächtigt den Prozeßbevollmächtigten zur Entgegennahme aller Kündigungen, die den mit dem Feststellungsantrag verbundenen weiteren Streitgegenstand betreffen. Es kommt nicht darauf an, ob und wann die Kündigung auch dem Arbeitnehmer selbst zugegangen ist (BAG 21. 1. 1988 AP KSchG 1969 § 4 Nr. 19 = NZA 1988, 651).

Bei Ausspruch einer schriftlichen Kündigung gegenüber einem Arbeitnehmer, welcher der deutschen Sprache nicht oder nur wenig mächtig ist, neigt **66** die Rechtsprechung zu einem Zugangszeitpunkt, an dem der Arbeitnehmer unter normalen Umständen eine Übersetzung des Schreibens erhalten konnte (BAG 9. 8. 1984 AP KSchG 1969 § 1 Verhaltensbedingte Kündigung Nr. 12 = NZA 1985, 124 – Abmahnung; LAG Hamm 24. 3. 1988 LAGE § 5 KSchG Nr. 32 = BB 1988, 916; anders LAG Köln 24. 3. 1988 NJW 1988, 1870; *Stahlhacke/Preis/Vossen* Rn. 101 – Sprachunkenntnis unbeachtlich).

c) Darlegungs- und Beweislast

Die Darlegungs- und Beweislast für den Zugang der Kündigung trägt der **67** Arbeitgeber. Es besteht keine gesetzliche Vermutung dafür, daß ein gewöhnlicher Brief innerhalb einer bestimmten Frist seinen Empfänger auch tatsächlich erreicht (LAG Bremen 5. 9. 1986 LAGE § 130 BGB Nr. 6 = BB 1986, 1992). Ein Geschehensablauf, daß ein Kündigungsschreiben auf dem Postweg innerhalb einer bestimmten Frist zugegangen ist, kann daher nicht im Weg eines Anscheinsbeweises bewiesen werden. Bei Kündigungen durch Einschreiben trägt der Arbeitgeber die Darlegungs- und Beweislast dafür, daß der Arbeitnehmer treuwidrig den tatsächlichen Zugang des Einschreibebriefs vereitelt hat (BAG 3. 4. 1986 AP SchwbG § 18 Nr. 9 = DB 1986, 2336).

4. Zulassung verspäteter Klagen

Die Kündigungsschutzklage ist auf Antrag des Arbeitnehmers nachträglich zu- **68** zulassen, wenn er nach erfolgter Kündigung trotz Anwendung aller ihm nach Lage der Umstände zuzumutenden Sorgfalt verhindert war, die Klage innerhalb von 3 Wochen nach Zugang der Kündigung zu erheben (§ 5 Abs. 1 KSchG). Die nachträgliche Zulassung ist der Wiedereinsetzung in den vorherigen Stand nachgebildet.

a) Form des Antrags

69 Die nachträgliche Zulassung der verspäteten Klage muß vom Arbeitnehmer besonders beantragt werden. Jedoch kann die Klage gleichzeitig erhoben oder auf eine bereits erhobene Klage Bezug genommen werden. Innerhalb der zweiwöchigen Antragsfrist des § 5 Abs. 3 Satz 1 KSchG, die nach Behebung des ursprünglichen Klageerhebungshindernisses läuft, müssen die eine nachträgliche Zulassung begründenden Tatsachen und Mittel vorgetragen und glaubhaft gemacht werden (LAG Frankfurt 8. 11. 1991 § 5 KSchG Nr. 54 = NZA 1992, 619). Nach **Ablauf der Antragsfrist** vorgebrachte Gründe und Mittel der Glaubhaftmachung darf das Gericht bei der Entscheidung nur berücksichtigen, wenn es sich um **Konkretisierungen** der bereits vorgetragenen Tatsachen und beigebrachten Mittel handelt. Ansonsten sind erst nach Ablauf der Antragsfrist vorgebrachte Gründe und angebotene Mittel der Glaubhaftmachung gänzlich von der Berücksichtigung ausgeschlossen (KR/ *Friedrich* § 5 KSchG Rn. 86 f. mwN.). Eine nachträgliche Klagezulassung ist nach Ablauf von mehr als 6 Monaten nach Ablauf der versäumten Frist unzulässig (§ 5 Abs. 3 Satz 2 KSchG). Gegen die Versäumung der 2-Wochen- und 6-Monats-Frist ist eine Wiedereinsetzung in den vorherigen Stand nicht zulässig, da es sich nicht um Notfristen handelt.

70 Der Antragsteller hat in der mündlichen Verhandlung für die rechtzeitige und umfassende Präsens seiner Mittel zur Glaubhaftmachung zu sorgen. Der Vorsitzende der Kammer ist hierzu zwar berechtigt, aber nicht verpflichtet. Eine Vertagung des Kammertermins zur späteren Beweisaufnahme ist unzulässig (§ 294 Abs. 2 ZPO). Erscheint der Antragsteller im Termin zur Verhandlung über die nachträgliche Zulassung nicht, ist die gesamte Klage durch Versäumnisurteil abzuweisen; eine gesonderte Entscheidung für den Zulassungsantrag ergeht nicht.

b) Einzelfälle

71 Die **Unkenntnis** der Klagefrist rechtfertigt die nachträgliche Klagezulassung nicht. Der Gekündigte hat eine Erkundigungspflicht über die Notwendigkeit einer Klageerhebung (LAG Hamburg 6. 7. 1990 LAGE § 130 BGB Nr. 16 – ausländischer Arbeitnehmer; LAG Düsseldorf 2. 4. 1976 EzA § 5 KSchG Nr. 2).

72 Die fehlende Möglichkeit, vor Erhebung der Kündigungsschutzklage **fachkundigen Rechtsrat** einzuholen, kann die nachträgliche Zulassung nicht rechtfertigen (LAG Frankfurt 6. 4. 1990 LAGE § 5 KSchG Nr. 49 = DB 1990, 2612; anders LAG Köln 14. 1. 1982 EzA § 5 KSchG Nr. 14 – Klageerhebung unzumutbar). Unverschuldet kann eine verspätete Klageerhebung sein, wenn ein **Empfangsbote** das Kündigungsschreiben dem Arbeitnehmers verspätet aushändigt (LAG Frankfurt 15. 11. 1988 LAGE § 5 KSchG Nr. 41 = DB 1989, 836).

28

Eine **Krankheit** rechtfertigt die nachträgliche Zulassung der Kündigungs- **73** schutzklage, wenn eine rechtzeitige Klageerhebung krankheitsbedingt nicht möglich war. Die Klageerhebung muß für den Arbeitnehmer – auch unter Einschaltung seiner Familienangehörigen und Bekannten – wegen der Krankheit nicht möglich gewesen sein (LAG Köln 1. 9. 1993 LAGE § 5 KSchG Nr. 62; LAG Hamm 31. 1. 1990 LAGE § 5 KSchG Nr. 45).

Während des **Urlaubs** zugegangene Kündigungen können die nachträgli- **74** che Zulassung rechtfertigen, wenn der Arbeitnehmer in dieser Zeit urlaubs- abwesend war und die nachträgliche Klagezulassung innerhalb der Fristen des § 5 Abs. 3 KSchG erfolgt (LAG Köln 4. 3. 1996 LAGE § 5 KSchG Nr. 75 = NZA-RR 1996, 455 – keine Pflicht, besondere Vorkehrungen zu treffen; LAG München 23. 1. 1992 NZA 1993, 266 – Klageerhebung binnen 3 Tagen).

Eine **falsche Auskunft** kann eine nachträgliche Klagezulassung nur recht- **75** fertigen, wenn sich der Arbeitnehmer an **geeigneter** bzw. **zuverlässiger Stelle** Rat geholt hat. Den Arbeitnehmer trifft eine Pflicht zur richtigen Auswahl der Auskunftsperson. Als geeignete Stelle für den Rechtsrat wird anerkannt,
– der **Rechtssekretär** einer Gewerkschaft (LAG Köln 13. 9. 1982 EzA § 5 KSchG Nr. 16),
– die **Rechtsantragsstelle** eines Arbeitsgerichts (ArbG Passau 29. 6. 1989 BB 1989, 1761; LAG Baden-Württemberg 11. 4. 1988 NZA 1989, 153),
– ein **Rechtsanwalt.** Eine Ausnahme soll nur dann gelten, wenn die Rechts- auskunft für den Arbeitnehmer erkennbar falsch ist oder der Anwalt den Sachverhalt erkennbar unrichtig würdigt (LAG Hamm 15. 10. 1981 EzA § 5 KSchG Nr. 12 = ArbuR 1982, 260; LAG Köln 30. 8. 1989 LAGE § 5 KSchG Nr. 42).

Keine geeignete Stelle ist **76**
– der **Betriebsrat,** da er für die Erteilung von Rechtsauskünften nicht zustän- dig ist. Hat deshalb der Arbeitnehmer vom Betriebsrat im Hinblick auf die Frist zur Erhebung der Kündigungsschutzklage keine oder eine falsche Aus- kunft erhalten, kommt die nachträgliche Zulassung der Klage nicht in Be- tracht (LAG Berlin 17. 6. 1991 LAGE § 5 KSchG Nr. 52 = DB 1991, 1887 (BGL); LAG Köln 13. 9. 1982 EzA § 5 KSchG Nr. 16; anders KR/*Fried-rich* § 5 KSchG Rn. 33 mwN.),
– die **Geschäftsstelle** eines Arbeitsgerichts (LAG Köln 28. 11. 1985 LAGE § 5 KSchG Nr. 21),
– Mitarbeiter des **Arbeitsamts** (LAG Düsseldorf 25. 4. 1991 LAGE § 5 KSchG Nr. 51),
– die **Büroangestellte** eines Rechtsanwalts (LAG Düsseldorf 21. 10. 1997 LAGE § 5 KSchG Nr. 89 = NZA 1998, 728).

Das **Verschulden eines Rechtsanwalts,** der die Prozeßvertretung des Arbeit- **77** nehmers übernommen hat, steht entgegen der h. M. dem Verschulden des Arbeitnehmers nicht gleich (LAG Hamm 4. 11. 1996 NZA-RR 1997, 209; 21. 12. 1995 LAGE § 5 KSchG Nr. 73 = NZA-RR 1996, 388; LAG Ham- burg 24. 1. 1997 LAGE § 5 KSchG Nr. 85 = ArbuR 1997, 220; ebenso KR/*Friedrich* § 5 KSchG Rn. 70 mwN.; anders LAG Schleswig-Holstein 16. 4. 1998 AnwBl. 1998, 664; LAG Köln 26. 7. 1994 LAGE § 5 KSchG Nr. 67 = BB 1994, 1940; LAG Frankfurt 26. 10. 1993 LAGE § 5 KSchG

Nr. 63 = BB 1994, 508; LAG Mecklenburg-Vorpommern 18. 3. 1993 AuA 1994, 86; LAG Baden-Württemberg 26. 8. 1992 LAGE § 5 KSchG Nr. 58). Nach Auffassung der h. M. folgt die Zurechnung über § 85 Abs. 2 ZPO, der im Verfahren nach § 5 KSchG entweder direkt oder zumindest entsprechend anwendbar ist. Zutreffend nimmt namentlich das LAG Hamm in ständiger Rechtsprechung an, das § 85 Abs. 2 ZPO auf die Frist des § 4 KSchG nicht anwendbar ist, da der Rechtsanwalt zum Zeitpunkt seines schuldhaften Handelns (vor Klageeinreichung) noch nicht „Prozeß"bevollmächtigter ist (LAG Hamm 4. 11. 1996 NZA-RR 1997, 209; 21. 12. 1995 LAGE § 5 KSchG Nr. 73 = NZA-RR 1996, 388).

78   Anders ist der Fall zu beurteilen, wenn das **Büropersonal** des Rechtsanwalts ein Verschulden an der rechtzeitigen Klageerhebung trifft. Hier haftet der Arbeitnehmer über die Zurechnungsnorm des § 85 Abs. 2 ZPO überhaupt nur dann, wenn seinen Prozeßbevollmächtigten ein **Organisations- bzw. Überwachungsverschulden** trifft. Die Unaufklärbarkeit der Ursache eines Büroversehens und der Verantwortlichkeit des Anwalts hierfür geht zu Lasten der Partei, die das Fehlen jeglichen Anwaltsverschuldens geltend macht. Ein allgemein gehaltener Hinweis auf gelegentliche Stichproben entlastet den Anwalt ebensowenig wie der allgemeine Hinweis, daß in der Vergangenheit keine vergleichbaren Bürofehler bekannt geworden seien (LAG Köln 26. 7. 1994 LAGE § 5 KSchG Nr. 67 = BB 1994, 1940).

79   Keine Zurechnung erfolgt auch, wenn nur ein Verschulden der rechtsschutzgewährenden **Einzelgewerkschaft** vorliegt, wenn diese nicht als Prozeßbevollmächtigte iSd. § 85 ZPO auftritt (ArbG Karlsruhe 13. 8. 1987 DB 1988, 560 = BB 1988, 487; anders ArbG Kiel 7. 11. 1997 NZA-RR 1998, 211 f.).

80   Nimmt der Arbeitnehmer eine fristgerecht eingelegte **Kündigungsschutzklage** irrtümlich **zurück**, kann für die später und nicht mehr rechtzeitig erhobene Klage dennoch die nachträgliche Zulassung mangels Verschulden in Betracht kommen (LAG Hamm 5. 1. 1998 NZA-RR 1998, 209; a. A. LAG Mecklenburg-Vorpommern 9. 12. 1993 DB 1994, 588 = BB 1994, 650).

81   Auf die Einhaltung der **normalen Postlaufzeiten** kann ein Arbeitnehmer auch bei Verzögerungen im Briefzustelldienst vertrauen, sofern die Post nichts Gegenteiliges bekanntgibt (LAG Nürnberg 31. 10. 1991 LAGE § 5 KSchG Nr. 56). Dementsprechend ist die Kündigungsschutzklage nachträglich zuzulassen, wenn der Arbeitnehmer sie so rechtzeitig zur Post gebracht hat, daß sie bei normaler Beförderung auch innerhalb der Frist des § 4 KSchG bei Gericht eingegangen wäre. Wird die Kündigungsschutzklage per **Telefax** am letzten Tag der Klagefrist aber an ein unzuständiges Gericht oder eine Behörde übermittelt, ist die Klagefrist schuldhaft versäumt, wenn die Klage erst nach Fristablauf beim Arbeitsgericht eingeht (LAG Nürnberg 23. 7. 1993 LAGE § 5 KSchG Nr. 61 = NZA 1994, 334). Ist hingegen das Telefaxgerät des Gerichts gestört, so kann dies die nachträgliche Zulassung rechtfertigen (BVerfG 1. 8. 1996 AP ZPO 1977 § 233 Nr. 47 = NZA 1996, 1173).

c) Verfahren

82   Über den Antrag auf nachträgliche Zulassung der Kündigungsschutzklage entscheidet stets das Arbeitsgericht durch Beschluß nach mündlicher Ver-

handlung unter Hinzuziehung der ehrenamtlichen Richter, es sei denn, beide Parteien beantragen übereinstimmend die Entscheidung durch den Vorsitzenden allein (§ 55 Abs. 3 ArbGG, LAG Frankfurt 27. 3. 1987 LAGE § 55 ArbGG 1979 Nr. 2 = ArbuR 1988, 60).

Von der Bindungswirkung einer Entscheidung nach § 5 KSchG wird lediglich die Feststellung der Verspätung und des Verschuldens des Antragstellers im Beschluß festgestellt. Nur insoweit erstreckt sich die Rechtskraft einer Entscheidung nach § 5 KSchG. Andere Vorfragen (allgemeiner Kündigungsschutz, Vorliegen einer Kündigung), werden nicht mit Bindungswirkung festgestellt (BAG 5. 4. 1984 AP KSchG 1969 § 5 Nr. 6 = NZA 1984, 124; LAG Sachsen-Anhalt 24. 1. 1995 LAGE § 5 KSchG Nr. 69 = BB 1995, 1092). Dies hat Auswirkungen, wenn die Fristversäumung zwar nicht feststeht, aber auch nicht auszuschließen ist. Hier kann das Arbeitsgericht – folgt man dem BAG – auch nicht hilfsweise über den Antrag nach § 5 KSchG entscheiden (ablehnend daher LAG Baden-Württemberg 26. 8. 1992 LAGE § 5 KSchG Nr. 58). Allerdings ist die Entscheidungspraxis auch der einzelnen Kammern der Landesarbeitsgerichte nicht einheitlich (dazu *Stahlhacke/Preis/Vossen* Rn. 1144 f.; KR/*Friedrich* § 5 KSchG Rn. 155 ff. jeweils mwN.). **83**

Das **LAG** kann erstmals und dann auch abschließend über einen Antrag auf nachträgliche Zulassung entscheiden, sofern die Klage **erstmals im Berufungsverfahren im Wege des Parteiwechsels gegen die richtige Partei gerichtet wird** (LAG Hamm 15. 7. 1993 LAGE § 5 KSchG Nr. 60 = NZA 1994, 288). In allen anderen Fällen muß wegen des ausdrücklichen Wortlauts des § 5 Abs. 4 Satz 1 KSchG zunächst das Arbeitsgericht über den Antrag auf nachträgliche Zulassung entscheiden, auch wenn das Verfahren bereits vor dem Berufungsgericht anhängig ist. So kann sich aufgrund neuen Tatsachenvortrags oder einer abweichenden Rechtsauffassung der Berufungskammer ergeben, daß über einen bereits gestellten Antrag auf nachträgliche Zulassung entschieden werden muß. Dies ist möglich, wenn der Antrag vom Arbeitsgericht übersehen wurde oder es der Auffassung war, es liege kein Fall der Versäumung der Klagefrist vor. In diesem Fall muß das Berufungsgericht den gesamten Rechtsstreit trotz § 68 ArbGG unter Aufhebung des arbeitsgerichtlichen Urteils an das Arbeitsgericht zurückverweisen (LAG Nürnberg 19. 9. 1995 AP SchwbG 1986 § 15 Nr. 6 = NZA 1996, 503; LAG Brandenburg 13. 3. 1996 NZA-RR 1997, 212; anders LAG Hamm 16. 11. 1989 § 5 KSchG Nr. 44 = NZA 1990, 310; LAG Berlin 23. 8. 1988 LAGE § 5 KSchG Nr. 38 = NZA 1989, 28). Das Aussetzen des Berufungsrechtsstreits und ein Zuwarten auf die Entscheidung des Arbeitsgerichts ist nicht statthaft, da es an sein bereits verkündetes Urteil gebunden ist (§ 318 ZPO). **84**

Nach § 5 Abs. 4 Satz 2 KSchG ist für die unterliegende Partei gegen den Beschluß des Arbeitsgerichts über die nachträgliche Zulassung der Kündigungsschutzklage **sofortige Beschwerde** beim LAG gegeben. Im Rahmen des Beschwerdeverfahrens können keine neuen Tatsachen und Mittel der Glaubhaftmachung vorgebracht werden (§ 5 Abs. 2 und 3 KSchG). Entscheidet das Arbeitsgericht entgegen § 5 Abs. 4 Satz 1 KSchG über den Antrag auf nachträgliche Zulassung und die Kündigungsschutzklage einheitlich durch Urteil, **85** ist sowohl die Berufung wie auch die sofortige Beschwerde zulässig (BAG 14. 10. 1982 AP KSchG 1969 § 5 Nr. 5 = NJW 1984, 254).

5. Streitgegenstand und Klageantrag

86 Streitgegenstand der Kündigungsschutzklage ist die Frage, ob ein Arbeitsverhältnis aus Anlaß einer ganz bestimmten Kündigung zu dem von dieser Kündigung gewollten Termin aufgelöst ist oder nicht (sog. **punktuelle Streitgegenstandstheorie**, dazu BAG 28. 2. 1995 AP GVG § 17a Nr. 17 = NZA 1995, 595 – Versäumnisurteil). Daneben wird als Vorfrage darüber entschieden, ob zwischen den Parteien bei Ausspruch der Kündigung ein Arbeitsverhältnis bestanden hat (BAG 28. 10. 1993 AP ArbGG 1979 § 2 Nr. 19 = NZA 1994, 234).

Beispiel (für die Antragstellung): Es wird festgestellt, daß das Arbeitsverhältnis der Parteien durch die Kündigung vom [Datum] nicht aufgelöst ist.

Hat der Arbeitgeber neben einer fristlosen zugleich eine ordentliche Kündigung hilfsweise ausgesprochen, wahrt ein Antrag des Arbeitnehmers gegen die fristlose Kündigung die 3-Wochen-Frist des § 4 KSchG auch bezüglich der hilfsweise ausgesprochenen ordentlichen Kündigung, wenn er bis zum Schluß der mündlichen Verhandlung erklärt, auch gegen die hilfsweise erklärte ordentliche Kündigung vorgehen zu wollen (BAG 16. 11. 1970 AP KSchG § 3 Nr. 3 = DB 1971, 248).

6. Allgemeiner Feststellungsantrag

87 Der Arbeitnehmer kann seinen Antrag nach § 4 KSchG mit einer allgemeinen Feststellungsklage (§ 256 ZPO) verbinden. Streitgegenstand dieser Klage ist regelmäßig der Bestand des Arbeitsverhältnisses zum Zeitpunkt der letzten mündlichen Verhandlung. Durch den Feststellungsantrag sollen **andere Beendigungstatbestände** erfaßt werden, die während des Verlaufs des Rechtsstreits zur Beendigung des Arbeitsverhältnissen führen können (Folgekündigungen, Anfechtung, Aufhebungsverträge und Befristungen). Er wird deshalb auch als „Schleppnetzantrag" bezeichnet. Der Arbeitnehmer (und sein Prozeßbevollmächtigter) werden durch den Feststellungsantrag vor Einwendungen des Arbeitgebers geschützt, das Arbeitsverhältnis sei nach Zugang der angegriffenen Kündigung auf andere Weise beendet worden. Aufgrund der punktuellen Streitgegenstandstheorie werden ansonsten Beendigungstatbestände nach dem Kündigungszugang bzw. Ablauf der Kündigungsfrist von der Rechtskraft eines stattgebenden Urteils bei einer Klage nach § 4 KSchG nicht erfaßt.

88 Die ältere Rechtsprechung des BAG hatte in der Vergangenheit großzügig die Zulässigkeit von allgemeinen Feststellungsanträgen bejaht (BAG 21. 1. 1988 AP KSchG 1969 § 4 Nr. 19 = NZA 1988, 651). Zwischenzeitlich hat das Gericht klargestellt, daß die bloße Möglichkeit anderer Beendigungstatbestände das erforderliche besondere Feststellungsinteresse (§ 256 Abs. 1 ZPO) nicht zu rechtfertigen vermag. Dieses muß zumindest zum Zeitpunkt der letzten mündlichen Verhandlung gegeben sein. Darlegungs- und ggf. beweispflichtig für die entsprechenden Tatsachen aus denen sich ein Feststellungsinteresse ergibt, ist der Arbeitnehmer (BAG 13. 3. 1997 AP KSchG 1969 § 4 Nr. 38 = NZA 1997, 844). Allerdings **wahrt** auch eine zunächst **unzulässige allgemeine Feststellungsklage** nach § 256 ZPO **die Frist des § 4 KSchG** für zwischenzeitlich vom Arbeitgeber ausgesprochene Folgekündigungen. Die allgemeine Feststellungsklage muß aber hinreichend deutlich erhoben sein, die Verwendung des Ausdrucks „sondern fortbesteht" als Zusatz zum Antrag nach § 4 KSchG ist allein, d. h. ohne besondere Ausführungen in der Klagebegründung nicht ausreichend. Die Erhebung der Feststellungsklage sollte deshalb als gesonderter Antrag erfolgen und mit dem Hinweis in der Klagebegründung verbunden werden, daß es sich um eine eigenständige Klage handelt (zur Prozeßtaktik *Bitter* DB 1997, 1407ff.).

Beispiel (für den allgemeinen Feststellungsantrag): „festzustellen, daß das Arbeitsverhältnis auch nicht durch andere Beendigungstatbestände endet, sondern zu unveränderten Bedingungen über den (Zugang der Kündigungserklärung oder Ablauf der Kündigungsfrist) hinaus fortbesteht".

C. Die ordentliche betriebsbedingte Kündigung nach § 1 KSchG

I. Prüfungsabschnitte

Eine betriebsbedingte Kündigung ist nach Maßgabe des § 1 Abs. 2 bis 4 **89** KSchG zulässig. Sie eröffnet dem Arbeitgeber die Möglichkeit, den Personalbestand einem verringerten Personalbedarf anzupassen.

Für die betriebsbedingte Kündigung sind nach dem Gesetz **drei Prüfungs-** **90** **abschnitte** vorgegeben: Nach § 1 Abs. 2 Satz 1 KSchG ist eine Kündigung sozial ungerechtfertigt, wenn sie nicht durch dringende betriebliche Erfordernisse, die einer Weiterbeschäftigung des Arbeitnehmers im Betrieb entgegenstehen, bedingt ist. Der Arbeitgeber hat erstens darzulegen, aufgrund welcher Umstände er sich zu einem bestimmten unternehmerischen Handeln veranlaßt sieht, das zu einer **Verringerung des Beschäftigungsbedarfs** führt (Rn. 98 ff., 109 ff.). Zweitens ist zu prüfen, ob die betrieblichen Erfordernisse „dringende" sind und die Kündigung „bedingen". Dies ist nicht der Fall, wenn der Rückgang des Beschäftigungsbedarfs anderweitig aufgefangen werden kann, entweder durch **betriebsorganisatorische Maßnahmen** (Rn. 186 ff.) oder durch eine **anderweitige Beschäftigung** des anderenfalls zu kündigenden Arbeitnehmers (Rn. 204 ff.). Das Vorliegen dieser Tatsachen muß der Arbeitgeber nach § 1 Abs. 2 Satz 4 KSchG nachweisen, wobei die von der Rechtsprechung entwickelten Grundsätze einer abgestuften Darlegungs- und Beweislast gelten (Rn. 274 ff.). Steht danach fest, daß für einen oder mehrere Arbeitnehmer zukünftig von einem verringerten Beschäftigungsbedarf auszugehen ist, muß auf die entsprechende Rüge des Arbeitnehmers drittens nach § 1 Abs. 3 KSchG geprüft werden, ob der Arbeitgeber die Kündigung zwischen den vergleichbaren Arbeitnehmern dem sozial am wenigsten schutzwürdigen Arbeitnehmer gegenüber ausgesprochen hat. Verstößt die Auswahlentscheidung gegen die Grundsätze der **Sozialauswahl,** ist die Kündigung trotz Vorliegens dringender betrieblicher Erfordernisse sozial ungerechtfertigt, § 1 Abs. 3 Satz 1 KSchG (Rn. 280 ff.), wenn nicht betriebstechnische, wirtschaftliche oder sonstige berechtigte betriebliche Bedürfnisse die Weiterbeschäftigung des oder der betroffenen Arbeitnehmer bedingen, § 1 Abs. 3 Satz 2 KSchG (Rn. 359 ff.). Welche sozialen Gesichtspunkte die Sozialauswahl bestimmen und wie sie zueinander ins Verhältnis zu setzen sind, kann von den Tarifvertrags- oder Betriebsparteien im Rahmen des § 1 Abs. 4 KSchG bestimmt werden (Rn. 381 ff.). Die Tatsachen, die Fehler in der Sozialauswahl begründen, sind vom Arbeitnehmer zu beweisen, § 1 Abs. 3 Satz 3 KSchG (Rn. 405 ff.).

Ist die Kündigung sozial gerechtfertigt, verliert der Arbeitnehmer nach **91** dem KSchG seinen Arbeitsplatz ohne Anspruch auf Entschädigung, obwohl er zu der Kündigung keinen Anlaß gegeben hat. Das KSchG sieht damit lediglich einen **relativen Schutz des Arbeitsplatzes** vor (BAG 30. 9. 1970 AP BAT § 70 Nr. 2; *Ascheid* Rn. 226; KR/*Etzel* § 1 KSchG Rn. 533 mwN.). Ein Anspruch auf **Abfindung** wird nur unter besonderen Voraussetzungen nach Maßgabe der §§ 9, 10 KSchG oder nach § 111 ff. BetrVG begründet. Hier besteht zwischen den betriebsverfassungsrechtlichen und kündigungsschutzrechtlichen Bestimmungen eine Diskrepanz. Arbeitnehmer, die in Betrieben mit einem Betriebsrat aufgrund einer Betriebsänderung nach § 111 BetrVG ausscheiden, können einen Anspruch auf eine Sozialplanabfindung besitzen oder einen Nachteilsausgleich nach § 113 BetrVG beanspruchen. Ohne Abfindungsanspruch endet das Arbeitsverhältnis dagegen durch betriebsbedingte Kündigung für denjenigen Arbeitnehmer, in dessen Betrieb kein Betriebsrat vorhanden ist oder keine Betriebsänderung nach § 111 BetrVG vorliegt. Diese Disharmonie zwischen individual- und kollektivrechtlichem Kündigungsschutz verstößt zwar wegen der unterschiedlichen Funktionszusammenhänge nicht gegen Art. 3 Abs. 1 GG (BAG 22. 5. 1979 AP BetrVG 1972 § 111 Nr. 3, 4), gibt jedoch Anlaß zu rechtspolitischer Kritik (KR/*Etzel* § 1 KSchG Rn. 543 mwN.; *Stahlhacke/Preis/Vossen* Rn. 624).

II. Dringende betriebliche Erfordernisse nach § 1 Abs. 2 Satz 1 KSchG

92 Die Kündigung ist nach § 1 Abs. 2 Satz 1 KSchG sozial ungerechtfertigt, wenn sie nicht durch dringende betriebliche Erfordernisse, die einer Weiterbeschäftigung des Arbeitnehmers in diesem Betrieb entgegenstehen, bedingt ist.

1. Geschichtliche Entwicklung

93 § 1 Abs. 2 Satz 1 KSchG enthielt diese Voraussetzungen schon in seiner ursprünglichen Fassung des KSchG 1951. Damit ist klargestellt, daß das Bestandsinteresse des Arbeitnehmers zurücktreten muß, wenn dringende betriebliche Interessen den Personalabbau erforderlich machen. Wann diese Voraussetzungen erfüllt sind, wird im Gesetz, das sich auf die Verwendung unbestimmter Rechtsbegriffe beschränkt, nicht näher festgelegt. Anhand der wenigen Vorgaben des Gesetzgebers haben die Gerichte nur wenig Anhaltspunkte, um „am Reißbrett" ein Programm zur Prüfung der betriebsbedingten Kündigung zu entwerfen. Die Begründung zum Regierungsentwurf zum KSchG 1951 beschränkt sich im wesentlichen auf die Beschreibung der Zielsetzung des Gesetzes. Das Gesetz wende sich nicht gegen Entlassungen, die „aus triftigen Gründen erforderlich" seien, sondern „lediglich gegen solche Kündigungen, die hinreichender Begründung" entbehrten „und deshalb als willkürliche Durchschneidung des Bandes der Betriebszugehörigkeit" erscheinen (RdA 1951, S. 63).

94 Die erste Phase der Rechtsprechung zur betriebsbedingten Kündigung ist deshalb auch durch Einzelfallentscheidungen geprägt (vgl. zur Entwicklung *Bitter/Kiel* RdA 1994, 333, 336). Welche Unsicherheiten bei der Anwendung des § 1 KSchG bestanden, zeigte sich darin, daß auch bei einer betriebsbedingten Kündigung eine uneingeschränkte Interessenabwägung durchgeführt wurde, gleichsam als „immanentes Prinzip" und Ausdruck des Merkmals „sozial" (BAG 20. 10. 1954 AP KSchG § 1 Nr. 6; 26. 2. 1957 AP KSchG § 1 Nr. 23). Eine betriebsbedingte Kündigung wurde als sozial gerechtfertigt angesehen, wenn die betrieblichen Gründe die Kündigung bei verständiger Würdigung in **Abwägung der Interessen** der Vertragsparteien und des Betriebes als **billigenswert und angemessen** erscheinen ließen (BAG 4. 2. 1960 AP KSchG § 1 Betriebsbedingte Kündigung Nr. 5). Dieser Prüfungsmaßstab wurde indes mit Recht schon frühzeitig als „konturenlos" kritisiert (vgl. *Bötticher*, FS Molitor, S. 128 f.) und als „emotionale Methodenlosigkeit des Abwägens" abgelehnt: man wäge anhand der gesetzlichen Formulierung und dann noch einmal anhand der Unzumutbarkeit ab (vgl. *Herschel*, FS Müller, S. 191, 205; dazu ferner *Ruberg* S. 64). Seit Beginn der 80er Jahre hat die Rechtsprechung ein am **ultima-ratio-Grundsatz** ausgerichtetes Prüfungsprogramm entwickelt, erkennbar in dem notwendigen Bemühen um stärkere Schematisierung. Der ultima-ratio-Grundsatz ist ein Teil des **Verhältnismäßigkeitsprinzips**, das durch die Entscheidung des BAG vom 30. 5. 1978 (AP BGB § 626 Nr. 70 = NJW 1979, 332) erstmals mit grundsätzlichem Bezug auf das Kündigungsrecht übertragen wurde (ferner BAG 18. 1. 1990 AP KSchG 1969 § 2 Nr. 27 = NZA 1990, 734; ErfK/*Ascheid* § 1 KSchG Rn. 461). Trotz und wegen der konkretisierenden Rechtsprechung bleibt der Gesetzgeber in der Pflicht. Er erfüllt seine Aufgabe nicht dadurch, daß er sich einmal für ein bestimmtes Konzept des gesetzlichen Schutzes vor betriebsbedingten Kündigungen entschieden hat und der Rechtsprechung die praktische Ausgestaltung in Zukunft allein überläßt. Der Gesetzgeber muß vielmehr die Normen veränderten sozialen und wirtschaftlichen Verhältnissen anpassen, also stets darüber entscheiden, ob der Rechtsschutz unter Beachtung der verfassungsrechtlichen Vorgaben den geänderten Gegebenheiten noch gerecht wird. Eine **Nachbesserungspflicht** innerhalb angemessener Zeit besteht, wenn sich Einschätzungen des Gesetzgebers insgesamt oder teilweise als irrtümlich erweisen (BVerfG 17. 10. 1990 BVerfGE 83, 1, 21 ff.; ErfK/*Dieterich* Art. 12 GG Rn. 25).

Verbesserungen des gesetzlichen Kündigungsschutzes ergaben sich dadurch, **95** daß § 1 Abs. 2 KSchG durch § 123 Nr. 1 des BetrVG vom 15. 1. 1972 (BGBl. I, S. 17) sowie durch § 114 BPersVG vom 15. 3. 1974 (BGBl. I, S. 693) um die **Widerspruchstatbestände** in den Sätzen 2 und 3 ergänzt wurde, was nach heutiger Auffassung nicht mehr nur eine Verstärkung der Mitbestimmung, sondern auch des allgemeinen individuellen Kündigungsschutzes bewirkt hat (Rn. 205 ff.).

Erst im Zuge der Diskussion um die zunehmend drängenden Probleme der **96** Bewältigung von Massenarbeitslosigkeit hat der Gesetzgeber neue Initiativen ergriffen. Am 1. 10. 1996 ist das **Arbeitsrechtliche BeschFG** in Kraft getreten, in dessen Rahmen § 1 KSchG u.a. um einen 5. Absatz ergänzt wurde. § 1 Abs. 5 KSchG sah eine erhebliche Änderung der Grundsätze der Darlegungs- und Beweislast vor, wenn die Voraussetzungen einer Betriebsänderung im Sinne von § 111 BetrVG gegeben waren und der Arbeitgeber mit dem Betriebsrat einen **Interessenausgleich** mit namentlicher Erfassung der zur Kündigung anstehenden Arbeitnehmer vereinbart hatte. In diesem Fall wurde eine durch dringende betriebliche Erfordernisse bedingte Kündigung **vermutet; der Arbeitgeber** hatte **nur darzulegen** und im Bestreitensfall **zu beweisen,** daß die Voraussetzungen einer **Betriebsänderung** erfüllt und ein **Interessenausgleich** mit **namentlicher Benennung** der zu kündigenden Arbeitnehmer wirksam zustande gekommen war (BAG 7. 5. 1998 AP KSchG 1969 § 1 Betriebsbedingte Kündigung Nr. 94 = NZA 1998, 933; *Fischermeier* NZA 1997, 1089, 1097; HKK/*Weller/Dorndorf* § 1 Rn. 952, 1159; KR/*Etzel* § 1 KSchG Rn. 745; *B. Preis* DB 1998, 1614, 1618). Der **Arbeitnehmer** mußte sodann **darlegen und beweisen,** daß keine die Kündigung rechtfertigenden dringenden betrieblichen Erfordernisse vorliegen. Der Arbeitgeber brauchte hingegen zur Rechtfertigung der Kündigung zunächst keine weiteren Tatsachen vorzutragen (BAG 7. 5. 1998 AP KSchG 1969 § 1 Betriebsbedingte Kündigung Nr. 94 = NZA 1998, 933 unter II 1 c mwN.; *Schiefer* DB 1998, 925 mwN. zur Rechtsprechung der Instanzgerichte; a.A. *Zwanziger* ArbuR 1997, 427, 429; differenzierend *U. Preis* NZA 1997, 1073, 1086).

97   Nach dem Regierungswechsel im Oktober 1998 sind sowohl dieser Absatz gestrichen als auch die meisten anderen Änderungen aufgrund des Artikels 6 1. b) des **Gesetzes zu Korrekturen in der Sozialversicherung und zur Sicherung der Arbeitnehmerrechte** mit Wirkung ab 1. 1. 1999 wieder zurückgenommen worden (BGBl. I 1998 S. 3843 (3849)). Der Gesetzgeber hatte an die Reduzierung der gerichtlichen Kontrolle die Erwartung geknüpft, daß Betriebsräte bei der Aufstellung von Namenslisten über die fachliche und soziale Kompetenz, die für eine „Kollektivierung" des Kündigungsschutzes unabdingbar ist, verfügen würden. Ob sich an dieser Einschätzung nach gut zweijähriger Erfahrung bereits durchgreifende Zweifel eingestellt haben, um die Streichung der Vorschrift insgesamt zu rechtfertigen, darf zumindest bezweifelt werden. Immerhin hatte sich der Gesetzgeber eine Erfolgskontrolle für das Jahr 2001 auferlegt (BT-Drucks. 13/5107 S. 5) und § 1 Abs. 5 KSchG noch in den Gesetzentwurf vom 17. 11. 1998 (BT-Drucks. 14/45 S. 24) aufgenommen. Nach den ersten praktischen Erfahrungen mit der Norm hätte zumindest das innere Prüfungsraster der Darlegungs- und Beweislast abgestuft werden müssen, um mißbräuchliche Gestaltungen auszuschließen. Der Gesetzgeber ist aber aufgrund eines Berichts des Bundestagsausschusses zu der Auffassung gelangt, das Ziel einer Stärkung der Betriebsräte sei nicht erreicht worden und dem individuelle Rechtsschutz sowie der Einzelfallgerechtigkeit sei mit den Regelungen des § 1 Abs. 5 KSchG nicht ausreichend Rechnung getragen worden (BT-Drucks. 14/151, S. 38). **Unverändert gilt § 125 Abs. 1 InsO.** Nach dieser Vorschrift kann zwischen Insolvenzverwalter und Betriebsrat weiterhin ein Interessenausgleich mit Namensliste vereinbart werden (dazu Rn. 506 ff.).

2. Betriebliche Erfordernisse

a) Gestaltende und umsetzende Unternehmerentscheidungen

98   Ein **betriebliches Erfordernis** zur Kündigung setzt einen **Überhang an Arbeitskräften** voraus. Die Entwicklung von Personalbeständen wird stets durch die

Unternehmensplanung bestimmt. Auftragsrückgänge können den Arbeitgeber z.B. dazu veranlassen, den dadurch entstehenden Beschäftigungsüberhang ganz oder auch nur teilweise abzubauen. Denkbar ist aber auch, daß der Arbeitgeber die Zahl der Arbeitskräfte zunächst nicht verändert und auf „Halde" produziert, um bessere Marktchancen abzuwarten. Dazu wird er möglicherweise flankierend versuchen, weitere Marktbereiche zu erschließen und neue Kunden zu gewinnen. Eventuell stellt er zu diesem Zweck sogar entsprechend qualifizierte Mitarbeiter ein. Andererseits können nicht nur Auftragsrückgänge, sondern auch konstante Beschäftigungslagen in der Konsequenz von Rationalisierungsmaßnahmen zu einer Einschränkung des Personalbestandes führen. Diese Beispiele zeigen, daß der Kündigung zwangsläufig konzeptionelle Entscheidungen vorangehen müssen. Es handelt sich hierbei um **gestaltende unternehmerische Entscheidungen,** zu denen z.B. die Bestimmung des Unternehmensziels, die Festlegung des Produktes, des Betriebsorts und die Größe des Betriebes sowie seine Ausstattung und Organisation zählt einschließlich der Frage, wieviele Arbeitnehmer zur Erreichung des Konzepts erforderlich sind (vgl. zu letzterem BAG 17. 6. 1999 DB 1999, 1909 = NZA 1999, 1098 unter II 2 b, ferner die Abänderung von Konzepten, die Arbeitsmethoden, die Auflösung von Betrieben und Betriebsteilen und des Unternehmens insgesamt.

Von dem unternehmerischen Konzept sind die Entscheidungen über dessen **99** **personelle Umsetzung** zu unterscheiden. Auch hierbei handelt es sich um Unternehmerentscheidungen im weiteren Sinne, einschließlich der Kündigung selbst (*Berkowsky* § 6 Rn. 22; *Preis* NZA 1995, 241, 242 f.). Das Kündigungsschutzgesetz erreicht seinen Zweck freilich nur, wenn es die unternehmerische Freiheit begrenzt. Von zentraler Bedeutung ist deshalb die Frage, **welcher Entscheidungsbereich des Arbeitgebers durch das Kündigungsschutzrecht** erfaßt wird (vgl. *Bitter* DB 1999, 1214; *Preis* NZA 1995, 241, 243; *ders.* DB 1988, 1387, 1389). Das Gesetz verwendet den Begriff der **unternehmerischen Entscheidungsfreiheit** nicht und gibt damit keinen eindeutigen Anhaltspunkt. Wenn das BAG dennoch von einem **„normativen Begriff"** ausgeht, handelt es sich – allerdings unausgesprochen und in sehr groben Zügen – um eine **verfassungskonforme Interpretation** des § 1 Absatz 2 Satz 1 KSchG. Der Begriff der „freien Unternehmerentscheidung" sei im jeweiligen normativen Zusammenhang zu interpretieren, weil er keinen für alle Fälle feststehenden Inhalt habe. Er bezeichne auf der einen Seite die der Unternehmenspolitik zugrundeliegende Geschäftspolitik und stelle auf der anderen Seite klar, daß die Kündigung selbst nicht der gerichtlichen Beurteilung entzogen sei (BAG 24. 4. 1997 AP KSchG 1969 § 2 Nr. 42 = NZA 1997, 1047; 19. 5. 1993 AP KSchG 1969 § 2 Nr. 31 = NZA 1993, 1075 unter II 2 e aa; grundlegend 20. 2. 1986 AP KSchG 1969 § 1 Nr. 11 = NZA 1986, 823 unter B II 2 b). Im Zusammenhang mit der betriebsbedingten Kündigung stellt das BAG das unternehmerische Konzept an sich nicht in Frage und beschränkt den Arbeitsplatzschutz weitgehend darauf, die Auswirkungen eines veränderten organisatorischen Konzepts auf das konkrete Arbeitsverhältnis zu überprüfen. Hingegen prüft es auf der Umsetzungsebene, ob die betrieblichen Erfordernisse „dringende" sind und ob sie die Kündigung erfordern („bedingen").

Läßt sich das unternehmerische Konzept durch technische bzw. organisatorische Maßnahmen realisieren, die dem Rückgang des Beschäftigungsbedarfs Rechnung tragen (Rn. 186 ff.), oder setzt der Arbeitgeber sein Konzept selbst nicht konsequent um, ist die Kündigung zu seiner Durchsetzung nicht dringend erforderlich (Rn. 175). Die Kündigung ist stets dann vermeidbar, wenn der Arbeitgeber den vom reduzierten Beschäftigungsbedarf betroffenen Arbeitnehmer anderweitig beschäftigen kann (Rn. 204 ff).

b) Gerichtliche Kontrolle gestaltender Unternehmerentscheidungen

100 aa) Beschränkung des Kontrollrahmens. Unternehmerische Entscheidungen auf der **Gestaltungsebene** unterliegen nach ständiger Rechtsprechung des BAG einer eingeschränkten gerichtlichen Kontrolle. Das Arbeitsgericht darf die der Kündigung vorgelagerte Entscheidung über die Geschäftspolitik nicht daraufhin überprüfen, ob sie notwendig, sinnvoll oder zweckmäßig ist, sondern nur darauf, ob sie **offenbar unsachlich, unvernünftig oder willkürlich** ist (st. Rspr. des BAG 4. 2. 1960 AP KSchG § 1 Betriebsbedingte Kündigung Nr. 5; 30. 4. 1987 AP KSchG 1969 Betriebsbedingte Kündigung Nr. 42 = NZA 1987, 776; 9. 5. 1996 AP KSchG 1969 Betriebsbedingte Kündigung Nr. 79 = NZA 1996, 1145). Da Rechtsmißbrauch die Ausnahme ist, hat im Kündigungsschutzprozeß grundsätzlich der Arbeitnehmer die hierzu führenden Umstände darzulegen und sie im Streitfall zu beweisen (zuletzt mit Abstufung der Darlegungs- und Beweislast BAG Urteile vom 17. 6. 1999 DB 1999, 1909 = NZA 1999, 1098; DB 1999, 1910 = NZA 1999, 1910; NZA 1999, 1157). Das BAG hatte diese Verteilung der Darlegungs- und Beweislast bisher (mehr oder weniger deutlich) mit der Vermutung gerechtfertigt, daß eine Unternehmerentscheidung aus sachgerechten Gründen erfolgt. Diese Vermutung des BAG beruht auf dem Erfahrungssatz, daß sich normalerweise niemand ohne Not selbst schädigt; ein „offensichtlich nicht unvernünftiger Arbeitgeber" wird nur diejenigen unternehmerischen Entscheidungen treffen, die der Erhaltung und Genesung des Unternehmens dienen (dazu *Bitter* DB 1999, 1214, 1216).

101 Andererseits darf nicht verkannt werden, daß im Einzelfall die weitgehend gerichtsfreie Unternehmerentscheidung einerseits und die kontrollbedürftige Kündigungsentscheidung andererseits sehr nahe beieinander liegen können. Verändert der Arbeitgeber z. B. seine Vertriebsstruktur durch Umstellung oder Austausch von Angestellten in freie Mitarbeiter (BAG 9. 5. 1996 AP KSchG 1969 § 1 Nr. 79 = NZA 1996, 1145), verzichtet er auf eigene Arbeitnehmer zugunsten von Leiharbeitnehmern (BAG 26. 9. 1996 AP KSchG 1969 § 1 Betriebsbedingte Kündigung Nr. 80 = NZA 1997, 202) oder richtet er sein neues Konzept auf eine Leistungsverdichtung aus (BAG 24. 4. 1997 AP KSchG 1969 § 2 Nr. 42 = NZA 1997, 1047), steht die Kausalität von unternehmerischer Entscheidung und Reduzierung des Beschäftigungsbedarfs jeweils fest. Eine für die Praxis rechtssichere Grenzbestimmung läßt sich dadurch erreichen, daß typische Formen unternehmerischer Entscheidungen in Fallgruppen zusammengefaßt werden, wie dies in der Kommentarliteratur zumeist schon geschieht (vgl. BBDW/*Bram* § 1 Rn. 264 ff.; *Hueck/von Hoyningen-*

Huene § 1 Rn. 413 ff.; KR/*Etzel* § 1 KSchG Rn. 576 ff.; *Stahlhacke/Preis/Vossen* Rn. 650 ff.; Rn. 121 ff.). Werden diese **Fallgruppen** gebildet, haben die Gerichte die Grenzen der unternehmerischen Gestaltungsfreiheit zu bestimmen, und zwar vor dem Hintergrund der verfassungsrechtlichen Vorgaben. Dies muß auch Folgen für die **Darlegungs- und Beweislast** haben. Der objektive Gehalt der Grundrechte kann auch im Verfahrensrecht Bedeutung erlangen (BVerfG 27. 1. 1998 AP KSchG 1969 § 23 Nr. 17 = NZA 1998, 470 unter B I 3 b cc).

Die Gerichte müssen in die Lage versetzt werden, vorgeschobene von **102** wirklichen unternehmerischen Konzepten zu unterscheiden, bei deren Umsetzung Arbeitsplätze entfallen. Können die Organisationsentscheidung des Arbeitgebers und sein Kündigungsentschluß ohne nähere Konkretisierung nicht voneinander getrennt werden, kann die ursprünglich vom BAG (30. 4. 1987 AP KSchG 1969 Betriebsbedingte Kündigung Nr. 42 = NZA 1987, 776) angenommene Vermutung, die Unternehmerentscheidung sei aus sachgerechten Gründen erfolgt, nicht greifen. Bei Anwendung der Vermutung wäre der vom Arbeitgeber nach § 1 Abs. 2 Satz 4 KSchG zu erbringende Tatsachenvortrag auf Null reduziert und kein effektiver Kündigungsschutz mehr gegeben. Die **Darlegungs- und Beweislast** ist deshalb nach § 138 ZPO **abzustufen,** wobei der Grundsatz gilt: Je näher die eigentliche Organisationsentscheidung an den Kündigungsentschluß heranrückt, um so mehr muß der Arbeitgeber verdeutlichen, daß ein Beschäftigungsbedürfnis für den Arbeitnehmer wirklich entfallen ist (BAG Urteile vom 17. 6. 1999 aaO., Rn. 100). Der Arbeitgeber muß zunächst konkret darlegen, daß und inwieweit die von ihm getroffene Maßnahme durchgeführt werden soll und in welchem Umfang die fraglichen Arbeiten dadurch im Vergleich zum bisherigen Zustand entfallen. Nicht nur die durch äußere Anlässe bedingte, sondern auch die autonome, gestaltende Unternehmerentscheidung muß sich in greifbaren betrieblichen und objektivierbaren Formen niederschlagen (vgl. *Stahlhacke/Preis/Vossen* Rn. 627). Erst wenn der Arbeitgeber sein Konzept insoweit nachvollziehbar erläutert hat, liegt es beim Arbeitnehmer, Tatsachen vorzutragen und ggf. zu beweisen, die auf offenbare Sachwidrigkeit, Mißbrauch und Willkür schließen lassen. Alsdann hat sich der Arbeitgeber hierauf konkret einzulassen, indem er die Auswirkungen der geplanten Maßnahme auf den Beschäftigungsbedarf präzise vorträgt, wobei es seiner Einschätzung obliegt, in welcher Zeit er einen Auftrag abarbeiten will und ob er eine Arbeitsstreckung in Kauf nimmt (BAG 17. 6. 1999 DB 1999, 1910 = NZA 1999, 1095; *Bitter* DB 1999, 1214, 1217; KR/*Etzel* § 1 KSchG Rn. 573). Das BAG hat die Abstufung der Darlegungs- und Beweislast bei der Kontrolle der Unternehmerentscheidung erstmals in den Urteilen vom 17. 6. 1999 herausgearbeitet. Die Beobachtung, daß in der gerichtlichen Praxis kaum Entscheidungen bekannt geworden sind, in denen einer Klage wegen offenbar mißbräuchlicher Unternehmerentscheidung stattgegeben wurde, ließ in der Vergangenheit mit Recht Zweifel daran aufkommen, ob die vom BAG angewandten Rechtssätze nicht in Wirklichkeit eine wenig praxisgerechte Leerformel darstellten. Diesen Bedenken dürfte mit den nunmehr weiterentwickelten Rechtssätzen Rechnung getragen sein.

103   Die Rechtsprechung zur eingeschränkten gerichtlichen Kontrolle der Unternehmerentscheidung hat im Schrifttum ganz überwiegend Zustimmung gefunden (ErfK/*Ascheid* § 1 KSchG Rn. 467; *Bitter/Kiel* RdA 1994, 333, 347f.; *Hueck/von Hoyningen-Huene* § 1 Rn. 408ff.; *Kittner/Trittin* § 1 KSchG Rn. 877; KR/*Etzel* § 1 KSchG Rn. 540; *Löwisch* § 1 Rn. 342; *B.* *Preis* NZA 1997, 625, 627; *U. Preis,* Prinzipien, S. 411; *Stahlhacke/Preis/Vossen* Rn. 626; a. A. *Däubler* Arbeitsrecht 2. Band 8.5.1.1.3 unter Hinweis auf die Sozialpflichtigkeit des Eigentums; einschränkend auch HKK/*Weller/Dorndorf* § 1 Rn. 880; *Pauly* ZTR 1997, 113, 114). Die Differenzierung in begrenzt zu überprüfende Unternehmerentscheidungen auf der Gestaltungsebene und in voll zu überprüfende Unternehmerentscheidungen auf der Umsetzungsebene ermöglicht eine klare und weitgehend rechtssichere Handhabung, die verfassungsrechtlich nicht geboten ist. Über diese Mißbrauchskontrolle hinaus sind die Gerichte weder befugt, **gestaltende Unternehmerentscheidungen** auf ihre **Zweckmäßigkeit und Notwendigkeit** hin zu überprüfen, noch sind sie in der Lage, dem Arbeitgeber eine „bessere" betriebliche Organisation oder ein anderes Konzept vorzuschreiben (BAG 17. 6. 1999 aaO.; 21. 6. 1995 AP KSchG 1969 § 15 Nr. 36 = NZA 1995, 1157 unter II 2 – außerordentliche betriebsbedingte Kündigung eines Betriebsratsmitgliedes mit krit. Anm. von *Preis;* 24. 10. 1979 AP KSchG 1969 § 1 Betriebsbedingte Kündigung 1969 § 1 Nr. 8; HKK/*Dorndorf/Weller* § 1 KSchG Rn. 880). Eine stärkere gerichtliche Korrektur der Unternehmerentscheidung wäre wegen der damit verbundenen Unwägbarkeit zukünftiger Entwicklungen nicht zu rechtfertigen (vgl. *Bitter* DB 1999, 1214; KR/*Etzel* § 1 KSchG Rn. 542; *Feudner* DB 1999, 742, 744). Der Arbeitgeber trägt die wirtschaftliche Verantwortung einschließlich des Insolvenzrisikos. Deshalb unterliegt es allein seiner freien Einschätzung, wie er am erfolgreichsten am Markt operiert und wie er seinen Betrieb dazu technisch und organisatorisch am effektivsten ausrichtet. Daraus folgt zugleich, daß für eine eigenständige Interessenabwägung bei der betriebsbedingten Kündigung kein Raum ist (Rn. 277ff.).

104   Für die Annahme einer nur eingeschränkt nachprüfbaren Unternehmerentscheidung spricht ferner, daß der Gesetzgeber im **Betriebsverfassungsrecht** die Möglichkeiten unternehmerischer Gestaltung nicht durch Beteiligungsrechte beschränkt hat. Nach § 111ff. BetrVG hat der Betriebsrat letztlich keinen erzwingbaren Einfluß darauf, ob und in welchem Umfang eine Betriebsänderung durchgeführt wird. Der Arbeitgeber muß keinen **Interessenausgleich** über den Erhalt der Arbeitsplätze abschließen. Der Betriebsrat kann lediglich nach § 112 Abs. 4 BetrVG bei einer Betriebsänderung die Aufstellung eines **Sozialplans** durchsetzen. Versucht der Arbeitgeber keinen Interessenausgleich oder mißachtet er dessen Regelungen, kann der Arbeitnehmer einen **Nachteilsausgleich** nach § 113 BetrVG verlangen. Eine Einflußnahme des Betriebsrats auf das unternehmerische Gestaltungsermessen findet lediglich in den engen Grenzen der §§ 106ff. BetrVG über das Beratungsrecht des Wirtschaftsausschusses statt (KR/*Etzel* § 1 KSchG Rn. 542).

105 bb) Voraussetzungen. Offenbar unsachlich sind z.B. Unternehmerentscheidungen, die unmittelbar oder mittelbar gegen Gesetze oder Tarifverträge verstoßen, ihrer Umgehung dienen, oder die sich nur unter Verstoß gegen Gesetzes- bzw. Tarifrecht oder betriebsverfassungsrechtliche Vorgaben realisieren lassen (BAG 17. 6. 1999 DB 1999, 1910 = NZA 1999, 1095; 18. 12. 1997 AP KSchG 1969 § 2 Nr. 46 = NZA 1998, 668; *Ascheid* DB 1987, 1144, 1146; *ders.* NZA 1991, 873; *Kittner/Trittin* § 1 KSchG Rn. 271; HKK/*Weller/ Dorndorf* § 1 Rn. 878). Eine Unternehmerentscheidung ist z. B. gesetzeswidrig, wenn sie gegen das Diskriminierungsverbot von Teilzeitbeschäftigten in § 2 BeschFG verstößt (BAG 24. 4. 1997 AP KSchG 1969 § 2 Nr. 42 = NZA 1997, 1047). Führt eine Kündigung dazu, daß der Arbeitgeber seine vertraglichen Pflichten gegenüber anderen Arbeitnehmern im Betrieb nicht einhalten kann, ist das unternehmerische Konzept offensichtlich nicht sachgerecht (vgl. HKK/*Dorndorf/Weller* § 1 Rn. 879). Dies gilt auch für Konzepte, die ausschließlich dem Ziel dienen, den Verpflichtungen des deutschen Arbeits- und Sozialrechts durch Aufgabe der formalen Arbeitgeberstellung zu entfliehen (BAG 26. 9. 1996 AP KSchG 1969 § 1 Betriebsbedingte Kündigung Nr. 80 = NZA 1997, 202). Entscheidungen, die sich nur unter Verstoß gegen Gesellschaftsverträge oder Satzungen realisieren lassen, sind ebenfalls sachwidrig, z. B. Planungen des Vorstandes, für die es nach der Satzung einer erforderlichen Aufsichtsratszustimmung bedurft hätte (HKK/*Weller/Dorndorf* § 1 Rn. 878).

Offenbar unvernünftig sind unternehmerische Entscheidungen, die für den Betrieb oder das Unternehmen keinen erkennbaren wirtschaftlichen oder unternehmensstrategischen Sinn aufweisen. Ein solcher Fall liegt in der Regel vor, wenn Arbeiten aus politischen oder privaten Gründen an einen anderen Unternehmer vergeben werden, um dessen betriebliche Auslastung zu steigern, ohne daß für den Arbeitgeber daraus ein wirtschaftlicher oder strategischer Vorteil entsteht. Falls die Verlagerungen im Rahmen eines Konzernverbundes stattfinden, sind sie hingegen selbst dann nicht offenbar unvernünftig, wenn sie auf übergeordneten konzernstrategischen Überlegungen beruhen (dazu aber KR/*Etzel* § 1 KSchG Rn. 566; ferner Rn. 222).

106

Offenbar willkürlich sind Unternehmerentscheidungen, denen keine sachlichen Erwägungen zugrunde liegen (*Ascheid* Rn. 291; KR/*Etzel* § 1 KSchG Rn. 540). Dazu gehört der kaum je von einem Arbeitnehmer zu beweisende Fall, daß ein Arbeitgeber eine unternehmerische Entscheidung trifft, um damit die Kündigung eines bestimmten Arbeitnehmers oder einer Gruppe von Arbeitnehmern begründen zu können (z. B. die Kündigung wegen beabsichtigter Betriebsratsgründung). Willkürlich ist es ferner, wenn der betriebliche Dienstleistungsbedarf (nach einer Rationalisierung) so verteilt würde, daß für ehemalige Vollzeitbeschäftigte nur noch Teilzeitbeschäftigungen von 10 Stunden oder weniger wöchentlich verblieben, um auf diese Weise die Geltung des Kündigungsschutzgesetzes nach § 23 Abs. 1 Satz 3 a. F. zu unterlaufen (BAG 19. 5. 1993 AP KSchG 1969 § 2 Nr. 31 = NZA 1993, 1075).

107

Nicht als willkürlich einzustufen sind unternehmerische Maßnahmen allein deshalb, weil sie der **Steigerung des Gewinns oder Unternehmenswertes** dienen (vgl. *Bitter/Kiel* RdA 1994, 333, 349; *Feudner* DB 1999, 742, 744 f.; *Hillebrecht* ZfA 1991, 87, 110; *Hueck/von Hoyningen-Huene* § 1 Rn. 371 c; KR/*Etzel* § 1 KSchG Rn. 603; *Stahlhacke* DB 1994, 1361, 1365; differenzie-

108

rend in Rentabilität des Betriebes und der Arbeitsverhältnisse *Preis* NZA 1995, 241, 248 und als Bestandteil der Dringlichkeitsprüfung *ders.* HAS § 19 Rn. 85; a. A. ArbG Gelsenkirchen 28. 10. 1997 NZA 1998, 944; *Colneric,* S. 21, 22 ff.; *Däubler,* Arbeitsrecht 2, 8.5.1.1.3). Der Unternehmenszweck liegt (jedenfalls in aller Regel) nicht in der Beschäftigung von Arbeitnehmern, sondern in der unternehmerisch, verfassungsrechtlich geschützten Betätigung zum Zwecke der Gewinnerzielung. Dieses Ziel kann folglich für sich betrachtet nicht willkürlich sein. Die Aufrechterhaltung der Leistungsfähigkeit eines Unternehmens durch Bildung von Rücklagen ist Sicherung seiner Zukunft und der verbleibenden Arbeitsplätze. Auch das Sozialstaatsgebot (Art. 20, 28 GG) sowie die in § 2 SGB III normierte Verantwortung des Arbeitgebers verlangen nicht den Verzicht auf gewinnorientierte Konzepte, selbst wenn der Betrieb bisher schon rentabel gearbeitet hat. Die Frage der Gewinnsteigerung, die *Hillebrecht* (aaO.) zutreffend als „emotionsgeladen" bezeichnet hat, wird zur Zeit in seiner extremsten Variante unter dem Begriff des **„shareholder-value"** diskutiert, hinter dem sich Konzepte zur Wertsteigerung des Unternehmens verbergen. Nach der shareholder-value-Philosophie müssen auf Wachstum gerichtete Entscheidungen wie alle anderen Konzepte zu einer Erhöhung der Gewinne führen und nicht nur zu einer Stärkung des Umsatzes oder der Marktposition (vgl. ausführlich *Feudner* DB 1999, 742). Eine solche, ganz auf die Interessen der Anteilseigner ausgerichtete Planung löst zwar ein „juristisches Unbehagen" aus, wenn infolge der konkreten Maßnahme in großem Umfang Beschäftigungsmöglichkeiten reduziert werden (vgl. *Bitter* DB 1999, 1214, 1215). Das BAG hat sich mit der Frage, ob es eine kündigungsrechtlich relevante Grenze der Gewinnmaximierung oder Unternehmenswertsteigerung geben kann, explizit noch nicht befaßt. Nach den in ständiger Rechtsprechung angewendeten Grundsätze dürften allein die einzelnen Maßnahmen, die auf offenbare Unsachlichkeit, Unvernunft oder Willkür zu überprüfen sind, von den Gerichten nicht schon wegen der shareholder-value-Strategie zu beanstanden sein. Ob denkbare Extremfälle durch allgemeine Vorschriften des Zivilrechts (§ 138 BGB) erfaßt werden können, muß zurückhaltend beurteilt werden, weil eine rechtssichere Grenze für den Umfang eines (noch) sozial gerechten, moralischen, sittlich zu rechtfertigenden Gewinn kaum zu bestimmen sein wird (zu diesem Vorschlag *Feudner* DB 1999, 742, 745).

3. Wegfall des Beschäftigungsbedarfs

109 Die Gerichte haben im Kündigungsschutzprozeß **voll nachzuprüfen,** ob der Arbeitgeber überhaupt eine zur Verringerung des Arbeitskräftebestandes führende Unternehmerentscheidung getroffen hat, ob die Gründe, auf denen sie beruhen, existieren und ob die getroffene Maßnahme für den Fortfall des Arbeitsplatzes kausal ist (BAG Urteile vom 17. 6. 1999 DB 1999, 1909 = NZA 1999, 1098; DB 1999, 1910 = NZA 1999, 1095; *Stahlhacke/Preis/ Vossen* Rn. 627).

a) Innerbetriebliche und außerbetriebliche Ursachen

In der Praxis hat sich die vom BAG entwickelte und allgemein anerkannte **110** Unterscheidung zwischen **innerbetrieblichen** und **außerbetrieblichen Grün-den** bewährt, um das unternehmerische Konzept nachvollziehen zu können, bei dessen Umsetzung Beschäftigungsmöglichkeiten wegfallen (z.B. BAG 20. 2. 1986 AP KSchG 1969 § 1 Nr. 11 = NZA 1986, 823; 30. 5. 1985, 7. 12. 1978 AP KSchG 1969 § 1 Betriebsbedingte Kündigung Nr. 24, 6; fer-ner *Ascheid* Rn. 237; *Bitter* DB 1999, 1214, 1216; *Herschel/Löwisch* § 1 Rn. 195ff.; HKK/*Weller/Dorndorf* § 1 Rn. 859ff.; KR/*Etzel* § 1 KSchG Rn. 534ff.; *Stahlhacke* DB 1994, 1361, 1362ff.; zu Unrecht interpretieren *Hümmerich/Spirolke* NZA 1998, 797, 799 das Urteil des BAG vom 24. 4. 1997 AP KSchG 1969 § 2 Nr. 42 = NZA 1997, 1047 als Aufgabe dieser Schematisierung). Die Differenzierung, die sich aus dem Gesetz nicht unmit-telbar ergibt, dient dazu, den Kündigungssachverhalt im Prozeß transparent zu machen und die Prüfungsschritte zu systematisieren. Sie zwingt den Un-ternehmer zwecks Vermeidung voreiliger Kündigungen zum genauen Durch-denken der Gegebenheiten (*Ascheid* DB 1987, 1144, 1148; *ders.* in ErfK § 1 KSchG Rn. 416; *Hillebrecht* ZfA 1991, 87, 97f.); an ihr lassen sich die An-forderungen für einen präzisen Sachvortrag aufzeigen (vgl. *Stahlhacke/Preis/ Vossen* Rn. 631).

Die **innerbetriebliche Ursachen** fallen regelmäßig mit der unternehmeri- **111** schen Entscheidung zusammen (BAG 20. 2. 1986 AP KSchG 1969 § Nr. 11 = NZA 1986, 823; *Stahlhacke/Preis/Vossen* Rn. 631). Begrifflich werden darunter alle betrieblichen **Maßnahmen auf technischem, organisatorischem oder wirtschaftlichem Gebiet** erfaßt, durch die der Arbeitgeber seine Ent-scheidung über die der Geschäftsführung zugrundeliegende Unternehmens-politik im Hinblick auf den Markt oder die Organisation des Betriebes ver-wirklicht, und die sich auf den **Beschäftigungsbedarf im Betrieb auswirken** (BAG 17. 6. 1999 DB 1999, 1909 = NZA 1999, 1098; *Hillebrecht* ZfA 1991, 87, 94; KR/*Etzel* § 1 KSchG Rn. 537). Hierzu gehören z.B. Rationali-sierungsmaßnahmen, Änderungen der Arbeits- oder Produktionsmethode(n) ebenso wie die Betriebseinschränkung oder -stillegung, Vergabe von Arbeiten an ein anderes Unternehmen, Umstellung der Vertriebsstruktur und die Straffung betrieblicher Hierarchien. Durch die Umsetzung dieser organisato-rischen Maßnahmen entfällt das Bedürfnis für die Weiterbeschäftigung eines oder mehrerer Arbeitnehmer. Vom Gericht voll nachzuprüfen ist, ob eine solche unternehmerische Entscheidung tatsächlich vorliegt und ob durch ihre Umsetzung das Beschäftigungsbedürfnis für einzelne Arbeitnehmer entfallen ist. Dagegen unterliegt die Unternehmerentscheidung selbst nur einer einge-schränkten Rechtsmißbrauchskontrolle (Rn. 100ff.).

Unter **außerbetrieblichen Ursachen** sind von der Betriebsgestaltung und **112** Betriebsführung unabhängige Umstände zu verstehen, die einen konkreten Bezug zum Betrieb aufweisen und sich auf die Arbeitsverhältnisse auswirken, wie z.B. Auftrags- oder Umsatzrückgang, Rohstoff- oder Engergiemangel, Streichung von Drittmitteln, Stellenstreichungen im Haushalt (*Berkowsky*

§ 7 Rn. 15 ff.; HKK/*Weller/Dorndorf* § 1 Rn. 860; KR/*Etzel* § 1 KSchG Rn. 534 f.). Nicht zu den kündigungsschutzrechtlich beachtlichen außerbetrieblichen Gründen zählen arbeitsmarkt-, beschäftigungs- oder sozialpolitische Aspekte, die einen Arbeitgeber veranlassen können, einen Arbeitsplatz anderweitig zu besetzen und die somit auf eine unzulässige **Austauschkündigung** hinauslaufen. Es stellt deshalb kein dringendes betriebliches Erfordernis zur Kündigung dar, wenn der Arbeitgeber beabsichtigt, anstelle von nebenberuflich tätigen Teilzeitarbeitnehmern Arbeitslose im Rahmen von Vollzeitarbeitsverhältnissen zu beschäftigen (BAG 13. 3. 1987 AP KSchG 1969 § 1 Betriebsbedingte Kündigung Nr. 37 = NZA 1987, 629), er zur Erfüllung seiner Pflicht aus § 5 SchwbG einen Schwerbehinderten einstellen will und deshalb einem anderen Arbeitnehmer kündigt (HAS/*Preis* § 19 f. Rn. 57; HKK/*Weller/Dorndorf* § 1 Rn. 964; *Kittner/Trittin* § 1 KSchG Rn. 317; KR/*Etzel* § 1 KSchG Rn. 535; *Stahlhacke/Preis/Vossen* Rn. 652; *Stahlhacke* DB 1994, 1361, 1365) oder die Absicht verfolgt, sich durch eine Beschäftigung von Arbeitnehmern nach ausländischem Recht von den Bedingungen des deutschen Arbeits- und Sozialrechts zu lösen (BAG 26. 9. 1996 AP KSchG 1969 § 1 Betriebsbedingte Kündigung Nr. 80 = NZA 1997, 202; ferner Rn. 148 ff.). Die Begründung einer betriebsbedingten Kündigung mit außerbetrieblichen Gründen bindet den Arbeitgeber, das Personal nur insoweit abzubauen, wie es der vorgegebene Zweck (z. B. Auftragsmangel bzw. Umsatzrückgang) erfordert (BAG 15. 6. 1989 AP KSchG 1969 § 1 Betriebsbedingte Kündigung Nr. 45 = NZA 1990, 65; *Stahlhacke/Preis/Vossen* Rn. 632).

113   Die Unterscheidung von innerbetrieblichen und außerbetrieblichen Gründen darf indes weder in ihrem Gewinn an Rechtssicherheit überschätzt werden, noch läßt sich daraus der Schluß ziehen, die Kündigung aus außerbetrieblichen Gründen unterliege einem strengeren Prüfungsraster als die innerbetriebliche, der gerichtlichen Überprüfung weitgehend entzogene Organisationsmaßnahme (vgl. *Preis* NZA 1995, 241, 244). Vielmehr ist es in der Regel für den Arbeitgeber einfacher, anhand außerbetrieblicher Faktoren seine unternehmerische Entscheidung darzulegen und zu beweisen, während es für den Arbeitnehmer um so schwieriger wird, im Prozeß deren offenbare Sachwidrigkeit, Unvernunft oder Willkür nachzuweisen. Wie bei den innerbetrieblichen Gründen bedarf es bei außerbetrieblichen Faktoren stets einer Unternehmerentscheidung. Beschäftigungsmöglichkeiten entfallen nicht schon ohne weiteres durch außerbetriebliche Gründe (ErfK/*Ascheid* § 1 KSchG Rn. 411).

b) Auswirkungen auf die Beschäftigungslage

114   Die Umsetzung der Unternehmerentscheidung muß zum Wegfall von Beschäftigungsmöglichkeiten für den gekündigten Arbeitnehmer führen. Dazu ist nicht auf den Wegfall eines bestimmten, konkret-gegenständlichen Arbeitsplatzes abzustellen, auf dem der Arbeitnehmer beschäftigt wird (vgl. *Bitter* DB 1999, 1214). Bei der betriebsbedingten Kündigung ist vielmehr zu prüfen, ob nach Umsetzung der gestaltenden unternehmerischen Entscheidung im Betrieb ein **Überhang an Arbeitskräften** besteht, durch den unmittelbar oder mittelbar das Bedürfnis zur Weiterbeschäftigung eines oder mehrerer Arbeitnehmer entfällt. Betriebliche Erfordernisse liegen vor, wenn der betriebliche Beschäftigungsbedarf geringer ist als die hierfür zur Verfügung stehende Zahl vertraglich gebundener Arbeitnehmer (BAG 17. 6. 1999 DB 1999, 1909 = NZA 1999, 1098; 5. 10. 1995 AP KSchG 1969 § 1 Betriebsbedingte Kündigung Nr. 71; LAG Köln 12. 5. 1995 LAGE § 1 KSchG Betriebsbedingte Kündigung Nr. 32; ErfK/*Ascheid* § 1 KSchG Rn. 413 ff., 419; *Hueck/von Hoyningen-Huene* § 1 Rn. 372 a; MünchArbR/*Berkowsky* § 134 Rn. 6 f.; *ders.* § 7 Rn. 12). Die Schließung einer Abteilung führt z. B. zum Wegfall aller dortigen Arbeitsplätze; die Anschaffung einer neuen Maschine oder eines weiterentwickelten EDV-Programms kann eine nachvollziehbare Reduzierung manueller Arbeitsvorgänge erfordern mit der Folge eines Beschäftigungsüberhangs. Besteht die unternehmerische Entscheidung darin, eine Betriebsabteilung zu schließen und die dort erledigten Arbeiten einer anderen Abteilung zuzuordnen, bleibt der Beschäftigungsbedarf hingegen unverändert (vgl. *Hueck/von Hoyningen-Huene* § 1 Rn. 373 b).

Die Beschäftigungsmöglichkeit muß nach der vom Arbeitgeber im Kündi- **115** gungszeitpunkt anzustellenden Prognose **auf Dauer** entfallen. Die hierfür sprechenden Tatsachen muß der Arbeitgeber im Prozeß nachvollziehbar vortragen und ggf. beweisen (BAG Urteile vom 17. 6. 1999 aaO., Rn. 100). Kurzfristige Auftragslücken sind z. B. nicht geeignet, die betriebsbedingte Kündigung gegenüber einem Leiharbeiter sozial zu rechtfertigen (LAG Köln 10. 12. 1998 NZA 1999, 991).

Problematisch sind unternehmerische Entscheidungen, in deren Konse- **116** quenz sich das **Anforderungsprofil der Arbeitsplätze ändert**. Es bleibt dem Arbeitgeber im Rahmen seiner unternehmerischen Gestaltungsfreiheit überlassen, die Anforderungen an einen Arbeitsbereich festzulegen. Daher ist seine Entscheidung, bestimmte Tätigkeiten nur von Arbeitnehmern mit geeigneter besonderer Qualifikation ausführen zu lassen, zu respektieren (BAG 7. 11. 1996 AP KSchG AP KSchG 1969 § 1 Betriebsbedingte Kündigung Nr. 82 = NZA 1997, 253 – drittmittelfinanzierte Arbeitsplätze; 5. 10. 1995, 10. 11. 1994 AP KSchG 1969 § 1 Betriebsbedingte Kündigung Nr. 71, 65 = NZA 1996, 524 bzw. NZA 1995, 566). Dagegen entspricht es keiner Änderung des Anforderungsprofils, wenn die Stelle im wesentlichen nur umetikettiert wird (Rn. 236 f.).

Ordnet der Arbeitgeber im Zuge einer Betriebsverlagerung Tätigkeiten an- **117** deren Arbeitnehmergruppen zu (z. B. Schlußredakteuren statt bisher Fotosetzern), stellt sich die Frage der **Identität des Arbeitsbereichs**. Ob eine solche Identität vorliegt, ist nach einer tätigkeitsbezogenen Prüfung zu bestimmen. Anhaltspunkte ergeben sich aus der Arbeitsplatzbeschreibung und aus der tariflichen Eingruppierung, wobei auch eine verhältnismäßig geringe Einkommensverbesserung einer Stellenidentität nicht entgegensteht (a. A. *Hueck/von Hoyningen-Huene* § 1 Rn. 397 a). Sind die verlagerten Arbeitsplätze in einer Gesamtschau nach Bedeutung und Verantwortung nicht nur unerheblich anspruchsvoller, fehlt es an einer Identität. Entsprechen die verlagerten nicht den vorherigen Tätigkeiten, hat sich der Beschäftigungsbedarf um die in der neuen Betriebsstruktur nicht mehr vorhandenen Stellen verringert (im Beispiel: die der Montierer bzw. Fotosetzer). Dies darf jedoch nicht dazu füh-

ren, daß der Arbeitgeber in der Besetzung der zusätzlich geschaffenen quali-
fizierteren Stellen (im Beispiel denen des Schlußredakteurs) die Inhaber der
entfallenden Arbeitsplätze von vornherein nicht mehr berücksichtigt. Die Kündigung ist nur dann **erforderlich** (Ultima-ratio), wenn sich der Arbeitnehmer
für die neu geschaffene, anderweitige Beschäftigung nicht **eignet** (BAG 10. 11.
1994, 5. 10. 1995 AP KSchG 1969 § 1 Betriebsbedingte Kündigung Nr. 65,
71 = NZA 1995, 566 bzw. NZA 1996, 525; 30. 8. 1995 AP BetrVG 1972
§ 99 Versetzung Nr. 5 = NZA 1996, 496; im Ergebnis ähnlich, allerdings mit
Schwerpunkt auf der Frage, ob die Arbeitsplätze inhaltlich nach Bedeutung
und Verantwortung im wesentlichen gleich geblieben sind *Hueck/von Hoyningen-Huene* § 1 Rn. 373, 373 b, *von Hoyningen-Huene* Anm. EzA § 1 Betriebsbedingte Kündigung Nr. 77, *ders.* NZA 1994, 1009, 1011; zur anderweitigen Beschäftigungsmöglichkeit Rn. 234 ff.).

118 In diese Systematik ist z. B. auch der Wegfall von Beschäftigungsmöglichkeiten für Piloten mit der Lizenz für Propellermaschinen einzuordnen, wenn
die Fluggesellschaft den Flugbetrieb auf Düsenflugzeuge umstellt. Zwar ist wegen des grundsätzlich veränderten Anforderungsprofils ein Beschäftigungsbedarf für Piloten ohne Befähigung zum Führen von Düsenflugzeugen entfallen
(zutreffend *Hueck/von Hoyningen-Huene* § 1 Rn. 373 a); betriebliche Erfordernisse haben damit zum Wegfall der bisherigen Arbeitsplätze geführt. Die
Kündigung scheitert aber daran, daß der Arbeitgeber den Piloten, die in Pro-
pellerflugzeugen vertragsgemäß nicht mehr beschäftigt werden konnten, keine Gelegenheit eingeräumt hat, eine Fluglizenz für Düsenjets zu erwerben
(BAG 7. 5. 1968 AP KSchG Betriebsbedingte Kündigung § 1 Nr. 18). In der
damaligen Rechtsprechung wurde dieses Ergebnis aus dem Gedanken abgeleitet, daß der Arbeitgeber wegen der ihm obliegenden Treue- und Fürsorgepflicht alles Zumutbare unternehmen müsse, um dem Piloten im Zuge der
technischen Entwicklung den Arbeitsplatz zu erhalten. Inzwischen konkretisiert das Gesetz die Fälle zumutbarer Umschulungs- und Fortbildungsmaßnahmen in § 1 Abs. 2 Satz 3 KSchG (dazu Rn. 239 ff.).

c) Auswirkungen auf den Beschäftigungsbetrieb

119 Für die Auswirkungen der Unternehmerentscheidung auf die Beschäftigungslage sind die Verhältnisse des Betriebes maßgebend. Das Kündigungsschutzgesetz ist in seiner ursprünglichen Konzeption **betriebsbezogen** ausgestaltet
(vgl. Reg.-Entw. des KSchG, RdA 1951, 61, 63). Der Arbeitgeber muß die
„betrieblichen" Erfordernisse für die Kündigung vortragen und die Sozialauswahl im Betrieb begründen (dazu Rn. 289 ff.). Er muß deshalb nicht darlegen, welche Auswirkungen sein unternehmerisches Konzept auf andere
Betriebe des Unternehmens hat, darf sich andererseits aber nicht darauf beschränken, die Gründe der betriebsbedingten Kündigung für einen Betriebsteil darzustellen (BAG 20. 8. 1998 AP KSchG 1969 § 2 Nr. 50 = NZA
1999, 255; 11. 10. 1989 AP KSchG 1969 § 1 Betriebsbedingte Kündigung
Nr. 47 = NZA 1990, 607; *Berkowsky* § 7 Rn. 13; ErfK/*Ascheid* § 1 KSchG
Rn. 414; HKK/*Weller/Dorndorf* § 1 Rn. 866; *Hueck/von Hoyningen-Huene*
§ 1 Rn. 374; *Kittner/Trittin* § 1 KSchG Rn. 17; KR/*Etzel* § 1 KSchG

Rn. 534; *Löwisch* § 1 Rn. 230). Der Betriebsbegriff in § 1 Abs. 2 KSchG entspricht nach h. M. dem des BetrVG. Danach ist der Betrieb die organisatorische Einheit, innerhalb derer der Arbeitgeber allein oder mit seinen Arbeitnehmern durch Einsatz technischer und immaterieller Mittel bestimmte arbeitstechnische Zwecke fortgesetzt verfolgt, die sich nicht in der Befriedigung von Eigenbedarf erschöpfen (st. Rspr. vgl. nur BAG 11. 10. 1989 AP KSchG 1969 § 1 Betriebsbedingte Kündigung Nr. 47 = NZA 1990, 607). Dem Betrieb entspricht die Dienststelle in den Verwaltungen des öffentlichen Dienstes, wie sich aus § 1 Abs. 2 Satz 2 Nr. 2 KSchG ergibt (dazu BAG 17. 5. 1984 AP KSchG 1969 § 1 Betriebsbedingte Kündigung Nr. 21). Die betriebsbezogene Ausrichtung der Kündigungsgründe ist allerdings seit der Neufassung des § 1 Abs. 2 Satz 2 Nr. 1 b) KSchG durch das BetrVG 1972 teilweise durchbrochen. Die Prüfung **anderweitiger Beschäftigungsmöglichkeiten** ist seither unternehmensbezogen bzw. „arbeitgeberbezogen" ausgerichtet, und zwar unabhängig davon, ob der Betriebsrat deshalb widersprochen hat (Rn. 212 ff.).

d) Darlegungs- und Beweislast

Nach § 1 Abs. 2 Satz 4 KSchG hat der **Arbeitgeber** die tatsächlichen Voraussetzungen zur Annahme eines betrieblichen Erfordernisses zu beweisen. Er muß im Prozeß konkret darlegen und beweisen, aus welchen inner- bzw. außerbetrieblichen Gründen er **welche Unternehmerentscheidung** getroffen hat und wie sich diese auf die **Arbeitsmenge** auswirkt. Er muß die außerbetrieblichen Umstände im einzelnen vortragen, wenn er sich darauf berufen will und das unternehmerische Konzept plausibel darlegen. Eine schlagwortartige Beschreibung des Kündigungssachverhaltes (z. B. Auftragsmangel, Umsatzrückgang, Verluste) genügt nicht, weil sich der Arbeitnehmer darauf nicht einlassen kann (BAG 20. 2. 1986 AP KSchG 1969 § 1 Nr. 11; 7. 12. 1978 AP KSchG 1969 § 1 Betriebsbedingte Kündigung 1969 Nr. 6). Die betriebsbedingte Kündigung kann weder mit der Darlegung rückläufiger wirtschaftlicher Daten noch mit einem veränderten unternehmerischen Konzept gerechtfertigt werden. Vielmehr muß der Arbeitgeber in seinem Vortrag die Auswirkungen der Unternehmerentscheidung auf die Beschäftigungslage „herunterbrechen". Das Gericht muß erkennen können, ob im Zeitpunkt des Zugangs der Kündigungsfrist feststand, daß das Bedürfnis zur Beschäftigung des gekündigten Arbeitnehmers bis zum Fristablauf entfallen würde (BAG 7. 3. 1996 AP KSchG 1969 § 1 Betriebsbedingte Kündigung Nr. 76 = NZA 1996, 931; 5. 10. 1995, 15. 6. 1989, 30. 5. 1985 AP KSchG 1969 § 1 Betriebsbedingte Kündigung Nr. 71, 45, 24; *Ascheid* DB 1987, 1144, 1145; *HKK/Weller/Dorndorf* § 1 Rn. 883; *Hueck/von Hoyningen-Huene* § 1 Rn. 376; *KR/Etzel* § 1 KSchG Rn. 570 f.; *Pauly* ZTR 1997, 113 mwN.; *Preis* NZA 1995, 241, 244). Der Arbeitgeber muß hingegen nicht die Zweckmäßigkeit seiner Entscheidung beweisen. Vielmehr ist es Sache des **Arbeitnehmers**, darzulegen und den Beweis zu führen, daß die der Kündigungsentscheidung vorgelagerte **unternehmerische Entscheidung offenbar unsachlich, unvernünftig oder willkürlich** ist, weil nur die Fälle einer mißbräuchlichen

120

unternehmerischen Gestaltung gerichtlicher Kontrolle unterzogen werden können. Rechtsmißbrauch muß nach allgemeinen Grundsätzen derjenige vortragen und beweisen, der sich darauf bezieht. Die Anwendung der prozeßrechtlichen Vorschrift in § 138 ZPO verlangt dabei eine Abstufung, d.h. Verteilung der Darlegungs- und Beweislast mit unterschiedlichen Konsequenzen für die Vielzahl denkbarer Fallgestaltungen. Die Darlegungs- und Beweislast ist um so mehr abgestuft, je dichter das unternehmerische Konzept und die daraufhin ausgesprochene Kündigung beieinander liegen (Rn. 102). Wegen der Einzelheiten wird auf die Erläuterungen im jeweiligen Sachzusammenhang verwiesen.

e) Einzelfälle in typisierender Zusammenfassung

121 **aa) Auftrags- und Umsatzrückgang.** Ein Auftrags- und Umsatzrückgang rechtfertigt die betriebsbedingte Kündigung, wenn die vom Arbeitgeber daraufhin veranlaßte gestaltende Entscheidung zu einem Rückgang des Beschäftigungsbedarfs führt (BAG 15. 6. 1989, 30. 5. 1985, 24. 10. 1979, 7. 12. 1978 AP KSchG 1969 § 1 Betriebsbedingte Kündigung Nr. 45, 24, 8, 6; 11. 9. 1986 BB 1987, 1882; *Hueck/von Hoyningen-Huene* § 1 Rn. 426 ff.; KR/*Etzel* § 1 KSchG Rn. 583 f.). Reagiert der Arbeitgeber auf eine rückläufige Auftrags- und Umsatzlage mit einem veränderten Konzept (z.B. Umstellung von Drei-Schicht- auf Zwei-Schicht-Betrieb, Verkürzung der Ladenöffnungszeiten, Rn. 178), trifft er eine unternehmerische Entscheidung, die nur auf offenbare Unsachlichkeit, Unvernunft und Willkür zu überprüfen ist (Rn. 105 ff.). Entfällt aufgrund dieser unternehmerischen Entscheidung der Beschäftigungsbedarf für einen Arbeitnehmer, liegt ein betriebliches Erfordernis zur Kündigung vor. Der Arbeitgeber kann bei einem Rückgang der Arbeitsmenge die **geringerwertigen Tätigkeiten** durch **eigene höherqualifizierte Arbeitnehmer** miterledigen lassen (BAG 17. 6. 1999 DB 1999, 1910 = NZA 1999, 1095; 11. 9. 1986 EzA § 1 Betriebsbedingte Kündigung Nr. 54). Insoweit hat der Arbeitgeber einen personalpolitischen Ermessensspielraum (vgl. *Stahlhacke/Preis/Vossen* Rn. 651).

122 Hat der Arbeitgeber seinen Betrieb so organisiert, daß sich die Anzahl der benötigten Arbeitnehmer unmittelbar aus dem Auftragsvolumen errechnet, kann er den veränderten Beschäftigungsbedarf aufgrund veränderter Kennziffern zum Anlaß für eine Personalanpassung nehmen (BAG 15. 6. 1989 AP KSchG 1969 § 1 Betriebsbedingte Kündigung Nr. 45 = NZA 1990, 65). Auch in diesem Fall erfolgt die **Anpassung der Arbeitnehmerzahl** an das **gesunkene Beschäftigungsvolumen** aufgrund einer Unternehmerentscheidung, die das BAG als „verdeckte Unternehmerentscheidung" (vgl. BAG 30. 5. 1985 AP KSchG 1969 § 1 Betriebsbedingte Kündigung Nr. 24 = NZA 1986, 155) oder als „Selbstbindung des Arbeitgebers" (vgl. BAG 15. 6. 1989 AP KSchG 1969 § 1 Betriebsbedingte Kündigung Nr. 45 = NZA 1990, 65) bezeichnet. Der Arbeitgeber beläßt es bei den technischen und organisatorischen Strukturen, wonach die Anzahl der Arbeitnehmer an einer bestimmte Arbeitsmenge orientiert wird und gleicht die Zahl benötigter Arbeitskräfte dem veränderten Bedarf an. Ebenso hätte er durch andere unternehmerische

Maßnahmen auf die Auftrags- bzw. Umsatzschwankungen reagieren können (ErfK/*Ascheid* § 1 KSchG Rn. 418, 444; *Berkowsky* § 6 Rn. 21; § 7 Rn. 16; HKK/*Weller/Dorndorf* § 1 Rn. 860; *von Hoyningen-Huene* NZA 1994, 1009, 1011; *Hueck/von Hoyningen-Huene* § 1 Rn. 427a; KR/*Etzel* § 1 KSchG Rn. 536; *Preis* NZA 1994, 241, 243; *Stahlhacke/Preis/Vossen* Rn. 651).

Der Arbeitgeber genügt seiner **Darlegungs- und Beweislast** nicht schon in **123** jedem Fall durch den Vortrag rückläufiger Produktions-, Auftrags-, Umsatz- oder Verlustzahlen. Er muß darlegen und beweisen, ob ein dauerhafter Rückgang vorliegt und vor allem, in welchem Ausmaß sich dieser auf die **Arbeitsmenge** auswirkt (BAG 17. 6. 1999 DB 1999, 1910 = NZA 1999, 1095; 15. 6. 1989 AP KSchG 1969 § 1 Betriebsbedingte Kündigung Nr. 45 = NZA 1986, 155). Nicht erforderlich ist der Nachweis, der konkrete Arbeitsplatz des betroffenen Arbeitnehmers sei weggefallen. Das Gericht muß einen Überhang an Arbeitskräften nachvollziehen können, durch den unmittelbar oder mittelbar das Bedürfnis zur Weiterbeschäftigung eines oder mehrerer (vergleichbarer) Arbeitnehmer entfallen ist (BAG 11. 9. 1986 BB 1987, 1882; 30. 5. 1985 AP KSchG 1969 § 1 Betriebsbedingte Kündigung Nr. 45 = NZA 1986, 155). Es muß klar sein, mit welcher Anzahl von Arbeitnehmern der Arbeitgeber das verbleibende Beschäftigungsvolumen in welcher Arbeitsorganisation bewältigen will. Leitet der Arbeitgeber den verringerten Beschäftigungsbedarf unmittelbar aus dem Auftrags- oder Umsatzrückgang ab, muß er im Prozeß zunächst das kalkulierte Verhältnis von Beschäftigungsbedarf und Arbeitskräften vortragen, um dann in einem weiteren Schritt die tatsächliche Entwicklung in einer vergleichenden Betrachtung darzulegen (*Berkowsky* § 7 Rn. 20 – „Größenvergleich"; ErfK/*Ascheid* § 1 KSchG Rn. 442, 490).

bb) Betriebsstillegung. Die Stillegung eines Betriebes ist eine unternehmeri **124** sche Entscheidung, die gerichtlicher Kontrolle weitgehend entzogen ist. Unter Beachtung der Schutzbereiche der Art. 12 Abs. 1 und 14 Abs. 1 GG, wonach kein Unternehmer zur Fortführung seines Betriebes gezwungen werden kann, findet nur eine sehr eingeschränkte Prüfung der Stillegungsentscheidung statt, wenn der Arbeitgeber (aus welchen Gründen auch immer) seinen einzigen Betrieb aufgeben will (offengelassen BAG 27. 2. 1987 AP KSchG 1969 § 1 Betriebsbedingte Kündigung Nr. 41 = NZA 1987, 700; vgl. *Alp* S. 42 ff. unter Hinweis auf die in § 15 Abs. 4 und 5 KSchG enthaltene Wertung; *Bitter/Kiel* RdA 1994, 333, 349; ErfK/*Ascheid* § 1 KSchG Rn. 447). Der einzig denkbare „Mißbrauchsfall" besteht darin, daß ein Unternehmer seinen Betrieb einstellt, um ihn alsbald mit neuer Belegschaft wieder zu eröffnen (*Berkowsky* § 7 Rn. 78). Will der Arbeitgeber aber nur einen von mehreren Betrieben aufgeben, unterliegt dieser Entschluß der Rechtsmißbrauchskontrolle, ebenso wie alle anderen Fällen unternehmerischer Entscheidung auch (dazu Rn. 100 ff.). Der Arbeitgeber gibt dabei seinen Beruf (Art. 12 GG) nicht auf, so daß eine mißbräuchliche Gestaltung zur Umgehung des Kündigungsschutzgesetzes möglich ist. Allerdings wird diese Entscheidung nicht auf ihre **Notwendigkeit und Zweckmäßigkeit** überprüft (vgl. *Hueck/von Hoyningen-Huene* § 1 Rn. 414; KR/*Etzel* § 1 KSchG Rn. 594).

125　Unter Betriebsstillegung ist die Auflösung der zwischen Arbeitgeber und Arbeitnehmer bestehenden Betriebs- und Produktionsgemeinschaft zu verstehen, die ihre Veranlassung und zugleich ihren unmittelbaren Ausdruck darin findet, daß der Arbeitgeber die bisherige wirtschaftliche Betätigung in der ernstlichen Absicht einstellt, den bisherigen Betriebszweck dauernd oder für eine ihrer Dauer nach unbestimmte, wirtschaftlich nicht unerhebliche Zeitspanne nicht weiter zu verfolgen. Der Arbeitgeber muß endgültig entschlossen sein, den Betrieb stillzulegen. Der Arbeitgeber muß deshalb nicht die Stillegung des Betriebes abwarten, bevor er die Kündigung aussprechen darf, sondern kann auch wegen einer beabsichtigten Stillegung kündigen. Wird eine Kündigung auf die künftige Entwicklung der betrieblichen Verhältnisse gestützt, so kann sie ausgesprochen werden, wenn die betrieblichen Umstände konkrete und greifbare Formen angenommen haben. Davon ist nach der Rechtsprechung auszugehen, wenn aufgrund einer vernünftigen, betriebswirtschaftlichen Betrachtung bei Ausspruch der Kündigung absehbar ist, zum Zeitpunkt des Vertragsende werde mit einiger Sicherheit der Eintritt eines die Entlassung erfordernden betrieblichen Grundes gegeben sein (st. Rspr. des BAG 3. 9. 1998 NZA 1999, 147; 11. 3. 1998 AP BetrVG 1972 § 111 Nr. 43 = NZA 1998, 879; 4. 12. 1997 NZA 1998, 701 = NJW 1998, 2379; 22. 5. 1997 AP BGB § 613 a Nr. 154 = NZA 1997, 1050; 27. 2. 1997 AP KSchG 1969 § 1 Wiedereinstellung Nr. 1 = NZA 1997, 757; 10. 10. 1996 AP KSchG 1969 § 1 Betriebsbedingte Kündigung Nr. 81 = NZA 1997, 251; 10. 1. 1994 AP KSchG 1969 Konzern Nr. 8 = NJW 1994, 2246; 19. 6. 1991 AP KSchG 1969 § 1 Betriebsbedingte Kündigung 1969 Nr. 53 = NZA 1991, 891; ErfK/*Ascheid* § 1 KSchG Rn. 449). Soweit im Schrifttum verlangt wird, die Prognose einer Betriebsstillegung im Zeitpunkt der Beendigung des Arbeitsverhältnisses müsse im Zeitpunkt der Kündigung nicht nur mit einiger Sicherheit, sondern mit großer Wahrscheinlichkeit feststehen, ist dem zuzustimmen (vgl. HKK/*Weller/Dorndorf* § 1 Rn. 973; *Hueck/von Hoyningen-Huene* § 1 Rn. 406).

126　Der Arbeitgeber trägt für die Tatsache einer Betriebsstillegung nach § 1 Abs. 2 Satz 4 KSchG die Darlegungs- und Beweislast. **Gibt er** den **Stillegungsbeschluß** gegenüber Lieferanten, Kunden, Banken usw. **bekannt,** liegt darin ein starkes Indiz für einen ernstlichen und endgültigen Stillegungsplan. Die **Kündigungen sämtlicher Arbeitsverhältnisse** sind ein zusätzliches Indiz für eine ernsthafte Stillegungsabsicht. Allein diese Tatsache belegt jedoch keine Betriebsstillegung, weil es gerade darauf ankommt, ob die Entlassungen sozial gerechtfertigt sind. Die Aufnahme oder sogar der Abschluß von Verhandlungen über einen **Interessenausgleich und Sozialplan** sprechen für eine ernsthafte und endgültige Stillegungsabsicht (BAG 10. 10. 1996 AP KSchG 1969 § 1 Betriebsbedingte Kündigung Nr. 81 = NZA 1997, 251), ebenso die **organisatorischen Vorkehrungen** wie die Kündigung langfristiger Geschäftsbeziehungen, Miet-, Pacht-, Leasingverträge usw.

127　Hingegen ist die **gegenteilige Vermutung** bei **alsbaldiger Wiedereröffnung** des Betriebes anzustellen (BAG 27. 9. 1984 AP BGB § 613a Nr. 39; HKK/*Weller/Dorndorf* § 1 Rn. 979; *Hueck/von Hoyningen-Huene* § 1 Rn. 415). Solange der Arbeitgeber noch über eine **Veräußerung des Betriebes** oder seiner **Geschäftsanteile verhandelt** und nur vorsorglich für den Fall des Scheiterns dieser Verhandlungen kündigt, fehlt es ebenfalls an einem endgültigen Stillegungsbeschluß (BAG 10. 10. 1996 AP KSchG 1969 § 1 Betriebsbedingte Kündigung Nr. 81 = NZA 1997, 251; 28. 4. 1988 AP BGB § 613a Nr. 74 = NZA 1989, 265; 27. 9. 1984 AP BGB § 613a Nr. 39; einschränkend ErfK/ *Ascheid* § 1 KSchG Rn. 448, wenn sich ein Erfolg der Gespräche nicht konkret abzeichnet und der Arbeitgeber für den Fall eines Betriebsübergangs eine Wiedereinstellung anbietet). Eine im Zusammenhang mit einer geplanten Betriebsveräußerung eintretende **Unterbrechung der Betriebstätigkeit** rechtfertigt deshalb keine betriebsbedingte Kündigung (BAG 27. 2. 1987 AP KSchG 1969 § 1 Betriebsbedingte Kündigung Nr. 41 = NZA 1987, 700; KR/*Etzel* § 1 KSchG Rn. 596; *Löwisch* § 1 Rn. 295 f.; *Stahlhacke/Preis/Vossen* Rn. 654; a.A. LAG Berlin 17. 11. 1986 LAGE § 1 KSchG Betriebsbedingte Kündigung Nr. 9 = DB 1987, 1360; vgl. zur Betriebsunterbrechung ferner Rn. 179 ff.; 863). Dem steht der bloße **Vorbehalt** des Arbeitgebers nicht entgegen, er werde **den Betrieb** entgegen seiner Planung doch **veräußern**, falls sich wider Erwarten in der Folgezeit eine solche Möglichkeit ergebe (BAG 7. 3. 1996 RzK I 5 f Nr. 22; KR/*Etzel* § 1 KSchG Rn. 594; *Hueck/von Hoyningen-Huene* § 1 Rn. 416). Führt der Arbeitgeber den Betrieb entgegen der ursprünglichen Planung weiter oder veräußert er den Betrieb, nachdem die Stillegung bereits greifbare Formen angenommen hat, ändert dies die Wirksamkeit der betriebsbedingten Kündigung nicht. In diesen Fällen kommt ein **Wiedereinstellungsanspruch** in Betracht (BAG 13. 11. 1997 AP BGB § 613a Nr. 169 = NZA 1998, 251; dazu Rn. 855 ff.).

128 Der Betrieb kann nicht nur von einem Arbeitgeber, dem die Betriebsmittel gehören, sondern auch von einem Arbeitgeber als Pächter stillgelegt werden, obwohl dieser in der Regel nicht legitimiert ist, das Betriebsgrundstück und die Betriebsmittel zu veräußern, also den Betrieb zu zerschlagen. Nach der Rechtsprechung ist von einer **Stillegung durch den Pächter** auszugehen, wenn dieser die entsprechende Absicht unmißverständlich äußert, allen Arbeitnehmern kündigt, den Pachtvertrag zum nächst möglichen Zeitpunkt auflöst, die Betriebsmittel, über die er verfügen kann, veräußert und die Betriebstätigkeit vollständig einstellt (st. Rspr. BAG 22. 5. 1997 AP BGB § 613a Nr. 154 = NZA 1997, 1050; 27. 4. 1995 AP BGB § 613a Nr. 128 = NZA 1995, 1155). Entsprechende Grundsätze gelten für eine Betriebsstillegung durch einen **Mieter** (KR/*Etzel* § 1 KSchG Rn. 595).

129 Die Betriebsstillegung bei einer **juristischen Person** bedarf nach Auffassung des BAG **keines Beschlusses** des für die Auflösung einer Gesellschaft **zuständigen Organs**. Entsprechendes soll für den Gesellschafterbeschluß bei einer **Personengesellschaft** gelten (BAG 11. 3. 1998 AP BetrVG 1972 § 111 Nr. 43 = NZA 1998, 879; a.A. LAG Berlin 20. 8. 1987 LAGE § 1 KSchG Betriebsbedingte Kündigung Nr. 13 = DB 1987, 2367; HKK/*Dorndorf/Weller* § 1 KSchG Rn. 972; *Kittner/Trittin* § 1 KSchG Rn. 321; differenzierend *Plander* NZA 1999, 505). Dem ist nicht uneingeschränkt zu folgen. Zwar handelt es sich bei dem Auflösungsbeschluß lediglich um einen Vorgang im Innenverhältnis der Gesellschafter untereinander sowie im Verhältnis zu dem Geschäftsführungsorgan. Außerdem kann eine Gesellschaft selbst im Liquidationsstadium ihren Geschäftsbetrieb im Sinne einer bestmöglichen Verwertung ihres Vermögens noch geraume Zeit fortsetzen und aufgrund eines abändernden Entschlusses jederzeit wieder werbend tätig werden. Deshalb beweist allein der Auflösungsbeschluß nicht den Willen zu ernsthafter und endgültiger Betriebsstillegung. Er kann aber einerseits ein Indiz darstellen. Fehlt ein Auflösungsbeschluß, bestehen andererseits begründete Zweifel, ob überhaupt eine unternehmerische Entscheidung zu endgültiger Betriebsstillegung getroffen worden ist. Zumindest ist in einem solchen Fall eines fehlenden Auflösungsbeschlusses zu fragen, ob nicht eine endgültige Aufgabe der Betriebstätigkeit als willkürliche Entscheidung anzusehen ist (ähnlich *Plander* NZA 1999, 505, 512).

130   Es steht dem Arbeitgeber im Rahmen eines **weiten unternehmerischen Ermessens** frei, wie er den **Stillegungsplan ausgestaltet.** Entscheidet er sich für eine **etappenweise Betriebsstillegung,** muß er grundsätzlich eine **Sozialauswahl** durchführen. Die Arbeitnehmer mit den schwächsten Sozialdaten sind mit den **Restarbeiten** zu beschäftigen und scheiden demgemäß zuletzt aus dem Betrieb aus (BAG 10. 1. 1994 AP KSchG 1969 § 1 Konzern Nr. 8 = NJW 1994, 2246; 16. 9. 1982 AP KO § 22 Nr. 4; 19. 8. 1982 AP KSchG 1969 § 1 Nr. 9 = NJW 1983, 1628; *Berkowsky* § 7 Rn. 80f.; HKK/*Weller/ Dorndorf* § 1 Rn. 975; *Kittner/Trittin* § 1 KSchG Rn. 325). Einer Sozialauswahl bedarf es hingegen nicht, wenn der Arbeitgeber allen Arbeitnehmern wegen der Betriebsstillegung gleichzeitig kündigt und den Arbeitnehmern mit den längsten Kündigungsfristen die Durchführung der Restarbeiten überträgt. Hierbei handelt es sich nicht um eine etappenweise Betriebsstillegung, bei der die Kündigungen dem zeit- und abschnittweisen Abbau der betrieblichen Funktionen angepaßt werden. Vielmehr beabsichtigt der Arbeitgeber die schnellstmögliche Stillegung und kann diesen Entschluß nur auf diese Weise vertragsgerecht umsetzen. Er kann ferner alle Kündigungen so aussprechen, daß sie zu einem einheitlichen Zeitpunkt wirksam werden und bis dahin alle Abwicklungsarbeiten durchführen. In diesem Fall muß er ebenfalls keine Sozialauswahl vornehmen (BAG 10. 10. 1996 NZA 1997, 92 = NJW 1997, 886). Kündigt der Arbeitgeber allen Arbeitnehmern rechtsfehlerhaft mit derselben Frist und korrigiert er nach Feststellung der einzuhaltenden Kündigungsfristen seinen Stillegungsplan, um eine vertragsgemäße Beschäftigung der Arbeitnehmer zu ermöglichen, muß er im Prozeß neben dem ursprünglichen auch das modifizierte Abwicklungskonzept darlegen und beweisen (vgl. *LAG Niedersachsen* 30. 12. 1997 – 16a 1172/96 – nv.). Eine Sozialauswahl findet auch dann nicht statt, wenn ein Betrieb stillgelegt wird, der ursprünglich Bestandteil eines Gemeinschaftsbetriebs war und die Betriebstrennung vollzogen ist (BAG 13. 9. 1995 AP KSchG 1969 § 1 Betriebsbedingte Kündigung Nr. 72 = NZA 1996, 307).

131   Bei einer **Betriebsverlagerung** ist (wie in Fällen der Verlagerung einer Betriebsabteilung) zu prüfen, ob die betroffenen Arbeitnehmer an anderer Stelle weiterbeschäftigt werden können. Bei gleichbleibendem Anforderungsprofil der Tätigkeiten ist dies zu bejahen, bei veränderten Anforderungen kommt es auf die fachliche und persönliche Qualifikation des Arbeitnehmers für den veränderten Arbeitsplatz an. Stehen nach der Betriebsverlagerung weniger

Arbeitsplätze zur Verfügung, hat der Arbeitgeber die Grundsätze der **Sozial-auswahl** zu beachten (Rn. 270).

Schließt der Arbeitgeber den Betrieb **vorübergehend,** liegt darin ein drin- **132** gendes betriebliches Erfordernis, soweit zum Zeitpunkt des Kündigungsaus-spruchs feststeht, daß mit Ablauf der Kündigungsfrist alle Beschäftigungsmög-lichkeiten entfallen und nicht abzusehen ist, wann genau und in welchem Umfang der Arbeitgeber seinen Betrieb wieder aufnimmt. Von praktischer Bedeutung sind **witterungsbedingte Betriebsunterbrechungen** für die Dauer der **Frostperiode** (dazu Rn. 179 ff.).

Ist eine ordentliche betriebsbedingte Kündigung durch **Einzel-** oder **Tarif- 133 vertrag** ausgeschlossen, steht dem Arbeitgeber in Fällen einer Betriebsstille-gung unter strengen Voraussetzungen die Möglichkeit einer **außerordentli-chen Kündigung** offen. Dabei hat der Arbeitgeber die bei einer ordentlichen Kündigung geltenden **Kündigungsfristen** sowie die Grundsätze der **Sozialaus-wahl** zu beachten (BAG 5. 2. 1998 AP BGB § 626 Nr. 143 = DB 1998, 1035; 28. 3. 1985 AP BGB § 626 Nr. 86; HKK/*Weller/Dorndorf* § 1 Rn. 976; KR/ *Etzel* § 1 KSchG Rn. 597; dazu ausführlich Rn. 540 f.).

Der Arbeitgeber hat nach § 1 Abs. 2 Satz 4 KSchG **darzulegen** und ggf. **zu 134 beweisen,** daß zum Zeitpunkt des Zugangs der Kündigung der Stillegungsbe-schluß gefaßt war, die geplanten Maßnahmen bereits greifbare Formen ange-nommen haben und die Arbeitnehmer mit Erreichen der Kündigungsfrist ent-lassen werden können (st. Rspr. z. B. BAG 19. 6. 1991 AP KSchG 1969 § 1 Be-triebsbedingte Kündigung Nr. 53 = NZA 1991, 891; ErfK/*Ascheid* § 1 KSchG Rn. 492; *Herschel/Löwisch* § 1 Rn. 178; KR/*Etzel* § 1 KSchG Rn. 598).

cc) Betriebseinschränkung. Eine Betriebseinschränkung liegt vor, wenn der **135** Betrieb mit verminderter Leistung arbeitet. Die Einschränkung eines Betrie-bes kann eine betriebsbedingte Kündigung rechtfertigen. Hauptfälle sind die **Stillegung von Betriebsteilen** (vgl. z. B. BAG 22. 1. 1998 AP BGB § 613a Nr. 173 = NZA 1998, 536 – Aufgabe des technischen Kundendienstes; 4. 12. 1997 AP KSchG 1969 § 1 Wiedereinstellung Nr. 4 = NZA 1998, 701 = NJW 1998, 2379 – Einstellung der Glockenmesserfertigung; 10. 11. 1994, 5. 10. 1995 AP KSchG 1969 § 1 Betriebsbedingte Kündigung Nr. 65, 71 = NZA 1995, 566 bzw. NZA 1996, 525 – Schließung des Unternehmensbe-reichs Druck; 19. 12. 1991 RzK I 5c Nr. 41 – Schließung einer Niederlas-sung; 13. 8. 1992 RzK I 5c Nr. 42 – Auflösung eines Forschungsbereichs einer privaten Hochschule; dazu auch KR/*Etzel* § 1 KSchG Rn. 586 mwBsp. zur Rechtsprechung der Landesarbeitsgerichte). Eine Einschränkung des Betriebes erfolgt ferner bei **Fremdvergabe von Dienstleistungen** oder **son-stigen Arbeiten,** die bisher in dem Betrieb selbst erledigt wurden. In die-sen Fällen, denen regelmäßig Rationalisierungsüberlegungen zugrunde liegen (Rn. 171 ff.), können die Voraussetzungen eines Teilbetriebsübergangs nach § 613a BGB erfüllt sein (vgl. EuGH 11. 3. 1997 <*Ayse Süzen*> AP EWG-Richtlinie Nr. 77/187 Nr. 14 = NZA 1997, 433; Rn. 476). Die Betriebsein-schränkung kann aber auch in dem Entschluß liegen, die bisherigen unter-nehmerischen Aktivitäten im Hinblick auf die Marktsituation zu reduzieren (z. B. die Produktion auf Dauer zu drosseln), einen Drei-Schicht-Betrieb auf einen Zwei-Schicht-Betrieb zu reduzieren oder einzelne Maschinen stillzulegen (Rn. 177).

136 Die Einschränkung des Betriebes unterliegt als Unternehmerentscheidung nur einer eingeschränkten Rechtskontrolle auf **offenbare Unsachlichkeit, Unvernunft und Willkür** (BAG 5. 10. 1995 AP KSchG 1969 § 1 Betriebsbedingte Kündigung Nr. 71 = NZA 1996, 524; ferner Rn. 100 ff.). **Verlagert** der Arbeitgeber den Betriebsteil Produktion an einen anderen Ort, weil er dort z. B. logistische Vorteile sieht, oder weil er dort niedrigere Lohnkosten hat, ist dieser Entschluß selbst dann nicht rechtsmißbräuchlich, wenn in dem stillzulegenden Betriebsteil bereits beträchtliche Gewinne erzielt wurden (vgl. zur betriebsbedingten Kündigung zum Zwecke der Gewinnsteigerung Rn. 108; zur Verlagerung von Arbeiten auf Drittunternehmen Rn. 147 ff.).

137 Liegt kein Rechtsmißbrauch vor, ist (lediglich) auf der Umsetzungsebene zu prüfen, inwieweit die verlagerten Beschäftigungsmöglichkeiten nach dem **ultima-ratio-Grundsatz** vorrangig den Arbeitnehmern aus der stillgelegten Betriebsabteilung übertragen werden müssen. Dabei kann es schwierig werden, festzustellen, ob ein von der Stillegung betroffener Arbeitnehmer für eine Weiterbeschäftigung in der neuen Betriebsstätte (möglicherweise nach einer notwendigen Umschulung oder Fortbildung) persönlich und fachlich geeignet ist. Bei entsprechender Qualifikation sind die neuen Beschäftigungsmöglichkeiten ausnahmsweise selbst dann zu berücksichtigen, wenn es sich dabei um eine **funktionsersetzende Beförderungsstelle** handelt (BAG 5. 10. 1995 AP KSchG 1969 § 1 Betriebsbedingte Kündigung Nr. 71 = NZA 1996, 524; 10. 11. 1994 AP KSchG 1969 § 1 Betriebsbedingte Kündigung Nr. 65 = NZA 1995, 566; ErfK/*Ascheid* § 1 KSchG Rn. 455 aE.; KR/*Etzel* § 1 KSchG Rn. 587; a. A. KPK/*Meisel* § 1 KSchG Rn. 483; vgl. zu Beförderungsstellen Rn. 236).

138 Können die Arbeitnehmer eines stillgelegten Betriebsteils in einem anderen Betriebsteil oder anderen Betrieben des Unternehmens weiterbeschäftigt werden, fehlt es an einem dringenden betrieblichen Erfordernis zur Kündigung. Ist die Weiterbeschäftigung nur eines Teils der Arbeitnehmer möglich, erfolgt die Auswahlentscheidung aufgrund der vom Gesetz vorgesehenen **Sozialauswahl.** Dies gilt in unmittelbarer Anwendung des § 1 Abs. 3 KSchG für die in demselben Betrieb beschäftigten Arbeitnehmer und in entsprechender Anwendung dieser Vorschrift für Arbeitnehmer, die um eine anderweitige Beschäftigungsmöglichkeit in einem anderen Betrieb des Unternehmens konkurrieren (einschränkend BAG 15. 12. 1994 AP KSchG 1969 § 1 Betriebsbedingte Kündigung Nr. 66 = NZA 1995, 413 – jedenfalls müßten die Grundsätze billigen Ermessens beachtet werden; dazu Rn. 266 ff.).

139 dd) Drittmittel. Bei **drittmittelfinanzierten Arbeitsverträgen** kann sich ein dringendes betriebliches Erfordernis, das der Weiterbeschäftigung eines Arbeitnehmers im Betrieb des Drittmittelempfängers entgegensteht, infolge der Entscheidung des Drittmittelgebers ergeben, die Fördermittel zu streichen bzw. zu kürzen. Diese Entscheidung des Drittmittelgebers stellt für sich allein noch keinen betriebsbedingten Grund dar. Voraussetzung ist, daß der Drittmittelempfänger (Arbeitgeber) bestimmt, die bisher geförderte Maßnahme nicht (etwa aus eigenen Mitteln) fortzuführen bzw. ein derart subventioniertes Arbeitsverhältnis einzustellen. Diese unternehmerische Entscheidung unterliegt nur einer Mißbrauchs- und Willkürkontrolle (BAG 7. 11. 1996 AP KSchG 1969 § 1 Betriebsbedingte Kündigung Nr. 82 = NZA 1997, 253; 20. 2. 1986 AP KSchG 1969 Nr. 11 = NZA 1986, 823; ErfK/*Ascheid* § 1 KSchG Rn. 443; HKK/*Weller/Dorndorf* § 1 Rn. 990; *Hueck/von Hoyningen-Huene* § 1 Rn. 423a; KR/*Etzel* § 1 KSchG Rn. 599; *Lakies* NZA 1995, 296, 299f.; *Stahlhacke/Preis/Vossen* Rn. 656).

Keine rechtsmißbräuchliche oder willkürliche Entscheidung liegt dann vor, **140** wenn der Drittmittelgeber die Besetzung der finanzierten Arbeitsplätze von bestimmten **Mindestqualifikationen der Arbeitnehmer** abhängig macht und der Drittmittelempfänger (Arbeitgeber) dem Druck nachgibt. Dies gilt selbst dann, wenn der Arbeitgeber die Anforderungen des Drittmittelgebers für überzogen hält. In diesem Fall kann von dem Arbeitgeber nur verlangt werden, daß er sich schützend vor den betroffenen Arbeitnehmer stellt und alle zumutbaren Mittel einsetzt, um den Drittmittelgeber von seiner Weigerung abzubringen, den Arbeitnehmer mangels ausreichender Qualifikation einzusetzen. Bleiben seine Bemühungen aber erfolglos, liegt ein dringendes betriebliches Erfordernis zur Kündigung vor (BAG 7. 11. 1996 aaO. unter II 2 c).

Die **Ungewißheit über den Wegfall oder die Bewilligung weiterer Drittmittel** stellt dagegen noch kein dringendes betriebliches Erfordernis zur Kündigung dar. Erforderlich ist die **sichere Erwartung,** daß mit Ablauf der Kündigungsfrist keine Drittmittel für die Beschäftigung des Arbeitnehmers zur Verfügung stehen, das Projekt aufgegeben wird und der Arbeitnehmer deshalb nicht weiterbeschäftigt werden kann (BAG 24. 8. 1989 RzK I 5 c Nr. 32; *Berkowsky* § 7 Rn. 32; KR/*Etzel* § 1 KSchG Rn. 600). Bleiben die Bemühungen des Arbeitgebers um einen anderen Drittmittelgeber zunächst erfolglos und beschließt der Arbeitgeber deshalb die Einstellung des Projektes, hat der deshalb gekündigte Arbeitnehmer unter Umständen einen **Wiedereinstellungsanspruch,** wenn der Arbeitgeber die Finanzierung des Projektes wider Erwarten doch noch erreichen konnte und es daher fortführt.

Einen **Sonderfall der betriebsbedingten Kündigung wegen Wegfalls der** **142** **Drittmittel** regelt § 57d HRG. Steht der Wegfall der Drittmittel fest und ist dies dem Mitarbeiter unverzüglich mitgeteilt worden, kann ein nach Maßgabe des HRG aus Drittmitteln finanzierter befristeter Arbeitsvertrag auch ohne entsprechende Vereinbarung unter Einhaltung der Kündigungsfrist gekündigt werden. Die Kündigung wirkt frühestens zum Zeitpunkt des Wegfalls der Drittmittel. Diese Vorschrift schließt zwar anders als § 21 Abs. 5 BErzGG die Anwendbarkeit des KSchG nicht aus (KR/*Lipke* § 57d HRG Rn. 7; Staudinger/*Preis* § 620 BGB Rn. 217; einschränkend RGRK/*Dörner* § 620 Rn. 238). Es handelt sich zumindest aber um die gesetzliche Anerkennung eines betrieblichen Erfordernisses (HKK/*Weller/Dorndorf* § 1 Rn. 992; KR/ *Lipke* § 57d HRG Rn. 8; Staudinger/*Preis* aaO.). § 57d HRG kann wegen des eindeutigen Wortlauts nicht auf unbefristete Verträge ausgedehnt werden (KR/*Lipke* § 57d HRG Rn. 8a; anders RGRK/*Dörner* aaO.).

Der Arbeitgeber hat beim Wegfall oder der Kürzung von Drittmitteln eine **143** **Weiterbeschäftigungsmöglichkeit** auf einem anderen freien Arbeitsplatz zu prüfen, unabhängig davon, ob dieser Arbeitsplatz drittmittelgefördert ist (BAG 7. 11. 1996 aaO., BAG 21. 6. 1990 RzK I 5 c Nr. 37; BAG 24. 8. 1989 sowie 30. 10. 1987 aaO.; ErfK/*Ascheid* § 1 KSchG Rn. 443; *Lakies* NZA 1995, 296, 300). Dies gilt auch bei Kündigungen nach § 57 d HRG (vgl. HKK/ *Weller/Dorndorf* § 1 Rn. 992). Können Kündigungen nicht durch anderweitige Beschäftigung abgewendet werden, hat der Drittmittelempfänger die Grundsätze der **Sozialauswahl** nach § 1 Abs. 3 KSchG zu beachten. Daraus folgt, daß auch Arbeitnehmer, die nicht von der Drittmittelkürzung betroffen sind, in die Sozialauswahl einzubeziehen sind (LAG Köln 7. 5. 1995 LAGE § 1 KSchG Betriebsbedingte Kündigung Nr. 33; KR/*Etzel* § 1 KSchG Rn. 599; *Lakies* NZA 1995, 296, 300; für Kündigungen nach § 57 d HRG KR/*Lipke* § 57 d HRG Rn. 8 a; a. A. RGRK/*Dörner* § 620 BGB Rn. 238).

144 **ee) Druckkündigung.** Verlangen Dritte (Arbeitnehmer, Betriebsrat, Geschäftspartner) unter Androhung von Nachteilen die Kündigung eines bestimmten Arbeitnehmers, spricht man von einer „Druckkündigung". Kein Fall einer Druckkündigung liegt vor, wenn der Arbeitgeber z. B. aus Konkurrenzgründen durch einen Geschäftspartner angehalten wird, einen Geschäftszweig aufzugeben oder eine Produktion zu ändern. Der von einem Geschäftspartner ausgehende Versuch einer solchen Einflußnahme auf unternehmerische Tätigkeiten ist ein außerbetrieblicher Umstand, der den Arbeitgeber veranlassen kann, eine innerbetriebliche Organisationsentscheidung zu treffen (*Berkowsky* § 7 Rn. 39).

145 Das BAG läßt in Ausnahmefällen eine Druckkündigung als betriebsbedingte Kündigung zu. Voraussetzung ist, daß der Arbeitgeber sich zunächst schützend vor den betroffenen Arbeitnehmer gestellt und alle zumutbaren Mittel eingesetzt hat, um die Belegschaft oder diejenigen Personen, von denen der Druck ausgeht, von der Drohung abzubringen. Nur wenn Dritte, dessen ungeachtet, weiterhin ein bestimmtes Verhalten ankündigen (z. B. Streik, Massenkündigung, Abbruch von Geschäftsbeziehungen), so daß dem Arbeitgeber dadurch schwere wirtschaftliche Schäden drohen, kann die Kündigung aus betriebsbedingten Gründen sozial gerechtfertigt sein (BAG 26. 6. 1997 RzK I 8 d Nr. 8; 4. 10. 1990 AP BGB § 626 Druckkündigung Nr. 12 = NZA 1991, 468; 19. 6. 1986 AP KSchG 1969 § 1 Betriebsbedingte Kündigung Nr. 33 = NZA 1987, 21; LAG Frankfurt 10. 12. 1986 LAGE § 1 KSchG Betriebsbedingte Kündigung Nr. 11; BBDW/*Bram* § 1 Rn. 280 f.; KR/*Etzel* § 1 KSchG Rn. 601; vgl. zu Drittmittelkürzungen Rn. 139 ff.).

146 Die Zulässigkeit einer Druckkündigung ist unter den genannten Voraussetzungen nicht grundsätzlich in Frage zu stellen. Sie ist indes **kein Fall der betriebsbedingten Kündigung** (ebenso *Berkowsky* § 7 Rn. 37; *Gamillscheg* Anm. AP KSchG 1969 § 1 Betriebsbedingte Kündigung Nr. 33; *Grünberger* BRAK-Mitt. 1996, 111, 112; HKK/*Weller/Dorndorf* § 1 Rn. 998; *Hueck/von Hoyningen-Huene* § 1 Rn. 205; *Stahlhacke/Preis/Vossen* Rn. 541). Dies ergibt sich schon daraus, daß bei einer Druckkündigung keine Beschäftigungsmöglichkeiten entfallen. Der zur Kündigung führende Grund ist zudem der Sphäre des Betriebes nur dann zuzurechnen, wenn der Arbeitgeber selbst die Drucksituation in vorwerfbarer Weise herbeigeführt hat. Auf diesen Umstand kann sich der Arbeitgeber aber schon nach dem Rechtsgedanken des § 162 BGB nicht berufen (BAG 26. 1. 1962 AP BGB § 626 Druckkündigung Nr. 8; *Stahlhacke/Preis/Vossen* Rn. 541; vgl. einschränkend *Hueck/ von Hoyningen-Huene* § 1 Rn. 204 mwN., die bei unvermeidbarer Kündigung auf eine mögliche Schadensersatzpflicht verweisen). In allen übrigen Fällen liegen die Gründe in der Person des betroffenen Arbeitnehmers. Je nachdem, ob der Arbeitnehmer das Kündigungsverlangen schuldhaft herbeigeführt hat oder nicht, kommt eine **verhaltens- oder personenbedingte Kündigung** in Betracht. Ist die Drucksituation z.B. auf einen autoritären Führungsstil und mangelnde Fähigkeit zur Menschenführung eines Arbeitnehmers zurückzuführen, kann eine personenbedingte Kündigung gerechtfertigt sein (BAG 31. 1. 1996 AP BGB § 626 Druckkündigung Nr. 13 = NZA 1996, 990).

ff) Fremdvergabe von Arbeiten, Umstellung auf Selbständigkeit. Eine die 147 Arbeitsgerichte grundsätzlich bindende Unternehmerentscheidung ist die Vergabe von bisher im Betrieb durchgeführten Arbeiten an einen anderen Unternehmer. Dazu zählen z.B. die Vergabe von Reinigungsarbeiten, die Küchenbewirtschaftung durch ein „Catering-Unternehmen", die Abgabe der Lohnbuchhaltung an einen Steuerberater, die Fertigung von Teilen durch ein Zulieferunternehmen usw.). Dabei handelt es sich im weiteren Sinne um eine Form von Rationalisierung (st. Rspr. BAG 17. 6. 1999 DB 1999, 1909 = NZA 1999, 1095 unter II b bb der Gründe – Vergabe von Abbrucharbeiten an spezialisierte Subunternehmer; 22. 1. 1998 AP BGB § 613a Nr. 173 = NZA 1998, 536 – Vergabe der Kundendienstleistungen einer Kaufhauskette; ErfK/*Ascheid* § 1 KSchG Rn. 454).

Entschließt sich der Arbeitgeber, überhaupt nicht mehr mit eigenem Per- 148 sonal zu arbeiten, sondern nur noch mit Leiharbeitnehmern, liegt darin ein **betriebliches** Erfordernis zur Kündigung, weil die Beschäftigungsmöglichkeiten für eigene Arbeitnehmer wegfallen (LAG Köln 28. 6. 1996 LAGE § 1 KSchG Betriebsbedingte Kündigung Nr. 40). Jedoch ist dies nicht bei jeder Fremdvergabe der Fall. Das BAG hat in dem sog. **„Crewing-Fall"** vom 26. 9. 1996 (AP KSchG 1969 § 1 Betriebsbedingte Kündigung Nr. 80 = NZA 1997, 202) entschieden, daß der Arbeitgeber eine **unzulässige Austauschkündigung** vornimmt, wenn er seine Arbeitgeberstellung formal aufgibt, sich die Ausübung des Direktionsrechts aber weitgehend selbst vorbehält. Die Fremdvergabe von Dienstleistungen ist in Anbetracht des KSchG nur dann eine zulässige Form unternehmerischer Entscheidung, wenn der Arbeitgeber die bisherigen Arbeiten einem Dritten zur **selbständigen Erledigung** überträgt. Von einer solchen Vertragsgestaltung kann aber dann keine Rede sein, wenn sich die Vergabe von Dienstleistungen ausschließlich auf die Gestellung des Personals beschränkt. Obliegt z.B. einer „Crewing-Firma" lediglich die Auswahl und zur Verfügungstellung des Personals (u.a. des Kapitäns), liegt keine selbständige Erledigung der mit der Schiffsführung verbundenen Aufgaben vor, wenn der bisherige Arbeitgeber (Reeder) den wirtschaftlichen Schiffsbetrieb, die Ladung, Frachtraten und den Einsatz des Schiffes in bezug auf den Terminplan sowie die anzulaufenden Häfen steuert und insoweit in ständigem Kontakt zum Kapitän steht, um ihm die für die Umsetzung seiner Entscheidungen notwendigen Informationen und Weisungen zu erteilen. Denn in diesem Fall ist der Kapitän in den Schiffsbetrieb des Arbeitgebers (Reeders) weiterhin eingegliedert (unter II 2 d).

149 In der **Crewing-Entscheidung** vom 26. 9. 1996 hat das BAG den gerichtlichen Kontrollrahmen unternehmerischer Entscheidungen präzisiert. Ebensowenig wie es sich bei dem Kündigungsentschluß als solchem um eine freie Unternehmerentscheidung handele (Rn. 99), sei eine unternehmerische Entscheidung gerichtlicher Kontrolle entzogen, wenn der Arbeitgeber ausschließlich das Ziel verfolge, die Lohnkosten zu senken und sich der Bindungen des deutschen Arbeitsrechts zu entledigen. Das BAG geht dabei offenbar davon aus, daß es sich bei der „Flucht" aus dem deutschen Arbeitsrecht um eine sachwidrige Entscheidung handelt. Zur Senkung der Lohnkosten verweist es mit Recht auf die Möglichkeit einer Änderungskündigung, wenn die Beschäftigung für den Arbeitnehmer unverändert weiter besteht (unter II 3).

150 In der sog. „**Weight-Watchers-Entscheidung**" vom 9. 5. 1996 (AP KSchG 1969 Betriebsbedingte Kündigung § 1 Nr. 79 = NZA 1996, 1145) hat es das BAG dagegen als gerichtsfreie Entscheidung akzeptiert, daß betriebliche Aufgaben künftig nicht mehr durch angestellte Arbeitskräfte, sondern durch **Selbständige** (in der Regel durch selbständige Handelsvertreter, Franchise-, Dienst- oder Werkvertragsvertragsnehmer) erbracht werden und die wegen des entfallenen Beschäftigungsbedarfs ausgesprochene Kündigung als sozial gerechtfertigt angesehen. Es bleibe dem Arbeitgeber überlassen, wie er sein Unternehmensziel möglichst zweckmäßig und kostengünstig am Markt verfolge. Offensichtlich sachwidrig oder willkürlich sei die **Umstellung der Vertriebsart auf freie Mitarbeiter** jedenfalls dann nicht, wenn dieses Konzept kostengünstiger sei. Das Gericht könne dem Arbeitgeber keine „bessere" betriebliche Organisation oder eine andere Art der Kostenersparnis vorschreiben. Derartige Vorstellungen seien „gegebenenfalls an die Adresse des Gesetzgebers zu richten" (unter B I 2c aa). Die Umstellung von Arbeits- auf selbständige Dienstverhältnisse ist dagegen offenbar sachwidrig, unvernünftig oder willkürlich, wenn die Maßnahme weder eine **Kostenersparnis** mit sich bringt noch durch **andere plausible wirtschaftliche oder unternehmenspolitische Überlegungen** getragen wird und dem alleinigen Ziel dient, den Kündigungsschutz zu unterlaufen (BAG 19. 5. 1993 AP KSchG 1969 § 2 Nr. 31 = NZA 1993, 1075).

151 Der Arbeitgeber muß dem Arbeitnehmer zur Vermeidung der Kündigung eine vorhandene **anderweitige Beschäftigung** nach Maßgabe des § 1 Abs. 2 Sätze 2 und 3 KSchG ermöglichen. Er ist zwar an sich nicht verpflichtet, ihm im Wege einer Änderungskündigung die **Fortsetzung des Beschäftigungsverhältnisses** auf **selbständiger Basis** anzubieten. Das KSchG regelt nur die Weiterbeschäftigung unter „geänderten Arbeitsbedingungen" und beschränkt damit den Regelungsbereich auf den Bestands- und Inhaltsschutz von **Arbeitsverhältnissen** (*Berkowsky* § 7 Rn. 95). Jedoch besteht bei einem unternehmerischen Konzept, das die Umstellung der Beschäftigungsverhältnisse vorsieht, nach dem in § 242 BGB verankerten Grundsatz zu gegenseitiger Rücksichtnahme die Pflicht, den für eine selbständige Tätigkeit geeigneten Arbeitnehmern die Fortsetzung des Vertragsverhältnisses anzubieten (mit anderer methodischer Begründung *Bepler* ArbuR 1999, 219, 223, der eine entsprechende Verpflichtung aus § 2 Abs. 1 SGB III ableitet: Angebot einer Arbeitslosigkeit verhindernden Weiterbeschäftigung im neuen Status). Der Gleichbehandlungsgrundsatz verbietet zudem, daß der Arbeitgeber nach sachwidrigen Gesichtspunkten nur einem Teil der Arbeitnehmer neue Verträge auf anderer Basis anbietet.

Im Einzelfall kann sich die Abgrenzung zwischen überprüfbarer betriebs- **152** organisatorischer Maßnahme und gerichtsfreier Unternehmerentscheidung sowie zwischen einen **nachvollziehbaren, realisierten Konzept** und einer **unzulässigen Austauschkündigung** schwierig gestalten. Ebenso wie der Kapitän in dem Crewing-Fall in seinem bisherigen Tätigkeitsbereich weiterbeschäftigt werden konnte, hatten die Arbeitnehmer in dem Weight-Watchers-Fall die Möglichkeit, ihre vormalige Beschäftigung auf anderer Rechtsgrundlage weitgehend unverändert fortzusetzen. Dies war vom Arbeitgeber sogar gewollt, wie sein Angebot auf Abschluß eines „Partnervertrages" verdeutlicht. Stellt der Arbeitgeber die Durchführung betrieblicher Aufgaben auf Selbständige um, entledigt er sich auch der „Lasten" des Arbeitnehmerschutzrechts sowie der Pflichten des Sozialversicherungsrechts. Zwischen beiden Fallkonstellationen besteht nur ein Unterschied: Im Gegensatz zu der **Crewing-Entscheidung** ersetzt der Arbeitgeber in dem Weight-Watchers-Fall nicht eigene durch nur formal fremde Arbeitnehmer, sondern beschäftigt sie tatsächlich als Selbständige in diesem Status. Er gibt tatsächlich die Arbeitgeberstellung auf und geht statt dessen andere Pflichten gegenüber den Beschäftigten ein (z.B. die Pflicht, bei Vertragsende einen Ausgleich nach § 89b HGB zahlen zu müssen). Verträge mit freien Mitarbeitern dürfen weder in der Vertragsgestaltung noch in ihrer Durchführung „verschleierte Arbeitsverhältnisse" sein. Nur dann ist das Konzept nicht offenbar unsachlich (*Berkowsky* § 6 Rn. 39; § 7 Rn. 88 ff. und 92 ff.; KR/*Etzel* § 1 KSchG Rn. 615; kritisch zu dieser Differenzierung *Preis* NZA 1997, 1073, 1079).

Ob eine **Scheinselbständigkeit** begründet werden soll, ist von den Arbeits- **153** gerichten im Kündigungsschutzprozeß sorgfältig zu prüfen. Maßgebend ist, ob der Beschäftigte seine Tätigkeit im wesentlichen frei gestalten und seine Arbeitszeit bestimmen kann oder ob er nach Inhalt, Durchführung, Zeit, Dauer und Ort der Tätigkeit dem Weisungsrecht des Unternehmers in einem Maße untersteht, daß er in persönlicher Abhängigkeit weiter wie ein Arbeitnehmer beschäftigt ist. Schon die vertraglich vorgesehene Art der Tätigkeit kann das Bestehen eines Arbeitsverhältnisses indizieren, wie es das BAG z.B. bei Lehrkräften an Schulen mit schulischen Lehrgängen (BAG 24. 6. 1992 AP BGB § 611 Abhängigkeit Nr. 61 = NZA 1993, 174) oder studentischen Hilfspflegern im Krankenhaus bejaht hat (13. 2. 1985 – 7 AZR 345/82 – nv.). Im Gegensatz dazu liegt bei Tätigkeiten, die außerhalb einer typischen, räumlich festen Organisation ohne Innenbeziehungen zum Betrieb verrichtet werden, die Annahme eines freien Mitarbeiterverhältnisses näher (BAG 9. 5. 1996 AP KSchG 1969 Betriebsbedingte Kündigung § 1 Nr. 79 = NZA 1996, 1145 unter B I 2c aa). Für die Auslagerung der Arbeiten an Verleihunternehmen gilt entsprechendes. Die unternehmerischen Aufgaben müssen insgesamt zur selbständigen Erledigung vergeben werden (vgl. *Bertzbach*, FS Hanau,

S. 173, 180 f.; a. A. BBDW/*Bram* § 1 Rn. 284 b, die die Vergabe von Aufgaben an Verleihunternehmen insgesamt ablehnen). Verbleiben dagegen alle wesentlichen unternehmerischen Entscheidungen beim bisherigen Arbeitgeber, liegt keine hinzunehmende Unternehmerentscheidung vor (LAG Bremen 2. 12. 1997 LAGE § 1 KSchG Betriebsbedingte Kündigung Nr. 47 mit abl. Anm. *Schaub* EWiR 1998, 425 zu § 1 KSchG; LAG Bremen 30. 1. 1998 DB 1998, 1338; *Bertzbach*, FS Hanau, S. 173, 182).

154   Hält man die fein differenzierenden Rechtssätze der **Weight-Watchers** und der **Crewing-Entscheidung** nebeneinander, wird weiter deutlich, daß der Arbeitgeber sein unternehmerisches Konzept einschließlich sämtlicher wirtschaftlichen und unternehmenspolitischen Überlegungen nachvollziehbar **darlegen** und ggf. **beweisen** muß. Nur aufgrund eines umfassenden substantiierten Vortrags ist das Gericht in der Lage, nach den entwickelten Kriterien die (noch) zulässige Organisationsentscheidung von einem (nicht mehr) hinnehmbaren unternehmerischen Konzept abzugrenzen, das im Ergebnis auf eine **unzulässige Austauschkündigung** hinausläuft. Erst auf diesen Vortrag hin hat der Arbeitnehmer Tatsachen darzulegen und zu beweisen, die eine offensichtliche Unsachlichkeit, Unvernunft oder Willkür der unternehmerischen Maßnahme begründen. Die Anforderungen an die konkrete Darlegungs- und Beweislast richten sich nach dem Einzelfall. Ein Arbeitgeber, der seinen Vertrieb nur teilweise auf den Einsatz selbständiger Mitarbeiter umstellt, muß eine solche Differenzierung zum Nachweis eines schlüssigen Konzeptes sachlich begründen. Zweifel sind angebracht, wenn ohne erkennbare Systematik einzelne (Verkaufs-) Gebiete an selbständige Handelsvertreter vergeben werden, während die restlichen Gebiete bei angestellten Außendienstmitarbeitern verbleiben sollen. Zu akzeptieren wäre diese unternehmerische Entscheidung nur, wenn der Trennung nachvollziehbare Differenzierungen zugrundeliegen, z. B. daß Selbständigen ein problematisches Gebiet mit hohem Akquisitionsaufwand oder der Vertrieb bestimmter Produkte mit speziellem Beratungsaufwand übertragen werden.

155   **gg) Gewinnverfall, sinkende Rentabilität.** Unrentabilität, Verluste oder Gewinnverfall gehören zu den außerbetrieblichen Gründen, die den Arbeitgeber regelmäßig zur Durchführung organisatorischer Maßnahmen veranlassen (BAG 26. 1. 1995 AP KSchG § 2 Nr. 36 = NZA 1995, 626; 20. 3. 1986 AP KSchG 1969 § 2 Nr. 14 = NZA 1986, 824; 24. 10. 1979 AP KSchG 1969 § 1 Betriebsbedingte Kündigung Nr. 8; HKK/*Dorndorf* § 1 Rn. 1006; *Hillebrecht* ZfA 1991, 87, 93; *Hueck/von Hoyningen-Huene* § 1 Rn. 430; KR/*Etzel* § 1 KSchG Rn. 602; *Stahlhacke/Preis/Vossen* Rn. 658).

156   Ob bei Rentabilitätserwägungen auf die wirtschaftlichen Verhältnisse des Betriebes (so BAG 11. 10. 1989 AP KSchG 1969 § 1 Betriebsbedingte Kündigung Nr. 47 = NZA 1990, 607), des Unternehmens oder auf einzelne Arbeitsverhältnisse (so *Stahlhacke/Preis/Vossen* Rn. 658) abgestellt wird, ist letztlich nicht entscheidend. Der Vortrag wirtschaftlicher Überlegungen allein rechtfertigt keine betriebsbedingte Kündigung. Eine betriebsbedingte Kündigung wird ebensowenig durch eine veränderte Planung mit dem Ziel der Gewinnsteigerung ausgeschlossen (Rn. 108), wie sie schon sozial gerechtfer-

tigt wäre, wenn der Arbeitgeber eine negative Bilanz vorlegt. Erst die **dadurch veranlaßte Unternehmerentscheidung** stellt ein betriebliches Erfordernis zur Kündigung dar, soweit sie sich auf die Beschäftigungslage auswirkt (BAG 9. 5. 1996 AP KSchG 1969 § 1 Betriebsbedingte Kündigung Nr. 79 = NZA 1996, 1145 unter B. I. 2. c bb der Gründe; 26. 1. 1995, 20. 3. 1986 AP KSchG § 2 Nr. 36, 14; *Bitter/Kiel* RdA 1994, 333, 348; *Hueck/von Hoyningen-Huene* § 1 Rn. 430; *Preis* NZA 1995, 241, 249; *Stahlhacke/Preis/Vossen* Rn. 658; *Stahlhacke* DB 1994, 1361, 1365). Als gestaltende Unternehmerentscheidungen aus Anlaß mangelnder Rentabilität oder Gewinnverfalls kommen z. B. Rationalisierungen, Fremdvergabe von Dienstleistungen oder veränderte Öffnungszeiten in Betracht. Nicht ausreichend ist der Entschluß des Arbeitgebers, infolge der wirtschaftlichen Situation die Lohnkosten zu verringern (BAG 20. 3. 1986 AP KSchG 1969 § 2 Nr. 14 = NZA 1986, 824).

Bestreitet der Arbeitnehmer die behaupteten Verluste, ist der Arbeitgeber **157** zur Offenlegung der Gewinn- und Verlustrechnung verpflichtet (KR/*Etzel* § 1 KSchG Rn. 584). Im übrigen hat er seine Unternehmerentscheidung sowie deren Auswirkungen auf die betriebliche Beschäftigungslage **darzulegen** und **zu beweisen**.

hh) Haushalts- und Stellenplan (Öffentlicher Dienst). Die Streichung be- **158** stimmter, nach sachlichen Kriterien bezeichneter Stellen in Betrieben oder Verwaltungen des öffentlichen Rechts kann ein betriebliches Erfordernis zur Kündigung einer entsprechenden Anzahl von Arbeitnehmern rechtfertigen (BAG 17. 6. 1999 DB 1999, 1909 = NZA 1999, 1098 unter II 2 c der Gründe; 3. 5. 1978 AP KSchG 1969 § 1 Betriebsbedingte Kündigung Nr. 5 = NJW 1978, 2525; 28. 11. 1956 AP KSchG § 1 Nr. 20). Die umsetzende Entscheidung der Dienststellenleitung ist nur darauf zu überprüfen, ob der zuständige Gesetzgeber die betroffenen Haushaltsstellen verbindlich gestrichen hat. Unter dieser Voraussetzung tritt die Bindungswirkung ein. Ein ministerieller Erlaß begründet noch kein dringendes betriebliches Erfordernis, weil es sich hierbei lediglich um eine Verwaltungsmaßnahme handelt, die die Vorgaben der Legislative nicht ersetzen kann. Hat der zuständige **Haushaltsgesetzgeber** den **Stellenplan beschlossen**, ist die innere Berechtigung der Stellenstreichung einer Kontrolle durch die Arbeitsgerichte entzogen. Dies ist die Konsequenz der Gewaltenteilung, soweit der Haushalt von den Bundes- bzw. Länderparlamenten beschlossen wurde und wird bei sonstigen nichtstaatlichen Körperschaften und Anstalten des öffentlichen Rechts (z. B. Gemeinden, Universitäten, Rundfunkanstalten) aus dem verfassungsrechtlich geschützten Grundsatz der Selbstverwaltung abgeleitet (vgl. *Lingemann/Grothe* NZA 1999, 1072; *Hantel* ZTR 1998, 145, 152). Lediglich Stellenstreichungen, die bei offensichtlichen Tarif- bzw. Gesetzesverstößen vorliegen sind, sind unverbindlich (vgl. *Hantel* aaO. sowie KR/*Etzel* § 1 KSchG Rn. 610).

Dies bedeutet, daß **betriebsbedingten Kündigungen im öffentlichen Dienst 159** keine eigenständige Unternehmerentscheidung der Dienststellenleitung mehr vorausgeht, wenn der Haushaltsgesetzgeber eine entsprechende Entscheidung getroffen hat. Oder anders: Ein Federstrich im Stellenplan begründet das dringende betriebliche Erfordernis zur Kündigung (vgl. *B. Preis* NZA 1997, 625, 633), wenn die Vorgaben des Haushaltsplans konsequent umgesetzt wurden. Letzteres unterliegt aber unverändert gerichtlicher Überprüfung (BAG 29. 11. 1985 RzK I 5c Nr. 11; 3. 5. 1978 AP KSchG 1969 § 1 Betriebsbedingte Kündigung Nr. 5 = NJW 1978, 2525; *Berkowsky* § 7 Rn. 40 ff.; *Hantel* ZTR 1998, 145, 152; KR/*Etzel* § 1 KSchG Rn. 610). Wird eine Stelle infolge des Haushaltsplans gestrichen, muß die Dienststellenleitung vor ihrer Kündigungsentscheidung die Möglichkeiten **anderweitiger Beschäftigung** nach Maßgabe des § 1 Abs. 2 Satz Ziffer 2b) KSchG prüfen (BAG 15. 12. 1994 AP KSchG 1969 § 1 Betriebsbedingte Kündigung Nr. 66 = NZA 1995, 413; 17. 5. 1984 AP KSchG 1969 § 1 Betriebsbedingte Kündigung Nr. 21 = NZA 1985, 489, ferner Rn. 223 f.) und die Grundsätze der **Sozialauswahl** beachten. Dabei darf sich der öffentlicher Arbeitgeber nicht darauf berufen, die Streichung einer bestimmten Stelle im Stellenplan sei ein Grund, auf die Sozialauswahl ganz zu verzichten. Solange vergleichbare Planstellen vorhanden sind und nur ein Teil durch Streichung entfällt, muß der öffentliche Arbeitgeber eine Entscheidung treffen, die den Anforderungen des § 1 Abs. 3 KSchG gerecht wird. Insoweit privilegiert das Haushaltsrecht den öffentlichen Arbeitgeber nicht gegenüber dem privaten Arbeitgeber (vgl. *Hantel* ZTR 1998, 145, 153).

160   Im übrigen gelten für Rationalisierungs- bzw. Einsparmaßnahmen die für Unternehmen der Privatwirtschaft geltenden Grundsätze entsprechend (Rn. 171 ff.). Die zugunsten **allgemeiner Einsparungen** getroffenen **organisatorischen und technischen Veränderungen**, die zu einem Arbeitskräfteüberhang führen, setzen eine auf Rechtsmißbrauch, grobe Unvernunft und Willkür zu überprüfende Entscheidung der Dienststellenleitung voraus. Der Entscheidungsrahmen der Dienststellenleitung ist um so größer, je weniger genau der Haushaltsgesetzgeber die Vorgaben bestimmt. Schreibt der Haushaltsgesetzgeber z. B. nur vor, daß eine bestimmte Anzahl von Stellen einzusparen ist, muß die Dienststellenleitung entscheiden, in welchen Bereichen wieviele Stellen abgebaut werden (vgl. BBDW/*Bram* § 1 KSchG Rn. 294; HKK/*Weller/Dorndorf* § 1 Rn. 1000; *Hueck/von Hoyningen-Huene* § 1 Rn. 423 b; KR/*Etzel* § 1 KSchG Rn. 609; *Lingemann/Grothe* NZA 1999, 1072, 1073; *Lakies* NZA 1997, 745, 752; *Stahlhacke/Preis/Vossen* Rn. 656). Der sog. **„kw-Vermerk"** („künftig wegfallend") rechtfertigt die Kündigung in dem Fall nicht, wenn für den Wegfall der Stelle keine bestimmte oder bestimmbare Frist angegeben oder konkrete Zuordnung der Stelle erfolgt ist (BAG 19. 3. 1998 AP Einigungsvertrag Anlage I Kap XIX Nr. 76 = NZA 1999, 90; 6. 9. 1978 AP KSchG 1969 § 1 Nr. 4 = DB 1979, 118; ErfK/*Ascheid* § 1 KSchG Rn. 443; *Hantel* ZTR 1998, 145, 152 – „Merkposten für nächste Haushaltsverhandlungen"; *Lingemann/Grothe* aaO.; *Stahlhacke/Preis/Vossen* Rn. 656; zu „kw"-Stellen allg. *Lakies* NZA 1997, 745, 746 f.). Auf der anderen Seite kann der öffentliche Arbeitgeber auch ohne Vorgaben des Haushaltsrechts unternehmerische Entscheidungen treffen, beispielsweise Betriebe oder Betriebsteile stilllegen (BAG 27. 2. 1987 AP KSchG 1969 § 1 Betriebsbedingte Kündigung Nr. 41 = NZA 1987, 700; LAG Berlin 19. 7. 1994 BB 1994, 2352) oder Reinigungsarbeiten an private

Unternehmen vergeben (BAG 7. 3. 1980 AP KSchG 1969 § 1 Betriebsbedingte Kündigung Nr. 9).

Die **Ausweisung einer Beamtenplanstelle im Stellenplan** kann ein dringen- **161** des betriebliches Erfordernis für die Kündigung der bisher auf diesen Stellen beschäftigten Angestellten darstellen, wenn ein Beamter nicht anderweitig eingesetzt werden kann. Das BAG hat dazu im Urteil vom 26. 2. 1957 (AP KSchG § 1 Nr. 23) die Auffassung vertreten, daß die Unterscheidung zwischen Beamten und Angestellten in den Haushalts- und Stellenplänen wegen der Kündbarkeit des Arbeitsverhältnisses „innerlich gerechtfertigt" sei. Verschiebungen, die infolge der Personalnot der Nachkriegszeit zugunsten der Angestellten eingetreten seien, müßten bei Gelegenheit ausgeglichen werden können (ferner KR/*Etzel* § 1 KSchG Rn. 548; *Löwisch* § 1 Rn. 304; Münch-Komm/*Schwerdtner* vor § 620 BGB Rn. 513). Diese Begründung trifft heute nicht mehr zu. An einer inneren Rechtfertigung fehlt es, wenn der Angestellte die gleiche Qualifikation wie der Beamte aufweist und in der Dienststelle von Beamten und Angestellten über einen längeren Zeitraum die gleichen Aufgaben wahrgenommen werden, wie dies z.B. in den Geschäftsstellen der Gerichte und in den Schulen regelmäßig der Fall ist (*Berkowsky* § 7 Rn. 24 ff.; HKK/*Weller/Dorndorf* § 1 Rn. 1001; *Stahlhacke/Preis/Vossen* Rn. 656). Zwar findet **keine Prüfung** statt, ob die Besetzung mit einem Beamten **zweckmäßig** ist. Der öffentliche Arbeitgeber muß jedoch auf den Vorhalt des Arbeitnehmers, es sei sachwidrig und willkürlich, bestimmte Aufgabenbereiche von Beamten, Angestellten oder Soldaten wahrnehmen zu lassen, zunächst die Gründe für diese Zuweisungen darlegen. Danach hat der Arbeitnehmer deren offenbare Sachwidrigkeit, Unvernunft oder Willkür darzulegen und zu beweisen.

Ein Indiz für die Sachwidrigkeit der Unterscheidung kann sich aus dem **162** Umstand ergeben, daß der öffentliche Arbeitgeber einen Angestellten ohne erkennbare Notsituation eingestellt und jahrelang auf der Beamtenstelle beschäftigt hat (*Berkowsky* § 7 R. 27). Sachlich begründet ist dagegen die Entscheidung, eine angestellte **Lehrkraft** ohne Lehrbefähigung auf Dauer durch eine voll ausgebildete beamtete Lehrkraft zu ersetzen (BAG 17. 5. 1984 AP KSchG 1969 § 1 Betriebsbedingte Kündigung Nr. 21 = NZA 1985, 489) oder die Entscheidung, einen Aufgabenbereich zukünftig „zu militarisieren", also von **Soldaten** wahrnehmen zu lassen (BAG 29. 1. 1986 AP BetrVG 1972 § 102 Nr. 42 = NZA 1987, 32). Es ist nicht rechtsmißbräuchlich oder willkürlich, wenn der öffentliche Arbeitgeber an den Beamtenstellen im Stellenplan mit der konkret nachvollziehbaren Begründung festhält, er benötige ein bestimmtes Stellenkontingent, um im Zuge einer zu erwartenden Verwaltungsreform anderweitig nicht einzusetzende Beamte weiterbeschäftigen zu können.

Wie das BAG in seinem Urteil vom 26. 2. 1957 (AP KSchG § 1 Nr. 23) zu- **163** treffend hervorgehoben hat, kommt aber die **verdrängende Kündigung eines Angestellten** nur dann in Betracht, wenn der **Beamte** innerhalb des Stellenplans **nicht anderweitig eingesetzt** werden kann und für den **Angestellten keine Möglichkeit anderweitiger Beschäftigung** besteht. Die Kündigung muß erforderlich sein. Es handelt sich um keine „dringenden" betrieblichen Erfordernisse, wenn die Kündigung durch anderweitige Beschäftigung des Beamten abgewendet werden kann. Die Kündigung ist nicht „bedingt", wenn der Arbeitnehmer auf einem anderen freien Arbeitsplatz weiterbeschäftigt werden kann.

164 ii) Leistungsverdichtung. Es liegt im unternehmerischen Ermessen, mit welcher Anzahl von Arbeitskräften der Arbeitgeber das Betriebsziel erreichen will. Innerhalb des durch gesetzliche, tarifvertragliche und betriebliche Normen sowie durch die Vereinbarungen des Arbeitsvertrages determinierten Direktionsrechts hat er nach billigem Ermessen (§ 315 BGB) darüber zu entscheiden, wie er die Arbeitnehmer zur Erfüllung der betrieblichen Aufgaben am effektivsten einsetzt. Dem Unternehmer ist deshalb zuzugestehen, daß er bei im übrigen unveränderten Parametern den Personalbedarf in den einzelnen Abteilungen seines Betriebes für die Zukunft dauerhaft neu festlegt (*Hümmerich/Spirolke* NZA 1998, 797, 799). Im Urteil vom 24. 4. 1997 (AP KSchG 1969 § 2 Nr. 42 = NZA 1997, 1047) hat das BAG dazu ausgeführt, die Unternehmerentscheidung könne auch darin liegen, künftig auf Dauer mit weniger Personal zu arbeiten. Soweit dadurch eine **Leistungsverdichtung** eintrete, sei sie als Konzept gewollt. Dadurch notwendig werdende Änderungen müßten in Kauf genommen werden; der rationelle Einsatz des Personals sei Sache der Unternehmerentscheidung.

165 Die Instanzgerichte haben die in dieser Entscheidung des BAG liegenden Rechtssätze teils bestätigend aufgegriffen (LAG Köln 1. 8. 1997 NZA-RR 1998, 160 = DB 1997, 2181; 15. 8. 1997 LAGE § 1 KSchG Betriebsbedingte Kündigung Nr. 44; davor schon LAG Köln 8. 5. 1996 LAGE § 1 KSchG Betriebsbedingte Kündigung Nr. 38; 10. 2. 1995 LAGE § 1 KSchG Betriebsbedingte Kündigung Nr. 30; LAG Bremen 3. 5. 1996 LAGE § 1 KSchG Soziale Auswahl Nr. 16) und teils eingeschränkt umgesetzt (LAG Düsseldorf 18. 11. 1997 LAGE § 1 KSchG Betriebsbedingte Kündigung Nr. 46; ArbG Köln 23. 9. 1997 DB 1998, 626). Im Schrifttum wird teilweise die Rechtfertigung einer betriebsbedingten Kündigung wegen einer Leistungsverdichtung für möglich gehalten, wenn sie entweder Bestandteil eines organisatorischen Konzeptes ist oder der Arbeitgeber bisher nachweislich überzähliges Personal beschäftigt hat (*Ascheid* Rn. 239 ff.; *ders.* DB 1987, 1144, 1146; *ders.* in ErfK § 1 KSchG Rn. 425; BBDW/*Bram* § 1 Rn. 292 ff.; HKK/*Weller/Dorndorf* § 1 Rn. 879; *Löwisch* § 1 Rn. 239; *U. Preis* NZA 1995, 241, 246 f.; *ders.* NZA 1997, 1073, 1080; *ders.* NZA 1998, 449, 450; *Stahlhacke/Preis/Vossen* Rn. 633; *B. Preis* NZA 1997, 625, 633 f.). Andere Autoren akzeptieren eine Leistungsverdichtung ohne weitere Begründung, soweit von den Arbeitnehmern keine überobligatorischen Leistungen verlangt werden (vgl. *Hümmerich/Spirolke* NZA 1998, 797, 798 ff.; *Hillebrecht* ZfA 1991, 87, 107; *von Hoyningen-Huene* NZA 1994, 1009, 1011; KR/*Etzel* § 1 KSchG Rn. 577; *Fischermeier* NZA 1997, 1089, 1090; KPK/*Meisel* § 1 Rn. 444; *Stahlhacke* DB 1994, 1361, 1363; *Tenczer/Stahlhacke* Anm. LAG Bremen 3. 5. 1996 aaO.).

166 Zumeist wird eine Leistungsverdichtung mit einem anderen unternehmerischen Konzept zur Rationalisierung verbunden sein (z.B. mit der Verlagerung von Arbeiten auf Subunternehmer bei Streichung von Arbeitsplätzen und Umverteilung des Restarbeiten auf andere Arbeitnehmer). Hierbei handelt es sich um kein Leistungsvedichtungskonzept im eigentlichen Sinn (BAG 17. 6. 1999 DB 1999, 1910 = NZA 1999, 1095). Das der Kündigung vorgelagerte Konzept kann aber auch darin bestehen, daß die vorhandene Arbeit mit weniger Arbeitskräften effektiver bewältigt werden soll. Dann kann der Arbeitgeber sich jedoch nicht auf den pauschalen Vortrag beschränken, er habe sich dazu entschlossen, aus den Arbeitnehmern mehr Leistung herauszuholen und werde dadurch eine bestimmte Anzahl von Arbeitskräften einsparen. Diese Begründung rechtfertigt eine betriebsbedingte Kündigung ebensowenig wie das nicht weiter erläuterte Vorhaben, Stellen zu streichen. Da die Folge einer getroffenen Entscheidung nicht zugleich deren Inhalt sein kann, ist es auch in Fällen der Arbeitsverdichtung unabdingbar, daß der Arbeitgeber ein unternehmerisches Konzept vortragen muß. Fehlt eine unternehmerische Planung oder wird sie im arbeitsgerichtlichen Verfahren nicht ausreichend offengelegt, kann die gebotene Prüfung, ob die in Frage stehende Kündigung als notwendige Folge der betrieblichen Erfordernisse anzusehen ist, nicht erfolgen (zutreffend ArbG Köln 23. 9. 1997 DB 1998, 626). Der gekündigte Arbeitnehmer wäre außerstande, die offenbare Sachwidrigkeit, Unvernunft oder Willkür des Konzeptes zu behaupten und unter Beweis zu stellen. Der Arbeitgeber könnte seinen Prozeß demgegenüber mit schlagwortartigen, unsubstantiierten Behauptungen gewinnen. Dies gilt vor allem auch deshalb, weil schon die im Kündigungszeitpunkt geplante unternehmerische Entscheidung zur Rechtfertigung einer Kündigung ausreicht. Da bei einer Leistungsverdichtung außer der Durchführung der Maßnahme selbst kaum „greifbare Formen" vorgetragen werden können, fände anderenfalls bei einer geplanten Leistungsverdichtung praktisch keine Rechtskontrolle statt. Substantiierte Bezugspunkt im Tatsächlichen sind hier unverzichtbar (a. A. *Hümmerich/Spirolke* NZA 1998, 797, 799).

Der Arbeitgeber muß die **Einsparpotentiale** nachvollziehbar **aufzeigen.** Dies **167** ist problematisch, weil sich die Intensität von Arbeitsleistung nur schwer quantifizieren läßt, vor allem im Bereich der Dienstleistungen (vgl. *B. Preis* NZA 1997, 625, 634). Diese Feststellung schafft jedoch einerseits keinen justizfreien Raum und darf andererseits nicht dazu führen, vom Arbeitgeber Unmögliches zu verlangen (*Hümmerich/Spirolke* NZA 1998, 797, 799). Ausreichend und erforderlich ist ein Vortrag, aufgrund dessen das Gericht im Einzelfall die Plausibilität der unternehmerischen Planung sowie die Auswirkungen auf die Beschäftigungslage nachvollziehen kann. Die geplante Einsparung von Arbeitskräften muß, gemessen an der Gesamtzahl der in dem Arbeitsbereich Beschäftigten und deren arbeitsvertraglichen Pflichten, realisierbar sein. Die Arbeitnehmer müssen neben ihren bisherigen auch die zusätzlichen Leistungen erbringen können. Die relative Mehrbelastung ist als unternehmerisches Konzept hinzunehmen, wenn die Arbeitsaufgaben mit den bisher ausgeübten Tätigkeiten von einem durchschnittlichen Arbeitnehmer ohne weiteres miterledigt werden können. Auszugehen ist dabei von den Leistungen, die ein Arbeitnehmer bei angemessener Anspannung seiner individuellen Kräfte und Fähigkeiten erbringen kann (ErfK/*Ascheid* § 1 KSchG Rn. 425 ff.; KR/*Etzel* § 1 KSchG Rn. 577). Die Arbeiten müssen aber nicht nur quantitativ, sondern auch qualitativ den tarif- und einzelvertraglichen

Vorgaben entsprechen. Daran fehlt es, wenn eine geplante Beschäftigung von Facharbeitern mit Hilfsarbeiten ihnen nicht im Wege des Direktionsrechts zugewiesen werden kann (BAG 17. 6. 1999 DB 1999, 1910 = NZA 1999, 1095).

168 Sachgerecht sind diese Fälle über die **abgestufte Darlegungs- und Beweislast** zu lösen. Zunächst muß der Arbeitgeber die unternehmerische Maßnahme plausibel erklären. Erscheint das unternehmerische Konzept danach nicht von vornherein gesetzes-, tarif- oder vertragswidrig, ist es als geeignetes Mittel zum rationellen Einsatz der Arbeitnehmer anzusehen. Dem Arbeitnehmer, der Einblick in die Geschehensabläufe seiner bisherigen Arbeit hat, kann die Darlegung abverlangt werden, warum die bisherigen bzw. (z.B. nach Einschaltung von Subunternehmern) verbleibenden Tätigkeiten nicht plan- und konzeptmäßig durchgeführt werden können. Dabei könnte die Argumentation der Arbeitnehmer ggf. durch tarifrechtliche Regelungen unterstützt werden. Sieht eine quantitative Besetzungsklausel in einem Tarifvertrag vor, daß Fachkräften eine Hilfskraft beizustellen ist, bezweckt diese Regelung zwar keinen unmittelbaren Arbeitsplatzschutz. Im Fall einer Stellenstreichung kann die Hilfskraft aber geltend machen, die Unternehmerentscheidung sei offensichtlich unsachlich, unvernünftig oder willkürlich, wenn die Weiterbeschäftigung der Hilfskraft die jeweilige Fachkraft vor einer physischen oder psychischen Überlastung schützen soll (BAG 17. 6. 1999 – 2 AZR 456/98 – zVb. – „Reflexwirkung" der Vorschrift). Ein Bestreiten des Arbeitnehmers mit Nichtwissen (§ 138 Abs. 4 ZPO) genügt hingegen nur, soweit der Arbeitnehmer über keinen Einblick in Tatsachen verfügt, die dem Arbeitgeber bekannt sind (z.B. soweit er die Verträge des Arbeitgebers über die Vergabe von Arbeiten an einen Subunternehmer nicht kennt). Gelingt dem Arbeitnehmer danach der Vortrag, wonach eine Durchführung der neuen Arbeitsstruktur offenbar unsachlich, unvernünftig oder willkürlich erscheint, ist es Sache des Arbeitgebers, die prognostizierten Auswirkungen für den Beschäftigungsbedarf präzise zu erläutern und ggf. zu beweisen. Dabei bleibt es seiner Einschätzung überlassen, in welcher Zeit ein Auftrag abzuarbeiten ist (BAG 17. 6. 1999 DB 1999, 1910 = NZA 1999, 1095).

169 Verteilt der Arbeitgeber z.B. Aufgaben eines Gruppenleiters auf eine Mehrzahl von Sachbearbeitern um, müssen diese die vormals von dem Gruppenleiter erledigten Aufgaben in derselben Arbeitszeit miterfüllen. Entscheidet ein Kaffeehausbesitzer, daß pro Schicht weniger Bedienungspersonal eingesetzt werden soll, muß das verbleibende Personal die unveränderte Anzahl von Gästen bedienen (vgl. zu dem Kaffeehaus-Fall *Ascheid* DB 1987, 1144, 1146; *Preis* NZA 1995, 241, 246 f.). Der Arbeitgeber müßte im ersten Beispiel sowohl die Aufgaben aus der Umverteilung als auch die bisher von den Sachbearbeitern erledigten Arbeiten darstellen und vortragen, daß die nunmehr verlangte Leistung im Rahmen der geschuldeten Pflichten erbracht werden kann (ähnlich BAG 17. 6. 1999 – 2 AZR 522/98 – zVb. – Umverteilung restlicher Bauwerkerarbeiten auf Facharbeiter). Die unternehmerischen Überlegungen im zweiten Beispiel reichen dicht an die Kündigung selbst heran und zeigen die möglichen praktischen Abgrenzungsschwierigkeiten der Leistungsverdichtungsfälle. Besteht das unternehmerische Konzept darin, daß

der Kaffeehausbetreiber mit weniger Personal nicht jeden Kunden in Spitzen-
zeiten unverzüglich bedient, dafür aber zu Zeiten geringerer Kundenfrequenz
die mangelnde Auslastung des Bedienungspersonals beseitigt hat, muß der
Arbeitgeber dies im Prozeß anhand von Erfahrungswerten nachweisen.

Entsprechende Grundsätze gelten, wenn der Arbeitgeber bisher durch den **170**
Arbeitnehmer verrichtete Tätigkeiten selbst übernimmt (dazu BAG 22. 3. 1990
RzK I 5 c Nr. 36). Auch in diesem Fall muß der Arbeitgeber nachvollziehbar
darlegen, daß er in der ihm zur Verfügung stehenden Zeit neben seinen bisherigen Arbeiten weitere Aufgaben erfüllen kann.

jj) Rationalisierung. Entfällt infolge von Rationalisierungsmaßnahmen das **171**
Beschäftigungsbedürfnis für einen oder mehrere Arbeitnehmer, liegt darin
ein dringendes betriebliches Erfordernis. Die Rationalisierung muß im Zeitpunkt des Kündigungszugangs **greifbare Formen** angenommen haben. Erforderlich zur Rechtfertigung einer betriebsbedingten Kündigung sind Konzepte; nicht ausreichend sind dagegen Motive, zu denen insbesondere das Ziel
gehört, Lohnkosten zu senken (Rn. 120).

Rationalisierungsentscheidungen werden einerseits durch **außerbetriebli-** **172**
che Einflußgrößen bestimmt, z.B. durch Marktentwicklungen, die zu negati-
ven Geschäftsergebnissen führen. Ebenso können sie aber auch nur auf **in-**
nerbetrieblichen Faktoren beruhen, wenn z.B. eine innovative Unternehmenspolitik zur Stärkung der betrieblichen Leistungsfähigkeit betrieben wird.
Rationalisierung setzt eine Entscheidung auf **organisatorischem und/oder tech-**
nischem Gebiet voraus. Sie hat zum Ziel, Arbeitsabläufe zu optimieren, um
so den Beschäftigungsbedarf zu reduzieren. Damit werden alle Veränderungen erfaßt, die eine **Reduzierung der Kosten** und/oder eine **Verbesserung der**
Ertragslage bewirken sollen (vgl. HKK/*Weller*/*Dorndorf* § 1 Rn. 1003). Rationalisierungsmaßnahmen müssen aber nicht dem Ziel dienen, eine Kosteneinsparung herbeizuführen. Sie können ebenso auf **andere wirtschaftliche oder**
unternehmenspolitische Zielsetzungen ausgerichtet sein. Beispiele hierfür sind
Investitionen zur Erhaltung der Wettbewerbsfähigkeit, Anpassung an den technischen Fortschritt oder Maßnahmen zur Verbesserung der organisatorischen Struktur. Auch die Fremdvergabe von Dienstleistungen für ein höheres
Qualitätsniveau stellt eine nachvollziehbare unternehmerische Überlegung dar
(BAG 22. 1. 1998 AP BGB § 613 a Nr. 173 = NZA 1998, 536 unter B III 1
der Gründe; in dieser Richtung schon BAG 30. 4. 1987 AP KSchG 1969 § 1
Betriebsbedingte Kündigung Nr. 42 = NZA 1987, 776 – keine Willkür, „um
so mehr" da die Fremdvergabe zu einer Kosteneinsparung führte; vgl. auch
17. 6. 1999 – 2 AZR 522/98 – zVb.; *Bitter/Kiel* RdA 1994, 333, 349; BBDW/
Bram § 1 Rn. 258; ErfK/*Ascheid* § 1 KSchG Rn. 453 ff., HKK/*Dorndorf* § 1
Rn. 1004; *Hillebrecht* ZfA 1991, 87, 108 ff.; *Stahlhacke* DB 1994, 1361,
1364 ff.; a. A. *Kittner/Trittin* § 1 KSchG Rn. 345; differenzierend *Preis* NZA
1995, 241, 249 f.; *Stahlhacke/Preis/Vossen* Rn. 657).

Rationalisierungsmaßnahmen sind mit dieser weiten Definition ein Sam- **173**
melbegriff, unter dem eine Reihe innerbetrieblicher Entscheidungen zusammengefaßt werden (*Berkowsky* § 7 Rn. 96). Eine **technische Rationalisierung**
liegt bei der Einführung neuer Maschinen, Technologien oder Fertigungstech-

niken vor (BAG 18. 7. 1996 AP § BGB § 613a Nr. 147 = NZA 1997, 148 – Einführung von EDV). Die damit häufig, aber nicht notwendig einhergehende **organisatorische Rationalisierung** bezieht sich auf die **Arbeitsabläufe**. Sie kann z. B. in deren **Straffung** bestehen (BAG 19. 5. 1993 AP KSchG 1969 § 2 Nr. 31 = NZA 1993, 1075), in der **Neuordnung von Hierarchieebenen** (BAG 10. 11. 1994, 5. 10. 1995 AP KSchG 1969 § 1 Betriebsbedingte Kündigung Nr. 65, 71 = NZA 1995, 566 bzw. NZA 1996, 525), in einer **Leistungsverdichtung** (BAG 24. 4. 1997 AP KSchG 1969 § 2 Nr. 42 = NZA 1997, 1776, dazu Rn. 164ff.), in der **Streichung von Stellen**, wenn dies aus nachvollziehbarem Anlaß erfolgt und sachlich begründet ist (BAG 5. 2. 1998 AP BGB § 626 Nr. 143 = NZA 1998, 771 – Kündigung der Chefsekretärin, nachdem Stelle des 2. Geschäftsführers nicht wiederbesetzt wird; 26. 1. 1995 AP KSchG 1969 § 2 Nr. 37 = NZA 1995, 628; 21. 6. 1995 AP KSchG 1969 § 15 Nr. 36 – Streichung einer Stelle als „Aufsicht"; LAG Köln 16. 10. 1996 LAGE § 1 KSchG Betriebsbedingte Kündigung Nr. 10 – Streichung der Stelle eines Verkaufsleiters), in der Reduzierung des Personalbestandes auf Dauer (BAG 17. 6. 1999 DB 1999, 1909 = NZA 1999, 1098), in der **Fremdvergabe von Dienstleistungen** (vgl. *EuGH* 11. 3. 1997 AP EWG-Richtlinie Nr. 77/187 Nr. 14 = NZA 1997, 433; 14. 4. 1994 AP BGB § 613a Nr. 106 = NZA 1994, 545; BAG 21. 3. 1996 EWG-Richtlinie Nr. 77/187 Nr. 10 = NZA 1996, 869; 30. 4. 1987 AP KSchG 1969 § 1 Betriebsbedingte Kündigung = NZA 1987, 776) oder Arbeiten an **Subunternehmer** (BAG 17. 6. 1999 DB 1999, 1910 = NZA 1999, 1095, Rn. 147ff.), in der **Umstellung der Vertriebsart** von Arbeitnehmern auf freie Mitarbeiter (BAG 9. 5. 1996 AP KSchG 1969 § 1 Betriebsbedingte Kündigung Nr. 79 = NZA 1996, 1145; LAG Köln 28. 6. 1996 LAGE § 1 KSchG Betriebsbedingte Kündigung Nr. 40; dazu Rn. 150ff.) oder in der **Verkleinerung des Betriebes** zur Verbesserung seiner Verkaufschancen (BAG 18. 7. 1996 AP BGB § 613a Nr. 147 = NZA 1997, 148; Rn. 483).

174 Es bleibt dem Arbeitgeber überlassen, wie er sein Unternehmensziel möglichst erfolgreich am Markt verfolgt. Rationalisierungsentscheidungen unterliegen deshalb nur **eingeschränkter gerichtlicher Kontrolle**. Der Arbeitnehmer hat den **Rechtsmißbrauch** innerbetrieblicher Strukturmaßnahmen darzulegen und zu beweisen. Führt die Rationalisierung nachweislich zu einer Kostenersparnis, ist die Maßnahme im Regelfall sachgerecht (BAG 19. 5. 1993 AP KSchG 1969 Nr. 2 = NZA 1993, 1075 unter II 1d der Gründe; 30. 4. 1987 AP KSchG 1969 § 1 Betriebsbedingte Kündigung = NZA 1987, 776 unter III 2c; *Bitter/Kiel* RdA 1994, 333, 349; *Stahlhacke/Preis/Vossen* Rn. 657). Eine beschlossene und tatsächlich durchgeführte Rationalisierung begründet außerdem die (widerlegbare) Vermutung, daß sie aus sachlichen Gründen erfolgt ist (BAG 9. 5. 1996 AP KSchG 1969 § 1 Betriebsbedingte Kündigung Nr. 79 = NZA 1996, 1145 mwN.; 19. 5. 1993 AP KSchG 1969 § 2 Nr. 31 = NZA 1993, 1075; 18. 1. 1990 AP KSchG 1969 § 1 Soziale Auswahl Nr. 19 = NZA 1990, 729).

175 Die Gerichte müssen die **konsequente Umsetzung der Organisationsentscheidung** und deren **Auswirkung auf die Beschäftigungslage** überprüfen (BAG 9. 5. 1996 AP KSchG 1969 § 1 Betriebsbedingte Kündigung Nr. 79 = NZA

1996, 1145 mwN.). Der Arbeitgeber hat im Prozeß die organisatorischen oder technischen Rationalisierungen im einzelnen **darzulegen und zu beweisen.** Er darf sich weder auf die schlichte Behauptung beschränken, er wolle seine Arbeiten künftig mit verringertem Personal erledigen, noch genügen schlagwortartige Beschreibungen des Rationalisierungsplans (vgl. *Stahlhacke/Preis/ Vossen* Rn. 657; Rn. 120). Allerdings kann nach neuen Rechtsprechung des BAG eine unternehmerische Entscheidung auch darin liegen, **auf Dauer** mit weniger Personal zu arbeiten, also Streichungen im Stellenplan vorzunehmen (vgl. zum öffentlichen Dienst Rn. 158 ff.). Bei dieser Begründung reduziert sich die Organisationsentscheidung zur Personalreduzierung praktisch auf den Kündigungsentschluß, so daß nach den Grundsätzen der **abgestuften Darlegungs- und Beweislast** (Rn. 101 f., 120) zunächst der Arbeitgeber die organisatorische Durchführbarkeit der Unternnehmerentscheidung verdeutlichen muß. Das Gericht muß erkennen können, ob eine dauerhafte oder eine nur vorübergehende Personalmaßnahme geplant ist, die an sich eine Überbrückung des Zustandes unter Beibehaltung der Beschäftigungssituation zuläßt. Nicht ausreichend ist z. B. die pauschale Begründung, wegen sinkender Nachfrage und unverminderten Preisverfalls sei es notwendig, die Produktivität niedriger anzusetzen und Streichungen im Stellenplan vorzunehmen. Der Arbeitgeber genügt seiner Darlegungslast (§ 1 Abs. 2 Satz 4 KSchG) schon auf der ersten Stufe nur, wenn (anhand von Kennzahlen) nachzuvollziehen ist, in welchem Umfang die Arbeit reduziert und wie im einzelnen die als verbleibend prognostizierte Arbeit bewerkstelligt werden soll (BAG 17. 6. 1999 DB 1999, 1909 = NZA 1999, 1098). Erst wenn dieser Vortrag schlüssig ist, hat der Arbeitnehmer schlüssig darzulegen, warum die getroffene Maßnahme offensichtlich unsachlich, unvernünftig oder willkürlich sein soll. Mit diesem Tatsachenvortrag hat sich der Arbeitgeber ggf. weiter auseinanderzusetzen. Begründet der Arbeitgeber die Rationalisierungsmaßnahme schlüssig mit wirtschaftlichen Überlegungen, die nicht auf eine Kostenersparnis ausgerichtet sind (z. B. um sich im Wettbewerb zu behaupten), kann das Gericht dem Arbeitgeber kein alternatives, kostengünstigeres unternehmerisches Konzept entgegenhalten (vgl. *Stahlhacke/Preis/Vossen* Rn. 657). Bezieht sich der Arbeitgeber hingegen ausdrücklich auf Kosteneinsparungen, muß das Gericht nachprüfen, ob diese nach dem Konzept tatsächlich auch vorliegen. Ist dies nicht der Fall, sind die betrieblichen Erfordernisse nicht schlüssig dargelegt (BAG 9. 5. 1996 AP KSchG 1969 § 1 Betriebsbedingte Kündigung Nr. 79 = NZA 1996, 1145 mwN.).

In einigen Branchen bestehen **Rationalisierungsschutzabkommen,** die die **176** Möglichkeit betriebsbedingter Kündigungen beschränken oder ausschließen (BAG 17. 9. 1998 AP BGB § 626 Nr. 148 = NZA 1999, 258; 14. 6. 1995 AP TVG § 1 Durchführungspflicht Nr. 4 = NZA 1996, 43; 20. 2. 1986 AP TVG § 4 Rationalisierungsschutz Nr. 1; KR/*Etzel* § 1 KSchG Rn. 618; zu den Grenzen der Zulässigkeit tarifvertraglicher Kündigungsschranken Rn. 15 ff.). Sind betriebsbedingte Kündigungen aus diesem Grund insgesamt ausgeschlossen, kommt unter strengen Voraussetzungen eine **außerordentliche betriebsbedingte Kündigung** in Betracht, die von den Tarifvertragsparteien nicht ausgeschlossen werden kann.

177 kk) Umstellung der Arbeitszeit. Im unternehmerischen Ermessen liegt die Entscheidung, in welcher Zeit der vorhandene Arbeitsumfang am effektivsten erledigt werden kann (BAG 24. 4. 1997 AP KSchG 1969 § 2 Nr. 42 = NZA 1997, 1047). Von einer **Umstellung der betrieblichen Arbeitszeit** kann deshalb ein dringendes betriebliches Erfordernis zur Kündigung ausgehen. Beispiele: Bedingt durch eine veränderte Auftragslage stellt der Arbeitgeber z. B. seinen Betrieb von drei auf zwei Schichten um; aufgrund einer Analyse des Kundenverhaltens werden die Ladenöffnungs- und wöchentlichen Betriebszeiten verkürzt. In beiden Fällen verringert sich der Beschäftigungsbedarf (*Berkowsky* § 7 Rn. 69 ff.). Während sich bei der **Verlängerung von Arbeitszeiten** die Frage **betriebsbedingter Änderungskündigungen** stellt (dazu BAG 18. 12. 1997 DB 1998, 477 – Einführung von Samstagsarbeit; 18. 1. 1990 AP KSchG 1969 § 2 Nr. 27 = NZA 1990, 734 – Umstellung von einem Ein-Schicht- auf ein Zwei-Schicht-System), hat der Arbeitgeber bei einer Verringerung des Beschäftigungsbedarfs aufgrund **kürzerer Betriebszeiten** grundsätzlich die **Wahl,** ob er gegenüber mehreren Arbeitnehmern Änderungskündigungen oder eine geringere Anzahl von Beendigungskündigungen ausspricht, um die Anzahl der Arbeitskräfte dem Beschäftigungsbedarf anzupassen. Er darf dabei allerdings nicht beliebig entscheiden; es muß das Organisationskonzept erkennbar sein, ob die verbleibende Arbeitsmenge von Teilzeit- oder Vollzeitbeschäftigten erledigt werden soll (BAG 24. 4. 1997 AP KSchG 1969 § 2 Nr. 42 = NZA 1997, 1047; 19. 5. 1993 AP KSchG 1969 § 2 Nr. 31 = NZA 1993, 1075; LAG Hamm 22. 3. 1996 LAGE § 2 KSchG Nr. 18; dazu auch Rn. 164 ff.). Die Bestimmung, ob ein umfangmäßig konkretisierter Beschäftigungsbedarf nur mit **Vollzeit-** oder (teilweise auch) mit **Teilzeitbeschäftigungen** abgedeckt werden soll, gehört zum Bereich der „Unternehmenspolitik“.

178 Wandelt der Arbeitgeber **Arbeitsplätze von Vollzeit- in Teilzeitarbeitsplätze oder umgekehrt,** liegt dies in seinem unternehmerischen Gestaltungsermessen. Da eine entsprechende Umwandlung aber auf offenbare Unsachlichkeit, Unvernunft und Willkür zu überprüfen ist, muß der Arbeitgeber zunächst plausible wirtschaftliche oder unternehmenspolitische Gründe vortragen. Eine begründungslose Umwandlung ist willkürlich (KR/*Etzel* § 1 KSchG Rn. 578; enger *Reinfelder/Zwanziger* DB 1996, 677, 678 – sachliche Gründe). Daneben ist zu prüfen, ob die veränderten Arbeitszeiten mit dem Gesetzes- oder Tarifrecht vereinbar sind. So dürfen Teilzeitbeschäftigte z. B. nicht durch eine veränderte Arbeitszeitgestaltung nach § 2 BeschFG benachteiligt werden. Die zwingenden tariflichen Arbeitszeitregelungen sind stets zu beachten (BAG 24. 4. 1997 AP KSchG 1969 § 2 Nr. 42 = NZA 1997, 1047).

179 ll) Witterungsgründe. Witterungsgründe können eine betriebsbedingte Kündigung rechtfertigen, wenn der Arbeitgeber diese zum Anlaß für eine vorübergehende Betriebsstillegung oder Betriebseinschränkung nimmt. Voraussetzung ist, daß entweder im Zeitpunkt der Kündigung nicht konkret absehbar ist, wann wieder entsprechende Beschäftigungsmöglichkeiten bestehen oder eine Aufrechterhaltung des Arbeitsverhältnisses dem Arbeitgeber für einen absehbaren Überbrückungszeitraum zuzumuten ist (BAG 7. 3. 1996 AP KSchG

1969 § 1 Betriebsbedingte Kündigung Nr. 76 = NZA 1996, 931 – Betrieb, der sich mit Kabel- und Rohrverlegungen befaßt; *Berkowsky* § 7 Rn. 61 ff.; KR/*Etzel* § 1 KSchG Rn. 581). Zu beachten sind bei witterungsbedingten Kündigungen **tarifvertragliche Kündigungsbeschränkungen.** § 12.2 BRTV-Bau schließt z. B. betriebsbedingte Kündigungen aus Witterungsgründen für die **Schlechtwetterzeit** vom 1.11. bis zum 31.3. aus.

Besteht keine derartige Kündigungsbeschränkung, ist der Arbeitgeber auch **180** nicht nach dem ultima-ratio-Grundsatz zum Ausspruch einer **Änderungs-kündigung** verpflichtet (BAG 7. 3. 1996 AP KSchG 1969 § 1 Betriebsbeding-te Kündigung Nr. 76 = NZA 1996, 931). Nach der Gegenauffassung hat der Arbeitgeber eine Änderungskündigung mit dem Angebot auszusprechen, das Arbeitsverhältnis für die Zeit der voraussichtlichen Betriebsunterbrechung oh-ne **Vergütungspflicht ruhen** zu lassen (vgl. HKK/*Weller/Dorndorf* § 1 Rn. 974 im Anschluß an *Hueck/von Hoyningen-Huene* § 1 Rn. 417b f.). Dem steht jedoch der Wortlaut des § 1 Abs. 2 KSchG entgegen, der auf die Möglichkeit der „Weiterbeschäftigung" in dem Betrieb abstellt. Darunter ist im allgemei-nen die **nahtlose Weiterbeschäftigung** im Anschluß an das Auslaufen der Kün-digungsfrist zu verstehen (BAG 7. 3. 1996 AP KSchG 1969 § 1 Betriebsbe-dingte Kündigung Nr. 76 = NZA 1996, 931 unter II 2 b aa). Soweit das KSchG in § 1 Abs. 2 Satz 3 vorsieht, daß die Kündigung auch dann sozial ungerechtfertigt ist, wenn die Weiterbeschäftigung des Arbeitnehmers nach **zumutbaren Umschulungs- oder Fortbildungsmaßnahmen** möglich ist, han-delt es sich um eine **Ausnahmevorschrift.** Qualifizierungsmaßnahmen sind nicht notwendig auf den Zeitrahmen der Kündigungsfrist zu beschränken und unterliegen deshalb ausdrücklich einer Zumutbarkeitsabwägung. Zwar hat das BAG den darin liegenden Rechtsgedanken im Urteil vom 15. 12. 1994 (AP KSchG 1969 § 1 Betriebsbedingte Kündigung Nr. 67 = NZA 1995, 521) zutreffend auf den Fall ausgedehnt, in dem bei Ausspruch der Kündigung feststeht, daß in absehbarer Zeit nach Ablauf der Kündigungsfrist ein Ar-beitsplatz frei wird und dem Arbeitgeber die Überbrückung zumutbar sei (Rn. 226 ff.). Im Gegensatz zu der **naturgemäß ungewissen Prognose witte-rungsbedingter Entwicklungen** steht in diesen Fällen aber bereits relativ fest, wann genau die Beschäftigungsmöglichkeit entstehen wird (KR/*Etzel* § 1 KSchG Rn. 581; *Schwab* AR-Blattei ES 1020 Nr. 338).

Der Arbeitgeber ist auch nicht aus dem Grundsatz der Erforderlichkeit **181** verpflichtet, die Kündigung mit der **Zusage** der Wiedereinstellung zu verbin-den, obwohl diese Gestaltungsmöglichkeit in der Regel der Interessenlage der Vertragsparteien entsprechen dürfte und der Gefahr entgegenwirken würde, die witterungsbedingte Kündigung zum Austausch der Belegschaft zu nutzen (*Preis* NZA 1997, 1073, 1082). Bei Wiederaufnahme des Betriebes nach ei-ner witterungsbedingten Kündigung haben die Arbeitnehmer jedoch – unab-hängig von tarifvertraglichen Regelungen – einen **Wiedereinstellungsanspruch,** sofern die Beschäftigungskapazitäten unverändert sind. Bestehen zu diesem Zeitpunkt weniger Beschäftigungsmöglichkeiten als bei der Kündigung, hat der Arbeitgeber bei der Einstellung die Grundsätze der Sozialauswahl entspre-chend zu berücksichtigen (Rn. 268 ff.; einschränkend auf billiges Ermessen nach § 315 BGB dagegen BAG 7. 3. 1996 AP KSchG 1969 § 1 Betriebsbedingte Kündigung Nr. 76 = NZA 1996, 931 unter II 2; offengelassen zuletzt BAG 4. 12. 1997 AP KSchG 1969 § 1 Wiedereinstellung Nr. 4 = NZA 1998, 701).

182   Im Prozeß muß der Arbeitgeber im einzelnen nachvollziehbar darlegen und im Bestreitensfall beweisen, daß er tatsächlich für den angegebenen Zeitraum eine vorübergehende Betriebsstillegung bzw. Betriebseinschränkung geplant und nicht nur während einer Frostperiode vorsorglich für den Fall gekündigt hat, daß sich das Wetter alsbald bessert und weitergearbeitet werden kann. Die im Kündigungszeitpunkt erforderlichen „greifbaren Formen" setzen z.B. die Mitteilung des Arbeitgebers gegenüber den Kunden und Geschäftspartnern voraus, daß bestimmte Arbeiten für den angegebenen Zeitraum witterungsbedingt nicht durchgeführt werden, oder daß der Arbeitgeber sonstige organisatorische Vorkehrungen getroffen hat, die vorübergehend eine Betriebstätigkeit nicht zulassen.

4. Verhältnismäßigkeit der Kündigung

a) Grundsätze

183   Steht die Reduzierung des Beschäftigungsbedarfs fest, muß als weitere Voraussetzung einer sozial gerechtfertigten Kündigung deren **Verhältnismäßigkeit** hinzukommen (BAG 29. 3. 1990 AP KSchG 1969 § 1 Betriebsbedingte Kündigung Nr. 50 = NZA 1991, 181; HKK/*Weller/Dorndorf* § 1 Rn. 876; *Hueck/von Hoyningen-Huene* § 1 Rn. 378; *Kittner/Trittin* § 1 KSchG Rn. 279; KR/*Etzel* § 1 KSchG Rn. 545; *Stahlhacke/Preis/Vossen* Rn. 616). Diese Prüfung findet auf der **Umsetzungsebene** statt, fragt also nicht danach, ob die unternehmerische Entscheidung an sich, sondern nur, ob deren Durchführung im Betrieb verhältnismäßig ist (*Ascheid* NZA 1991, 873, 877; KR/ *Etzel* § 1 KSchG Rn. 546).

184   Bei der betriebsbedingten Kündigung konkretisiert und reduziert sich die Verhältnismäßigkeitskontrolle auf die Vermeidbarkeit der Kündigung durch mildere Mittel, also auf die Anwendung des **ultima-ratio-Grundsatzes**. Eine Prüfung der Verhältnismäßigkeit im engeren Sinne (umfassende Interessenabwägung) findet nicht statt (Rn. 277ff.). Die Tatbestandsmerkmale „dringende" und „bedingt" haben unterschiedliche Bedeutung. Keineswegs handelt es sich bei dem Merkmal „dringende" um einen überflüssigen „legislatorischen Kraftausdruck" wie *Mayer-Maly* meint (ZfA 1988, 209, 211). Dies folgt daraus, daß auch die personen- und verhaltensbedingten Kündigungen „bedingt", also verhältnismäßig sein müssen, während das Merkmal „dringende" nur für die betriebsbedingte Kündigung gilt, also eine darüber hinausgehende Bedeutung haben muß. Sie besteht in der Prüfung, ob der Kündigung nicht durch weniger belastende Mittel auf technischem, organisatorischem oder wirtschaftlichen Gebiet entsprochen werden kann (Rn. 186ff.). Liegen danach „dringende betriebliche Erfordernisse" vor (erste Ebene), ist die Kündigung gleichwohl nur dann „bedingt" (zweite Ebene), wenn keine Weiterbeschäftigungsmöglichkeit besteht (Rn. 204ff.). Das BAG ist in seiner Rechtsprechung in diesem Punkt ungenau. Es sieht beide Begriffe offenbar synonym als Anknüpfungspunkt für die Prüfung der Verhältnismäßigkeit an. Im Urteil vom 27. 9. 1984 (AP KSchG 1969 § 2 Nr. 8 = NZA 1985, 455, ebenso 29. 3. 1990 AP KSchG 1969 § 1 Betriebsbedingte Kündigung Nr. 50 = NZA 1991, 181) leitet das BAG das Verhältnismäßigkeitsprinzip z.B. aus dem Merkmal „dringende" ab, während es im Urteil vom 15. 12. 1994 (AP KSchG 1969 § 1 Betriebsbedingte Kündigung Nr. 66 = NZA 1995, 413) das Wort „bedingt" als Ansatzpunkt für die Vermeidbarkeit der Kündigung wegen anderweitiger Beschäftigungsmöglichkeiten hervorhebt (dazu *Ruberg* S. 102 f.).

Bestehen mehrere Möglichkeiten, eine Kündigung durch Entscheidungen **185** auf technischem, organisatorischem oder wirtschaftlichem Gebiet oder durch anderweitige Beschäftigungsmöglichkeiten abzuwenden, stellt sich das Problem, in welcher Reihenfolge der Arbeitgeber vorzugehen hat. § 1 KSchG regelt diesen Fall nicht. Nach § 315 BGB ist der Arbeitgeber grundsätzlich nicht verpflichtet, die Zuweisung eines anderen Arbeitsplatzes im Wege des Direktionsrechts durch alternative unternehmerische Maßnahmen abzuwenden. Denn der in dem Tatbestandsmerkmal „dringende" legitimierte Eingriff in die unternehmerische Gestaltungsfreiheit beschränkt die Freiheit zur Ausübung des vertraglichen Direktionsrechts nach § 315 BGB nicht. Etwas anderes gilt bei notwendigen Veränderungen des Vertragsinhalts. Bei der dann auszusprechenden Änderungskündigung findet ebenfalls der ultima-ratio-Grundsatz Anwendung, so daß die alternativen Organisationsmaßnahmen vorrangig durchzuführen sind. Zur Rechtslage bei mehreren anderweitigen Beschäftigungsmöglichkeiten und mehreren zur Kündigung anstehenden Arbeitnehmern Rn. 286 ff.

b) „Dringlichkeit" der betrieblichen Erfordernisse

aa) Grundsätze. Nur „dringende" betriebliche Erfordernisse sind geeignet, **186** eine Kündigung sozial zu rechtfertigen. Das Gesetz bringt damit zum Ausdruck, daß der Arbeitgeber betriebsbedingt kündigen darf, wenn dies im Interesse des Betriebes wirklich notwendig ist (BAG 15. 6. 1989 AP KSchG 1969 § 1 Betriebsbedingte Kündigung Nr. 45 = NZA 1990, 65; *Hueck/von Hoyningen-Huene* § 1 Rn. 377; MünchArbR/*Berkowsky* § 134 Rn. 34). Eine betriebsbedingte Kündigung setzt dabei keine defizitären Betriebsergebnisse voraus. Grundsätzlich unbeachtlich ist, ob eine unternehmerische Entscheidung zum Zwecke des Verlustausgleichs oder zur Steigerung des Gewinns getroffen wird (*Bitter/Kiel* RdA 1994, 333, 349; HKK/*Dorndorf* § 1 Rn. 1004; *Hillebrecht* ZfA 1991, 87, 108 ff.; KR/*Etzel* § 1 KSchG Rn. 603; *Stahlhacke* DB 1994, 1361, 1364 ff.; differenzierend, aber i.E. ebenso *Preis* NZA 1995, 241, 249 f.; *ders.* NZA 1997, 1073, 1079; *Stahlhacke/Preis/Vossen* Rn. 657; a. A. ArbG Gelsenkirchen 28. 10. 1997 NZA 1998, 944; *Däubler*, Arbeitsrecht 2, 8.5. 1.1.3; HAS/*Preis* § 19 Rn. 27; *Kittner/Trittin* § 1 KSchG Rn. 345; vgl. auch Rn. 108). Trägt ein unternehmerisches Konzept jedoch nicht zur Kostenentlastung bei und wird es auch sonst nicht durch nachvollziehbare unternehmerische Überlegungen gerechtfertigt (z.B. zur Steigerung der Wettbewerbsfähigkeit oder Konzentration auf das Kerngeschäft bei Ausgliederung von Dienstleistungen), ist es nicht schlüssig. Es scheitert schon an der Rechtsmißbrauchskontrolle bei der Prüfung betrieblicher Erfordernisse (Rn. 106).

187   Ausgehend von einem bestehenden betrieblichen Erfordernis verlangt das Tatbestandsmerkmal „dringende" vom Gericht die Prüfung, ob der betrieblichen Notwendigkeit durch **weniger belastende Mittel auf technischem, organisatorischem oder wirtschaftlichen Gebiet** entsprochen werden kann. Die Kündigung muß wegen der betrieblichen Lage unvermeidbar sein (BAG 26. 6. 1997 AP KSchG 1969 § 1 Betriebsbedingte Kündigung Nr. 86 = NZA 1997, 1286; 18. 1. 1990 AP KSchG 1969 § 2 Nr. 27 = NZA 1990, 977; 20. 2. 1986 AP KSchG 1969 Nr. 11 = NZA 1986, 823; *Berkowsky* § 7 Rn. 121 ff.; ErfK/*Ascheid* § 1 KSchG Rn. 460; HKK/*Weller/Dorndorf* § 1 Rn. 887; *Hueck/ von Hoyningen-Huene* § 1 Rn. 378; KR/*Etzel* § 1 KSchG Rn. 545; *Preis* NZA 1995, 241, 248; *Stahlhacke/Preis/Vossen* Rn. 640 ff.; a.A. KPK/*Meisel* § 1 Rn. 454; *Schwerdtner* ArbR I, S. 176; ablehnend auch *Alp* S. 165 ff., der die „Dringlichkeitsprüfung" allerdings verkürzt nur unter dem Blickwinkel von Rentabilitätserwägungen sieht). Als Alternative ist z.B. zu denken an den Abbau von Überstunden, an die Produktion „auf Halde", an eine Streckung der Arbeit, Einführung von Kurzarbeit und an eine Arbeitszeitverkürzung (Rn. 192 ff.).

188   Damit stellt sich auch bei der Anwendung des ultima-ratio-Grundsatzes auf der **Umsetzungsebene** die Frage der **gerichtlichen Kontrolle unternehmerischer Entscheidungen.** Denn ein Gericht, das Möglichkeiten anderer betriebsorganisatorischer Reaktionsmöglichkeiten prüft, kontrolliert letztlich die organisatorische Zweckmäßigkeit einer unternehmerischen Entscheidung und ersetzt damit die Einschätzung des Arbeitgebers durch eine eigene. Dies wiederum kollidiert mit dem Grundsatz eingeschränkter Mißbrauchskontrolle von Entscheidungen, die nach der Rechtsprechung den Kündigungen vorgelagert sind. Die **Justiziabilität alternativer Maßnahmen** ist auch bei Fragen unternehmerischer Prägung auf der Umsetzungsebene höchst problematisch. Das gestaltende unternehmerische Konzept darf nicht gefährdet werden (*Berkowsky* § 7 Rn. 123 ff.; *Wank* RdA 1987, 129, 136). Es kann vom Arbeitgeber außerdem nicht verlangt werden, alternative Maßnahmen zu ergreifen, die zu einer dauerhaft höheren Kostenbelastung führen, zumal das Arbeitsgericht dafür naturgemäß keine Haftung übernehmen kann (BAG 17. 6. 1999 – 2 AZR 522/98 – zVb.; 21. 6. 1995 AP KSchG 1969 § 15 Nr. 36 mit krit. Anm. von *Preis* = NZA 1995, 1157; *Feudner* DB 1999, 742, 744). Andererseits scheidet eine prinzipiell geeignete, mildere betrieblich-organisatorische Maßnahme nicht allein wegen ihres Bezuges zur unternehmerischen Entscheidung als milderes Mittel aus (vgl. *Preis* NZA 1998, 449, 457). Die umsetzenden Unternehmerentscheidungen sind nicht in gleichem Maße der gerichtlichen Kontrolle entzogen wie die „vorgelagerten" gestaltenden Unternehmerentscheidungen.

189   Die Vermeidung einer Kündigung durch alternative Maßnahmen auf technischem, organisatorischem oder wirtschaftlichem Gebiet entspricht dem gesetzgeberischen Willen, wie er in **§ 2 Abs. 1 Nr. 2 SGB III** zum Ausdruck kommt. Danach sollen die Arbeitgeber bei ihren Entscheidungen verantwortungsvoll deren Auswirkungen auf die Beschäftigung der Arbeitnehmer und von Arbeitslosen und damit die Inanspruchnahme von Leistungen der Arbeitsförderung einbeziehen. Entlassungen sollen vorrangig durch betriebliche Maßnahmen vermieden werden. Diese Bestimmung hat im arbeitsrechtlichen Schrifttum für beträchtliches Aufsehen gesorgt. Sie wird einerseits im Sinne eines einheitlichen Stufensystems des Kündigungs- und Arbeitsförderungsrechts als **verbindlicher Rechtssatz** interpretiert, der eine Besinnung auf den im Kündigungsrecht bereits verankerten ultima-ratio-Grundsatz fordere. Die Folgerungen daraus werden teilweise sehr differenzierend auf die nach dem ultima-ratio-Grundsatz in Betracht zu ziehenden Entscheidungsmöglichkeiten übertragen (dazu *Bepler* ArbuR 1999, 219, 221 ff.; *Bieback* ArbuR 1999, 209, 211 f.; *Fischermeier* NZA 1997, 1089, 1091; *Kittner* NZA 1997, 968, 975; *Löwisch* NZA 1998, 729; *Preis* NZA 1998, 449, 454 ff.; *Rolfs* NZA 1998, 18; *Schaub* NZA 1997, 810; *Stahlhacke/Preis/Vossen* Rn. 616 a). Andererseits wird sie **als nicht umsetzbarer,** mit dem ArbBeschFG nicht in Einklang zu bringender **Appell** bzw. als unverbindlicher Programmsatz ohne arbeitsrechtliche Auswirkung angesehen (*Bauer/Haußmann* NZA 1997, 1101, 1102; *Bitter* DB 1999, 1214, 1218; *Ettwig* NZA 1997, 1152; *Niesel* NZA 1997, 580). Anderenfalls würde die Regelung eine „geschickt versteckte Teil-Liquidation der Reform von 1996" darstellen (so *Rüthers* NJW 1998, 283 f.). Für diese Auffassung spricht die Antwort des parlamentarischen Staatssekretärs *Günther* auf eine **Bundestags-Anfrage** des Abgeordneten *Scholz*, in der klargestellt wurde, daß der Zweck des § 2 Abs. 1 SGB III nicht darin bestehe, den durch arbeitsrechtliche Normen abschließend geregelten Bestandsschutz individueller Arbeitsverhältnisse zu erweitern" (BT-Drucks. 13/10398, S. 17 f., DB 1998, 1134). Es ist methodisch allerdings sehr zweifelhaft, ob nachträgliche Erklärungen des Gesetzgebers zum Gesetzeszweck die Gesetzesauslegung beeinflussen können.

Der systematische Zusammenhang dieser Norm mit den Vorschriften des **190** am 1. 1. 1998 in Kraft getretenen SGB III spricht weder für noch gegen eine diese Interpretationen. Auch in anderen Bereichen des Sozialrechts existieren Regelungen mit Auswirkungen auf das Kündigungsrecht, z.B. in § 41 Abs. 4 SGB VI in der Fassung vom 25. 9. 1996, wenn auch in deutlich präziserer Form. Der Wortlaut des § 2 Abs. 1 SGB III gibt keine konkreten Anhaltspunkte dafür, welche „betrieblichen Maßnahmen" in Betracht zu ziehen sind. Die Materialien (vgl. amtliche Begründung, BT-Drucks. 13/4941, S. 152). schaffen ebenfalls keine Klarheit (*Rüthers* NJW 1998, 283). Die Arbeitgeber „sollen durch betriebliche Maßnahmen die Inanspruchnahme von Leistungen der Arbeitsförderung sowie die Entlassung von Arbeitnehmern vermeiden." Dazu wird konkret ausgeführt, daß z.B. durch eine entsprechende Arbeitsorganisation und flexible Arbeitszeiten die Inanspruchnahme von Kurzarbeitergeld vermieden werden solle, wenn ein betrieblicher Ausgleich zwischen Kurzarbeit und Überstunden möglich sei. Sofern dies nicht in Betracht komme, sollten wiederum Entlassungen durch die Inanspruchnahme von Kurzarbeitergeld vermieden werden. Diese konkreten Hinweise werden relativiert durch den Charakter der Bestimmung als „Sollvorschrift" ohne Sanktion bei Nichtbeachtung. Es sei bewußt darauf verzichtet worden, durch Gesetz oder

Rechtsverordnung eine nicht praktikable „Mußverpflichtung" einzuführen, die in der sozialen Marktwirtschaft einem freien Arbeitsmarkt nicht entspricht. Die Regelung stellt deshalb wohl nur einen Programmsatz dar, der das Tatbestandsmerkmal der „dringenden betrieblichen Erfordernisse" nicht weiter konkretisiert. Andererseits ist festzustellen: Der Gesetzgeber hat entgegen seinem mit dem ArbBeschFG verfolgten Ziel einer Erleichterung betriebsbedingter Kündigungen keine Einschränkungen vorgenommen, soweit die Rechtsprechung den Tatbestand des § 1 Abs. 2 KSchG mit dem Verhältnismäßigkeitsgrundsatz ausgestaltet hat (ebenso BBDW/*Bram* § 1 Rn. 262a).

191   Daraus folgt für die Beweislast: Der **Arbeitgeber** muß die Tatsachen darlegen und ggf. beweisen, die die Dringlichkeit der betrieblichen Erfordernisse zur Kündigung begründen. Bei der Anwendung des Verhältnismäßigkeitsgrundsatzes gilt ebenfalls eine **abgestufte Darlegungs- und Beweislast.** Der Arbeitgeber kann seinen Vortrag zunächst auf die Behauptung beschränken, die Kündigung könne nicht durch ein milderes Mittel vermieden werden. Es ist Sache des Arbeitgebers, darzulegen, durch welche bestimmte alternative technische, organisatorische oder wirtschaftliche Maßnahme (z.B. durch den Abbau von Überstunden) die Kündigung zu vermeiden gewesen wäre. Sodann obliegt dem Arbeitgeber die Darlegungs- und Beweislast, aus welchen Gründen diese Maßnahme nicht realisierbar war. Bei unternehmerischen Einschätzungen (z.B. bei Einführung von Kurzarbeit die Prognose, ob ein Arbeitsmangel nur vorübergehend vorliegt), ist die gerichtliche Kontrolle wie bei gestaltenden Unternehmerentscheidungen auf eine Mißbrauchskontrolle beschränkt (str., ohne diese Einschränkung offenbar *Berkowsky* § 5 Rn. 132 ff.; *Kittner/Trittin* § 1 KSchG Rn. 228; KR/*Etzel* § 1 KSchG Rn. 498; *Löwisch* § 1 Rn. 277 f.; *Preis* NZA 1995, 241, 247; *ders.* NZA 1998, 449, 455; *Stahlhacke/Preis/Vossen* Rn. 648).

192 bb) Abbau von Überstunden, Ersetzung von Leiharbeitnehmern. Ein betriebliches Erfordernis ist nicht „dringend", wenn statt der betriebsbedingten Kündigung eines oder mehrerer Arbeitnehmer **Überstunden** abgebaut werden können, die andere Arbeitnehmer im Betrieb leisten, sofern darin ein ständiger Personalbedarf zum Ausdruck kommt. Dies ist nicht der Fall, wenn Mehrarbeit erforderlich ist, um eine termingebundene Arbeit abzuschließen (vgl. *Bitter/Kiel* RdA 1994, 333, 348; *Grünberger*, BRAK-Mitt. 1996, 111, 114; HKK/*Weller/Dorndorf* § 1 Rn. 940; *Herschel/Löwisch* § 1 Rn. 190; *Hillebrecht* ZIP 1985, 257, 260; *Hueck/von Hoyningen-Huene* § 1 Rn. 383; *Kittner/Trittin* § 1 KSchG Rn. 291 f.; *Löwisch* § 1 Rn. 281; *Preis*, Prinzipien, S. 410; *ders.* NZA 1995, 241, 247; MünchArbR/*Berkowsky* § 134 Rn. 94; *Schaub* NZA 1987, 217, 219; *Stahlhacke/Preis/Vossen* Rn. 642; RGRK/*Weller* vor § 620 Rn. 220). Entsprechendes gilt, wenn Daueraufgaben im Betrieb von **Leiharbeitnehmern** erbracht werden.

193   Der Arbeitgeber muß Beschäftigungskapazitäten, die nicht in zu ihm bestehende Arbeitsverhältnisse integriert sind, zur Abwendung von Kündigungen bündeln, wenn ein betroffener Arbeitnehmer **fachlich und persönlich** befähigt ist, die Aufgaben der dadurch geschaffenen Stelle zu erfüllen, und somit weiterbeschäftigt werden kann. Unter denselben Voraussetzungen muß der Arbeitgeber Leiharbeitsverhältnisse kündigen. Ob sich der Arbeitnehmer für den entstandenen Arbeitsplatz eignet, richtet sich nach den Grundsätzen über die anderweitige Beschäftigungsmöglichkeit (dazu Rn. 234 ff.). Dies bedeutet, daß der Arbeitnehmer nicht nur einzuarbeiten, sondern nach Maßgabe des § 1 Abs. 2 Satz 3 KSchG in zumutbarem Umfang umzuschulen oder fortzubilden ist. In zeitlicher Hinsicht orientiert sich der vom Arbeitgeber zu verlangende Aufwand an der Dauer der Kündigungsfrist. Im übrigen sind die Kosten und sonstigen wirtschaftlichen Belange (z.B. langfristige Verträge mit Leiharbeitsunternehmen) zu berücksichtigen (vgl. zur Zumutbarkeit *Bitter/Kiel* RdA 1994, 333, 343 f.; HKK/*Weller/Dorndorf* § 1 Rn. 940; *Preis* NZA 1997, 1073, 1078). Das Tatbestandsmerkmal „dringende" verlangt somit zwar nicht die Schaffung eines Arbeitsplatzes, der die betriebliche Beschäftigungslage übersteigt, wohl aber die Nutzung und Umverteilung vorhandener Kapazitäten. Mit dieser Präzisierung ist der Rechtssatz aufrechtzuerhalten, der Arbeitgeber sei nicht verpflichtet, einen Arbeitsplatz „freizumachen" (dazu *Stahlhacke/Preis/Vossen* Rn. 642) bzw. einen neuen Arbeitsplatz zu schaffen, wie dies allgemeine Rechtsauffassung ist (zu diesem Grundsatz BAG 15. 12. 1994, 29. 3. 1990, 3. 2. 1977 AP KSchG 1969 § 1 Betriebsbedingte Kündigung Nr. 67, 50, 4; *Bitter/Kiel* RdA 1994, 333, 339; *Hueck/von Hoyningen-Huene* § 1 Rn. 394; Rn. 225).

Auf die entsprechende Behauptung des Arbeitnehmers muß der Arbeitge- **194** ber im Prozeß **darlegen und beweisen**, daß nicht von anderen Arbeitnehmern ständig Mehrarbeit geleistet wird, daß die eigentlich zu kündigenden Arbeitnehmer die Arbeit derjenigen nicht ausführen können, die ständig Überstunden (Mehrarbeit) leisten oder aus welchen sonstigen betrieblichen Gründen eine Umverteilung der Mehrarbeit oder die Kündigung der Leiharbeitsverhältnisse ausscheiden.

cc) Kurzarbeit. Zweifellos ist es ferner eine gegenüber dem Ausspruch be- **195** triebsbedingter Kündigungen weniger einschneidende Maßnahme, wenn der Arbeitgeber einen vorübergehenden Beschäftigungsüberhang aufgrund außerbetrieblicher Gründe (Auftragsmangel) durch **Kurzarbeit** auffängt. Entscheidet sich der Arbeitgeber aber gegen Kurzarbeit, würde ein Gericht, das Kurzarbeit zur Abwendung von Kündigungen für durchführbar erachtet, in die unternehmerische Konzeption eingreifen. Deshalb ist es seit jeher umstritten, ob der Arbeitgeber bei vorübergehendem Arbeitsmangel verpflichtet ist, Kurzarbeit einzuführen, um dadurch betriebsbedingte Kündigungen abzuwenden.

Das BAG hat in dieser Rechtsfrage eine Reihe richtungsändernder Entschei- **196** dungen getroffen, ohne daß die Rechtsfrage damit heute als geklärt angesehen werden darf (zur Rechtsprechungsentwicklung *Berkowsky* § 7 Rn. 140 ff.; *Bitter/Kiel* RdA 1994, 333, 348; *Hillebrecht* ZfA 1991, 87, 101; HKK/*Weller/Dorndorf* § 1 Rn. 933 ff.). Es hielt den Arbeitgeber zunächst in einem Urteil vom 25. 6. 1964 für verpflichtet, die Möglichkeit der Kurzarbeit in die – inzwischen bei der betriebsbedingten Kündigung aufgegebene – Interessenabwägung einzubeziehen (AP KSchG § 1 Betriebsbedingte Kündigung Nr. 14). Im Urteil vom 7. 2. 1985 hat das BAG im Hinblick auf die eingeschränkte Nachprüfbarkeit unternehmerischer Entscheidungen stark zweifelnd dahinstehen lassen, ob an diesem Rechtssatz festzuhalten sei (AP KSchG 1969 § 1 Betriebsbedingte Kündigung Nr. 9 = NZA 1986, 260). Am 4. 3. 1986 hat der Erste Senat unter Berufung auf die Rechtsprechung des Zweiten Senats entschieden, die Frage der Kurzarbeit unterliege keiner gerichtlichen Kontrolle, wenn der Betriebsrat von seinem Initiativrecht nach § 87 Abs. 1 Nr. 3 BetrVG keinen Gebrauch gemacht und – ggf. über eine Einigungsstelle – eine Einigung erzwungen habe (AP BetrVG 1972 Kurzarbeit Nr. 3 = NZA 1986, 432). Dieser Auffassung hat sich wiederum der Zweite Senat im Urteil vom 11. 9. 1986 (EzA KSchG § 1 Betriebsbedingte Kündigung Nr. 54 = BB 1987, 1882) angeschlossen und entschieden, die Arbeitsgerichte dürften nicht überprüfen, ob sich eine ausgesprochene Kündigung durch Kurzarbeit hätte vermeiden lassen. Im Urteil vom 15. 6. 1989 (AP KSchG 1969 § 1 Betriebsbedingte Kündigung Nr. 45 = NZA 1990, 65) ließ der Zweite Senat demgegenüber wieder offen, ob die Möglichkeit zur Einführung von Kurzarbeit der Dringlichkeit einer Personalreduzierung entgegenstehe, wenn der Betriebsrat dies noch durchzusetzen versuche. Zuletzt hat sich das BAG im Urteil vom 26. 6. 1997 (AP KSchG 1969 § 1 Betriebsbedingte Kündigung Nr. 86 = NZA 1997, 1286) mit der Möglichkeit einer betriebsbedingten Kündigung während der Kurzarbeitsperiode befaßt und damit nur bestätigt, daß es die Kurzarbeit bei vorübergehendem Arbeitsmangel als geeignetes milderes Mittel gegenüber einer Kündigung ansieht (vgl. *Preis* NZA 1998, 449, 455 Fn. 84).

197   Im **Schrifttum** ist umstritten, ob die Möglichkeit, Kurzarbeit einzuführen, der Erforderlichkeit einer betriebsbedingten Kündigung entgegensteht und der Arbeitgeber die Darlegungs- und Beweislast dafür zu tragen hat, daß die Voraussetzungen für die Einführung von Kurzarbeit nicht vorlagen. Diese Fragen werden im Schrifttum im Grundsatz überwiegend bejaht (*Bepler* ArbuR 1999, 219, 222; *Berkowsky* § 5 Rn. 132 ff., § 22 Rn. 47 f.; *ders.* in: MünchArbR § 134 Rn. 74 f., 90 ff.; *Denck* ZfA 1985, 249 ff.; ErfK/*Ascheid* § 1 KSchG Rn. 429; *Hillebrecht* ZIP 1985, 257, 260; zweifelnd aber *ders.* ZfA 1991, 87, 101 ff.; *Kittner/Trittin* § 1 KSchG Rn. 228; KR/*Etzel* § 1 KSchG Rn. 548; *Löwisch* § 1 Rn. 277 f.; *ders.*, FS Wiese, S. 249, 256 f.; *Meinhold* BB 1988, 623 ff.; *Preis*, Prinzipien, S. 404 ff.; *ders.* DB 1988, 1387, 1390; *ders.* Anm. EzA § 1 KSchG Soziale Auswahl Nr. 29; *ders.* NZA 1995, 241, 247; *ders.* NZA 1998, 449, 455; *Stahlhacke/Preis/Vossen* Rn. 641; RGRK/*Weller*, vor § 620 BGB Rn. 219). Teilweise werden sie auch verneint bzw. nur eine „gewissenhafte Prüfung" gefordert (*B. Preis* NZA 1997, 625, 630; *Herschel* Anm. AP KSchG § 1 Betriebsbedingte Kündigung Nr. 14). Von einer vermittelnden Auffassung wird vertreten, daß die Entscheidung des Arbeitgebers, auf die Einführung von Kurzarbeit zu verzichten, grundsätzlich im unternehmerischen Ermessen liege und daher nur auf offenbare Unsachlichkeit, Unvernunft oder Willkür zu überprüfen sei (*Alp* S. 141 ff., 153; *Denck* ZfA 1985, 249, 261; *Hofmann* ZfA 1984, 295, 316; *von Hoyningen-Huene* SAE 1991, 124, 125; *Hueck/von Hoyningen-Huene* § 1 Rn. 388 a; *Reuter* Anm. AP KSchG 1969 § 1 Betriebsbedingte Kündigung Nr. 6; *Schwerdtner* ZIP 1984, 10, 13; *Stahlhacke* DB 1994, 1361, 1367; *Vollmer* DB 1982, 1933, 1934; *Wank* RdA 1987, 129, 136; RGRK/*Weller* vor § 620 Rn. 219).

Die Einführung von Kurzarbeit kommt nur dann in Betracht, wenn ein **198** vorübergehender erheblicher Arbeitsausfall vorliegt. Beruft sich der Arbeitnehmer auf die Möglichkeit der Kurzarbeit, muß der Arbeitgeber im Kündigungsschutzprozeß nachvollziehbar begründen, warum er die betriebsbedingten Kündigung nicht durch Einführung von Kurzarbeit vermeiden konnte. Er hat er die seiner Einschätzung zugrundeliegenden Tatsachen darzulegen und im Bestreitensfall zu beweisen. Dabei unterliegt es seiner unternehmerischen Einschätzung, die von den Arbeitsgerichten nur auf offenbare Sachwidrigkeit, Unvernunft oder Willkür überprüft werden kann, ob der **Arbeitsausfall nur vorübergehend** ist. Ein vorübergehender Arbeitsmangel ist jedoch **indiziert**, wenn die Betriebsparteien die Einführung von Kurzarbeit in einer **Betriebsvereinbarung** geregelt haben. § 87 Abs. 1 Nr. 3 BetrVG sieht für die vorübergehende Verkürzung der Arbeitszeit ein Mitbestimmungsrecht vor und legt damit auch die Einführung von Kurzarbeit in die Entscheidung der Betriebspartner. Befürwortet der Betriebsrat die Einführung der Kurzarbeit und macht er deshalb von seinem Initiativrecht nach § 87 Abs. 1 Nr. 3 BetrVG Gebrauch, kann er die Einführung von Kurzarbeit über einen Spruch der Einigungsstelle erzwingen (BAG 4. 3. 1986 AP BetrVG 1972 Kurzarbeit Nr. 3 = NZA 1986, 432; dazu aber auch *B. Preis* NZA 1997, 625, 630 – auch die Einigungsstelle muß die unternehmerische Einschätzung respektieren). Haben sich die Betriebsparteien auf die Einführung von Kurzarbeit geeinigt, muß der Arbeitgeber im Falle, daß er dennoch von einem längerfristigen Beschäftigungsmangel ausgeht, deren Gründe darlegen und beweisen. Die Grundsätze einer während einer Kurzarbeitsperiode ausgesprochenen betriebsbedingten Kündigung sind für diesen Fall sinngemäß anzuwenden (Rn. 201).

Wenn ein vorübergehender erheblicher Arbeitsausfall im Sinne von § 170 **199** SGB III feststeht und die übrigen betrieblichen und persönlichen Voraussetzungen vorliegen (§ 171, 172 SGB III), ist der Arbeitgeber zur Vermeidung betriebsbedingter Kündigungen verpflichtet, den Sachverhalt beim zuständigen Arbeitsamt nach § 173 SGB III anzuzeigen. Liegt ein positiver Bescheid nach § 173 Abs. 3 SGB III vor, hat der Arbeitgeber nach dem ultima-ratio-Grundsatz Kurzarbeit einzuführen, sofern die weiteren individual- oder kollektivrechtlichen Voraussetzungen dafür vorliegen. In diesem Fall ist sein unternehmerisches Ermessen gebunden. Auch wenn der Arbeitsmangel im Betrieb nur vorübergehend besteht, kann der Arbeitgeber die **Arbeitszeitverkürzung nicht** einseitig **im Wege** der Ausübung **des Direktionsrechts anordnen**. In Betrieben ohne Betriebsrat setzt die Einführung von Kurzarbeit und die hiermit verbundene Einkommenseinbuße die **Zustimmung aller Arbeitnehmer** voraus. Vom Arbeitgeber kann jedoch nicht verlangt werden, daß er statt der beabsichtigten Beendigungskündigungen eine Vielzahl von Änderungskündigungen ausspricht und sich dadurch dem Risiko von Änderungsschutzprozessen mit ungewissem Ausgang aussetzt (BAG 7. 2. 1985 AP KSchG 1969 § 1 Betriebsbedingte Kündigung Nr. 9 = NZA 1986, 260 unter III 5 a, b; HKK/*Weller/Dorndorf* § 1 Rn. 935).

Liegt eine Zustimmung des Betriebsrats vor, kann Kurzarbeit auch **ohne** **200** **das Einverständnis aller Arbeitnehmer** eingeführt werden. Hat der Betriebsrat der Einführung von Kurzarbeit hingegen widersprochen, verlangt der ultima-ratio-Grundsatz vom Arbeitgeber nicht die Durchführung eines Einigungsstellenverfahrens (KR/*Etzel* § 1 KSchG Rn. 548; *Löwisch* § 1 Rn. 279). Unternehmerische Entscheidungen zur Abwendung betriebsbedingter Kündigungen dulden in der Regel keinen Aufschub. Durch die Verzögerung einer gebotenen Personalanpassung können für den Arbeitgeber irreparable Schäden eintreten, die möglicherweise weitere Entlassungen erfordern und damit auf die restliche Belegschaft zurückwirken. Der Arbeitgeber kann deshalb das Votum des Betriebsrats akzeptieren und die erforderlichen Kündigungen aussprechen (HKK/*Weller/Dorndorf* § 1 Rn. 935; *Hueck/von Hoyningen-Huene* § 1 Rn. 388; *Löwisch* § 1 Rn. 279). Nur die mitbestimmte Kurzarbeitsregelung ersetzt die individuelle Vereinbarung. Nicht ausreichend ist der Vortrag, der Betriebsrat würde der Einführung von Kurzarbeit zugestimmt haben, wenn der Arbeitgeber diese beantragt hätte. Dem Betriebsrat bleibt es unbenommen, spätestens im Zeitpunkt des Anhörungsverfahrens nach § 102 Abs. 1 BetrVG von seinem Initiativrecht Gebrauch zu machen (*Berkowsky* § 7 Rn. 149; *Grünberger* BRAK-Mitt. 1996, 111, 114).

201 Auch **nach Einführung von Kurzarbeit** sind **betriebsbedingte Kündigungen nicht ausgeschlossen.** Früher vertrat das BAG die Auffassung, eine betriebsbedingte Kündigung im Zusammenhang mit einer vom Arbeitgeber eingeführten Kurzarbeit sei nach § 1 Abs. 2 KSchG nur zu rechtfertigen, wenn der Arbeitgeber über die Gründe hinaus, die zur Einführung von Kurzarbeit geführt haben, weitergehende inner- und außerbetriebliche Gründe vortragen konnte (BAG 17. 10. 1980 AP KSchG 1969 § 1 Betriebsbedingte Kündigung Nr. 10 = DB 1981, 747). Diese Auffassung hat das BAG mit Urteil vom 26. 6. 1997 (AP KSchG 1969 § 1 Betriebsbedingte Kündigung Nr. 86 = NZA 1997, 1286) aufgegeben. Aus der sozialrechtlichen Vorschrift des § 175 SGB III kann nicht der Schluß gezogen werden, die Gewährung von Kurzarbeitergeld zwinge zu der fiktiven Annahme, daß in jedem Fall auch aus arbeitsrechtlicher Sicht (§ 1 Abs. 2 KSchG) nur ein vorübergehender Arbeitsmangel vorliegt. Die Einführung von Kurzarbeit spricht zwar **indiziell** dafür, daß der Arbeitgeber nur von einem vorübergehenden Arbeitsmangel ausgegangen ist. Dieses Indiz kann jedoch der nach § 1 Abs. 2 Satz 4 KSchG beweisbelastete Arbeitgeber entkräften (BAG 26. 6. 1997 aaO. unter II 2 b). Hat der Arbeitgeber vor der Kurzarbeitsperiode z. B. als Rationalisierungsmaßnahme eine Maschine angeschafft, die den Beschäftigungsbedarf für eine bestimmte Gruppe von Arbeitnehmern zu einem späteren Zeitpunkt dauerhaft reduziert, kann er auch während der Kurzarbeitsperiode kündigen (dazu KR/*Etzel* § 1 KSchG Rn. 549; *Berkowsky* § 7 Rn. 153).

202 **dd) Arbeitsstreckung, Produktion „auf Halde".** Unter dem Begriff „Arbeitsstreckung" als milderes Mittel gegenüber einer betriebsbedingten Kündigung wird die Möglichkeit diskutiert, bei **vorübergehendem Arbeitsmangel** außer in Fällen von Kurzarbeit oder der Umverteilung vorhandener Arbeitskapazitäten (durch Abbau von Überstunden oder Leiharbeit) die Arbeitsmenge pro Mitarbeiter und Zeiteinheit herabzusetzen (*Berkowsky* § 7 Rn. 128; *ders.* in MünchArbR § 134 Rn. 95 ff.; *Preis* NZA 1998, 449, 455). Steht ein Ansteigen des Beschäftigungsbedarfs bis zum Ablauf der Kündigungsfrist fest, scheidet eine Kündigung aus. An einer Negativprognose fehlt es auch, wenn im Kündigungszeitpunkt klar ist, daß die Arbeitsmenge nach Ablauf der Kündigungsfrist wieder auf das ursprüngliche Niveau ansteigen wird und es dem Arbeitgeber unter Berücksichtigung der Einzelfallumstände zuzumuten ist, die vorhandene Arbeitsmenge auf eine größere Zahl von Arbeitnehmern zu verteilen als dies vorübergehend betrieblich erforderlich ist (BAG 7. 2. 1985 AP KSchG 1969 § 1 Soziale Auswahl Nr. 9 = NZA 1986, 290; 17. 10. 1980 AP KSchG 1969 § 1 Betriebsbedingte Kündigung Nr. 10; *Berkowsky* § 7 Rn. 129; ErfK/*Ascheid* § 1 KSchG Rn. 430). Steht nicht fest, daß der Arbeitsmangel nur vorübergehend ist, muß der Arbeitgeber nach dem ultima-ratio-Prinzip grundsätzlich weder vorhandene Arbeiten „strecken" noch „auf Halde" produzieren. Arbeiten ohne gegenwärtigen oder mit Sicherheit konkret absehbaren wirtschaftlichen Nutzen schwächen die Leistungsfähigkeit des Betriebes oder können sogar dessen Bestand gefährden.

ee) Arbeitszeitverkürzung zur Vermeidung von Kündigungen. Fällt der Beschäftigungsbedarfs für einen vollzeitbeschäftigten Arbeitnehmer teilweise weg, ist der Arbeitgeber nach dem ultima-ratio-Grundsatz verpflichtet, diesem Arbeitnehmer ein **Teilzeitarbeitsverhältnis** anzubieten (LAG Köln 1. 2. 1995 LAGE § 1 KSchG Betriebsbedingte Kündigung Nr. 29; KR/*Etzel* § 1 KSchG Rn. 616). Dagegen steht es dem Arbeitgeber frei, ob er zur Vermeidung von Beendigungskündigungen eine Mehrzahl von Änderungskündigungen aussprechen will, um die Arbeitszeiten aller oder mehrerer Arbeitnehmer zu verkürzen (BAG 24. 4. 1997 AP KSchG 1969 § 2 Nr. 42 = NZA 1997, 1047; 19. 5. 1993 AP KSchG 1969 § 2 Nr. 31 = NZA 1993, 1075; LAG Hamm 22. 3. 1996 LAGE § 2 KSchG Nr. 18, Rn. 177). Er ist dazu nach dem ultima-ratio-Grundsatz jedoch ebensowenig verpflichtet wie zur Einführung einer allgemeinen Arbeitszeitverkürzung (vgl. MünchArbR/*Berkowsky* § 134 Rn. 101 entgegen ArbG Bocholt 22. 6. 1982 DB 1982, 1938). Deren Einführung kann schon angesichts bestehender tarif-, mitbestimmungs- und individualrechtliche Gründe nicht in Betracht kommen. Daneben verpflichtet das Kündigungsschutzgesetz den Arbeitgeber nicht zur Vornahme eines Eingriffs in Arbeitsverhältnisse anderer Arbeitnehmer, es ist (mit Ausnahme der besonders geregelten Sozialauswahl) streng vertragsbezogen. Schließlich ist es eine hinzunehmende Organisationsentscheidung des Unternehmers, ob er die Arbeiten im Betrieb durch den Einsatz von Vollzeit- oder Teilzeitkräften bewältigen will (LAG Hamm 15. 12. 1983 ZIP 1983, 214f. = DB 1983, 506; HKK/*Weller/Dorndorf* § 1 Rn. 938; *Hueck/von Hoyningen-Huene* § 1 Rn. 387; KPK/*Meisel* § 1 Rn. 455; KR/*Etzel* § 1 KSchG Rn. 547; *Löwisch* § 1 Rn. 272; *Preis* NZA 1995, 241, 247; *Stahlhacke* DB 1994, 1361, 1367; *Stahlhacke/Preis/Vossen* Rn. 642; einschränkend *B. Preis* NZA 1997, 625, 631 für den – seltenen – Fall, daß sich alle Arbeitnehmer mit der Vertragsänderung einverstanden erklären und betriebliche Gründe nicht entgegenstehen).

c) Fehlende Weiterbeschäftigungsmöglichkeit als „Bedingung"

aa) Grundsätze. Nach § 1 Abs. 2 Satz 1 KSchG können nur solche dringenden betrieblichen Erfordernisse eine betriebsbedingte Kündigung „**bedingen**",

„die einer Weiterbeschäftigung des Arbeitnehmers in diesem Betriebe entgegenstehen". Eine Kündigung kann also nicht nur mit dem Wegfall des Arbeitsplatzes begründet werden. Erforderlich ist, daß für den von einer betrieblichen Maßnahme betroffenen Arbeitnehmer **keine Möglichkeit der Weiterbeschäftigung** besteht, weder an seinem bisherigen Arbeitsplatz noch an anderen Stellen im Betrieb.

205   Das in dem Tatbestandsmerkmal „bedingt" verankerte und für alle Kündigungsarten zu beachtende ultima-ratio-Prinzip ist durch die nachträglich ins Gesetz eingefügten Widerspruchstatbestände des § 1 Abs. 2 Sätze 2 und 3 KSchG normativ konkretisiert worden. Nach § 1 Abs. 2 KSchG ist eine Kündigung u. a. dann sozial ungerechtfertigt, wenn der in einem Betrieb des privaten Rechts tätige Arbeitnehmer an einem anderen Arbeitsplatz in einem anderen Betrieb des Unternehmens eine Weiterbeschäftigung finden würde (Rn. 212, 825) oder der in einem Betrieb oder der Verwaltung des öffentlichen Rechts beschäftigte Arbeitnehmer an einem anderen Arbeitsplatz in einer anderen Dienststelle desselben Verwaltungszweiges einschließlich seines Einzugsgebietes weiterbeschäftigt werden kann (Rn. 233 f.). Nach § 1 Abs. 2 Satz 3 KSchG gilt diese Regelung entsprechend, wenn die Beschäftigung des Arbeitnehmers nach zumutbaren Umschulungs- oder Fortbildungsmaßnahmen oder unter geänderten Arbeitsbedingungen möglich ist und der Arbeitnehmer sein Einverständnis hierzu erklärt hat (Rn. 239 ff.). Die Widerspruchstatbestände entsprechen inhaltlich den Regelungen des § 102 Abs. 3 Nr. 2 bis 5 BetrVG bzw. denjenigen des § 79 Abs. 1 Nr. 2 bis 5 BPersVG.

206   Mit der Bindung an den formell wirksamen und inhaltlich begründeten Widerspruch des Betriebsrats oder an den entsprechenden Einspruch des Personalrats enthalten die Tatbestände in § 1 Abs. 2 Sätze 2, 3 KSchG zwar ihrem Wortlaut nach engere Voraussetzungen und könnten deshalb systematisch als Ausnahmevorschrift mit abschließender Regelung interpretiert werden (vgl. zu der früher vertretenen Auffassung z. B. LAG Hamm 8. 11. 1972 DB 1973, 482 f.; LAG Frankfurt 27. 2. 1973 DB 1973, 1806). Diese Interpretation hätte dem Betriebsrat aber eine „Sperrfunktion" zuerkannt, wie sie noch in §§ 84 ff. BRG 1920 vorgesehen war. Damit hätte sich der individualrechtliche Kündigungsschutz gegenüber dem KSchG 1951 verschlechtert. Schon vor Einfügung der Widerspruchstatbestände war der Arbeitgeber z. B. verpflichtet, den Arbeitnehmer anderweitig im Betrieb einzusetzen, sei es zu gleichen Bedingungen (BAG 28. 11. 1968 AP KSchG § 1 Betriebsbedingte Kündigung Nr. 19; 25. 9. 1959 AP KSchG § 1 Nr. 18), nach einer Umschulung oder Fortbildung (BAG 7. 5. 1968 AP KSchG § 1 Betriebsbedingte Kündigung Nr. 18) oder zu schlechteren Bedingungen (BAG 4. 12. 1959 AP KSchG § 1 Betriebsbedingte Kündigung Nr. 2). Gegen eine einschränkende Auslegung bestehen Bedenken aufgrund des Gleichheitssatzes des Art. 3 Abs. 1 GG. Das gesetzgeberische Ziel einer Verstärkung des Kündigungsschutzes wäre zudem teilweise in sein Gegenteil verkehrt. In den Erläuterungen zu der BT-Drucks. VI/2729, S. 7 heißt es nämlich: „Materiell stellen die neuen Widerspruchsgründe eine Verbesserung des Kündigungsschutzes der Arbeitnehmer dar". Dem Betriebsrat sollte für die Widerspruchsgründe „wegen der größeren Sachkenntnis und des vollständigen Überblicks über die betrieblichen Verhältnisse und Möglichkeiten" lediglich eine Hilfsfunktion zuerkannt werden.

Der Arbeitgeber hat die entsprechenden **Weiterbeschäftigungsmöglichkei-** **207** ten deshalb **auch ohne Widerspruch des Betriebs- bzw. Personalrats zu prü-** **fen** (BAG 15. 12. 1994, 17. 5. 1984 AP KSchG 1969 § 1 Betriebsbedingte Kündigung Nr. 66, 21; *Berkowsky* § 10 Rn. 6 ff.; *ders.* in MünchArbR § 136 Rn. 6 ff.; *Bitter/Kiel* RdA 1994, 333, 341 ff.; ErfK/*Ascheid* § 1 KSchG Rn. 476 f.; *Hueck/von Hoyningen-Huene* § 1 Rn. 500; KR/*Etzel* § 1 KSchG Rn. 555, 749, 751; *Preis*, Prinzipien, S. 295 ff.; *Stahlhacke/Preis/Vossen* Rn. 758). Methodisch läßt sich dieses Ergebnis im Wege einer teleologischen Reduktion der Sätze 2 und 3, einer nachvollziehenden Analogie des Satzes 1 oder einer Auslegung des Erforderlichkeitsgrundsatzes begründen (dazu *Bit-ter/Kiel* RdA 1994, 333, 342). Ob die Kündigung nach § 1 Abs. 2 KSchG das letzte Mittel zur Kündigung ist, betrifft jedenfalls eine Wertungsfrage, die aus dem Gesamtzusammenhang des Gesetzes zu beantworten ist, also unter Einbeziehung der Widerspruchstatbestände. Soweit der Wortlaut der Sätze 1 und 2 widersprüchlich ist, bedarf es einer Harmonisierung im Wege der Analogie (Rn. 212). Soweit es hinsichtlich der Sätze 1 und 3 an einer solchen tatbestandlichen Inkongruenz fehlt, erfolgt die Einbeziehung der Widerspruchsgründe in einer Auslegung des nach § 1 Abs. 2 Satz 1 KSchG zu beachtenden Verhältnismäßigkeitsgrundsatzes.

Die kündigungsschutzrechtliche Funktion der Widerspruchstatbestände be- **208** steht darin, daß ein auf die gesetzlichen Tatbestände gestützter frist- und ordnungsgemäßer Widerspruch einen **absoluten Grund der Sozialwidrigkeit** darstellt. Es bedarf keiner Interessenabwägung mehr. Die Kündigungsschutzklage ist erfolgreich, wenn einer der in § 1 Abs. 2 Satz 2 und 3 KSchG genannten Widerspruchstatbestände objektiv vorgelegen und der Betriebsrat deshalb ordnungsgemäß widersprochen hat (BAG 6. 6. 1984 AP KSchG 1969 § 1 Nr. 16; 13. 9. 1973 AP KSchG 1969 § 1 Nr. 2 = DB 1973, 2534; KR/*Etzel* § 1 KSchG Rn. 218, 749). Für die **betriebsbedingte Kündigung,** bei der keine gesonderte Interessenabwägung vorzunehmen ist (Rn. 277 ff.), erlangt der Betriebsratswiderspruch zum einen in der **Darlegungslast** Bedeutung, die dem Arbeitnehmer insoweit obliegt, als er zunächst vortragen muß, wie er sich eine anderweitige Beschäftigung vorstellt (Rn. 274 ff.). Zum anderen ist der Arbeitgeber nach § 102 Abs. 5 BetrVG zur **vorläufigen Weiterbeschäfti-** **gung** verpflichtet, wenn der Betriebsrat aus einem der Widerspruchsgründe ordnungsgemäß widersprochen hat und der Arbeitnehmer die Weiterbeschäftigung verlangt sowie Kündigungsschutzklage erhoben hat (Rn. 814 ff.).

Die Kündigung ist nicht schon dann sozial ungerechtfertigt, wenn der Ar- **209** beitgeber die Prüfung unterlassen hat, ob er den Arbeitnehmer auf einem anderen Arbeitsplatz weiterbeschäftigen kann. Entscheidend ist, ob **tatsächlich** **eine Möglichkeit anderweitiger Beschäftigung bestanden hat** (BAG 27. 9. 1984 AP KSchG 1969 § 2 Nr. 8 = NZA 1985, 455; 24. 3. 1983 AP KSchG 1969 § 1 Betriebsbedingte Kündigung Nr. 12 = NJW 1984, 78; ErfK/*Ascheid* § 1 KSchG Rn. 482; *Hueck/von Hoyningen-Huene* § 1 Rn. 395).

Bei der Prüfung anderweitiger Beschäftigungsmöglichkeiten vor Ausspruch **210** der Kündigung handelt es sich um eine **Obliegenheit** und nicht um eine Rechtspflicht im engeren Sinne. Hat der Arbeitnehmer nicht rechtzeitig nach § 4 KSchG Kündigungsschutzklage erhoben, kann er selbst dann keine Schadensersatzansprüche geltend machen, wenn er später davon Kenntnis erhält, daß der Arbeitgeber ihm eine freie Stelle bewußt nicht zugewiesen hat. Dies ergibt sich aus der Wirksamkeitsfiktion des § 7 KSchG (*Berkowsky* § 10 Rn. 75 ff.; *Hönn* SAE 1986, 221, 222; *Kiel* S. 52). Dem steht nicht entgegen, daß nach einer Kündigung entstehende Beschäftigungsmöglichkeiten aus § 242 BGB einen Wiedereinstellungsanspruch begründen können, weil insoweit ein anderer, von § 7 KSchG nicht erfaßter Kausalverlauf beginnt (Rn. 857 ff.).

211 bb) Weiterbeschäftigung im Betrieb, Unternehmen, Konzern. *(1) Weiterbeschäftigungsmöglichkeiten in demselben Betrieb.* Nach § 1 Abs. 2 Satz 1 KSchG ist eine Kündigung durch dringende betriebliche Erfordernisse bedingt, wenn der Arbeitnehmer „in diesem Betriebe" nicht mehr weiterbeschäftigt werden kann. Zu dem Betrieb gehört dabei insbesondere auch der von unterschiedlichen Unternehmen gebildete **Gemeinschaftsbetrieb.** Ein gemeinsamer Betrieb liegt vor, wenn die beteiligten Unternehmen eine (zumindest) konkludente Vereinbarung über die einheitliche Leitung getroffen haben (BAG 13. 6. 1985 AP KSchG § 1 Nr. 10 = NZA 1986, 600, zu den Voraussetzungen näher Rn. 42). Unabhängig von der vertraglichen Bindung zu einem der Rechtsträger ist vor Ausspruch einer betriebsbedingten Kündigung zu prüfen, ob ein freier Arbeitsplatz in dem gemeinsamen Betrieb mit einem dort beschäftigten, von Kündigung bedrohten Arbeitnehmer besetzt werden kann (BAG 5. 5. 1994 AP KSchG 1969 § 1 Soziale Auswahl Nr. 23 = NZA 1994, 1023; 13. 6. 1985 AP KSchG 1969 § 1 Nr. 10 = NZA 1986, 600; KR/ *Etzel* § 1 KSchG Rn. 560; KR/*Friedrich* UmwG §§ 322 ff. Rn. 50).

212 *(2) Weiterbeschäftigungsmöglichkeiten in einem anderen Betrieb desselben Unternehmens.* § 1 Abs. 2 Satz 2 Nr. 1 b) KSchG geht seinem Wortlaut nach über § 1 Abs. 2 Satz 1 KSchG hinaus. Danach ist eine Kündigung „auch dann sozial ungerechtfertigt, wenn der Arbeitnehmer an einem anderen Arbeitsplatz in demselben Betrieb oder in einem anderen Betrieb des Unternehmens weiterbeschäftigt werden kann und der Betriebsrat deshalb widersprochen hat." Nach h. M. sind anderweitige Beschäftigungsmöglichkeiten unternehmensbezogen zu prüfen, und zwar unabhängig davon, ob ein Betriebsrat vorhanden ist oder ob dieser von seinem Widerspruchsrecht Gebrauch macht (BAG 17. 5. 1984 AP KSchG 1969 § 1 Betriebsbedingte Kündigung Nr. 21 = NZA 1985, 489; *Berkowsky* § 10 Rn. 8; *ders.* in MünchArbR § 136 Rn. 6 ff.; *Bitter/Kiel* RdA 1994, 333, 341 ff.; ErfK/*Ascheid* § 1 KSchG Rn. 476 f.; *Herschel/Löwisch* § 1 Rn. 184; *Hueck/von Hoyningen-Huene* § 1 Rn. 391, 500; KR/*Etzel* § 1 KSchG Rn. 555, 749, 751; *Stahlhacke/Preis/Vossen* Rn. 628). Die durch die unterschiedlichen Bezugsebenen in § 1 Abs. 2 Satz 1 KSchG („in diesem Betriebe") und § 1 Abs. 2 Satz 2 KSchG („oder in einem anderen Betrieb des Unternehmens") gebotene Harmonisierung der Tatbestände erfolgt im Wege einer analogen Anwendung des § 1 Abs. 2 Satz 1 (*Berkowsky* § 10 Rn. 9; *ders.* in MünchArbR § 136 Rn. 6; *Kiel* S. 78 – „nachvollziehende Analogie").

Nach dem Urteil des BAG vom 17. 5. 1984 ist die Weiterbeschäftigungs- **213** möglichkeit nicht betriebs- oder unternehmensbezogen, sondern **arbeitgeberbezogen** zu prüfen (AP KSchG 1969 § 1 Betriebsbedingte Kündigung Nr. 21 = NZA 1985, 489; ferner BAG 15. 12. 1994 AP KSchG 1969 § 1 Betriebsbedingte Kündigung Nr. 66 = NZA 1995, 413). Arbeitgeber können alle Rechtsträger sein, gleich in welcher Rechtsform sie sich im Arbeitsvertrag verpflichtet haben. Der Arbeitgeber (synonym: das Unternehmen oder die Gesellschaft) hat im Bereich seiner rechtlichen Möglichkeiten zu prüfen, ob eine Kündigung durch Versetzung auf einen freien Arbeitsplatz abgewendet werden kann (*Berkowsky* § 10 Rn. 19; *ders.* in MünchArbR § 136 Rn. 9; KR/*Etzel* § 1 KSchG Rn. 562; *Kiel* S. 79 f.; *Stahlhacke/Preis/Vossen* Rn. 628).

Aus der arbeitgeberbezogenen Prüfung von Weiterbeschäftigungsmöglich- **214** keiten folgt, daß eine Ausdehnung auf andere Unternehmen grundsätzlich ausscheidet. Der Arbeitgeber hat nur die Beschäftigungsmöglichkeiten zu berücksichtigen, über die er selbst bestimmen kann. Unterhält er mit einem anderen Unternehmer einen **Gemeinschaftsbetrieb,** müssen dort frei werdende Arbeitsplätze nicht für Arbeitnehmer berücksichtigt werden, die in den Betrieben eines Trägerunternehmens beschäftigt sind. Soll dem in einem Gemeinschaftsbetrieb beschäftigten Arbeitnehmer gekündigt werden, kommt es auf die vertragliche Gestaltung an: Besteht der **Arbeitsvertrag nur mit einem der Rechtsträger** des Gemeinschaftsbetriebes, sind ausschließlich hier verfügbare Beschäftigungsmöglichkeiten heranzuziehen, und zwar in sämtlichen seiner Betriebe. Beschäftigungsmöglichkeiten in den Betrieben des **anderen Rechtsträgers** sind dagegen nicht zu berücksichtigen. Besteht der **Arbeitsvertrag mit einer von allen Rechtsträgern gebildeten Gesellschaft,** sind nur die **Beschäftigungsmöglichkeiten in dem Gemeinschaftsbetrieb** von Bedeutung, weil kein Gemeinschaftsunternehmen begründet wird, das sich auf alle Betriebe beider Gesellschafterunternehmen erstreckt (KR/*Friedrich* UmwG Rn. 51).

(3) Weiterbeschäftigungsmöglichkeiten in einem anderen Konzernunterneh- **215** *men.* Die Kündigung ist grundsätzlich nicht deshalb unwirksam, weil die Möglichkeit der Weiterbeschäftigung in einem anderen **Konzernunternehmen** besteht (BAG 27. 11. 1991 AP KSchG 1969 § 1 Konzern Nr. 6 = NZA 1992, 644; 22. 5. 1986 AP KSchG 1969 § 1 Konzern Nr. 4 = NZA 1987, 125; 14. 10. 1982 AP KSchG 1969 § 1 Konzern Nr. 1 = NJW 1984, 381; 18. 10. 1976 AP KSchG 1969 § 1 Betriebsbedingte Kündigung Nr. 3 = NJW 1977, 646; zur h.M., die der Rechtsprechung im Grundsatz zustimmt *Berkowsky* § 10 Rn. 13 ff.; *ders.* in MünchArbR § 136 Rn. 12; *Bitter/Kiel* RdA 1994, 333, 349 f.; ErfK/*Ascheid* § 1 KSchG Rn. 605 f.; *Fiebig* DB 1993, 582, 583; *Helle* S. 69 ff.; *Herschel/Löwisch* § 1 Rn. 185; *Hofmann* ZfA 1984, 295, 329 ff.; HKK/*Weller/Dorndorf* § 1 Rn. 899; *Hueck/von Hoyningen-Huene* § 1 Rn. 151, 392, 534 a; *Karamarias* RdA 1983, 353, 361; *Löwisch* § 1 Rn. 262; *Kiel* S. 137 ff.; *Kittner/Trittin* § 1 KSchG Rn. 389 ff.; *Konzen* RdA 1984, 65, 82 ff.; *ders.* ZfA 1982, 259, 305 ff.; KR/*Etzel* § 1 KSchG Rn. 556; *Lingemann/von Steinau-Steinrück,* DB 1999, 2161, 2162 f.; *Martens,* FS BAG, S. 367, 376 ff.; *Preis,* Prinzipien, S. 319 ff.; *Rüthers/Franke* Anm. EzA § 1 KSchG Betriebsbedingte Kündigung Nr. 72; *Silberberger,* Weiterbeschäf-

tigungsmöglichkeit im Konzern; *Stahlhacke/Preis/Vossen* Rn. 628; *Wieder-
mann* Anm. AP KSchG § 1 Konzern Nr. 1; *Windbichler* S. 259 ff.; *dies.*, SAE
1984, 145, 147; *dies.*, SAE 1987, 133 ff.; einschränkend *Abbrent* BB 1988,
756, 759 ff.; *Coen* RdA 1983, 348, 351 ff.; *Henssler* S. 125 ff.).

216 Ein Konzern ist ein Zusammenschluß von Unternehmen unter einheitlicher
Leitung (vgl. § 18 AktG). Die Beschäftigungspflicht obliegt nur dem einzelnen Unternehmen als jeweiligem Arbeitgeber. Eine Interpretation des ultima-
ratio-Grundsatzes, die allein auf wirtschaftliche Verbindungen abstellt, ver-
stieße gegen den Wortlaut des § 1 Abs. 2 KSchG und stünde mit dem Grundsatz der rechtlichen Trennung von Unternehmen in einem unüberbrückbaren
Widerspruch. Selbst wenn ein herrschendes Unternehmen alle Anteile an weiteren abhängigen Unternehmens besitzt, kann dieser Verbund kündigungsschutzrechtlich nicht wie ein rechtlich eigenständiges Unternehmen behan-
delt werden mit der Folge einer sich auf die Konzernebene erstreckenden
Weiterbeschäftigungspflicht (a.A. KR/*Etzel* § 1 KSchG Rn. 157, 556).

217 Anderweitige Beschäftigungsmöglichkeiten sind jedoch vor Ausspruch der
Kündigung in den Betrieben derjenigen Konzernunternehmen zu berücksichtigen, die selbst als Arbeitgeber gegenüber dem Arbeitnehmer vertraglich berechtigt und verpflichtet sind. Es ist rechtlich zulässig, daß Arbeitsverhältnisse mit mehreren Konzernunternehmen nebeneinander begründet werden (BAG
21. 1. 1999 AP KSchG 1969 § 1 Konzern Nr. 9 = NZA 1999, 539 unter II
2 b; *Berkowsky* § 10 Rn. 16; KR/*Etzel* § 1 KSchG Rn. 606 ff.; *Stahlhacke/
Preis/Vossen* Rn. 628). Besteht der Arbeitsvertrag mit der **Konzernmuttergesellschaft**, vollzieht sich die **Abordnung zu den Tochtergesellschaften** im
Zweifel allerdings im Wege der nichtgewerbsmäßigen Arbeitnehmerüberlassung (sog. **echte Leiharbeit**) nach § 1 Abs. 3 Nr. 2 AÜG. Wegen ihres Aus-
nahmecharakters ist diese Vorschrift eng auszulegen. Sie greift nur ein,
wenn es sich um einen Konzern im Sinne des § 18 AktG handelt und der
verliehene Arbeitnehmer nur zur **vorübergehenden Arbeitsleistung** in ein anders Konzernunternehmen entsandt worden ist (MünchArbR/*Marschall* § 167
Rn. 70 ff.). Bei der echten Leiharbeit wird zwar die Arbeitgeberfunktion aufgespalten. Arbeitgeber im Sinne des KSchG bleibt aber die verleihende Konzernmuttergesellschaft, auf deren Verhältnisse wegen der Möglichkeit zu anderweitiger Beschäftigung abzustellen ist. Hat die Konzernmuttergesellschaft
nach Beendigung der Abordnung für den Arbeitnehmer keine weitere Beschäftigungsmöglichkeit und kann sie ihm auch keinen geeigneten Arbeitsplatz bei einer anderen Gesellschaft verschaffen (Rn. 220), liegt ein dringendes betriebliches Erfordernis zur Kündigung vor. Der Arbeitnehmer hat
grundsätzlich keinen Anspruch darauf, daß ihm der frühere Arbeitsplatz
freigehalten wird. Hat sich die verleihende Konzernmuttergesellschaft aber
(z.B. in Form einer Zusage) verpflichtet, den zu einem Tochterunternehmen
entsandten Arbeitnehmer anschließend wieder in einem ihrer Betriebe zu beschäftigen, kann sie sich nach Beendigung der Abordnung nicht darauf berufen, ein vor und während der Abordnung zur Verfügung stehender unbefri-
steter Arbeitsplatz sei zwischenzeitlich anderweitig besetzt worden (BAG
28. 11. 1968 AP KSchG Betriebsbedingte Kündigung Nr. 19 = NJW 1969,
679; KR/*Etzel* § 1 KSchG Rn. 606).

Soll ein weiteres Konzernunternehmen über die Ausübung einzelner Rech- **218**
te (insbesondere des Direktionsrechts) hinaus arbeitsvertraglich berechtigt und
verpflichtet werden, wird ein **Konzernarbeitsverhältnis** begründet, das inhaltlich in vielfältiger Weise ausgestaltet sein kann. Die **Hauptpflichten** mit einem
Konzernunternehmen können für die Dauer einer Versetzung **ruhen** und im
Verhältnis zu einem anderen Konzernunternehmen erfüllt werden. Ist der Arbeitnehmer dagegen gleichzeitig aufgrund mehrerer Arbeitsverträge bei verschiedenen Unternehmen **beschäftigt**, besteht ein **einheitliches Arbeitsverhältnis** (BAG 21. 1. 1999 AP KSchG 1969 Konzern § 1 Nr. 9 = NZA 1999, 539
unter II 3 b; 27. 3. 1981 AP BGB § 611 Arbeitgebergruppe Nr. 1 = NJW
1984, 1703); kritisch dazu *Lingemann/von Steinau-Steinrück* DB 1999,
23161, 2165). Ein Arbeitsvertrag, der eine gemeinsame und einheitliche Arbeitgeberstellung vorsieht, kann auch nachträglich **durch konkludenten Ver-
tragsbeitritt** begründet werden, z.B. wenn der Arbeitnehmer über längere
Zeit mehrfach in einem anderen Konzernunternehmen beschäftigt wird und
kein Fall echter Leiharbeit vorliegt. Ein einheitliches Arbeitsverhältnis kann
nach §§ 429 Abs. 3 i.V.m. 425 Abs. 2 BGB nur von allen Arbeitgebern
gleichzeitig gekündigt werden. Die betriebsbedingte Kündigung ist nur dann
gerechtfertigt, wenn für den betroffenen Arbeitnehmer in keinem der nach
dem Arbeitsvertrag verpflichteten Unternehmen weitere Beschäftigungsmöglichkeiten bestehen (BAG 21. 1. 1999 aaO. unter II 3 b; KR/*Etzel* § 1 KSchG
Rn. 607; ablehnend bei Arbeitsverhältnissen mit ausländischen Konzernunternehmen *Lingemann/von Steinau-Steinrück*, aaO.).

Ein **Versetzungsvorbehalt** im Arbeitsvertrag für den Konzernbereich ge- **219**
nügt nicht schon zur Annahme eines einheitlichen Arbeitsverhältnisses, weil
ein Schwesterunternehmen dadurch weder berechtigt noch verpflichtet wird.
Eine solche Versetzungsklausel kann aber einen **Anspruch auf Verschaffung** eines freien und geeigneten Arbeitsplatzes bei einem konzernangehörigen Schwesterunternehmen begründen, das selbst nicht Arbeitgeber ist. Ist der Arbeitnehmer für den Konzernbereich eingestellt, darf er darauf **vertrauen**, daß
dieser Verpflichtung ein entsprechender Schutz vor betriebsbedingter Kündigung gegenübersteht (BAG 21. 1. 1999 AP KSchG 1969 § 1 Konzern Nr. 9 =
NZA 1999, 539 unter II 3 a). Der Arbeitgeber muß versuchen, dem Arbeitnehmer eine Weiterbeschäftigung in einem anderen Konzernunternehmen zu
vermitteln (*Lingemann/von Steinau-Steinrück*, DB 1999, 2161, 2166). Dieses Vertrauen ist jedoch nicht bereits dann anzunehmen, wenn kein Versetzungsvorbehalt vereinbart wurde und ein Arbeitnehmer nur bestimmten
fachlichen Weisungen in einem anderen Konzernunternehmen unterstellt
wird, ohne dorthin abgeordnet oder versetzt zu sein (BAG 27. 11. 1991 AP
KSchG 1969 § 1 Konzern Nr. 6 = NZA 1992, 644; KR/*Etzel* § 1 KSchG
Rn. 559; *Stahlhacke/Preis/Vossen* Rn. 628).

Der Anspruch auf Verschaffung eines Arbeitsplatzes in einem anderen Kon- **220**
zernunternehmen führt jedoch nur dann zur Unwirksamkeit der Kündigung
nach § 1 Abs. 2 Satz 1 KSchG, wenn der Arbeitgeber die **Einstellung des Arbeitnehmers** (kraft gesellschaftsrechtlicher Mehrheitsbefugnisse oder Arbeitsvertrages) **rechtlich durchsetzen** kann *Lingemann/von Steinau-Steinsrück*,
DB 1999, 2161, 2166). Ein bestimmender Einfluß ist anzunehmen, wenn die

Konzernmuttergesellschaft Partei des Arbeitsvertrages ist bzw. die **Weiterbeschäftigung** zugesagt hat, oder wenn sich das **konzernangehörige Schwesterunternehmen gegenüber dem Arbeitgeber zu einer Übernahme verpflichtet** oder ihr **zugestimmt** hat (BAG 14. 10. 1982 AP KSchG 1969 § 1 Konzern Nr. 1 = NJW 1984, 381; *Berkowsky* § 10 Rn. 14; weitergehend BAG 18. 10. 1976 AP KSchG 1969 § 1 Betriebsbedingte Kündigung Nr. 3; ErfK/*Ascheid* § 1 KSchG Rn. 606; *Fiebig* DB 1993, 582, 583; *Hueck/von Hoyningen-Huene* § 1 Rn. 393; KR/*Etzel* § 1 KSchG Rn. 558; ferner *Stahlhacke/Preis/Vossen* Rn. 628 Fn. 65, die annehmen, daß sich Drittgesellschaften einer durch eine Versetzungsklausel erhöhten Verantwortlichkeit nicht durch die Weigerung der Weiterbeschäftigung entziehen können). Kann der Arbeitgeber die Einstellung bei einem anderen Unternehmen nicht durchsetzen, ist die Kündigung zwar wirksam. Der gekündigte Arbeitnehmer kann aber von dem Konzernunternehmen, zu dem er aufgrund einer vertraglichen Verpflichtung abgeordnet wurde, den **Abschluß eines Arbeitsvertrages verlangen,** wenn er nach den Gesamtumständen auf eine dauerhafte Beschäftigung vertrauen durfte. Dies ist vor allem bei einer – vom Arbeitnehmer zu beweisenden – **Zusage** der Fall.

221 Erfüllt der Arbeitgeber trotz bestehender rechtlicher Durchsetzungsmöglichkeit den Anspruch auf Verschaffung eines Arbeitsvertrages bei einem anderen Konzernunternehmen nicht, ist die Kündigung sozial ungerechtfertigt (*Berkowsky* § 10 Rn. 15; *Helle* S. 169; *Weslau* Anm. LAGE § 1 KSchG Betriebsbedingte Kündigung Nr. 22). Der Arbeitnehmer behält den Vergütungsanspruch gegenüber seinem (bisherigen) Arbeitgeber, so daß kein Raum für Schadensersatzansprüche besteht (a. A. KR/*Etzel* § 1 KSchG Rn. 558). Allein der Umstand, daß der Arbeitgeber von sich aus eine anderweitige Beschäftigungsmöglichkeit im Konzern nicht geprüft hat, begründet nach allgemeinen Grundsätzen (Rn. 209 f., 274) noch nicht die Unwirksamkeit der Kündigung. Versäumt es der Arbeitnehmer nämlich, sich auf eine anderweitige Beschäftigungsmöglichkeit zu berufen oder zeigt der Arbeitnehmer nach einem Bestreiten des Arbeitgebers nicht auf, wie er sich eine Beschäftigung vorstellt, ist die Kündigung wirksam (BAG 10. 1. 1994 AP KSchG 1969 § 1 Konzern Nr. 8 = NJW 1994, 2246). Beruft sich der Arbeitnehmer in einem konzernbezogenen Arbeitsverhältnis hingegen auf die Möglichkeit der Weiterbeschäftigung in einem anderen Konzernunternehmen, hat der Arbeitgeber nach allgemeinen Grundsätzen auch die fehlende Einsatzmöglichkeit bei anderen zum Konzern gehörenden Unternehmen, bei denen der Arbeitnehmer vereinbarungsgemäß beschäftigt werden könnte, darzulegen und zu beweisen. An den Vortrag des Arbeitnehmers dürfen keine überhöhten Anforderungen gestellt werden. Ein Arbeitnehmer wäre in der Regel überfordert, wenn er konkrete freie Arbeitsplätze in einem anderen Konzernunternehmen benennen müßte (BAG 21. 1. 1999 AP KSchG 1969 § 1 Konzern Nr. 9 = NZA 1999, 539 unter II 4; *Lingemann/von Steinau-Steinrück* DB 1999, 2161, 2163).

222 Ein Anspruch des Arbeitnehmers auf **Verschaffung eines Arbeitsvertrages** gegen die **Konzernmuttergesellschaft** besteht ferner, wenn sich zu Lasten des Arbeitnehmers **konzernspezifische Beschäftigungsrisiken** realisiert haben. Dies

90

ist insbesondere der Fall, wenn ein abhängiges Unternehmen nur formell rechtlich selbständig ist, tatsächlich jedoch keine autonomen wirtschaftlichen Entscheidungen treffen darf und aus **konzernstrategischen Gründen** angewiesen wird, ein bestimmtes Betätigungsfeld zugunsten eines anderen Konzernunternehmens aufzugeben. Der Anspruch gegen die Konzernmuttergesellschaft läßt sich mit den Grundsätzen der Vertrauenshaftung, der Fürsorgepflicht, des Gleichbehandlungsgrundsatzes (vgl. *Martens,* FS BAG, S. 367, 375) oder aus einer sinngemäßen Anwendung des § 1 Abs. 2 KSchG rechtfertigen (dazu *Kiel* S. 176 ff.; *Konzen* ZHR 1987, 566, 601; *ders.* ZfA 1982, 259, 307 – „Durchgriffshaftung"). Der Arbeitnehmer ist für die einem Verschaffungs- bzw. Einstellungsanspruch zugrundeliegenden Tatsachen darlegungs- und beweisbelastet. Er muß vortragen, daß sich ein besonderes Konzernrisiko realisiert hat. Ist der Arbeitgeber einem anderen Konzernunternehmen durch **Beherrschungsvertrag** nach §§ 291, 308 AktG unterstellt oder besteht ein **Eingliederungskonzern** (§§ 319 ff. AktG) oder **qualifiziert faktischer Konzern,** muß die Konzernmuttergesellschaft nach den Grundsätzen der sog. **sekundären Behauptungslast** darlegen, daß sie keinen bestimmenden Einfluß auf die Entscheidungen des Arbeitgebers genommen hat oder die Entscheidung für das abhängige Unternehmen im Hinblick auf dessen Tätigkeit am Markt sachlich gerechtfertigt war. Diesen Vortrag hat das Arbeitsgericht auf offenbare Unsachlichkeit, Unvernunft und Willkür zu überprüfen (KR/*Etzel* § 1 KSchG Rn. 557; zu weitgehend *Coen* RdA 1983, 348, 352 – bei Vorliegen eines Konzerns müsse nachgewiesen werden, daß von der Herrschaftsmöglichkeit kein Gebrauch gemacht worden sei; ähnlich *Abbrent* BB 1988, 756, 760).

cc) Weiterbeschäftigung im öffentlichen Dienst. § 1 Abs. 2 Satz 2 Nr. 2 b) **223** KSchG enthält für Betriebe und Verwaltungen des öffentlichen Rechts die Regelung, daß eine Kündigung sozial ungerechtfertigt ist, wenn „der Arbeitnehmer an einem anderen Arbeitsplatz in **derselben Dienststelle** oder in einer **anderen Dienststelle desselben Verwaltungszweiges an demselben Dienstort einschließlich seines Einzugsgebietes** weiterbeschäftigt werden kann". Diese Vorschrift entspricht dem Mitbestimmungsrecht in § 79 Abs. 1 Nr. 3 BPers-VG. Die für die Unternehmen und Betriebe der Privatwirtschaft bestehenden Grundsätze gelten entsprechend. Entgegen dem Wortlaut der Vorschrift hängt die Obliegenheit zu anderweitiger Beschäftigung nicht von einem Widerspruch des Personalrats ab (BAG 15. 12. 1994 AP KSchG 1969 § 1 Betriebsbedingte Kündigung Nr. 66 = NZA 1995, 413; 17. 5. 1984 AP KSchG 1969 § 1 Betriebsbedingte Kündigung Nr. 21 = NZA 1985, 489). Für die Weiterbeschäftigungsobliegenheit vor Kündigungsausspruch ist auch im Bereich des öffentlichen Dienstes auf die Verhältnisse bei demselben öffentlich-rechtlichen Arbeitgeber abzustellen, allerdings mit der räumlichen Einschränkung, daß nur die Verhältnisse der Dienststellen desselben Verwaltungszweiges an demselben Dienstort einschließlich seines Einzugsgebietes maßgebend sind. **Verwaltungszweige** sind z. B. die Finanz-, Justiz-, Arbeits- oder Wehrbereichsverwaltung (KR/*Etzel* § 1 KSchG Rn. 155). Für den Bereich des **Einzugsgebietes** gelten nach dem Klammerzusatz zu § 75 Abs. 1 Nr. 3 BPersVG die nach dem Umzugskostenrecht geltenden Grundsätze. Einzugsgebiet ist nach § 3 Abs. 1c BUKG das Gebiet, das auf einer üblicherweise befahrenen Strecke nicht mehr als 30 Kilometer vom Dienstort entfernt ist (KR/*Etzel* § 1 KSchG Rn. 155; *Lorenzen/Haas* § 75 Rn. 58). Die nach § 1 Abs. 2 Satz 2b KSchG zu berücksichtigende anderweitige Beschäftigungsmöglichkeit hat Vorrang vor der Auswahlregel des Art. 33 Abs. 2 GG. Dienststelleninterne Bewerber sind daher bei der Besetzung freier Stellen vorrangig zu berücksichtigen (vgl. LAG Baden-Württemberg 27. 3. 1993 NZA 1994, 557; *Lingemann/Grothe* aaO.).

224   Für die Beschäftigten bei den **Stationierungsstreitkräften** gelten über den gesetzlichen Kündigungsschutz in § 1 Abs. 2 Satz 2 Nr. 2b) KSchG hinaus tarifvertragliche Bestimmungen zum Schutz vor betriebsbedingten Kündigungen (BAG 15. 2. 1989 – 7 AZR 210/88 – nv.). Unter I. des Anhangs O zu § 44 Ziffer 6 TV AL II ist ein eigenständiger (terminologisch mißverständlicher) „**Unterbringungsanspruch**" geregelt. Unter den Voraussetzungen der Ziffern I. 1 und 2. ist einem Arbeitnehmer, der mindestens ein Jahr bei den Stationierungsstreitkräften beschäftigt ist und seinen Arbeitsplatz infolge einer **organisatorischen Maßnahme** verliert, ein Arbeitsplatz bei derselben oder bei einer **anderen Beschäftigungsdienststelle desselben Entsendestaates am selben Ort oder im Einzugsbereich** ein Arbeitsplatz anzubieten (Ziffer 3 des Anhangs O). Arbeitgeber der bei den Stationierungsstreitkräften beschäftigten Arbeitnehmer ist der jeweilige Entsendestaat (BAG 9. 2. 1993 AP Art. 56 ZA-Nato-Truppenstatut Nr. 17; 14. 1. 1993 AP Art. 56 ZA-Nato-Truppenstatut Nr. 17 = NZA 1993, 981). Nach der Protokollnotiz zu Ziffer 3 haben die Tarifvertragsparteien den **Einzugsbereich** gegenüber der gesetzlichen Regelung in § 1 Abs. 2 Satz 2 Nr. 2b KSchG erweitert. Er umfaßt alle Beschäftigungsorte, die der Arbeitnehmer von seiner Wohnung aus in 2½ Stunden für Hin- und Rückfahrt mit üblicherweise benutzten öffentlichen Verkehrsmitteln erreichen kann. Falls die bisherige Fahrtzeit mehr Zeit in Anspruch nimmt, ist diese maßgebend. **Konkurrieren** mehrere Arbeitnehmer um eine anderweitige Beschäftigung, sind die **Grundsätze der Sozialauswahl** anzuwenden (ähnlich BGB BAG 15. 12. 1994 AP KSchG 1969 § 1 Betriebsbedingte Kündigung Nr. 66 – Maßstab des § 315 BGB, dazu Rn. 268f.). Der gegenüber der Regelung in § 1 Abs. 2 Satz 2 b) KSchG erweiterte tarifvertragliche Unterbringungsanspruch führt dabei möglicherweise zu einer Vergrößerung des Kreises der Bewerber um eine freie Stelle. Die daraus erwachsende Konsequenz, daß sich der tarifvertragliche Kündigungsschutz zu Lasten eines Arbeitnehmers auswirkt, der den Arbeitsplatz nach dem gesetzlichen Kündigungsschutz hätte beanspruchen können, folgt aus dem System des (Tarif-)Vertragsrechts. Wie auch den Parteien des Arbeitsvertrages steht es den Tarifvertragsparteien frei, die räumlichen Voraussetzungen der Arbeitspflicht einerseits und damit die Pflichten zur Weiterbeschäftigung bei Wegfall des bisherigen Arbeitsplatzes andererseits festzulegen. Dadurch können sich in der Kündigungssituation systembedingt Reflexwirkungen für die Auswahl des Arbeitnehmers ergeben, dem der Arbeitsplatz zuzuweisen ist.

225 dd) Freier Arbeitsplatz. Die Möglichkeit anderweitiger Beschäftigung setzt voraus, daß für den betroffenen Arbeitnehmer im Zeitpunkt der Kündigung ein geeigneter Arbeitsplatz vorhanden ist. Als **frei** sind **Arbeitsplätze** anzusehen, die zum Zeitpunkt der Kündigung **unbesetzt sind** oder **bis zum Ablauf der Kündigungsfrist** (z.B. durch das Ausscheiden eines anderen Arbeitnehmers) **zur Verfügung stehen** werden (BAG 15. 12. 1994 AP KSchG 1969 § 1 Betriebsbedingte Kündigung Nr. 67 = NZA 1995, 521; 7. 2. 1991 AP KSchG 1969 § 1 Umschulung Nr. 1 = NZA 1991, 806; 29. 3. 1990 AP KSchG 1969 § 1 Betriebsbedingte Kündigung Nr. 50 = NZA 1991, 181; *Berkowsky* § 10 Rn. 33; ErfK/*Ascheid* § 1 KSchG Rn. 478; *Kittner/Trittin* § 1 KSchG Rn. 373; *Stahlhacke/Preis/Vossen* Rn. 635). Der Arbeitgeber muß zur Vermeidung einer betriebsbedingten Kündigung keinen **neuen Arbeitsplatz** schaffen (BAG 3. 2. 1977 AP KSchG 1969 § 1 Betriebsbedingte Kündigung Nr. 4; *Bitter/ Kiel* RdA 1994, 333, 339; KR/*Etzel* § 1 KSchG Rn. 762). Dieser Rechtssatz ist dahin zu interpretieren, daß der Arbeitgeber in seinem Betrieb keine das Beschäftigungsvolumen übersteigende Zahl von Arbeitsplätzen einrichten muß. Denn aus dem Grundsatz, daß nur „dringende" betriebliche Erfordernisse eine Kündigung rechtfertigen können, folgt, daß z.B. im Betrieb vorhandene Arbeitskapazitäten durch den Abbau von Überstunden in einem weiteren Arbeitsplatz gebündelt werden müssen, wenn dem keine unzumutbaren organisatorischen Hindernisse entgegenstehen (Rn. 192 ff.).

Das Gesetz sieht darüber hinaus in § 1 Abs. 2 Satz 3 KSchG vor, daß die **226** Kündigung auch dann sozial ungerechtfertigt ist, wenn eine Weiterbeschäftigung des Arbeitnehmers nach **zumutbaren Umschulungs- oder Fortbildungsmaßnahmen** ermöglicht werden kann. Qualifizierungsmaßnahmen sind **nicht** notwendig auf den **Zeitrahmen der Kündigungsfrist zu beschränken.** Sie müssen allerdings zumutbar sein (dazu Rn. 244 ff.). Der Arbeitgeber kann auf eine Weiterbeschäftigung des Arbeitnehmers jedenfalls dann nicht verwiesen werden, wenn bei Ausspruch der Kündigung kein entsprechender anderweitiger Arbeitsplatz frei und nicht mit hinreichender Sicherheit voraussehbar ist, daß eine entsprechende Tätigkeit vorhanden sein wird (BAG 7. 2. 1991 AP KSchG 1969 § 1 Umschulung Nr. 1 = NZA 1991, 806). Dies bedeutet umgekehrt, daß in die Beurteilung solche Arbeitsplätze einzubeziehen sind, bei denen im Zeitpunkt der Kündigung bereits feststeht, daß sie in **absehbarer Zeit nach Ablauf der Kündigungsfrist frei werden,** sofern dem Arbeitgeber die Überbrückung dieses Zeitraums zuzumuten ist. Das BAG hat diesen in § 1 Abs. 2 Satz 3 KSchG enthaltenen Rechtsgedanken im Urteil vom 15. 12. 1994 (AP KSchG 1969 § 1 Betriebsbedingte Kündigung Nr. 67 = NZA 1995, 521) auf nach Ablauf der Kündigungsfrist frei werdende Arbeitsplätze übertragen: Wenn vom Arbeitgeber nach § 1 Abs. 2 Satz 3 KSchG sogar eine Weiterbeschäftigung des Arbeitnehmers nach zumutbaren Umschulungs- oder Fortbildungsmaßnahmen verlangt wird, die über den Ablauf der Kündigungsfrist hinaus einen zeitweiligen Verzicht auf die Arbeitskraft des Arbeitnehmers bedingen können, dann müssen erst recht in zumutbarem Rahmen Arbeitsplätze Berücksichtigung finden, deren **Freiwerden dem Arbeitgeber im Zeitpunkt der Kündigung bekannt** sind oder **bekannt sein mußten** und deren Besetzung ohne Umschulung oder Fortbildung möglich ist (BAG 7. 3. 1996, 15. 12. 1994 jeweils aaO. sowie 28. 6. 1995 AP BAT § 59 Nr. 6 = NZA 1996, 374; ebenso *Bitter/Kiel* RdA 1994, 333, 339; ErfK/

Ascheid § 1 KSchG Rn. 478; HKK/*Weller/Dorndorf* § 1 Rn. 905; *Preis* NZA 1997, 1073, 1082; *von Hoyningen-Huene* Anm. EzA § 1 Betriebsbedingte Kündigung Nr. 77, S. 17 f.; *Kiel* S. 88 f., 128 f.; *Stahlhacke/Preis/Vossen* Rn. 635).

227 Die Gegenauffassung will die nach Kündigungsablauf frei werdenden Arbeitsplätze stets unberücksichtigt lassen (*Berkowsky* § 10 Rn. 35 ff.; *Schiefer* NZA 1995, 662, 666 f.; *Tschöpe* EWiR § 1 KSchG 3/95, 600). Dies hätte im Extremfall zur Konsequenz, daß der Arbeitgeber einem Arbeitnehmer (möglicherweise nach langer Betriebszugehörigkeit) betriebsbedingt kündigen könnte, obwohl nach einer Unterbrechung von nur einem Tag für ihn eine andere, dem Arbeitgeber bei Ausspruch der Kündigung bekannte Beschäftigungsmöglichkeit bestanden hätte. Dieses Ergebnis wäre mit dem ultima-ratio-Grundsatz unvereinbar. Der Arbeitnehmer soll seinen Arbeitsplatz im Wege der betriebsbedingten Kündigung grundsätzlich nur verlieren, wenn der Beschäftigungsbedarf auf Dauer entfallen ist (vgl. *Preis* NZA 1997, 1073, 1082). Der Arbeitgeber muß deshalb nach Ablauf der Kündigungsfrist mindestens den Zeitraum bis zum Freiwerden einer geeigneten Stelle überbrücken, den ein anderer **Stellenbewerber zur Einarbeitung** benötigen würde, wobei je nach den Umständen eine **Probezeitvereinbarung als Anhaltspunkt** für die Bemessung der Einarbeitungszeit herangezogen werden kann. Das BAG sieht darin allerdings nur einen Anhaltspunkt. Eine Einarbeitungszeit kann nicht stets mit der gesetzlichen Probezeitregelung nach § 622 Abs. 3 BGB gleichgesetzt werden, sondern muß im Einzelfall relativ zu den konkreten Anforderungen bestimmt werden (*von Hoyningen-Huene* aaO. S. 18).

228 Ist dem Arbeitgeber eine **Überbrückung nicht zumutbar**, weil er die Arbeitskraft des zu kündigenden Arbeitnehmers z. B. für einen längeren Zeitraum überhaupt nicht nutzen kann, ist der Arbeitgeber nach dem ultima-ratio-Grundsatz unter Umständen verpflichtet, dem Arbeitnehmer gegenüber im Wege der **Änderungskündigung** anzubieten, das Arbeitsverhältnis bis zum **Freiwerden der anderen Stelle ruhen** zu lassen. Im Gegensatz zu der naturgemäß ungewissen Prognose witterungsbedingter Entwicklungen und Auftragslage nach der Betriebsunterbrechung steht in diesen Fällen im Zeitpunkt der Kündigung bereits fest, wann genau die Beschäftigungsmöglichkeit entstehen wird (zur witterungsbedingten Kündigung BAG 7. 3. 1996 AP KSchG 1969 § 1 Betriebsbedingte Kündigung Nr. 76 = NZA 1996, 931, sowie Rn. 179 ff.).

229 War im Zeitpunkt der Kündigung nicht absehbar, daß ein Arbeitsplatz **während der Kündigungsfrist** erneut zur Verfügung stehen würde, und erweist sich diese Prognose als unrichtig, hat der Arbeitnehmer in der Regel einen Anspruch auf **Wiedereinstellung**. Nach Ablauf der Kündigungsfrist besteht dieser Anspruch dagegen grundsätzlich selbst dann nicht, wenn ein vom Arbeitnehmer angestrengtes Kündigungsschutzverfahren andauert. Mit Ablauf der Kündigungsfrist sind die Vertragsbeziehungen zwischen Arbeitgeber und Arbeitnehmer beendet (BAG 6. 8. 1997 AP KSchG 1969 § 1 Wiedereinstellung Nr. 2 = NZA 1998, 254). Ausnahmen sind dann denkbar, wenn es nach dem Ablauf der Kündigungsfrist zu einem Betriebsübergang kommt und der ursprüngliche Stillegungsplan damit überholt ist (Rn. 859 ff.).

Die anderweitige Beschäftigungsmöglichkeit scheidet als milderes Mittel ge- **230** genüber einer Kündigung grundsätzlich aus, wenn hierzu einem **anderen Arbeitnehmer gekündigt** werden müßte (BAG 29. 1. 1997 AP KSchG § 1 Krankheit Nr. 32 = NZA 1997, 709; 7. 2. 1985 AP KSchG 1969 § 1 Soziale Auswahl Nr. 9 = NZA 1986, 260; ErfK/*Ascheid* § 1 KSchG Rn. 481; vgl. aber zur Kündigung von Leiharbeitnehmern Rn. 192 sowie zur Rechtslage bei Mitgliedern von Arbeitnehmervertretungen Rn. 582 ff. sowie ordentlich unkündbaren Arbeitnehmern Rn. 539). Anderenfalls würde das Kündigungsschutzrecht zu dem unverständlichen Ergebnis führen, daß einem Arbeitnehmer gekündigt werden darf, der mit dem Anlaß für die Kündigung direkt nichts zu tun hat, während der an sich betroffene Arbeitnehmer von der Kündigung verschont bliebe (*Bitter/Kiel* RdA 1994, 333, 339; *Wank* RdA 1987, 129, 143). Der Arbeitgeber kann auch nicht auf die **normale Personalfluktuation** verwiesen werden. Hierdurch würde er zu einer Personalreserve gezwungen werden, die das Gesetz nicht von ihm verlangt (*Berkowsky* § 10 Rn. 32; *Bitter/Kiel* RdA 1994, 333, 339; *Schaub* § 131 I 5; *Stahlhacke* DB 1994, 1361, 1366; *Stahlhacke/Preis/Vossen* Rn. 635; *Wank* RdA 1987, 129, 143; a. A. LAG München 25. 4. 1975 DB 1975, 1803; vgl. im Gegensatz dazu BAG 17. 9. 1998 AP BGB § 626 Nr. 148 = NZA 1999, 258 für den tariflich „unkündbaren" Arbeitnehmer – das zu erwartende Freiwerden eines geeigneten Arbeitsplatzes aufgrund üblicher Fluktuation ist zu berücksichtigen).

Hingegen kann ein Stammarbeitnehmer den Arbeitsplatz eines **Leiharbeit- 231 nehmers** beanspruchen, wenn er dessen Tätigkeit ausfüllen kann. Bei einer erlaubten Arbeitnehmerüberlassung, die nach § 3 Abs. 1 Nr. 6 AÜG nur vorübergehender Art ist, steht der Leiharbeitnehmer in keinem Arbeitsverhältnis zum Entleiher, so daß eine Beschäftigung nach Beendigung des Leiharbeitsverhältnisses grundsätzlich möglich ist (ErfK/*Ascheid* § 1 KSchG Rn. 485; HKK/*Weller/Dorndorf* § 1 Rn. 910; *Hueck/von Hoyningen-Huene* § 1 Rn. 396; *Kittner/Trittin* § 1 KSchG Rn. 380; *Stahlhacke/Preis/Vossen* Rn. 637). Sofern der Arbeitgeber die von den Leiharbeitnehmern eingenommenen Arbeitsplätze nicht innerhalb der Kündigungsfrist des Stammarbeitnehmers freikündigen kann, gelten die Grundsätze entsprechend, die für die nach Kündigungsfrist frei werdenden Arbeitsplätze Anwendung finden. Es kommt darauf an, ob dem Arbeitgeber die Überbrückung bis zum Zeitpunkt des Freiwerdens des Arbeitsplatzes zugemutet werden kann (Rn. 226).

Der ultima-ratio-Grundsatz verlangt vom Arbeitgeber keine umfangrei- **232** chen **Austauschversetzungen** („betrieblichen Rotationsverfahren"), um die Weiterbeschäftigung aller Arbeitnehmer zu sichern. Eine Ausnahme besteht, wenn der Arbeitgeber durch Ausübung seines Direktionsrechts die vertragsgemäße Beschäftigung aller Arbeitnehmer sicherstellen kann. Die vom BAG im Urteil vom 29. 1. 1997 (AP KSchG § 1 Krankheit Nr. 32 = NZA 1997, 709) entwickelten Rechtsgrundsätze gelten sinngemäß auch für die Prüfung, ob eine betriebsbedingte Kündigung erforderlich ist. Ist danach ein Arbeitsplatz frei, für den sich der kündigungsbedrohte Arbeitnehmer z. B. aus gesundheitlichen Gründen nicht eignet, kann der Arbeitgeber zu einer **Austauschversetzung** verpflichtet sein. Der kündigungsbedrohte Arbeitnehmer erhält dann den Arbeitsplatz eines Kollegen, der zukünftig auf dem freien

Arbeitsplatz eingesetzt wird. Eine solche „betriebliche Rochade" ist von dem Arbeitgeber nur im Rahmen des arbeitsvertraglich Zulässigen und billigen Ermessens nach § 315 BGB zu verlangen, wobei die Interessen der drittbetroffenen Arbeitnehmer sowie die betrieblichen Interessen an der Weiterbeschäftigung bestimmter Arbeitnehmer analog § 1 Abs. 3 Satz 2 zu berücksichtigen sind (zur krankheitsbedingten Kündigung *Bernardi* NZA 1999, 683, 684). In diesen Fällen ist es unumgänglich, innerhalb der Prüfung des ultima-ratio-Grundsatzes eine Interessenbewertung vorzunehmen. Der Arbeitgeber muß sich in diesen Fällen um die Zustimmung des Betriebsrats zu einer solchen „Austauschversetzung" bemühen, ist aber weder zu einer weitergehenden Umorganisation noch zur Durchführung eines Zustimmungsersetzungsverfahrens verpflichtet (zur Austauschversetzung vor einer personenbedingten Kündigung BAG 29. 1. 1997 AP KSchG § 1 Krankheit Nr. 32 = NZA 1997, 709; ArbG Celle 8. 4. 1997 ArbuR 1997, 289; MünchArbR/*Berkowsky* § 132 Rn. 72; *Bernardi* aaO. mwN.; *Bitter/Kiel* RdA 1994, 333, 339).

233 Steht der Wegfall des bisherigen Arbeitsplatzes fest, darf der Arbeitgeber eine für den betroffenen Arbeitnehmer **geeignete anderweitige Beschäftigungsmöglichkeit nicht durch eine Neueinstellung blockieren** oder einen Arbeitnehmer dorthin versetzen, ohne die Grundsätze der Sozialauswahl zu berücksichtigen (dazu Rn. 266 ff.). Schafft der Arbeitgeber bewußt „vollendete Tatsachen" bevor er die Kündigung ausspricht, kann er sich nach § 162 BGB nicht darauf berufen, ein freier Arbeitsplatz stehe nicht zur Verfügung (BAG 22. 1. 1998 AP BGB § 613 a Nr. 173 = NZA 1998, 536; 15. 12. 1994 AP KSchG 1969 § 1 Betriebsbedingte Kündigung Nr. 66 = NZA 1995, 413; 5. 10. 1995 AP KSchG 1969 § 1 Betriebsbedingte Kündigung Nr. 71 = NZA 1996, 524; ebenso im Ergebnis LAG Berlin 29. 8. 1988 § 1 Betriebsbedingte Kündigung Nr. 14, das allerdings in diesen Fällen dogmatisch zweifelhaft den Beurteilungszeitpunkt relativieren will). Dementsprechend hat der kündigungsbedrohte Arbeitnehmer Vorrang vor einem Stellenbewerber (vgl. HKK/*Weller/ Dorndorf* § 1 Rn. 911; *Hueck/von Hoyningen-Huene* § 1 Rn. 397; ErfK/ *Ascheid* § 1 KSchG Rn. 479; *Preis* DB 1988, 1387, 1392). Gegenüber Arbeitnehmern vor Ablauf der Wartezeit (Rn. 310) oder innerbetrieblichen Stellenbewerbern (z. B. Auszubildenden) ist der betroffene Arbeitnehmer nur über die Sozialauswahl geschützt (vgl. *Hueck/von Hoyningen-Huene* aaO.).

234 ee) Weiterbeschäftigung zu unveränderten Bedingungen. Die anderweitige Beschäftigung muß sich für den Arbeitnehmer fachlich und persönlich eignen, um als milderes Mittel gegenüber einer Kündigung nutzbar zu sein. In Betracht kommen Arbeitsplätze, die der Arbeitgeber dem betroffenen Arbeitnehmer aufgrund seines Weisungsrechts ohne Änderung des Arbeitsvertrages zuweisen kann. Das Weisungsrecht und damit die Vergleichbarkeit der Arbeitsplätze hängt von der Ausgestaltung des Arbeitsvertrages ab (BAG 15. 12. 1994 AP KSchG 1969 § 1 Betriebsbedingte Kündigung Nr. 67 = NZA 1995, 521 unter II 1 c).

235 Die im Gesetz erwähnte Weiterbeschäftigungsmöglichkeit betrifft nur **vergleichbare** Arbeitsplätze. Grundsätzlich kommen zur Vermeidung einer Kündigung solche Stellen nicht in Betracht, die für den Arbeitnehmer zu einer

„Beförderung" führen würden. Der von einer Kündigung bedrohte Arbeitnehmer kann nicht verlangen, zur Aufrechterhaltung seines Arbeitsverhältnisses auf einer höheren Ebene der Betriebshierarchie beschäftigt zu werden. So hat z.B. ein Sachbearbeiter selbst dann keinen Anspruch auf Übertragung der Stelle eines Abteilungsleiters, wenn er für dessen Tätigkeit die formale Qualifikation besitzt und sich in Vertretungszeiten auf dieser Stelle bewährt hat (a.A. HKK/*Weller/Dorndorf* § 1 Rn. 909). § 1 Abs. 2 Satz 3 verlangt zu einer Weiterbeschäftigung des Arbeitnehmers unter „geänderten Arbeitsbedingungen" das Einverständnis des Arbeitnehmers. Daraus folgt, daß die geänderten Arbeitsbedingungen im Sinne des ultima-ratio-Grundsatzes ungünstiger sind als die bisherigen. Hinzu kommt die grundsätzliche Überlegung, daß der Arbeitnehmer keine Beförderung beanspruchen könnte, wenn er in einem ungefährdeten Arbeitsverhältnis stünde; durch die Kündigungslage kann er nicht bessergestellt werden (BAG 22. 1. 1998 AP BGB § 613a Nr. 173 = NZA 1998, 536; 5. 10. 1995, 10. 11. 1994, 29. 3. 1990 AP KSchG 1969 § 1 Betriebsbedingte Kündigung Nr. 71, 65, 50 = NZA 1996, 524, NZA 1995, 566 bzw. NZA 1991, 181; *Berkowsky* § 10 Rn. 40, 43).

Von diesem Grundsatz ist eine Einschränkung zuzulassen, wenn der Ar- **236** beitgeber durch Umgestaltung der bisherigen Arbeitsbereiche **funktionsähnliche Stellen** schafft und der Arbeitnehmer dort nach einer zumutbaren Umschulung und Fortbildung nach § 1 Abs. 2 Satz 3 KSchG weiterbeschäftigt werden kann (*Berkowsky* § 10 Rn. 44). Hebt der Arbeitgeber das gesamte technische Niveau bestimmter Arbeitsplätze an (z.B. infolge der Umstellung des Flugzeugparks von Propeller- auf Düsenmaschinen), ist er unter den genannten Voraussetzungen verpflichtet, den Arbeitnehmer für diese Arbeitsplätze zu qualifizieren (BAG 7. 5. 1968 AP KSchG Betriebsbedingte Kündigung Nr. 18). Nach der Entscheidung des BAG vom 29. 3. 1990 (BAG 29. 3. 1990 AP KSchG 1969 § 1 Betriebsbedingte Kündigung Nr. 50 = NZA 1991, 181) ist der Arbeitgeber allerdings auch bei zumutbaren Umschulungs- und Fortbildungsmaßnahmen nicht gezwungen, dem Arbeitnehmer eine „Beförderungsstelle" anzubieten. Daraus ergeben sich Abgrenzungsschwierigkeiten. Die Qualifizierung eines Piloten für Propellermaschinen zu einem Jetpiloten dürfte – zumindest bei einer engen Auslegung – als „Beförderung" anzusehen sein. Die Tatsache, daß der Gesetzgeber bei dem Widerspruchstatbestand des § 1 Abs. 2 Satz 3, 1. Alt. KSchG gerade den „Flugkapitän-Fall" vor Augen hatte, verdeutlicht aber, daß nicht jede Qualifizierung oder Verbesserung der Bezüge zu einer „Beförderung" und damit zum Verlust einer Weiterbeschäftigungsmöglichkeit führt. Entscheidend ist, ob die veränderte Tätigkeit dieselbe oder zumindest überwiegend gleich ist und von dem betroffenen Arbeitnehmer ausgeübt werden kann, nicht dagegen, ob sie höher vergütet wird (BAG 5. 10. 1995 AP KSchG 1969 § 1 Betriebsbedingte Kündigung Nr. 71 = NZA 1996, 524; ErfK/*Ascheid* § 1 KSchG Rn. 480; a.A. *Hueck/von Hoyningen-Huene* § 1 Rn. 397a – keine Berücksichtigung einer anderweitigen Beschäftigung bei höherer Vergütung; ferner zur Umgestaltung von Arbeitsplätzen *dies.* § 1 KSchG Rn. 373b; *von Hoyningen-Huene* Anm. EzA § 1 Betriebsbedingte Kündigung Nr. 77, *ders.* NZA 1994, 1009, 1011, jeweils mit ähnlichem Ergebnis). Keine Beförderung liegt z.B. vor, wenn in einem Gericht eine Kammer aufgelöst wird und die in ihrer ursprünglichen Tätigkeit nicht mehr einsetzbare Protokollführerin nach einer Fortbildung als Mitglied der neu gebildeten Servicegeschäftsstelle weiterbeschäftigt werden kann. Eine Kündigung ist nicht erforderlich, obwohl die neue Tätigkeit mit der Übernahme zusätzlicher Geschäftsstellentätigkeiten verbunden ist und aufgrund höherer Anforderungen mit einer Verbesserung ihrer Bezüge einhergeht.

237   Handelt es sich nach der Umgestaltung dagegen um eine **echte Beförderungsstelle**, also um einen Arbeitsplatz, der an den Arbeitnehmer **erheblich höhere fachliche Anforderungen** stellt, liegt kein Fall treuwidriger Bedingungsvereitelung im Sinne des § 162 BGB vor, wenn der Arbeitgeber den Arbeitnehmer für diese Beschäftigung nicht berücksichtigt. Diese Auffassung steht mit der neueren Rechtsprechung des BAG im Einklang. Organisiert der Arbeitgeber im Zuge technischer Erneuerung die Arbeitsabläufe neu oder/und streicht er Hierarchieebenen, besteht ein verringerter Beschäftigungsbedarf mit veränderten **Anforderungsprofilen** an die verbleibenden Stellen. Wird z.B. die Satzherstellung einer Zeitschrift in einen anderen Betriebsteil verlagert und läßt der Arbeitgeber die Satzarbeiten statt von Montierern/Fotosetzern durch (geringfügig besser vergütete) Schlußredakteure erledigen, fallen die ursprünglichen Arbeiten für Montierer/Fotosetzer weg. Wird die verbleibende Arbeit nur höher vergütet und bleibt sie im übrigen ganz überwiegend gleich, ist die Kündigung nur erforderlich, wenn sich diese Arbeitnehmer weder fachlich noch persönlich eignen, die Aufgaben an den neu geschaffenen Arbeitsplätzen (ggf. nach einer gewissen Einarbeitungszeit) zu erfüllen (BAG 5. 10. 1995, 10. 11. 1994 AP KSchG 1969 § 1 Betriebsbedingte Kündigung Nr. 71, 65; 30. 8. 1995 AP BetrVG 1972 Versetzung Nr. 5 = NZA 1996, 496; ErfK/*Ascheid* § 1 KSchG Rn. 480; KR/*Etzel* § 1 KSchG Rn. 629; *Preis* NZA 1997, 1073, 1081; für eine weitergehende Berücksichtigung von Beförderungsstellen HKK/*Weller/Dorndorf* § 1 Rn. 909; *Kittner/Trittin* § 1 KSchG Rn. 379).

238   Die **Konkurrenz** zwischen allen geeigneten Arbeitnehmern über die geringere Anzahl an verbleibenden Stellen ist über die **Sozialauswahl** nach § 1 Abs. 3 zu lösen (Rn. 266 ff.).

239 ff) Weiterbeschäftigung nach Umschulung und Fortbildung. Nach § 1 Abs. 2 Satz 3 KSchG hat der Arbeitgeber zur Vermeidung einer Kündigung Beschäftigungsmöglichkeiten zu berücksichtigen, die sich für den betroffenen Arbeitnehmer nach einer zumutbaren Umschulungs- oder Fortbildungsmaßnahme eignen. Auch diese Einwendung kann ohne den Widerspruch des Betriebs- bzw. Personalrats geltend gemacht werden. Durch die Bezugnahme in Satz 3 auf Satz 2 ist klargestellt, daß sich die Obliegenheit zur Weiterbeschäftigung nach zumutbaren Umschulungs- und Fortbildungsmaßnahmen auf alle Betriebe des Unternehmens erstreckt (BAG 29. 3. 1990 AP KSchG § 1 Betriebsbedingte Kündigung Nr. 50 = NZA 1991, 181; KR/*Etzel* § 1 KSchG Rn. 765).

240   Bei Ausspruch der Kündigung muß ein anderweitiger **Arbeitsplatz frei** sein. Zumindest muß **mit hinreichender Sicherheit voraussehbar** sein, daß nach Abschluß der Maßnahmen eine **Beschäftigungsmöglichkeit** vorhanden sein wird, die der dann erworbenen Qualifikation des Arbeitnehmers entspricht (BAG

7. 2. 1991 AP KSchG 1969 § 1 Umschulung Nr. 1 = NZA 1991, 806; *Ascheid*, Rn. 310; *Hueck/von Hoyningen-Huene* § 1 Rn. 539 a).

Weder aus dem Gesetz noch aus den Gesetzesmaterialien ergeben sich zu- **241** verlässige Anhaltspunkte dafür, was der Gesetzgeber unter den Begriffen Umschulung und Fortbildung verstanden hat und nach welchen Maßstäben der Begriff der Zumutbarkeit zu konkretisieren ist. Der Gesetzgeber hat diese Aufgabe damit weitgehend den Gerichten zugewiesen. Bis heute sind allerdings mangels einschlägiger Fälle von der Rechtsprechung keine Rechtssätze entwickelt worden, die eine rechtssichere Prüfung des Einzelfalls ermöglichen. Im dem Urteil vom 29. 7. 1976 (AP ZPO § 373 Nr. 1) hat das BAG allgemein ausgeführt, daß eine Pflicht zur Umschulung oder Fortbildung entfalle, wenn ihre Erfüllung dem Arbeitgeber auch bei ausreichender Berücksichtigung der Interessen des Arbeitnehmers nach Treu und Glauben nicht zuzumuten sei. Das BAG nahm in dieser Entscheidung darauf Bezug, daß die Pflicht zur Umschulung oder Fortbildung auch ohne die Aufnahme in die Widerspruchstatbestände schon vor der Gesetzesänderung aufgrund der allgemeinen Fürsorgepflicht bestanden habe. Erst in den Urteilen vom 29. 3. 1990 (BAG 29. 3. 1990 AP KSchG § 1 Betriebsbedingte Kündigung Nr. 50 = NZA 1991, 181) sowie vom 7. 2. 1991 (BAG 7. 2. 1991 AP KSchG 1969 § 1 Umschulung Nr. 1 = NZA 1991, 806) setzte sich das BAG mit den Tatbestandsmerkmalen auseinander. Es wies im nicht entscheidungserheblichen Teil des Urteils vom 7. 2. 1991 (aaO. unter II 3) die Literatur „im Sinne einer weiteren Rechtsentwicklung" darauf hin, daß auch unter Berücksichtigung der Gesetzesmaterialien die Frage weitgehend offen sei, was begrifflich unter zumutbaren Umschulungs- oder Fortbildungsmaßnahmen zu verstehen sei und wie sich die zeitliche Dauer der Maßnahme auf die Zumutbarkeit auswirke. Die Fragen sind wie folgt zu beantworten:

Es liegt zwar auf den ersten Blick nahe, den Begriff Umschulung im Sinne **242** der §§ 1 Abs. 4, 47 Abs. 1 BBiG und den Begriff Fortbildung im Sinne des § 1 Abs. 3 BBiG zu interpretieren (HKK/*Weller/Dorndorf* § 1 Rn. 921; *Kraft/Raab* Anm. EzA § 1 KSchG Personenbedingte Kündigung Nr. 9; KR/*Etzel* § 1 KSchG Rn. 766), was jedoch wegen der unterschiedlichen Zweckbestimmungen der Gesetze nicht möglich ist. Das BBiG regelt nur die inhaltliche Ausgestaltung von Berufsbildungsverhältnissen. Hingegen will das KSchG es dem Arbeitnehmer ermöglichen, nach einer Qualifikationsmaßnahme sein Arbeitsverhältnis zu geänderten Bedingungen fortzusetzen (ähnlich ErfK/*Ascheid* § 1 KSchG Rn. 622). Die dem Gesetzgeber bekannte Flugkapitän-Entscheidung des BAG vom 7. 5. 1968 (AP KSchG Betriebsbedingte Kündigung Nr. 18, Rn. 118) läßt erkennen, daß eine Umschulung im erlernten Beruf keine „berufliche" Umschulung im Sinne des Arbeitsförderungs- bzw. Berufsbildungsgesetzes voraussetzt. Deshalb ist unter den Begriffen Umschulung und Fortbildung **jede Bildungsmaßnahme in einem weiten Sinne** zu verstehen, die **geeignet** ist, dem Arbeitnehmer zu einer **bestimmten Qualifikation für eine** im Unternehmen **vorhandene Beschäftigungsmöglichkeit** zu verhelfen (*Ascheid* Rn. 311; *Berkowsky* § 10 Rn. 49). Obwohl damit keine exakte tatbestandliche Anbindung an das BBiG vorzunehmen ist, ergeben sich aus den Legaldefinitionen dennoch Anhaltspunkte für die Unterscheidung zwischen den Begriffen Umschulung und Fortbildung. Sie bestehen im Umfang der Weiterbildungsmaßnahme. **Umschulung ist die umfassendere Maßnahme:** sie zielt ab auf den Erwerb anderer beruflicher Kenntnisse und Fertigkeiten, die nach Abschluß der Maßnahme zur Verfügung stehen müssen. Mit einer Umschulung geht in der Regel eine Vertragsänderung einher. Bei einer **Fortbildung** behält der Arbeitnehmer hingegen die **gleiche Funktion,** wird aber im Rahmen des bestehenden Arbeitsvertrages im Zuge technischer Entwicklungen oder gestiegener Anforderungen im Beruf qualifiziert (somit im Ergebnis ähnlich *Ascheid* Rn. 312, *ders.* in ErfK § 1 KSchG Rn. 623 einerseits und KR/ *Etzel* § 1 KSchG Rn. 766 andererseits).

243   Eine Umschulung oder Fortbildung soll die **Weiterbeschäftigung auf gleicher Ebene ermöglichen.** Der Grundsatz, daß ein Arbeitnehmer nicht zur Vermeidung von Kündigungen zu qualifizieren ist, um dann auf einer höheren Ebene der Betriebshierarchie eingesetzt werden zu können (BAG 29. 3. 1990 AP KSchG § 1 Betriebsbedingte Kündigung Nr. 50 = NZA 1991, 181; KR/ *Etzel* § 1 KSchG Rn. 767), ist für den Fall einzuschränken, daß der Arbeitgeber den bisherigen Arbeitsbereich aufwertet und der Arbeitnehmer die veränderten Anforderungen nach einer zumutbaren Umschulung bzw. Fortbildung nach § 1 Abs. 2 Satz 3 KSchG erfüllen kann (ErfK/*Ascheid* § 1 KSchG Rn. 622, ferner Rn. 236 f.).

244   Der Arbeitgeber muß den Arbeitnehmer nicht umschulen oder fortbilden (lassen), wenn die ihm dadurch entstehenden Belastungen bei Berücksichtigung der Interessen des Arbeitnehmers nicht **zuzumuten** sind. Eine Vielzahl maßgeblicher Gesichtspunkte lassen sich in der „Faustformel" bündeln, daß Umschulungs- und Fortbildungsmaßnahmen um so nachhaltiger die Weiterbeschäftigung des Arbeitnehmers im Unternehmen sichern müssen, je stärker sie in die betrieblichen und wirtschaftlichen Belange des Arbeitgebers eingreifen (*Berkowsky* § 10 Rn. 54; ErfK/*Ascheid* § 1 KSchG Rn. 625; *Herschel/ Löwisch* § 1 Rn. 188; *Kiel* S. 129; *Löwisch* § 1 Rn. 269; *Preis*, Prinzipien, S. 169, 304). Die Zumutbarkeitsprüfung erfordert eine Interessenabwägung unter Berücksichtigung folgender Gesichtspunkte:

245   Das **Ausmaß der** dem Arbeitgeber zumutbaren betrieblichen und wirtschaftlichen **Belastungen** hängt von der **bisherigen und der restlichen Beschäftigungsdauer des Arbeitnehmers** ab, von seinem Lebensalter, seiner persönlichen und fachlichen Eignung und damit den Erfolgsaussichten der Maßnahme (vgl. zu letzterem Aspekt schon BAG 29. 7. 1976 AP ZPO § 373 Nr. 1). Kann der Arbeitgeber während der Maßnahme wenigstens teilweise über die Arbeitskraft des Arbeitnehmers verfügen, ist ihm eine berufliche Qualifikation des Arbeitnehmers eher zuzumuten. Wichtig sind die entstehenden Kosten für das Arbeitsentgelt sowie die Schulung, wobei in diesem Zusammenhang die wirtschaftliche Leistungsfähigkeit des Arbeitgebers mit in die Abwägung einzubeziehen ist. Ein Arbeitgeber, der die Steigerung eines schon beträchtlichen Gewinns bezweckt, kann bei der Fortbildung und Umschulung stärker in Anspruch genommen werden als ein Arbeitgeber, der eine Verlustsituation abwenden muß. Das Vorhandensein betrieblicher Schulungseinrichtungen spricht ebenso für die Zumutbarkeit wie eine (möglicherweise schon im Arbeitsvertrag vereinbarte) Bereitschaft des Arbeitnehmers, sich an den Weiter-

bildungskosten zu beteiligen. Von Bedeutung ist weiter eine Rückzahlungs-
vereinbarung für den Fall, daß das Arbeitsverhältnis auf Veranlassung des
Arbeitnehmers vor Ablauf einer vereinbarten Bindungsfrist beendet wird.
Auch die voraussichtliche Dauer der Maßnahme ist zu beachten, wobei sich
als normativer Anhaltspunkt für die Höchstdauer der Maßnahme die längste
gesetzliche Kündigungsfrist nach § 622 BGB (sieben Monate) anbietet (*Bitter/
Kiel* RdA 1994, 333, 344).

Zu berücksichtigen ist ferner die **gesamte Vertragsbeziehung.** Kriterien   **246**
ergeben sich aus der Art der geschuldeten Arbeitsleistung und aus der Vertragsdurchführung, insbesondere ob das Arbeitsverhältnis bereits durch zahl-
reiche Abmahnungen „belastet" ist. Von Bedeutung ist auch der konkrete
Kündigungssachverhalt. In Fällen verhaltensbedingter oder selbstverursach-
ter personenbedingter Kündigungen ist dem Arbeitgeber weniger Aufwand
abzuverlangen als z.B. bei Betriebsunfällen oder bei betriebsbedingten Kündigungen. Insoweit besteht ein Unterschied, ob der Arbeitgeber den bisherigen Arbeitsplatz in einen funktionsähnlichen anderen Arbeitsplatz umgestal-
tet hat oder der Arbeitnehmer eine anderweitige Beschäftigungsmöglichkeit
geltend macht, die zu dem bisherigen Arbeitsbereich keinen Zusammenhang
aufweist. Wenn eine ausreichende Anzahl qualifizierter Mitarbeiter für um-
gestaltete Arbeitsplätze zur Verfügung steht, können vom Arbeitgeber in der
Regel keine Maßnahmen zur Umschulung bzw. Fortbildung verlangt werden
(zu den Zumutbarkeitskriterien ErfK/*Ascheid* § 1 KSchG Rn. 625; *Berkowsky* § 10 Rn. 51; *Hueck/von Hoyningen-Huene* § 1 Rn. 399, 539; *Birk,*
FS Kissel, S. 51 ff.; *Kittner/Trittin* § 1 KSchG Rn. 402 ff.; *Preis,* Prinzipien,
S. 164 ff.).

Der **Arbeitnehmer** muß **mit der Umschulung oder Fortbildung einverstan-**   **247**
den sein. Aus der Formulierung in § 1 Abs. 2 Satz 3 KSchG kann nicht allein
geschlossen werden, das mit dem Wort „und" einbezogene Einverständnis
des Arbeitnehmers beziehe sich ausschließlich auf eine Beschäftigung zu solchen geänderten Arbeitsbedingungen, die ohne Umschulung bzw. Fortbildung
zur Verfügung ständen (BAG 7. 2. 1991 KSchG AP KSchG 1969 § 1 Umschulung Nr. 1 = NZA 1991, 806 unter B II 3). Daraus folgt zum einen, daß
es nach § 1 Abs. 2 Satz 3 KSchG einseitig auf die Zumutbarkeit für den Arbeitgeber ankommt (*Ascheid* Rn. 313; *ders.* in ErfK § 1 KSchG Rn. 624; HKK/
Weller/Dorndorf § 1 Rn. 925; *Galperin/Löwisch* § 102 Rn. 71; RGRK/*Weller*
vor § 620 Rn. 218; a.A. *Hueck/von Hoyningen-Huene* § 1 Rn. 399, 539;
KR/*Etzel* § 1 KSchG Rn. 767). Zum anderen steht bei einem fehlenden Einverständnis grundsätzlich die Unzumutbarkeit für den Arbeitgeber fest (HKK/
Weller/Dorndorf § 1 Rn. 926; *Hueck/von Hoyningen-Huene* § 1 Rn. 535,
539; *Löwisch* § 1 Rn. 270). Im Gegensatz dazu ist von einer Zumutbarkeit
auszugehen, wenn sich der Arbeitgeber die (ständige) Fortbildung im Arbeitsvertrag vorbehalten und der Arbeitnehmer sich damit einverstanden erklärt hat (ähnlich *Berkowsky* § 10 Rn. 50).

gg) Weiterbeschäftigungsmöglichkeit zu geänderten Bedingungen: Vorrang   **248**
der Änderungskündigung. Die Kündigung ist nach § 1 Abs. 2 Satz 3, 2. Alt.
KSchG unwirksam, wenn der Arbeitgeber den Arbeitnehmer auf einem an-

deren Arbeitsplatz zu **geänderten Arbeitsbedingungen** weiterbeschäftigen konnte und der Arbeitnehmer sich damit einverstanden erklärt hat. Nach dem Erforderlichkeitsgrundsatz kommen neben der Beschäftigung auf einem anderen (**geringerwertigen**) **Arbeitsplatz** alle Vertragsänderungen in Betracht, die das konkrete betriebliche Bedürfnis befriedigen, also z. B. auch eine **Teilzeitbeschäftigung** (LAG Düsseldorf 6. 5. 1977 DB 1977, 1370; ErfK/*Ascheid* § 1 KSchG Rn. 620; *Herschel/Löwisch* § 1 Rn. 189), die **Kürzung übertariflicher Leistungen** (*Stahlhacke/Preis/Vossen* Rn. 639; *Wagner* NZA 1986, 632 ff.) **oder des Arbeitsentgelts** (zu Änderungskündigungen zur Vermeidung einer betriebsbedingten Beendigungskündigung BAG 20. 8. 1998 AP KSchG 1969 § 2 Nr. 50 = NZA 1999, 255; 12. 11. 1998 AP KSchG 1969 § 2 Nr. 51 = NZA 1999, 471, dazu auch Rn. 436 ff.).

249 Im Urteil vom 27. 9. 1984 (AP KSchG 1969 § 2 Nr. 8 = NZA 1985, 455) hat das BAG die Grundsätze zum **Vorrang der Änderungskündigung vor der Beendigungskündigung** weiterentwickelt. Dieser Entscheidung lag der Fall zugrunde, daß ein bauleitender Obermonteur in den letzten Wochen vor der ordentlichen betriebsbedingten Kündigung mit einfachen Montagearbeiten beschäftigt war, die über die Kündigungsfrist hinaus weiter anfielen (zuvor bereits BAG 4. 12. 1959 AP KSchG § 1 Betriebsbedingte Kündigung Nr. 2; 13. 9. 1973 AP KSchG 1969 § 1 Betriebsbedingte Kündigung Nr. 2; 3. 2. 1977 AP KSchG 1969 § 1 Betriebsbedingte Kündigung Nr. 4; zur Rechtsprechungsentwicklung *Bitter/Kiel* RdA 1994, 333, 344).

250 *(1) Initiativlast des Arbeitgebers.* Der Arbeitgeber muß dem Arbeitnehmer von sich aus sowohl bei der außerordentlichen als auch bei der ordentlichen Kündigung und unabhängig von dem jeweiligen Kündigungsgrund eine beiden Parteien zumutbare Weiterbeschäftigung auf einem freien Arbeitsplatz auch unter geänderten (verschlechterten) Bedingungen anbieten. Nach den früheren Entscheidungen des BAG wurde für die ordentliche Kündigung eine entsprechende Obliegenheit zur Weiterbeschäftigung unter verschlechterten Bedingungen davon abhängig gemacht, daß der Arbeitnehmer eine entsprechende Bereitschaft vor Ausspruch der Kündigung oder unmittelbar danach zu erkennen gab (BAG 13. 9. 1973 AP KSchG 1969 § 1 Betriebsbedingte Kündigung Nr. 2). Im Hinblick auf die außerordentliche Kündigung hatte das BAG seine Auffassung bereits im Urteil vom 30. 5. 1978 geändert (BAG 30. 5. 1978 AP BGB § 626 Nr. 70; zweifelnd für die ordentliche Kündigung im Hinblick auf § 2 KSchG BAG 27. 8. 1982 – 7 AZR 195/80 – nv.). Die **Initiativlast** muß aber aus Gründen der **Sachnähe** auch bei der ordentlichen Kündigung **beim Arbeitgeber** liegen, weil der Arbeitnehmer erstmals durch die Kündigung mit der Frage der Bereitschaft konfrontiert wird (BAG 27. 9. 1984 AP KSchG 1969 § 2 Nr. 8 = NZA 1985, 455 unter II 3 b). Dies entspricht heute herrschender Auffassung (*Bitter/Kiel* RdA 1994, 333, 344; KR/*Rost* § 2 KSchG Rn. 18 c; *Preis*, Prinzipien, S. 301; RGRK/*Weller* vor § 620 Rn. 216; a. A. *Wank* RdA 1987, 129, 140). Es kann vom Arbeitnehmer nicht verlangt werden, daß er sich bei einer drohenden Kündigung oder unmittelbar nach Ausspruch derselben in einer Art Einwendung auf eine Weiterbeschäftigung zu verschlechterten Bedingungen beruft (vgl. *Käppler* in ihrer kritischen Anmerkung zur früheren Rechtsprechung des BAG in EzA § 626 BGB n. F. Nr. 66).

(2) Verfahren. Der Arbeitgeber muß nach dem Urteil des BAG vom 27. 9. **251** 1984 (BAG 27. 9. 1984 AP KSchG 1969 § 2 Nr. 8 = NZA 1985, 455 unter B II 3 c) gegenüber dem Arbeitnehmer in einem „klärenden Gespräch" eindeutig und unmißverständlich zum Ausdruck bringen, daß er das Arbeitsverhältnis beenden werde, wenn der Arbeitnehmer das Änderungsangebot ablehne. Ferner müsse der Arbeitgeber bei Ausspruch der Kündigung klarstellen, daß er das Vertragsangebot aufrechterhalte (unter B II 3 c cc). Innerhalb einer **Überlegungsfrist von einer Woche** habe der Arbeitnehmer dann die Möglichkeit, das Änderungsangebot (ggf. unter dem Vorbehalt des § 2 KSchG) anzunehmen. Die Wochenfrist sei angemessen, weil der Arbeitnehmer auch bei einer vom Betriebsrat angeregten Änderung des Vertrages (§ 1 Abs. 2 Satz 3 KSchG) mit Rücksicht auf die dem Betriebsrat eingeräumte Wochenfrist (§ 102 Abs. 2 Satz 1 BetrVG) seine Entscheidung treffen müsse (unter B II 3 c dd). Nehme er das Angebot danach unter Vorbehalt an, so müsse der Arbeitgeber eine entsprechende Änderungskündigung aussprechen. Lehne der Arbeitnehmer das Änderungsangebot vorbehaltlos und endgültig ab, könne der Arbeitgeber die Beendigungskündigung erklären. Insoweit werde der ultima-ratio-Grundsatz durch das Konsensprinzip begrenzt (unter B II 3 c bb).

Dieses Verfahren ist im Schrifttum auf Zustimmung (*Herschel/Löwisch* **252** § 1 Rn. 189; *Hönn* SAE 1986, 221 ff.; *Knorr/Bichlmeier/Kremhelmer* Kap. 10 Rn. 10 ff.; *Kiel* S. 113 f.; *Preis,* Prinzipien, S. 301) und auf Ablehnung gestoßen (*Ascheid* Rn. 306; HKK/*Weller/Hauck* § 2 Rn. 26; *Hueck/von Hoyningen-Huene* § 1 Rn. 146; *von Hoyningen-Huene* Anm. AP Nr. 8 zu § 2 KSchG 1969; *von Hoyningen-Huene/Linck* DB 1993, 1185, 1188 f.; *Kittner/Trittin* § 2 KSchG Rn. 5; KPK/*Bengelsdorf* § 2 Rn. 3; *Kraft* ZfA 1994, 463, 474; KR/*Rost* § 2 KSchG Rn. 18 d ff.; *Linck* AR-Blattei SD 1020.1.1 Rn. 41; *Rohlfing/Rewolle/Bader* § 2 Rn. 8). Es wirkt wegen der einwöchigen Überlegungsfrist kompliziert und ist als obligatorisches Verfahren abzulehnen (unter Aufgabe der in *Kiel* S. 113 f. vertretenen Auffassung).

Das Verfahren eines **klärenden Gesprächs vor Ausspruch der Kündigung 253** ist für den Arbeitgeber nicht verpflichtend, sondern eröffnet ihm nur die Option, daß er sich vor Ausspruch einer Kündigung endgültige Klarheit verschafft. Dafür besteht ein praktisches Bedürfnis vor allem dann, wenn der Arbeitgeber infolge einer unternehmerischen Entscheidung eine Reihe von Personalentscheidungen zeitgleich treffen muß (dazu Rn. 271). Auf eine Änderungskündigung kann auch nach einem klärenden Gespräch nur **ausnahmsweise** verzichtet werden. Grundsätzlich ist der Arbeitgeber gehalten (was ihm zur Vermeidung von Prozeßrisiken auch anzuraten ist) trotz Ablehnung beim Ausspruch der Kündigung das Änderungsangebot zu wiederholen und dem Arbeitnehmer die Annahme unter Vorbehalt und Erhebung einer Änderungsschutzklage zu ermöglichen. Denn die Ablehnung einer einverständlichen Vertragsänderung schließt nicht in jedem Falle aus, daß der Arbeitnehmer zur Weiterarbeit unter geänderten Bedingungen bereit ist, wenn die Änderung der

Arbeitsbedingungen sozial gerechtfertigt ist (KR/*Rost* § 2 KSchG Rn. 105). Hat hingegen der Arbeitnehmer auf ein den inhaltlichen Anforderungen des BAG entsprechendes klärendes Gespräch nach angemessener Überlegungszeit (§ 242 BGB) **unmißverständlich** erklärt, er lehne das Änderungsangebot **endgültig** und **vorbehaltlos** ab, kommt hinsichtlich der angebotenen Beschäftigung eine Verzichtsvereinbarung zustande. Jedenfalls handelt der Arbeitnehmer rechtsmißbräuchlich, wenn er sich später im Prozeß auf die abgelehnte Beschäftigungsmöglichkeit beruft. Der Arbeitgeber kann die Beendigungskündigung aussprechen (I.E. ebenso LAG Düsseldorf 8. 2. 1982 DB 1982, 1118; KR/*Rost* § 2 KSchG Rn. 105). Dies setzt aber voraus, daß das Angebot konkret ist und sich nicht auf die allgemeine Anfrage beschränkt, ob und unter welchen Bedingungen der Arbeitnehmer zu einer Weiterbeschäftigung bereit ist (*Berkowsky* § 10 Rn. 41 f., *Kiel* S. 110 f.).

254   Der Arbeitgeber kann, muß sich aber nicht vorrangig um eine solche Verhandlungslösung bemühen. Die Interessen des Arbeitnehmers sind gewahrt, wenn der Arbeitgeber sofort eine Änderungskündigung ausspricht. Der Arbeitnehmer kann dann innerhalb der Dreiwochenfrist des § 4 KSchG darüber entscheiden, ob er das Angebot ablehnen, es endgültig oder unter dem Vorbehalt seiner sozialen Rechtfertigung annehmen will. Die analoge Anwendung der Wochenfrist nach § 102 Abs. 1 BetrVG kann schon wegen der unterschiedlichen Rechtsfolgen nicht auf die Verhandlungen vor Ausspruch der Kündigung übertragen werden. Schweigt der Arbeitnehmer, muß der Arbeitgeber eine Änderungskündigung aussprechen (KR/*Rost* § 2 KSchG Rn. 18 e). An ein Schweigen auf ein Änderungsangebot kann nicht die Zustimmungsfiktion des § 102 Abs. 1 BetrVG geknüpft werden. Erklärt der Arbeitnehmer hingegen sein Einverständnis mit den neuen Bedingungen, bedarf es keiner Änderungskündigung mehr. Die Parteien haben sich auf einen Änderungsvertrag verständigt, der einer Vertragskontrolle nach allgemeinen Grundsätzen (§§ 119 ff., 138, 242 BGB) unterworfen ist. Erklärt der Arbeitnehmer sein Einverständnis vor Ausspruch der Kündigung unter Vorbehalt, liegt darin die Ankündigung einer Änderungsschutzklage für den Fall einer Änderungskündigung. In keinem Fall ist für den Arbeitgeber ein Abwarten der Wochenfrist erforderlich.

255   *(3) Geeignete anderweitige Beschäftigungsmöglichkeiten.* Unterläßt es der Arbeitgeber, dem Arbeitnehmer ein Änderungsangebot zu unterbreiten, kommt es nach dem Urteil vom 27. 9. 1984 (BAG 27. 9. 1994 AP KSchG 1969 § 2 Nr. 8 = NZA 1985, 455) darauf an, ob eine Weiterbeschäftigung des Arbeitnehmers zu geänderten Bedingungen beiden Vertragsparteien möglich und zumutbar ist, wobei nach Auffassung des BAG als Anhaltspunkt für die Zumutbarkeit auf die „Zumutbarkeitsanordnung" der *Bundesanstalt für Arbeit* zu § 103 Abs. 1 Nr. 2 a AFG zurückgegriffen werden könne (aaO. unter B II 3 c aa). Diese Vorschrift wurde inzwischen durch den seit 1. 4. 1997 gültigen § 121 SGB III ersetzt (dazu *Heinz* ZTR 1998, 493 ff.).

256   Zutreffend ist, daß der Arbeitgeber nur dann an den Arbeitnehmer herantreten muß, wenn überhaupt eine Beschäftigungsmöglichkeit zu geänderten Bedingungen besteht, die den persönlichen und fachlichen Fähigkeiten des betroffenen Arbeitnehmers entspricht. Der bauleitende Obermonteur kann einfache Montagearbeiten ausführen, wohingegen einem kaufmännischen Angestellten für eine solche anderweitige Beschäftigung die fachliche Kompetenz fehlt. Im übrigen ist der Kreis auswahlrelevanter Arbeitsplätze grundsätzlich „nach oben" begrenzt. Aus dem erforderlichen Einverständnis mit den geänderten Arbeitsbedingungen folgt, daß der Arbeitgeber grundsätzlich nur verpflichtet ist, den Arbeitnehmer zu verschlechterten Bedingungen weiterzubeschäftigen. Deshalb hat der Arbeitnehmer grundsätzlich keinen Anspruch, auf eine freie **Beförderungsstelle** in einer anderen Ebene der Betriebshierarchie beschäftigt zu werden (BAG 26. 3. 1990 AP KSchG 1969 § 1 Betriebsbedingte Kündigung Nr. 50 = NZA 1991, 181; *Berkowsky* § 10 Rn. 73; vgl. aber Rn. 235 ff.).

Die Prüfung ist auf die Eignung des Arbeitnehmers für die Beschäftigungs- **257** alternative zu beschränken. Die Zumutbarkeit eines Änderungsangebots ist darüber hinaus nicht entscheidend. Kann der Arbeitgeber dem Arbeitnehmer eine andere Beschäftigungsmöglichkeit im Wege des Direktionsrechts zuweisen, ist die Änderungskündigung nicht erforderlich, weil sie nicht das mildeste geeignete Mittel ist (Rn. 185, 262). Soweit dagegen nur die Möglichkeit anderweitiger Beschäftigung zu veränderten Bedingungen besteht, muß der Arbeitgeber ein entsprechendes Änderungsangebot unterbreiten. Ein Rückgriff auf die Zumutbarkeitsanordnung zu § 103 AFG bzw. § 121 SGB III ist ohnehin systemwidrig, weil diesen Regelungen spezifisch arbeitsförderungsrechtliche Gesichtspunkte zugrundeliegen. Es geht nicht darum, unter welchen Voraussetzungen der Arbeitnehmer seinen Anspruch auf Arbeitslosengeld verliert, wenn ihm die Arbeitsverwaltung eine zumutbare Stelle angeboten hat, sondern unter welchen Voraussetzungen der Arbeitnehmer zur Vermeidung einer Kündigung die Weiterbeschäftigung zu verschlechterten Bedingungen **beanspruchen** kann (*Berkowsky* aaO; *Kiel* S. 112; *Preis,* Prinzipien, S. 303, insb. Fn. 272). Sofern ein freier geeigneter Arbeitsplatz vorhanden ist, muß der Arbeitgeber nach § 1 Abs. 2 Satz 3 KSchG ohnehin das vorherige Einverständnis des Arbeitnehmers zur Weiterarbeit zu geänderten Bedingungen einholen. Letzterer entscheidet also selbst, ob er das Angebot annehmen will, die Weiterarbeit unter geänderten Bedingungen für ihn akzeptabel, d.h. zumutbar ist (*Berkowsky* § 10 Rn. 68 ff.; HKK/*Weller*/ *Dorndorf* § 1 Rn. 918; *Hillebrecht* ZfA 1991, 87, 114; *von Hoyningen-Huene* Anm. AP KSchG 1969 § 2 Nr. 8; *Hönn* SAE 1986, 221 ff.; *Hueck*/ *von Hoyningen-Huene* § 1 Rn. 150; *Kiel* S. 112; KR/*Rost* § 2 KSchG Rn. 18 h; *Preis,* Prinzipien, S. 303; *ders.* NZA 1997, 1073, 1077; *Stahlhacke*/ *Preis*/*Vossen* Rn. 639; RGRK/*Weller* vor § 620 BGB Rn. 216; a.A. KR/*Rost* § 2 KSchG Rn. 18 c).

(4) Hypothetisches Einverständnis. Deshalb ist es auch verfehlt, wenn das **258** BAG im Urteil vom 27. 9. 1984 (BAG 27. 9. 1984 AP KSchG 1969 § 2 Nr. 8 = NZA 1985, 455) untersucht, ob der Arbeitnehmer ein objektiv mögliches und geeignetes Angebot zur Weiterarbeit unter verschlechterten Bedingungen zumindest unter dem Vorbehalt des § 2 KSchG angenommen hätte, wenn der Arbeitgeber diese Möglichkeit nicht geprüft oder angeboten hat

(aaO. unter B II 3 d aa). Eine solche **hypothetische Prüfung** ist rein spekulativ und entzieht sich der richterlichen Erkenntnismöglichkeit. Unterläßt der Arbeitgeber das Angebot einer geeigneten Weiterbeschäftigungsmöglichkeit, ist die Kündigung unwirksam (*Berkowsky* § 10 Rn. 68 ff.; HKK/*Weller/Dorndorf* § 1 Rn. 919; *Hillebrecht* ZfA 1991, 87, 114; *von Hoyningen-Huene* Anm. AP KSchG 1969 § 2 Nr. 8; *Hönn* SAE 1986, 221 f.; *Hueck/von Hoyningen-Huene* § 1 Rn. 150; *Kiel* S. 114; *Kraft* Anm. EzA § 2 KSchG Nr. 5; KR/*Rost* § 2 KSchG Rn. 18 h; *Preis*, Prinzipien, S. 302 f.; *ders.* NZA 1997, 1073, 1077; *Stahlhacke/Preis/Vossen* Rn. 639; RGRK/*Weller* vor § 620 BGB Rn. 216).

259   In der Konsequenz dieser Auffassung kann sich ein Arbeitnehmer an sich auch auf **außergewöhnlich unterwertige Arbeitsplätze** berufen (*Berkowsky* § 10 Rn. 71). Um auszuschließen, daß er im Kündigungsschutzprozeß eine entsprechende Beschäftigungsmöglichkeit nur aus prozeßtaktischen Gründen geltend macht, muß der Kreis geeigneter anderweitiger Beschäftigungsmöglichkeiten unter Rückgriff auf die allen Rechten immanente Schranke aus § 242 BGB begrenzt werden. Als **ungeeignet** ist ein Arbeitsplatz anzusehen, der vom Standpunkt eines **objektiv urteilenden Arbeitgebers,** gemessen an dem **ursprünglichen Anforderungsprofil** sowie an ihrem **wirtschaftlichen und sozialen Status,** für einen vergleichbaren Arbeitnehmer nach Treu und Glauben unter Berücksichtigung der Verkehrssitte **schlechterdings nicht in Betracht kommt** (vgl. *Stahlhacke/Preis/Vossen* Rn. 639; HKK/*Weller/Dorndorf* § 1 Rn. 918 f.; *Kiel* S. 114; *Preis*, Prinzipien, S. 302; ähnlich DLW/*Dörner* D 1310). Methodische Bedenken bestehen gegen folgende Lösung, mit der ebenfalls ein interessengerechtes Ergebnis erzielt wird: eine Beendigungskündigung wird in eine Änderungskündigung zu den Bedingungen einer tatsächlich vorhandenen Weiterbeschäftigungsmöglichkeit umgedeutet. Dadurch werden die Parteien so gestellt, als habe der Arbeitgeber keine Beendigungs-, sondern eine Änderungskündigung ausgesprochen, die der Arbeitnehmer unter Vorbehalt angenommen hat. Stellt das Gericht nach entsprechender Änderung der Anträge (ggf. nach richterlichem Hinweis, § 139 ZPO) fest, daß die Absenkung der Arbeitsbedingungen nicht sozial ungerechtfertigt ist und das Arbeitsverhältnis zu den veränderten Bedingungen besteht, hat der Arbeitnehmer nach § 615 Abs. 1 BGB über den Ablauf der Kündigungsfrist hinaus nur noch Anspruch auf das entsprechende Arbeitsentgelt und der Arbeitgeber die Möglichkeit, den Arbeitnehmer im Rahmen des nunmehr bestehenden geänderten Arbeitsvertrages auch anderweitig einzusetzen (*Berkowsky* § 10 Rn. 72; im Ergebnis ebenso LAG Baden-Württemberg 23. 2. 1989 LAGE § 615 BGB Nr. 19, *Stahlhacke/Preis/Vossen* Rn. 615). Eine solche Umdeutung unterstellt allerdings nach § 140 BGB, daß der Arbeitgeber bei Kenntnis der Unwirksamkeit einer Beendigungskündigung eine entsprechende Änderungskündigung ausgesprochen hätte. Daran ist zu zweifeln. Es dürfte sich vielmehr um eine vom Gesetz nicht vorgesehene Fiktion eines Änderungsvertrages handeln.

260   Der Arbeitnehmer kann sich daneben nicht auf diejenigen im Kündigungszeitpunkt freien und geeigneten Stellen berufen, zu denen er nach Ausspruch der Kündigung erklärt hat, sie wären für ihn nicht in Betracht gekommen (LAG Köln 28. 10. 1986 LAGE § 1 KSchG Betriebsbedingte Kündigung Nr. 8). Ein derartiges widersprüchliches Erklärungsverhalten im Prozeß wäre rechtsmißbräuchlich. Der Arbeitgeber kann zudem im Prozeß Umstände dafür vorbringen, daß der Arbeitnehmer den von ihm beanspruchten Arbeitsplatz bei einem Angebot vor Ausspruch der Kündigung ohnehin nicht angenommen hätte (HKK/*Weller/Dorndorf* § 1 Rn. 919; KR/*Rost* § 2 KSchG Rn. 18). Diesem bleibt es dann jedoch unbenommen, die fehlende soziale Rechtfertigung der Beendigungskündigung mit dem Hinweis auf weitere Beschäftigungsmöglichkeiten oder aus anderen Gründen geltend zu machen (*Berkowsky* § 10 Rn. 58, 71).

hh) Auswahl bei mehreren Weiterbeschäftigungsmöglichkeiten. Fällt in ei- **261** nem Betrieb ein Arbeitsplatz weg, während mehrere geeignete anderweitige Beschäftigungsmöglichkeiten in den Betrieben des Unternehmens bestehen, hat der Arbeitgeber unter Beachtung der Wertungen des § 1 Abs. 2 Satz 2 und 3 KSchG zu entscheiden, welche Stelle er dem betroffenen Arbeitnehmer anbietet.

Eine Änderungskündigung ist unverhältnismäßig, wenn der Arbeitgeber **262** dem Arbeitnehmer einen Arbeitsplatz im Wege des Direktionsrechts zuweisen kann. Aus § 1 Abs. 2 Satz 3 und § 2 KSchG folgt, daß der **Vertragsinhalt stärker geschützt** ist **als die Vertragsausübung** aufgrund des Direktionsrechts. Auch die Änderungskündigung unterliegt dem das gesamte Kündigungsschutzrecht beherrschenden Grundsatz der Verhältnismäßigkeit (BAG 24. 4. 1997 AP KSchG 1969 § 2 Nr. 42 = NZA 1997, 1047; 26. 1. 1995 AP KSchG 1969 § 2 Rn. 37 = NZA 1995, 628; HKK/*Weller/Dorndorf* § 1 Rn. 918; *Hueck/von Hoyningen-Huene* § 1 Rn. 400 b; *von Hoyningen-Huene/Linck* DB 1993, 1185, 1188; *Preis*, Prinzipien, S. 307; *Stahlhacke/Preis/Vossen* Rn. 639).

Bestehen nach dem Arbeitsvertrag mehrere Beschäftigungsmöglichkeiten, **263** hat der Arbeitgeber dem Arbeitnehmer eine der Tätigkeiten im Rahmen seines Direktionsrechts zuzuweisen. Der Arbeitnehmer hat nur Anspruch auf vertragsgemäße Beschäftigung, die durch Ausübung des Weisungsrechts konkretisiert wird (*Berkowsky* NJW 1996, 291, 192 ff., *Hueck/von Hoyningen-Huene* § 1 Rn. 400 c). Für die im Hinblick auf die konkrete Weisung zu beachtende Vertragsausübungsschranke nach § 315 BGB gilt, daß der Arbeitgeber in seiner unternehmerischen Beurteilung grundsätzlich entscheiden kann, auf welche Weise er das unternehmerische Konzept am erfolgreichsten realisiert und wie er den Arbeitnehmer unter Beachtung seiner Qualifikation im Rahmen des Arbeitsvertrages am effektivsten einsetzt. Daran ändert auch die Kündigungslage nichts. Daneben muß der Arbeitgeber allerdings die mit einem Wechsel der Tätigkeit oder des Arbeitsplatzes verbundenen persönlichen Belastungen des Arbeitnehmers in seine Abwägung einbeziehen. Der Arbeitgeber ist hingegen nicht verpflichtet, bei der Zuweisung einer anderweitigen Beschäftigung das bei der konkreten Sachlage für den betroffenen Arbeitnehmer am wenigsten einschneidende Mittel auszuwählen (a. A. HKK/*Weller/Dorndorf* § 1 Rn. 878; *Preis*, Prinzipien, S. 307).

Sind für alle alternativen Beschäftigungsmöglichkeiten unterschiedliche Ver- **264** tragsänderungen erforderlich, muß das konkrete Änderungsangebot einer Verhältnismäßigkeitsprüfung Stand halten. Ermöglicht die Verschiedenartigkeit der Änderungsangebote **keinen objektiven Günstigkeitsvergleich** (weil sich z.B. entweder der Arbeitsort oder die Beschäftigung und das Arbeitsentgelt jeweils erheblich ändern), kann der Arbeitgeber im Rahmen des § 315 BGB entscheiden, welche anderweitige Stelle er dem Arbeitnehmer anbietet.

265 Bevor sich der Arbeitgeber in dieser Situation zu Versetzungen, Fortbildungen, Umschulungen und Änderungskündigungen entschließt, ist ihm anzuraten, mit den Arbeitnehmern **klärende Gespräche** zu führen und erst daraufhin seine Personalentscheidungen zu treffen. Für die Arbeitnehmer ergeben sich in einem solchen Fall in der Regel unterschiedliche persönliche Präferenzen. Während ein Arbeitnehmer die Verschlechterung von Arbeitsbedingungen in Kauf nimmt, um einen Ortswechsel zu vermeiden, bevorzugt der andere das unveränderte Einkommen, auch wenn damit ein Ortswechsel oder eine Umschulung verbunden ist. Eine Rechtspflicht zu einem solchen klärenden Gespräch besteht jedoch nicht (zu weitgehend deshalb *Bitter/Kiel* RdA 1994, 333, 351; ferner *Berkowsky* § 10 Rn. 41).

266 **ii) Konkurrenz von Arbeitnehmern um anderweitige Beschäftigung.** Sind mehrere Arbeitnehmer von der Reduzierung der Beschäftigungsmöglichkeiten betroffen, so daß für die Besetzung eines freien Arbeitsplatzes eine Auswahl zu treffen ist, steht der Arbeitgeber vor dem Problem, welchem Arbeitnehmer er die Arbeitsstelle zuweisen muß.

267 Eine Konkurrenz mehrerer Arbeitnehmer um eine andere Beschäftigung kann z.B. bei der Schließung einer Betriebsabteilung eintreten. Wenn ein in **demselben Betrieb** freier Arbeitsplatz dabei nach dem ultima-ratio-Grundsatz zwei Arbeitnehmern zugewiesen werden müßte, hat der Arbeitgeber nach den Grundsätzen der Sozialauswahl (§ 1 Abs. 3 und 4 KSchG) zu entscheiden, wem er die Kündigung erklärt. Der Arbeitgeber kann die erforderliche Sozialauswahl nicht dadurch umgehen, daß er den freien Arbeitsplatz zunächst mit einem Arbeitnehmer seiner Wahl besetzt und dann einem sozial schwächeren Arbeitnehmer mit der Begründung kündigt, eine Sozialauswahl sei nicht erforderlich, weil keine freie Stelle vorhanden sei. Dies folgt aus der normativen Kongruenz von betriebsbezogener Weiterbeschäftigungsobliegenheit nach § 1 Abs. 2 Satz 1 KSchG und betriebsbezogener sozialer Auswahl nach § 1 Abs. 3 KSchG. Erfolgt die Besetzung einer freien Stelle gleichermaßen in einem Akt aufgrund eines einheitlichen (nur durch eine logische Sekunde getrennten) Beschlusses, stellt die Zuweisung eines Arbeitsplatzes an den einen und die Kündigung des anderen Arbeitnehmers einen einheitlichen Vorgang dar. Andernfalls läge nicht nur eine Umgehung der Pflicht zur Sozialauswahl, sondern auch ein Verstoß gegen den Rechtsgedanken des § 162 BGB vor (BAG 30. 8. 1995 AP BetrVG 1972 § 99 Versetzung Nr. 5 = NZA 1996, 496; 15. 12. 1994 AP KSchG 1969 § 1 Betriebsbedingte Kündigung Nr. 66 = NZA 1995, 413; 23. 8. 1990 RzK I 7b Nr. 10; HKK/*Dorndorf* § 1 Rn. 1023, 1025; RGRK/*Weller* vor § 620 Rn. 224; *Stahlhacke/Preis/Vossen* Rn. 661). *Berkowsky* (§ 10 Rn. 26) kommt zu demselben Ergebnis, indem er erst den Wegfall des Beschäftigungsbedarfs feststellt, dann eine Sozialauswahl vornimmt und erst im Hinblick auf die dann verbleibenden Arbeitnehmer die Frage der anderweitigen Beschäftigungsmöglichkeit stellt.

Fallen in **verschiedenen Betrieben desselben Unternehmens** Arbeitsplätze **268**
weg und ist die Weiterbeschäftigung nur eines Arbeitnehmers möglich, hat
der Arbeitgeber bei der Besetzung des freien Arbeitsplatzes die **Grundsätze
der Sozialauswahl** (§ 1 Abs. 3 KSchG) **entsprechend** anzuwenden (LAG Düsseldorf 9. 7. 1993 LAGE § 1 KSchG Soziale Auswahl Nr. 12; ErfK/*Ascheid*
§ 1 KSchG Rn. 481, 818; *Berkowsky* NJW 1996, 291, 295; *ders.*, Die betriebsbedingte Kündigung § 8 Rn. 11, § 10 Rn. 78 ff., insb. Rn. 82; *Bitter/
Kiel* RdA 1994, 333, 351; *Hueck/von Hoyningen-Huene* § 1 Rn. 400 e–h;
von Hoyningen-Huene Anm. EzA § 1 Betriebsbedingte Kündigung Nr. 77,
S. 19 f.; *von Hoyningen-Huene/Linck* DB 1993, 1185, 1187 ff.; HKK/*Weller/
Dorndorf* § 1 Rn. 915, 1032; *Kiel* S. 91; *Kittner/Trittin* § 1 KSchG Rn. 512;
KR/*Etzel* § 1 KSchG Rn. 562, 630; *Löwisch* § 1 Rn. 260; *Preis* NZA 1997,
1073, 1081; *Stahlhacke/Preis/Vossen* Rn. 661; a. A. KPK/*Meisel* § 1 Rn. 492;
Lück S. 14 ff.; *Schiefer* NZA 1995, 662, 664). Das BAG hat diese Frage im
Urteil vom 15. 12. 1994 (BAG 15. 12. 1994 AP KSchG 1969 § 1 Betriebs-
bedingte Kündigung Nr. 66 = NZA 1995, 413) offengelassen und entschieden, der Arbeitgeber müsse die sozialen Belange der betroffenen Arbeitnehmer nach § 315 BGB berücksichtigen.

Das Schrifttum hat an der Entscheidung des BAG vom 15. 12. 1994 (aaO.) **269**
zutreffend kritisiert, daß die Anwendung des „weicheren Maßstabs" nach
§ 315 BGB methodisch inkonsequent sei. Zutreffend stellt das BAG eine
planwidrige Lücke **im Gesetz** fest, die nachträglich durch die Einführung der
Widerspruchstatbestände entstanden ist. Die Widerspruchsgründe des § 1
Abs. 2 Satz 2 KSchG sind in das Kündigungsschutzgesetz eingefügt worden,
ohne daß § 1 Abs. 3 KSchG geändert worden wäre. Der Arbeitgeber hat danach Arbeitsplätze in allen Betrieben seines Unternehmens zu berücksichtigen, eine Sozialauswahl aber nur betriebsbezogen durchzuführen. Weder § 1
Abs. 2 Satz 2 noch § 1 Abs. 3 KSchG regeln, wie die **Konkurrenzsituation**
von Arbeitnehmern um eine **freie Stelle außerhalb des Betriebes** zu lösen ist
(BAG 15. 12. 1994 AP KSchG 1969 § 1 Betriebsbedingte Kündigung Nr. 66
= NZA 1995, 413 unter B III 3 d). § 315 BGB eignet sich dabei nicht, um
diese Lücke zu schließen. Eine planwidrige Regelungslücke muß in möglichst
enger Anlehnung an das geltende Recht geschlossen werden. Die Interessenlage bei einem Auswahlverfahren hat der Gesetzgeber in § 1 Abs. 3 KSchG
geregelt, auch hinsichtlich der Berücksichtigung betrieblicher Belange (vgl.
§ 1 Abs. 3 Satz 2 KSchG). Die normativen Grundsätze über die Sozialauswahl verdrängen als spezielle Vorschrift die allgemeine Billigkeitsregel nach
§ 315 BGB, bei deren Anwendung unnötige Rechtsunsicherheiten bestehen
würden (vgl. *Hueck/von Hoyningen-Huene* § 1 Rn. 400 h; *von Hoyningen-
Huene* Anm. EzA § 1 KSchG Betriebsbedingte Kündigung Nr. 77; *Preis,
Löwisch* jeweils aaO., dazu Rn. 268). Die **Anwendung der Grundsätze der
Sozialauswahl** im Wege der nachvollziehenden Analogie ist **sachgerecht**.
Die Durchführung der Sozialauswahl ist auch deshalb zwingend, weil die
betroffenen Arbeitnehmer nach dem ultima-ratio-Grundsatz jeweils die
Beschäftigung auf dem freien Arbeitsplatz beanspruchen können. Der Ar-
beitgeber muß also alle geeigneten Arbeitnehmer gedanklich auf diese Ar-
beitsplätze versetzen, um dann bezogen auf den Betrieb, in dem die Beschäf-

tigungsmöglichkeit besteht, eine Sozialauswahl vorzunehmen (so bereits *Kiel* S. 90 f.).

270 Der Arbeitgeber hat eine Sozialauswahl ferner dann vorzunehmen, wenn nach einer **Verlagerung von Beschäftigungsmöglichkeiten in einen neuen Betrieb** desselben Arbeitgebers weniger Arbeitsplätze als vorher zur Verfügung stehen, und ein Teil der Arbeitnehmer diese Tätigkeiten erst nach einer **Einarbeitung** bzw. **zumutbaren Umschulung oder Fortbildung** nach Maßgabe des § 1 Abs. 2 Satz 3 verrichten kann (BAG 5. 10. 1995, 10. 11. 1994 AP KSchG 1969 § 1 Betriebsbedingte Kündigung Nr. 71, 65 = NZA 1996, 524 bzw. NZA 1995, 566; KR/*Etzel* § 1 KSchG Rn. 629). Die Sozialauswahl muß auch dann beachtet werden, wenn (z. B. im Zuge von Rationalisierungen durch Anschaffung neuer Maschinen) die Beschäftigungsmöglichkeiten für eine Gruppe von Arbeitnehmern entfallen, gleichzeitig aber in geringerer Zahl zusätzliche **Stellen zu verschlechterten Bedingungen** entstehen. Der Arbeitgeber hat dem bzw. den sozial schwächsten Arbeitnehmer(n) zunächst eine Änderungskündigung auszusprechen (*Hueck/von Hoyningen-Huene* § 1 Rn. 400 e).

271 Schwierig kann es für den Arbeitgeber werden, der bei einer **Mehrzahl betriebsbedingter Kündigungen** zu entscheiden hat, welchem Arbeitnehmer er welchen Arbeitsplatz zuweisen muß, wenn er bei einer größeren Anzahl von Arbeitnehmern nur einen Teil anderweitig einsetzen kann und diese **Beschäftigungsmöglichkeiten mit unterschiedlichen Arbeitsbedingungen** einhergehen bzw. **an unterschiedlichen Orten** bestehen. In dieser Fallkonstellation sind Fragen der Grenzen des Direktionsrechts, des Vorrangs der Änderungskündigung und der sozialen Auswahl aufeinander abzustimmen. Der Arbeitgeber muß im ersten Schritt die Arbeitnehmer, die von einer Kündigung bzw. von einer Änderung ihrer Arbeitsbedingungen verschont bleiben, in einer Sozialauswahl ermitteln. Unter den verbleibenden Arbeitnehmern erfolgt dann die Prüfung, wer von ihnen auf welchem Arbeitsplatz weiterbeschäftigt werden kann. Dazu muß der Arbeitgeber im Rahmen seines Direktionsrechts zuerst dem sozial schutzbedürftigsten Arbeitnehmer eine Beschäftigung zuweisen, zu deren Übernahme dieser arbeitsvertraglich verpflichtet ist. Stehen für diesen Arbeitnehmer keine Tätigkeiten zur Verfügung, die ohne Vertragsänderung auf ihn zu übertragen wären, muß der Arbeitgeber dem Arbeitnehmer eine entsprechende Änderungskündigung erklären. Nach diesem Muster hat der Arbeitgeber bei den weiteren Arbeitnehmern vorzugehen. Für den zuletzt verbleibenden Arbeitnehmer bzw. für denjenigen, der ein Änderungsangebot auch nicht unter Vorbehalt angenommen hat, steht die Beendigungskündigung fest (ähnlich *Bitter/Kiel* RdA 1994, 333, 351 in der ersten Lösungsvariante mit der wohl zu weitgehenden Abweichung, daß von den zur Kündigung anstehenden Arbeitnehmern zunächst dem sozial schutzbedürftigsten alle Beschäftigungsalternativen „zur Auswahl" angeboten werden müssen). Auch hierbei ist ein vorheriges klärendes Gespräch mit den Arbeitnehmern nützlich (Rn. 265).

272 jj) Anderweitige Beschäftigungsmöglichkeit bei verweigerter Zustimmung des Betriebsrats. Soweit die Zuweisung einer anderweitigen Beschäftigung als Versetzung iSd § 95 Abs. 3 BetrVG anzusehen ist, muß der Arbeitgeber nach

§ 99 Abs. 1 BetrVG die Zustimmung des Betriebsrats beantragen. Von praktischer Bedeutung ist der Widerspruchsgrund nach § 99 Abs. 2 Nr. 3 BetrVG. Konkurrieren mehrere Arbeitnehmer um eine Beschäftigung, kann die Versetzung eines Arbeitnehmers auf einen der freien Arbeitsplätze die Besorgnis auslösen, daß einem anderen Arbeitnehmer infolge dieser Maßnahme gekündigt wird. Der Betriebsrat kann die Zustimmung zu dieser Versetzung mit der Begründung verweigern, der Arbeitgeber habe **soziale Auswahlkriterien** nicht berücksichtigt (BAG 30. 8. 1995 AP BetrVG 1972 § 99 Versetzung Nr. 5 = NZA 1996, 496).

Gegen eine verweigerte Zustimmung kann der Arbeitgeber beim Arbeits **273** gericht das Ersetzungsverfahren nach § 99 Abs. 4 BetrVG betreiben. Ist die Maßnahme aus dringenden sachlichen Gründen erforderlich, kann er zudem die Versetzung oder Einstellung nach § 100 BetrVG als vorläufige Maßnahme durchführen, auch bevor sich der Betriebsrat geäußert bzw. das Arbeitsgericht die Zustimmung ersetzt hat. Das weitere Verfahren richtet sich dann nach § 100 Abs. 2 BetrVG. Steht aufgrund einer Entscheidung des Arbeitsgerichts fest, daß die vorläufige Maßnahme nicht aufrechterhalten bleiben darf bzw. die Zustimmung nicht ersetzt wird, darf der Arbeitgeber den Arbeitnehmer nicht wie beantragt (weiter-)beschäftigen. Die Versetzung ist ihm bei verweigerter Zustimmung aus Rechtsgründen nicht möglich. Der Arbeitgeber ist hingegen nicht verpflichtet, im Falle der Weigerung des Betriebsrats das Zustimmungsersetzungsverfahren gem. § 99 Abs. 4 BetrVG durchzuführen. Er muß das mit einem entsprechenden arbeitsgerichtlichen Verfahren verbundene Prozeßrisiko und das Risiko weiterer betrieblicher Konflikte nicht auf sich nehmen (BAG 29. 1. 1997 AP KSchG § 1 Krankheit Nr. 32 = NZA 1997, 709; ErfK/*Ascheid* § 1 KSchG Rn. 523, 616; *Herschel/Löwisch* § 1 Rn. 186; *Hueck/von Hoyningen-Huene* § 1 Rn. 534; *Kittner/Trittin* § 1 KSchG Rn. 534; einschränkend BBDW/*Bram* § 1 Rn. 302; *Berkowsky* § 10 Rn. 86; *Stahlhacke/Preis/Vossen* Rn. 638 Fn. 110 – Prüfung, ob der Betriebsrat einen Widerspruchsgrund nach § 99 Abs. 2 BetrVG gehabt hätte). Diese Grundsätze gelten sowohl bei Versetzungen in demselben Betrieb als auch für solche in einen anderen Betrieb des Unternehmens (BAG 22. 1. 1991 AP BetrVG 1972 § 99 Nr. 86 = NZA 1991, 569). Soll die Versetzung auf einen Arbeitsplatz in einem anderen Betrieb erfolgen, müssen die Betriebsräte des abgebenden und des aufnehmenden Betriebes die Zustimmung zur Versetzung bzw. zur Einstellung erteilen. Erfolgt die Weiterbeschäftigung zu geänderten Bedingungen auf der Grundlage der Änderungskündigung, ist der Betriebsrat zusätzlich nach § 102 Abs. 1 BetrVG anzuhören (BAG 30. 9. 1993 AP KSchG 1969 § 2 = NZA 1994, 615; *Hueck/von Hoyningen-Huene* § 1 Rn. 401).

kk) Darlegungs- und Beweislast. Nach § 1 Abs. 2 Satz 4 KSchG trifft den **274** Arbeitgeber die Darlegungs- und Beweislast dafür, daß eine Kündigung wegen Wegfalls des bisherigen Arbeitsplatzes durch dringende betriebliche Erfordernisse bedingt ist, ohne daß eine andere Beschäftigung möglich oder zumutbar wäre. Jedoch ist der Umfang der Darlegungs- und Beweislast davon abhängig, wie sich der Arbeitnehmer auf die Begründung der Kündigung einläßt. Bestreitet er nur den Wegfall des Arbeitsplatzes, genügt der allgemeine Vortrag des Arbeitgebers, wegen der betrieblichen Notwendigkeit sei eine Weiterbeschäftigung zu gleichen Bedingungen nicht möglich. Es obliegt dann dem Arbeitnehmer darzulegen, wie er sich eine anderweitige Beschäftigung vorstellt. Erst dann muß der Arbeitgeber erläutern, aus welchen Gründen eine Umsetzung nicht möglich gewesen wäre (BAG 20. 1. 1994 AP KSchG 1969 § 1 Konzern Nr. 8 = NZA 1994, 653; 27. 9. 1984 AP KSchG 1969 § 2 Nr. 8 = NZA 1985, 455 unter B II 3d bb; ErfK/*Ascheid* § 1 KSchG Rn. 494). Zur Darlegungs- und Beweislast bei Konzernbezogenen Arbeitsverhältnissen Rn. 221 f.).

275 Diese Grundsätze gelten bei einer anderweitigen Beschäftigungsmöglichkeit zu **geänderten (verschlechterten) Arbeitbedingungen** entsprechend: Der Arbeitnehmer muß vortragen, an welche Art der Weiterbeschäftigung er denkt. Dann muß der Arbeitgeber ausführen, daß keine Möglichkeit anderweitiger Beschäftigung zu den genannten Bedingungen bestanden hat oder aus welchen Gründen er einen vorhandenen Arbeitsplatz zugunsten des gekündigten Arbeitnehmers nicht berücksichtigen konnte. Es kommt nicht darauf an, ob der Arbeitnehmer seine Bereitschaft zu einer Weiterarbeit unter veränderten Bedingungen unverzüglich nach Ausspruch der Kündigung oder erst später im Verlaufe des Prozesses erklärt hat. Der Hinweis des Arbeitnehmers auf eine solche Beschäftigung drückt regelmäßig die Bereitschaft aus, daß er mit der damit verbundenen Änderung der Arbeitsbedingungen einverstanden ist. Dem Arbeitgeber bleibt deshalb nur die Möglichkeit, eine entsprechende Änderungskündigung zu erklären. Lehnt der Arbeitnehmer vor Ausspruch der Beendigungskündigung ein Änderungsangebot allerdings vorbehaltlos und endgültig ab und beruft er sich später im Prozeß auf diese Beschäftigungsmöglichkeit, handelt er widersprüchlich (§ 242 BGB). Im Einzelfall kann darin entweder ein Verzichtsvertrag oder ein rechtsmißbräuchliches Verhalten liegen (im Hinblick auf die Prüfung eines hypothetischen Einverständnisses a.A. BAG 27. 9. 1984 AP KSchG 1969 § 2 Nr. 8 = NZA 1985, 455 unter B II 3d bb).

276 Hat der Arbeitgeber dem Arbeitnehmer vor Ausspruch der Kündigung eine geeignete und ihm **zumutbare Umschulung oder Fortbildung** im Sinne des § 1 Abs. 2 Satz 3 KSchG nicht angeboten, und beruft sich der Arbeitnehmer im Prozeß auf eine Weiterbeschäftigungsmöglichkeit nach Durchführung einer entsprechenden Qualifikationsmaßnahme, ist die Kündigung sozial ungerechtfertigt, ohne daß ein hypothetisches Einverständnis oder die Zumutbarkeit für den Arbeitnehmer zu prüfen wäre. Es gelten die Grundsätze einer möglichen Weiterbeschäftigung zu geänderten Arbeitsbedingungen entsprechend. Der Arbeitgeber hat die gegen eine Weiterbeschäftigung des Arbeitnehmers nach zumutbarer Umschulung oder Fortbildung sprechenden Umstände darzulegen und zu beweisen (§ 1 Abs. 2 Satz 4 KSchG). Der Arbeitnehmer muß konkrete Anhaltspunkte für eine Weiterbeschäftigungsmöglichkeit nach einer Umschulung oder Fortbildung angeben (*Kraft/Raab* Anm. EzA § 1 KSchG Personenbedingte Kündigung Nr. 9). Der Hinweis auf die normale Personalfluktuation genügt auch bei größeren Unternehmen nicht (*Birk*, FS Kissel, S. 51, 64; *Gaul* BB 1995, 2422, 2423; *Hueck/von Hoyningen-Huene*

§ 1 Rn. 539 b; einschränkend bei tariflich „unkündbaren" Arbeitnehmern BAG 17. 9. 1998 AP BGB § 626 Nr. 148 = NZA 1999, 258), wohl aber der Vortrag, im Zeitpunkt des Ausspruch der Kündigung seien Arbeitnehmer mit einer vergleichbaren Qualifikation gesucht worden. Der Arbeitgeber hat dann darzulegen und gegebenenfalls zu beweisen, daß im Kündigungszeitpunkt kein entsprechender Beschäftigungsbedarf bestanden hat oder ihm die Umschulung bzw. Fortbildung unzumutbar war.

d) Interessenabwägung

Bei einer eingeschränkten Kontrolle unternehmerischer Entscheidungen auf **277** der Gestaltungsebene und einer Konzentration auf den „ultima-ratio-Grundsatz" bleibt für eine **umfassende Interessenabwägung** oder **Billigkeitserwägungen** kein Raum. Die vom Arbeitgeber verfolgten Ziele können nicht durch die möglicherweise entstehenden persönlichen Nachteile der betroffenen Arbeitnehmer in Frage gestellt werden. Unternehmerische Flexibilität ist unverzichtbar, um ein Unternehmen erfolgreich auf dem Markt führen zu können. Das Kündigungsrecht darf erforderliche Kündigungen nicht verhindern (*Berkowsky* § 6 Rn. 5; *Preis* NZA 1995, 241). Dies ergibt sich, wie schon frühzeitig kritisch angemerkt wurde, daraus, daß der Begriff der „unbilligen Härte" aus § 56 Abs. 1 AOG nicht in das KSchG übernommen wurde (vgl. zur damaligen Auffassung z. B. *Auffarth/Müller*, 1960, § 1 KSchG Rn. 204; *Herschel/Steinmann*, 5. Aufl. 1961, § 1 KSchG Rn. 41 a, 45). Auch das Merkmal „sozial ungerechtfertigt" hat nur eine „rechtstechnische Mittlerfunktion", um von der Rechtsfolge (Unwirksamkeit der Kündigung) auf die tatbestandlichen Voraussetzungen verweisen zu können (*Preis*, Prinzipien, S. 101 f., 198; *Stahlhacke/Preis/Vossen*, Rn. 613). Der Begriff „sozial" hat in § 1 KSchG deshalb keine selbständige tatbestandliche Bedeutung (im Gegensatz dazu die frühe Rechtsprechung des, vgl. nur BAG 20. 10. 1954 AP KSchG § 1 Nr. 6). Soziale Gesichtspunkte kennzeichnen allein die nach § 1 Abs. 3 und 4 KSchG vorzunehmende Auswahl, welchen Arbeitnehmer die nicht anders abwendbare Kündigung trifft (LAG Düsseldorf 2. 12. 1983 DB 1984, 618, 619; *Alp* S. 156 ff., 163; *Berkowsky* § 7 Rn. 120; *Bitter/Kiel* RdA 1994, 333, 346; *Boewer*, FS Gaul, S. 19, 27; ErfK/*Ascheid* § 1 KSchG Rn. 462; HKK/*Weller/ Dorndorf* § 1 Rn. 886, 942; *Hillebrecht* ZfA 1991, 87, 95; *Herschel/Löwisch* § 1 Rn. 180; *Hueck/von Hoyningen-Huene* § 1 Rn. 379, 381 f.; KPK/*Schiefer* § 1 Rn. 84; KR/*Etzel* § 1 KSchG Rn. 566; *Löwisch* § 1 Rn. 250; *Oetker* SAE 1991, 15, 18; *Preis,* Prinzipien, S. 208 ff.; *ders.* NZA 1995, 241, 248; *Stahlhacke/Preis/Vossen*, Rn. 619, 643; *Stahlhacke* DB 1994, 1361, 1367).

Entgegen seiner früheren Rechtsprechung, wonach eine betriebsbedingte **278** Kündigung nur dann als sozial gerechtfertigt angesehen wurde, wenn die betrieblichen Gründe die Kündigung bei verständiger Würdigung in Abwägung der Interessen der Vertragsparteien und des Betriebs billigenswert und angemessen erscheinen ließen (BAG 6. 2. 1960 AP KSchG § 1 Betriebsbedingte Kündigung Nr. 23; zuletzt BAG 17. 10. 1980 AP KSchG 1969 § 1 Betriebsbedingte Kündigung Nr. 10), hält das BAG nur noch im Hinblick auf etwaige Härtefälle an dem Erfordernis einer Interessenabwägung fest. Im Urteil vom 30. 4. 1987 hat es dazu ausgeführt, bei einer „an sich" betriebsbedingten Kündigung könne sich die stets gebotene Interessenabwägung nur in seltenen Fällen zugunsten des Arbeitnehmers auswirken; eine zumeist vorübergehende Weiterbeschäftigung des Arbeitnehmers sei zumutbar, wenn dieser aufgrund schwerwiegender persönlicher Umstände besonders schutzbedürftig sei (BAG 30. 4. 1987 AP KSchG 1969 § 1 Betriebsbedingte Kündigung Nr. 42, ferner BAG 18. 1. 1990 AP KSchG 1969 § 2 Nr. 27 = NZA 1990, 734; zustimmend DLW/*Dörner* D Rn. 1209). Im Schrifttum wird dieser Abwägungsraum mit einer Prüfung der Verhältnismäßigkeit im engeren Sinne (Proportionalität) erklärt, die als drittes Teilprinzip des Verhältnismäßigkeitsgrundsatzes stets zu prüfen sei (ErfK/*Ascheid* § 1 KSchG Rn. 462; *Wank* RdA 1987, 129, 136). Abgesehen davon, daß ein Ausnahmefall bisher in der Rechtsprechung des BAG nicht bekannt geworden ist, bedarf es für theoretisch denkbare Härtefälle keiner Proportionalitätsprüfung. Diese Sachverhalte wären im Rahmen der allgemeinen Kündigungsschranken aus §§ 138, 162, 242, 226 BGB zu berücksichtigen.

279 Dies bedeutet allerdings nicht, daß die betriebsbedingte Kündigung frei von Interessenbewertungen ist. Soweit in die Erforderlichkeitsprüfung Zumutbarkeitserwägungen einfließen, um die Eignung eines milderen Mittels festzustellen, können ausnahmsweise auch soziale Aspekte im Verhältnis der Arbeitsvertragsparteien eine Rolle spielen. Nach der ausdrücklichen Formulierung in § 1 Abs. 2 Satz 3 KSchG ist zu prüfen, ob der Arbeitgeber den Arbeitnehmer nach einer zumutbaren Umschulung oder Fortbildung weiterbeschäftigen kann. Das BAG hat dieses Erfordernis auf solche Stellen ausgedehnt, die in einem zumutbaren Zeitrahmen nach Ablauf der Kündigungsfrist frei werden (etwa BAG 15. 12. 1994 AP KSchG 1969 § 1 Betriebsbedingte Kündigung Nr. 67 = NZA 1995, 521; dazu Rn. 266 ff.).

III. Soziale Auswahl

1. Grundzüge und geschichtliche Entwicklung

280 Steht fest, daß dringende betriebliche Erfordernisse das Bedürfnis für die Weiterbeschäftigung eines oder mehrerer Arbeitnehmer entfallen lassen, muß der Arbeitgeber die Person des bzw. der zu kündigenden Arbeitnehmer nach den Grundsätzen der Sozialauswahl bestimmen. Führt der Arbeitgeber keine Sozialauswahl durch oder entspricht die Auswahl nicht den Grundsätzen nach § 1 Abs. 3, 4 KSchG, ist die Kündigung „trotzdem" sozial ungerechtfertigt.

281 Die Prüfung der Sozialauswahl erfolgt in **drei Schritten**. Zunächst sind die Arbeitnehmer zu ermitteln, zwischen denen die Sozialauswahl stattzufinden hat. Anschließend sind diese Arbeitnehmer nach sozialen Gesichtspunkten in eine Reihenfolge zu bringen (§ 1 Abs. 3 Satz 1 KSchG). Schließlich sind von der sozialen Auswahl diejenigen Arbeitnehmer auszunehmen, deren Weiterbeschäftigung durch betriebstechnische, wirtschaftliche oder sonstige berechtigte betriebliche Bedürfnisse bedingt ist (§ 1 Abs. 3 Satz 2 KSchG). Der

Arbeitnehmer hat die Tatsachen zu beweisen, die die Kündigung als sozial ungerechtfertigt im Sinne des § 1 Abs. 3 Satz 1 erscheinen lassen (§ 1 Abs. 3 Satz 3 KSchG). § 1 Abs. 4 KSchG ermöglicht es den Betriebs- und Tarifvertragsparteien, Richtlinien zu den Sozialdaten und deren Bewertung zu vereinbaren. Die hieran ausgerichtete Sozialauswahl ist nur auf grobe Fehlerhaftigkeit zu überprüfen.

Aufgrund des **Arbeitsrechtlichen Beschäftigungsförderungsgesetzes** vom **282** 25. 9. 1996 (BGBl. I S. 1476) wurden die Vorschriften zur Sozialauswahl mit Wirkung ab 1. 10. 1996 erheblichen Änderungen unterworfen; sie sind inzwischen durch Artikel 6 1. b) des **Gesetzes zu Korrekturen in der Sozialversicherung und zur Sicherung der Arbeitnehmerrechte** mit Wirkung ab 1. 1. 1999 weitgehend wieder rückgängig gemacht worden (BGBl. I 1998 S. 3843 (3849)). Die Wirksamkeit der Kündigung ist nach der jeweils zum Zeitpunkt des Kündigungszeitpunktes geltenden Gesetzesfassung zu beurteilen. Die neue Gesetzeslage ist deshalb für Kündigungen, die vor dem 1. 1. 1999 ausgesprochen wurden, nicht anwendbar (BAG 21. 1. 1999 NZA 1999, 866; *Däubler* NJW 1999, 601, 604; *Schiefer/Worzalla/Will* Rn. 41; a. A. *Buschmann* ArbuR 1999, 81; *Parkinus* DB 1999, 286).

§ 1 Abs. 3 KSchG gehört vor allem wegen der mangelnden Vorhersehbar- **283** keit gerichtlicher Entscheidungen und der Rechtsfolgen bei Auswahlfehlern bei Massenentlassungen zu den zentralen Streitpunkten der betriebsbedingten Kündigung (KR/*Etzel* 4. Aufl., § 1 KSchG Rn. 555 mwN.; *Bitter/Kiel* RdA 1994, 333, 351). Das Gesetz bestimmt die zu berücksichtigenden sozialen Gesichtspunkte in seiner derzeitigen Gesetzesfassung nicht näher und beschränkt sich auf einen generalklauselartigen Tatbestand. Die Konkretisierung und Gewichtung der „sozialen Gesichtspunkte" erfolgt im Wege des Richterrechts (MünchArbR/*Berkowsky* § 135 Rn. 55; im einzelnen Rn. 326 ff.). Eine wesentliche Änderung aufgrund des Arbeitsrechtlichen Beschäftigungsförderungsgesetzes bestand darin, daß in § 1 Abs. 3 KSchG als soziale Gesichtspunkte nur noch die Dauer der Betriebszugehörigkeit, das Lebensalter und die Unterhaltspflichten des Arbeitnehmers zu beachten waren. Eine weitere erhebliche Veränderung brachte die Neufassung des **§ 1 Abs. 3 Satz 2 KSchG.** Sie stellte das **Kernstück der Novellierung** dar. Mit dieser Regelung erweiterte der Gesetzgeber für den Arbeitgeber die Möglichkeit, einzelne Arbeitnehmer, deren Weiterbeschäftigung insbesondere wegen ihrer **Kenntnisse, Fähigkeiten und Leistungen** oder zur Sicherung einer **ausgewogenen Personalstruktur** im **berechtigten betrieblichen Interesse** lag, aus der Sozialauswahl herauszunehmen. In der Praxis ergaben sich infolge dieses erweiterten Ausnahmetatbestandes eine Reihe neuer Abgrenzungsprobleme (dazu ErfK/*Ascheid* § 1 KSchG Rn. 559; *Däubler* NJW 1999, 601, 602; *Hueck/von Hoyningen-Huene* § 1 Rn. 477; *Stahlhacke/Preis/Vossen* Rn. 672). Die Änderungen in § 1 Abs. 3 Satz 2 KSchG wurden mit Wirkung ab 1. 1. 1999 zurückgenommen. Es gilt wieder die Gesetzeslage vor dem 1. 10. 1996 mit der dazu ergangenen Rechtsprechung (vgl. *Däubler* NJW 1999, 601, 603; ausführlich Rn. 355 ff.).

Teilweise erhalten geblieben ist der seit dem 1. 10. 1996 geltende § 1 Abs. 4 **284** Satz 1 KSchG, der den Tarifvertrags- und Betriebsparteien einen erweiterten

Beurteilungsraum bei der Bewertung der sozialen Gesichtspunkte eingeräumt hat. Nach der Vorschrift aufgrund des Arbeitsrechtlichen Beschäftigungsförderungsgesetzes konnte in einem Tarifvertrag, einer Betriebsvereinbarung nach § 95 BetrVG oder in einer Richtlinie nach den Personalvertretungsgesetzen festgelegt werden, wie die sozialen Daten nach § 1 Abs. 3 KSchG (Dauer der Betriebszugehörigkeit, Lebensalter, Unterhaltspflichten) zueinander ins Verhältnis zu setzen sind. Die entsprechende Bewertung war nur auf **grobe Fehlerhaftigkeit** zu überprüfen. In der ab dem 1. 1. 1999 geltenden Fassung des § 1 Abs. 4 KSchG wird auf die ab diesem Zeitpunkt geltende Fassung des § 1 Abs. 3 KSchG Bezug genommen. Die sozialen Gesichtspunkte sind nicht auf die drei Grunddaten beschränkt. Demgemäß umfaßt die Neufassung des § 1 Abs. 4 KSchG nicht nur die Gewichtung der Sozialdaten, sondern erstreckt sich auch auf deren Auswahl, wobei allerdings die von der Rechtsprechung als unverzichtbar angesehenen drei Grunddaten nicht völlig ausgeschlossen sein dürfen (ausführlich Rn. 381 ff.).

285 Nur für die Zeit vom 1. 10. 1996 bis zum 31. 12. 1998 galten hingegen die ersatzlos gestrichenen Regelungen in § 1 Abs. 4 Sätze 2 und 3 KSchG. Sie enthielten die Möglichkeit, daß ein Arbeitgeber in **Betrieben ohne gewählte Arbeitnehmervertretung mit Zustimmung von mindestens zwei Dritteln der Arbeitnehmer** des Betriebes oder der Dienststelle Richtlinien entsprechend § 1 Abs. 4 Satz 1 KSchG schriftlich erlassen konnte. Dadurch sollte für betriebsratslose Betriebe und personalratslose Verwaltungen größere Rechtssicherheit bei betriebsbedingten Kündigungen geschaffen werden kritisch dazu *Hueck/von Hoyningen-Huene* § 1 Rn. 484 h). § 1 Abs. 4 Satz 2 KSchG war auf Kündigungen anwendbar, die nach Ablauf von sechs Monaten nach Erlaß der Richtlinie erklärt wurden. Diese Vorschrift, die eine besondere Art eines kollektiven Rechtsgeschäfts darstellte (ErfK/*Ascheid* § 1 KSchG Rn. 580; *Fischermeier* NZA 1997, 1089, 1095), warf eine Reihe von Fragen auf: Ungeregelt war das Verfahren, nach dem solche Richtlinien aufgestellt wurden; Einigkeit bestand darin, daß ein Mindestmaß an Verfahrensrecht gewährleistet sein mußte (ErfK/*Ascheid* § 1 KSchG Rn. 581; *Bader* NZA 1996, 1125, 1131; *von Hoyningen-Huene/Linck* DB 1997, 41, 44), so daß die Entscheidungsfreiheit des Arbeitnehmers garantiert war (vgl. *Hueck/von Hoyningen-Huene* § 1 Rn. 484 h; *Berkowsky* § 8 Rn. 223 – geheime Abstimmung). Ungeregelt war auch die Geltungsdauer dieser Richtlinien. Es wurde angenommen, daß die Belegschaft sie in gleicher Weise mit einer Mehrheit von zwei Dritteln wieder kündigen konnte, wobei teilweise die dreimonatige Kündigungsfrist des § 77 Abs. 5 BetrVG (vgl. *Bader* NZA 1996, 1125, 1131; *Berkowsky* § 8 Rn. 227) oder eine sechsmonatige Kündigungsfrist in Betracht gezogen wurden (vgl. *Giesen* ZfA 1997, 145, 164). Die Vorschrift hatte – soweit ersichtlich – keine große praktische Bedeutung.

286 Aufgrund der Regelung in § 1 Abs. 5 KSchG hatten die **Betriebsparteien** die Möglichkeit, die im Zuge einer Betriebsänderung zu kündigenden Arbeitnehmer im **Interessenausgleich namentlich zu bezeichnen**. Nach § 1 Abs. 5 Satz 2 KSchG konnte die **Sozialauswahl** unter den Voraussetzungen des Satzes 1 nur auf **grobe Fehlerhaftigkeit** überprüft werden. Diese Vorschrift verminderte das Prozeßrisiko für den Arbeitgeber. Sie galt vom 1. 10. 1996 und wurde mit Wirkung vom 1. 1. 1999 ersatzlos gestrichen, obwohl die Betriebsparteien in dieser Zeit von der Möglichkeit eines Interessenausgleichs mit Namensliste regen Gebrauch gemacht haben (*Däubler* NJW 1999, 601, 603). Entsprechend ihrer praktischen Bedeutung haben sich Rechtsprechung und Schrifttum mit den Konsequenzen dieser Regelung eingehend befaßt (BAG 21. 1. 1999 AP KSchG 1969 § 1 Konzern Nr. 9 = NZA 1999, 539; 10. 2. 1999 NZA 1999, 702; 7. 5. 1998 AP KSchG § 1 Namensliste Nr. 1 = NZA 1998, 933 bzw. NZA 1998, 1110; *Ascheid* RdA 1997, 333, 342 f.; *ders.* in ErfK § 1 KSchG Rn. 584 ff.; *Bader* NZA 1996, 1125, 1133; *Fischermeier* NZA 1997, 1089, 1097; *Gaul* ArbuR 1996, 264, 265; *Giesen* ZfA 1997, 145, 173 ff.; *Hold* AuA 1996, 365, 367; *Hueck/von Hoyningen-Huene* § 1 Rn. 484 i ff.; *HKK/Weller/Dorndorf* § 1 Rn. 1159 ff.; *Kappenhagen* NZA 1998, 968; *Kothe* BB 1998, 946, 950; KR/*Etzel* § 1 KSchG Rn 746; *Löwisch* NZA 1996 1009, 1011; *ders.* RdA 1997, 80, 81; *Moll* MDR 1997, 1039; *Neef* NZA 1997 65, 69; *B. Preis* DB 1998, 1614; *ders.* NZA 1997, 1073, 1086; *Piehler* NZA 1998, 970; *Schiefer* NZA 1997 915, 917; *ders.* NZA 1998, 925, 926; *ders.* DB 1997, 2174, 2176 ff.; *Schwedes* BB 1996, Beilage 17 S. 2, 4; *Zwanziger* ArbuR 1997 427, 430 f.; *ders.* DB 1997, 2174, 2175 f., 2178). **Unverändert gilt § 125 Abs. 1 InsO.** Nach dieser Vorschrift kann zwischen Insolvenzverwalter und Betriebsrat bei Betriebsänderungen ein Interessenausgleich mit Namensliste vereinbart werden (dazu Rn. 506 ff.).

§ 1 Abs. 5 KSchG wies redaktionelle Mängel auf, weil die dort genannten **287** „sozialen Gesichtspunkte" nicht mehr mit der ab 1. 10. 1996 geltenden Fassung des § 1 Abs. 3 Satz 1 KSchG übereinstimmten. Dies eröffnete Interpretationsräume. Umstritten war bei dieser Regelung in erster Linie aber die Frage, ob auch die **Nichteinbeziehung anderer Arbeitnehmer wegen fehlender Vergleichbarkeit** oder wegen **berechtigter betrieblicher Interessen** nur auf grobe Fehlerhaftigkeit überprüft werden konnte (bejahend LAG Köln 1. 8. 1997 LAGE § 1 KSchG Interessenausgleich Nr. 1; LAG Düsseldorf 11. 9. 1997 DB 1998, 926; ErfK/*Ascheid* § 1 KSchG Rn. 587; KR/*Etzel* § 1 KSchG Rn. 746; a. A. *Stahlhacke/Preis*, 6. Aufl., Nachtrag 1996 Rn. N 56). Die durch die Regelung in § 1 Abs. 5 KSchG erhöhte Rechtssicherheit bei der Sozialauswahl wurde einerseits begrüßt, während andererseits die Einschränkung des individuellen Rechtsschutzes Kritik hervorrief (dazu HKK/*Dorndorf* § 1 Rn. 1161). Zumindest hätten die Arbeitsgerichte das innere Prüfungsraster verfeinern und die Kontrolldichte erhöhen müssen, um den individuellen Rechtsschutz vor mißbräuchlicher Gestaltung durch die Betriebsparteien zu gewährleisten (vgl. *B. Preis* DB 1998, 1614, 1619).

Trotz ihrer Mängel sollte die Vorschrift zunächst beibehalten werden, da **288** sie der Rechtssicherheit diene und die Rolle der Betriebsräte stärke (vgl. BT-Drucks. 14/45, S. 36). Schließlich setzte sich aufgrund eines Berichts des Bundestagsausschusses aber die gegenteilige Überzeugung durch, wonach das Ziel einer Stärkung der Betriebsräte nicht erreicht und der Einzelfallgerechtigkeit bzw. dem individuellen Rechtsschutz mit der Regelung in § 1 Abs. 5 KSchG nicht ausreichend Rechnung getragen worden sei (vgl. BT-Drucks. 14/151, S. 38 f.). Verwenden die Betriebsparteien zukünftig Namenslisten, gehen davon für die Frage der zutreffenden Sozialauswahl keine rechtlichen Konsequenzen aus. Insbesondere scheidet eine Umdeutung der konkretisierenden Namenslisten in eine abstrakte Auswahlrichtlinie nach § 1 Abs. 4 KSchG aus (*Däubler* NJW 1999, 601, 603).

2. Auswahlrelevanter Personenkreis

a) Betriebsbezug der Sozialauswahl

289 Die Sozialauswahl ist auf alle vergleichbaren Arbeitnehmer des gesamten **Betriebes** zu erstrecken, und zwar unabhängig von dessen Größe, Lage und innerer Struktur. Es gilt der Betriebsbegriff des BetrVG (ErfK/*Ascheid* § 1 KSchG Rn. 518). Im öffentlichen Dienst erfolgt die Sozialauswahl auf der Ebene einer Dienststelle, die einem Betrieb entspricht (KR/*Etzel* § 1 KSchG Rn. 626; *Lingemann/Grothe* NZA 1999, 1072, 1075; *Schröder* ZTR 1995, 394, 396).

290 Der Arbeitgeber darf die Sozialauswahl nicht auf Arbeitnehmer eines **Betriebsteils** oder einer **Betriebsabteilung** beschränken (BAG 17. 9. 1998 AP KSchG 1969 § 1 Soziale Auswahl Nr. 36 = NZA 1998, 1332; 5. 5. 1994 AP KSchG 1969 § 1 Soziale Auswahl Nr. 23 = NZA 1994, 1023; 15. 6. 1989 AP KSchG 1969 § 1 Soziale Auswahl Nr. 18 = NZA 1990, 226; 26. 2. 1987 AP KSchG 1969 § 1 Soziale Auswahl Nr. 15 = NZA 1987, 775; 25. 4. 1985 AP KSchG § 1 Soziale Auswahl Nr. 7 = NZA 1986, 64; ErfK/*Ascheid* § 1 Rn. 518; *Berkowsky* § 8 Rn. 29 ff.; *ders.* in MünchArbR § 135 Rn. 29 f.; *Bitter/Kiel* RdA 1994, 333, 352; *Hueck/von Hoyningen-Huene* § 1 Rn. 434; *Herschel/Löwisch* § 1 Rn. 215; *Kittner/Trittin* § 1 KSchG Rn. 441; *Künzl* ZTR 1996, 385, 386; *Linck*, AR-Blattei SD 1020.1.2. Rn. 14). Auch bei räumlich weit entfernt liegenden Betriebsteilen, die nach § 4 Abs. 1 Nr. 1 BetrVG als selbständige Betriebe gelten, ist nach dem eindeutigen Gesetzeswortlaut kein Raum für eine einschränkende Auslegung (BAG 21. 6. 1995 RzK I 5 d Nr. 50; HKK/*Dorndorf* § 1 Rn. 1022, 1026; *Hueck/von Hoyningen-Huene* § 1 Rn. 434; KR/*Etzel* § 1 KSchG Rn. 626; *Linck*, AR-Blattei SD 1020.1.2 Rn. 15). Die Sozialauswahl ist nur dann auf einen Betriebsteil beschränkt, wenn der Arbeitnehmer nach dem Arbeitsvertrag nicht im Wege des Direktionsrechts in andere Betriebsteile versetzt werden kann. In diesem Fall fehlt es an einer Vergleichbarkeit im Sinne des § 1 Abs. 3 KSchG (BAG 17. 9. 1998 AP KSchG 1969 § 1 Soziale Auswahl Nr. 36 = NZA 1998, 1332; a. A. *Löwisch* § 1 Rn. 316; ausführlich Rn. 300 ff.).

291 Arbeitnehmer anderer Betriebe eines **Unternehmens** oder des **Konzerns** sind dagegen **nicht** in die Sozialauswahl **einzubeziehen**. Der Gesetzgeber hat den nach § 1 Abs. 2 Satz 1 KSchG ursprünglich betriebsbezogen ausgestalteten Kündigungsschutz durch die Widerspruchsgründe in § 1 Abs. 2 Sätze 2 und 3 KSchG nur für den Fall der Weiterbeschäftigungsmöglichkeit, nicht aber hinsichtlich der Sozialauswahl nach § 1 Abs. 3 KSchG unternehmensbezogen erweitert. Der Arbeitgeber ist deshalb nicht verpflichtet, für einen sozial schwächeren Arbeitnehmer einen Arbeitsplatz in einem anderen Betrieb seines Unternehmens freizukündigen (BAG 15. 12. 1994 AP KSchG 1969 § 1

Betriebsbedingte Kündigung Nr. 66 = NZA 1995, 413; 27. 11. 1991 AP KSchG 1969 § 1 Konzern Nr. 9 = NZA 1992, 644; 22. 5. 1986 AP KSchG 1969 § 1 Konzern Nr. 4 = NZA 1987, 124; 13. 6. 1985 AP KSchG 1969 § 1 Nr. 10 = NZA 1986, 600; *Bitter/Kiel* RdA 1994, 333, 352; ErfK/*Ascheid* § 1 KSchG Rn. 518; HKK/*Dorndorf* § 1 Rn. 1029; *Hueck/von Hoyningen-Huene* § 1 Rn. 435; KR/*Etzel* § 1 KSchG Rn. 625; *Linck*, AR-Blattei SD 1020.1.2. Rn. 18 f.; *Stahlhacke/Preis/Vossen* Rn. 661; *Windbichler,* S. 159 ff, 263 ff.; zur Rechtslage bei unkündbaren Arbeitnehmern Rn. 539). Dies gilt auch dann, wenn der Arbeitgeber den Arbeitnehmer aufgrund des arbeitsvertraglichen Direktionsrechts in einen anderen Betrieb auf den freizukündigenden Arbeitsplatz versetzen könnte (a. A. *Berkowsky* NZA 1996, 290, 294).

Betreiben hingegen mehrere Unternehmen einen **gemeinsamen Betrieb,** **292** müssen alle in diesem gemeinsamen Betrieb beschäftigten vergleichbaren Arbeitnehmer in die soziale Auswahl einbezogen werden, selbst wenn sie arbeitsvertraglich an verschiedene Unternehmen gebunden sind. Eine unternehmensübergreifende Sozialauswahl ist bei einem Gemeinschaftsbetrieb gerechtfertigt, weil die beteiligten Unternehmen einen einheitlichen Leitungsapparat für den gemeinsamen Betrieb gebildet haben, dem unter Beschränkung der eigenen Kompetenzen die erforderlichen personellen Befugnisse übertragen wurden. Die hierfür erforderliche Vereinbarung über die einheitliche Leitung kann auch aus tatsächlichen Umständen hergeleitet werden (BAG 5. 5. 1994 AP KSchG 1969 § 1 Soziale Auswahl Nr. 23 = NZA 1994, 1023; 13. 6. 1985 AP KSchG 1969 § 1 Nr. 10 = NZA 1986, 600; ErfK/*Ascheid* § 1 KSchG Rn. 519; HKK/*Dorndorf* § 1 Rn. 1027; *Hueck/ von Hoyningen-Huene* § 1 Rn. 436; *Kittner/Trittin* § 1 KSchG Rn. 438; KR/*Etzel* § 1 KSchG Rn. 626; *Linck,* AR-Blattei SD 1020.1.2. Rn. 20; weitergehend *Berkowsky* § 8 Rn. 71 ff. – keine Führungsvereinbarung erforderlich; zur anderweitigen Beschäftigung im Gemeinschaftsbetrieb Rn. 211). Wird die gemeinsame Leitungsstruktur (Führungsvereinbarung) beendet und der dann verbleibende, nur noch zu einem der Unternehmen gehörende Einzelbetrieb stillgelegt, entfällt die Notwendigkeit einer auf den gemeinsamen Betrieb bezogenen Sozialauswahl. Es besteht keine nachwirkende Pflicht einer unternehmensübergreifenden Sozialauswahl (BAG 13. 9. 1995 AP KSchG 1969 § 1 Betriebsbedingte Kündigung Nr. 72 = NZA 1996, 307; *Hueck/von Hoyningen-Huene* § 1 Rn. 436 a). Eine unternehmensübergreifende Sozialauswahl ist ferner bei einer **Spaltung** oder **Teilübertragung** nach §§ 123 ff., 174 ff. **UmwG** vorzunehmen. Führen die an der Spaltung oder Teilübertragung beteiligten Rechtsträger einen Betrieb gemeinsam weiter, gilt dieser nach § 322 Abs. 2 UmwG als Betrieb im Sinne des Kündigungsschutzgesetzes. Insoweit stellt das Gesetz die Rechtsfolge bei Bestehen eines Gemeinschaftsbetriebes klar: alle dort beschäftigten Arbeitnehmer sind in die Sozialauswahl einzubeziehen (*Bauer/Lingemann* NZA 1994, 1057, 1060; *Hueck/von Hoyningen-Huene* § 1 Rn. 436; *Kreßel* BB 1995, 925, 928; KR/*Etzel* § 1 KSchG Rn. 627; *Wlotzke* DB 1995, 40, 44). Vgl. zum UmwG ferner Rn. 533 f.

Konkurrieren Arbeitnehmer aus **verschiedenen Betrieben eines Unternehmens,** deren bisherige Beschäftigungsmöglichkeiten entfallen, um eine bzw. **293**

eine geringere Anzahl von Beschäftigungsmöglichkeiten in einem Betrieb, ist gleichfalls eine **betriebsübergreifende** Sozialauswahl durchzuführen. Für diesen Fall enthält § 1 Abs. 3 KSchG eine planwidrige Lücke. Nach der ursprünglichen Konzeption des KSchG waren betriebsbezogene Prüfung von Weiterbeschäftigungsmöglichkeiten und betriebsbezogene Sozialauswahl aufeinander abgestimmt. Eine Gesetzeslücke hat sich nachträglich dadurch ergeben, daß die anderweitige Beschäftigungsmöglichkeit infolge der Widerspruchstatbestände unternehmensbezogen zu prüfen ist, die Grundsätze der Sozialauswahl aber weiterhin betriebsbezogen anzuwenden sind. Es ist nicht anzunehmen, daß der Gesetzgeber in diesem Fall dem Arbeitgeber bei der Auswahl des Arbeitnehmers wie bei einer Neueinstellung freie Hand lassen wollte. Nach dem gesetzlichen Regelungsplan liegt es vielmehr nahe, die bei dieser Konstellation bestehende Rechtsschutzlücke durch eine analoge Anwendung des § 1 Abs. 3 KSchG zu schließen (*Hueck/von Hoyningen-Huene* § 1 Rn. 400 e–h, HKK/*Weller/Dorndorf* § 1 Rn. 915, 1032; KR/*Etzel* § 1 KSchG Rn. 562, 630; offengelassen von BAG 15. 12. 1994 AP KSchG 1969 § 1 Betriebsbedingte Kündigung Nr. 66 = NZA 1995, 413; dazu ausführlich Rn. 268 f.).

294   Zur Sozialauswahl bei Kündigungen im Zusammenhang mit einem Betriebsübergang Rn. 489 f., 494 f.

b) Horizontale Vergleichbarkeit der Arbeitnehmer

295   Der Arbeitgeber hat nur die Arbeitnehmer in die Sozialauswahl nach § 1 Abs. 3 Satz 1 KSchG einzubeziehen, die miteinander **vergleichbar** sind (BAG 17. 9. 1998 AP KSchG 1969 § 1 Soziale Auswahl Nr. 36 = NZA 1998, 1332; 29. 3. 1990 AP KSchG 1969 § 1 Betriebsbedingte Kündigung Nr. 50 = NZA 1991, 181; 5. 5. 1994 AP KSchG 1969 § 1 Soziale Auswahl Nr. 23 = NZA 1994, 1023). Vergleichbar sind Arbeitnehmer, die aufgrund ihrer **Fähigkeiten und Kenntnisse** sowie nach dem **Vertragsinhalt austauschbar** sind. Der Kreis der vergleichbaren Arbeitnehmer wird damit in doppelter Weise beschränkt.

296 aa) Fachliche und persönliche Qualifikation. Der Arbeitnehmer, dessen Arbeitsplatz weggefallen ist, muß die Tätigkeit anderer Arbeitnehmer wahrnehmen können. Ob dies der Fall ist, bestimmt sich nach **arbeitsplatzbezogenen** Merkmalen, d. h. nach der **ausgeübten Tätigkeit.** Eine Austauschbarkeit ist nicht nur bei völliger **Identität der Arbeitsplätze,** sondern auch dann zu bejahen, wenn der Arbeitnehmer aufgrund seiner bisherigen Aufgaben im Betrieb angesichts seiner beruflichen Qualifikation dazu in der Lage ist, die **andersartige,** aber **gleichwertige Arbeit** eines Kollegen zu verrichten. Bei einer partiellen Identität der Aufgabenbereiche kommt es darauf an, ob der Arbeitnehmer, dessen Arbeitsplatz wegfällt, aufgrund seiner tatsächlichen **Kenntnisse und Fähigkeiten** die Funktion anderer Arbeitnehmer ausüben kann (BAG 17. 9. 1998 AP KSchG 1969 § 1 Soziale Auswahl Nr. 36 = NZA 1998, 1332; KR/*Etzel* § 1 KSchG Rn. 632).

297   Auf **objektive Merkmale** für die Vergleichbarkeit mit gleichqualifizierten Arbeitnehmern kann nur in engen Grenzen abgestellt werden. Dazu zählen die **formale Qualifikation,** vor allem die **Berufsausbildung** (BAG 5. 5. 1994

AP KSchG 1969 § 1 Soziale Auswahl Nr. 23 = NZA 1994, 1023; LAG Hamm 13. 11. 1987 RzK I 5 c Nr. 25; *von Hoyningen-Huene* NZA 1994, 1009, 1013), die Zugehörigkeit zu den **gleichen Berufsgruppen** (Arbeiter/ Angestellte; Abteilungsleiter, Vorarbeiter, Facharbeiter, Hilfsarbeiter, KR/ *Etzel* § 1 KSchG Rn. 638) sowie zur **gleichen betriebshierarchischen Ebene.** Die **tarifliche Eingruppierung** kann in engen Grenzen herangezogen werden, vor allem bei einfachen Tätigkeiten (BAG 15. 6. 1989 AP KSchG § 1 Soziale Auswahl Nr. 18 = NZA 1990, 226; *Hueck/von Hoyningen-Huene* § 1 Rn. 451 ff.; *Kittner/Trittin* § 1 KSchG Rn. 454; KR/*Etzel* § 1 KSchG Rn. 632; *Linck,* AR-Blattei SD 1020.1.2 Rn. 49). Gelegentlich anfallende Zusatzarbeiten (z. B. Urlaubsvertretung), die für die Gesamttätigkeit nicht prägend sind, stehen einer Vergleichbarkeit nicht entgegen (*Kittner/ Trittin* § 1 KSchG Rn. 453).

Entscheidend ist die **subjektive Qualifikation.** Bedarf ein Arbeitnehmer erst **298** einer qualifizierten Fortbildung oder Umschulung, besteht keine Vergleichbarkeit. **Einarbeitungszeiten** stehen einer Vergleichbarkeit indes nicht entgegen, wobei es von den betrieblichen und persönlichen Umständen des Arbeitnehmers im Einzelfall abhängt, welcher Einarbeitungsaufwand noch angemessen ist (*Berkowsky* § 8 Rn. 79; *Hueck/von Hoyningen-Huene* § 1 Rn. 451 b; *Kittner/Trittin* § 1 KSchG Rn. 458; KR/*Etzel* § 1 KSchG Rn. 637). Hierbei sind die Dauer der Betriebszugehörigkeit, die berufliche Vorbildung und das Lebensalter zu beachten (vgl. HKK/*Dorndorf* § 1 Rn. 1047; KR/*Etzel* § 1 KSchG Rn. 637). Mit zunehmender **beruflicher Erfahrung** wird die betriebliche Erfahrung und Spezialisierung häufig einer Austauschbarkeit der Arbeitnehmer entgegenstehen (*Hueck/von Hoyningen-Huene* § 1 Rn. 451 a). Eine Vergleichbarkeit ist jedoch nicht schon aufgrund eines arbeitsplatzbezogenen „aktuellen Routinevorsprungs" zu verneinen (BAG 25. 4. 1985 AP KSchG 1969 § 1 Soziale Auswahl Nr. 7 = NZA 1986, 64; *Herschel/Löwisch* § 1 Rn. 128; *Hueck/von Hoyningen-Huene* § 1 Rn. 451; *Kittner/Trittin* § 1 KSchG Rn. 458). Andererseits ist eine **„alsbaldige Substituierbarkeit"** zu verlangen, die nach Auffassung des BAG bei einer voraussichtlichen Einarbeitungszeit zur Aneignung erforderlicher CAD-Kenntnisse bei 3 Monaten nicht mehr gegeben ist (BAG 5. 5. 1994 AP KSchG 1969 § 1 Soziale Auswahl Nr. 23 = NZA 1994, 1023). Ein wichtiger Anhaltspunkt ergibt sich deshalb aus dem Zeitraum, den ein Arbeitnehmer im Falle einer Versetzung, Umsetzung oder Neueinstellung für die Einarbeitung benötigen würde (BAG 5. 5. 1994 AP KSchG 1969 § 1 Soziale Auswahl Nr. 23 = NZA 1994, 1023; 15. 6. 1989 AP KSchG § 1 Soziale Auswahl Nr. 18 = NZA 1990, 226; *Ascheid* Rn. 326; *ders.* in ErfK § 1 KSchG Rn. 522; *von Hoyningen-Huene* NZA 1994, 1009, 1013; *Linck,* AR-Blattei SD 1020 1.2 Rn. 51). Als äußerste Grenze für eine Einarbeitungszeit ist auf eine im Betrieb übliche Probezeit abzustellen (vgl. *Bitter/Kiel* RdA 1994, 333, 353; *Färber* NZA 1985, 175, 176; *Hueck/ von Hoyningen-Huene* § 1 Rn. 451; *Linck* S. 52 f.; MünchArbR/*Berkowsky* § 135 Rn. 23; *Preis* NZA 1997, 1073, 1083; *Stahlhacke/Preis/Vossen* Rn. 664).

Gesundheitliche Leistungsmängel sind dagegen für die Bildung des Kreises **299** vergleichbarer Arbeitnehmer unbeachtlich. Das Interesse an einer leistungsstarken Belegschaft ist allein im Rahmen der berechtigten betrieblichen Bedürfnisse nach § 1 Abs. 3 Satz 2 KSchG zu berücksichtigen (HKK/*Dorndorf* § 1 Rn. 1050; *Hueck/von Hoyningen-Huene* § 1 Rn. 452; *Linck*, AR-Blattei SD 1020.1.2 Rn. 52; *Stahlhacke/Preis/Vossen* Rn. 664 entgegen BAG 6. 11. 1997 AP KSchG 1969 § 1 Nr. 42 = NZA 1998, 143; ferner Rn. 365 ff.).

300 **bb) Vertragliche Vorgaben.** Eine weitere Eingrenzung des auswahlrelevanten Personenkreises erfolgt durch den Inhalt der nach dem **Arbeitsvertrag geschuldeten Tätigkeit.** An einer Vergleichbarkeit im Sinne des § 1 Abs. 3 KSchG fehlt es, wenn der Arbeitgeber den Arbeitnehmer nicht einseitig (ohne Vertragsänderung oder Änderungskündigung) auf einen anderen Arbeitsplatz um- oder versetzen kann. Bei der Festlegung der vergleichbaren Arbeitnehmer ist zu prüfen, ob der räumliche Bereich der einbezogenen Arbeitnehmer dem räumlichen Funktionsbereich des Direktionsrechts entspricht. Die Vertragsparteien können dem Arbeitgeber durch eine weit gefaßte Beschreibung der zu leistenden Arbeit einen flexiblen Arbeitseinsatz einräumen mit der Folge, daß ihm im Gegenzug die Verpflichtung zu entsprechend weitgehender Sozialauswahl auferlegt wird. Wird die Leistungspflicht demgegenüber im Arbeitsvertrag auf einen Betriebsteil oder gar auf einen Arbeitsplatz verengt, so begrenzt sich der Kreis vergleichbarer Arbeitnehmer entsprechend. Die Gegenauffassung (*Löwisch* § 1 Rn. 316; zweifelnd auch *Preis* NZA 1997, 1073, 1083) will die Sozialauswahl auch auf diejenigen Arbeitnehmer erstrecken, die mit einer Änderung der Arbeitsbedingungen einschließlich einer Versetzung einverstanden sind, sofern der Betriebsrat zugestimmt hat. Sie überzeugt nicht. Im Gegensatz zur anderweitigen Beschäftigungsmöglichkeit nach § 1 Abs. 2 KSchG, die nach dem ultima-ratio-Grundsatz im Verhältnis von Arbeitgeber und Arbeitnehmer zu prüfen ist, ist die soziale Auswahl im Verhältnis der Arbeitnehmer zueinander zu treffen. Für eine Anwendung des Verhältnismäßigkeitsgrundsatzes ist in diesem Verhältnis kein Raum (BAG 17. 9. 1998 AP KSchG 1969 § 1 Soziale Auswahl Nr. 36 = NZA 1998, 1332; 21. 6. 1995 RzK I 5 d Nr. 50; 29. 3. 1990 AP KSchG 1969 § 1 Betriebsbedingte Kündigung Nr. 50 = NZA 1991, 181; 15. 6. 1989 AP KSchG 1969 § 1 Soziale Auswahl Nr. 18 = NZA 1990, 226; *Berkowsky* § 8 Rn. 55 ff., 64 f.; *Bitter/Kiel* RdA 1994, 333, 354; ErfK/*Ascheid* § 1 KSchG Rn. 520 f.; *Gaul* NZA 1992, 673, 674; *Hueck/von Hoyningen-Huene* § 1 Rn. 449; *Kittner/Trittin* § 1 KSchG Rn. 450; *Oetker*, FS Wiese, S. 333, 346 ff.; *Stahlhacke/Preis/Vossen* Rn. 665 aE.). Die Parteien dürfen die Grundsätze der Sozialauswahl allerdings nicht dadurch umgehen, daß sie den Arbeitsvertrag im Vorfeld der Kündigung verändern, um dadurch auf den Kreis der einzubeziehenden Arbeitnehmer Einfluß zu nehmen. Darin läge ein Vertrag zu Lasten Dritter (*Berkowsky* § 8 Rn. 47; *Gaul* NZA 1992, 674, 675; KR/*Etzel* § 1 KSchG Rn. 634; *Stahlhacke/Preis/Vossen* Rn. 665; a. A. *Kittner/Trittin* § 1 KSchG Rn. 451).

301   Daraus folgt zugleich, daß nur auf **derselben Ebene der Betriebshierarchie** beschäftigte Arbeitnehmer in die soziale Auswahl einzubeziehen sind (sog. **horizontale Vergleichbarkeit** der Arbeitnehmer). Die Vergleichbarkeit hängt nicht von der eigenen Entscheidung des Arbeitnehmers ab, auch zu den (veränderten) Arbeitsbedingungen anderer Arbeitnehmer weiterzuarbeiten. Durch eine entsprechende Erklärung würden Arbeitnehmer, die durch die unternehmerische Entscheidung nicht berührt waren, erstmals einer Gefährdung des Arbeitsplatzes ausgesetzt. **Wem aber aus betriebsbedingten Gründen nicht gekündigt werden kann, der ist nicht in die Sozialauswahl einzubeziehen.** Bei einer vertikalen Vergleichbarkeit würde ein „Verdrängungswettbewerb nach unten" stattfinden, der vom Gesetz nicht beabsichtigt ist und zudem auf ein unberechenbares Rotationsverfahren hinauslaufen würde (zu diesem Argument kritisch *Berkowsky* § 8 Rn. 45). Auch der zusätzlich in die Sozialauswahl einbezogene Arbeitnehmer könnte die Weiterbeschäftigung auf einem geringerwertigen Arbeitsplatz fordern. Der Arbeitgeber müßte möglicherweise zwei Prozesse mit nicht absehbaren Prozeßrisiken führen (BAG 4. 2. 1993 RzK I 5d Nr. 31; 29. 3. 1990 AP KSchG 1969 § 1 Betriebsbedingte Kündigung Nr. 50 = NZA 1991, 181; 7. 2. 1985 AP KSchG 1969 Soziale Auswahl Nr. 9 = NZA 1996, 260; ErfK/*Ascheid* § 1 KSchG Rn. 525; *Hueck/von Hoyningen-Huene* § 1 Rn. 448 f.; KR/*Etzel* § 1 KSchG Rn. 639 f.; *Linck*, AR-Blattei SD 1020.1.2 Rn. 53 ff., 57; *Löwisch* § 1 Rn. 320; MünchKomm/*Schwerdtner* vor § 620 Rn. 226; *Pottmeyer* SAE 1991, 210, 214; *Stahlhacke/Preis/ Vossen* Rn. 665; a. A. die frühere Rechtsprechung und Literaturmeinung BAG 19. 4. 1979 EzA § 1 KSchG Betriebsbedingte Kündigung Nr. 11; 4. 12. 1959 AP KSchG Betriebsbedingte Kündigung Nr. 2; *Dudenbostel* DB 1984, 826, 828; *Rost* ZIP 1982, 1396, 1402).

Die Sozialauswahl bezieht sich allerdings auch auf **unterwertige Tätigkei-** **302** **ten,** zu denen sich der Arbeitnehmer **im Arbeitsvertrag verpflichtet hat.** Dies folgt aus der Kongruenz von arbeitsvertraglich geschuldeter Tätigkeit und Umfang der Sozialauswahl. Der Kreis vergleichbarer Arbeitnehmer wird allein durch die vertragliche Gestaltung und nicht durch die einseitige Ausübung des Direktionsrechts beeinflußt (*Berkowsky* § 8 Rn. 47; *ders.* NZA 1996, 290, 292 ff.; *Gaul* NZA 1992, 673, 676; *Kittner/Trittin* § 1 KSchG Rn. 451 a; *Linck*, AR-Blattei SD 1020.1.2 Rn. 58; a. A. *Preis* NZA 1997, 1073, 1083; *Stahlhacke/Preis/Vossen* Rn. 665 a. E.).

Andererseits ist für die Bildung des auswahlrelevanten Personenkreises ei- **303** ne **Beschränkung des Direktionsrechts ohne Einfluß.** Das Gericht hat nicht im Rahmen der Sozialauswahl inzidenter zu prüfen, ob der Arbeitgeber in der Ausübung des Direktionsrechts nach § 315 BGB beschränkt ist. Dies gilt selbst für Arbeitnehmer, deren Arbeitspflicht sich aufgrund besonderer Umstände nach langjähriger Beschäftigung **auf einen bestimmten Arbeitsplatz konkretisiert** hat. Das Rechtsinstitut der Konkretisierung stellt eine einseitig begünstigende Vertragsänderung zugunsten des Arbeitnehmers dar. Er ist deshalb in die Sozialauswahl einzubeziehen, selbst wenn er sich gegen eine Versetzung unter Hinweis auf die zwischenzeitlich eingetretene Konkretisierung zur Wehr setzen könnte. Anderenfalls läge ein Wertungswiderspruch darin, daß sich der Schutz vor einer Versetzung in der Kündigungssituation zu seinen Lasten auswirkt. Die Pflicht des Arbeitgebers, vertraglich geschuldete Tätigkeiten anbieten zu müssen, wird deshalb nicht beschränkt (vgl. *Hueck/von Hoyningen-Huene* § 1 Rn. 450; *Linck*, AR-Blattei SD 1020.1.2 Rn. 59 f.; a. A. *Schröder* ZTR 1995, 394, 398). Wird einem Arbeitnehmer hingegen unter ausdrücklicher Änderung des Arbeitsvertrages eine Leitungsposition übertragen, so sind die ehemals vergleichbaren Arbeitnehmer ohne Leitungsfunktion bei einer späteren betriebsbedingten Kündigung nicht in die soziale Auswahl einzubeziehen (BAG 17. 9. 1998 AP KSchG 1969 § 1 Soziale Auswahl Nr. 36 = NZA 1998, 1332; *Linck,* AR-Blattei SD 1020.1.2 Rn. 62). Im Gegensatz zur Konkretisierung der Arbeitspflicht auf ein bestimmtes Tätigkeitsfeld ist die Ausübung des Direktionsrechts bei der Vertragsänderung ausgeschlossen.

c) Teilzeitbeschäftigte

304 Die arbeitsvertragliche Anbindung bezieht sich nur auf die inhaltlich geschuldete Leistung und nicht auf die Dauer und Lage der Arbeitszeit. **Teilzeitkräfte** sind deshalb grundsätzlich dem Kreis vergleichbarer Arbeitnehmer zuzurechnen. Bei gleicher Arbeitskapazität ist ohne die Berücksichtigung von Teilzeit und Vollzeit allein nach sozialen Gesichtspunkten auszuwählen (§ 2 Abs. 1 BeschFG). Die soziale Auswahl läßt sich an dem Beispiel von zwei vollzeitbeschäftigten Arbeitnehmern und einer vergleichbaren Teilzeitkraft mit 50% der Vollarbeitszeit verdeutlichen:

305 **Fallgruppe 1:** Der teilzeitbeschäftigte Arbeitnehmer ist sozial am wenigsten schutzbedürftig. Entfällt 50% des Beschäftigungsbedarfs für einen vollzeitbeschäftigten Arbeitnehmer, ist der Teilzeitkraft zu kündigen. Entfällt dagegen 100% des entsprechenden Beschäftigungsbedarfs, ist neben der Teilzeitkraft demjenigen Vollzeitbeschäftigten die Änderungskündigung zu erklären, der nach der Teilzeitkraft am wenigsten schutzbedürftig ist. Nimmt dieser Arbeitnehmer das Änderungsangebot nicht (zumindest unter Vorbehalt) an, wird die Kündigung als Beendigungskündigung wirksam. Davon würde wiederum der Teilzeitbeschäftigte profitieren, dessen Kündigung damit nicht mehr erforderlich wäre.

306 **Fallgruppe 2:** Ein vollzeitbeschäftigter Arbeitnehmer (V 1) ist sozial am wenigsten schutzbedürftig. Entfällt 100% des Beschäftigungsbedarfs für einen vollzeitbeschäftigten Arbeitnehmer, ist V 1 zu kündigen. Entfällt nur 50% des entsprechenden Beschäftigungsbedarfs, ist V 1 eine Änderungskündigung auf 50% der Arbeitszeit auszusprechen. Nimmt er dieses Angebot nicht (zumindest unter Vorbehalt) an, wird die Kündigung als Beendigungskündigung wirksam. In diesem Fall bestehen zwei Möglichkeiten: Der Teilzeitbeschäftigte kann sich mit einer Aufstockung seiner Arbeitszeit auf 100% einverstanden erklären. Lehnt er ab, muß der Arbeitgeber eine weitere Teilzeitkraft mit 50% der Vollarbeitszeit einstellen.

307 Eine Sozialauswahl erfolgt allerdings nur innerhalb der **Vorgaben der Organisationsentscheidung** des Arbeitgebers, dem es grundsätzlich freisteht, das Arbeitsvolumen nach sachlichen Gesichtspunkten in Vollzeit- und Teilzeitarbeitsplätze aufzuteilen (BAG 3. 12. 1998 AP KSchG 1969 Soziale Auswahl Nr. 39 = NZA 1999, 431; *Linck,* AR-Blattei SD 1020.1.2 Rn. 65 ff.; *Stahlhacke/Preis/Vossen* Rn. 664; *Bauer/Klein* BB 1999, 1162, 1164 f., die aber an die Darlegung der Organisationsentscheidung keine hohen Anforderungen stellen wollen). Aus dem unternehmerischen Konzept muß deutlich werden, wieviele vollzeit- und teilzeitbeschäftigte Arbeitnehmer der Arbeitgeber benötigt (Rn. 178). Er kann sich z.B. bei einem verringerten Beschäftigungsvolumen dafür entscheiden, sein Büro halbtags (vormittags) mit einer unveränderten Anzahl von Arbeitskräften zu besetzen. Entfällt in einem solchen Fall bei zwei Vollzeit- und zwei Halbtagsbeschäftigten der Beschäftigungsbedarf für eine Vollzeitstelle, muß der Arbeitgeber beiden Vollzeitarbeitnehmern eine Änderungskündigung aussprechen. Die betroffenen Arbeitnehmer können sich nicht darauf berufen, daß die Halbtagsbeschäftigten sozial weniger schutzwürdig seien (BAG 19. 5. 1993 AP KSchG 1969 § 2 Nr. 31 = NZA 1993, 1075; *Hueck/von Hoyningen-Huene* § 1 Rn. 443 a; *Linck* AR-Blattei SD 1020.1.2 Rn. 71; einschränkend *Reinfelder/Zwanziger* DB 1996, 677, 680 f., die danach differenzieren, ob betriebsbedingte Gründe eine bestimmte Arbeitszeitgestaltung erfordern).

Der Arbeitgeber kann sich andererseits für die **Beibehaltung einer Vollzeit-** **308** **stelle** entscheiden. Soll z.B. eine in der Buchhaltung teilzeitbeschäftigte Arbeitnehmerin nach Fortfall von Tätigkeiten ins Sekretariat wechseln, ist sie mit den vollzeitbeschäftigten Sekretärinnen nur dann vergleichbar, wenn der Arbeitgeber nicht im Zeitpunkt der Kündigung die willkürfreie Unternehmerentscheidung getroffen hat, das Sekretariat kontinuierlich durch Vollzeitbeschäftigte besetzt zu halten (BAG 3. 12. 1998 AP KSchG 1969 § 1 Soziale Auswahl Nr. 39 = NZA 1999, 431). In diesem Fall setzt eine Vergleichbarkeit voraus, daß er die Arbeitszeit eines teilzeitbeschäftigten Arbeitnehmers kraft Direktionsrechts an die **veränderte Arbeitszeitdauer** eines sozial stärkeren Arbeitnehmers anpassen kann. Der Arbeitgeber muß die sozial schwächeren Arbeitnehmer deshalb nicht vor Ausspruch der Kündigung fragen, ob sie gegebenenfalls zu einer Weiterarbeit auf einem verbleibenden Arbeitsplatz mit einer anderen Dauer der Arbeitszeit einverstanden wären (KR/*Etzel* § 1 KSchG Rn. 635, *Schröder* ZTR 1995, 394, 398; KPK/*Meisel* § 1 Rn. 510; a. A. LAG Köln 20. 8. 1993 NZA 1994, 317; HKK/*Dorndorf* § 1 Rn. 1046; *Kittner/Trittin* § 1 KSchG Rn. 457; *Löwisch* § 1 Rn. 319; *Rühle* DB 1994, 834, 837; ferner Hess. LAG 14. 7. 1997 LAGE § 1 KSchG Soziale Auswahl Nr. 23 – Vergleichbarkeit jedenfalls, wenn die Teilzeitbeschäftigten bei Kündigungsausspruch vorbehaltlos bereit waren, künftig einen Vollzeitarbeitsplatz zu übernehmen). Dieser Grundsatz wird nach § 242 BGB begrenzt. Der Arbeitgeber hat das Einverständnis der Arbeitnehmer zu einer veränderten Dauer der Arbeitszeit ausnahmsweise dann einzuholen, wenn sich die Arbeitszeiten von Teilzeitbeschäftigten nur **geringfügig** unterscheiden und der Arbeitgeber aufgrund der Umstände davon ausgehen muß, daß der betroffene Arbeitnehmer einer Anpassung seiner Stundenzahl zustimmt. Dies gilt vor allem dann, wenn eine solche Anpassung der Arbeitszeiten an betriebliche Erfordernisse in der Vergangenheit verschiedentlich stattgefunden hat.

Liegt **keine Organisationsentscheidung** vor, wonach bestimmte Arbeiten **309** durch Vollzeitbeschäftige bzw. durch Arbeitnehmer mit einem bestimmten Stundenkontingent erledigt werden sollen, kann eine personelle Überkapazität nur dadurch abgebaut werden, daß eine **Sozialauswahl unter Teil- und** **Vollzeitbeschäftigten** durchgeführt wird. Ist der Teilzeitarbeitnehmer unter Berücksichtigung sozialer Auswahlgesichtspunkte gegenüber einem vollzeitbeschäftigten Arbeitnehmer sozial schwächer, muß der Arbeitgeber eine Änderungskündigung zur entsprechenden Reduzierung der Arbeitszeit aussprechen, um die Weiterbeschäftigung des Teilzeitarbeitnehmers zu ermöglichen. Nach § 2 Abs. 1 BeschFG darf die Teilzeitbeschäftigung auch bei der Sozialauswahl nicht zum Nachteil des Arbeitnehmers berücksichtigt werden (BAG 3. 12. 1998 AP KSchG 1969 § 1 Soziale Auswahl Nr. 39 = NZA 1999, 431; Hess. LAG 30. 10. 1996 LAGE § 1 KSchG Soziale Auswahl Nr. 23; LAG Köln 20. 8. 1993 NZA 1994, 317; GKTzA/*Lipke* Art. 1 § 2 Rn. 264; *Hueck/ von Hoyningen-Huene* § 1 Rn. 443 ff.; *Kittner/Trittin* § 1 KSchG Rn. 456 f.; *Künzl* ZTR 1996, 385, 388; *Linck*, AR-Blattei SD 1020.1.2 Rn. 68; *Löwisch* § 1 Rn. 319; MünchArbR/*Schüren* § 158 Rn. 195 ff.; a. A. *Schröder* ZTR 1995, 394, 398). Ist in diesem Fall eine Änderung der vertraglich festgelegten **Lage der Arbeitszeit** erforderlich, verlangt das Diskriminierungsverbot des § 2 Abs. 1 BeschFG vom Arbeitgeber, daß er dem teilzeitbeschäftigten Arbeitnehmer die Anpassung der Arbeitszeiten anbietet. Denn anderenfalls hätten Teilzeitbeschäftigte entweder den Nachteil eines weiten Direktionsrechts im Bezug auf Lage und Umfang der Arbeitszeit hinzunehmen (was im Extremfall auf eine Abrufarbeit hinausliefe) oder würden nicht in den Kreis vergleichbarer Arbeitnehmer einbezogen. Lehnt der Teilzeitbeschäftigte andere Arbeitszeiten ab, zu denen eine Weiterarbeit möglich wäre, ist er nicht in den Kreis vergleichbarer Arbeitnehmer einzubeziehen.

d) Arbeitnehmer ohne Kündigungsschutz

310 Arbeitnehmer ohne Kündigungsschutz sind nicht in die Sozialauswahl einzubeziehen (dazu BAG 25. 4. 1985 AP KSchG § 1 Soziale Auswahl Nr. 7 = NZA 1986, 64 unter Aufgabe seiner früheren Rechtsprechung, z. B. BAG 20. 1. 1961 AP KSchG § 1 Betriebsbedingte Kündigung Nr. 7). Der Gesetzgeber hat durch die sechsmonatige Wartezeit in § 1 Abs. 1 KSchG zum Ausdruck gebracht, daß ein Arbeitnehmer mit einer geringeren Betriebszugehörigkeit keinen Kündigungsschutz genießt. Er darf deshalb weder einem Arbeitnehmer mit Kündigungsschutz vorgezogen werden noch kann er sich auf die Fehlerhaftigkeit der Sozialauswahl berufen. Etwas anderes gilt nur dann, wenn berechtigte betriebliche Erfordernisse im Sinne des § 1 Abs. 2 Satz 3 KSchG die Weiterbeschäftigung dieses Arbeitnehmers bedingen (vgl. *Bitter/Kiel* RdA 1994, 333, 354; ErfK/*Ascheid* § 1 KSchG Rn. 552; *Hueck/von Hoyningen-Huene* § 1 Rn. 460; KR/*Etzel* § 1 KSchG Rn. 676; *Linck*, AR-Blattei SD 1020.1.2 Rn. 43 f.; *Löwisch* § 1 Rn. 321; *Stahlhacke/Preis/Vossen* Rn. 663; enger HKK/*Dorndorf* § 1 Rn. 1057 – Arbeitnehmer ohne allgemeinen Kündigungsschutz ist stets vor Arbeitnehmern mit Kündigungsschutz zu kündigen).

311 Da sich die Beschränkung des Kündigungsschutzes nach § 14 Abs. 2 KSchG nicht auf § 1 KSchG bezieht, ist auch unter vergleichbaren **leitenden Angestellten** eine Sozialauswahl vorzunehmen (KR/*Etzel* § 1 KSchG Rn. 677).

e) Freigestellte Arbeitnehmer

312 Arbeitnehmer, die aufgrund eines Sonderurlaubs, der Abordnung zu einem anderen Unternehmen oder zu einer Arbeitsgemeinschaft (z. B. im Baugewer-

126

be nach § 9 Nr. 2.1. BRTV-Bau) von der Arbeitspflicht bei dem Arbeitgeber befreit sind, werden nicht in die soziale Auswahl einbezogen. Etwas anderes gilt nur, wenn diese Arbeitsverhältnisse bis zum Ablauf der Kündigung oder in absehbarer Zeit danach wieder einseitig durch den Arbeitgeber aktiviert werden können. Durch eine Kündigung von Arbeitnehmern mit auf längere Zeit ruhenden Arbeitsverhältnissen würde zwar objektiv die Zahl der Beschäftigten zurückgehen; die mit einer betriebsbedingten Kündigung bezweckte Anpassung der Anzahl aktiver Arbeitnehmer an den gesunkenen Beschäftigungsbedarf würde aber ebensowenig erreicht wie eine finanzielle Entlastung. Ist es dagegen rechtlich möglich, eine Ruhensvereinbarung zu kündigen oder den abgeordneten Arbeitnehmer einseitig in den Stammbetrieb zurückzurufen, sind diese Arbeitnehmer in die Sozialauswahl einzubeziehen (BAG 26. 2. 1987 AP KSchG 1969 § 1 Soziale Auswahl Nr. 15 = NZA 1987, 775 – Arbeitsgemeinschaft im Baugewerbe; HKK/*Weller/Dorndorf* § 1 Rn. 1051 f.; *Kittner/Trittin* § 1 KSchG Rn. 439; KR/*Etzel* § 1 KSchG Rn. 681; *Lück* S. 41 f.; *Stahlhacke/Preis/Vossen* Rn. 662; a. A. *Hueck/von Hoyningen-Huene* § 1 Rn. 437 ff.; *Linck* S. 28 ff.; *Künzl* ZTR 1986, 385, 389).

f) Vorläufig weiterbeschäftigte Arbeitnehmer

In die soziale Auswahl sind Arbeitnehmer einzubeziehen, die nach § 102 Abs. 5 **313** BetrVG oder aufgrund des allgemeinen Weiterbeschäftigungsanspruchs (BAG GS 27. 2. 1985 AP BGB § 611 Beschäftigungspflicht Nr. 14 = NZA 1985, 702) vorläufig weiterbeschäftigt werden. Da dieser Status gegenüber ungekündigten Arbeitnehmern kein Privileg darstellt, muß der Arbeitgeber diesen Arbeitnehmern betriebsbedingt kündigen, wenn sie gegenüber vergleichbaren Arbeitnehmern sozial stärker sind. Die Kündigung beendet das Weiterbeschäftigungsverhältnis (vgl. HKK/*Dorndorf* § 1 Rn. 461; *Hueck/von Hoyningen-Huene* § 1 Rn. 461; *Kittner/Trittin* § 1 KSchG Rn. 444; *Künzl* ZTR 1996, 385, 387; KR/*Etzel* § 1 KSchG Rn. 682; *Linck*, AR-Blattei SD 1020.1.2 Rn. 45 f.). Gegen diese Auffassung läßt sich nicht einwenden, daß es dem Arbeitgeber letztlich darum geht, einen weiteren Arbeitsplatz einzusparen und er den während des Kündigungsschutzprozesses weiterbeschäftigten Arbeitnehmer bereits aus seinen Planungen gestrichen hat. Verliert nämlich der Arbeitgeber den Prozeß, wäre der weiterbeschäftigte Arbeitnehmer nach sozialen Gesichtspunkten von einer weiteren Kündigung möglicherweise zu Unrecht verschont geblieben.

g) Arbeitnehmer mit besonderem Kündigungsschutz

aa) Besonderer gesetzlicher Kündigungsschutz. Nicht in die Sozialauswahl **314** einzubeziehen sind Arbeitnehmer, bei denen die **ordentliche Kündigung des Arbeitsverhältnisses** durch den Arbeitgeber **gesetzlich ausgeschlossen** ist. Dies gilt z. B. für Mitglieder des Betriebsrats nach § 15 Abs. 1 KSchG bzw. des Personalrats nach § 15 Abs. 2 KSchG, für Wehrpflichtige nach § 2 Abs. 1 ArbPlSchG, für Zivildienstleistende nach § 78 Abs. 1 Nr. 1 ZDG, für Auszubildende nach Ablauf der Probezeit gemäß § 15 Abs. 2 BBiG. Gesetzliche Kündigungsverbote gehen dem allgemeinen Kündigungsschutz als spezialgesetzliche Regelungen vor (BAG 8. 8. 1985 AP KSchG 1969 § 1 Soziale Auswahl Nr. 10 = NZA 1986, 679; ErfK/*Ascheid* § 1 KSchG Rn. 510; MünchArbR/*Berkowsky* § 135 Rn. 94; *Bitter/Kiel* RdA 1994, 333, 354; HKK/*Dorndorf* § 1 KSchG Rn. 1054; *Hueck/von Hoyningen-Huene* § 1 Rn. 453; *Kittner/Trittin* § 1 KSchG Rn. 445; *Linck,* AR-Blattei SD 1020.1.2 Rn. 31; *Stahlhacke/Preis/Vossen* Rn. 662).

315 Arbeitnehmer mit **besonderem gesetzlichen Kündigungsschutz,** der die **vorherige Zustimmung einer Behörde** zur Kündigung verlangt (z. B. Schwerbehinderte nach § 15 SchwbG, Frauen im Mutterschutz nach § 9 Abs. 3 MuSchG oder Arbeitnehmer im Erziehungsurlaub nach § 18 Abs. 1 Satz 2 BErzGG) sind demgegenüber in die Sozialauswahl einzubeziehen, wenn die vorherige Zustimmung der zuständigen Behörde zur Kündigung vorliegt (ErfK/*Ascheid* § 1 KSchG Rn. 511; HKK/*Dorndorf,* § 1 KSchG Rn. 1053; KR/*Etzel* § 1 KSchG Rn. 878; *Herschel/Löwisch* § 1 Rn. 511; *Hueck/von Hoyningen-Huene* § 1 Rn. 454; *Linck,* AR-Blattei SD 1020.1.2 Rn. 32). Ob der Arbeitgeber einen Antrag auf Erteilung der Zustimmung stellt, steht in seinem Ermessen. Der Arbeitnehmer kann sich im Prozeß nicht darauf berufen, der Arbeitgeber habe es versäumt, die Zustimmung zur Kündigung eines sozial weniger schutzbedürftige Arbeitnehmers mit besonderem gesetzlichen Kündigungsschutz einzuholen (ErfK/*Ascheid* § 1 KSchG Rn. 511, 526; *Löwisch* § 1 Rn. 322; *Lück* S. 51; *Gajewski,* FS Gaul, S. 311, 319; einschränkend *Berkowsky* § 8 Rn. 86, *ders.* in MünchArbR § 135 Rn. 96 – Obliegenheit des Arbeitgebers, den Antrag zu stellen; kritisch dazu *Bitter/Kiel* RdA 1994, 333, 354 f.). Stellt der Arbeitgeber einen Antrag und hat die zuständige Behörde die Zustimmung versagt, ist der Arbeitgeber nicht verpflichtet, gegen diese Entscheidung den Rechtsweg zu beschreiten (ErfK/*Ascheid* § 1 KSchG Rn. 526; *Bitter/Kiel* RdA 1994, 333, 355; ebenso auch *Berkowsky* aaO.).

316 bb) Besonderer tariflicher Kündigungsschutz. **Tarifvertraglich ordentlich unkündbare Arbeitnehmer** sind nach h. M. **nicht in die Sozialauswahl** einzubeziehen. Eine dadurch gegenüber dem Gesetz mögliche Verschiebung bei der Sozialauswahl stellt einen **tarifvertraglich bedingten Reflex** dar (ErfK/*Ascheid* § 1 KSchG Rn. 513; HKK/*Dorndorf,* KSchG § 1 Rn. 1055; KR/*Etzel* § 1 KSchG Rn. 679; *Kittner/Trittin* § 1 KSchG Rn. 445; KPK/*Meisel* § 1 Rn. 519; *Künzl* ZTR 1996, 385, 389; *Lück* S. 52 f., 56 ff.; MünchKomm/*Schwerdtner* vor § 620 BGB Rn. 520; *Stahlhacke/Preis/Vossen* Rn. 662). Das BAG hat diese Rechtsfrage noch nicht entschieden. Die letzten Urteilen bestätigen lediglich den Grundsatz, daß eine soziale Auswahl sowohl unter ordentlich unkündbaren Arbeitnehmern (BAG 17. 9. 1998 AP KSchG 1969 § 1 Soziale Auswahl Nr. 36 = NZA 1998, 1332 unter II 5) als auch zwischen ordentlich unkündbaren und ordentlich zu kündigenden Arbeitnehmern (BAG 5. 2. 1998 AP BGB § 626 Nr. 143 = DB 1998, 1035 unter II 3 e) durchzuführen ist, wenn die Voraussetzungen einer außerordentlichen betriebsbedingten Grundes vorliegen (vgl. dazu allerdings Rn. 541). Damit ist jedoch nicht entschieden, ob „unkündbare" Arbeitnehmer in die soziale Auswahl einzubeziehen sind, wenn die Voraussetzungen für eine außerordentliche betriebsbedingte Kündigung nicht vorliegen.

Gegen die h. M. wird eingewendet, eine Beschränkung des gesetzlichen Kün- **317** digungsschutzes durch Tarifvertrag sei aber in Ermangelung einer entsprechenden Öffnungsklausel nicht möglich (*Adam* NZA 1999, 846, 850; *Berkowsky* § 8 Rn. 94ff. – bei außerordentlicher Kündigung „Wertungswiderspruch"; *ders.* in MünchArbR § 135 Rn. 103; *Herschel/Löwisch* § 1 Rn. 223; *Hueck/ von Hoyningen-Huene* § 1 Rn. 458; *Linck* S. 42ff.; *ders.*, AR-Blattei SD 1020.1.2 Rn. 36ff.; *Löwisch* § 1 Rn. 323; *Säcker/Oetker* S. 187f.). Verwiesen wird auf das Beispiel des § 4.4 MTV der Metallindustrie Nordwürttemberg/ Nordbaden. Danach sind Arbeitnehmer nach Vollendung des 53. Lebensjahres und einer Betriebszugehörigkeit von 3 Jahren nur noch aus wichtigem Grund kündbar; in der Konsequenz der überwiegenden Auffassung sei daher ein 52jähriger Arbeitnehmer, der den Schwellenwert knapp verfehle, trotz einer Betriebszugehörigkeit von 30 Jahren und 4 unterhaltspflichtigen Kindern einem gerade 53jährigen ledigen Arbeitnehmer mit nur 3 Jahren Betriebszugehörigkeit vorzuziehen. Dies stelle die Sozialauswahl auf den Kopf. Während der Tarifvertrag wegen Verstoßes gegen höherrangiges zwingendes Gesetzesrecht teilweise als unwirksam angesehen wird (*Berkowsky* aaO.), vertreten andere Autoren die Ansicht, einem tariflich geschützten Arbeitnehmer müsse außerordentlich gekündigt werden, wenn er nach den Grundsätzen der Sozialauswahl weniger schutzwürdig sei (*Hueck/von Hoyningen-Huene* aaO.). Beide Auffassungen haben zur Folge, daß tarifvertragliche Regelungen zur betriebsbedingten Kündigung nur zulässig wären, wenn Kündigungen auf Zeit für alle im Betrieb Beschäftigten ausgesprochen würden, weil in diesen Fällen das Lebensalter und die Betriebszugehörigkeit keine Rolle spielen (z. B. in tariflichen „Bündnissen für Arbeit"). Wegen der Reflexwirkung in der Sozialauswahl wirkungslos blieben hingegen Bestimmungen, welche die Arbeitnehmer aufgrund ihres Lebensalters und der Betriebszugehörigkeit aus dem Kreis vergleichbarer Arbeitnehmer herausnehmen.

Die Lösung könnte in folgender vermittelnden Auffassung liegen: Die An- **318** sicht, die den tariflichen Sonderkündigungsschutz für die Sozialauswahl nicht anwenden will, beachtet die Autonomie der Tarifvertragsparteien zur Schaffung eines branchenspezifischen besonderen Kündigungsschutzes nicht ausreichend. Die Herausnahme tariflich unkündbarer Arbeitnehmer aus der Sozialauswahl in generell-abstrakten Regelungen ist als eine Folge des allgemein für zulässig gehaltenen besonderen Kündigungsschutzes zu akzeptieren. Dieses Ergebnis resultiert bei Gesetzen aus dem Grundsatz der Spezialität (Rn. 314), während es sich dies bei tarifvertraglichen Kündigungsschranken aus Art. 9 Abs. 3 GG ergibt. Die Befugnis der Tarifvertragsparteien, einen verstärkten Kündigungsschutz zu schaffen, würde im Bereich der betriebsbedingten Kündigung die bezweckte Wirkung verfehlen, wenn die Arbeitnehmer den besonderen Schutz in der Sozialauswahl wieder einbüßen würden (z. B. Rationalisierungsschutztarifvertrag). Der Festlegung des Kreises vergleichbarer Arbeitnehmer im Tarifvertrag verstößt auch nicht gegen zwingendes Gesetzesrecht. Der Herausnahme tariflich unkündbarer Arbeitnehmer aus der Sozialauswahl stehen daher nicht die Wertungen des § 1 Abs. 3 Satz 1 KSchG sowie des § 1 Abs. 4 KSchG entgegen (ErfK/*Ascheid* § 1 KSchG Rn. 579). Nach letzterer Vorschrift können die Tarifvertragsparteien seit Inkrafttreten der Gesetzesnovelle immerhin festlegen, welche sozialen Kriterien nach Absatz 3 Satz 1 auf der Auswahlebene beachtet werden sollen und nicht nur, wie sie im Verhältnis zueinander zu bewerten sind.

319   Andererseits sind dem Gestaltungsrahmen der Tarifvertragsparteien **aufgrund der Grundrechte drittbetroffener Arbeitnehmer Regelungsschranken** gesetzt. An sich wäre es die Aufgabe des Gesetzgebers, dafür zu sorgen, daß die Tarifvertragsparteien infolge eines Ausschlusses der ordentlichen Kündigung nicht unzumutbar in durch Art. 12 GG geschützte Position einzelner Arbeitnehmergruppen eingreifen können. Da das KSchG dazu aber keine Vorgaben enthält, muß die Rechtsprechung den tariflichen Unkündbarkeitsschutz verfassungskonform begrenzen (vgl. *Bröhl*, FS Schaub, S. 55, 69; allg. zur Schutzfunktion der Grundrechte bei Tarifverträgen ErfK/*Dieterich* GG Vorbem. Rn. 53 ff.). Ferner darf der Ausschluß ordentlicher Unkündbarkeit den Gleichheitssatz des Art. 3 Abs. 1 GG nicht verletzen. Die Regelungen der Tarifvertragsparteien dürfen deshalb nicht darauf abzielen, bestimmte Arbeitnehmer aus der Sozialauswahl herauszunehmen. Ein besonderer tariflicher Kündigungsschutz muß die Dauer der Betriebszugehörigkeit und das Lebensalter des Arbeitnehmers mit einbeziehen und darf sie auch nicht in ein unangemessenes Verhältnis setzen. Sonst würden sowohl die Schutzpflichten aus Art. 12 Abs. 1 GG, die einen wirksamen Arbeitsplatzschutz verlangen, als auch das Verbot sachwidriger Ungleichbehandlung mißachtet werden.

320   **Partiell unwirksam** ist deshalb z. B. § 4.4 MTV der Metallindustrie Nordwürttemberg/Nordbaden, der für die tarifvertragliche Unkündbarkeit in erster Linie auf das Lebensalter von 53 Jahren abstellt und, in Relation dazu, den Schwellenwert der Betriebszugehörigkeit von 3 Jahren zu niedrig ansetzt. Auch in § 14 Nr. 3 des MTV der Metallindustrie für Hamburg/Schleswig-Holstein ist die Betriebsseniorität im Verhältnis zum Lebensalter des Arbeitnehmers nicht ausreichend berücksichtigt. Nach dieser Vorschrift kann einem Arbeitnehmer, der das 55. Lebensjahr vollendet hat, nach einer Betriebszugehörigkeit von mindestens 5 Jahren nur noch aus wichtigem Grund gekündigt werden. **Nicht zu beanstanden** ist dagegen der besondere Kündigungsschutz in § 23 des MTV für die Beschäftigten in der niedersächsischen Metallindustrie. Diese Bestimmung staffelt den tarifvertraglichen Kündigungsschutz in einem von der Tarifautonomie gedeckten Verhältnis. Voraussetzung ist dort, daß der Beschäftigte das 55. Lebensjahr vollendet hat und mindestens 10 Jahre dem Betrieb oder Unternehmen angehört, oder das 54 Lebensjahr vollendet hat und mindestens 11 Jahre dem Betrieb oder Unternehmen angehört, oder das 53. Lebensjahr vollendet hat und dem Betrieb oder Unternehmen mindestens 12 Jahre angehört.

321   Bestehen keine verfassungsrechtlichen Bedenken, sind tariflich unkündbare Arbeitnehmer nur dann ausnahmsweise in die Sozialauswahl einzubeziehen, wenn die Voraussetzungen eines wichtigen betriebsbedingten Grundes vorliegen, wobei dann eine Sozialauswahl einschließlich der ordentlich kündbaren Arbeitnehmer stattfindet (BAG 5. 2. 1998 AP BGB § 626 Nr. 143 = DB 1998, 1035; 4. 6. 1987 AP KSchG 1969 § 1 Soziale Auswahl Nr. 16 = NZA 1987, 861; LAG Nürnberg 4. 7. 1994 LAGE § 1 KSchG Soziale Auswahl Nr. 10; HKK/*Dorndorf* § 1 Rn. 1019; *Kittner/Trittin* § 1 KSchG Rn. 433;

KR/*Etzel* § 1 KSchG Rn. 623; *Stahlhacke/Preis/Vossen* Rn. 661). *Bröhl* (FS Schaub, S. 55, 67) hat einen methodisch anderen Weg vorgeschlagen. Danach soll bei einem partiell verfassungswidrigen Tarifvertrag eine ordentliche Kündigung mit Sozialauswahl zuzulassen sein. Ist die Kündigungsbeschränkung im Tarifvertrag dagegen verfassungsrechtlich nicht zu beanstanden, sei eine Kündigung mit Sozialauswahl ausgeschlossen (zustimmend *Höland* Anm. AP BGB § 626 Nr. 143 unter IV; zu den Bedenken gegen diese Lösung Rn. 18).

cc) Einzelvertraglicher Kündigungsschutz. Haben die Parteien des Arbeits- **322** vertrages die ordentliche Kündigung einzelvertraglich ausgeschlossen, sind die dadurch gesicherten Arbeitnehmer grundsätzlich nicht in die Sozialauswahl einzubeziehen. In einer solchen Vereinbarung liegt kein unwirksamer Vertrag zu Lasten Dritter, solange die Parteien nicht die Umgehung der Grundsätze der Sozialauswahl bezwecken. Eine solche Absprache wäre unwirksam, weil die Grundsätze der Sozialauswahl nicht der Disposition der Arbeitsvertragsparteien unterliegen (ErfK/*Ascheid* § 1 KSchG Rn. 514; HKK/*Dorndorf* § 1 Rn. 1055; *Kittner/Trittin* § 1 KSchG Rn. 445; KR/*Etzel* § 1 KSchG Rn. 679; MünchKomm/*Schwerdtner* vor § 620 Rn. 520; *Lück* S. 60 f.; *Stahlhacke/Preis/Vossen* Rn. 662).

Bezieht sich ein Arbeitnehmer im Prozeß darauf, daß ein anderer Arbeitneh- **323** mer mit einzelvertraglichem Kündigungsschutz dem auswahlrelevanten Kreis zuzurechnen ist, muß das Gericht prüfen, ob **konkrete Anhaltspunkte** für eine **Umgehungsabsicht** vorliegen. Ein starkes Indiz für eine Umgehungsabsicht ergibt sich aus einem zeitlichen Zusammenhang zwischen der getroffenen Absprache und den Kündigungen. Hingegen spricht es gegen eine Benachteiligungsabsicht, wenn der Arbeitgeber sachliche Gründe für die Vereinbarung eines besonderen Kündigungsrechts nachweisen kann, z.B. das Angebot eines Konkurrenzunternehmens, den Verzicht auf Gehaltserhöhungen oder den Umstand, daß er betriebsüblich älteren Arbeitnehmern nach einer bestimmten Dauer der Betriebszugehörigkeit ein entsprechendes Angebot unterbreitet. Differenziert der Arbeitgeber bei der Zusage individuellen Kündigungsschutzes hingegen **ohne sachlichen Grund** zwischen vergleichbaren Arbeitnehmern, ist es ihm verwehrt, sich im Rahmen der Sozialauswahl auf diese Zusage zu berufen und die einzelvertraglich geschützten Arbeitnehmer unberücksichtigt zu lassen. Der Arbeitgeber ist für das Vorliegen einer sachlichen Rechtfertigung darlegungs- und beweispflichtig (LAG Sachsen 28. 3. 1996 LAGE § 1 KSchG Soziale Auswahl Nr. 18).

Die Gegenauffassung (*Berkowsky* § 8 Rn. 102 ff.; *ders.* in MünchArbR **324** § 135 Rn. 104 f.; *Herschel/Löwisch* § 1 Rn. 224; *Hueck/von Hoyningen-Huene* § 1 Rn. 459; *Kania/Kramer* RdA 1995, 287, 288; *Künzl* ZTR 1996, 385, 389; *Linck* S. 46; *ders.*, AR-Blattei SD 1020.1.2 Rn. 39; *Löwisch* § 1 Rn. 324), die einzelvertraglich unkündbare Arbeitnehmer generell dem auswahlrelevanten Personenkreis zurechnen will, überzeugt letztlich nicht. Dem Argument, die einzelvertragliche Kündigungsbeschränkung bewirke stets eine unzulässige Verschlechterung des gesetzlichen (unabdingbaren) Kündigungsschutzes anderer Arbeitnehmer, ist entgegenzuhalten, daß sich letztlich jede individualrechtliche Vertragsgestaltung mittelbar auf den Kündigungsschutz anderer Arbeitnehmer auswirkt. So erweitert sich der Kreis vergleichbarer Arbeitnehmer, wenn sich der Arbeitgeber ein weites Versetzungsrecht vorbehält, er engt sich ein, wenn Arbeitsort und Arbeitszeit festgeschrieben werden. Problematisch sind Reflexwirkungen für die Arbeitsverhältnisse anderer Arbeitnehmer immer nur dann, wenn sie beabsichtigt sind. Würde eine einzelvertragliche Sicherung des Arbeitnehmers vor Kündigungen unter dem Gesichtspunkt der Sozialauswahl relativiert, würde sie gerade in der Situation versagen, für die sie geschaffen wurde. Der Wertungswiderspruch wäre offenkundig (KR/*Etzel* § 1 KSchG Rn. 680).

325 dd) Befristete Arbeitsverhältnisse. Befristet eingestellte Arbeitnehmer sind nur in die Sozialauswahl einzubeziehen, wenn die Parteien des Arbeitsvertrages die Möglichkeit einer ordentlichen Kündigung vor Fristablauf ausdrücklich vereinbart haben. Grundsätzlich ist davon auszugehen, daß das befristete Arbeitsverhältnis mit Ablauf der Zeit endet, für die es eingegangen ist und eine vorzeitige ordentliche Kündigung deshalb ausgeschlossen ist (BAG 19. 6. 1980 AP BGB § 620 Befristeter Arbeitsvertrag Nr. 55 = NJW 1981, 246; *Berkowsky* § 8 Rn. 88; HKK/*Dorndorf* § 1 Rn. 1056; *Hueck/von Hoyningen-Huene* § 1 Rn. 455; *Linck*, AR-Blattei SD 1020.1.2 Rn. 33).

3. Soziale Gesichtspunkte

a) Grundsätze zur Konkretisierung des Rechtsbegriffs

326 Soziale Gesichtspunkte im Sinne von § 1 Abs. 3 Satz 1 KSchG können **nur Belange der Arbeitnehmer** sein. Interessen des Arbeitgebers sind ausschließlich im Rahmen berechtigter betrieblicher Bedürfnisse nach § 1 Abs. 3 Satz 2 KSchG zu beachten. Dies ergibt sich aus dem Aufbau des Gesetzes, das in Abs. 3 Satz 1 allein „soziale Gesichtspunkte" erwähnt und erst in Abs. 3 Satz 2 die Prüfung zuläßt, ob betriebstechnische, wirtschaftliche oder sonstige betriebliche Bedürfnisse die Weiterbeschäftigung eines oder mehrerer Arbeitnehmer bedingen (BAG 20. 10. 1983 AP KSchG 1969 Betriebsbedingte Kündigung Nr. 13; *Berkowsky* § 9 Rn. 12 ff.; *Hueck/von Hoyningen-Huene* § 1 Rn. 464; KR/*Etzel*, 4. Aufl., § 1 KSchG Rn. 594; a.A. die frühere (diffuse) Rechtsprechung des BAG 27. 2. 1958 AP KSchG § 1 Betriebsbedingte Kündigung Nr. 1; 27. 1. 1977 AP KSchG 1969 – 2 AZR 74/76 – nv., nach der betriebliche und soziale Belange gegeneinander abgewogen wurden, dazu *Bitter/Kiel* RdA 1994, 333, 352).

327 Eine weitere Konkretisierung des **unbestimmten Rechtsbegriffs** „soziale Gesichtspunkte" muß durch die Arbeitsgerichte erfolgen, ohne daß hierfür klare gesetzliche Vorgaben bestehen. Der Gesetzgeber hat sich im Gegensatz zur **Rechtslage nach dem Arbeitsrechtlichen Beschäftigungsförderungsgesetz nicht abschließend auf die Merkmale der Betriebszugehörigkeit, des Lebensalters oder der Unterhaltspflichten festgelegt.** Der Gesetzgeber ist zu der Einschätzung gelangt, daß das Ziel verfehlt worden sei, mit der Beschränkung auf die drei Grunddaten mehr Rechtssicherheit zu erreichen (vgl. BT-Drucks. 14/45

S. 35 f. und 52; dazu *Bader* NZA 1999, 64, 68). Aufgrund der Gesetzesfassung, die vom 1. 10. 1996 bis zum 31. 12. 1998 galt, war umstritten, ob der Arbeitgeber nur die im Gesetz bezeichneten sozialen Gesichtspunkte anzuwenden hatte (*H.-J. Dörner*, FS Dieterich, S. 83, 97; HKK/*Dorndorf* § 1 Rn. 1088; *Hueck/von Hoyningen-Huene* § 1 Rn. 475 c; *Giesen* ZfA 1997, 145, 148; *Künzl* ZTR 1996, 358, 396; *Löwisch* § 1 Rn. 333; *ders.* NZA 1996, 1009, 1010), ob man es ihm überlassen wollte, im Einzelfall zusätzliche soziale Gesichtspunkte zu berücksichtigen (BBDW/*Bram* § 1 Rn. 327 a; KR/*Etzel* § 1 KSchG Rn. 685, 701), oder ob eine solche Entscheidung nur in Fällen unbilliger Härten oder bei besonderen persönlichen Erschwernissen getroffen werden durfte (ErfK/*Ascheid* § 1 KSchG Rn. 537; ferner *v. Hoyningen-Huene/Linck* DB 1997, 41, 42; *Preis* NZA 1997, 1073, 1083; *Stahlhacke/Preis*, 6. Aufl., Nachtrag 1996 Rn. 41). Vertreten wurde auch, daß der Arbeitgeber z.B. den Umstand der **Schwerbehinderung** aufgrund einer verfassungskonformen Auslegung in seine Entscheidung mit einbeziehen müßte (vgl. z. B. der Bericht über die Stellungnahme von *Dieterich* in BT-Drucks. 13/5104, S. 23 f.; *ders.* ErfK GG Art. 3 Rn. 88 f., Art. 12 Rn. 34 ff.; *Kittner* ArbuR 1997, 182, 183; ablehnend ErfK/*Ascheid* § 1 KSchG Rn. 526; HKK/*Dorndorf* § 1 Rn. 1083 f.; *Löwisch* NZA 1996, 1009, 1010; differenzierend *H.-J. Dörner*, FS Dieterich, S. 83, 96 f. – der Verstoß gegen das Untermaßverbot durch § 1 Abs. 3 Satz 1 KSchG a.F. könne allenfalls durch die Verwaltungsgerichte, überzeugend aber nur durch den Gesetzgeber korrigiert werden).

Nach der aktuellen Fassung des § 1 Abs. 3 Satz 1 KSchG befinden sich wieder eine **Vielzahl sozialer Gesichtspunkte** in der Diskussion: neben der Betriebszugehörigkeit, dem Lebensalter und Unterhaltspflichten sind dies z.B. der Familienstand, der Gesundheitszustand des Arbeitnehmers oder eines Familienangehörigen, eine arbeitsunfallbedingte Erwerbsminderung, die Einkommensverhältnisse des Ehegatten (sog. „Doppelverdienst"), Chancen auf dem Arbeitsmarkt, besondere Schutzrechte aufgrund von Schwerbehinderung oder Schwangerschaft und die Vermögenslage des Arbeitnehmers. Dieser Katalog ist nicht abschließend. Die damit einhergehende Rechtsunsicherheit wird mit Recht bemängelt und verlangt eine Konkretisierung durch die Rechtsprechung. Als „soziale Gesichtspunkte" im Sinne des § 1 Abs. 3 Satz 1 KSchG dürfen nicht alle beliebigen arbeitsmarkt- oder sozialpolitischen Wertvorstellungen anerkannt bzw. mit gleichen Gewicht gewürdigt werden. **328**

Bereits vor der Änderung des KSchG zum 1. 10. 1996 hatte die Rechtsprechung Grundstrukturen herausgearbeitet, auf die nunmehr wieder zurückgegriffen werden kann. In die Auswahlentscheidung sollten nur Faktoren einbezogen werden, die bei einer normativen Interpretation einen **konkreten, schutzwürdigen und personalen Bezug zum Arbeitsverhältnis** aufweisen. Zu den wichtigsten sozialen Auswahlgesichtspunkten gehörten schon vor dem Arbeitsrechtlichen Beschäftigungsförderungsgesetz die Grunddaten **Betriebszugehörigkeit, Lebensalter und Unterhaltsverpflichtungen** (BAG 19. 5. 1993 AP KSchG 1969 § 2 Nr. 31 = NZA 1993, 1075; 18. 1. 1990 AP KSchG 1969 § 1 Soziale Auswahl Nr. 19 = NZA 1990, 729; 15. 6. 1989 AP KSchG 1969 § 1 Soziale Auswahl Nr. 18 = NZA 1990, 226; 8. 8. 1985 AP KSchG 1969 **329**

§ 1 Soziale Auswahl Nr. 10 = NZA 1986, 679; zur Entwicklung der Rechtsprechung *Bitter/Kiel* RdA 1994, 333, 355; ferner *Ascheid* Rn. 331; *Hueck/von Hoyningen-Huene* § 1 Rn. 446; KR/*Etzel*, 4. Aufl., § 1 KSchG Rn. 579 f.; *Linck*, AR-Blattei SD 1020.1.2 Rn. 73; *Stahlhacke/Preis/Vossen* Rn. 667 b f.). An dieser grundlegenden Wertung hat sich auch nach der ab 1. 1. 1999 geltenden Gesetzeslage nichts geändert. Der Gesetzgeber hätte nicht den ursprünglichen Gesetzestext wieder in Kraft gesetzt, wenn er die Absicht gehabt hätte, die bisherige, durch die Rechtsprechung gefestigte Interpretation zu korrigieren. Er wollte vielmehr den Grunddaten ihr besonderes und ausschlaggebendes Gewicht erhalten. Zusätzlich sollten weitere Aspekte hinzutreten können, die mit dem Arbeitsverhältnis in unmittelbarem Zusammenhang stehen. Dabei kann es sich z. B. handeln um eine Berufskrankheit, einen im Betrieb erlittenen unverschuldeten Arbeitsunfall, eine Schwerbehinderung oder die Arbeitsmarktchancen des Arbeitnehmers (vgl. BT-Drucks. 14/45, S. 35 f., 52; ferner Rn. 345 ff.).

b) Einzelne soziale Gesichtspunkte

330 **aa) Dauer der Betriebszugehörigkeit.** Unter dem mißverständlichen Begriff Betriebszugehörigkeit ist der rechtlich ununterbrochene Bestand des Arbeitsverhältnisses zu verstehen. Abzustellen ist somit nicht auf die Zugehörigkeit zu einem bestimmten Betrieb, sondern auf die Dauer der arbeitsvertraglichen Bin**dung zu demselben Unternehmen** (KR/*Etzel* § 1 KSchG Rn. 868; *Fischermeier* NZA 1997, 1089, 1094; *Löwisch* § 1 Rn. 330). Bei der Berechnung der „Betriebszugehörigkeit" sind frühere Beschäftigungen in demselben Arbeitsverhältnis zu berücksichtigen. Hierzu kann auf die Grundsätze für die Anrechnung von Wartezeiten nach § 1 Abs. 1 KSchG zurückgegriffen werden. Unerheblich ist, ob der Arbeitnehmer in unterschiedlichen Betrieben gearbeitet hat (*Bader* NZA 1996, 1125, 1128; KR/*Etzel* § 1 KSchG Rn. 687; *Giesen* ZfA 1997, 145, 151; *Herschel/Löwisch* § 1 Rn. 225; *Hueck/von Hoyningen-Huene* § 1 Rn. 467 a, ferner Rn. 70 zur „unternehmensbezogenen" Berechnung der Wartezeit; *Linck*, AR-Blattei SD 1020. 1.2 Rn. 78; *Wlotzke* BB 1997, 414, 417). Auch **Berufsausbildungszeiten** erhöhen die zu berücksichtigende Betriebsseniorität (vgl. *Linck*, AR-Blattei SD 1020.1.2 Rn. 79).

331 Grundsätzlich sind vorherige Beschäftigungszeiten nur dann anrechenbar, wenn das Arbeitsverhältnis **ohne rechtliche Unterbrechung** bestanden hat. Dazu muß sich ein neues Arbeitsverhältnis unmittelbar an das alte (möglicherweise befristete) Arbeitsverhältnis anschließen; bei einem **gewissen zeitlichen Abstand** muß mindestens ein **innerer Zusammenhang** bestehen (LAG Hamm 29. 3. 1985 LAGE § 1 KSchG Soziale Auswahl Nr. 1 – Unterbrechung von 4 Monaten; *Linck*, AR-Blattei SD 1020.1.2 Rn. 81; *Löwisch* § 1 Rn. 331; zur Berechnung der Wartezeit BAG 10. 5. 1989 AP KSchG 1969 § 1 Wartezeit Nr. 7 = NZA 1990, 221; Rn. 45 ff.). Im übrigen sind frühere Beschäftigungszeiten bei anderen (auch konzernangehörigen) Unternehmen nur zu berücksichtigen, wenn die Arbeitsvertragsparteien die zuvor erworbene Betriebsseniorität vertraglich angerechnet haben (KR/*Etzel* § 1

KSchG Rn. 687; *Hueck/von Hoyningen-Huene* § 1 Rn. 476a; *Künzl* ZTR 1996, 385, 390; *Schröder* ZTR 1995, 394, 400). **Tatsächliche Unterbrechungen** durch Streik, Krankheit, unbezahlte Freistellungen oder gesetzlichen Ruhenszeiten (z. B. nach § 15 ff. BErzGG, § 6 Abs. 2 ArbPlSchG, § 78 Abs. 1 Nr. 1 ZDG) gelten als Beschäftigungszeit (KR/*Etzel* § 1 KSchG Rn. 687). **Gesetzliche Anrechnungsvorschriften** (z. B. § 10 Abs. 2 MuSchG sind ebenso zu beachten (ErfK/*Ascheid* § 1 KSchG Rn. 530; *Bader* NZA 1996, 1125, 1128) wie Beschäftigungszeiten vor einem **Betriebsübergang**. Denn nach § 613a BGB tritt der neue Arbeitgeber in die Rechte und Pflichten des im Zeitpunkt des Übergangs bestehenden Arbeitsverhältnisses ein.

Die Dauer der Betriebszugehörigkeit muß bei der sozialen Auswahl **stets** **332** **berücksichtigt werden** (ferner Rn. 344). Der vom Arbeitnehmer selbst erarbeitete Besitzstand verdient besonderen Schutz. Bei einem Dauerschuldverhältnis werden die Rechtsbeziehungen mit der Zeit immer enger. Der Arbeitnehmer richtet sich zunehmend auf das Arbeitsverhältnis ein und vertraut auf dessen Fortbestand (KR/*Etzel* § 1 KSchG Rn. 686). Wer in einem Unternehmen längere Zeit tätig war, hat sich einen Besitzstand erarbeitet, an den er die Erwartung knüpft, daß er zu seinen Gunsten Beachtung findet. Aus diesem Gesichtspunkt werden auch die gesetzlichen Kündigungsfristen mit zunehmender Beschäftigungsdauer länger (BAG 18. 10. 1984 AP KSchG 1969 § 1 Soziale Auswahl Nr. 6 = NZA 1985, 423; 24. 3. 1983 AP KSchG 1969 § 1 Betriebsbedingte Kündigung Nr. 12 = NJW 1984, 78; ErfK/*Ascheid* § 1 KSchG Rn. 530; *Berkowsky* § 8 Rn. 118 f.; *Stahlhacke/Preis/Vossen* Rn. 667b f.). Die Bedeutung der Betriebszugehörigkeit wird durch § 10 KSchG untermauert. Nach dieser Vorschrift ist die Betriebsseniorität bei der Ermittlung der Abfindungshöhe maßgeblich zu berücksichtigen (kritisch zu diesem Argument der h. M. *Berkowsky* aaO.).

bb) Lebensalter. Neben der Betriebszugehörigkeit hat nach der Rechtspre- **333** chung das **Lebensalter** des Arbeitnehmers bei der Sozialauswahl eine **hervorgehobene Bedeutung.** Die Schutzwürdigkeit des Arbeitnehmers steigt grundsätzlich mit zunehmendem Lebensalter (BAG 8. 8. 1985 AP KSchG 1969 § 1 Soziale Auswahl Nr. 10 = NZA 1986, 679; 20. 10. 1983 AP KSchG 1969 § 1 Betriebsbedingte Kündigung Nr. 13 = NJW 1984, 2488; a. A. *Stahlhacke/Preis/Vossen* Rn. 667). Älteren Beschäftigten bereitet ein Arbeitsplatzwechsel mit den damit verbundenen Folgen wesentlich mehr Schwierigkeiten als jüngeren Arbeitnehmern, die flexibler auf Veränderungen reagieren können (*Herschel/Löwisch* § 1 Rn. 228; KR/*Etzel*, 4. Aufl., § 1 KSchG Rn. 579). Dieser Auffassung wird auch in § 10 Abs. 2 KSchG Rechnung getragen, der für Arbeitnehmer mit mindestens 15-jähriger Beschäftigung nach Vollendung des 50. Lebensjahres einen erhöhten Abfindungsrahmen vorsieht.

Während die Rechtsprechung früher das Lebensalter als den maßgeblichen **334** sozialen Gesichtspunkt ansah (BAG 26. 4. 1964 AP KSchG § 1 Betriebsbedingte Kündigung Nr. 15; 20. 1. 1961 AP KSchG § 1 Betriebsbedingte Kündigung Nr. 7; kritisch bereits *Herschel/Steinmann,* 4. Aufl., § 1 KSchG Rn. 46a), räumt sie heute grundsätzlich der **Dauer der Betriebszugehörigkeit den Vorrang** ein (BAG 18. 1. 1990 AP KSchG 1969 § 1 Soziale Auswahl Nr. 19 =

NZA 1990, 729; 18. 10. 1984 AP KSchG 1969 § 1 Soziale Auswahl Nr. 6 = NZA 1985, 423; ferner LAG Köln 20. 3. 1991 RzK I 5 d Nr. 30; LAG Hamm 31. 8. 1994 LAGE § 1 KSchG Soziale Auswahl Nr. 13; KR/*Etzel,* 5. Aufl., § 1 KSchG Rn. 693; *ders.,* 4. Aufl., § 1 KSchG Rn. 579; vgl. auch Münch-ArbR/*Berkowsky* § 135 Rn. 58, *ders.* einschränkend § 8 Rn. 184; *Stahlhacke/ Preis/Vossen* Rn. 668; ferner Rn. 344). Der Wandel der Rechtsprechung geht auf das Urteil vom 24. 3. 1983 zurück (BAG 24. 3. 1983 AP KSchG 1969 § 1 Betriebsbedingte Kündigung Nr. 12 = NJW 1984, 78). Darin hat das BAG klargestellt, daß es **keinen allgemeinen Bewertungsmaßstab** dafür gibt, wie die einzelnen Sozialdaten zueinander ins Verhältnis zu setzen sind. Deren Gewicht stehe nicht unabänderlich fest, sondern hänge von der industriellen, arbeitsmarktpolitischen, wirtschaftlichen und sozialpolitischen Entwicklung ab. Die entscheidende Bedeutung des Lebensalters bei der Sozialauswahl nach der früheren Rechtsprechung könne nur vor dem Hintergrund früherer Hochkonjunktur verstanden werden, in der es regelmäßig nur im Arbeitsprozeß verbrauchte Arbeitnehmer schwer gehabt hätten, einen neuen Arbeitsplatz zu finden. Das Auswahlkriterium des Lebensalters habe durch die Massenarbeitslosigkeit, die sehr viel jüngere Arbeitnehmer betreffe, an Bedeutung verloren.

335 Inzwischen wird daran anschließend mit Recht die **Ambivalenz des Faktors Lebensalter** herausgestellt. Während jüngere Arbeitnehmer ihre Existenz erst aufbauen und zur Unterhaltung ihrer Familien und der Ausbildung ihrer Kinder in besonderem Maße auf ein Erwerbseinkommen angewiesen sind, haben ältere Menschen häufig nur noch einen überschaubaren Zeitraum bis zur Rentenberechtigung zu überbrücken (BAG 18. 1. 1990 AP KSchG 1969 § 1 Soziale Auswahl Nr. 19 = NZA 1990, 729; *Bauer/Lingemann* NZA 1993, 625, 628; MünchArbR/*Berkowsky* § 135 Rn. 60 f.; *Hanau* DB 1992, 2625, 2632; *Hueck/von Hoyningen-Huene* § 1 Rn. 466 c; *Lück* S. 173; *Linck,* AR-Blattei SD 1020.1.2 Rn. 76; *Preis,* Prinzipien, S. 421; *Stindt* DB 1993, 1361, 1366). Im allgemeinen gilt, daß für die Chancen am Arbeitsmarkt das Lebensalter zwischen 20 und 40 Jahren bei weitem eine geringere Bedeutung hat als das zwischen 40 und 65 (*Linck* S. 90). Dies zeigt sich auch an den verlängerten Kündigungsfristen nach Vollendung des 25. Lebensjahres (§ 622 Abs. 2 Satz 2 BGB). Daß die mit einem höheren Alter verbundene Berufserfahrung einen Arbeitnehmer je nach Art der Tätigkeit für den Arbeitsmarkt besonderes qualifizieren kann, ist ein weiterer Aspekt (*Rost* ZIP 1982, 1396, 1397).

336 Die Bewertung des Lebensalters im Rahmen der Sozialauswahl verläuft grundsätzlich in einer Kurve. § 622 Abs. 2 Satz 2 BGB ist zu entnehmen, daß es für Arbeitnehmer unter 25 Jahren noch keine gravierende Rolle spielt (KR/*Etzel* § 1 KSchG Rn. 695). Danach **steigt die Bedeutung des Lebensalters** bei der derzeitigen Arbeitsmarktsituation **kontinuierlich an und fällt mit zeitlicher Nähe zum Renteneintritt wieder ab,** vorausgesetzt, ein Arbeitnehmer ist für den Zwischenzeitraum durch Altersteilzeit oder den Bezug von Arbeitslosengeld nahtlos versorgt (a. A. *Giesen* ZfA 1997, 145, 151, der darin eine unzulässige Benachteiligung älterer Arbeitnehmer sieht). Dem stehen nicht die früheren Regelungen in § 41 Abs. 4 Satz 2 SGB VI und § 8 Abs. 2

ATG entgegen, wonach ein Anspruch auf Rente oder Altersteilzeit bei der Sozialauswahl nicht zu Lasten des Arbeitnehmers berücksichtigt werden durfte. Diese Vorschriften sind durch Art. 4 und 7 des **Gesetzes zur sozialen Absicherung flexibler Arbeitszeitregelungen** vom 6. 4. 1998 aufgehoben worden (BGBl. I S. 688).

Der Verlauf der Bewertungskurve wird zusätzlich beeinflußt durch die **337** **Art der geschuldeten Tätigkeit** und die damit **konkret verbundenen Chancen auf dem Arbeitsmarkt.** Arbeitsmarkt- und sozialpolitische Bestrebungen und allgemeine Chancen auf dem Arbeitsmarkt sind daneben ohne Bedeutung für die Sozialauswahl, weil sie mit dem Arbeitsverhältnis oder der Person des Arbeitnehmers in keinem unmittelbaren Zusammenhang stehen (*Ascheid* Rn. 330; *Bitter/Kiel* RdA 1994, 333, 356; *Hueck/von Hoyningen-Huene* § 1 Rn. 472; *Preis*, Prinzipien, 418 ff.; a. A. BAG 8. 8. 1985 AP KSchG 1969 § 1 Soziale Auswahl Nr. 10 = NZA 1986, 679; 20. 10. 1983 AP KSchG 1969 § 1 Betriebsbedingte Kündigung Nr. 13 = NJW 1984, 2488). Dasselbe gilt für die Tatsache, daß ältere Arbeitnehmer in der Regel gegenüber jüngeren schlechter vermittelbar und gesundheitlich anfälliger sind (ErfK/*Ascheid* § 1 KSchG Rn. 531, 544). Gerade diese Umstände rechtfertigen den Sozialschutz des Lebensalters. Der **Gesundheitszustand** eines Arbeitnehmers kann ausnahmsweise dann als ergänzendes Kriterium herangezogen werden kann, wenn er sich **durch betriebliche Umstände verschlechtert** hat (Rn. 345).

Dem Arbeitgeber obliegt auch bei der Bewertung des Lebensalters im **338** Rahmen der Sozialauswahl ein gewisser Spielraum. Das BAG hat es im Urteil vom 18. 1. 1990 (BAG 18. 1. 1990 AP KSchG 1969 § 1 Soziale Auswahl Nr. 19 = NZA 1990, 729) sogar als ausreichende Berücksichtigung sozialer Gesichtspunkte angesehen, daß die Auswahlkriterien Alter und Betriebszugehörigkeit in einem Interessenausgleich in den ersten 10 Jahren der Beschäftigung im wesentlichen gleich bewertet wurden (dazu Rn. 352). Zur Festlegung von Auswahlkriterien in Richtlinien nach § 1 Abs. 4 KSchG Rn. 381 ff.; zur Aufrechterhaltung der betrieblichen Altersstruktur als betriebliches Bedürfnis Rn. 374 ff.

cc) Unterhaltspflichten. Neben der Dauer der Betriebszugehörigkeit und **339** des Lebensalters sind als **weiteres unerläßliches Auswahlkriterium** die **gesetzlichen Unterhaltspflichten** des Arbeitnehmers aus den §§ 1360 ff., 1569 ff., 1601 ff. BGB zu berücksichtigen. Zwar ist dieser soziale Gesichtspunkt nicht ausdrücklich im KSchG erwähnt. § 1 Abs. 3 KSchG muß aber im Lichte des Art. 6 Abs. 1 GG verfassungskonform ausgelegt und angewandt werden. Der Umfang der Unterhaltspflichten stellt deshalb ein nicht auszuschließendes Indiz für die soziale und wirtschaftliche Schutzbedürftigkeit eines Arbeitnehmers dar (vgl. die *Begründung des Regierungsentwurfs* zum KSchG RdA 1951, 61, 63; 18. 1. 1990 AP KSchG 1969 § 1 Soziale Auswahl Nr. 19 = NZA 1990, 729; 18. 10. 1984 AP KSchG 1969 § 1 Soziale Auswahl Nr. 6 = NZA 1985, 423; LAG Hamm 4. 10. 1984 DB 1984, 131; ErfK/*Ascheid* § 1 KSchG Rn. 533; KR/*Etzel*, 4. Aufl., § 1 KSchG Rn. 580; *ders.*, 5. Aufl., § 1 KSchG Rn. 659; *Fischermeier* NZA 1997, 1089,

1094; *Hueck/von Hoyningen-Huene* § 1 Rn. 468; *Linck*, AR-Blattei SD 1020.1.2; *Löwisch* § 1 Rn. 334; *ders.* NZA 1996, 1009, 1010; *Lück* S. 190 ff.; a.A. *Berkowsky* § 8 Rn. 127 ff.; *ders.* in MünchArbR § 135 Rn. 63 – nur mittelbare Abhängigkeit unterhaltsberechtigter Personen vom Arbeitsplatz).

340 **Unterhaltspflichten sind nur beachtlich,** soweit sie im Kündigungszeitpunkt und voraussichtlich nicht nur eine unerhebliche Zeit darüber hinaus **tatsächlich bestehen werden** oder **konkret abzusehen sind.** Unerheblich ist, ob der Arbeitnehmer seinen Unterhaltspflichten nachkommt, weil ein gesetzwidriges Verhalten keine Auswirkungen auf die Sozialauswahl haben darf (ErfK/ *Ascheid* § 1 KSchG Rn. 533; *Bader* NZA 1996, 1125, 1128; *Fischermeier* NZA 1997, 1089, 1094; *von Hoyningen-Huene/Linck* DB 1997, 41, 42; *Kittner* ArbuR 1997, 182, 185; *Löwisch* NZA 1996, 1009, 1010; *Wlotzke* BB 1997, 414, 417). Die im Rahmen des § 1 Abs. 3 KSchG zu berücksichtigenden Unterhaltspflichten vermindern sich deshalb nur, wenn **andere Personen den geschuldeten Unterhalt** ganz oder teilweise **mit befreiender Wirkung** leisten (*Löwisch* § 1 Rn. 336). Die Angabe des Familienstandes und der bloßen Anzahl der Kinder genügen grundsätzlich nicht (ErfK/*Ascheid* § 1 KSchG Rn. 533; KR/*Etzel* § 1 KSchG Rn. 689; vgl. jedoch zu Regelungsmöglichkeiten in Auswahlrichtlinien Rn. 381 ff.). **Kinder mit eigenem Arbeitseinkommen** sind nicht auf Unterhalt angewiesen und deshalb nicht zu berücksichtigen (HKK/*Dorndorf* § 1 Rn. 1074; *Preis*, Prinzipien, S. 423). In diesem Zusammenhang ist auch das **Arbeitseinkommen von Ehegatten** einzubeziehen, sofern sie damit ihren Lebensunterhalt selbst bestreiten können. Dadurch vermindert sich die Pflicht des Arbeitnehmers zu Unterhaltsleistungen nach § 1360 BGB (BAG 8. 8. 1985 AP KSchG 1969 § 1 Soziale Auswahl Nr. 10 = NZA 1986, 679; ErfK/*Ascheid* § 1 KSchG Rn. 533; *Hueck/von Hoyningen-Huene* § 1 Rn. 470; KR/*Etzel* § 1 KSchG Rn. 690; *Stahlhacke/Preis/ Vossen* Rn. 668). Eine weitergehende Berücksichtigung des sog. „**Doppelverdienstes**" ist abzulehnen (str., Rn. 346). Generell nicht zu berücksichtigten sind anderweitige Einkommen **nichtehelicher Lebensgemeinschaften,** weil zwischen unverheirateten Lebenspartnern keine gesetzlichen Unterhaltsansprüche bestehen (*Berkowsky* § 8 Rn. 134; *Linck* S. 97 f.). Vom Arbeitgeber kann stets nur die **Berücksichtigung ihm bekannter Tatsachen** verlangt werden (zur Ermittlung der Kriterien Rn. 348).

341 Die **Pflegebedürftigkeit von Familienangehörigen** (z.B. Eltern) soll dagegen als soziales Auswahlkriterium heranzuziehen sein, wenn dadurch besondere Kosten verursacht werden (BAG 18. 10. 1990 AP KSchG 1969 Nr. 19 = NZA 1990, 729, ohne diese Einschränkung KR/*Etzel*, 4. Aufl., § 1 KSchG Rn. 581). Dieses christlich und moralisch sehr anerkennenswerte Verhalten weist aber erst dann einen schützenswerten Bezug zum Arbeitsverhältnis auf, wenn der zu betreuende Verwandte von dem Arbeitnehmer **gesetzliche Unterhaltsleistungen** beanspruchen kann (*Preis*, Prinzipien, S. 423; *Linck*, AR-Blattei SD 1020.1.2 Rn. 86). Dann kann dieser Umstand zusätzlich gewürdigt werden, wenn zwei Arbeitnehmer nach den drei Grunddaten gleichermaßen schutzbedürftig sind. Der Arbeitnehmer, der seine Unterhaltsverpflichtung in Form persönlicher Pflegeleistung erfüllt, ist in seinen räumlichen Möglichkeiten, einen anderen Arbeitsplatz zu finden, beschränkt. Entschließt sich der Arbeitnehmer aber freiwillig ohne eine Unterhaltspflicht dazu, besteht kein rechtlicher Anknüpfungspunkt dafür, daß ein anderer Arbeitnehmer ihm deshalb in der Sozialauswahl nachstehen muß.

Nach dem Urteil des BAG vom 7. 12. 1995 (BAG 7. 12. 1995 AP KSchG **342** 1969 § 1 Soziale Auswahl Nr. 29 = NZA 1996, 473) kann der Arbeitgeber außerdem das Angebot eines sozial schutzwürdigeren Vaters dergestalt berücksichtigen, daß dieser für den Fall der Weiterbeschäftigung seines im gleichen Betrieb beschäftigten und zur Kündigung vorgesehenen Sohnes auf seinen Arbeitsplatz verzichtet und einen entsprechenden Aufhebungsvertrag mit dem Arbeitgeber abschließt. Der **Verzicht des Vaters auf den Arbeitsplatz zugunsten des Sohnes** führe nicht zur Fehlerhaftigkeit der Sozialauswahl, weil nach § 1606 BGB Abkömmlinge vorrangig zum Unterhalt verpflichtet seien. Respektiere der Arbeitgeber eine der Wertung des § 1606 BGB entsprechende Entscheidung von Verwandten gerader Linie, berücksichtige er damit zugunsten des Abkömmlings einen sozialen Gesichtspunkt von erheblichem Gewicht.

Trotz eines im Hinblick auf den Generationenvertrag geradezu wünschens- **343** werten Ergebnisses begegnet diese Entscheidung erheblichen methodischen Bedenken (ablehnend ErfK/*Ascheid* § 1 KSchG Rn. 533; *Hueck/von Hoyningen-Huene* § 1 Rn. 482 b; *Keppeler* BB 1996, 1994; *Kittner* ArbuR 1997, 182, 185; *Linck*, AR-Blattei SD 1020.1.2 Rn. 115; *Preis* NZA 1997, 1073, 1083; zustimmend hingegen *Berkowsky* § 8 Rn. 242; KR/*Etzel* § 1 KSchG Rn. 673, 702). Die **Sozialauswahl** ist **nicht dispositiv**. Daran würde auch die Tatsache nichts ändern, daß diese Vereinbarung für die Kündigung eines nach Sozialdaten zwischen Vater und Sohn plazierten Arbeitnehmers auf den ersten Blick nicht kausal geworden ist. Diese Sicht verkennt aber die Wirkung der Auflösungsvereinbarung mit dem Vater. Sie führt nämlich dazu, daß sich die zuvor abstrakt festgestellte Zahl der von den betrieblichen Erfordernissen betroffenen Arbeitnehmer um eine Person vermindert, so daß der dann schutzbedürftigste Arbeitnehmer eine Weiterbeschäftigung beanspruchen kann. Diese Sozialauswahl ist anhand objektiver Kriterien durchzuführen. Jeder vertragliche Eingriff wirkt zu Lasten Dritter und ist deshalb unwirksam (*Berkowsky* § 8 Rn. 239 f., der allerdings bei bestehenden Unterhaltspflichten eine Ausnahme zuläßt). Außerdem können bei der Sozialauswahl nur die **tatsächlichen Unterhaltsverpflichtungen** berücksichtigt werden, die nicht schon durch die Kündigung entstehen. Nach § 1602 Abs. 1 BGB kommt es darauf an, daß der Unterhaltsberechtigte unter Berücksichtigung der gesamten Einkommens- und Vermögenslage wirklich bedürftig ist (*Hueck/von Hoyningen-Huene* § 1 Rn. 482 b). Eine „Rochade" von Arbeitnehmern im Rang der Sozialauswahl wirft schließlich Wertungsfragen bei einer betriebsbedingten Folgekündigung auf. Hier kann der Sohn nämlich nicht die Sozialdaten des Vaters für sich in Anspruch nehmen, die ihn vor einer betriebsbedingten Kündigung schützen würden. Insoweit bliebe nur zu prüfen, ob eine im zeitlichen Zusammenhang ausgesprochene Kündigung angesichts der vorhergehenden Vereinbarung nach § 242 BGB unzulässig ist.

Der Dauer der Betriebszugehörigkeit und dem Lebensalter ist gegenüber **344** dem Auswahlkriterium der Unterhaltsverpflichtung **kein genereller und ab-**

soluter Vorrang einzuräumen. Eine solche schematisierende Betrachtung wäre mit der Grundwertung des § 1 Abs. 3 KSchG nicht zu vereinbaren. Bei den Unterhaltspflichten handelt es sich wie bei dem Faktor Lebensalter um „ambivalente Größen". Die Frage der sozialen Auswahl ist aufgrund der **Besonderheiten des Einzelfalls** zu entscheiden (BAG 8. 8. 1985 AP KSchG 1969 § 1 Soziale Auswahl Nr. 10 = NZA 1986, 679; KR/*Etzel*, 4. Aufl., § 1 KSchG Rn. 580; *Linck* S. 113 f.).

345 **dd) Weitere soziale Gesichtspunkte.** Als zusätzliche Faktoren kommen nur solche in Betracht, die einen konkret arbeitsplatzbezogenen und personalen Bezug zum Arbeitsverhältnis aufweisen. Dazu zählen vor allem eine Schwerbehinderung und der Gesundheitszustand des Arbeitnehmers (BAG 18. 10. 1990 AP KSchG 1969 Nr. 19 = NZA 1990, 729). Für die **Schwerbehinderung** folgt dies aus einer verfassungskonformen Auslegung des § 1 Abs. 3 unter Berücksichtigung des Art. 3 Abs. 3 Satz 2 GG (BAG 24. 4. 1983 AP KSchG 1969 § 1 Betriebsbedingte Kündigung Nr. 12; *H.-J. Dörner*, FS Dieterich, S. 83; KR/*Etzel*, 4. Aufl. § 1 KSchG Rn. 581; *Linck*, AR-Blattei SD 1020.1.2 Rn. 92). Der **Gesundheitszustand des Arbeitnehmers** ist als zusätzliches Kriterium in der Sozialauswahl nur zu beachten, wenn sich der Arbeitnehmer durch die Ausübung **seiner vertraglich geschuldeten Tätigkeit besondere Beeinträchtigungen** zugezogen hat, die nicht schon durch den erfahrungsgemäß höheren körperlichen Verschleiß älterer Arbeitnehmer berücksichtigt wurde. Dabei handelt es sich um die aus § 242 BGB abgeleitete arbeitsvertragliche Pflicht, in besonderem Maße auf solche gesundheitlichen Beeinträchtigungen Rücksicht zu nehmen, die auf betriebliche Umstände zurückzuführen sind (BAG 18. 10. 1990 AP KSchG 1969 Nr. 19 = NZA 1990, 729; *Berkowsky* § 8 Rn. 142; ErfK/*Ascheid* § 1 KSchG Rn. 537, 539; *Hueck/von Hoyningen-Huene* § 1 Rn. 474; *Kittner* ArbuR 1997, 182, 184; *Linck* S. 107 ff.; *Stahlhacke/Preis/Vossen* Rn. 668; weitergehend KR/*Etzel* 4. Aufl. § 1 KSchG Rn. 581). Zur **Pflegebedürftigkeit naher Angehöriger** Rn. 341.

346 Der sog. **Doppelverdienst**, der begrifflich nicht den Zweitverdienst des Arbeitnehmers, sondern das **Einkommen des Ehepartners** erfaßt, ist als eigenständiger sozialer Gesichtspunkt nicht zu berücksichtigen. Dieses Kriterium stellt nur im Rahmen der Unterhaltspflichten einen relevanten Bezug für die Sozialauswahl her (Rn. 340). Es kann nicht argumentiert werden, ein von den betrieblichen Erfordernissen betroffener Arbeitnehmer sei über das Einkommen seines Ehepartners anderweitig versorgt und deshalb sozial weniger schutzbedürftig. Dies würde eine sachlich nicht gerechtfertigte **mittelbare Diskriminierung** von Frauen nach § 611a BGB und Art. 1 der EWG-Richtlinie Nr. 76/207 sowie eine Verletzung der Schutzpflicht aus Art. 6 Abs. 1 GG bedeuten. Das Lohnniveau der Frauen liegt, statistisch gesehen, erheblich unter dem der männlichen Arbeitnehmer. Eine Folge ist, daß verheiratete Frauen sich häufiger entgegenhalten lassen müssen, sie seien durch das höhere Einkommen ihres Ehemanns versorgt und könnten auf ihr (niedrigeres) Einkommen eher verzichten (ErfK/*Ascheid* § 1 KSchG Rn. 543; *Bitter/Kiel* RdA 1994, 333, 356; *Künzl* ZTR 1996, 385, 390 f.; *Stahlhacke/Preis/Vossen* Rn. 667b; einschränkend BAG 8. 8. 1985 AP KSchG 1969 § 1 Soziale Auswahl Nr. 10 = NZA 1986, 679; a.A. BAG 30. 11. 1956 AP KSchG § 1 Nr. 26; *Berkowsky* § 8 Rn. 131; HKK/*Dorndorf* § 1 Rn. 1077; *Hueck/von Hoyningen-Huene* § 1 Rn. Rn. 469 f.; *Herschel/Löwisch* § 1 Rn. 226; *Löwisch* § 1 Rn. 336; *Schaub* NZA 1987, 217, 222; KR/*Etzel,* 4. Aufl., § 1 KSchG Rn. 581; *Linck* S. 93 ff.; *ders.* einschränkend AR-Blattei SD 1020.1.2 Rn. 89 f.).

Kein Bezug zum konkreten Arbeitsverhältnis haben **allgemeine arbeits- 347 markt- oder sozialpolitischer Aspekte,** soweit sie nicht für die Bewertung eines anderen Gesichtspunkts von Bedeutung sind (z. B. für das Lebensalter). Unbeachtlich ist ferner die **Vermögenslage** des Arbeitnehmers. Ein Arbeitsverhältnis steht mit privater Lebenseinstellung und -führung in keiner rechtlichen Beziehung. Nach dem Schutzzweck des KSchG ist z. B. nicht zu erklären, aus welchen Gründen der ständig über seine Verhältnisse lebende und stark verschuldete Arbeitnehmer sozial schutzwürdiger sein soll als derjenige, der sich ein solides Sparkonto erwirtschaftet hat. Es findet sich auch kein rechtliches Argument dafür, daß der vom BGB geschützte Erbe eines beachtlichen Vermögens Einbußen seines arbeitsrechtlichen Bestandsschutzes hinzunehmen hat. Diese Bewertung privaten Kapitals zu Lasten aktiver Arbeit wäre mit den Schutzpflichten aus Art. 12 Abs. 1 GG und dem Persönlichkeitsrecht aus Art. 2 Abs. 1 i. V. m. Art. 1 Abs. 2 GG unvereinbar (vgl. *Bitter/Kiel* RdA 1994, 333, 356; *Hillebrecht* ZfA 1991, 87, 117; *Hueck/von Hoyningen-Huene* § 1 Rn. 473; *Künzl* ZTR 1996, 385, 391; *Linck* S. 101 ff.; *Preis,* Prinzipien, S. 426; MünchKomm/*Schwerdtner* vor § 620 Rn. 540; a.A. BAG 26. 4. 1964 AP KSchG § 1 Betriebsbedingte Kündigung Nr. 15; *Herschel/Löwisch* § 1 Rn. 226; KR/*Etzel,* 4. Aufl. § 1 KSchG Rn. 581; 5. Aufl. § 1 KSchG Rn. 702; differenzierend *Berkowsky* § 8 Rn. 236 f.).

c) Ermittlung der Daten

Der Arbeitgeber hat **nur die ihm mitgeteilten** sozialen Gesichtspunkte zu be- 348 rücksichtigen, wobei er sich die Kenntnis der drei Grunddaten verschaffen muß. Die Dauer der Betriebszugehörigkeit und das Lebensalter des Arbeitnehmers ergeben sich in der Regel aus den **Personalakten.** Hinsichtlich der tatsächlich zu erbringenden **gesetzlichen Unterhaltsverpflichtungen** darf sich der Arbeitgeber nicht auf die Angaben der **Lohnsteuerkarte** verlassen. Er ist verpflichtet, die vergleichbaren Arbeitnehmer vor Durchführung der Sozialauswahl danach zu befragen, welche **Unterhaltsverpflichtungen tatsächlich** bestehen (LAG Hamm 29. 3. 1985 LAGE § 1 KSchG Soziale Auswahl Nr. 1; HKK/*Dorndorf* § 1 Rn. 1075; a.A. KR/*Etzel* § 1 KSchG Rn. 691). Der Arbeitgeber ist darüber hinaus zwar nicht verpflichtet, aber befugt, sich nach allen **sozialen Gesichtspunkten** zu erkundigen, die er zum Gegenstand der Sozialauswahl machen will. **Verweigert der Arbeitnehmer die Auskunft** über seine Unterhaltsleistungen oder über private Lebensverhältnisse, kann er sich im Prozeß nicht mehr auf die verschwiegenen Umstände berufen, weil diese Tatsachen dem Arbeitgeber nicht bekannt waren (ErfK/*Ascheid* § 1 KSchG Rn. 547; *Herschel/Löwisch* § 1 Rn. 547; *Hueck/von Hoyningen-Huene* § 1 Rn. 465 und *Linck,* AR-Blattei SD 1020.1.2 Rn. 93 – unzulässige Rechtsausübung; KR/*Etzel* § 1 KSchG Rn. 691; *Löwisch* § 1 Rn. 346). Hinsichtlich der tatsächlichen Unterhaltsverpflichtungen kann der Arbeitgeber dann auf die Angaben zurückgreifen, die auf der **Lohnsteuerkarte** enthalten sind. Erteilt der Arbeitnehmer Auskunft, müssen die Angaben aufgrund seiner arbeitsvertraglichen Schutzpflicht gegenüber dem Arbeitgeber (§ 242 BGB) der **Wahrheit** entsprechen. Führen schuldhaft falsche Angaben zu der Kündigung eines sozial schwächeren Arbeitnehmers, besteht nicht nur ein Grund zur verhaltensbedingten Kündigung (ErfK/*Ascheid* § 1 KSchG Rn. 546), sondern wegen der Kosten des verlorenen Kündigungsschutzprozesses zudem ein Schadensersatzanspruch (KR/*Etzel* § 1 KSchG Rn. 691).

4. Bewertungsspielraum des Arbeitgebers

349   Es gibt **keinen allgemein verbindlichen Bewertungsmaßstab** dafür, wie die einzelnen Sozialdaten zueinander ins Verhältnis zu setzen sind. Die Sozialauswahl kann nicht mit mathematischer Genauigkeit durchgeführt werden. Der Arbeitgeber hat nach § 1 Abs. 3 Satz 1 KSchG die sozialen Gesichtspunkte „**ausreichend**" zu berücksichtigen. Mit dieser Formulierung eröffnet das Gesetz dem Arbeitgeber zwar keinen weiten Ermessensspielraum (a. A. *Meisel* DB 1991, 92, 96; *Möhn* BB 1995, 563, 564). Dem Arbeitgeber ist damit jedoch ein „**gewisser Wertungsspielraum**" eingeräumt. In Grenzfällen können mehrere Entscheidungen rechtmäßig sein (BAG 18. 1. 1990 AP KSchG 1969 § 1 Soziale Auswahl Nr. 19 = NZA 1990, 729; 18. 10. 1984 AP KSchG 1969 § 1 Soziale Auswahl Nr. 6 = NZA 1985, 423; KR/*Etzel*, 4. Aufl., § 1 KSchG Rn. 611; *Linck*, AR-Blattei SD 1020.1.2 Rn. 94 f.). Zu dem gleichen Ergebnis gelangt *Berkowsky* (§ 8 Rn. 179) der sich von dem Begriff „gewisser Wertungsspielraum" löst und eine Sozialauswahl nur dann als fehlerhaft ansieht, wenn sich aufgrund der **konkreten Abwägung der Sozialdaten keine erkennbar höhere Schutzbedürftigkeit** eines Arbeitnehmers ergibt (ferner *Bader* NZA 1996, 1125, 1127). In jedem Fall müssen die Gerichte nach § 1 Abs. 3 KSchG eine **uneingeschränkte Kontrolle der Sozialauswahl durch den Arbeitgeber** vornehmen und dazu die sozialen Belange vergleichbarer Arbeitnehmer selbst bewerten und abwägen. Der gerichtliche Prüfungsrahmen ist nur nach § 1 Abs. 4 KSchG bei kollektiv-rechtlich legitimierten Auswahlrichtlinien auf grobe Fehlerhaftigkeit reduziert. Auch bei einer unvollständigen Erfassung der Bewertungskriterien oder deren unzutreffender Würdigung kann die soziale Auswahl bei objektiver Würdigung zutreffen (*Hueck/von Hoyningen-Huene* § 1 Rn. 475).

350   Daraus folgt konkret: Der Arbeitgeber muß im Rahmen seines Wertungsspielraums die **Dauer der Betriebszugehörigkeit**, das **Lebensalter** und die **Unterhaltsverpflichtungen** vergleichbarer Arbeitnehmer in einem ausgewogenen Verhältnis berücksichtigen. Diese Kriterien sind stets zu beachten. Fehlerhaft wäre die Sozialauswahl nur dann, wenn die ambivalenten Faktoren des Lebensalters und der Unterhaltspflichten generell höher angesetzt würden als die vom Arbeitnehmer selbst erarbeitete Betriebsseniorität (Rn. 330 ff.; ErfK/*Ascheid* § 1 KSchG Rn. 535; *Löwisch* NZA 1996, 1009, 1010; gegen einen

Vorrang der Betriebszugehörigkeit *Bader* NZA 1996, 1125, 1128, *ders.* NZA 1999, 64, 68 Fn. 47; *Berkowsky* § 8 Rn. 184; *Möhn* BB 1995, 563). Die gleiche Bewertung der Faktoren ist hingegen nicht zu beanstanden (BAG 18. 1. 1990 AP KSchG 1969 § 1 Soziale Auswahl Nr. 19 = NZA 1990, 729). Geringfügige Unterschiede bei gegeneinanderlaufenden Faktoren fallen nicht ins Gewicht. Der Arbeitgeber kann deshalb bei gleichen Unterhaltspflichten sowohl einem 40 jährigen Mitarbeiter kündigen, der 15 Jahre im Betrieb beschäftigt ist als auch einem 41 jährigen Arbeitnehmer, der erst 14 Jahre in einem Arbeitsverhältnis steht. Im Einzelfall muß er weitere soziale Gesichtspunkte bei einer „Pattsituation" als Hilfskriterien oder bei unbilligen Härten als korrigierende Faktoren würdigen.

Der Arbeitgeber kann von einem **eigenen Punkteschema** ausgehen, bei dem **351** die drei Grunddaten angemessen berücksichtigt werden (zu kollektiven Auswahlrichtlinien nach § 1 Abs. 4 KSchG Rn. 381 ff.). Eine solches Punkteschema ist aber nur im Hinblick auf eine **Vorauswahl** zulässig. Der Arbeitgeber muß nach § 1 Abs. 3 KSchG **stets** eine **einzelfallbezogene Abschlußprüfung** vornehmen. Eine Schema kann ein Hilfsmittel sein, aber nicht den Abwägungsvorgang ersetzen; eine „Handsteuerung" ist unverzichtbar (BAG 18. 1. 1990 AP KSchG 1969 § 1 Soziale Auswahl Nr. 19 = NZA 1990, 729; 18. 10. 1984 AP KSchG 1969 § 1 Soziale Auswahl Nr. 6 = NZA 1985, 423; ErfK/*Ascheid* § 1 KSchG Rn. 534; *Hueck/von Hoyningen-Huene* § 1 Rn. 475; KR/*Etzel*, 4. Aufl., § 1 KSchG Rn. 584 ff., 611; 5. Aufl., § 1 KSchG Rn. 707 f.; *Stahlhacke/Preis/Vossen* Rn. 668). Dies gilt auch in engem Rahmen für kollektive Auswahlrichtlinien nach § 1 Abs. 4 KSchG (str., Rn. 395).

Das BAG hat mit Urteil vom 18. 1. 1990 (BAG 18. 1. 1990 AP KSchG **352** 1969 § 1 Soziale Auswahl Nr. 19 = NZA 1990, 729) folgende (in einem Interessenausgleich vereinbarte) Punktetabelle gebilligt:

- **Dienstjahre:** Bis zu 10 Dienstjahren je Dienstjahr 1 Punkt. Ab dem 11. Dienstjahr je Dienstjahr 2 Punkte. Berücksichtigt werden nur Zeiten der Betriebszugehörigkeit bis zum 55. Lebensjahr, maximal sind 70 Punkte möglich.
- **Lebensalter:** Für jedes volle Lebensjahr 1 Punkt, maximal 55 Punkte.
- **Unterhaltspflichten:** Je unterhaltsberechtigtes Kind 4 Punkte, verheiratet 8 Punkte.
- **Schwerbehinderung:** Grad der Behinderung bis 50 ergibt 5 Punkte, über 50 je Grad 1 Punkt.

Die endgültige Auswahl sollte unter Berücksichtigung weiterer Gesichtspunkte erfolgen, u.a. einer besonderen Pflegebedürftigkeit von Familienmitgliedern, besonderen Lasten aus Unterhaltsverpflichtungen sowie besonderen Behinderungen, die einer weiteren Arbeitsleistung erheblich entgegenstehen.

Der Wertungsspielraum in der Sozialauswahl erlaubt es dem Arbeitgeber **353** (oder den Parteien einer kollektivrechtlichen Richtlinie nach § 1 Abs. 4 KSchG), in einem Punktesystem **Unterteilungen in Gruppen** vornehmen, indem er z.B. das Lebensalter (ab dem 20. Lebensjahr) im Abstand von 7 Jahren sowie die Betriebszugehörigkeit im Abstand von 4 Jahren jeweils mit einem Punkt und die tatsächlichen Unterhaltspflichten mit 2 Punkten pro Person bewertet (dieses Beispiel bildet KR/*Etzel* § 1 KSchG Rn. 708). Entscheidend ist, daß die Gruppen zueinander gemessen am Maßstab des § 1 Abs. 3 KSchG in einem ausgewogenen Verhältnis stehen.

354   Nach Auffassung des BAG ist der Wertungsspielraum nach § 1 Abs. 3 KSchG trotz der in diesem Fall hervorgehobenen Bedeutung des Lebensalters nicht überschritten worden. Jedenfalls würde diese Bewertung keinen groben Auswahlfehler nach § 1 Abs. 4 KSchG darstellen, wenn die Tabelle Bestandteil einer Kollektivvereinbarung wäre (Rn. 389).

5. Auskunftsanspruch des Arbeitnehmers, § 1 Abs. 3, 2. Halbsatz KSchG

355   Nach § 1 Abs. 3, 2. Halbsatz KSchG hat der Arbeitgeber dem Arbeitnehmer **auf dessen Verlangen** die **Gründe mitzuteilen,** die zu der getroffenen Sozialauswahl geführt haben. Ein solches Auskunftsverlangen setzt keinen förmlichen Antrag voraus. Es genügt vielmehr jeder Vortrag, der die Erwartung erkennen läßt, zunächst möge der Arbeitgeber die von ihm für maßgeblich gehaltenen Gründe dem Arbeitnehmer zur Kenntnis geben (BAG 21. 7. 1988 AP KSchG 1969 § 1 Soziale Auswahl Nr. 17 = NZA 1989, 264; 18. 10. 1984 AP KSchG 1969 § 1 Betriebsbedingte Kündigung Nr. 18 = NZA 1985, 423).

356   Die Offenlegung persönlicher Daten der vergleichbaren Arbeitnehmer begegnet **keinen datenschutzrechtlichen Bedenken,** wenn der Arbeitgeber damit seiner gesetzlichen Pflicht nachkommt (BAG 24. 3. 1983 AP KSchG 1969 § 1 Betriebsbedingte Kündigung Nr. 12 unter B 2c; ausführlich KR/*Etzel* § 1 KSchG Rn. 720; *Linck* S. 78 ff.; a.A. *Rasch* DB 1982, 2296 f.). Einschränkungen der Auskunftspflicht können sich allenfalls durch das im Art. 2 Abs. 1 iVm. Art. 1 Abs. 1 GG geschützte **allgemeine Persönlichkeitsrecht** ergeben. Will der Arbeitgeber Umstände aus der Privatsphäre (Intimsphäre) eines Arbeitnehmers, für die keine Offenbarungspflicht besteht (z. B. Einzelheiten zum Gesundheitszustand), bei der sozialen Auswahl berücksichtigen, muß der betroffene Arbeitnehmer dazu sein Einverständnis erklären. Denn der Arbeitgeber hat auf Verlangen den gekündigten Arbeitnehmern über sämtliche Umstände Auskunft zu erteilen, die Bestandteil der sozialen Auswahl sind; er darf keine für die Sozialauswahl wichtigen Informationen zurückhalten.

357   Der Auskunftsanspruch wurde aufgrund des Arbeitsrechtsbereinigungsgesetzes vom 25. 8. 1969 in § 1 Abs. 3 KSchG aufgenommen (BGBl. I, 1106). Der Sinn und Zweck der Regelung besteht in erster Linie darin, daß der **gekündigte Arbeitnehmer** die **Erfolgsaussichten eines Kündigungsschutzprozesses abschätzen** kann. Es genügt nicht, wenn der Arbeitgeber seiner Auskunftspflicht durch Angabe der für ihn maßgeblichen sozialen Gesichtspunkte nachkommt. Er muß auch mitteilen, wie er diese Kriterien gewichtet hat und die Namen sämtlicher in die Sozialauswahl einbezogenen Arbeitnehmer benennen. Außerdem hat er die betrieblichen Bedürfnisse anzugeben, die nach seiner Auffassung einer Auswahl nach sozialen Gesichtspunkten entgegenstehen (BAG 21. 7. 1988 AP KSchG 1969 § 1 Soziale Auswahl Nr. 17 = NZA 1989,

264; ErfK/*Ascheid* § 1 KSchG Rn. 549 f.; KR/*Etzel* § 1 KSchG Rn. 712; *Hueck/von Hoyningen-Huene* § 1 Rn. 490; *Löwisch* § 1 Rn. 363). Erst dann ist der Arbeitnehmer in der Lage, die soziale Auswahl nachzuvollziehen und einen aus seiner Sicht sozial weniger schutzwürdigen Arbeitnehmer zu benennen. Andererseits genügt der Arbeitgeber seiner Mitteilungspflicht, wenn er die von ihm angestellten Überlegungen dem Arbeitnehmer umfassend mitteilt. Insoweit ist die Sozialauswahl subjektiv determiniert. Der Arbeitnehmer kann keine Liste mit sämtlichen Namen und Daten der objektiv vergleichbaren Kollegen beanspruchen (BAG 15. 6. 1989 AP KSchG 1969 § 1 Soziale Auswahl Nr. 18 = NZA 1990, 226; 8. 8. 1985 AP KSchG 1969 § 1 Nr. 10 = NZA 1986, 679; ErfK/*Ascheid* § 1 KSchG Rn. 594; *Linck*, AR-Blattei SD 1020.1.2 Rn. 173).

Die Auswirkung der Auskunftspflicht besteht außerdem in einer **Abstufung der Darlegungs- und Beweislast**. Der Arbeitgeber hat den **Auskunftsanspruch** nach dem Rechtsgedanken des § 626 Abs. 2 Satz 3 BGB **unverzüglich zu erfüllen**. Nur dadurch kann der Arbeitnehmer vorprozessual die Risiken eines Kündigungsschutzverfahrens abwägen. Erfüllt der Arbeitgeber den vor der Klage gestellten Auskunftsanspruch schuldhaft erst im Prozeß, ist zwar die Kündigung dadurch nicht unwirksam. Der Arbeitgeber wäre aber, wenn der Arbeitnehmer bei Kenntnis der Tatsachen keine Klage erhoben hätte, wegen positiver Vertragsverletzung schadenersatzpflichtig. Der Schadensersatzanspruch erstreckt sich auf die Kosten des Prozesses (*Hueck/von Hoyningen-Huene* § 1 Rn. 490 f.; KR/*Etzel* § 1 KSchG Rn. 713; *Stahlhacke/Preis/Vossen* Rn. 676; a. A. ErfK/*Ascheid* § 1 KSchG Rn. 551 – keine Erstattung der erstinstanzlichen Kosten). Vgl. zur Darlegungs- und Beweislast bei der Sozialauswahl Rn. 405 ff. **358**

6. Entgegenstehende Gründe, § 1 Abs. 3 Satz 2 KSchG

a) Grundzüge und geschichtliche Entwicklung

Hat der Arbeitgeber unter den vergleichbaren Arbeitnehmern eine Auswahl nach sozialen Gesichtspunkten getroffen, **kann** er **anschließend** nach § 1 Abs. 3 Satz 2 KSchG prüfen, ob bei dem Ergebnis dieser Sozialauswahl **betriebstechnische, wirtschaftliche oder sonstige berechtigte betriebliche Bedürfnisse** die Weiterbeschäftigung eines oder mehrerer Arbeitnehmer bedingen, so daß diese Arbeitnehmer aus der sozialen Auswahl wieder ausscheiden (zur Prüfungsreihenfolge Rn. 281). Ist dies der Fall, hat der Arbeitgeber die Möglichkeit, dem nach sozialen Gesichtspunkten nächst stärkeren Arbeitnehmer zu kündigen. Es steht dem Arbeitgeber frei, ob er Gründe nach § 1 Abs. 3 Satz 2 KSchG gegenüber einer Sozialauswahl geltend machen will. Daher können sich Arbeitnehmer nicht auf diese Gründe berufen und die Herausnahme aus der Sozialauswahl verlangen (*Berkowsky* § 9 Rn. 37; KR/*Etzel* § 1 KSchG Rn. 645, 726). **359**

Mit dieser am 1. 1. 1999 in Kraft getretenen Vorschrift ist der Gesetzgeber zu der Gesetzesfassung zurückgekehrt, die bereits vor dem 1. 10. 1999 galt. Nach der zwischenzeitlich anzuwendenden Ausnahmeregelung sollte nach dem **360**

Willen des Gesetzgebers den **betrieblichen Interessen** größeres Gewicht verschafft werden (vgl. BT-Drucks. 13/4612, S. 13; BT-Drucks. 13/5107, S. 21). Die Betonung des betrieblichen Aspektes kam im Wortlaut des Gesetzes dadurch zum Ausdruck, daß nicht mehr von einem „betrieblichen Bedürfnis", sondern nur noch von einem „betrieblichen Interesse" die Rede war und das Wort „bedingen" gestrichen wurde (*Bader* NZA 1996, 1125, 1130; *Fischermeier* NZA 1997, 1089, 1092; *von Hoyningen-Huene/Linck* DB 1997, 41, 43; *Kittner* ArbuR 1997, 182, 187; *Schwedes* BB 1996, Beilage 17 S. 2, 3). Bei der Interpretation der abstrakten Rechtsbegriffe konnte wegen der veränderten Wertung nicht mehr auf die bisherige Rechtsprechung zurückgegriffen werden (a.A. *Löwisch* NZA 1996, 1009, 1011). Andererseits war aus dieser Regelung kein absoluter Vorrang betrieblicher Interessen abzuleiten; die gerichtliche Kontrolle beschränkte sich nicht nur auf Plausibilität oder Willkür (vgl. *Preis* NJW 1996, 3369, 3371; a.A. *Schiefer/Worzalla*, Das Arbeitsrechtliche BeschFG Rn. 70). Die h.M. verlangte den Nachweis des Arbeitgebers, daß die Weiterbeschäftigung des nicht in die Sozialauswahl einbezogenen Arbeitnehmers für den Betrieb einen nicht unerheblichen Vorteil bedeute, der bei einer allein nach § 1 Abs. 3 KSchG durchgeführten Sozialauswahl entfiele (vgl. *Bader* NZA 1996, 1125, 1129; *Fischermeier* aaO.; *Wlotzke* BB 1997, 4114, 418).

361 § 1 Abs. 3 Satz 2 KSchG a.F. regelte einen besonderen Fall der fehlenden Vergleichbarkeit. Dies hatte grundsätzliche Auswirkungen auf die Prüfungsreihenfolge: Nachdem der Arbeitgeber den Kreis vergleichbarer Arbeitnehmer ermittelt hatte, eröffnete ihm § 1 Abs. 2 Satz 3 KSchG die Möglichkeit, solche Arbeitnehmer nicht in die soziale Auswahl einzubeziehen, deren Weiterbeschäftigung, insbesondere wegen ihrer Kenntnisse, Fähigkeiten und Leistungen oder zur Sicherung einer ausgewogenen Personalstruktur des Betriebes, im berechtigten betrieblichen Interesse lag. Erst danach hatte er die soziale Auswahl anhand der in § 1 Abs. 3 Satz 1 KSchG genannten sozialen Gesichtspunkte durchzuführen (ErfK/*Ascheid* § 1 KSchG Rn. 533; *Bader* NZA 1996, 1125, 1129; KR/*Etzel* § 1 KSchG Rn. 729; *Hueck/von Hoyningen-Huene* § 1 Rn. 480 a f.; *Wlotzke* BB 1997, 414, 418; a.A. HKK/*Dorndorf* § 1 Rn. 1099; *Löwisch* NZA 1996, 1009, 1010; für eine vierstufige Prüfung *Fischermeier* NZA 1997, 1089, 1092). Nicht mehr vorzunehmen war die nach dem vorherigen (und nunmehr wieder aktuellen) Recht erforderliche Einzelfallabwägung zwischen den betrieblichen Bedürfnissen an der Weiterbeschäftigung eines sozial stärkeren Arbeitnehmers und eines sozial schutzwürdigeren Arbeitnehmers.

362 Mit der **Wiedereinführung der vor dem 30. 9. 1996 geltenden Gesetzesfassung** hat der Gesetzgeber die für die Arbeitgeberinteressen günstige Verschiebung wieder rückgängig gemacht. Die Prüfung sieht die Herausnahme einzelner Arbeitnehmer erst in der dritten Stufe vor. Nach der Begründung zum Gesetzesentwurf sollen nur noch die nach der früheren Rechtslage anerkannten **Spezialkenntnisse** oder **erheblichen Leistungsunterschiede** das Bedürfnis nach einer Weiterbeschäftigung bestimmter Arbeitnehmer bedingen können (vgl. BT-Drucks. 14/45, S. 53; *Bader* NZA 1999, 64, 69; *Linck*, AR-Blattei SD 1020.1.2 Rn. 101; *Schiefer/Worzalla/Will* Rn. 40, 45 ff.).

Die in § 1 Abs. 3 Satz 2 KSchG geschützten Belange sind auch im Bereich **363** des **öffentlichen Dienstes** zu beachten. Art. 33 Abs. 2 GG regelt nur den Zugang zu öffentlichen Ämtern. Daraus läßt sich nicht ableiten, daß auch im Zusammenhang mit der Beendigung von Dienstverhältnissen bei der Sozialauswahl in erster Linie Leistungsunterschiede zu berücksichtigen sind. Im Rahmen der sozialen Auswahl geht es nicht um die Vergabe von Beförderungsstellen, sondern um den Bestandsschutz im Hinblick auf gleichwertige Beschäftigungsmöglichkeiten (*Hueck/von Hoyningen-Huene* § 1 Rn. 478; KR/ *Etzel*, 4. Aufl., § 1 KSchG Rn. 594 a.E.; a.A. *Zimmerling* ZTR 1995, 62, 65).

Der Arbeitgeber kann unter den Voraussetzungen des § 1 Abs. 3 Satz 2 **364** KSchG auch **Arbeitnehmer** weiterbeschäftigen, die **noch keinen Kündigungsschutz genießen** und daher durch eine Sozialauswahl nach § 1 Abs. 3 noch nicht geschützt sind (BAG 25. 4. 1985 AP KSchG 1969 § 1 Soziale Auswahl Nr. 7 = NZA 1986, 64).

b) Voraussetzungen für die Weiterbeschäftigung einzelner Arbeitnehmer

Das Tatbestandsmerkmal „bedingt" beschreibt die Erforderlichkeit oder Not- **365** wendigkeit der Weiterbeschäftigung eines bestimmten oder einzelner Arbeitnehmer. Dieser Maßstab gilt für alle in § 1 Abs. 3 Satz 2 KSchG genannten Fallgruppen, die tatbestandlich nicht exakt voneinander zu trennen sind. Unter **betriebstechnischen Bedürfnissen** werden die Gründe erfaßt, die zur **Aufrechterhaltung der technischen Arbeitsabläufe** des Betriebes notwendig sind (MünchArbR/*Berkowsky* § 135 Rn. 40; *Herschel/Löwisch* § 1 Rn. 236; KR/ *Etzel* § 1 KSchG Rn. 596). Mit dem Tatbestandsmerkmal der **wirtschaftlichen Bedürfnisse** stellt das Gesetz demgegenüber auf die Ertragslage des Unternehmens ab. Der Arbeitgeber kann insbesondere dann besonders leistungsfähige, besser qualifizierte und vielfältiger einsetzbare Arbeitnehmer weiterbeschäftigen, wenn die wirtschaftliche Situation des Betriebes schlecht ist (MünchArbR/*Berkowsky* § 135 Rn. 42; KR/*Etzel,* 4. Aufl., § 1 KSchG Rn. 597; *Langanke* RdA 1993, 219, 220). Die **sonstigen betrieblichen Bedürfnisse** sind Umstände, die sich auf die **Aufrechterhaltung eines geordneten Betriebsablaufs** beziehen (KR/*Etzel*, 4. Aufl., § 1 KSchG Rn. 598). Durch dieses Tatbestandsmerkmal wird klargestellt, daß neben betriebstechnischen und wirtschaftlichen Bedürfnissen letztlich auch andere betriebliche Belange als Gründe für die Weiterbeschäftigung nach § 1 Abs. 3 Satz 2 KSchG von vornherein ausscheiden. Deren Ursprung muß schließlich nicht betriebsbezogen sein, sondern kann aus dem Unternehmen kommen (*von Hoyningen-Huene* NZA 1994, 1009, 1015).

Die im Gesetz genannten schutzwerten betrieblichen Belange ergeben sich **366** nicht erst, wenn die Kündigung des weniger schutzwürdigen Arbeitnehmers den Betrieb in eine „gewisse Zwangslage" führen würde (so noch BAG 20. 1. 1961 AP KSchG § 1 Betriebsbedingte Kündigung Nr. 7). Spezialkenntnisse und Leistungsunterschiede sind zu berücksichtigen, wenn die Weiterbeschäftigung des sozial stärkeren Arbeitnehmers im Interesse eines geordneten Arbeits- oder Betriebsablaufs **erforderlich** ist (unter Aufgabe seiner früheren strengeren Rechtsprechung BAG 24. 3. 1983 AP KSchG 1969 § 1 Betriebsbedingte Kündigung Nr. 12; zur Entwicklung der Rechtsprechung *Berkowsky* § 9 Rn. 12ff., 17ff.; *Bitter/Kiel* RdA 1994, 333, 356f.). Zu weit greift an dieser Stelle die Auffassung des BAG, § 1 Abs. 3 Satz 2 KSchG verlange, daß auf den leistungsstärkeren Arbeitnehmer nicht verzichtet werden könne. Ein für den Fortbestand des Betriebes oder Betriebsablauf unverzichtbarer Arbeitnehmer wäre mit anderen Arbeitnehmern schon nicht vergleichbar. Der sozial schutzwürdigere Arbeitnehmer könnte auch nach einer Einarbeitung nicht die Funktion des „unverzichtbaren" Kollegen übernehmen (zutreffend *Hueck/von Hoyningen-Huene* § 1 Rn. 477; *Linck,* AR-Blattei SD 1020.1.2 Rn. 98). Es ist deshalb ausreichend, wenn ein vergleichbarer Arbeitnehmer, gemessen an den sozial weniger schutzbedürftigen Kollegen, über eine höhere Qualifikation verfügt, die für einen **geordneten Arbeits- und Betriebsablauf erforderlich** ist (*Stahlhacke/Preis/Vossen* Rn. 675d).

367 Das Tatbestandsmerkmal „berechtigte betriebliche Bedürfnisse" stellt dem Wortsinn nach weniger strenge Anforderungen gegenüber den „dringenden betrieblichen Erfordernissen" im Sinne von § 1 Abs. 2 KSchG (BAG 25. 4. 1985 AP KSchG 1969 Soziale Auswahl Nr. 7 = NZA 1986, 64; MünchArbR/ *Berkowsky* § 135 Rn. 49ff.; *Hueck/von Hoyningen-Huene* § 1 Rn. 479a; *Linck,* AR-Blattei SD 1020.1.2 Rn. 100). Diese Interpretation des § 1 Abs. 3 Satz 2 KSchG entspricht auch dem Willen des Gesetzgebers zum KSchG 1951, der davon ausging, „daß es durch die betrieblichen Bedürfnisse gerechtfertigt ist, wenn der Arbeitgeber den Hilfsarbeiter vor dem Facharbeiter, unter den Facharbeitern zunächst denjenigen, der für den Produktionsprozeß am ehesten entbehrlich ist, und bei erheblichen Leistungsunterschieden zunächst den Leistungsschwächsten entläßt" (vgl. *Begründung des Regierungsentwurfs* RdA 1951, 63). Zweckmäßigkeitserwägungen reichen hierfür aber nicht aus. Eine so weitgehende Berücksichtigung betrieblicher Interessen kommt nicht mehr in Betracht, seit der Gesetzgeber die Verschiebung der arbeitgeberseitigen Interessen gemäß § 1 Abs. 3 Satz 2 KSchG in der Fassung des Arbeitsrechtlichen BeschFG ausdrücklich als zu weitgehend erachtet hat.

368 Um festzustellen, ob die Beschäftigung eines Arbeitnehmers für einen geordneten Arbeits- und Betriebsablauf erforderlich ist, bedarf es einer **einzelfallbezogenen Interessenabwägung** (*Bader* NZA 1999, 64, 68). Dabei sind an die betrieblichen Belange für die Weiterbeschäftigung des sozial stärkeren Arbeitnehmers um so höhere Anforderungen zu stellen, desto größer der Unterschied in der sozialen Schutzbedürftigkeit gegenüber dem Arbeitnehmer ist, der nach sozialen Gesichtspunkten von der Kündigung verschont bleiben würde (MünchArbR/*Berkowsky* § 151 Rn. 54; KR/*Etzel,* 4. Aufl., § 1 KSchG Rn. 595; *Hueck/von Hoyningen-Huene* § 1 Rn. 478; *von Hoyningen-Huene* NZA 1994, 1009, 1016; *Linck,* AR-Blattei SD 1020.1.2 Rn. 101).

369 Erhebliche Leistungsunterschiede oder Spezialwissen können z.B. in der **vielseitigeren Verwendbarkeit eines Arbeitnehmers** sowie in **besonderen Sprachkenntnissen** begründet sein (BAG 20. 10. 1983 AP KSchG 1969 Betriebsbedingte Kündigung Nr. 13). Es genügt, wenn die speziellen Kenntnisse oder höheren Qualifikationen für sporadisch anfallende Aufgaben im Betrieb einsetzbar sind (*Herschel/Löwisch* § 1 Rn. 236; *Stahlhacke/Preis/Vossen* Rn. 674). Ein Arbeitnehmer, dessen **Verbindungen zu Kunden oder Lieferan-**

ten sich für den Betrieb als besonders nützlich erwiesen haben (*Herschel/Löwisch* § 1 Rn. 239; MünchArbR/*Berkowsky* § 135 Rn. 52), kann im Einzelfall ebenso weiterbeschäftigt werden wie ein Mitarbeiter, der für **künftige Führungsaufgaben** eingeplant ist (LAG Hamm 5. 2. 1985 LAGE § 1 KSchG Soziale Auswahl Nr. 2). Der Arbeitgeber hat ferner die Möglichkeit, **eingearbeitete Fachkräfte** bei einer **etappenweisen Betriebsstillegung** mit der **Ausführung verbleibender Arbeiten** zu beschäftigen, um Einarbeitungszeiten zu vermeiden (BAG 21. 1. 1994 AP KSchG 1969 § 1 Konzern Nr. 8 = NZA 1994, 653).

Ein Verhalten, das nicht das Gewicht eines Kündigungsgrundes nach § 1 **370** Abs. 2 KSchG besitzt, kann nur **in besonderen Ausnahmefällen** ein berechtigtes betriebliches Bedürfnis für die Weiterbeschäftigung eines weniger schutzwürdigen Arbeitnehmers darstellen. Verschiebungen in der sozialen Auswahl lassen sich grundsätzlich weder durch **Abmahnungen,** die in der Vergangenheit liegende Pflichtverletzungen erfassen, noch durch sonstige, nicht abgemahnte allgemeine Pflichtverletzungen rechtfertigen. Um einem Arbeitnehmer trotz seines sozialen Schutzes betriebsbedingt kündigen zu können, muß der Arbeitgeber anhand von Tatsachen darlegen und ggf. unter Beweis stellen, daß aufgrund **eines konkreten** (nicht notwendig schuldhaften) **Verhaltens** ein **geordneter Arbeits- und Betriebsablauf** auf Dauer nur mit einem sozial weniger schutzwürdigen Arbeitnehmer zu gewährleisten ist. Ein Übergewicht der betrieblichen Bedürfnisse liegt z. B. vor, wenn ein Arbeitnehmer, der eine **Schlüsselposition** für die Umsetzung eines neuen unternehmerischen Konzepts einnimmt, zu erkennen gibt, er werde das Unternehmen alsbald verlassen. In diesem Fall kann der Arbeitgeber einem sozial weniger schutzbedürftigen Arbeitnehmer den Vorzug geben, der das notwendige Vertrauen zur Realisierung der Veränderungen genießt (weniger einschränkend wohl *Herschel/Löwisch* § 1 Rn. 242; *Hueck/von Hoyningen-Huene* § 1 Rn. 479; MünchArbR/*Berkowsky* § 135 Rn. 53).

Umstritten ist, ob die erheblich **geringere Krankheitsanfälligkeit** eines weni- **371** ger schutzwürdigen Arbeitnehmers ein berechtigtes betriebstechnisches oder wirtschaftliches Bedürfnis darstellt. Nach einer im Schrifttum vertretenen Auffassung können auch solche krankheitsbedingte Fehlzeiten in die Prüfung nach § 1 Abs. 3 Satz 2 KSchG einbezogen werden, die selbst nicht die Bedeutung eines Kündigungsgrundes haben. Es gehe bei der Prüfung berechtigter betrieblicher Bedürfnisse nicht darum, ob diese Gründe die Kündigung bedingten und deshalb ihrerseits eine Kündigung rechtfertigen könnten (MünchArbR/ *Berkowsky* § 135 Rn. 54; *von Hoyningen-Huene* NZA 1994, 1009, 1015; *Hueck/von Hoyningen-Huene* § 1 Rn. 479 a; KR/*Etzel* § 1 KSchG Rn. 596 f.). Das BAG will dagegen die **Einbeziehung krankheitsbedingter Fehlzeiten** nur dann in der Abwägung nach § 1 Abs. 3 Satz 2 KSchG zulassen, wenn **diese für sich betrachtet eine Kündigung rechtfertigen könnten.** Reiche eine Krankheit oder Krankheitsanfälligkeit als Kündigungsgrund nicht aus, läge ein Wertungswiderspruch vor, wenn dieser Umstand ausgerechnet bei der sozialen Auswahl zum Nachteil eines besonders schutzwürdigen Arbeitnehmers geraten würde (BAG 24. 3. 1983 AP KSchG 1969 § 1 Betriebsbedingte Kündigung Nr. 12; *Kittner/Trittin* § 1 KSchG Rn. 493).

372 Der Auffassung des BAG ist zuzustimmen. Das wirtschaftliche oder betriebliche Bedürfnis zur Weiterbeschäftigung weniger krankheitsanfälliger Arbeitnehmer erreicht in den unabdingbaren gesetzlichen Schutznormen seine Grenze. Zu beachten sind neben den von der Rechtsprechung ausgestalteten Grundsätzen zur krankheitsbedingten Kündigung auch die gesetzlichen und tariflichen Vorschriften zur Entgeltfortzahlung. Im Rahmen des § 1 Abs. 3 Satz 2 KSchG ist deshalb inzident zu prüfen, ob die Voraussetzungen der krankheitsbedingten Kündigung vorliegen. Die Maßstäbe dieser Prüfung verschieben sich dabei, wenn die Fehlzeiten eines Arbeitnehmers zu erheblichen Betriebsablaufstörungen führen; ferner ist die wirtschaftliche Lage im Rahmen der Interessenabwägung zu beachten. In diesem Rahmen werden die betriebstechnischen und wirtschaftlichen Zusammenhänge im Rahmen des § 1 Abs. 3 Satz 2 KSchG indirekt beachtet.

c) Gruppenbildung bei Massenkündigungen

373 Bei Massenkündigungen ermöglicht § 1 Abs. 2 Satz 3 KSchG dem Arbeitgeber die **Bildung von Untergruppen**, um die betriebliche Altersstruktur zu sichern (Rn. 374 ff.) oder um ernsthafte Betriebsablaufschwierigkeiten zu vermeiden, die nach umfangreichen Versetzungen infolge einer Sozialauswahl zu befürchten wären (Rn. 379 ff.). Die soziale Auswahl erfolgt dann bezogen auf die nach abstrakten Kriterien gebildeten Untergruppen. Erfüllt ein Arbeitnehmer in einer Untergruppe zusätzlich die Voraussetzungen des § 1 Abs. 3 Satz 2 KSchG, bedarf es einer einzelfallbezogenen Interessenabwägung nach den allgemeinen Grundsätzen (Rn. 368).

374 **aa) Sicherung der Altersstruktur.** Als berechtigtes betriebliches Erfordernis im Sinne des § 1 Abs. 3 Satz 2 KSchG gilt weiterhin die **Erhaltung einer ausgewogenen Altersstruktur** der Belegschaft. Bei einer Massenkündigung hat der Arbeitgeber die Möglichkeit, innerhalb der Gruppen vergleichbarer Arbeitnehmer nach **sachgemäßen Kriterien Altersgruppen** zu bilden. Die soziale Auswahl erfolgt dann bezogen auf die jeweilige Untergruppe (a.A. HKK/*Dorndorf* § 1 Rn. 1123, der zunächst die Auswahl nach § 1 Abs. 3 Satz 1 KSchG vornehmen will). Diese Auffassung wurde bereits vertreten, bevor die „Sicherung einer ausgewogenen Personalstruktur des Betriebes" aufgrund des Arbeitsrechtlichen BeschFG zum gesetzlichen Tatbestandsmerkmal in der ab dem 1. 10. 1996 geltenden Fassung des § 1 Abs. 3 Satz 2 KSchG erhoben wurde (*Bauer/Lingemann* NZA 1993, 625, 628; MünchArbR/*Berkowsky* § 151 Rn. 49; *Bitter/Kiel* RdA 1994, 333, 357; *Hanau* DB 1992, 2625, 2632; *Herschel/Löwisch* § 1 Rn. 238; *Hueck/von Hoyningen-Huene* § 1 Rn. 479 b f.; KR/*Etzel*, 4. Aufl., § 1 KSchG Rn. 598 a; *Langanke* RdA 1993, 219 ff.; *Stindt* DB 1993, 1362, 2365; a.A. *Kittner/Trittin* § 1 KSchG Rn. 494). In der Begründung des Gesetzentwurfs zum Arbeitsrechtlichen BeschFG bezog sich der Gesetzgeber ausdrücklich auf die von *Etzel* (aaO.) vertretene Rechtsauffassung (vgl. BT-Drucks. 13/4612, S. 14). Zwar ist der Gesetzgeber ab dem 1. 1. 1999 zu der alten Formulierung zurückgekehrt, hat aber in den Materialien zum Ausdruck gebracht, daß auch die Erhaltung einer ausgewogenen

Altersstruktur weiterhin als berechtigtes betriebliches Erfordernis angesehen werden könne (vgl. BT-Drucks. 14/45, S. 54). Er hat damit die entsprechende frühere Rechtsauffassung autorisiert (zweifelnd allerdings, ob diese Rechtsauffassung die Gerichte binden könne *Bader* NZA 1999, 64, 69; *Linck*, AR-Blattei SD 1020.1.2 Rn. 103; *Löwisch* BB 1999, 102, 102; *Schiefer* DB 1999, 48, 50; *Schiefer/Worzalla/Will* Rn. 46 ff.; a.A. *Däubler* NJW 1999, 601, 602; *Lakies* NJ 1999, 74, 76). Die Erhaltung der Altersstruktur setzt eine Massenkündigung voraus (vgl. HKK/*Dorndorf* § 1 Rn. 1120 f.; *Stahlhacke/Preis/Vossen* Rn. 675 e). Für den **Begriff der Massenkündigung** bieten die in § 112 a BetrVG genannten Grenzzahlen eine Orientierungsgröße.

Die **Altersgruppen** müssen anhand **abstrakter Kriterien sachgerecht gebil- 375 det** werden. Daran fehlt es, wenn Anhaltspunkte die Annahme eines zielgerichteten Eingriffs zur Kündigung bestimmter unliebsamer Arbeitnehmer rechtfertigen (*Hueck/von Hoyningen-Huene* § 1 Rn. 479 e). Im übrigen hängt es von den Art der im Betrieb geschuldeten Tätigkeiten ab, in welchem Umfang ein schutzwertes betriebliches Interesse an einer ausgewogenen Altersstruktur besteht und wie die Altersgruppen zu bilden sind. In der Gruppe vergleichbarer gewerblicher Arbeitnehmer mit einfachen Tätigkeiten hat der Arbeitgeber ein Interesse an der Beschäftigung jüngerer Arbeitnehmer, weil diese in der Regel körperlich leistungsstärker und weniger krankheitsanfällig sind. In der Gruppe vergleichbarer Mitarbeiter mit qualifizierten Tätigkeiten (z.B. Meistern, technischen oder kaufmännischen Angestellten) treten diese Gesichtspunkte etwas in den Hintergrund. Hier beruht das betriebliche Interesse an einer ausgewogenen Altersstruktur darauf, betriebliche Erfahrungen in einem kontinuierlichen Prozeß an jüngere Arbeitnehmer weiterzugeben und gleichzeitig die mit einem aktuelleren Ausbildungsstand verbundenen neuen Ideen im Betrieb zu nutzen. Die häufig zitierte „betriebliche Olympiamannschaft" gewinnt ihre Stärke in Wirklichkeit nicht durch eine möglichst große Anzahl jüngerer Arbeitnehmer, sondern erst durch ein Zusammenwirken von Arbeitnehmern verschiedener Generationen (ähnlich *Berkowsky* § 9 Rn. 3). Eine Überalterung der Belegschaft führt dazu, daß in kurzer Zeit eine Reihe von Arbeitnehmern ausscheiden und bei der Neubesetzung einer Reihe von Stellen betriebliches Erfahrungswissen nicht kontinuierlich an die nachfolgende Generation weitergegeben werden kann.

Der Arbeitgeber könnte bei einer **Gruppenbildung** z.B. nach folgendem 376 Schema differenzieren (vgl. wie hier die Staffelungen bei *Hueck/von Hoyningen-Huene* § 1 Rn. 479 d; *Linck*, AR-Blattei SD 1020.1.2 Rn. 105; ähnlich *Berkowsky* § 21 Rn. 63; *ders.* in MünchArbR § 151 Rn. 49):
– Arbeitnehmer bis einschließlich des 30. Lebensjahres,
– Arbeitnehmer vom 31. bis zum 40. Lebensjahr,
– Arbeitnehmer vom 41. bis zum 50. Lebensjahr,
– Arbeitnehmer vom 51. bis zum 60. Lebensjahr,
– Arbeitnehmer ab dem 61. Lebensjahr.

Die insbesondere bei Massenkündigungen erforderliche Voraussehbarkeit 377 einer zutreffenden Sozialauswahl läßt sich erreichen, wenn der Arbeitgeber eine Vorauswahl nach Maßgabe einer kollektivrechtlichen Richtlinie durchführen kann. In einem Tarifvertrag, einer Betriebsvereinbarung nach § 95 BetrVG bzw. nach § 112 BetrVG oder einer entsprechenden Richtlinie nach den Personalvertretungsgesetzen kann ein System geregelt werden, das Kriterien zur Vergleichbarkeit (Gruppenbildung) und zur Altersstruktur (Untergruppenbildung) erfaßt. Die Prüfungsmaßstäbe für derartige kollektive Regelungen sind indes unterschiedlich: Während die Richtlinie zur Auswahl und Bewertung der sozialen Kriterien nach § 1 Abs. 4 KSchG nur auf grobe Fehlerhaftigkeit zu überprüfen ist, unterliegt die Festlegung der Vergleichbarkeit der Arbeitnehmer und damit die Bildung von Altersgruppen nach § 1 Abs. 3 Satz 3 uneingeschränkter Prüfung (zu der bis zum 31. 12. 1998 geltenden Regelung ErfK/*Ascheid* § 1 KSchG Rn. 579; *Löwisch* § 1 Rn. 342).

378   Der Arbeitgeber kann hingegen **keine veränderte Altersstruktur** der Belegschaft durch betriebsbedingte Kündigungen **herbeiführen**. Im Unterschied zu § 125 Abs. 1 Nr. 2 InsO, der eine soziale Auswahl dann als nicht grob fehlerhaft ansieht, „wenn eine ausgewogene Personalstruktur erhalten oder geschaffen wird", kann es im Rahmen des § 1 Abs. 3 Satz 2 KSchG nur um die **Erhaltung der Altersstruktur** gehen. Versäumnisse der Einstellungspolitik des Unternehmens können nur durch den Abschluß von Aufhebungsverträgen oder die normale Personalfluktuation korrigiert werden (KR/*Etzel*, 4. Aufl., § 1 KSchG Rn. 598a; zur Rechtslage nach der vom 1. 10. 1998 bis zum 31. 12. 1999 geltenden Gesetzesfassung ebenso ErfK/*Ascheid* § 1 KSchG Rn. 558; vgl. zur Entwicklung der Rechtsprechung *Berkowsky* § 9 Rn. 44; *Fischermeier* NZA 1996, 1089, 1093; *von Hoyningen-Huene/Linck* DB 1997, 41, 43; *Kittner* ArbuR 1997, 182, 189; *Preis* NJW 1996, 3369, 3371; *Löwisch* § 1 Rn. 358; *Seidel* ZTR 1996, 449, 450).

379   **bb) Betriebsablaufschwierigkeiten bei umfangreichen Versetzungen.** Bei Massenkündigungen (z.B. nach einer Stillegung von Betriebsabteilungen) kann es zu einer Auswechselung zahlreicher Arbeitnehmer in fortgeführten Betriebsabteilungen kommen. Die dadurch auftretenden Betriebsablaufschwierigkeiten können ein berechtigtes betriebliches Bedürfnis für eine Begrenzung der Anzahl auszutauschender Arbeitnehmer darstellen. Danach muß der Arbeitgeber darlegen und ggf. unter Beweis stellen, **wieviele Arbeitnehmer der verschiedenen Qualifikationsstufen** zwischen den verschiedenen Betriebsteilen **ausgetauscht werden können, ohne** daß der **Arbeitsprozeß ernsthaft gefährdet** wird (BAG 25. 4. 1985 AP KSchG 1969 § 1 Soziale Auswahl Nr. 7 = NZA 1986, 64 unter II 4d im Anschluß an *B. Preis* DB 1984, 2244, 248 ff.; ferner *Weber* RdA 1986, 341, 343).

380   Die **Prüfung erfolgt in drei Schritten:** Der Arbeitgeber muß zunächst die Anzahl der Arbeitnehmer der unterschiedlichen Qualifikationsstufen bestimmen, die ohne ernsthafte Gefährdung des Betriebsablaufs in der fortgesetzten Betriebsabteilung beschäftigt werden können. Es reicht aus, wenn er die begrenzten Austauschmöglichkeiten durch einen Tatsachenvortrag plausibel begründet (*Berkowsky* § 21 Rn. 67; *ders.* in MünchArbR § 151 Rn. 48; *Hueck/von Hoyningen-Huene* § 1 Rn. 487c; *Linck*, AR-Blattei SD 1020.1.2 Rn. 184f.). Entsprechend dieses „Austauschvolumens" sind im zweiten Schritt in der fortgeführten Betriebsabteilung die Arbeitnehmer zu bestimmen, die nach § 1 Abs. 3 Satz 1 KSchG sozial am wenigsten schutzwürdig sind. Im dritten Schritt ist in der stillgelegten Betriebsabteilung die gleiche Zahl der schutzbedürftigsten austauschbaren Arbeitnehmer zu ermitteln, die dann schließlich in der fortgeführten Betriebsabteilung weiterarbeiten sollen.

7. Richtlinien zur Sozialauswahl nach § 1 Abs. 4 KSchG

a) Geschichtliche Entwicklung

Nach § 1 Abs. 4 KSchG kann in einem Tarifvertrag, in einer Betriebsverein- **381** barung nach § 95 BetrVG oder in einer entsprechenden Richtlinie nach den Personalvertretungsgesetzen festgelegt werden, welche sozialen Gesichtspunkte nach § 1 Abs. 3 KSchG zu berücksichtigen sind und wie diese im Verhältnis zueinander bewertet werden müssen. Besteht eine solche kollektivrechtliche Regelung, wird die soziale Auswahl der Arbeitnehmer nur auf grobe Fehlerhaftigkeit überprüft. Damit räumt das Gesetz den Tarifvertrags- und Betriebsparteien einen größeren Beurteilungsspielraum ein, als er dem Arbeitgeber nach Maßgabe des § 1 Abs. 3 KSchG zusteht.

Die Vorschrift gilt in dieser Fassung seit dem 1. 1. 1999 und ersetzt die **382** seit dem 1. 10. 1996 geltende Regelung. Nach § 1 Abs. 4 KSchG a. F. bestand die Möglichkeit, in entsprechenden Kollektivvereinbarungen festzulegen, wie die seit dem 1. 10. 1996 in § 1 Abs. 3 Satz 1 KSchG festgeschriebenen sozialen Gesichtspunkte Betriebszugehörigkeit, Lebensalter und Unterhaltspflichten im Verhältnis zueinander zu bewerten sind. Nachdem der Gesetzgeber zu der bis zum 30. 9. 1996 geltenden Fassung des § 1 Abs. 3 Satz 1 KSchG zurückgekehrt ist, hat er konsequenterweise die kollektivrechtlichen Regelungsmöglichkeiten entsprechend erweitert. Ersatzlos gestrichen wurde § 1 Abs. 4 Satz 2 KSchG a. F., wonach der Arbeitgeber in Betrieben oder Dienststellen ohne Arbeitnehmervertretung eine Richtlinie schriftlich erlassen konnte, wenn zwei Drittel der dort beschäftigten Arbeitnehmer ihre Zustimmung gaben (ferner Rn. 285, 396).

b) Richtlinien in Betriebsvereinbarungen

Schon vor dem am 1. 10. 1996 in Kraft getretenen arbeitsrechtlichen BeschFG **383** war anerkannt, daß die Betriebsparteien im Zusammenhang mit einem Interessenausgleich nach § 112 BetrVG oder in einer Richtlinie nach § 95 BetrVG Auswahlrichtlinien vereinbaren können, die eine Vorauswahl nach einem Punkteschema vorsehen. Dem Arbeitgeber muß allerdings stets im Anschluß an die Vorauswahl nach der Punktetabelle ein **Beurteilungsspielraum** verbleiben, der es ihm erlaubt, in einer **individuellen Abschlußprüfung unbillige Härten auszugleichen.** Dieser Bewertungsrahmen muß um so größer sein, je weniger differenziert die Richtlinien ausgestaltet sind (BAG 7. 12. 1995 AP KSchG 1969 § 1 Soziale Auswahl Nr. 29 = NZA 1996, 473; 18. 1. 1990 AP KSchG 1969 § 1 Soziale Auswahl Nr. 19 = NZA 1990, 729; *Bader* NZA 1999, 64, 69; *Hueck/von Hoyningen-Huene* § 1 Rn. 482 mwN.). Diese Grundsätze sind weiterhin anzuwenden, wenn die Auswahlrichtlinie in Form einer Regelungsabrede abgeschlossen wird, die nicht nach § 77 Abs. 2 BetrVG schriftlich niedergelegt sein muß. Die Einschränkung des gerichtlichen Prüfungsrahmens nach § 1 Abs. 4 KSchG auf den Maßstab grober Fehlerhaftigkeit setzt jedoch eine **förmliche Betriebsvereinbarung** voraus (*Bader* NZA 1999, 64, 69; HKK/*Dorndorf* § 1 Rn. 1149 f.).

384   Nach § 1 Abs. 4 KSchG letzter Halbsatz kann die **soziale Auswahl** bei Vorliegen einer Auswahlrichtlinie nur auf **grobe Fehlerhaftigkeit** überprüft werden. Dieser Gesetzeswortlaut wirft die Frage auf, ob die gesamte Sozialauswahl oder nur die Festlegung und Bewertung der sozialen Gesichtspunkte von dem eingeschränkten Überprüfungsrahmen erfaßt wird (dazu *Schiefer* DB 1999, 48, 50). Die Systematik des Gesetzes spricht für die letztere Auffassung. Der in Abs. 4 letzter Halbsatz geregelte eingeschränkte Prüfungsmaßstab knüpft an den mittleren Halbsatz an. Darin werden ausdrücklich die Auswahl der sozialen Gesichtspunkte nach Abs. 3 Satz 1 und deren Bewertung im Verhältnis zueinander genannt. Das Privileg des § 1 Abs. 4 KSchG gilt deshalb weder für Gründe, die nach Abs. 3 Satz 2 eine Weiterbeschäftigung sozial weniger schutzbedürftiger Arbeitnehmer ermöglichen noch für die die Festlegung des Kreises vergleichbarer Arbeitnehmer im Rahmen des Abs. 3 Satz 1 (*Bader* NZA 1999, 64, 69; *Däubler* NJW 1999, 601, 603; *Stahlhacke/Preis/Vossen* Rn. 678 c; a. A. *Linck,* AR-Blattei 1020.1.2 Rn. 120 ff.; *Löwisch* BB 1999, 102, 103).

385   § 1 Abs. 4 KSchG hindert die Betriebsparteien nicht daran, in zulässigem Rahmen nach § 95 Abs. 1 und 2 BetrVG **Richtlinien zur Vergleichbarkeit** zu vereinbaren, die allerdings die Vorgaben des § 1 Abs. 3 KSchG beachten müssen (*Linck,* AR-Blattei SD 1020.1.2 Rn. 136). Der Arbeitgeber kann sich nur nicht auf den eingeschränkten gerichtlichen Kontrollrahmen berufen. Verstößt er bei einer Auswahlentscheidung gegen eine Richtlinie nach § 95 BetrVG, ist die Kündigung unter den Voraussetzungen des § 1 Abs. 2 Nr. 1 a) KSchG sozial ungerechtfertigt. Für Betriebe und Verwaltungen des öffentlichen Dienstes enthält § 1 Abs. 2 Nr. 2 a) KSchG eine entsprechende Regelung (vgl. auch Rn. 223 f.). Die Richtlinien nach § 95 BetrVG können sich auch auf **Grundsätze über die Geltendmachung betriebstechnischer, wirtschaftlicher oder sonstiger berechtigter betrieblicher Bedürfnisse** nach § 1 Abs. 3 Satz 2 KSchG erstrecken. Der gesetzliche Rahmen für die Weiterbeschäftigung darf dabei ebenfalls nicht überschritten werden. Besteht keine entsprechende Regelung, kann der Arbeitgeber frei darüber entscheiden, ob er sich gegenüber einer Richtlinie nach Abs. 4 auf entgegenstehende betriebliche Belange beruft. Bestehen jedoch in einer zulässigen Richtlinie Regelungen, ist er zu deren Einhaltung verpflichtet (zur alten Rechtslage KR/*Etzel* § 1 KSchG Rn. 731).

386   Nicht im Gesetz genannt ist der **Interessenausgleich** nach § 112 BetrVG. Dabei handelt es sich offenbar um ein Redaktionsversehen, das sich aus dem früheren § 1 Abs. 5 KSchG erklärt. Vor dem 1. 1. 1999 hatten die Betriebsparteien nach dieser Vorschrift die Möglichkeit, im Interessenausgleich eine Namensliste zu vereinbaren mit weitreichenden Folgen für den individualrechtlichen Kündigungsschutz (Rn. 286 ff.). Diese Bestimmung wurde zwar ersatzlos gestrichen. Andererseits wollte der Gesetzgeber in § 1 Abs. 4 KSchG den durch kollektivvertraglich vereinbarte Auswahlrichtlinien erzielten Gewinn an Rechtssicherheit weiterhin gewährleisten. Da sich der Bedarf hierfür typischerweise bei Betriebsänderungen nach § 111 BetrVG ergibt, wäre es mit der gesetzlichen Zielsetzung unvereinbar, § 1 Abs. 4 KSchG nicht auch auf den Interessenausgleich anzuwenden (*Bader* NZA 1999, 64, 70; *Schiefer/Worzalla/Will* Rn. 74).

c) Richtlinien nach den Personalvertretungsgesetzen

Für personalvertretungsrechtliche Richtlinien gelten die für Betriebsvereinba- **387** rungen nach § 95 BetrVG geltenden Grundsätze entsprechend. Es muß eine **schriftliche Dienstvereinbarung** vorliegen. Diesem Formerfordernis genügt eine von der obersten Dienststelle aufgrund ihrer **Letztentscheidungskompetenz** z.B. nach § 76 Abs. 2 Nr. 8, 70 Abs. 2, 69 Abs. 3 und 4 BPersVG erlassene Richtlinie jedoch nicht (vgl. *Fischermeier* NZA 1997, 1089, 1095; KR/ *Etzel* § 1 KSchG Rn. 725; a.A. *Bader* NZA 1996, 1125, 1131; *ders.* NZA 1999, 64, 70).

d) Richtlinien im Tarifvertrag

Weiterhin können in Tarifverträgen Richtlinien zur Auswahl und Bewertung **388** der sozialen Gesichtspunkte erlassen werden. Eine tarifvertragliche Auswahlrichtlinie wird ihren Zweck aber nur dann erreichen, wenn sie für **alle im Betrieb Beschäftigten** und nicht nur für die Tarifgebundenen gilt. Sie hat deshalb die Wirkung einer **Betriebs- bzw. Solidarnorm** nach §§ 3 Abs. 2, 4 Abs. 1 Satz 2 TVG, die eine einheitliche Verfahrensweise im Betrieb gewährleisten soll und bei einer Tarifbindung des Arbeitgebers für alle dort beschäftigten Arbeitnehmer Anwendung findet (ErfK/*Ascheid* § 1 KSchG Rn. 566; *Bader* NZA 1999, 64, 70; *Fischermeier* NZA 1997, 1089, 1095; KR/*Etzel* § 1 KSchG Rn. 725).

e) Reduzierung des Kontrollrahmens auf grobe Fehlerhaftigkeit

Die **Auswahlrichtlinie** darf, gemessen an den Grundsätzen des § 1 Abs. 3 Satz 1 **389** KSchG keinen groben Fehler aufweisen. Sie unterliegt entgegen der bei Betriebsvereinbarungen generell vorzunehmenden allgemeinen Inhalts- oder Billigkeitskontrolle (GK/*Kreutz* § 77 BetrVG Rn. 258 ff.) **nur einer Rechtskontrolle**. Das Gesetz verlangt die Prüfung, ob die Auswahl oder Bewertung der sozialen Gesichtspunkte grob fehlerhaft erfolgt ist. Damit ist der Maßstab bei der Überprüfung von Auswahlrichtlinien abschließend bestimmt (*Bader* NZA 1999, 64, 69; so schon zu § 1 Abs. 4 a.F. ErfK/*Ascheid* § 1 KSchG Rn. 577; *Hueck/von Hoyningen-Huene* § 1 Rn. 484b; *Leinemann* BB 1996, 1381; *Linck*, AR-Blattei SD 1020.1.2 Rn. 127, 132a; damals noch abweichend *Bader* NZA 1996, 1125, 1130).

Die **grobe Fehlerhaftigkeit** ist **objektiv** zu bestimmen; auf ein schuldhaftes **390** Verhalten beim Zustandekommen der Richtlinie kommt es nicht an (zu § 1 Abs. 4 a.F. ErfK/*Ascheid* § 1 KSchG Rn. 578). Eine grobe Fehlerhaftigkeit liegt vor, wenn die **tragenden Gesichtspunkte** entweder **überhaupt keine Beachtung** gefunden haben oder deren **Bewertung evident unzulänglich bzw. völlig unausgewogen** ist (zur vormaligen Rechtslage ErfK/*Ascheid* § 1 KSchG

Rn. 578; *Hueck/von Hoyningen-Huene* § 1 Rn. 484 b – „offensichtlich völlig unzureichende bzw. überhöhte Bedeutung" einzelner Gesichtspunkte; HKK/ *Dorndorf* § 1 Rn. 1138 f. – „vom Standpunkt eines Dritten aus schlechthin nicht vertretbar"; KR/*Etzel* § 1 KSchG Rn. 727 – „jede Ausgewogenheit vermissen läßt"; zu weitgehend die Einschränkung auf Nichtbeachtung der drei Hauptgesichtspunkte bei KPK/*Meisel* § 1 Rn. 555; zu § 1 Abs. 4 KSchG n.F. *Bader* 1999, 64, 69 – „Belastung der Sozialauswahl mit einem schweren und ins Auge springenden Fehler, dessen Nichtberücksichtigung angesichts der Funktion der Sozialauswahl und deren Ausgewogenheit nicht hingenommen werden kann"; *Linck*, AR-Blattei, SD 1020.1.2 Rn. 132; *Schiefer/Worzalla/Will* Rn. 73 – „eklatanter Fehler").

391   § 1 Abs. 4 KSchG bezieht sich ausdrücklich auf die „sozialen Gesichtspunkte nach § 1 Abs. 3 Satz 1 KSchG". Durch § 1 Abs. 4 KSchG wird den Tarifvertrags- und Betriebsparteien ein **größerer Spielraum** eingeräumt, als er dem einzelnen Arbeitgeber zusteht. Nach **§ 1 Abs. 4 KSchG a.F.** war grundsätzlich nur die **in der Richtlinie vorgenommene Bewertung** auf **grobe Fehlerhaftigkeit** zu überprüfen (so ErfK/*Ascheid* § 1 KSchG Rn. 576; *Berkowsky* § 8 Rn. 209). § 1 Abs. 3 KSchG wird durch den Gestaltungsrahmen des § 1 Abs. 4 KSchG erweitert. War der Regelungsrahmen der Tarifvertrags- bzw. Betriebsparteien nach § 1 Abs. 4 KSchG a.F. auf die Bewertung der Faktoren Betriebszugehörigkeit, Lebensalter und Unterhaltspflichten beschränkt, so hat ihn der Gesetzgeber nun in § 1 Abs. 4 KSchG n.F. um die Prüfungspflicht erweitert, welche sozialen Gesichtspunkte überhaupt zu berücksichtigen und wie sie zueinander in Verhältnis zu setzen sind. Die Auswahlrichtlinien müssen nur als rangniedrigere Rechtsquelle die Vorgaben des § 1 Abs. 3 Satz 1 KSchG beachten, der als zwingendes Gesetzesrecht unabdingbar ist. Dies gilt auch für Tarifverträge (BAG 11. 3. 1976 AP BetrVG 1972 § 95 Nr. 1; ErfK/*Ascheid* § 1 KSchG Rn. 566; *Hueck/von Hoyningen-Huene* § 1 Rn. 482; HKK/*Dorndorf* § 1 Rn. 1137; KR/*Etzel* § 1 KSchG Rn. 726). Die grundsätzliche Bindung an die gesetzlichen Vorgaben wurde weder durch § 1 Abs. 4 KSchG a.F. noch durch die ab dem 1. 1. 1999 geltende Neufassung geändert. Davon ist der tarifvertragliche Ausschluß ordentlicher Kündigungen zu unterscheiden. Eine solche Regelung verstößt nicht gegen § 1 Abs. 3 KSchG, weil unkündbare Arbeitnehmer nicht zu dem auswahlrelevanten Kreis vergleichbarer Arbeitnehmer zählen (str., Rn. 316 ff.).

392   Nach § 1 Abs. 4 KSchG n.F. **müssen Betriebszugehörigkeit, Lebensalter und Unterhaltspflichten** weiterhin notwendige Bestandteile einer Auswahlrichtlinie sein (BT-Drucks. 14/45, S. 53; *Bader* NZA 1999, 64, 69 f., *Däubler* NJW 1999, 601, 603; *Linck*, AR-Blattei SD 1020.1.2 Rn. 128; *Löwisch* BB 1999, 102, 103; einschränkend im Hinblick auf das Lebensalter *Stahlhacke/ Preis/Vossen* Rn. 678 a). Berücksichtigt eine Auswahlrichtlinie nur die Betriebszugehörigkeit und das Lebensalter und läßt sie die Unterhaltspflichten außer acht, fehlt ein tragender Gesichtspunkt. Evident unausgewogen bewertet sind die Hauptkriterien z.B. dann, wenn die Gesichtspunkte Lebensalter und Unterhaltspflichten die Betriebszugehörigkeit deutlich in den Hintergrund drängen. Haftet schon der Auswahlrichtlinie ein grober Fehler an, ist die Auswahlentscheidung nach § 1 Abs. 3 Satz 1 KSchG und nicht nach § 1

Abs. 4 KSchG zu überprüfen. Ein Auswahlergebnis, das zufällig objektiv nicht zu beanstanden ist, bleibt möglich (Rn. 408).

Hingegen ist die Richtlinie zumindest **nicht** grob fehlerhaft, wenn darin **393** das **Lebensalter ebenso stark** oder **sogar geringfügig stärker** gewichtet ist als die Dauer der Betriebszugehörigkeit bei angemessener Berücksichtigung der tatsächlichen Unterhaltspflichten (*Fischermeier* NZA 1996, 1089, 1096; einschränkend *Hueck/von Hoyningen-Huene* § 1 Rn. 484 d – unausgewogen, wenn für jedes Jahr der Betriebszugehörigkeit und jedes Lebensalter ein Punkt berechnet wird; ferner zu einem vom BAG im Urteil vom 18. 1. 1990 AP KSchG 1969 § 1 Soziale Auswahl Nr. 19 = NZA 1990, 729 nicht beanstandeten Punktesystem Rn. 352). Eine Regelung leidet auch dann nicht an einem groben Fehler, wenn die Tarifvertrags- oder die Betriebsparteien vereinbaren, daß die **Anzahl unterhaltsberechtigter Kinder** nach den Angaben auf der Steuerkarte festgelegt und nicht nach den zum Zeitpunkt der beabsichtigten Kündigung tatsächlich zu erbringenden Leistungen bestimmt wird. Ebenso ist es nicht grob fehlerhaft, wenn die gesetzlichen Unterhaltspflichten unter Eheleuten unabhängig davon berücksichtigt werden, ob der andere **Ehepartner tatsächlich** über ein **eigenes Einkommen** verfügt (a. A. HKK/*Dorndorf* § 1 Rn. 1139). Das mit § 1 Abs. 4 KSchG verfolgte Ziel einer rechtssicheren Handhabung der Sozialauswahl (vor allem bei Massenentlassungen, Rn. 397 ff.) rechtfertigt es, daß die Betriebsparteien bei den Unterhaltspflichten Sachverhalte pauschalieren. Diese Möglichkeit hat der Arbeitgeber nicht, der über die soziale Auswahl nach § 1 Abs. 3 entscheiden muß (Rn. 340). Nach § 1 Abs. 4 KSchG können **weitere Kriterien** in einer Auswahlrichtlinie berücksichtigt werden, sofern dadurch die **Hauptkriterien nicht völlig in den Hintergrund** treten. Ergeben sich aus den Richtlinien keine weiteren sozialen Gesichtspunkte, sind sie nicht schon aus diesem Grunde unwirksam oder grob fehlerhaft.

Bei einer **grob fehlerhaften Auswahl oder Bewertung** der sozialen Gesichts- **394** punkte kann die Richtlinie **nicht mehr als verbindlicher Maßstab** für die soziale Auswahl herangezogen werden. Die Tarifvertrags- oder Betriebsparteien können den Fehler nicht mehr mit Wirkung für bereits ausgesprochene Kündigungen beheben. Im Fall einer unwirksamen Richtlinie steht aber die Rechtswidrigkeit der Auswahl noch nicht fest. Vielmehr bleibt zu prüfen, ob der Arbeitgeber die sozialen Gesichtspunkte nach § 1 Abs. 3 Satz 1 KSchG ausreichend berücksichtigt hat, das Auswahlergebnis also zufällig im Ergebnis objektiv nicht zu beanstanden ist. Die Beschränkung des gerichtlichen Prüfungsrahmens nach § 1 Abs. 4 KSchG kommt ihm in diesem Fall allerdings nicht zugute (ErfK/*Ascheid* § 1 KSchG Rn. 578; KR/*Etzel* § 1 KSchG Rn. 730; *Hueck/von Hoyningen-Huene* § 1 Rn. 484 f.; *Linck*, AR-Blattei SD 1020.1.2 Rn. 133; *Stahlhacke/Preis/Vossen* Rn. 678 b).

Entspricht die Richtlinie den Anforderungen des § 1 Abs. 4 KSchG, muß **395** geprüft werden, ob sich der **Arbeitgeber in seiner Auswahlentscheidung** im Rahmen der vereinbarten Vorgaben bewegt. Nach dem Wortlaut in § 1 Abs. 4 KSchG n. F. ist nicht klar, ob der Arbeitgeber nach der neuen Gesetzesfassung wieder eine individuelle Abschlußbewertung vorzunehmen hat, wie sie die Rechtsprechung zu der vor dem 1. 10. 1996 geltenden Rechtslage forderte (zur früheren Rechtslage BAG 15. 6. 1989 AP KSchG 1969 § 1 Soziale Auswahl Nr. 18 = NZA 1990, 226). Nach der zwischenzeitlich geltenden Gesetzesfassung (§ 1 Abs. 4 KSchG a.F.) war auch **eine individuelle Abschlußbewertung** durch den Arbeitgeber **grundsätzlich** nicht **mehr erforderlich** (ErfK/*Ascheid* § 1 KSchG Rn. 563 a.A. HKK/*Dorndorf* § 1 Rn. 1131). Nur bei Grenzentscheidungen, die eine abschließende Bewertung erforderten, konnte der Arbeitgeber ausnahmsweise an dem Privileg des eingeschränkten Überprüfungsspielraumes partizipieren. Mußte sich ein Arbeitgeber z.B. bei einem Punktegleichstand von zwei Arbeitnehmern für die Kündigung eines Arbeitnehmers entscheiden, war seine Auswahlentscheidung ebenfalls nur auf grobe Fehlerhaftigkeit zu überprüfen. Nach der neuen Gesetzesfassung (§ 1 Abs. 4 KSchG n.F.) spricht für eine **individuelle Abschlußbewertung,** daß „die soziale Auswahl nur auf grobe Fehlerhaftigkeit überprüft werden kann." Die soziale Auswahl erfolgt aber stets durch den Arbeitgeber. Seine Auswahlentscheidung gestattet allerdings nur in besonderen Ausnahmefällen die Einbeziehung weiterer sozialer Gesichtspunkte und damit ein Abweichen von der Richtlinie, z.B. bei dauerhaften gesundheitlichen Beeinträchtigungen bzw. Schwerbehinderung infolge eines Arbeitsunfalls oder bei einem Punktegleichstand. Denn das **Gesetz will** im Sinne erhöhter Rechtssicherheit nur **eine soziale Auswahl** durch den Arbeitgeber **privilegieren,** die sich im Rahmen einer nach § 1 Abs. 4 **zulässigen Auswahlrichtlinie** bewegt (ebenso *Bader* NZA 1999, 64, 70; *Däubler* NJW 1999, 601, 603; a.A. *Linck,* AR-Blattei SD 1020.1.2 Rn. 127; *Löwisch* BB 1999, 102, 103; *Schiefer/Worzalla/Will* Rn. 61 ff.; *Stahlhacke/Preis/Vossen* Rn. 678 a).

396 Auswahlrichtlinien, die vor dem 1. 1. 1999 erlassen sind und den Anforderungen des § 1 Abs. 4 KSchG Satz 1 a.F. entsprechen, können trotz des erweiterten Gestaltungsrahmens weiter angewendet werden, es sei denn, daß eine individuelle Abschlußbewertung des Arbeitgebers darin ausgeschlossen ist. Bei einer solchen, im Zweifel durch Auslegung zu ermittelnden Beschränkung, ist den Tarifvertrags- bzw. Betriebsparteien die Möglichkeit einzuräumen, diese gegen höherrangiges Recht verstoßende und deshalb nicht mehr anwendbare Regelung außerordentlich zu kündigen. Für Kündigungen nach dem 1. 1. 1999 nicht mehr einschlägig sind Regelungen nach § 1 Abs. 4 Satz 2 KSchG a.F. Die in § 1 Abs. 4 Satz 2 und 3 a.F. geregelte Möglichkeit einer Vereinbarung mit den Arbeitnehmern ohne Vertretungsorgan wurde hingegen ersatzlos und ohne Übergangsregelung gestrichen; entsprechende Richtlinien können nicht mehr angewendet werden.

8. Rechtsfolgen fehlerhafter Sozialauswahl

397 Aus der individualrechtlichen Konzeption des § 1 Abs. 3 und 4 KSchG folgt, daß sich **jeder von einer Kündigung betroffene Arbeitnehmer darauf berufen kann,** daß ein sozial weniger schutzwürdiger Arbeitnehmer unberücksichtigt geblieben ist (BAG 18. 10. 1984 AP KSchG 1969 § 1 Soziale Auswahl Nr. 6 = NZA 1985, 423). Voraussetzung ist allerdings, daß sich ein Arbeitnehmer, bei dem sich der Auswahlfehler unmittelbar auswirkt, gegen die Kündigung

gewehrt hat und die Kündigung nicht nach §§ 4, 7 KSchG wirksam geworden ist (vgl. *Stahlhacke/Preis/Vossen* Rn. 670). Dies führt bei Massenkündigungen zu dem fatalen Ergebnis, daß eine Vielzahl von Kündigungen sozial ungerechtfertigt sein kann, wenn der Arbeitgeber die soziale Auswahl in Bezug
auf einen einzigen Arbeitnehmer fehlerhaft durchgeführt hat. Der Arbeitgeber hat nach der gesetzlichen Konzeption **keine Möglichkeit einer nachträglichen Korrektur,** selbst wenn ihm der Auswahlfehler versehentlich unterlaufen ist, z.B. durch einen Schreib- oder Übermittlungsfehler in der Liste der
Sozialdaten. Gerade für Unternehmen, die aufgrund ihrer wirtschaftlichen
Lage zu grundlegenden Strukturveränderungen mit der Folge von Massenkündigungen gezwungen sind, hat dieser „Dominostein-Effekt" (*Bitter/Kiel*
RdA 1994, 333, 358) kontraproduktive Wirkung. Der Arbeitgeber muß für
alle Arbeitnehmer Arbeitsentgelte aus Annahmeverzug leisten, die sich auf
diesen Auswahlfehler berufen; dadurch können der Bestand des Unternehmens und damit der restlichen Arbeitsplätze gefährdet werden (HKK/*Dorndorf* § 1 Rn. 1164f.; *Hueck/von Hoyningen-Huene* § 1 Rn. 485). Das Risiko
eines Auswahlfehlers bei Massenkündigungen läßt sich für den Arbeitgeber
zwar entschärfen, wenn er auf eine Auswahlrichtlinie nach § 1 Abs. 4 KSchG
zurückgreifen kann, den Kreis der vergleichbaren Arbeitnehmer korrekt bildet und die Sozialdaten penibel ermittelt und auswertet. Trotz Punktetabellen kann es aber durch ein Versehen zu Auswahlfehlern kommen, die eine
Lawine von unwirksamen Kündigungen nach sich ziehen. Es gibt deshalb in
Rechtsprechung und Schrifttum eine Reihe von Überlegungen, wie diese
Rechtsfolge vermieden oder abgemildert werden kann. Auch wenn ein star-
res Festhalten an dem Wortlaut des § 1 Abs. 3 nicht zu befriedigen vermag
(vgl. HKK/*Dorndorf* § 1 Rn. 1165; *Lück* S. 298f., 300), ist bisher kein Vorschlag frei von systematischen Zweifeln (vgl. *Bitter/Kiel* RdA 1994 aaO.).

Das **BAG** hat erwogen, dem Arbeitgeber eine **nachträgliche Korrektur sei-** **398**
ner fehlerhaften Auswahlentscheidung zu ermöglichen, indem er **dem weni-**
ger schutzwürdigen Arbeitnehmer kündigt und dafür einem der gekündigten
Arbeitnehmer die Fortsetzung des Arbeitsverhältnisses anbietet (18. 10. 1984
AP KSchG 1969 § 1 Soziale Auswahl Nr. 6 = NZA 1985, 423). Den Haupt-
einwand gegen diese Lösung nennt der Senat indes selbst. Die Wirksamkeit
der Kündigung ist nach den Verhältnissen zum Zeitpunkt des Zugangs der
Kündigung zu beurteilen (ablehnend deshalb *Berkowsky* § 21 Rn. 55; *ders.*
in MünchArbR § 151 Rn. 42; *Bitter/Kiel* RdA 1994, 333, 358; *Hueck/von
Hoyningen-Huene* § 1 Rn. 486; *von Hoyningen-Huene* NZA 1994, 1009,
1015; *ders.* Anm. EzA § 1 KSchG Betriebsbedingte Kündigung Nr. 34; *Kitt-
ner/Trittin* § 1 KSchG Rn. 510; *Linck,* AR-Blattei SD 1020.1.2 Rn. 183; *Löwisch* Anm. AP KSchG 1968 § 1 Soziale Auswahl Nr. 6; *Lück* S. 302; *Rieble*
NJW 1991, 65, 70; *Stahlhacke/Preis/Vossen* Rn. 670; zustimmend dagegen
HKK/*Dorndorf* § 1 Rn. 1165). Ein Wiedereinstellungsanspruch kommt nur
dann in Betracht, wenn sich die tatsächlichen Umstände nachträglich ändern
(z.B. bei der fehlerhaften Prognose über eine geplante Betriebsstillegung,
Rn. 127, 861f.), nicht aber zur Korrektur von Rechtsfehlern.

Systematischen Zweifeln begegnet auch die Auffassung von *Berkowsky,* der **399**
die **soziale Schutzbedürftigkeit** der betroffenen Arbeitnehmer nur „feldartig"

erfassen will, so daß jeweils Gruppen von Arbeitnehmern trotz unterschiedlicher Wertigkeit ihrer Sozialdaten im Ergebnis als gleichermaßen sozial schutzbedürftig anzusehen sind. Innerhalb der Gruppe kann der Arbeitgeber ohne Verstoß gegen die Grundsätze der Sozialauswahl alternativ mehreren Arbeitnehmern kündigen. Arbeitnehmer einer sozial weniger schutzbedürftigeren Gruppe ist es hingegen versagt, sich auf einen Auswahlfehler zu berufen (*Berkowsky* § 21 Rn. 58 f.). Diese Lösung ist praktisch nur dann effektiv, wenn der Wertungsspielraum des Arbeitgebers eine grobe Pauschalierung erlauben würde, so daß größere Vergleichsgruppen gebildet werden. Dies setzt eine extensive Interpretation des § 1 Abs. 3 Satz 1 KSchG voraus, der die ausreichende Berücksichtigung sozialer Gesichtspunkte verlangt. Die Rechtsprechung läßt aber nur einen Wertungsspielraum zu, wonach sich ein Arbeitnehmer allein auf geringfügige Unterschiede berufen kann. Die Bildung von Untergruppen vergleichbarer Arbeitnehmer ist nur nach § 1 Abs. 3 Satz 2 möglich, soweit betriebstechnische, wirtschaftliche oder sonstige berechtigte betriebliche Bedürfnisse dies bedingen (Rn. 373 ff.).

400   Ein ähnlicher Vorschlag besteht darin, daß die **Gerichte** anhand vereinbarter und rechtlich zulässiger Punktetabellen eine **einzelfallbezogene Ergebniskorrektur der getroffenen Sozialauswahl** vornehmen können (*Hueck/von Hoyningen-Huene* § 1 Rn. 487; *Linck* S. 137 ff.). Dagegen ist allerdings einzuwenden, daß Punktetabellen nach der seit dem 1. 1. 1999 geltenden Fassung des § 1 Abs. 4 KSchG nur noch die Funktion einer Vorauswahl haben können (*Bader* NZA 1999, 64, 69 f.; dazu Rn. 395). Für einseitig vom Arbeitgeber verwendete Punktetabellen gilt dies ohnehin (Rn. 351). Das endgültige Auswahlergebnis ist vom Arbeitgeber – und nicht von den Gerichten – festzulegen (KR/*Etzel*, 4. Aufl., § 1 KSchG Rn. 588 zur Rechtslage bis zum 30. 9. 1996).

401   Mit § 1 Abs. 3 KSchG und § 1 Abs. 4 KSchG dürfte eine **eingeschränkte Kausalitätsprüfung** vereinbar sein. Steht zweifelsfrei fest, daß sich ein Auswahlfehler nicht kausal zugunsten des gekündigten Arbeitnehmers auswirken kann, ist es diesem Arbeitnehmer nach § 242 BGB verwehrt, sich auf die fehlerhafte Sozialauswahl zu berufen. Anderenfalls würde er eine Rechtslage ausnutzen, die sich zufällig formell zu seinen Gunsten entwickelt hat, obwohl er materiellrechtlich nicht in eigenen Rechten verletzt ist (LAG Hamm 31. 8. 1994 LAGE § 1 KSchG Soziale Auswahl Nr. 13; *Stahlhacke/Preis/Vossen* Rn. 670). In dieser Richtung geht auch das BAG davon aus, daß nur **deutlich schutzbedürftige Arbeitnehmer** den Auswahlfehler mit Erfolg rügen können (BAG 25. 4. 1985 AP KSchG 1969 § 1 Soziale Auswahl Nr. 7 = NZA 1986, 64 unter II 4 c). Eine solche Kausalität setzt aber voraus, daß der Arbeitgeber unter Berücksichtigung des ihm eingeräumten (beschränkten) Wertungsspielraums nach § 1 Abs. 3 KSchG zu keiner anderen Entscheidung gelangen durfte. Das Arbeitsgericht darf nicht seine Vorstellungen von der Gewichtung der Sozialkriterien an die Stelle der Arbeitgeberentscheidung setzen und folglich in den Wertungsspielraum des Arbeitgebers eingreifen (BAG 18. 10. 1984 AP KSchG 1969 § 1 Soziale Auswahl Nr. 6 = NZA 1985, 423).

402   Eine zulässige Prüfung der Kausalität des Auswahlfehlers erfolgt in **drei Schritten:** Erstens muß das Gericht prüfen, ob das vom Arbeitgeber zugrunde gelegte System (die Auswahl der sozialen Gesichtspunkte und deren Bewertung) rechtlich zu beanstanden ist. Ist das System bereits insgesamt nicht mit § 1 Abs. 3 KSchG vereinbar oder liegt ein grober Auswahlfehler nach § 1 Abs. 4 KSchG vor, ist eine Kausalitätsprüfung, ob sich der Auswahlfehler auswirkt, nicht möglich. Das Gericht darf keine eigene „Punkteliste" aufstellen.

Ist das System der Sozialauswahl hingegen nachvollziehbar und nicht grund- **403** sätzlich zu beanstanden, muß in einem zweiten Schritt festgestellt werden, welchen Rang der gekündigte Arbeitnehmer ohne den Auswahlfehler einnehmen würde. Dabei hat das Gericht das System anzuwenden, an das sich der Arbeitgeber selbst gebunden oder deren Grundsätzen er aufgrund einer Richtlinie nach § 1 Abs. 4 KSchG zu befolgen hat.

Nimmt der gekündigte Arbeitnehmer nach den Kriterien des Arbeitgebers **404** eine Rangstelle ein, bei der er auch ohne den Auswahlfehler zur Kündigung angestanden hätte, bleibt abschließend zu prüfen, ob der Arbeitgeber unter Berücksichtigung des in § 1 Abs. 3 Satz 1 KSchG eingeräumten Wertungsspielraums eine abweichende Entscheidung hätte treffen dürfen. Wäre der Arbeitnehmer danach unter keinem Gesichtspunkt von der Kündigung verschont geblieben, kann er sich nicht auf einen Auswahlfehler berufen.

9. Darlegungs- und Beweislast

Nach § 1 Abs. 3 Satz 3 KSchG hat der Arbeitnehmer die Tatsachen zu be- **405** weisen, die die Kündigung als sozial ungerechtfertigt im Sinne des § 1 Abs. 3 Satz 1 KSchG erscheinen lassen. Aufgrund der materiellrechtlichen Wirkung des in § 1 Abs. 3 Satz 1, 2. Halbsatz KSchG geregelten **Auskunftsanspruchs** (Rn. 355 ff.) und dem allgemeinen prozessualen Grundsatz aus § 138 ZPO (ErfK/*Ascheid* § 1 KSchG Rn. 593) ist die **Darlegungs- und Beweislast** allerdings **abzustufen**. Der Arbeitnehmer müßte bei einer ihm unvermindert obliegenden Darlegungslast zunächst den Arbeitgeber verklagen, damit dieser ihm die Gründe für die soziale Auswahl mitteilt. Dadurch würde mit unnötigen Verzögerungen auf einem Umweg dasselbe Ergebnis erreicht (BAG 24. 3. 1983 AP KSchG 1969 § 1 Betriebsbedingte Kündigung Nr. 12; *Bitter/Kiel* RdA 1994, 333, 357). Diese Verteilung der Darlegungs- und Beweislast entspricht auch dem Prinzip der Sachnähe, wie es z.B. in § 282 BGB zum Ausdruck kommt (KR/*Etzel* § 1 KSchG Rn. 715).

Zunächst muß der Arbeitnehmer behaupten, die **soziale Auswahl sei feh- 406 lerhaft** vorgenommen worden. Erst dann besteht für den Arbeitgeber Anlaß, zur sozialen Auswahl überhaupt Stellung zu nehmen. Ohne diesen Vortrag darf das Gericht die Sozialauswahl nicht von Amts wegen prüfen. **Kennt der Arbeitnehmer die Zahl und Namen der vergleichbaren Arbeitnehmer sowie deren Sozialdaten**, kann er sich nicht mit der einfachen Rüge begnügen, die soziale Auswahl sei fehlerhaft erfolgt. Nach § 138 ZPO muß jede Partei die ihr bekannten Tatsachen vollständig und wahrheitsgemäß vortragen (ErfK/ *Ascheid* § 1 KSchG Rn. 594; *Linck* DB 1990, 1866 ff.; *ders.*, AR-Blattei SD 1020.1.2 Rn. 173; *Stahlhacke/Preis/Vossen* Rn. 677).

407 Ist der **Arbeitnehmer nicht in der Lage, substantiiert zur sozialen Auswahl Stellung zu nehmen,** kann er vom Arbeitgeber nach § 1 Abs. 3 Satz 1, 2. Halbsatz KSchG **Auskunft** dazu verlangen, welche Arbeitnehmer in die soziale Auswahl einbezogen, welche sozialen Gesichtspunkte zugrundegelegt und wie sie bewertet worden sind (zum Auskunftsanspruch Rn. 355 ff.).

408 **Kommt der Arbeitgeber** dieser **Verpflichtung überhaupt nicht** nach, ist der Arbeitnehmer von einem weiteren substantiierten Bestreiten befreit. Bereits das Bestreiten einer ordnungsmäßigen Sozialauswahl nach § 1 Abs. 3 KSchG ist schlüssig (BAG 21. 7. 1988 AP KSchG 1969 § 1 Soziale Auswahl Nr. 17 = NZA 1989, 264; 8. 8. 1985 AP KSchG 1969 § 1 Soziale Auswahl Nr. 10 = NZA 1986, 679; *Ascheid* Rn. 340; *ders.,* Beweislastfragen, S. 176 f.; *Bitter/Kiel* RdA 1994, 333, 357; KR/*Etzel* § 1 KSchG Rn. 710, 716 a; a. A. *von Altrock* DB 1987, 433, 439). Ergibt sich aus dem **Vortrag des Arbeitgebers,** daß er den **Kreis vergleichbarer Arbeitnehmer objektiv zu eng** gezogen, einen der unverzichtbaren **sozialen Gesichtspunkt nicht beachtet** oder **nicht ausreichend gewürdigt** hat, so spricht eine von ihm auszuräumende **tatsächliche Vermutung** dafür, daß die **Sozialauswahl** im Ergebnis **fehlerhaft** ist. Gleiches gilt, wenn der Arbeitgeber **nur betriebliche Belange** vorträgt, oder wenn er **lediglich abstrakt die Auswahlgesichtspunkte** mitteilt, ohne die einbezogenen Arbeitnehmer und deren konkrete Sozialdaten zu benennen. Da die Rechtmäßigkeit der Sozialauswahl objektiv zu beurteilen ist, kann der Arbeitgeber die Vermutung einer fehlerhaften Sozialauswahl widerlegen; auch subjektiv unvollständige oder fehlerhafte Erwägungen können zufällig zum zutreffenden Ergebnis führen. Ergänzt er seinen Vortrag jedoch nicht, ist die Behauptung des Arbeitnehmers, der Arbeitgeber habe soziale Gesichtspunkte nicht ausreichend gewürdigt, als unstreitig anzusehen (BAG 15. 6. 1989 AP KSchG 1969 § 1 Soziale Auswahl Nr. 18 = NZA 1990, 226; 18. 10. 1984 AP KSchG 1969 § 1 Betriebsbedingte Kündigung Nr. 18 = NZA 1984, 423; ErfK/*Ascheid* § 1 KSchG Rn. 594; KR/*Etzel* § 1 KSchG Rn. 717; *Linck,* AR-Blattei SD 1020.1.2 Rn. 177; *Stahlhacke/Preis/Vossen* Rn. 666).

409 Entspricht der Arbeitgeber hingegen dem Auskunftsverlangen, muß der **Arbeitnehmer** wieder **vortragen und ggf. beweisen,** welche vom Arbeitgeber in die Sozialauswahl einbezogenen Arbeitnehmer weniger schutzwürdig sein sollen oder welche weiteren Arbeitnehmer in die soziale Auswahl einzubeziehen sind (BAG 21. 7. 1988 AP KSchG 1969 § 1 Soziale Auswahl Nr. 17 = NZA 1989, 264; 24. 3. 1983 AP KSchG 1969 § 1 Betriebsbedingte Kündigung Nr. 12). Die Kündigung ist sozial ungerechtfertigt, wenn sich anhand des Vortrags des gekündigten Arbeitnehmers herausstellt, daß die Auswahlentscheidung objektiv fehlerhaft ist. Entgegen der Auffassung des BAG (24. 3. 1983 aaO.) kommt es nicht darauf an, ob sich der Arbeitnehmer speziell auf einen bestimmten Kollegen bezogen hat. Dem Argument, daß anderenfalls ein Kollege betroffen sein könnte, den der Arbeitnehmer nicht verdrängen wollte, steht entgegen, daß die vom Arbeitgeber getroffene Auswahlentscheidung vom Gericht anhand der materiell-rechtlichen Wertmaßstäbe des § 1 Abs. 3 KSchG und nicht anhand von Rechtsmeinungen der Parteien geprüft wird. Ebenso wie die Bewertung des Arbeitgebers bei der sozialen Auswahl die Gerichte nicht bindet (Rn. 408), stellt die namentliche Konkretisierung eines sozial weniger schutzbedürftigen Arbeitnehmers nur eine unverbindliche Rechtsmeinung dar. Der Prüfungsrahmen der Gerichte wird begrenzt durch den Tatsachenvortrag zu den vergleichbaren Arbeitnehmern und deren Sozialdaten (KR/*Etzel* § 1 KSchG Rn. 718f.; *Hueck/von Hoyningen-Huene* § 1 Rn. 493).

Für das tatsächliche Bestehen **berechtigter betrieblicher Bedürfnisse,** die **410** nach § 1 Abs. 3 Satz 2 KSchG einer Auswahl nach sozialen Gesichtspunkten entgegenwirken, ist der **Arbeitgeber darlegungs- und beweispflichtig** (BAG 25. 4. 1985 AP KSchG 1969 § 1 Betriebsbedingte Kündigung Nr. 7 = NZA 1986, 64; ErfK/*Ascheid* § 1 KSchG Rn. 562; 592; *Hueck/von Hoyningen-Huene* § 1 Rn. 492). Werturteile oder schlagwortartige Behauptungen reichen nicht aus. Das Gericht muß anhand des Sachvortrags nachvollziehen können, warum die Weiterbeschäftigung eines Arbeitnehmers erforderlich ist (KR/*Etzel*, 4. Aufl., § 1 KSchG Rn. 599). Bei **Massenkündigungen** reicht es allerdings auch, daß der Arbeitgeber die begrenzten Austauschmöglichkeiten von Arbeitnehmern durch Tatsachen nachvollziehbar begründet (Rn. 379f.).

D. Betriebsbedingte Änderungskündigung

I. Kündigungsausspruch und Änderungsangebot

Kündigt der Arbeitgeber dem Arbeitnehmer das Arbeitsverhältnis und bietet **411** er ihm im Zusammenhang mit der Kündigung die Fortsetzung des Arbeitsverhältnisses zu geänderten Arbeitsbedingungen an, liegt eine Änderungskündigung (§ 2 KSchG) vor. Die Änderungskündigung muß dementsprechend aus zwei Teilen bestehen, (1) dem Ausspruch einer Beendigungskündigung sowie (2) einem Angebot zur Fortsetzung des Arbeitsverhältnisses zu geänderten Bedingungen.

1. Kündigungsausspruch

Für den Ausspruch der in der Änderungskündigung notwendigerweise ent- **412** haltenen Beendigungskündigung gelten die allgemeinen Grundsätze für den Kündigungsausspruch. Die (Beendigungs-)Kündigung muß eindeutig für den Fall erklärt werden, daß das Änderungsangebot vom Arbeitnehmer nicht angenommen wird. Nicht ausreichend ist es, wenn der Arbeitgeber dem Arbeitnehmer lediglich ein Änderungsangebot unterbreitet. Vielmehr muß er klarstellen, daß bei Ablehnung des Änderungsangebotes das Arbeitsverhältnis endet. Zulässig ist eine **bedingte Änderungskündigung,** d.h. eine Erklärung, wonach das Arbeitsverhältnis für den Fall der Nichtannahme des Änderungsangebots gekündigt wird. Zwar ist der Kündigungsausspruch grundsätzlich bedingungsfeindlich, etwas anderes gilt, wenn die Kündigung unter einer Bedingung ausgesprochen wird, deren Eintritt ausschließlich vom Willen des Gekündigten abhängt (sog. Potestativbedingung, dazu BAG 9. 7. 1981 AP BGB § 620 Bedingung Nr. 4 = NJW 1982, 788). Ist die Annahme des Änderungsangebots ausschließlich vom Willen des Arbeitnehmers abhängig, ist daher auch eine bedingte Änderungskündigung zulässig.

2. Änderungsangebot

a) Form

Die Abgabe eines Änderungsangebots in Zusammenhang mit dem Ausspruch **413** der Beendigungskündigung ist Voraussetzung für das Vorliegen einer Änderungskündigung. Fehlt es, stellt die Willenserklärung des Arbeitgebers nur eine Beendigungskündigung dar, wenn zumindest der Wille zur Vertragsbeendigung hinreichend deutlich zum Ausdruck gekommen ist. Selbst wenn die Kündigung ausdrücklich als „Änderungskündigung" erklärt wird, aber ein inhaltliches Änderungsangebot fehlt, ist sie keine Änderungskündigung (*Stahlhacke/Preis/Vossen* Rn. 769 unter Hinweis auf LAG Rheinland/Pfalz 6. 2. 1987 LAGE § 2 KSchG Nr. 6 = NZA 1987, 354). Gleiches gilt, wenn dem Änderungsangebot – auch ggf. nach dessen Auslegung – nicht hinreichend deutlich entnommen werden kann, welche Arbeitsbedingungen nach Ablauf der Kündigungsfrist gelten sollen. Eine besondere **Form** für das Änderungsangebot besteht nicht. Dementsprechend kann der Arbeitgeber das Änderungsangebot mündlich abgeben oder ein schriftliches Änderungsangebot durch mündliche Erläuterungen ergänzen.

b) Zeitlicher Zusammenhang mit dem Kündigungsausspruch

414 Uneingeschränkt zulässig ist es, wenn dem Arbeitnehmer die Beendigungskündigung und das Änderungsangebot gleichzeitig zugehen. Nicht ausgeschlossen ist es auch, daß die **Kündigung** einem bereits unterbreiteten Änderungsangebot **nachfolgt**, wenn in der Kündigung auf das bereits unterbreitete Änderungsangebot Bezug genommen wird. Dies setzt voraus, daß der Arbeitgeber zum Zeitpunkt des Kündigungszugangs sein in der Vergangenheit abgegebenes Änderungsangebot noch aufrechterhält (BAG 30. 11. 1989 AP BetrVG 1972 § 102 Nr. 53 = NZA 1990, 529; 27. 9. 1984 AP KSchG 1969 § 2 Nr. 8 = NZA 1985, 455; KR/*Rost* § 2 KSchG Rn. 18).

415 Umstritten ist, ob der Arbeitgeber auch **nach Ausspruch der Beendigungskündigung** wirksam ein Änderungsangebot abgeben kann, mit der Folge, daß aus der ursprünglichen (Beendigungs-)Kündigung nachträglich eine Änderungskündigung wird (dafür *Herschel/Löwisch* § 2 Rn. 8; ähnlich *Schaub* RdA 1970, 230, 231 – nachfolgendes Änderungsangebot statthaft, wenn es bei Kündigungsausspruch bereits angekündigt war; unklar KR/*Rost* § 2 KSchG Rn. 23 – Änderungsangebot spätestens zum letzten Kündigungstermin). Demgegenüber wird überwiegend vertreten, daß das Änderungsangebot in jedem Fall spätestens zusammen mit dem Zugang der Kündigung vom Arbeitgeber abgegeben werden muß (BAG 10. 12. 1975 AP BAT §§ 22, 23 Nr. 90 = ArbuR 1976, 153; ErfK/*Ascheid* § 2 KSchG Rn. 11 f.; *Stahlhacke/Preis/Vossen* Rn. 779 mwN.). Dem ist mit der Maßgabe zuzustimmen, daß dem Arbeitnehmer das **Änderungsangebot entweder gleichzeitig oder vor der Kündigung zugeht,** die Abgabe durch den Arbeitgeber ist nicht maßgeblich. Ein späterer Zugang des Änderungsangebotes ist nicht zulässig, da das Gesetz vom Arbeitnehmer entweder die Erhebung einer Änderungsschutzklage (§ 2 KSchG) oder Kündigungsschutzklage (§ 4 KSchG) fordert. Für die Klageerhebung steht ihm dabei eine Frist von drei Wochen zur Verfügung. Diese ist nicht eingehalten, wenn der Arbeitgeber nachträglich, d.h. nach Kündigungskündigung aus einer ursprünglichen Beendigungskündigung eine Änderungskündigung machen kann. Möglich ist aber, daß ein nachfolgendes Änderungsangebot als „Rücknahme" der ursprünglichen Kündigung und gleichzeitiger Ausspruch einer neuen Änderungskündigung auszulegen ist (KR/*Rost* § 2 KSchG Rn. 22; *Kittner/Trittin* § 2 KSchG Rn. 121; offengelassen von LAG Rheinland/Pfalz 6. 2. 1987 LAGE § 2 KSchG Nr. 6 = NZA 1987, 354).

c) Inhalt

Gegenstand des Änderungsangebots ist die Fortsetzung des Arbeitsverhält- **416** nisses mit veränderten, d. h. regelmäßig ungünstigeren Vertragsbedingungen. Jedoch können auch Vertragsbedingungen angeboten werden, die nicht ohne weiteres als günstig oder ungünstig qualifiziert werden können (sog. neutrale Vertragsbedingungen, Beispiel: anderer Arbeitsort, Wechsel des Verkaufsgebietes). Nach der nunmehr geänderten Rechtsprechung des BAG kann Gegenstand des Änderungsangebots auch die nachträgliche **Befristung** eines zunächst unbefristeten abgeschlossenen Arbeitsverhältnisses sein (BAG 25. 4. 1996 AP KSchG 1969 § 1 Betriebsbedingte Kündigung Nr. 78 = NZA 1996, 1197). Allerdings dürfte der Ausspruch einer entsprechenden Änderungskündigung regelmäßig unwirksam sein, da zum Zeitpunkt des Kündigungszugangs noch keine Dringlichkeit für die nachträgliche Befristung bestehen wird. Insoweit ist der Arbeitgeber regelmäßig auf den Ausspruch einer späteren Beendigungskündigung verwiesen (ErfK/*Ascheid* § 2 KSchG Rn. 54; *Preis* NZA 1997, 1973, 1080; anders *Kittner/Trittin* § 1 KSchG Rn. 161). Die praktische Relevanz einer Änderungskündigung zum Zweck der nachträglichen Befristung wird weiterhin dadurch relativiert, daß dem Arbeitnehmer gegen die Rechtfertigung der Befristung noch die Klage nach § 1 Abs. 5 BeschFG möglich ist (BAG 8. 7. 1998 AP BGB § 620 Befristeter Arbeitsvertrag Nr. 201 = NZA 1999, 81).

Möglich ist auch die **vorübergehende Befristung** einzelner Arbeitsbedin- **417** gungen (vorübergehende Übertragung anderer Tätigkeiten oder Wechsel des Einsatzortes). Können diese Arbeitsbedingungen nicht einseitig vom Arbeitgeber aufgrund seines Direktionsrecht oder eines Widerrufsvorbehalts festgelegt werden, ist er auf den Ausspruch einer Änderungskündigung verwiesen. Zur Verhältnismäßigkeit einer Änderungskündigung, wenn der Arbeitgeber die Arbeitsbedingungen auch einseitig ändern konnte, Rn. 262, 429, 434.

3. Reaktionsmöglichkeiten des Arbeitnehmers

Der Arbeitnehmer hat drei Möglichkeiten, auf die ausgesprochene Ände- **418** rungskündigung des Arbeitgebers zu reagieren. Er kann (1) das Angebot des Arbeitgebers form- und fristgerecht sowie vorbehaltlos annehmen, die Änderung der Arbeitsvertragsbedingungen tritt dann nach Ablauf der Kündigungsfrist ein. Er kann auch (2) die angebotene Änderung der Arbeitsbedingungen ablehnen, in diesem Fall endet das Arbeitsverhältnis mit Ablauf der Kündigungsfrist, es sei denn, der Arbeitnehmer erhebt gegen die Beendigungskündigung eine Kündigungsschutzklage. Schließlich kann der Arbeitnehmer (3) das Änderungsangebot auch unter Vorbehalt annehmen. In diesem Fall steht der durch die Annahme zustande gekommene Änderungsvertrag unter der auflösenden Bedingung, daß die Unwirksamkeit der Änderung der Arbeitsbedingungen gerichtlich festgestellt wird (BAG 27. 9. 1984 AP KSchG 1969 § 2 Nr. 8 = NZA 1985, 455). Bei der Annahme unter Vorbehalt besteht der Arbeitsvertrag entweder zu den ursprünglichen oder zu den geänderten Bedingungen fort. Das Arbeitsverhältnis wird auch dann nicht beendet, wenn das Gericht später feststellt, daß die Änderung der Arbeitsbedingungen sozial gerechtfertigt ist.

a) Annahme des Änderungsangebots ohne Vorbehalt

419 Der Arbeitnehmer kann das Änderungsangebot ohne Vorbehalt annehmen. Die Annahme ist eine empfangsbedürftige Willenserklärung. Sie kann ausdrücklich oder auch konkludent erfolgen, bloßes Schweigen hingegen ist nicht ausreichend. Eine konkludente Annahme bejaht die Rechtsprechung bei einer **widerspruchslosen Weiterarbeit** des Arbeitnehmers, wenn sich die Änderung der Arbeitsbedingungen unmittelbar und nachhaltig auf das Arbeitsverhältnis auswirken (BAG 27. 3. 1987 AP KSchG 1969 § 2 Nr. 20 = NZA 1988, 737; 19. 6. 1986 AP KSchG 1969 § 2 Nr. 16 = NZA 1987, 94 – jeweils zur außerordentlichen Änderungskündigung). Jedoch liegt in der Weiterarbeit zu geänderten Vertragsbedingungen ohne Hinzutreten besonderer Umstände keine Annahme der angebotenen geänderten Vertragsbedingungen, so lange die Frist für die Erklärung des Vorbehalts nach § 2 Satz 2 KSchG noch nicht abgelaufen ist (*Stahlhacke/Preis/Vossen* Rn. 772; ähnlich ErfK/*Ascheid* § 2 KSchG Rn. 35 – „in der Regel"). Die **Annahme des Angebots** durch den Arbeitnehmer muß **vorbehaltlos** erfolgen, ansonsten gilt das Angebot des Arbeitgebers als abgelehnt. Die Annahme unter einer Bedingung oder mit anderem Inhalt stellt ein **neues Angebot** an den Arbeitgeber zum Abschluß eines entsprechenden Änderungsvertrages dar. Jedoch ist durch die Ablehnung aus der ursprünglichen Änderungskündigung eine Beendigungskündigung geworden, gegen die der Arbeitnehmer ggf. Kündigungsschutzklage erheben muß.

420 Die **Annahmeerklärung** des mit der Änderungskündigung erklärten Änderungsangebots **muß** dem Arbeitgeber **innerhalb der Frist des § 2 Satz 2 KSchG zugehen.** Diese stellt eine gesetzliche Konkretisierung des § 147 Abs. 1 bzw. 2 BGB dar. Der Zugang der Erklärung beim Arbeitgeber muß daher **innerhalb der Kündigungsfrist, spätestens jedoch innerhalb von drei Wochen nach Zugang der Kündigung** erfolgen. Die Abgabe einer entsprechenden Erklärung gegenüber dem Gericht ist nur ausreichend, wenn sie der Arbeitgeber noch innerhalb der Frist des § 2 Satz 2 KSchG erhält. Bei einer **außerordentlichen Änderungskündigung** muß der Arbeitgeber die Annahme des Änderungsangebots **unverzüglich,** d. h. ohne schuldhaftes Zögern erklären. Für die Unverzüglichkeit gelten die allgemeinen Grundsätze des § 121 Abs. 1 Satz 2 BGB, in jedem Fall muß die Frist so lang bemessen sein, wie der Arbeitnehmer zur Einholung von Rechtsrat benötigt (BAG 27. 3. 1987 AP KSchG 1969 § 2 Nr. 20 = NZA 1988, 737; *Stahlhacke/Preis/Vossen* Rn. 434).

b) Annahme des Änderungsangebots unter Vorbehalt

421 Der Arbeitnehmer kann das mit der Änderungskündigung verbundene Änderungsangebot unter dem Vorbehalt annehmen, daß die Änderung der Arbeitsbedingungen nicht sozial ungerechtfertigt ist (§ 2 Satz 1 KSchG). Durch die Annahme unter Vorbehalt soll dem Arbeitnehmer das Risiko abgenommen werden, seinen Arbeitsplatz zu verlieren, wenn sich die vom Arbeitgeber ausgesprochene Kündigung später im gerichtlichen Verfahren als rechtswirksam erweist. Der Arbeitgeber darf die unter Vorbehalt erklärte Annahme nicht ablehnen (KR/*Rost* § 2 KSchG Rn. 55), während der Arbeitnehmer seine Vorbehaltserklärung nicht mehr zurücknehmen kann, wenn sie dem Arbeitgeber zugegangen ist (LAG Hamm 22. 8. 1997 LAGE § 2 KSchG Nr. 29; KR/*Rost* § 2 Rn. 96), auch wenn dieser hiermit einverstanden ist (dazu auch Rn. 422).

Die **Annahme** der Änderungskündigung bzw. des -angebots unter Vorbehalt ist in **doppelter Hinsicht fristgebunden.** Der Arbeitnehmer muß (1) gegenüber dem Arbeitsgericht die Klagefrist des § 4 Satz 2 KSchG einhalten, wenn er die soziale Rechtfertigung der Änderungskündigung überprüfen lassen will. Daneben hat er (2) für den rechtzeitigen Zugang seiner unter Vorbehalt ausgesprochenen Annahmeerklärung beim Arbeitgeber zu sorgen. Wie die vorbehaltlose Annahme der geänderten Arbeitsbedingungen muß auch die Annahme unter Vorbehalt dem **Arbeitgeber innerhalb der Frist des § 2 Satz 2 KSchG** zugehen. Für die Fristberechnung gelten die §§ 187 ff. BGB, der Zugang der Erklärung beim Arbeitgeber muß spätestens bis zum letzten Tag des Fristablaufs erfolgen. **Nicht fristwahrend** ist der **Eingang** der Annahme unter Vorbehalt **bei Gericht,** da § 2 Satz 2 KSchG keine prozessuale Frist iSv. § 270 Abs. 3 ZPO darstellt (BAG 17. 6. 1998 AP KSchG § 2 Nr. 49 = NZA 1998, 1225; LAG Hamm 13. 10. 1988 LAGE § 2 KSchG Nr. 7 = DB 1989, 436; ErfK/*Ascheid* § 2 KSchG Rn. 41). Aus diesem Grund sind die Frist für die Erhebung der Änderungsschutzklage und die für die Annahme des Änderungsangebots unter Vorbehalt unterschiedlich zu beurteilen. Während die Klagefrist durch den rechtzeitigen Eingang der Klageschrift bei Gericht innerhalb der 2-Wochen-Frist gewahrt ist, wenn die Klage demnächst zugestellt wird, muß der Vorbehalt beim Arbeitgeber innerhalb der Frist des § 2 Satz 2 KSchG auch tatsächlich eingehen. Eine schlüssige Annahme unter Vorbehalt liegt regelmäßig in der Erhebung der Änderungsschutzklage. Wird diese dem Arbeitgeber noch innerhalb der Frist des § 2 Satz 2 KSchG zugestellt, ist auch die Annahmeerklärung rechtzeitig erfolgt (*Herschel/Löwisch* § 2 Rn. 19).

Darüber hinaus wird vertreten, daß bei rechtzeitiger Klageerhebung und **423** nicht rechtzeitigem Zugang der Vorbehaltserklärung der Arbeitnehmer noch wirksam eine **Vorbehaltserklärung** abgeben kann, wenn die **Kündigungsfrist länger als die 3-Wochen-Frist des § 4 KSchG** ist (LAG Hamm 22. 8. 1997 LAGE § 2 KSchG Nr. 29; 13. 10. 1988 LAGE § 2 KSchG Nr. 7 = DB 1989, 436; KR/*Rost* § 2 KSchG Rn. 72; *Richardi* ZfA 1971, 73, 99; ablehnend BAG 17. 6. 1998 AP KSchG § 2 Nr. 49 = NZA 1998, 1225; *Hueck/von Hoyningen-Huene* § 2 Rn. 89; *Kittner/Trittin* § 2 KSchG Rn. 131; *Schaub* § 137 II 3). Dieser über den Gesetzeswortlaut hinausgehenden Sichtweise ist nur für den Fall zuzustimmen, daß sich der Arbeitgeber auf den verspätet erklärten Vorbehalt einläßt (so auch BAG 17. 6. 1998 AP KSchG § 2 Nr. 49 = NZA 1998, 1225; KR/*Rost* § 2 KSchG Rn. 64, 71; *Ascheid* Rn. 473). Im Gegensatz zur Klagefrist des § 4 KSchG steht die Frist für die Annahme un-

422

ter Vorbehalt zur Disposition der Parteien, da es sich nicht um eine prozessuale Frist handelt. In anderen Fällen – auch dann, wenn die Kündigungsfrist länger ist, als die 3-Wochen-Frist des § 4 KSchG – führt der verspätet erklärte Vorbehalt zur Fiktionswirkung des § 7 KSchG (Erlöschen des Vorbehalts nach § 2 KSchG). Zur Antragsformulierung bei Streitigkeiten über die nicht rechtzeitige Annahme Rn. 426

424 Ein zunächst wirksam erklärter Vorbehalt verliert seine Rechtswirkung, wenn der **Arbeitnehmer** die **Frist zur Erhebung der Kündigungsschutzklage versäumt.** Möglich ist aber die Geltendmachung anderer Unwirksamkeitsgründe iSd. § 13 Abs. 3 KSchG, diese können auch außerhalb der Frist des § 4 KSchG erhoben werden, wenn nur der Arbeitnehmer den Vorbehalt gegenüber dem Arbeitgeber rechtzeitig erklärt hat (BAG 28. 5. 1998 AP KSchG 1969 § 2 Nr. 48 = NZA 1998, 1167; krit. dazu *Berkowsky* BB 1999, 1266). Ist die Annahme unter Vorbehalt dem Arbeitgeber zugegangen, kann sie einseitig vom Arbeitnehmer nicht mehr zurückgenommen werden. Eine Rücknahme und eine Klageänderung auf eine Kündigungsschutzklage (§ 4 Satz 1 KSchG) ist nicht möglich (ArbG Elmshorn 20. 8. 1986 NZA 1987, 130). Dies gilt selbst dann, wenn der Arbeitgeber mit einer entsprechenden Verfahrensweise einverstanden ist, da die ausgesprochene Beendigungskündigung durch die Annahme unter Vorbehalt gegenstandslos geworden ist (anders KR/*Rost* § 2 KSchG Rn. 76).

4. Prozessuales und Antragstellung

425 Hat der Arbeitnehmer die Annahme des Änderungsangebots unter Vorbehalt erklärt, hat er **keinen allgemeinen Weiterbeschäftigungsanspruch,** selbst wenn das Arbeitsgericht in erster Instanz die Unwirksamkeit der ausgesprochenen Änderungskündigung ausspricht (BAG 18. 1. 1990 AP KSchG 1969 § 2 Nr. 27 = NZA 1990, 734, dazu insgesamt Rn. 799). Auch die **Auflösung des Arbeitsverhältnisses** (§§ 9, 13 KSchG) kann nicht beantragt werden, wenn der Arbeitnehmer das Änderungsangebot unter Vorbehalt angenommen hat.

426 Für eine Klage gegen eine Änderungskündigung empfiehlt sich der Antrag,

festzustellen, daß die Änderung der Arbeitsbedingungen durch die Kündigung vom (Datum) unwirksam ist.

Eine Beschränkung auf den Wortlaut des § 2 KSchG „nicht sozial gerechtfertigt" ist nicht angebracht, da hier der Eindruck entstehen kann, daß Prüfungsmaßstab nur Unwirksamkeitsgründe nach § 2 KSchG sein soll. Mit der weiteren Formulierung auf Feststellung der „Unwirksamkeit" werden auch die sonstigen Unwirksamkeitsgründe des § 13 Abs. 3 KSchG vom Antrag erfaßt. Empfehlenswert ist es auch, wenn in der Klagebegründung ausdrücklich klargestellt wird, daß mit dem Klageantrag sowohl die fehlende soziale Rechtfertigung der Änderungskündigung wie auch andere Unwirksamkeitsgründe geltend gemacht werden. Besteht Streit um den fristgerechten Zugang der Annahmeerklärung beim Arbeitgeber, kann der Klageantrag um den folgenden Hilfsantrag erweitert werden:

hilfsweise festzustellen, daß das Arbeitsverhältnis der Parteien durch die Kündigung vom (Datum) nicht aufgelöst worden wird,
[evtl. noch Weiterbeschäftigungsantrag].

II. Soziale Rechtfertigung der Änderungskündigung

1. Prüfungsmaßstab

a) Berücksichtigung des Änderungsangebots

Maßstab für die Prüfung der sozialen Rechtfertigung der Änderungskündi- **427** gung ist § 2 KSchG, wonach die „Änderung der Arbeitsbedingungen" nicht sozial ungerechtfertigt sein darf. Aus diesem Grund ist nach h. A. das **Änderungsangebot** bei der Prüfung der sozialen Rechtfertigung **miteinzubeziehen.** Dies gilt unabhängig davon, ob der Arbeitnehmer das Änderungsangebot unter Vorbehalt angenommen oder abgelehnt hat (BAG 24. 4. 1997 AP KSchG 1969 § 2 Nr. 42 = NZA 1997, 1047; 15. 3. 1991 AP KSchG 1969 § 2 Nr. 28 = NZA 1992, 120; ErfK/*Ascheid* § 2 Rn. 45 f.; KR/*Rost* § 2 KSchG Rn. 92 jeweils mwN.; anders *Schwerdtner*, FS BAG S. 555, 567 ff.). Dementsprechend ist die Änderungskündigung daran zu messen, ob die **Änderung der Arbeitsbedingungen sozial gerechtfertigt** ist, nicht die Beendigung des Arbeitsverhältnisses. Hieraus hat das BAG in ständiger Rechtsprechung **ein zweistufiges Prüfungsverfahren** abgeleitet. Bei einer betriebsbedingten Änderungskündigung ist zunächst zu untersuchen, ob dringende betriebliche Erfordernisse nach § 1 Abs. 2 KSchG das Änderungsangebot bedingen. Erst dann ist in einer zweiten Stufe zu prüfen, ob sich der Arbeitgeber darauf beschränkt hat, nur solche Änderungen vorzuschlagen, die der Arbeitnehmer billigerweise hinnehmen muß (BAG 12. 11. 1998 AP KSchG 1969 § 2 Nr. 51 = NZA 1999, 471; 15. 3. 1991 AP KSchG 1969 § 2 Nr. 28 = NZA 1992, 120 jeweils mwN.). Daraus ergibt sich folgendes:
- **Fehlt** es an **dringenden betrieblichen Erfordernissen für die beabsichtige Vertragsänderung,** liegt schon **kein Kündigungsgrund** nach § 1 Abs. 2 KSchG vor und die Änderungskündigung ist bereits aus diesem Grund unwirksam. Eine Prüfung des Änderungsangebots ist dann nicht mehr erforderlich.
- Die **Beschäftigungsmöglichkeit zu den bisherigen Vertragsbedingungen ist entfallen, weshalb** die Fortsetzung des Arbeitsverhältnisses zu den bisherigen Vertragsbedingungen nach § 1 Abs. 2 KSchG nicht mehr möglich ist. Hat der Arbeitnehmer das **Änderungsangebot abgelehnt** und stellte dieses **die einzige Möglichkeit** zur Fortsetzung des Vertragsverhältnisses dar, ist die Klage abzuweisen. Wegen der Ablehnung des Änderungsangebotes ist eine Fortsetzung des Vertragsverhältnisses nicht möglich, auch hier bedarf es keiner Prüfung des Änderungsangebotes mehr.
- Das vom Arbeitgeber unterbreitete **Änderungsangebot** wird nur **Gegenstand der gerichtlichen Prüfung,** wenn ein Grund für den Ausspruch einer Beendigungskündigung nach § 1 Abs. 2 KSchG vorliegt, der **Arbeitnehmer**

aber das **Änderungsangebot für unverhältnismäßig bzw. unzumutbar** hält. Nach der ständigen Rechtsprechung des BAG ist ein Änderungsangebot nur dann nicht zu beanstanden, wenn der Arbeitgeber sich darauf beschränkt, dem Arbeitnehmer nur solche Änderungen vorzuschlagen, dieser billigerweise hinnehmen muß (zuletzt BAG 12. 11. 1998 AP KSchG 1969 § 2 Nr. 51 = NZA 1999, 471 mwN.).

b) Hinnahme des Änderungsangebots

428 Entgegen der mißverständlichen Formulierung des BAG ist die Prüfung der vom Arbeitnehmer „billigerweise hinzunehmenden Arbeitsbedingungen" **keine Billigkeitskontrolle.** Die Wirksamkeit des Änderungsangebots beurteilt sich ausschließlich nach dem **Verhältnismäßigkeitsgrundsatz** (so ausdrücklich BAG 21. 1. 1993 AP MitbestG Schleswig-Holstein § 52 Nr. 1 = NZA 1993, 1099 – „dient der Vermeidung einer ansonsten erforderlichen Beendigungskündigung und wahrt den Grundsatz der Verhältnismäßigkeit"; KR/*Rost* § 2 KSchG Rn. 98; ErfK/*Ascheid* § 2 KSchG Rn. 53; *Hueck/v. Hoyningen-Huene* § 2 Rn. 66; *Hromadka* NZA 1996, 1, 12; anders *Stahlhacke* DB 1994, 1361, 1368). Dementsprechend ist auch nicht maßgeblich, ob die angebotene Änderung der Vertragsbedingungen nach den für die **Bewilligung von Arbeitslosengeld** geltenden Grundsätzen (§ 122 SGB III) als **zumutbar** anzusehen ist (insoweit abzulehnen BAG 27. 9. 1984 AP KSchG 1969 § 2 Nr. 8 = NZA 1985, 455, ausführlich dazu Rn. 257).

429 Besteht entgegen dem Änderungsangebot **objektiv** eine **den Arbeitnehmer weniger belastende Möglichkeit,** das Vertragsverhältnis fortzusetzen, sind die angebotenen Arbeitsbedingungen unverhältnismäßig, weshalb die Änderungskündigung unwirksam ist. Gleiches gilt, wenn die angebotenen Arbeitsbedingungen gegen zwingende gesetzliche oder tarifliche Normen (BAG 24. 4. 1997 AP KSchG 1969 § 2 Nr. 42 = NZA 1997, 1047 – § 2 BeschFG; 10. 2. 1999 AP KSchG 1969 § 2 Nr. 52 = NZA 1999, 657 – tarifliche Wochenarbeitszeit, dazu auch Rn. 430) oder nicht dispositives Richterrecht verstoßen. Ermöglicht die Verschiedenartigkeit der Änderungsangebote **keinen objektiven Günstigkeitsvergleich,** kann der Arbeitgeber im Rahmen des § 315 BGB entscheiden, welche anderweitige Stelle er dem Arbeitnehmer anbietet (im einzelnen dazu Rn. 263 ff.).

2. Einzelfälle

a) Änderung der Arbeitszeit bzw. Arbeitsorganisation

430 Durch die Änderungskündigung kann eine Änderung der Arbeitszeit der Arbeitnehmer herbeigeführt werden, wenn sich das Arbeitsvolumen entsprechend ändert. Der Arbeitgeber ist bei zurückgehendem Arbeitsvolumen frei in seiner Entscheidung, ob er die verbleibende Arbeit nur mit Vollzeitkräften oder ganz bzw. teilweise mit Teilzeitkräften durchführen will (BAG 19. 5. 1993 AP KSchG 1969 § 2 Nr. 31 = NZA 1993, 1075; ErfK/*Ascheid* § 2 KSchG Rn. 61, Rn. 177, 203). Entscheidet er sich für die weitere Beschäftigung mit Vollzeitkräften, ist die ausgesprochene Beendigungskündigung nicht wegen des Vorrangs der Änderungskündigung unwirksam (dazu ausführlich Rn. 248 ff.).

Führt der Arbeitgeber eine neue **Arbeitsorganisation** ein, bei dem künftig **431** in mehreren Schichten oder in Wechselschicht gearbeitet werden muß, ist die Anpassung der Arbeitsvertragsbedingungen an die nunmehr geänderten betrieblichen Erfordernisse durch Änderungskündigung möglich (BAG 18. 1. 1990 AP KSchG 1969 § 2 Nr. 27 = NZA 1990, 734). Dies gilt auch, wenn mit den geänderten Arbeitsbedingungen eine höhere Arbeitsbelastung des Arbeitnehmers verbunden ist (sog. **Leistungsverdichtung** dazu BAG 24. 4. 1997 AP KSchG 1969 § 2 Nr. 42 = NZA 1997, 1047). Die geänderten Arbeitsbedingungen dürfen aber nicht gegen zwingende Arbeitnehmerschutznormen verstoßen (BAG 24. 4. 1997 AP KSchG 1969 § 2 Nr. 42 = NZA 1997, 1047 – § 2 BeschFG; 10. 2. 1999 AP KSchG 1969 § 2 Nr. 52 = NZA 1999, 657 – tarifliche Wochenarbeitszeit, dazu nur i. E. zustimmend *Berkowsky* DB 1999, 1606, 1608; 18. 12. 1997 AP KSchG 1969 § 2 Nr. 76 = NZA 1998, 304 – Verfahren zur Änderung der Arbeitszeit im Tarifvertrag; 15. 11. 1995 AP TVG § 1 Tarifverträge: Lufthansa Nr. 20 = NZA 1996, 603; LAG Brandenburg 24. 10. 1996 LAGE § 2 KSchG Nr. 22 = NZA-RR 1997, 127 – Umgehung des KSchG).

b) Änderungskündigung zur Entgeltreduzierung

Eine Änderungskündigung zur Reduzierung der Vergütung aller oder einzelner Arbeitnehmer ist grundsätzlich zulässig. Der Arbeitgeber braucht jedoch für Leistungen, die nicht aufgrund einer vertraglichen Vereinbarung mit dem Arbeitnehmer erbracht werden, keine Änderungskündigung aussprechen. Dies betrifft im wesentlichen die sog. freiwilligen Leistungen, bei denen sich der Arbeitgeber den Widerruf vorbehalten hat. Eine **Änderungskündigung ist nur erforderlich, wenn eine vertragliche Vereinbarung über die Leistungsgewährung besteht,** die nach Wirksamwerden der geänderten Vertragsbedingungen in geänderter Form fortbestehen oder ganz entfallen soll.

aa) Eingruppierungskorrektur. Der Arbeitgeber kann grundsätzlich die Eingruppierung eines Arbeitnehmers korrigieren, wenn die auszuübende Tätigkeit nicht den Tätigkeitsmerkmalen der anwendbaren Vergütungsgruppe entspricht. Bei einer Eingruppierungskorrektur ändert sich die zugrunde liegende Tätigkeit des Arbeitnehmers nicht, sondern nur deren Bewertung durch den Arbeitgeber. In welcher Form diese Maßnahme zu erfolgen hat, ist abhängig von den Umständen des Einzelfalls. Die Korrektur **muß** durch den Ausspruch einer **Änderungskündigung** vorgenommen werden, wenn die (unrichtige) Vergütungsabrede **Vertragsgegenstand** geworden ist. Dies ist der Fall, wenn sie zwischen Arbeitgeber und Arbeitnehmer einvernehmlich vereinbart worden ist. Der Arbeitgeber kann dann keine einseitige Rückgruppierung vornehmen, sondern muß eine Änderungskündigung aussprechen (BAG 15. 3. 1991 AP KSchG 1969 § 2 Nr. 28 = NZA 1992, 120). Eine solche Vereinbarung wird aber nur im Ausnahmefall vorliegen. Insbesondere bei Bestehen einer **tariflichen** oder **betrieblichen Vergütungsordnung** geht die Rechtsprechung regelmäßig davon aus, daß nur die auszuübende Tätigkeit

Gegenstand des Arbeitsvertrages bzw. der vertraglichen Vereinbarung zwischen Arbeitgeber und Arbeitnehmer ist. Wird die Vergütungsgruppe im Arbeitsvertrag angegeben, stellt diese nur die zum Zeitpunkt des Vertragsschlusses (übereinstimmende) Willensbekundung der Vertragsparteien dar, daß die vereinbarte Tätigkeit in ihrer Wertigkeit dieser Vergütungsgruppe entspricht (BAG 18. 2. 1998 BAT 1975 §§ 22, 23 Nr. 239 = NZA 1998, 950 mwN.). Besteht danach **kein arbeitsvertraglicher Anspruch** des Arbeitnehmers auf Vergütung nach einer bestimmten Vergütungsgruppe, kann die Eingruppierung auch ohne Änderungskündigung korrigiert werden. Entspricht die gezahlte Vergütung nicht der Wertigkeit der auszuübenden Tätigkeit, ist der Arbeitgeber zur einseitigen Lossagung von der – aus seiner Sicht – rechtsfehlerhaften Tarifanwendung berechtigt (BAG 18. 2. 1998 AP BAT 1975 §§ 22, 23 Nr. 239 = NZA 1998, 950; 13. 5. 1998 AP BAT §§ 22, 23 Lehrer Nr. 69 = NZA-RR 1998, 523).

434   Bestand eine **vertragliche Vereinbarung** über die vom Arbeitnehmer beanspruchte Vergütungsgruppe, ist die Änderungskündigung **nur sozial gerechtfertigt,** wenn die in ihr enthaltene **Korrektur der Vergütungsgruppe inhaltlich zutreffend** ist. Entspricht die angebotene Vergütungsgruppe nicht den tariflichen Vorgaben, verstößt die Kündigung bei bestehender Tarifbindung gegen höherrangiges Recht und ist unwirksam. Hat der Arbeitgeber hingegen eine Änderungskündigung ausgesprochen und **bestand keine vertragliche Vereinbarung** über die Vergütungsgruppe, ist die Kündigung überflüssig und geht ins Leere. Nach Auffassung des BAG ist die Wirksamkeit einer zur Herabgruppierung ausgesprochenen Änderungskündigung abhängig von der Reaktion des Arbeitnehmers. Seine **Kündigungsschutzklage ist abzuweisen,** wenn er das Änderungsangebot unter Vorbehalt angenommen hat, obwohl die Änderungskündigung als individualrechtliche Maßnahme zur Erreichung des beabsichtigten Zwecks (Herabgruppierung) unverhältnismäßig, d.h. nicht erforderlich war (BAG 9. 7. 1997 AP BAT 1975 §§ 22, 23 Nr. 233 = NZA 1998, 494; 27. 3. 1987 AP BGB § 242 Betriebliche Übung Nr. 29 = NZA 1987, 778). Hat der Arbeitnehmer das Änderungsangebot aber abgelehnt, soll nach Auffassung des Gerichts die dann im Streit stehende **(Beendigungs-)Kündigung unverhältnismäßig und unwirksam** sein (ablehnend *Berkowsky* NZA 1999, 293, 296 ff.). Richtiger dürfte es daher sein, die unverhältnismäßige Änderungskündigung in das zulässige individualrechtliche Gestaltungsmittel (Herabgruppierung) umzudeuten (*Hromadka* Anm. AP TVG § 1 Tarifverträge: Lufthansa Nr. 20). Entsprechend ist auch der Klageantrag des Arbeitnehmers auszulegen.

435 bb) Senkung der Personalkosten. Die Voraussetzungen, unter denen ein Arbeitgeber eine Änderungskündigung zur Entgeltsenkung aussprechen kann, sind lebhaft umstritten. Es besteht jedoch weitgehende Einigkeit, daß eine Änderungskündigung nur in Betracht kommt, wenn durch die Senkung der Personalkosten die **Stillegung des Betriebes** oder die **Reduzierung der Belegschaft** verhindert werden kann und die Kosten durch andere Maßnahmen nicht zu senken sind (BAG 12. 11. 1998 NZA 1999, 471; 26. 1. 1995 AP KSchG 1969 § 2 Nr. 36 = NZA 1995, 626; vgl. auch die Nachw. bei *Stahl-*

hacke/Preis/Vossen Rn. 779 a–c; grundsätzliche Bedenken äußert allerdings *Kittner* NZA 1997, 968, 974, der den Arbeitgeber ausschließlich auf Verhandlungen mit dem Arbeitnehmer verweisen will). Die unveränderte Beibehaltung der bisherigen Entgelthöhe muß aber zwingend zu einem **Wegfall von Beschäftigungsmöglichkeiten** führen. Dies folgt aus dem Gesetzeswortlaut, der zur Rechtfertigung einer betriebsbedingten Kündigung ausschließlich dringende betriebliche Erfordernisse voraussetzt und eine Kündigung aus wirtschaftlichen Gründen nicht zuläßt. Deshalb rechtfertigt der **Gleichbehandlungsgrundsatz** keine Änderungskündigung, auch wenn der Arbeitgeber durch deren Ausspruch nach einem Betriebsübergang die Herstellung einheitlicher Arbeitsbedingungen herbeiführen will (BAG 28. 4. 1982 AP KSchG 1969 § 2 Nr. 3 = NJW 1982, 2687). Welche Voraussetzung im einzelnen für die Änderungskündigung zur Entgeltreduzierung vorliegen müssen, ist noch weitgehend ungeklärt. Eine höchstrichterliche Entscheidung, bei der eine Absenkung des Vergütungsniveaus wegen schlechter wirtschaftlicher Lage durch Ausspruch einer Änderungskündigung erfolgreich gewesen wäre, fehlt bisher.

Dabei wird von folgendem auszugehen sein: Die betriebsbedingte Änderungskündigung setzt wie eine entsprechende Beendigungskündigung eine zugrundeliegende **Unternehmerentscheidung** voraus, die wie beim Ausspruch einer Beendigungskündigung nur einem eingeschränkten Prüfungsmaßstab unterliegt (dazu ausführlich Rn. 100 ff.). Eine Änderungskündigung mit dem Ziel der Absenkung der Vergütungshöhe kommt überhaupt nur in Betracht, wenn bei Fortbestand der Entgelthöhe der oder die betreffenden Arbeitsplätze entfallen. Der Arbeitgeber muß sich also entschlossen haben, den Betrieb endgültig stillzulegen oder bestimmte Arbeiten dauerhaft nicht mehr im Betrieb ausführen zu lassen, wenn das Vergütungsniveau nicht allgemein oder für bestimmte Arbeitsbereiche bzw. -plätze durch die Änderungskündigung abgesenkt werden kann. Hat der Arbeitgeber eine solche (endgültige) Entscheidung noch nicht getroffen, ist der Ausspruch einer Änderungskündigung nicht zulässig (BAG 20. 8. 1998 AP KSchG 1969 § 2 Nr. 50 = NZA 1999, 255 – ernsthaft in Betracht gezogen). Der bloße Entschluß des Arbeitgebers, bestimmten Arbeitnehmern die Vergütung zu kürzen, stellt gerade keine von den Gerichten hinzunehmende Unternehmerentscheidung dar (so schon BAG 20. 3. 1986 AP KSchG 1969 § 2 Nr. 14 = NZA 1986, 824). Die Darlegungs- und Beweislast hinsichtlich der zugrundeliegende Unternehmerentscheidung bestimmt sich nach den für die Beendigungskündigung geltenden Grundsätzen (dazu Rn. 120). **436**

Die Änderungskündigung zur **allgemeinen Entgeltminderung** ist nur dann als dringend anzusehen, wenn andere Maßnahmen nicht in Betracht kommen. Bei generell schlechter wirtschaftlicher Lage fordert das BAG offenbar einen umfassenden **Sanierungsplan** des Arbeitgebers, der nicht nur von den Arbeitnehmern, sondern auch vom Arbeitgeber bzw. von Dritten (Banken) Sanierungsbeiträge fordert (BAG 20. 8. 1998 AP KSchG 1969 § 2 Nr. 50 = NZA 1999, 255). Unklar bleibt allerdings, mit welcher Intensität und welchem Erfolg der Arbeitgeber den Versuch bei Dritten betreiben muß, um die auf sie entfallenden Aufwendungen zu senken. Zumindest müssen wohl **437** ernsthafte Verhandlungen durchgeführt worden sein, die zu einem bestimmten (positiven/negativen) Ergebnis geführt haben. Der Arbeitgeber ist darlegungs- und beweispflichtig für die Unabweisbarkeit der Änderungskündigung, d.h. die ansonsten bevorstehende Betriebsstillegung. Hierzu gehört nicht nur ein substantiierter Vortrag zu seiner gegenwärtigen wirtschaftlichen Lage, sondern auch eine nachvollziehbare Darstellung, daß nach Wirksamwerden der Änderungskündigung die Fortführung des Betriebes im Prognosezeitraum gewährleistet ist.

438   Bisher nicht eindeutig festgelegt hat sich das Gericht, ob bei der Beurteilung der schlechten wirtschaftlichen Lage auf die Situation des Unternehmens, Betriebes oder eines unselbständigen Betriebsteils abzustellen ist (dazu BAG 12. 11. 1998 AP KSchG 1969 § 2 Nr. 51 = NZA 1999, 471 – Gesamtbetrieb, bei „Durchschlagen auch Betriebsabteilung"). Bei dieser Entscheidung ist nach der getroffenen **Unternehmerentscheidung** zu differenzieren. Soll durch die Änderungskündigung generell das Vergütungsniveau herabgesetzt werden, ist auf das **Unternehmen** abzustellen. Eine engere **arbeitsplatz-, abteilungsbezogene bzw. betriebsbezogene Betrachtung** ist aber geboten, wenn sich der Arbeitgeber entschlossen hat, nur bestimmte Arbeitsplätze bzw. Beschäftigungsmöglichkeiten entfallen zu lassen, wenn das bisherige Entgeltniveau nicht gesenkt wird. Dann ist nicht die wirtschaftliche Situation des Unternehmens, sondern der konkret von der Unternehmerentscheidung betroffenen Arbeitsplätze maßgeblich. So kann sich ein Arbeitgeber beispielsweise entschlossen haben, die Aufgaben der im Betrieb beschäftigten Kraftfahrer an ein externes Unternehmen zu vergeben, da deren Personalkosten die voraussichtlichen Aufwendungen für die Fremdvergabe übersteigen. Handelt es sich nur um eine geringe Zahl von Kraftfahrern (beispielsweise drei, bei einer Betriebsgröße von 1500 Arbeitnehmern), wäre die Änderungskündigung nach der bisherigen Rechtsprechung des BAG grundsätzlich unwirksam, da das wirtschaftliche Ergebnis der „Kraftfahrabteilung" wohl niemals auf den Gesamtbetrieb durchschlagen wird. Damit wäre der Ausspruch einer Änderungskündigung unzulässig, der Arbeitgeber müßte zu dem schärferen Mittel einer Beendigungskündigung greifen.

439   Ist die Dringlichkeit der betrieblichen Erfordernisse aber zu bejahen, ist die Änderungskündigung grundsätzlich zulässig. Das mit ihr verbundene Änderungsangebot darf jedoch nicht gegen zwingende gesetzliche oder tarifliche Bestimmungen verstoßen. Dies schließt eine Entgeltminderung unter das Niveau eines **Tarifvertrags** aus, wenn dieser kraft beiderseitiger Tarifbindung (§§ 3 Abs. 1, 4 Abs. 1 TVG) oder Allgemeinverbindlicherklärung (§ 5 TVG) Anwendung findet (BAG 10. 2. 1999 AP KSchG 1969 § 2 Nr. 52 = NZA 1999, 657 – tarifliche Wochenarbeitszeit; mit anderem Ansatz i.E. ebenso *Berkowsky* DB 1999, 1606, 1608). Ein Unterschreiten des Tarifniveaus ist aber auch bei nicht tarifgebundenen Arbeitgebern nicht möglich. Insoweit ergibt sich aus dem Rechtsgedanken des § 612 BGB eine Begrenzung auf eine untere Grenze für eine Entgeltabsenkung. Danach gilt bei Fehlen einer ausdrücklichen Vergütungsvereinbarung die übliche Vergütung als geschuldet. Die zwischen den Parteien ursprünglich bestehende Vergütungsvereinbarung wird durch die Änderungskündigung vom Arbeitgeber beseitigt. Das Änderungsangebot muß so bemessen sein, daß es zumindest die „**übliche Vergü-tung**" nicht unterschreitet. Diese entspricht im Geltungsbereich eines Tarif-vertrag regelmäßig der tariflichen Vergütung (vgl. nur BAG 28. 9. 1994 AP BeschFG 1985 § 2 Nr. 38 = ZTR 1995, 181 unter B I). Eine niedrigere Ver-gütung kann zwar von den Arbeitsvertragsparteien vereinbart werden, aber nicht gegen den Willen durch eine Änderungskündigung durchgesetzt wer-den.

Eine allgemeine Entgeltabsenkung aller Arbeitnehmer kommt immer nur **440** vorübergehend und auf für den der Unternehmerentscheidung zugrundelie-genden Prognosezeitraum in Betracht. Wird die Absenkung mit einer nur **vorübergehenden schlechten wirtschaftlichen Lage** begründet, ist auch die Entgeltreduzierung durch Änderungskündigung nur auf den Prognosezeit-raum beschränkt, die Arbeitnehmer müssen eine dauerhafte Minderung ihrer Vergütung nicht hinnehmen (BAG 20. 8. 1998 AP KSchG 1969 § 2 Nr. 50 = NZA 1999, 255). Ein Änderungsangebot, das eine dauernde bzw. zeitlich nicht begrenzte Reduzierung vorsieht, wäre unverhältnismäßig und die Än-derungskündigung aus diesem Grund unwirksam.

3. Sozialauswahl

Werden bei einer betriebsbedingten Änderungskündigung mehrere Arbeit- **441** nehmer betroffen, ist ggf. eine Sozialauswahl vorzunehmen. Die Erforder-lichkeit einer Auswahlentscheidung nach sozialen Gesichtspunkten ergibt sich aus der in **§ 2 KSchG** enthaltenen Verweisung auf **§ 1 Abs. 3 Satz 1 und 2 KSchG** (BAG 13. 6. 1986 AP KSchG 1969 § 1 Soziale Auswahl Nr. 13 = NZA 1987, 155). Bei strikter Anwendung dieser Verweisung müßte die So-zialauswahl entsprechend den Grundsätzen des § 1 Abs. 3 KSchG durchge-führt werden. Jedoch besteht Übereinstimmung, daß auch bei der Sozialaus-wahl die Besonderheiten der Änderungskündigung zu berücksichtigen sind.

Dies gilt zunächst für die Frage des **auswahlrelevanten Personenkreises**. **442** Bei der Änderungskündigung kommt es nicht nur darauf an, ob die betref-fenden Arbeitnehmer nach ihrem bisherigen Beschäftigungsinhalt miteinan-der vergleichbar sind. Vielmehr ist auch der **neue Arbeitsplatz** zu berücksich-tigen, auf dem die von der Änderungskündigung betroffenen Arbeitnehmer nach dem Wirksamwerden der Vertragsänderung beschäftigt werden sollen. Einzubeziehen sind deshalb nur solche Arbeitnehmer, die (1) bezüglich der alten Arbeitsbedingungen vergleichbar sind und (2) die mit der Änderungs-kündigung angebotenen neuen Arbeitsbedingungen auszufüllen können (BAG 13. 6. 1986 AP KSchG 1969 § 1 Soziale Auswahl Nr. 13 = NZA 1987, 155; KR/*Rost* § 2 KSchG Rn. 103 mwN.; *Stahlhacke/Preis/Vossen* Rn. 780a).

Die anschließende **Auswahl nach sozialen Gesichtspunkten** hat unter Be- **443** rücksichtigung des Änderungsangebots zu erfolgen. Dementsprechend ist zu prüfen, welche der vergleichbaren Arbeitnehmer durch die angebotenen neu-en Arbeitsbedingungen am meisten belastet werden (BAG 13. 6. 1986 AP KSchG 1969 § 1 Soziale Auswahl Nr. 13 = NZA 1987, 155; ErfK/*Ascheid*

§ 2 KSchG Rn. 56; KR/*Rost* § 2 KSchG Rn. 103 a). Damit ist die Bewertung der maßgeblichen Kriterien für die Sozialauswahl **von der beabsichtigten Änderung der Arbeitsbedingungen abhängig.** Wegen der Verweisung auf § 1 Abs. 3 KSchG hat die Auswahlentscheidung grundsätzlich nach **sozialen Gesichtspunkten** zu erfolgen. Dies sind vor allem Betriebszugehörigkeit, Lebensalter und Unterhaltsverpflichtungen (dazu ausführlich Rn. 326 ff.). Eine Abweichung von diesen Vorgaben kommt nur in Betracht, wenn die beabsichtigte Änderung der Vertragsbedingungen dies rechtfertigt. Besteht beispielsweise die Änderungskündigung in einem Wechsel des Arbeitsorts, der mit einem Wohnortwechsel verbunden ist, kann dieser Alleinstehenden idR. eher zugemutet werden, als Arbeitnehmern mit schulpflichtigen Kindern. Dieses Ergebnis ergibt sich auch aus folgender Kontrollüberlegung. Könnte der Arbeitgeber den beabsichtigten Wechsel des Arbeitsorts durch eine Versetzung herbeiführen, wäre der Ausspruch einer Änderungskündigung entbehrlich. Bei seiner Auswahlentscheidung müßte er nach § 315 BGB zwar auch die sozialen Belange der betroffenen Arbeitnehmer berücksichtigen, zu einer Sozialauswahl nach den (strengeren) Maßstäben des § 1 Abs. 3 KSchG ist er aber nicht verpflichtet. Eine Auswahl nach der Anzahl der schulpflichtigen Kinder der betroffenen Arbeitnehmer ist aber nicht ohne weiteres als „unbillig" anzusehen. Müßte der Arbeitgeber hingegen bei der Änderungskündigung zur Herbeiführung des Wohnortwechsels die Auswahl nach § 1 Abs. 3 KSchG treffen, ergibt sich insoweit ein Wertungswiderspruch. Führt die Änderungskündigung hingegen zu einem Tätigkeitswechsel, der zugleich zu einer deutlich geringeren Vergütung führt, können bestehende Unterhaltsverpflichtungen der betroffenen Arbeitnehmer und die durch eine lange Betriebszugehörigkeit erdienten Besitzstände eher zu berücksichtigen sein als das Lebensalter.

444   Schließlich ist zu bestimmen, ob ein **berechtigtes betriebliches Interesse** (§ 1 Abs. 3 Satz 2 KSchG) der Einbeziehung eines oder mehrerer Arbeitnehmer in die soziale Auswahl entgegensteht. Dieses bezieht sich sowohl darauf, bestimmte Arbeitnehmer an den bisherigen Arbeitsplätzen (zu den bisherigen Bedingungen) weiterzubeschäftigen, wie auch, bestimmte Arbeitnehmer an anderen Arbeitsbedingungen (zu geänderten Bedingungen) zu beschäftigen (*Stahlhacke/Preis/Vossen* Rn. 780).

III. Beteiligung des Betriebsrats

1. Änderungskündigung

445 Ein bestehender Betriebsrat ist vor dem Ausspruch einer Änderungskündigung nach § 102 BetrVG zu beteiligen (BAG 30. 9. 1993 AP KSchG 1969 § 2 Nr. 33 = NZA 1994, 615). Dabei ist unerheblich, ob der Arbeitnehmer das Änderungsangebot annimmt, ablehnt oder nur unter Vorbehalt annimmt. Für die Beteiligung nach § 102 BetrVG gelten bei der Änderungskündigung die gleichen Grundsätze, wie bei dem Ausspruch einer Beendigungskündigung. Dem Betriebsrat sind insbesondere die Personalien und Sozialdaten des betroffenen Arbeitnehmers (Rn. 708), die Kündigungsart bzw. -endtermin (Rn. 715, 717) sowie die Kündigungsgründe (Rn. 720) mitzuteilen. Zu den anzugebenden Tatsachen zählt auch der Inhalt der alten und mit der Änderungskündigung angebotenen Arbeitsbedingungen, d. h. der Inhalt des Änderungsangebots (Rn. 738).

2. Zusammentreffen von Änderungskündigungen und personellen Einzelmaßnahmen (§ 99 BetrVG)

Liegt in der mit der Änderungskündigung beabsichtigten Änderung der Vertragsbedingungen gleichzeitig eine Versetzung oder eine Umgruppierung des Arbeitnehmers, besteht in Betrieben mit mehr als 20 Arbeitnehmern neben dem Beteiligungsrecht nach § 102 BetrVG noch ein solches nach § 99 BetrVG. In diesem Fall muß der Betriebsrat der beabsichtigten Versetzung bzw. Umgruppierung zustimmen; insoweit geht das Beteiligungsrecht nach § 99 BetrVG über das Anhörungsrecht nach § 102 BetrVG hinaus. **446**

a) Begriff der Versetzung

Der betriebsverfassungsrechtliche Versetzungsbegriff ergibt sich aus § 95 Abs. 3 BetrVG. Danach ist die Versetzung die tatsächliche Zuweisung eines anderen Arbeitsbereichs, die entweder **447**
– voraussichtlich länger als einen Monat dauern wird oder
– mit einer erheblichen Änderung der äußeren Umstände verbunden ist, unter denen die Arbeit zu leisten ist, selbst wenn die Zuweisung nur kürzer als einen Monat erfolgt.
Nach § 95 Abs. 3 Satz 2 BetrVG liegt keine Versetzung vor, wenn der Arbeitsplatzwechsel zur Eigenart des Arbeitsverhältnisses gehört. Ob dies der Fall ist, beurteilt sich ausschließlich nach der bisherigen Handhabung des Arbeitsvertrages, unerheblich ist, ob arbeitsvertraglich generell eine Umsetzungs- oder Versetzungsmöglichkeit vereinbart worden ist (*Fitting* § 99 Rn. 126 mwN.). Individualrechtliche Beschränkungen bei der Versetzungsmöglichkeit sind für das Eingreifen des Mitbestimmungsrechts nach §§ 99, 95 Abs. 3 BetrVG unbeachtlich.

Eine **Versetzung** liegt auch vor, wenn der Arbeitnehmer nicht mehr in dem bisherigen Betrieb tätig sein soll, sondern in einem **anderen Betrieb des Unternehmens.** Hier ist zunächst regelmäßig die Zustimmung des Betriebsrats des abgebenden Betriebs einzuholen. Darüber hinaus besteht für den Betriebsrat des aufnehmenden Betriebes in Mitbestimmungsrecht nach § 99 BetrVG unter dem Gesichtspunkt der Einstellung. Das Mitbestimmungsrecht des Betriebsrat des abgebenden Betriebes entfällt, wenn der Arbeitnehmer sein **Einverständnis** mit der beabsichtigten Versetzung ausdrücklich oder durch schlüssiges Verhalten erklärt hat (BAG 20. 9. 1990 AP BetrVG 1972 § 99 Nr. 84 = NZA 1991, 195). Ein konkludent erklärtes Einverständnis liegt aber nicht bereits in dem Verzicht des Arbeitnehmers auf die Erhebung einer Änderungsschutzklage, wenn er zuvor einen Vorbehalt nach § 2 KSchG erklärt hat (BAG 2. 4. 1996 AP BetrVG 1972 § 99 Versetzung Nr. 9 = NZA **448**

1997, 219). Hat er das Änderungsangebot jedoch vorbehaltlos angenommen, liegt hierin sein Einverständnis mit der beabsichtigten Versetzung. Das Mitbestimmungsrecht entfällt bei einem einvernehmlichen Wechsel in einen anderen Betrieb, weil Arbeitgeber und Arbeitnehmer ansonsten das gleiche Ergebnis auch ohne Mitbestimmung (Abschluß eines Aufhebungsvertrags und gleichzeitige Neueinstellung) herbeiführen könnten. Hingegen **bleibt das Mitbestimmungsrecht des Betriebsrats des aufnehmenden Betriebes** selbst bei Einverständnis des Arbeitnehmers mit seiner Versetzung **bestehen,** da dieser Betriebsrat bei seiner Entscheidung auch die Interessen der Arbeitnehmer „seines" Betriebes zu berücksichtigen hat. Für seine Entscheidung, ob deren Belange berührt sind und ein Zustimmungsverweigerungsgrund nach § 99 Abs. 2 BetrVG vorliegt, ist das Einverständnis des Arbeitnehmers mit der Versetzung daher unbeachtlich.

449 Wird der Arbeitnehmer **innerhalb des Betriebs versetzt,** entfällt das Mitbestimmungsrecht des Betriebsrats nicht, selbst wenn der Arbeitnehmer mit der Versetzung einverstanden ist. Bei einem Tätigkeitswechsel im gleichen Betrieb besteht das Mitbestimmungsrecht auch zu Gunsten der anderen, von der Versetzung unmittelbar betroffenen Arbeitnehmer (z.B. abgelehnte Bewerber). Der Betriebsrat hat hier zu prüfen, ob deren Interessen beeinträchtigt sind und deshalb die Zustimmung nach § 99 Abs. 2 BetrVG zu verweigern ist.

b) Mitbestimmungsverfahren

450 Nach § 99 Abs. 1 BetrVG bedarf eine beabsichtigte Versetzung der vorherigen Zustimmung des Betriebsrats. Die Zustimmung gilt als erteilt, wenn er nicht binnen einer Woche schriftlich unter Angabe von Gründen seine Zustimmung verweigert (§ 99 Abs. 3 BetrVG). Zur Vorbereitung seiner Entscheidung ist der Betriebsrat vom Arbeitgeber unter Vorlage der erforderlichen Unterlagen über die geplante Maßnahme und ihre Auswirkungen sowie andere Bewerber zu unterrichten. Ist die Information des Arbeitgebers unvollständig, beginnt die Wochenfrist des § 99 Abs. 3 BetrVG nicht zu laufen. Der Betriebsrat ist aber verpflichtet, den Arbeitgeber auf die seiner Ansicht nach unvollständige Unterrichtung hinzuweisen (BAG 10. 8. 1993 NZA 1994, 187; 14. 3. 1989 AP BetrVG 1972 § 99 Nr. 64 = NZA 1989, 639, zur Hinweispflicht beim Kündigungsausspruch Rn. 754). Der Betriebsrat kann der beabsichtigten Versetzung nur aus den Kataloggründen des § 99 Abs. 2 BetrVG widersprechen. Will der Arbeitgeber die Maßnahme dennoch durchführen, muß er dessen verweigerte Zustimmung durch das Arbeitsgericht gerichtlich ersetzen lassen (§ 99 Abs. 4 BetrVG). Solange die gerichtliche Ersetzung nicht vorliegt, ist der Arbeitgeber an der **tatsächlichen Durchführung der beabsichtigten Maßnahme** (Versetzung) gehindert. Der Arbeitnehmer darf zu den geänderten Vertragsbedingungen nicht beschäftigt werden, selbst wenn er die Änderungskündigung nicht angegriffen hat. Nur unter den Voraussetzungen des § 100 BetrVG (vorläufige personelle Maßnahme) kommt ein Einsatz des Arbeitnehmers zu den geänderten Bedingungen in Betracht (zum Verfahren Rn. 273). Der Arbeitgeber kann die Versetzung aber durchführen, wenn

– der Betriebsrat der Versetzung wie auch der Änderungskündigung zustimmt bzw. es unterläßt, beiden Maßnahmen fristgerecht zu widersprechen,
– der Betriebsrat der Versetzung zustimmt, der Änderungskündigung aber widerspricht, da der Arbeitgeber durch den Widerspruch gegenüber der Änderungskündigung nicht an deren Ausspruch gehindert ist (§ 102 Abs. 4 BetrVG).

Die nicht erteilte und nach § 99 Abs. 4 BetrVG **nicht ersetzte Zustimmung** 451 des Betriebsrats bleibt aber **ohne Auswirkung auf die Wirksamkeit der Änderungskündigung.** Diese ist nicht – auch nicht schwebend – unwirksam. Der Arbeitgeber ist lediglich gehindert, die geänderten Vertragsbedingungen durchzusetzen bis entweder der Betriebsrat nach § 99 Abs. 1 BetrVG seine Zustimmung erteilt oder diese nach Abs. 4 durch das Arbeitsgericht ersetzt wird. Bis zu diesem Zeitpunkt muß er den Arbeitnehmer zu den bisherigen Bedingungen weiterbeschäftigen (BAG 30. 9. 1993 AP KSchG 1969 § 2 Nr. 33 = NZA 1994, 615; KR/*Rost* § 2 KSchG Rn. 141; *Fitting* § 99 Rn. 93; ErfK/*Ascheid* § 2 Rn. 32). Umstritten ist, ob der **Arbeitnehmer zu den alten Arbeitsbedingungen weiterarbeiten muß,** wenn die Zustimmung vom Betriebsrat nicht erteilt und auch vom Arbeitsgericht nicht ersetzt wird bzw. der Arbeitgeber von der Durchführung des Zustimmungsersetzungsverfahrens absieht. Nach der Rechtsprechung (BAG 30. 9. 1993 AP KSchG 1969 § 2 Nr. 33 = NZA 1994, 615) ist dies der Fall. Dem wird zu Recht im Schrifttum widersprochen, da der bisherige Arbeitsvertrag durch die (nicht oder erfolglos) angegriffene Änderungskündigung in der alten Form nicht mehr besteht. Als Folge der fehlenden Zustimmung des Betriebsrats werden die Arbeitsvertragsparteien nach § 275 Abs. 2 BGB von ihren Hauptleistungspflichten frei (*Herschel/Löwisch* § 2 Rn. 64; *Wlotzke* Anm. AP KSchG 1969 § 2 Nr. 33), es sei denn, man bejaht eine Pflicht zum Neuabschluß des Arbeitsvertrags zu den alten Bedingungen aus dem Grundsatz von Treu und Glauben (§ 242 BGB). Richtiger erscheint es deshalb, die **„Dringlichkeit der betrieblichen Bedürfnisse"** (§§ 2, 1 Abs. 2 KSchG) für den Ausspruch der Änderungskündigung **zu verneinen, wenn der Arbeitnehmer wegen der fehlenden Zustimmung des Betriebsrats zu den beabsichtigten Arbeitsbedingungen nicht eingesetzt werden kann.** Die Änderungskündigung kann deshalb erst ausgesprochen werden, wenn der Betriebsrat der beabsichtigten Versetzung zugestimmt hat (§ 99 Abs. 1 BetrVG) oder dessen Zustimmung durch das Arbeitsgericht rechtskräftig ersetzt wird (so auch ErfK/*Ascheid* § 2 KSchG Rn. 33). Hingegen kommt eine Aussetzung des Kündigungsschutzverfahrens bis zum Abschluß des Zustimmungsersetzungsverfahrens nicht in Betracht, da keine Vorgreiflichkeit iSv. § 148 ZPO gegeben ist (hierfür aber KR/*Rost* § 2 KSchG Rn. 141). Die individualrechtliche Wirksamkeit der Änderungskündigung ist nicht vom Vorliegen der Zustimmung des Betriebsrats abhängig.

c) Umgruppierung

Umgruppierung iSv. § 99 BetrVG ist jede Änderung der Zuordnung einer 452 Tätigkeit zu einer tariflichen oder betrieblichen Vergütungsordnung. Eine

Umgruppierung kann in Form einer Herab- wie auch Höherstufung erfolgen, selbst wenn dem Arbeitnehmer das bisherige Arbeitsentgelt weitergezahlt wird. Da sich der Anspruch auf die Zahlung der zutreffenden Vergütung bei Bestehen einer Vergütungsordnung regelmäßig aus der sog. Tarifautomatik (dazu Rn. 433) ergibt, erschöpft sich das Mitbestimmungsrecht des Betriebsrats in einem Mitbeurteilungsrecht in Form einer **Richtigkeitskontrolle,** ob der Arbeitgeber die Tätigkeitsmerkmale der Vergütungsordnung zutreffend angewandt hat.

453   Liegt in der ausgesprochenen Änderungskündigung zugleich eine Umgruppierung iSd. § 99 Abs. 1 BetrVG, bedarf diese gleichfalls der vorherigen Zustimmung des Betriebsrats. Jedoch gelten insoweit die Ausführungen zum Zusammentreffen von Änderungskündigung und Versetzung entsprechend, auch die **Zustimmung des Betriebsrats zur Umgruppierung ist keine Wirksamkeitsvoraussetzung für die Änderungskündigung.** Der Arbeitgeber ist allerdings nach § 99 Abs. 4 BetrVG verpflichtet, das eingeleitete Zustimmungsverfahren zur Umgruppierung bis zur Erteilung der Zustimmung durch den Betriebsrat oder deren gerichtlicher Ersetzung durchzuführen. Kommt er dieser Verpflichtung nicht nach, kann der Betriebsrat dem Arbeitgeber gerichtlich aufgeben, ein solches Verfahren durchzuführen (BAG 3. 5. 1994 AP BetrVG 1972 § 99 Eingruppierung Nr. 2 = NZA 1995, 484).

E. Anzeigepflicht bei Massenentlassungen

I. Zweck der §§ 17 ff. KSchG

Nach § 17 Abs. 1 KSchG hat der Arbeitgeber in Betrieben von mehr als 20 **454** Arbeitnehmern Entlassungen dem Arbeitsamt anzuzeigen, wenn sie innerhalb von 30 Kalendertagen die in § 17 Abs. 1 Satz 1 KSchG genannten Grenzen erreichen bzw. überschreiten. Die Größenordnungen ergeben sich aus der nachstehenden Tabelle. Danach besteht eine Anzeigepflicht bei

Betriebsgröße	Entlassungen binnen 30 Kalendertagen
21–59 Arbeitnehmer	mehr als 6 Arbeitnehmer
60–499 Arbeitnehmer	10% oder mehr als 25 Arbeitnehmer
500 und mehr Arbeitnehmer	mindestens 30 Arbeitnehmer

Die Vorschriften der §§ 17 ff. KSchG verfolgen primär einen **arbeitsmarkt-** **455** **politischen Zweck.** Die Bundesanstalt für Arbeit soll die Möglichkeit erhalten, rechtzeitig Maßnahmen möglichst zur Vermeidung, wenigstens aber zur Verzögerung von Arbeitslosigkeit in größerem Umfang einzuleiten und die anderweitige Unterbringung der entlassenen Arbeitnehmer zu ermöglichen (BAG 11. 3. 1999 NZA 1999, 761; 24. 10. 1996 AP KSchG 1969 § 17 Nr. 8 = NZA 1997, 373; KR/*Weigand* § 17 KSchG Rn. 7 mwN.). Trotz des überwiegend mit der Vorschrift verfolgten ordnungspolitischen Zwecks kann sich der Arbeitnehmer im **Kündigungsschutzprozeß** auch auf die fehlende bzw. fehlerhafte Anzeige berufen. Dies hat zur Folge, daß das tatsächliche Ausscheiden des Arbeitnehmers aus dem Betrieb nicht vor dem Wirksamwerden einer ordnungsgemäßen Massenentlassungsanzeige erfolgt (BAG 24. 10. 1996 AP KSchG 1969 § 17 Nr. 8 = NZA 1997, 373, dazu näher Rn. 470).

II. Voraussetzungen

1. Betrieb

Die Anzeigepflicht nach den §§ 17 f. KSchG besteht nur in Betrieben mit **456** mehr als 20 Arbeitnehmern, wenn die in § 17 Abs. 1 Satz 1 KSchG genannten Arbeitnehmerzahlen erreicht sind (Rn. 454). Für den Begriff des Betriebes ist nicht auf den allgemeinen Betriebsbegriff zurückzugreifen, vielmehr ist er entsprechend der Rechtsprechung des EuGH auszulegen. Danach ist maßgeblich die **wirtschaftliche Einheit** der Organisation, eine räumliche Einheit der Betriebsstätte ist nicht erforderlich (EuGH 7. 12. 1995 EzA § 17 KSchG Nr. 5 = NZA 1996, 471; ErfK/*Ascheid* § 17 KSchG Rn. 8). Diese Sichtweise folgt aus einer richtlinienkonformen Auslegung des § 17 Abs. 1 KSchG, die wegen der gemeinschaftsrechtlichen Vorgaben geboten ist (zutreffend *Wißmann* RdA 1998, 221, 223). Die Neufassung der Norm beruht auf den Vorgaben der Richtlinie 92/96 EWG vom 24. 6. 1992, die durch das EG-Anpassungsgesetz vom 20. 7. 1995 (BGBl. I S. 946) in nationales Recht umgesetzt werden sollten.

457   Ausgenommen von der Anzeigepflicht sind **Kleinbetriebe,** in denen in der Regel nicht mehr als 20 Arbeitnehmer beschäftigt werden. Gleiches gilt nach § 22 KSchG für **Saison-** und **Kampagnebetriebe,** wenn es sich um Entlassungen handelt, die durch die eigene Art dieser Betriebe bedingt sind. Bilden mehrere Unternehmen einen Gemeinschaftsbetrieb (dazu auch Rn. 42), so ist dessen Arbeitnehmerzahl maßgeblich.

2. Arbeitnehmerzahl

458   Für die Berechnung der beschäftigten Arbeitnehmer ist auf den **allgemeinen Arbeitnehmerbegriff** abzustellen. Mitzuzählen sind neben Angestellten und Arbeitern auch Auszubildende sowie Volontäre. Ohne Bedeutung ist das Lebensalter und das Zurücklegen einer bestimmten Betriebszugehörigkeit. Auch Arbeitnehmer ohne allgemeinen Kündigungsschutz sind in die Zahlengrenzen des § 17 KSchG einzubeziehen. Gleiches gilt für Teilzeitbeschäftigte, eine anteilige Berücksichtigung entsprechend der Berechnungsregel in § 23 KSchG (dazu Rn. 43) ist nicht möglich, da § 23 Abs. 1 Satz 2, 3 KSchG sich ausschließlich auf die Vorschriften des Ersten Abschnitts des KSchG bezieht. Nicht mitgezählt werden bei der Berechnung der Arbeitnehmerzahl aber **arbeitnehmerähnliche Personen** und **freie Mitarbeiter.** Nach § 17 Abs. 5 KSchG gelten gleichfalls nicht als Arbeitnehmer Organvertreter (dazu Rn. 37) sowie der Personenkreis des § 14 Abs. 2 KSchG (Betriebsleiter, Geschäftsführer mit Personalbefugnis, dazu näher Rn. 36). Die Herausnahme der zuletzt genannten Arbeitnehmergruppe steht aber nicht in Übereinstimmung mit der Richtlinie 92/56 EWG vom 24. 6. 1992, die keine entsprechenden Beschränkungen enthält (ErfK/*Ascheid* § 17 KSchG Rn. 6; *Wißmann* RdA 1998, 221, 222 f.). Insoweit ist die EG-Richtlinie nicht vollständig in nationales Recht umgesetzt worden. Im Gegensatz zum Betriebsbegriff ist eine richtlinienkonforme Auslegung von § 17 Abs. 5 KSchG wegen des entgegenstehenden eindeutigen Wortlauts nicht möglich.

459   Maßgeblich für die Berechnung der Arbeitnehmerzahl des Betriebes ist der **Entlassungszeitpunkt,** nicht der des Kündigungsausspruch bzw. -zugangs. Für die Berechnung der „in der Regel beschäftigten" Arbeitnehmer sind zunächst die Grundsätze heranzuziehen, wie sie bei der Berechnung der Betriebsgröße iSv. §§ 1, 23 KSchG gelten (dazu Rn. 44). Entscheidend ist die regelmäßige Beschäftigungszahl zum Zeitpunkt der Entlassung, d.h. der tatsächliche Beendigung des Arbeitsverhältnisses. Besonderheiten gelten bei einer **Betriebsstillegung** bzw. einem größeren und in **Etappen durchgeführten Personalabbau.** Hier ist auf die zum Zeitpunkt der Beschlußfassung vorhandene Arbeitnehmerzahl und nicht auf den sich im Verlauf der Reduzierung ergebenen jeweiligen geringeren Personalbestand abzustellen (BAG 8. 6. 1989 AP KSchG 1969 § 17 Nr. 6 = NZA 1990, 224; 31. 7. 1986 AP KSchG 1969 § 17 Nr. 5 = NZA 1987, 587).

3. Entlassungszeitpunkt

Maßgeblich für die Anzeigepflicht ist nicht der Kündigungsausspruch des **460** Arbeitgebers innerhalb eines bestimmten Zeitraumes, sondern die vom Arbeitgeber herbeigeführte Beendigung des Arbeitsverhältnisses, d.h. das tatsächliche Ausscheiden aus dem Betrieb (BAG 31. 7. 1986 AP KSchG 1969 § 17 Nr. 5 = NZA 1987, 587). Bei der Anzahl der Entlassungen sind alle Arbeitsverhältnisse zu berücksichtigen, die innerhalb einer Frist von 30 Kalendertagen vom Arbeitgeber vorgenommen werden. **Ohne Bedeutung ist der zugrundeliegende Kündigungsgrund.** Mitzuzählen sind dementsprechend auch solche Arbeitnehmer, die ihren Arbeitsplatz nicht aufgrund einer betriebsbedingten, sondern einer verhaltens- oder personenbedingten Kündigung in diesem Zeitraum verlieren. Allerdings muß der Arbeitnehmer der Arbeitsverwaltung zur Verfügung stehen. Damit scheiden solche Arbeitsverhältnisse aus der Berechnung aus, bei denen der Arbeitnehmer aufgrund einer Erwerbs- bzw. Berufsunfähigkeit oder dem unmittelbar anschließenden Bezug einer Altersrente der Arbeitsverwaltung über einen nicht absehbaren Zeitraum nicht zur Verfügung steht. Zu den berücksichtigungsfähigen Entlassungen zählt auch die Beendigung des Arbeitsverhältnisses aufgrund einer **Änderungskündigung**, bei der das Änderungsangebot vom Arbeitnehmer nicht (auch nicht unter Vorbehalt) angenommen wird. Keine Entlassung iSv. § 17 KSchG liegt vor, wenn der Arbeitnehmer das Angebot unter Vorbehalt annimmt, selbst er eine auf die §§ 2, 4 KSchG geschützte Änderungsschutzklage erhebt, da hier das Arbeitsverhältnis fortgesetzt wird (dazu im einzelnen Rn. 421).

Der ordentlichen Kündigung stehen **andere Beendigungstatbestände** gleich **461** (§ 17 Abs. 1 Satz 2 KSchG). Zu diesen zählen eine Eigenkündigung des Arbeitnehmers und Aufhebungsverträge, aber nur soweit der Arbeitgeber die Beendigung des Arbeitsverhältnisses veranlaßt hat (BAG 11. 3. 1999 NZA 1999, 761; 13. 11. 1996 AP BGB § 626 Aufhebungsvertrag Nr. 4 = NZA 1997, 390; vgl. § 112 a Abs. 1 Satz 2 BetrVG).

Nach § 17 Abs. 4 Satz 2 KSchG werden **fristlose Entlassungen** bei der Be- **462** rechnung der Mindestzahl der Entlassungen nicht mitgerechnet. Hierunter fallen aber nicht Kündigungen, die vom Insolvenzverwalter gem. § 113 Abs. 1 InsO ausgesprochen werden, da es sich hierbei um ordentliche Kündigungen mit einer ggf. verkürzten Kündigungsfrist handelt (dazu Rn. 496). Nach h.A. zählen zu den nicht berücksichtigungsfähigen fristlosen Entlassungen auch **außerordentliche Kündigungen**, die unter Einhaltung einer sozialen oder anderen Auslauffrist (dazu Rn. 540) ausgesprochen werden (ErfK/*Ascheid* § 17 KSchG Rn. 17; KR/*Weigand* § 17 KSchG Rn. 36; *Stahlhacke/Preis/Vossen* Rn. 955). Dem kann nicht gefolgt werden. Nach dem insoweit eindeutigen Gesetzeswortlaut sind ausschließlich „fristlose" Entlassungen privilegiert. Nicht maßgeblich ist nach dem Wortlaut, ob der Arbeitgeber berechtigt ist, eine außerordentliche Kündigung auszusprechen, sondern lediglich, das sofortige, d.h. unmittelbare Wirksamwerden der Kündigung und das damit verbundene Ausscheiden aus dem Betrieb. Diese Sichtweise steht auch in

Übereinstimmung mit dem arbeitsmarktpolitischen Zweck der Vorschrift. Fällt der Zugangszeitpunkt der Kündigung mit dem tatsächlichen Ausscheiden zusammen, bleibt für eine Anzeige beim Arbeitsamt und das Abwarten der Sperrfrist kein Raum, da ansonsten das Recht des Arbeitgebers zum Ausspruch einer außerordentlichen, d.h. fristlosen Kündigung in unzulässiger Weise beeinträchtigt wäre. Eine vergleichbare Situation liegt bei einer außerordentlichen Kündigung, die unter Einhaltung einer Auslauffrist ausgesprochen wird bzw. werden muß (dazu Rn. 540), nicht vor, da deren Ausspruch oftmals mit der Einhaltung der fiktiven individuellen Kündigungsfrist verbunden ist. Hier verfügt der Arbeitgeber auch unter Berücksichtigung der Sperrfrist regelmäßig noch über ausreichend Zeit, um die Entlassung noch zum beabsichtigten Termin wirksam werden zu lassen.

463 Eine Anzeigepflicht besteht nur, wenn die Anzahl der Entlassungen innerhalb eines Zeitraumes von 30 Kalendertagen die in § 17 Abs. 1 genannten Grenzwerte (Rn. 454) überschreitet. Innerhalb des genannten Zeitraums sind daher alle Entlassungen zusammenzurechnen. Zulässig ist es, wenn der Arbeitgeber bei einer größeren Zahl von Entlassungen den **Kündigungsendpunkt staffelt**, d.h. die Kündigung trotz einer möglichen kürzeren Kündigungsfrist erst zu späteren Zeitpunkten wirksam werden läßt, um der Anzeigepflicht nach § 17 KSchG zu entgehen. Anders kann die Anzeigepflicht (nachträglich) entstehen, wenn der Arbeitgeber zunächst Entlassungen vorgenommen hat, die unterhalb der Grenzwerte liegen und es erst später, aber noch im 30-Tages-Zeitraum, zu weiteren, zunächst nicht vorgesehenen Beendigungstatbeständen kommt, die zum Erreichen bzw. zum Übersteigen des Grenzwertes führen.

III. Mitwirkung des Betriebsrats

464 Nach § 17 Abs. 2 Satz 1 KSchG hat der Arbeitgeber den Betriebsrat vor der Vornahme von anzeigepflichtigen Massenentlassungen zu beteiligen. Durch die Mitwirkung des Betriebsrats nach § 17 KSchG entfällt aber nicht das Anhörungsrecht nach § 102 BetrVG. Zulässig ist es aber, beide Verfahren miteinander zu verbinden. Nach § 17 Abs. 2 Satz 1 KSchG hat der Arbeitgeber den Betriebsrat über die anzeigepflichtigen Entlassungen rechtzeitig zu informieren. Dabei muß er ihm insbesondere mitteilen
– die Gründe für die geplanten Entlassungen,
– die Zahl und Berufsgruppen der zu entlassenen Arbeitnehmer,
– die Zahl und Berufsgruppen der in der Regel beschäftigten Arbeitnehmer,
– den Zeitraum, in dem die Entlassungen vorgenommen werden sollen,
– die vorgesehenen Kriterien für die Auswahl der zu entlassenen Arbeitnehmer,
– die für die Berechnung etwaiger Abfindung vorgesehenen Kriterien.

465 Nach der **Unterrichtung des Betriebsrats** hat dieser mit dem Arbeitgeber den zugrundeliegenden Sachverhalt zu **beraten**. Dabei sollen Möglichkeiten erörtert werden, die Entlassungen zu vermeiden, einzuschränken oder ihre Folgen zu mildern (§ 17 Abs. 2 Satz 2 KSchG). Der Betriebsrat kann als Ergebnis der Anzeige und der sich anschließenden Beratung gegenüber dem Arbeitgeber oder Arbeitsamt eine **Stellungnahme** abgeben. Zu deren Abgabe ist er berechtigt, aber nicht verpflichtet. Wird die Stellungnahme gegenüber dem Arbeitgeber abgegeben, ist sie der Anzeige an das Arbeitsamt beizufügen. Enthält sich der Betriebsrat einer Stellungnahme, ist die Anzeige des Arbeitgebers gegenüber dem Arbeitsamt nur wirksam erfolgt, wenn er glaubhaft macht, daß er den Betriebsrat zumindest zwei Wochen vor der Erstattung der Anzeige nach Abs. 2 Satz 1 unterrichtet hat und in der Anzeige zum Beratungsergebnis Stellung nimmt (§ 17 Abs. 3 Satz 3 KSchG).

Die Unterrichtung des Betriebsrats im Rahmen des § 17 Abs. 2 KSchG ersetzt **nicht die Beteiligungspflicht,** die sich für den Arbeitgeber aus anderen Mitbestimmungstatbeständen des BetrVG ergibt (§§ 106 ff. – Wirtschaftsausschuß; 111 ff. – Interessenausgleich und Sozialplan). Diese bestehen vielmehr neben seiner Mitwirkung nach § 17 Abs. 3 KSchG. Wie bei der Betriebsratsanhörung ist jedoch die Verbindung eines oder mehrerer Verfahren zulässig. Hat allerdings der Insolvenzverwalter mit dem Betriebsrat nach § 125 Abs. 1 InsO einen Interessenausgleich abgeschlossen, ersetzt dieser die Stellungnahme des Betriebsrats nach § 17 Abs. 3 Satz 2 KSchG. In diesem Fall ist der Interessenausgleich vom Insolvenzverwalter mit der Anzeige über die beabsichtigten Massenentlassungen beim Arbeitsamt einzureichen. **466**

IV. Form und Inhalt der Anzeige

Die Anzeige der Massenentlassungen hat schriftlich zu erfolgen. Sie muß vom Arbeitgeber eigenhändig unterzeichnet werden (§ 126 BGB). **Beizufügen** ist als Durchschrift die **Unterrichtung des Betriebsrats** nach § 17 Abs. 2 Satz 1 KSchG sowie ggf. dessen **Stellungnahme** bzw. die **Glaubhaftmachung** über dessen bisherige Beteiligung nach § 17 KSchG. Zuständig für die Entgegennahme der Anzeige ist das Arbeitsamt, in dessen Bezirk sich der Betrieb (nicht das Unternehmen) befindet. Zu den Mindestangaben (§ 17 Abs. 3 Satz 4 KSchG) zählen: **467**
- Name des Arbeitgebers,
- Sitz und Art des Betriebes,
- Zahl und Berufsgruppen, der zu entlassenen und in der Regel beschäftigten Arbeitnehmer,
- die Gründe für die Entlassungen,
- der nach Kalendertagen bemessene Zeitraum, in dem die Entlassungen vor genommen werden sollen sowie
- die vorgesehenen Kriterien für die Auswahl der zu entlassenen Arbeitnehmer.

Daneben soll die Anzeige Angaben über Geschlecht, Alter, Beruf und Staatsangehörigkeit der zu entlassenen Arbeitnehmer enthalten (§ 17 Abs. 3 Satz 5 KSchG). Von der Anzeige hat der Arbeitgeber dem Betriebsrat eine Abschrift zuzuleiten (Abs. 3 Satz 6). Der Arbeitgeber ist selbst dann zur Durchführung des in § 17 Abs. 1–3 KSchG aufgeführte Verfahren verpflichtet, wenn die Entscheidung über die Durchführung der **Entlassungen** nicht **468** von ihm, sondern einem **beherrschenden Unternehmen** getroffen wurde. Dabei entspricht der Begriff des herrschenden Unternehmens der Regelung in den §§ 17, 18 AktG (dazu ErfK/*Oetker* § 17 AktG Rn. 2 ff.). Zu den Rechtsfolgen bei fehlender oder fehlerhafter Anzeige Rn. 470.

V. Entlassungssperre

469 Anzeigepflichtige Massenentlassungen dürfen regelmäßig erst nach Ablauf eines Monats nach Eingang der Anzeige beim Arbeitsamt wirksam werden (§ 18 Abs. 1 KSchG, sog. **Sperrfrist**). Nur auf ausdrücklichen Antrag des Arbeitgebers kann das Arbeitsamt seine Zustimmung zu einer Entlassung vor Ablauf der Sperrfrist erteilen. Die Zustimmung kann rückwirkend bis zum Zeitpunkt der Antragstellung nach § 17 KSchG erteilt werden. Ist die Sperrfrist abgelaufen, hat der Arbeitgeber 90 Tage Zeit, die angezeigten Entlassungen durchzuführen (§ 18 Abs. 4 KSchG, sog. **Freifrist**).

VI. Rechtsfolgen einer fehlenden bzw. fehlerhaften Anzeige

1. Fehlende Anzeige

470 Eine abschließende und eindeutige Entscheidung des BAG zu den Folgen der unterbliebenen Anzeige fehlt bisher (ausdrücklich offengelassen von BAG 24. 10. 1996 AP KSchG 1969 § 17 Nr. 8 = NZA 1997, 373). Das Gericht neigt offenbar zu einer differenzierten Betrachtung zwischen dem zur Entlassung führenden Rechtsgeschäft (Kündigung, Aufhebungsvertrag) und der Entlassung als „rein faktischer Maßnahme". Danach wird durch die unterbliebene Massenentlassungsanzeige nicht das der Entlassung zugrundeliegende Rechtsgeschäft (Kündigung, Aufhebungsvertrag) unwirksam, der Arbeitgeber wird lediglich darin **gehindert**, dessen **Wirkung zu vollziehen**. Ein Verstoß des Arbeitgebers gegen § 17 KSchG führt nicht zur Unwirksamkeit der Kündigung nach den §§ 4, 13 Abs. 3 KSchG, lediglich die tatsächliche Freisetzung des Arbeitnehmers darf nicht erfolgen. Entsprechendes gilt für einen Aufhebungsvertrag; nicht dessen Gültigkeit, sondern nur sein Vollzug wird durch die fehlende Anzeige verhindert (BAG 11. 3. 1999 NZA 1999, 761).

471 Das Gericht billigt dem Arbeitgeber aber die Möglichkeit zu, die Massenentlassungen gegenüber der Arbeitsverwaltung (nachträglich) anzuzeigen. Aufgrund der nachgeholten Anzeige treten die tatsächlichen Wirkungen des der Entlassung zugrundeliegenden Rechtsgeschäft zeitversetzt ein. Bis zu dem Ablauf der Sperrfrist bzw. dem Zeitpunkt nach § 18 Abs. 1 2. Halbs. KSchG besteht jedoch ein Anspruch des Arbeitnehmers auf **Fortsetzung** des Arbeitsverhältnisses. Dabei geht das BAG offenbar von einer auflösend bedingten Verlängerung des Arbeitsverhältnisses **zu den bisherigen Bedingungen** aus. Bis zur Nachholung der Anzeige und dem Ablauf der Sperrfrist bzw. dem nach § 18 Abs. 1 2 Halbs. KSchG gleichgestellten Zeitpunkt, wird das Arbeitsverhältnis entsprechend den bisherigen vertraglichen Vereinbarungen

der Parteien und nicht nach Bereicherungsrecht abgewickelt. Insoweit entspricht die Rechtslage der Fortsetzung des Arbeitsverhältnisses nach einem Widerspruch des Betriebsrats (§ 102 Abs. 5 BetrVG, dazu Rn. 837).

2. Fehlerhafte Anzeige

Die Unwirksamkeit der Entlassung tritt auch ein, wenn die Massenentlas- **472** sungsanzeige zwar vom Arbeitgeber gestellt, aber an formellen Mängeln leidet. Dies ist der Fall, wenn sie nicht den Anforderungen des § 17 Abs. 3 KSchG (Rn. 467) entspricht oder der Arbeitgeber den bei ihm gebildeten Betriebsrat nach § 17 Abs. 2 KSchG nicht oder nicht ordnungsgemäß unterrichtet hat. Äußert sich der Betriebsrat schriftlich zu den beabsichtigten Entlassungen, ist die Stellungnahme unverzichtbarer Teil der Anzeige, ihr Fehlen führt zu deren Unwirksamkeit (ErfK/*Ascheid* § 17 Rn. 30 mwN.). Trifft das Arbeitsamt im Rahmen des Verwaltungsverfahrens eine Entscheidung, wird damit gleichzeitig festgestellt, daß eine wirksame Massenentlassungsanzeige vorgelegen hat. An die bestandskräftige Entscheidung der Arbeitsverwaltung sind die Arbeitsgerichte gebunden (BAG 24. 10. 1996 AP KSchG 1969 § 17 Nr. 8 = NZA 1997, 373). Der Arbeitgeber kann auch vorsorglich die Zustimmung des Arbeitsamtes zu einer beabsichtigten Massenentlassung beantragen. Liegen nach Ansicht der Arbeitsverwaltung die Voraussetzungen der §§ 17 ff. KSchG nicht vor, kann sie ein entsprechendes Negativattest erteilen. Dies wirkt wie eine Zustimmung zu dem eingereichten Antrag, wenn sich nachträglich herausstellt, daß die tatsächlichen Voraussetzungen für eine Massenentlassung nach § 17 KSchG doch vorlagen (BAG 21. 5. 1970 AP KSchG 1951 § 15 Nr. 11).

VII. Prozessuales

Bei einer fehlenden oder fehlerhaften Massenentlassungsanzeige ist der Ar- **473** beitnehmer nicht zur Weiterarbeit über den Entlassungszeitpunkt hinaus verpflichtet, da die Rechtswirksamkeit der ausgesprochenen Kündigung oder eines Aufhebungsvertrags von dem Versäumnis des Arbeitgebers unberührt bleibt. Der Arbeitnehmer hat insoweit ein Wahlrecht, ob er die Rechtswirkungen der §§ 17 f. KSchG für sich in Anspruch nehmen will (BAG 11. 3. 1999 NZA 1999, 761; *Stahlhacke/Preis/Vossen* Rn. 962). Im **Kündigungsschutzprozeß** kann der Arbeitnehmer den Verstoß seiner Entlassung auch außerhalb der 3-Wochen-Frist des § 4 KSchG geltend machen, da es sich um einen sonstigen Unwirksamkeitsgrund iSv. § 13 Abs. 3 KSchG handelt. Allerdings muß er die Voraussetzungen für einen Verstoß des Arbeitgebers gegen die §§ 17 f. KSchG darlegen und beweisen (BAG 11. 3. 1998 AP BetrVG 1972 § 111 Nr. 43 = NZA 1998, 879; 19. 6. 1991 AP KSchG 1969 § 1 Betriebsbedingte Kündigung Nr. 53 = NZA 1991, 891).

F. Betriebsbedingte Kündigung bei Betriebsübergang

Im Zusammenhang mit einem Betriebsübergang werden häufig betriebsbe- **474**
dingte Kündigungen ausgesprochen. Liegt ein Betriebsübergang vor, konzen-
trieren sich die Rechtsstreite zumeist auf die Frage, ob die Kündigung **wegen
des Betriebsübergangs oder aus dringenden betrieblichen Erfordernissen**
ausgesprochen wurde. Während eine Kündigung **wegen Betriebsübergangs**
nach § 613a Abs. 4 Satz 1 BGB **unwirksam** ist, bleibt das Recht zur **Kündigung aus anderen Gründen** nach § 613a Abs. 4 Satz 2 BGB unberührt
(Rn. 481 ff.). Besondere Probleme ergeben sich, wenn der Arbeitnehmer einem Übergang seines Arbeitsverhältnisses widerspricht (Rn. 491 ff.).

I. Voraussetzungen eines Betriebsübergangs

Ein Betriebsübergang nach § 613a BGB liegt zunächst immer dann vor, wenn **475**
der neue Betriebsinhaber den Betrieb mit den übernommenen Betriebsmitteln
so fortführt, wie es sein bisheriger Inhaber getan hätte. Entgegen der früheren Rechtsprechung des BAG (BAG 3. 7. 1986 AP BGB § 613a Nr. 53 =
NZA 1987, 123; 19. 11. 1996 AP BGB § 613a BGB Nr. 152 = DB 1997,
1036) kommt es nicht auf die **Möglichkeit entsprechender Betriebsfortführung,** sondern auf deren **realen Vollzug** an. Entscheidend ist, ob der Erwerber dieselbe oder eine gleichartige Geschäftätigkeit aufgenommen hat und
die Identität tatsächlich gewahrt ist (BAG 18. 3. 1999 NZA 1999, 869;
11. 9. 1997 AP EWG-Richtlinie 77/187 Nr. 16 = NZA 1998, 31; *Müller-
Glöge* NZA 1999, 449, 453; zweifelnd ErfK/*Preis* § 613a BGB Rn. 27). Diese Grundsätze gelten entsprechend bei einer Verpachtung des Betriebes (BAG
18. 3. 1999 NZA 1999, 704). Der Betriebsübergang tritt mit dem Wechsel in
der Person des Inhabers ein. Der bisherige Inhaber muß seine wirtschaftliche
Betätigung in dem Betrieb oder Betriebsteil einstellen. Dazu bedarf es keiner
besonderen Übertragung der Leitungsmacht (BAG 12. 11. 1998 AP BGB
§ 613a Nr. 186 = NZA 1999, 310).

Auch wenn nicht der gesamte Betrieb mit allen Aktiva und Passiva, ein- **476**
schließlich seines „Know-how" und „Good-will" übernommen wird, können die Voraussetzungen für einen Betriebs- bzw. einen Betriebsteilübergang
vorliegen. Nach dem früheren nationalen Verständnis gehörte die Übertragung sächlicher und immaterieller Betriebsmittel zur Übertragung eines Betriebes und Betriebsteils (BAG 21. 1. 1988 AP BGB § 613a Nr. 72 = NZA
1988, 838). Da § 613a BGB unter Beachtung der Richtlinie 77/187/EWG
des Rates vom 14. 2. 1997 sowie der Richtlinie 98/50 des Rates vom 29. 6.
1998 auszulegen und anzuwenden ist, wird heute mit der Rechtsprechung
des EuGH darauf abgestellt, ob eine **Einheit** vorliegt, die bei dem neuen Be-

triebsinhaber ihre **Identität bewahrt** hat. Dies ist nach dem Urteil des *EuGH* vom 11. 3. 1997 (EuGH 11. 3. 1997 AP EWG-Richtlinie 77/187 Nr. 14 = NZA 1997, 433 – *Ayse Süzen* – unter Nr. 14) aufgrund einer **umfassenden Gesamtbewertung** zu entscheiden, bei der namentlich folgende Aspekte zu berücksichtigen sind:

– die Art des betreffenden Betriebes,
– der etwaige Übergang der materiellen Betriebsmittel wie Gebäude und bewegliche Güter,
– der Wert der immateriellen Aktiva im Zeitpunkt des Übergangs,
– die etwaige Übernahme der Hauptbelegschaft durch den neuen Inhaber,
– der etwaige Übergang bzw. Übernahme der Kundschaft,
– der Grad der Ähnlichkeit zwischen den vor und nach dem Übergang verrichteten Tätigkeiten,
– die Dauer einer eventuellen Unterbrechung dieser Tätigkeit.

477   Dieser Rechtsprechung hat sich das BAG schließlich angeschlossen (BAG 22. 5. 1997 AP BGB § 613a Nr. 154 = NZA 1997, 1050 – **Modefachgeschäft, Betriebsunterbrechung**; 11. 9. 1997 AP EWG Richtlinie 77/187 Nr. 16 = NZA 1998, 31 – Neuverpachtung einer **Gaststätte**, neues Gastronomiekonzept; 27. 2. 1997 AP KSchG 1969 § 1 Wiedereinstellung Nr. 1 = NZA 1997, 757 – **Kündigung im Konkurs**, Veräußerung des Anlage- und Vorratsvermögens nach Stillegungsbeschluß; 24. 4. 1997 NZA 1998, 253 – **EDV-Dienstleistungen**, Systemprogrammierung; 13. 11. 1997 AP BGB § 613a Nr. 169 = NZA 1998, 251 – **Reinigungsauftrag**; 4. 12. 1997 AP KSchG 1969 § 1 Wiedereinstellung Nr. 4 = NZA 1998, 701; 11. 12. 1997, AP BGB § 613a Nr. 171 = NZA 1998, 532 – **Catering-Vertrag**; 22. 1. 1998 AP BGB § 613a Nr. 173 = NZA 1998, 536 – **Fremdvergabe von Kundendienstleistungen** einer Kaufhauskette; 11. 12. 1997 AP BGB § 613a Nr. 172 = NZA 1999, 486; 22. 1. 1998 AP BGB § 613a BGB Nr. 174 = NZA 1998, 638; 1. 4. 1998 AP BetrVG 1972 § 112 Nr. 123 = NZA 1998, 768 – jeweils Neuvergabe eines **Reinigungsauftrags**; 3. 9. 1998 NZA 1999, 147 – **Fuhrpark**; 18. 2. 1999 NZA 1999, 648 – **Bildungsstätte**; 14. 5. 1998 NZA 1999, 583 – **Neuvergabe eines Überwachungsauftrags**; 10. 12. 1998 NZA 1999, 420 – **Hol- und Bringdienst, Auftragsnachfolge**; 18. 3. 1999 NZA 1999, 869 – Grundstücksverwaltung; 18. 3. 1999 NZA 1999, 706 – **Druckerei**).

478   Eine **Funktionsnachfolge** allein erfüllt demnach schon nicht die Voraussetzungen eines Betriebsübergangs im Sinne von § 613a BGB (BAG 3. 9. 1998 NZA 1999, 147; 24. 4. 1997 NZA 1998, 253). Ein Betriebsübergang liegt nicht vor, wenn die betriebliche Organisation nicht übernommen oder in erheblichem Umfang verändert wird (BAG 14. 5. 1998 NZA 1999, 483), wenn die Belegschaft als identitätswahrendes Merkmal und nicht (überwiegend) übernommen wird (BAG 10. 12. 1998 NZA 1999, 420 – Übernahme von 75% der Hauptbelegschaft nicht ausreichend), wenn der Betrieb auf Dauer unterbrochen wird (BAG 22. 5. 1997 AP BGB § 613a Nr. 154 = NZA 1997, 1050–9 Monate), wenn für den Betrieb wesentliche Betriebsmittel nicht übernommen werden (BAG 22. 1. 1998 AP BGB § 613a BGB Nr. 174 = NZA 1998, 638), oder wenn tatsächlich keine gleichartige Betriebstätigkeit ausgeübt wird (BAG 18. 3. 1999 NZA 1999, 869). Vgl. zu den Voraussetzungen eines Betriebsübergangs nach der neueren Rechtsprechung *Müller-Glöge* NZA 1999, 449, 452.

Der Übergang eines Betriebes bzw. eines Betriebsteils muß nach dem Wort- **479** laut des § 613a Abs. 1 BGB **durch Rechtsgeschäft** erfolgen. Dieses Tatbestandsmerkmal ist weit auszulegen. Der Inhalt des Rechtsgeschäftes muß dem Erwerber die betriebliche Fortführungsmöglichkeit eröffnen. Die Rechtsnatur des Vertrages, der sich nicht auf die Übernahme der Arbeitsverhältnisse beziehen muß, ist unerheblich. In Betracht kommen z.B. Kauf-, Pacht-, Mietvertrag, Schenkung, Nießbrauch, Vermächtnis, Gesellschaftsvertrag. Der Vertrag muß weder wirksam noch unmittelbar zwischen Veräußerer und Erwerber geschlossen worden sein. So bedarf es z.B. selbst bei einer Auftragsnachfolge für einen rechtsgeschäftlichen Übergang keines Vertrages zwischen dem ehemaligen und dem neuen Auftragnehmer (BAG 11. 12. 1997 AP BGB § 613a Nr. 172 = NZA 1999, 486; im einzelnen ErfK/*Preis* § 613a BGB Rn. 32 ff.). Kein Betriebsübergang durch Rechtsgeschäft liegt dagegen vor, wenn der Betriebsinhaberwechsel entweder aufgrund eines Zuschlags in der Zwangsversteigerung erfolgt, oder soweit der Konkurs- bzw. Insolvenzverwalter den Betrieb aufgrund seiner gesetzlichen Verwaltungsverpflichtung fortführt; er handelt insoweit als gesetzlicher Vertreter des Gemeinschuldners (ErfK/*Preis* § 613a BGB Rn. 36 f.).

Ist ein Betrieb oder Betriebsteil durch Rechtsgeschäft übergegangen, so **480** tritt nach § 613a Abs. 1 BGB der neue Inhaber in die Rechte und Pflichten im Zeitpunkt des Übergangs bestehenden Arbeitsverhältnisse ein. Während er die Arbeitnehmer mit der erworbenen Betriebsseniorität übernimmt, erlischt das Arbeitsverhältnis zum bisherigen Betriebsinhaber. Es findet damit ein **gesetzlicher Vertragspartnerwechsel** statt, dem der Arbeitnehmer nicht zustimmen muß (BAG 30. 10. 1986 AP BGB § 613a Nr. 55 = NZA 1987, 382). Über den Wortlaut des § 613a BGB hinaus kann der Arbeitnehmer einem Betriebsübergang allerdings ohne weitere Begründung widersprechen (dazu Rn. 491). Der Arbeitgeber, der das Arbeitsverhältnis vor einem Betriebsübergang gekündigt hat, ist im nachfolgenden Rechtsstreit über die Wirksamkeit der Kündigung auch nach dem Betriebsübergang passivlegitimiert (BAG 18. 3. 1999 NZA 1999, 706).

II. Betriebsbedingte Kündigung im Zusammenhang mit einem Betriebsübergang

Eine Kündigung **wegen Betriebsübergangs** ist nach § 613a Abs. 4 Satz 1 BGB **481** **unwirksam.** Diese Vorschrift enthält ein **eigenständiges Kündigungsverbot** im Sinne des § 13 Abs. 3 KSchG und stellt nicht nur die Sozialwidrigkeit der Kündigung klar (BAG 18. 7. 1996 AP BGB § 613a Nr. 147 = NZA 1997, 148 unter Hinweis auf die st. Rspr.; BGH 4. 7. 1985 AP BGB § 613a Nr. 50; *Berkowsky* § 13 Rn. 17; HKK/*Weller/Dorndorf* § 1 Rn. 983; *Hueck/von Hoyningen-Huene* § 1 Rn. 419; *Löwisch* § 1 Rn. 68; ErfK/*Preis* § 613a BGB Rn. 119; a.A. *Herschel/Löwisch* § 1 Rn. 206). Deshalb können sich auf dieses Kündigungsverbot auch Arbeitnehmer berufen, die nicht durch das KSchG geschützt sind.

482   Das Recht zur **Kündigung aus anderen Gründen** bleibt nach § 613a Abs. 4 Satz 2 BGB unberührt. Das Kündigungsverbot nach § 613a Abs. 4 Satz 1 BGB ist nicht einschlägig, wenn es neben dem Betriebsübergang einen sachlichen Grund gibt, der „aus sich heraus" die Kündigung zu rechtfertigen vermag, so daß der Betriebsübergang nur **äußerlicher Anlaß, nicht aber der tragende Grund** für die Kündigung gewesen ist (BAG 3. 9. 1998 NZA 1999, 147; 18. 7. 1996 AP BGB § 613a Nr. 147 = NZA 1997, 148; ErfK/*Preis* § 613a BGB Rn. 106). § 613a BGB schützt nicht vor Risiken, die sich unabhängig von einem Betriebsübergang realisieren können.

483   Die Vorschrift führt insbesondere nicht zur Lähmung notwendiger unternehmerischer Maßnahmen (*Ascheid* NZA 1991, 873, 878f.; *Berkowsky* § 13 Rn. 12). Eine Kündigung kann mit betriebsbedingten Gründen gerechtfertigt werden, wenn diese unabhängig vom Betriebsübergang eine Kündigung sozial rechtfertigen würden. Ein Arbeitgeber ist wegen eines angestrebten Betriebsübergangs nicht gehindert, **gleichzeitig Rationalisierungsmaßnahmen** durchzuführen (BAG 18. 7. 1996 AP BGB § 613a Nr. 147 = NZA 1997, 148 unter I 2; 26. 5. 1983 AP BGB § 613a Nr. 34; *Berkowsky* § 7 Rn. 29; ErfK/*Ascheid* § 1 KSchG Rn. 452; ErfK/*Preis* § 613a BGB Rn. 106). Das Interesse am Erwerb des Betriebes genügt dazu nicht, steht aber einer in diesem Zusammenhang vorzunehmenden Verkleinerung des Betriebes zur Verbesserung der Verkaufschancen auch nicht entgegen. Der Arbeitgeber muß ein entsprechendes Sanierungskonzept darlegen und beweisen (*Berkowsky* § 13 Rn. 16; ErfK/*Preis* § 613a BGB Rn. 113ff.). Will er die **Rationalisierung aufgrund eigener wirtschaftlicher Planungen** unabhängig von einem Betriebsübergang durchführen, ist das Konzept auch dann schlüssig, wenn zum Zeitpunkt des Zugangs der Kündigung keine rechtsverbindlichen Vereinbarungen zwischen Erwerber und Veräußerer über den Betriebsübergang und/oder die Betriebsänderung vorlagen (BAG 18. 7. 1996 AP BGB § 613a Nr. 147 = NZA 1997, 148 unter I 2 und II 2a; RGRK/*Ascheid* § 613a BGB Rn. 258).

484   Realisiert der Veräußerer dagegen lediglich die Vorgaben des Erwerbers, handelt es sich um eine „fremdbestimmte" Unternehmerentscheidung. Die Möglichkeit einer solchen **Veräußererkündigung aufgrund eines Erwerberkonzeptes** ist anzuerkennen. § 613a Abs. 1, 4 Satz 1 BGB bezweckt nicht, den Erwerber bei einer voraussehbar fehlenden Beschäftigungsmöglichkeit zu verpflichten, das Arbeitsverhältnis „künstlich" zu verlängern, bis er selbst nach dem Betriebsübergang als Arbeitgeber kündigen kann (BAG 26. 4. 1983 AP BGB § 613a Nr. 34; RGRK/*Ascheid* § 613a BGB Rn. 258; Erman/*Hanau* § 613a BGB Rn. 126; KR/*Pfeiffer* § 613a BGB Rn. 113; ErfK/*Preis* § 613a BGB Rn. 115; MünchKomm/*Schaub* § 613a BGB Rn. 72; *Sieger/Hasselbach* DB 1999, 430, 432ff.; *Stahlhacke/Preis/Vossen* Rn. 655d; a.A. Staudinger/*Richardi* § 613a BGB Rn. 215f.). Voraussetzung für die Wirksamkeit eines solchen unternehmerischen Konzeptes ist nur die wirksame Vereinbarung eines Betriebsübergangs (KR/*Etzel* § 1 KSchG Rn. 592). Hingegen hängt die Kündigungsmöglichkeit des Veräußerers nicht davon ab, ob er selbst das Konzept des Erwerbers bei Fortführung des Betriebes hätte durchführen können. In den meisten Fällen wird der Veräußerer selbst nicht mehr in der Lage sein, den Betrieb zu sanieren. In dieser Situation kann es aber nicht mehr darauf ankommen, ob der Veräußerer die vom Erwerber geplanten Rationalisierungsmaßnahmen auch selbst durchführen könnte (Erman/*Hanau* § 613a BGB Rn. 126; ErfK/*Preis* § 613a BGB Rn. 116; MünchArbR/*Wank* § 121 Rn. 60f.; RGRK/*Ascheid* § 613a BGB Rn. 258; *Sieger/ Hasselbach* DB 1999, 430, 432ff.; *Stahlhacke/Preis/Vossen* Rn. 655d; a.A. BAG 26. 5. 1983 AP BGB § 613a Nr. 34).

Beurteilungszeitpunkt für das Vorliegen der Voraussetzungen des Kündigungsverbots nach § 613a Abs. 4 BGB ist wie für § 1 KSchG der Kündigungszugang, wobei ein Betriebsübergang nicht schon erfolgt sein muß (HKK/ *Weller/Dorndorf* § 1 Rn. 989; *Hueck/von Hoyningen-Huene* § 1 Rn. 422f.). Entscheidend abzustellen ist auf die im Kündigungszeitpunkt bestehenden Planungen, die bereits greifbare Formen angenommen haben müssen (BAG 3. 9. 1998 NZA 1999, 147; KR/*Etzel* § 1 KSchG Rn. 592, ErfK/*Preis* § 613a BGB Rn. 109f.; Rn. 125ff.). Daraus folgt: Kommt es entgegen der ernsthaften und endgültigen Absicht des Arbeitgebers, den **Betrieb stillzulegen,** doch noch zu einem Betriebsübergang, wird die Kündigung weder nach § 613a Abs. 4 BGB noch nach § 1 Abs. 2 KSchG unwirksam. Die Unwirksamkeit der Kündigung kann auch nicht aus einer Umgehung des § 613a BGB hergeleitet werden (BAG 13. 11. 1997 AP BGB § 613a Nr. 169 = NZA 1998, 251; 19. 6. 1991 AP KSchG 1969 § 1 Betriebsbedingte Kündigung Nr. 53 = NZA 1991, 891). In Betracht kommt in diesen Fällen ein **Wiedereinstellungsanspruch,** den der gekündigte Arbeitnehmer **unverzüglich** (§ 121 BGB) geltend machen muß, weil der Zweck des Bestandsschutzes keine Phasen vermeidbarer Ungewißheit über das Zustandekommen eines Arbeitsverhältnisses zwischen Arbeitnehmer und Betriebserwerber rechtfertigt. Das Fortsetzungsverlangen ist gegenüber dem Betriebsübernehmer zu erklären (BAG 12. 11. 1998 AP BGB § 613a Nr. 185 = NZA 1999, 311; 13. 11. 1997, AP BGB § 613a Nr. 169 = NZA 1998, 251; *Müller-Glöge* NZA 1999, 449, 455; a.A. bis zum Vertragsende gegenüber dem bisherigen Betriebsinhaber *Stahlhacke/Preis/Vossen* Rn. 655c; zum Wiedereinstellungsanspruch Rn. 855ff.).

485

Verhandelt der Arbeitgeber dagegen **im Kündigungszeitpunkt** noch **über eine mögliche Betriebsübernahme,** erfolgt eine Kündigung zu diesem Zeitpunkt wegen des Betriebsübergangs. An der Unwirksamkeit dieser Kündigung ändert sich nichts, wenn der beabsichtigte und erwartete Betriebsübergang später scheitert (BAG 19. 5. 1988 AP BGB § 613a Nr. 75 = NZA 1989, 461; 27. 9. 1984 AP BGB § 613a Nr. 39 = NZA 1985, 493). Der Arbeitgeber hat in diesem Fall nur die Möglichkeit zu erneuter Kündigung aufgrund dringender betrieblicher Erfordernisse, wenn er den Betrieb stillegen oder nach einer Rationalisierung fortsetzen will.

486

Der **Arbeitgeber,** der eine im Zusammenhang mit einem Betriebsübergang ausgesprochene Kündigung mit **dringenden betrieblichen Erfordernissen** begründet, muß die entsprechenden Tatsachen nach § 1 Abs. 2 Satz 4 KSchG **darlegen und beweisen.** Der **Arbeitnehmer** hat dagegen die **Voraussetzungen des Kündigungsverbotes nach § 613a Abs. 4 BGB** darzulegen und zu bewei-

487

sen (BAG 5. 12. 1985 AP BGB § 613a Nr. 47 = NZA 1986, 522; HKK/*Weller/Dorndorf* § 1 Rn. 987; *Hueck/von Hoyningen-Huene* § 1 Rn. 421).

488 Für die neuen Bundesländer galt bis zum 31. 12. 1998 nach Art. 3 des Einigungsvertrages vom 31. 8. 1990 (*BGBl.* II S. 885) anstelle des § 613a Abs. 4 Satz 2 BGB die Regelung, daß das Recht zur Kündigung aus wirtschaftlichen, technischen oder organisatorischen Gründen, die Änderungen im Bereich der Beschäftigung mit sich bringen, unberührt bleibt (dazu *Ascheid* NZA 1991, 873, 877 ff.; ErfK/*Preis* § 613a BGB Rn. 125 ff.).

489 Kommt es im Zusammenhang mit einem **Betriebsübergang** zu einer betriebsbedingten Kündigung wegen dringender betrieblicher Erfordernisse nach § 1 Abs. 2 KSchG, ist eine soziale Auswahl vorzunehmen. Dabei ist nach dem Zeitpunkt der Kündigung zu unterscheiden: Kündigt der bisherige Arbeitgeber **vor der Betriebsübernahme**, hat er die soziale Auswahl grundsätzlich zwischen den Arbeitnehmern des zu veräußernden Betriebes durchzuführen. Da der Veräußerer zu den Arbeitnehmern des Betriebserwerbers in keinem Vertragsverhältnis steht, ist es ihm nicht möglich, Arbeitnehmern des Betriebsübernehmerbetriebes zu kündigen. Ist der Übernahmevertrag zu diesem Zeitpunkt aber bereits abgeschlossen und **realisiert der Veräußerer ein auf den zukünftigen Betrieb bezogenes unternehmerisches Konzept des Erwerbers** (dazu Rn. 484 ff.), sind konsequenterweise **alle Arbeitnehmer** des **künftig vereinten Betriebes** in die soziale Auswahl einzubeziehen (*Kittner/Trittin* § 1 KSchG Rn. 442; a.A. *Hueck/von Hoyningen-Huene* § 1 Rn. 440; *Linck,* AR-Blattei SD 1020.1.2 Rn. 25). In diesem Fall müssen Veräußerer und Erwerber eine gemeinsame Liste vergleichbarer Arbeitnehmer erstellen und den jeweils bei ihnen beschäftigten sozial am wenigsten schutzbedürftigen Arbeitnehmer kündigen.

490 Erfolgt eine betriebsbedingte Kündigung **nach vollzogenem Betriebsübergang** durch den neuen Arbeitgeber, sind nur die übergegangenen Arbeitnehmer in die Sozialauswahl einzubeziehen, wenn der Betrieb getrennt von den anderen Betrieben fortgeführt wird. Wird dieser Betrieb hingegen in einen der Betriebe des Betriebsübernehmers eingegliedert, sind alle dort nunmehr beschäftigten Arbeitnehmer bei der Sozialauswahl zu berücksichtigen; eine Begrenzung der Sozialauswahl nur auf die übergehenden Arbeitsverhältnisse würde bedeuten, diese Arbeitnehmer unzulässig zu benachteiligen und den Grundsatz der Betriebsbezogenheit der sozialen Auswahl zu durchbrechen (HKK/*Dorndorf* § 1 Rn. 1038; *Hueck/von Hoyningen-Huene* § 1 Rn. 441; KR/*Etzel* § 1 KSchG Rn. 628; *Linck,* AR-Blattei SD 1020.1.2 Rn. 26; *ders.* S. 33 f.; *Löwisch* vor § 1 Rn. 70; a.A. *Herschel/Löwisch* § 1 Rn. 216).

III. Auswirkungen eines Widerspruchs gegen den Übergang des Arbeitsverhältnisses

1. Voraussetzungen und Ausübung des Widerspruchsrechts

491 **Widerspricht** ein Arbeitnehmer dem Übergang seines Arbeitsverhältnisses auf einen neuen Betriebsinhaber, können sich daraus dringende betriebliche Erfordernisse für eine Kündigung ergeben. Das **Widerspruchsrecht** ist seit der

Entscheidung des *EuGH* vom 16. 12. 1992 allgemein anerkannt (EuGH 16. 12. 1992 AP BGB § 613a Nr. 97 = NZA 1993, 169; 7. 3. 1996 NZA 1996, 413) und entsprach bereits zuvor der Rechtsprechung des BAG, wonach dem Arbeitnehmer kein Arbeitgeber als Vertragspartner aufgezwungen werden sollte, mit dem er in keinem Vertragsverhältnis stehen will. Die Ausübung des Widerspruchsrechts im Einzelfall bedarf keines sachlichen Grundes (BAG 19. 3. 1998 AP BGB § 613a Nr. 177 = NZA 1998, 750; 20. 4. 1989 AP § 613a BGB Nr. 81 = NZA 1990, 32; ErfK/*Preis* § 613a BGB Rn. 57ff. mit Einschränkung für Rechtsmißbrauch unter Rn. 63 aE.).

Das **Widerspruchsrecht** besteht **grundsätzlich bis zum Betriebsübergang** **492** (BAG 19. 3. 1998 AP BGB § 613a Nr. 177 = NZA 1998, 750; 17. 11. 1977 AP BGB § 613a Nr. 10; ErfK/*Preis* § 613a BGB Rn. 60). Nach dem Betriebsübergang kann der Arbeitnehmer nur noch **unverzüglich** (ohne schuldhaftes Zögern) **ab Kenntniserlangung** der Tatsachen widersprechen, die den Betriebsübergang begründen, § 121 BGB. In Anlehnung an die §§ 4, 7 KSchG billigt das BAG dem Arbeitnehmer eine **Erklärungsfrist von höchstens drei Wochen** zu (BAG 19. 3. 1998 AP BGB § 613a Nr. 177 = NZA 1998, 750, wobei Streitgegenstand ein Fortsetzungsverlangen war – „Gleichklang zum Widerspruchsrecht"; ferner BAG 22. 4. 1993 AP BGB § 613a Nr. 102 = NZA 1994, 357 unter B V 2c bb; *Berkowsky* § 13 Rn. 31; ErfK/*Preis* § 613a BGB Rn. 60; MünchArbR/*Wank* § 120 Rn. 96). Das Widerspruchsrecht kann gegenüber dem ursprünglichen Betriebsinhaber oder dem Erwerber geltend gemacht werden (*Berkowsky* § 13 Rn. 29; Erman/*Hanau* § 613a BGB Rn. 51; ErfK/*Preis* § 613a BGB Rn. 60; Staudinger/*Richardi* § 613a BGB Rn. 124). Nach der Auffassung des BAG gilt dies jedenfalls dann, wenn der Betriebsübergang dem Arbeitnehmer nicht mitgeteilt wurde (BAG 22. 4. 1993 AP KSchG BGB § 613a Nr. 103 = NZA 1994, 360).

Der rechtzeitig ausgeübte Widerspruch verhindert den Übergang des Ar- **493** beitsverhältnisses nach § 613a BGB und beendet ein nach dieser Vorschrift bereits entstandenes Arbeitsverhältnis. Es handelt sich um ein **Rechtsfolgenverweigerungsrecht** mit Rückwirkung. Das Arbeitsverhältnis besteht mit dem bisherigen Arbeitgeber fort (BAG 7. 4. 1993 AP KSchG 1969 § 1 Soziale Auswahl Nr. 22 = NZA 1993, 795; 30. 10. 1986 AP BGB § 613a Nr. 55 = NZA 1987, 524). Das mit dem Betriebsveräußerer dadurch fortgeführte Arbeitsverhältnis kann betriebsbedingt gekündigt werden, wenn ein **Personalüberhang** vorliegt und keine anderweitige Beschäftigungsmöglichkeit des Arbeitnehmers **auf einem freien Arbeitsplatz** im **Unternehmen** besteht (BAG 7. 4. 1993 AP KSchG 1969 § 1 Soziale Auswahl Nr. 22 = NZA 1993, 795 unter II 4; *Hoffmeister* ArbuR 1995, 132, 133; ErfK/*Preis* § 613a BGB Rn. 61; *Hueck/von Hoyningen-Huene* § 1 Rn. 441a; a. A., auf die Betriebsebene reduzierte Prüfung *Pietzko* S. 304; zu Einzelheiten der anderweitigen Beschäftigung Rn. 204ff.).

2. Sozialauswahl bei Widerspruch gegen Betriebs(teil)übergang

Wird nur ein Betriebsteil veräußert, **widerspricht** der Arbeitnehmer dem **494** Übergang seines Arbeitsverhältnisses auf den Übernehmer des Betriebes oder

Betriebsteils und kommt es dadurch zu einer betriebsbedingten Kündigung, ist im Rahmen der Sozialauswahl zu berücksichtigen, ob für den **Widerspruch** ein **sachlicher Grund** vorliegt (BAG 18. 3. 1999 DB 1999, 1805; 21. 3. 1996 AP BetrVG 1972 § 102 Nr. 81 = NZA 1996, 974; 7. 4. 1993 AP KSchG 1969 § 1 KSchG Soziale Auswahl Nr. 22 = NZA 1993, 795 unter 5 b; LAG Hamm 19. 7. 1994 LAGE § 1 KSchG Soziale Auswahl Nr. 11). Das Gesetz gibt keine Handhabe, etwa im Fall des Widerspruchs, ohne vernünftigen Grund von einer Sozialauswahl ganz abzusehen. Die Prüfung der sozialen Schutzwürdigkeit aller vergleichbarer Arbeitnehmer hat jedoch die Tatsache zu berücksichtigen, daß der Arbeitnehmer seine bisherige Arbeitsmöglichkeit aus freien Stücken aufgegeben hat und erst dadurch ein dringendes betriebliches Erfordernis für die Kündigung geschaffen hat. Gegen diese Auffassung wird eingewandt, das Aufgeben eines Arbeitsplatzes könne grundsätzlich nicht im Rahmen der Sozialauswahl zu Lasten des widersprechenden Arbeitnehmers bewertet werden, weil es vom Direktionsrecht des Arbeitgebers und damit vom „reinen Zufall" abhänge, ob der betroffene Arbeitnehmer in dem übergegangen Betriebsteil beschäftigt sei. Zudem werde das Widerspruchsrecht erheblich eingeschränkt, weil es mit einer einschneidenden kündigungsrechtlichen Schlechterstellung einhergehe. Wenn der Arbeitnehmer das Recht habe, einem Betriebsübergang zu widersprechen, könne man aus der Ausübung des Rechts keine nachteiligen Konsequenzen für ihn ableiten (*Berkowsky* § 13 Rn. 37 ff.; HKK/*Dorndorf* § 1 Rn. 1039; *Hueck/von Hoyningen-Huene* § 1 Rn. 441 b; *Kittner/Trittin* § 613 a BGB Rn. 138; *Linck*, AR-Blattei SD 1020.1.2. Rn. 30; *ders.* S. 34; MünchKomm/*Schaub* § 613 a Rn. 49; KR/ *Pfeiffer* § 613 a Rn. 65). Die vermittelnde Auffassung will einen nach § 242 BGB rechtsmißbräuchlichen Widerspruch unberücksichtigt lassen (*Kreitner* S. 163 ff.). Mit methodisch anderem Ansatz vertreten *Preis/Steffan*, daß der Widerspruch selbst von Anfang an nach § 242 BGB unbeachtlich ist, wenn keine wesentliche Verschlechterung des Arbeitsverhältnisses droht; dadurch werde die Frage der ordnungsgemäßen Sozialauswahl nicht mit einem weiteren Unsicherheitsfaktor belastet (Anm. EzA § 1 KSchG 1969 Soziale Auswahl Nr. 30 S. 17; ferner ErfK/*Preis* § 613 a BGB Rn. 63). *Ascheid* ist der Auffassung, der widersprechende Arbeitnehmer könne einen Arbeitnehmer, dessen Arbeitsverhältnis nicht von dem Betriebsübergang erfaßt werde, grundsätzlich nicht verdrängen (ErfK/*Ascheid* § 1 Rn. 517).

495 Die Bedenken gegen die Auffassung des BAG führen zu keiner überzeugenderen Lösung des Problems. Durch die Grundsätze der Sozialauswahl soll eine Gerechtigkeit zwischen den Arbeitnehmern geschaffen werden, die ihren Arbeitsplatz durch eine Maßnahme des Arbeitgebers verlieren. Es ist aber nicht Zweck der Sozialauswahl, daß ein Arbeitnehmer in die Verteilung einbezogen wird, dessen Beschäftigungsmöglichkeit erhalten bleibt und objektiv keinen zusätzlichen Bestandsrisiken unterworfen ist. § 1 Abs. 3 KSchG ist durch den Schutzgedanken des § 613 a BGB **teleologisch zu reduzieren.** Anders als derjenige, der für ihn den Arbeitsplatz im Wege der Sozialauswahl freimachen müßte, hat es der widersprechende Arbeitnehmer in der Hand, sein Arbeitsverhältnis mit unverändertem Bestandsschutz fortzusetzen (dem BAG zustimmend BBDW/*Bram* § 1 Rn. 335; *Ende* NZA 1994, 494, 495;

Hoffmann ArbuR 1995, 132, 135; *Lunk* NZA 1995, 711ff.; *Moll* NJW 1993, 2016, 2017; *Oetker* DZWir 1993, 136, 143, 145; einschränkend auch *Henssler* NZA 1994, 913, 922). Bei der Beurteilung, ob ein **objektiv vertretbarer Grund** für den Widerspruch vorliegt, kommt es auf eine **Gesamtwürdigung der Einzelfallumstände** an. Gesichtspunkte sind insbesondere die Leistungsfähigkeit des übernehmenden Unternehmens und (soweit bekannt) dessen strategische Planung mit dem Betrieb (z.B. das Bestehen von Rationalisierungsplänen). Die Gründe des widersprechenden Arbeitnehmers müssen um so gewichtiger sein, je geringer die Unterschiede in der sozialen Schutzbedürftigkeit sind. Nur wenn der widersprechende Arbeitnehmer einen baldigen Arbeitsplatzverlust oder eine baldige wesentliche Verschlechterung seiner Arbeitsbedingungen bei dem Erwerber zu befürchten hat, kann er einen Arbeitskollegen, der nicht ganz erheblich weniger schutzbedürftig ist, verdrängen (BAG 18.3.1999 DB 1999, 1805). Im Rahmen der personellen Disposition ist ferner zu berücksichtigen, ob der widersprechende Arbeitnehmer einen zumutbaren Arbeitsplatzes in einem anderen Betrieb bzw. Betriebsteil des bisherigen Unternehmens abgelehnt hat.

G. Betriebsbedingte Kündigung in der Insolvenz

I. Kündigungsrecht in der Insolvenz (§ 113 InsO)

1. Kündigungsmöglichkeiten während des Insolvenzverfahrens

a) Insolvenzverfahren als Kündigungsgrund?

§ 113 Abs. 1 Satz 1 InsO ermöglicht es Insolvenzverwalter und Arbeitneh- **496** mer gleichermaßen, das Arbeitsverhältnis nach Eröffnung des Insolvenzver- fahrens mit längstens einer Frist von 3 Monaten ordentlich zu kündigen. Die Eröffnung des Insolvenzverfahrens stellt aber für sich allein keinen Grund zur Kündigung eines Arbeitsverhältnisses dar (BAG 29. 3. 1977 AP BetrVG 1972 § 102 Nr. 11 = NJW 1977, 2182). Auch § 113 InsO ändert hieran nichts und schafft insbesondere keinen eigenständigen Kündigungsgrund für Kündigungen, die während eines Insolvenzverfahrens ausgesprochen werden. Vielmehr gelten zugunsten der Arbeitnehmer auch in der Insolvenz der all- gemeine und besondere Kündigungsschutz uneingeschränkt weiter. Gleiches gilt für formelle Kündigungsbeschränkungen. Ist für den Kündigungsaus- spruch eine bestimmte Form einzuhalten, gilt dieses Formerfordernis auch für Kündigungen, die nach Eröffnung des Insolvenzverfahrens ausgesprochen werden (BAG 19. 10. 1977 AP KO § 22 Nr. 3 = DB 1978, 638).

§ 113 Abs. 1 Satz 1 InsO räumt den Arbeitsvertragsparteien nur die Mög- **497** lichkeit ein, ein bestehendes Vertragsverhältnis mit einer längstens 3-monati- gen Kündigungsfrist zu beenden, wenn (1) ansonsten eine längere Kündigungs- frist gelten würde (dazu Rn. 501) oder (2) das Recht zur ordentlichen Kün- digung vertraglich ausgeschlossen ist.

b) Erfaßte Beendigungstatbestände

Die Norm ermöglicht zunächst die Kündigung von **befristeten Arbeitsverhält-** **498** **nissen,** wenn für diese eine ordentliche Kündigungsmöglichkeit nicht beson- ders vereinbart worden und deshalb nach § 620 Abs. 2 BGB ausgeschlossen ist. Daneben erfaßt § 113 Abs. 1 Satz 1 InsO auch die Fälle des vertraglichen oder **tarifvertraglichen Kündigungsausschluß.** Auch tariflich unkündbare Ar- beitsverhältnisse können im Insolvenzfall ordentlich gekündigt werden (ErfK/ *Müller-Glöge* § 113 InsO Rn. 10; *Stahlhacke/Preis/Vossen* Rn. 1326). Die Norm ist insoweit verfassungsgemäß. Der in ihr liegende Eingriff in die Ta- rifautonomie wird durch das vom Gesetzgeber mit § 113 InsO verfolgte Ziel gerechtfertigt, eine nicht vertretbare Schlechterstellung der Insolvenzgläubiger zu verhindern (offengelassen von BVerfG 8. 2. 1999 AP InsO § 113 Nr. 2 = NZA 1999, 597; wie hier BAG 16. 6. 1999 – 4 AZR 191/98 – zVb.; a. A. ArbG Stuttgart 4. 8. 1997 NZA-RR 1998, 137; *Lakies* RdA 1997, 145, 146). Das Kündigungsrecht des § 113 Abs. 1 Satz 1 InsO erstreckt sich auf alle Kündigungsarten, auch auf die **Änderungskündigung.**

499 Nach seinem Wortlaut gilt die Norm aber nicht für die **Kündigung eines Auszubildenden** nach Ablauf der Probezeit. Diesem kann nach deren Beendigung an nur aus wichtigem Grund ohne Einhaltung einer Kündigungsfrist gekündigt werden (§ 15 Abs. 2 Nr. 1 BBiG). § 113 InsO ist insoweit nicht direkt anwendbar, da nach seinem Wortlaut – mit Ausnahme des § 620 Abs. 2 BGB – nur die Fälle des vereinbarten, nicht aber des gesetzlichen Kündigungsausschlusses erfaßt werden. Andererseits muß es dem Insolvenzverwalter ermöglicht werden, das Ausbildungsverhältnis zu beenden, wenn keine Möglichkeit mehr zur Fortsetzung der Ausbildung besteht. Möglich ist eine analoge, d. h. **entsprechende Anwendung von § 113 Abs. 1 Satz 1 InsO** oder der Ausspruch einer **außerordentlichen Kündigung mit einer dreimonatigen Auslauffrist** entsprechend § 113 InsO. Diese Frage ist bedeutsam bei der Beteiligung des Betriebsrats, da die Anhörungsfrist bei einer außerordentlichen Kündigung längstens drei Tage ist, während bei einer entsprechenden Anwendung von § 113 InsO dem Betriebsrat eine Woche für seine Stellungnahme zur ordentlichen Kündigung bleibt. Vorzuziehen ist wegen der Vergleichbarkeit von befristeten Arbeitsverhältnissen mit (zweckbefristeten) Ausbildungsverhältnissen eine entsprechende Anwendung von § 113 InsO auch auf die Kündigung eines Auszubildenden nach Ablauf der Probezeit. Bis zu einer Klärung durch eine höchstrichterliche Entscheidung kann dem Arbeitgeber nur empfohlen werden, sowohl eine Kündigung entsprechend § 113 InsO wie auch eine außerordentliche Kündigung mit einer Auslauffrist auszusprechen und dies gegenüber dem Betriebsrat auch entsprechend kenntlich zu machen. Begründet ist die Kündigung in beiden Fällen aber nur, wenn nach Ablauf der Kündigungs- bzw. Auslauffrist eine Ausbildungsmöglichkeit nicht mehr besteht.

500 Die Möglichkeit einer auf § 113 InsO gestützten Kündigung besteht für die Arbeitsvertragsparteien zeitlich **ab Eröffnung des Insolvenzverfahrens.** Die Kündigung muß aber nicht unverzüglich nach der Verfahrenseröffnung, sondern kann zeitlich bis zur Beendigung des Insolvenzverfahrens ausgesprochen werden (ErfK/*Müller-Glöge* § 113 InsO Rn. 15). Eine Verwirkung des Kündigungsrechts tritt durch längeres Zuwarten mit dem Kündigungsausspruch allein nicht ein.

c) Maßgebliche Kündigungsfrist (§ 113 Abs. 1 Satz 2 InsO)

501 Für eine auf § 113 InsO gestützte Kündigung beträgt die Kündigungsfrist 3 Monate zum Monatsende, wenn nicht eine kürzere Frist maßgeblich ist. Entscheidend für die Fristberechnung ist nicht der Kündigungsausspruch, sondern der Zugang der Kündigung. Bei der 3-Monats-Frist handelt es sich um eine gesetzliche Höchstfrist. Das Arbeitsverhältnis endet dementsprechend längstens mit einer Frist von 3 Monaten nach dem Kündigungszugang. Einzel- oder tarifvertraglich vereinbarte Kündigungsfristen, die länger als die gesetzliche, aber kürzer als die 3-Monats-Frist sind, bleiben uneingeschränkt anwendbar und werden von § 113 InsO nicht auf die gesetzliche Mindestdauer zurückgeführt (BAG 3. 12. 1998 AP InsO § 113 Nr. 1 = NZA 1999, 425; *Stahlhacke/Preis/Vossen* Rn. 1328). Enthält eine vereinbarte Kündigungsfrist eine Kombination aus Kündigungsfrist und besonderem Beendigungszeitpunkt (Quartalsende/Jahresende) ist diese maßgeblich, wenn sie nicht zu einer über die Frist nach Abs. 1 Satz 2 hinausgehenden Beendigung des Arbeitsverhältnis führt. Beträgt beispielsweise die Kündigungsfrist „6 Wochen zum Quartal", ist bei einer am 31. August zugegangenen Kündigung die 3-Monats-Frist des § 113 InsO maßgeblich, da ansonsten das Arbeitsverhältnis erst am 31. Dezember enden würde. Geht hingegen die Kündigung bereits am 10. August zu, ist die vereinbarte Frist anzuwenden, da der Beendigungszeitpunkt (30. September) vor Ablauf der Frist des § 113 InsO liegt.

Gegenüber der durch § 113 InsO bewirkten Verkürzung einzel- bzw. tarif-   **502** vertraglicher Kündigungsfristen bestehen angesichts der Besonderheiten des Insolvenzverfahrens keine verfassungsrechtlichen Bedenken (offengelassen von BVerfG 21. 5. 1999 NZA 1999, 923; wie hier ErfK/*Müller-Glöge* § 113 InsO Rn. 19 mwN.). Die Kündigungsfrist des § 113 Abs. 1 Satz 2 InsO findet schließlich Anwendung bei der Kündigung eines **einzelvertraglich** oder **tariflich unkündbaren Arbeitnehmers.** Für diesen Personenkreis ist bei einer Kündigung durch den Insolvenzverwalter nicht die fiktive ordentliche Kündigungsfrist heranzuziehen, die ohne Bestehen des Sonderkündigungsschutzes anwendbar ist.

d) Schadenersatz

Wird das Arbeitsverhältnis vom Insolvenzverwalter (vorzeitig) mit der Frist   **503** des Abs. 1 Satz 2 beendet, erwirbt der Arbeitnehmer einen Schadenersatzanspruch wegen der vorzeitigen Beendigung des Dienstverhältnisses. Der Anspruch setzt ein Verschulden des Insolvenzverwalters nicht voraus, kann jedoch lediglich vom Arbeitnehmer als Insolvenzgläubiger (§ 38 InsO) geltend gemacht werden.

2. Klagefrist

Nach § 113 Abs. 2 Satz 1 InsO muß ein Arbeitnehmer innerhalb von drei   **504** Wochen nach Zugang der Kündigung Klage beim Arbeitsgericht erheben, wenn er die ausgesprochene Kündigung für unwirksam hält. Die Vorschrift ergänzt § 4 KSchG. Sie erstreckt dessen 3-Wochen-Frist auch auf sonstige Unwirksamkeitsgründe, die ansonsten nach § 13 Abs. 3 KSchG auch außerhalb der Klagefrist des § 4 KSchG geltend gemacht werden können (dazu Rn. 60). Die Klagefrist des § 113 Abs. 2 InsO gilt auch für Arbeitsverhältnisse, für die kein oder noch kein allgemeiner Kündigungsschutz nach dem KSchG besteht. Der Wortlaut von § 113 Abs. 2 InsO und der mit der Klagefrist verfolgte Zweck einer möglichst schnellen Klärung der Wirksamkeit der Kündigung läßt eine Beschränkung auf Arbeitsverhältnisse, die unter das KSchG fallen, nicht zu (ErfK/*Müller-Glöge* § 113 Rn. 35). Nach Abs. 2 Satz 1 finden die §§ 4 Satz 4, 5 KSchG über die verlängerte Anrufungsfrist bei Zustimmung einer Behörde bzw. nachträgliche Klagezulassung, dazu Rn. 68) entsprechende Anwendung. Auch die Fiktion des § 7 KSchG ist entsprechend anzuwenden, obwohl sie nicht von der genannten Verweisung erfaßt ist. Eine nach Ablauf der 3-Wochen-Frist erhobene Klage ist daher als unbegründet (und nicht als unzulässig) abzuweisen (*Stahlhacke/Preis/Vossen* Rn. 1333 mwN.). Die Frist des § 113 Abs. 2 Satz 1 InsO ist aber nicht anzuwenden, wenn der Arbeitnehmer die Anwendung einer unzutreffenden Kündigungsfrist geltend machen will. Die Nichteinhaltung der geltenden Kündigungsfrist führt nicht zur Unwirksamkeit der Kündigung, sondern die Kündigungserklärung ist in eine zunächst zulässigen Kündigungstermin ausgesprochene Kündigung umzudeuten (BAG 13. 7. 1989 – 2 AZR 571/88 – nv.).

3. Beteiligung des Betriebsrats

505 § 102 BetrVG wird durch die Eröffnung des Insolvenzverfahrens nicht ausgeschlossen. Tritt der Insolvenzverwalter in die Stellung des Arbeitgebers ein, hat er vor jeder Kündigung den Betriebsrat anzuhören (BAG 16. 9. 1993 AP BetrVG 1972 § 102 Nr. 62 = NZA 1994, 311). Er kann andere Personen mit dem Kündigungsausspruch und der Einleitung des Anhörungsverfahrens beauftragen. Führt der Verwalter den Betrieb längere Zeit fort und beschäftigt er den bisherigen Personalleiter in gleicher Funktion weiter, ist bei einer Kündigung durch den Personalleiter die Vorlage einer Vollmachtsurkunde nicht erforderlich. Stellt der Verwalter einen Arbeitnehmer während der Kündigungsfrist von der Arbeitsleistung frei, ist zu der Freistellung der Betriebsrat weder nach § 102 BetrVG zu hören, noch bedarf die Suspendierung nach § 99 BetrVG seiner Zustimmung (BAG 22. 1. 1998 AP BGB § 174 Nr. 11 = NZA 1998, 699).

II. Interessenausgleich und individueller Kündigungsschutz (§ 125 InsO)

506 § 125 InsO reduziert den Umfang der gerichtlichen Überprüfung einer vom Insolvenzverwalter ausgesprochenen Kündigung, wenn er zuvor mit dem Betriebsrat einen Interessenausgleich abgeschlossen hat, in dem die Arbeitnehmer, denen gekündigt werden soll, namentlich bezeichnet sind.

1. Voraussetzungen

a) Betriebsänderung

507 Die Rechtsfolgen des § 125 InsO treten nur ein, wenn der abgeschlossene Interessenausgleich auf einer bevorstehenden Betriebsänderung beruht. Diese muß die tatbestandlichen Voraussetzungen der §§ 111 ff. BetrVG erfüllen. Der Wortlaut von § 125 InsO ist sprachlich mißglückt, die Norm spricht mißverständlich von einer „geplanten" Betriebsänderung. Dies läßt eine Auslegung dahingehend zu, wonach eine Vereinbarung nach § 125 InsO weitgehend losgelöst von einer anstehenden Betriebsänderung abgeschlossen werden kann (so offenbar *Stahlhacke/Preis/Vossen* Rn. 1336). Dem kann nicht gefolgt werden. Insolvenzverwalter und Betriebsrat können nicht unabhängig von einer konkret bevorstehenden Betriebsänderung einen Interessenausgleich nach § 125 InsO abschließen. Im Gegensatz zu einem Sozialplan, der auch als sog. Rahmensozialplan für vorsorgliche Betriebsänderungen aufgestellt werden kann, ist der Interessenausgleich nur wirksam, wenn er Regelungen über eine konkrete beabsichtigte, d.h. unmittelbare bevorstehende Betriebsänderung enthält (BAG 19. 1. 1999 NZA 1999, 949 – Interessenausgleich nach §§ 111 ff. BetrVG). Ansonsten würde durch § 125 InsO der individuelle Kündigungsschutz der in einen Sozialplan aufgenommenen Arbeitnehmer weitgehend eingeschränkt werden, ohne daß dies durch die besondere Situation des Unternehmens im Insolvenzverfahren gerechtfertigt wäre. Für die Prüfung, ob die Aufnahme wegen der bevorstehenden Veränderungen des Betriebsablaufs oder aus anderen Gründen erfolgt ist, fehlt es bei einer noch nicht feststehenden Betriebsänderung an einer tatsächlichen Grundlage. Das Merkmal „geplant" ist daher iS. einer konkret bevorstehenden Betriebsänderung auszulegen, bei der für Verwalter und Betriebsrat der betroffene Personenkreis erkennbar sein muß.

b) Namentliche Benennung der Arbeitnehmer

Um die Rechtsfolgen des § 125 InsO herbeizuführen, müssen die betroffenen **508** Arbeitnehmer in dem Interessenausgleich namentlich benannt werden. Erforderlich ist die Aufnahme von Vornamen und Namen der Arbeitnehmer in die Vereinbarung, nicht aber die weitere Angaben ihrer Sozialdaten. Die nur abstrakte Bezeichnung der Arbeitnehmer („die in der Betriebsabteilung A Beschäftigten") ist hingegen nicht ausreichend. Die **Namensliste** kann auch als Anlage dem Interessenausgleich beigefügt werden, wenn sie bei der Unterzeichnung der Vereinbarung mit ihr **fest verbunden** ist (BAG 7. 5. 1998 AP KSchG 1969 § 1 Namensliste Nr. 1 = DB 1998, 1770).

c) Rechtsfolgen

Nach § 125 Abs. 1 Satz 1 Nr. 1 InsO wird vermutet, daß die Kündigung der **509** Arbeitsverhältnisse der im Interessenausgleich namentlich bezeichneten Arbeitnehmer durch dringende betriebliche Erfordernisse (§ 1 Abs. 2 KSchG) bedingt ist. Die gesetzliche Vermutung erstreckt sich dabei nur auf das Fehlen einer Weiterbeschäftigungsmöglichkeit in dem Betrieb oder zu unveränderten Arbeitsbedingungen. Im Gegensatz zu § 1 Abs. 2 KSchG wird von ihr eine **Weiterbeschäftigungsmöglichkeit** in einem **anderen Betrieb** des Unternehmens nicht erfaßt. Dies ist konsequent, da der Betriebsrat eines Betriebes nicht notwendigerweise über Weiterbeschäftigungsmöglichkeiten in anderen Betrieben des Unternehmens informiert ist. Nach § 125 Abs. 1 Nr. 2 InsO kann das Arbeitsgericht die vorgenommene **Sozialauswahl** nur auf grobe Fehlerhaftigkeit nachprüfen, wobei die Überprüfung auf die drei zentralen Kriterien (Betriebszugehörigkeit, Lebensalter und Unterhaltsverpflichtungen) beschränkt ist. Andere soziale Gesichtspunkte können Betriebsrat und

Insolvenzverwalter beim Abschluß des Interessenausgleichs zwar berücksichtigen, nicht aber das Arbeitsgericht bei seiner Prüfung der vorgenommenen Sozialauswahl. Eine im Interessenausgleich vorgenommene Sozialauswahl ist auch dann nicht grob fehlerhaft, wenn durch sie eine ausgewogene Personalstruktur erhalten oder (erst) geschaffen wird. Systematisch stellt diese Regelung eine Konkretisierung der in § 1 Abs. 3 Satz 2 KSchG genannten „sonstigen betrieblichen Bedürfnisse" dar (LAG Hamm 28. 5. 1998 LAGE § 125 InsO Nr. 1). Eine Sozialauswahl ist hinsichtlich der sozialen Kriterien nur dann grob fehlerhaft, wenn die Gewichtung der Kriterien Alter, Betriebszugehörigkeit und Unterhaltspflichten jede Ausgewogenheit vermissen läßt (BAG 21. 1. 1999 NZA 1999, 866, dazu auch Rn. 389). Offen bleibt, ob sich der Maßstab der groben **Fehlerhaftigkeit** auch auf die **Nichteinbeziehung von vergleichbaren Arbeitnehmern** in eine Sozialauswahl erstreckt. Dies wird zu bejahen sein, da durch § 125 InsO Fehler bei der Sozialauswahl insgesamt nur dann beachtlich sein sollen, wenn sie den Maßstab der groben Fehlerhaftigkeit erreichen (angedeutet von BAG 7. 5. 1998 AP KSchG 1969 § 1 Betriebsbedingte Kündigung Nr. 94 = NZA 1998, 933). Die Vermutungswirkung des Abs. 1 Nr. 1 tritt nicht ein, wenn sich die Sachlage nach Zustandekommen des Interessenausgleichs wesentlich geändert hat. Dies ist der Fall, wenn die im Interessenausgleich nach § 125 InsO beschriebene Betriebsänderung nicht oder nicht wie vorgesehen durchgeführt wird oder das Insolvenzverfahren zwischenzeitlich aufgehoben wird.

2. Prozessuales

510 Will der **Insolvenzverwalter** im Kündigungsschutzprozeß die gesetzliche Vermutung eines abgeschlossenen Interessenausgleichs für sich in Anspruch nehmen, hat er zunächst dessen **wirksames Zustandekommen** (einschließlich der Voraussetzungen für die Betriebsänderung) und die **Aufnahme des klagenden Arbeitnehmers in die Namensliste** der Vereinbarung darzulegen und ggf. zu beweisen (BAG 7. 5. 1998 AP KSchG 1969 § 1 Betriebsbedingte Kündigung Nr. 94 = NZA 1998, 933). Es ist dann Sache des gekündigten **Arbeitnehmers**, darzulegen und ggf. zu beweisen, daß **keine dringenden betrieblichen Erfordernisse** für die Kündigung **vorliegen**. Entsprechendes gilt für die grobe Fehlerhaftigkeit der **Sozialauswahl.** Durch § 125 InsO wird aber sein **Auskunftsanspruch** gegenüber dem Arbeitgeber nicht beeinträchtigt. Auch wenn ein Arbeitnehmer in eine Namensliste nach § 125 InsO aufgenommen worden ist, kann er im Kündigungsschutzprozeß gemäß § 1 Abs. 3 Satz 1 2. Halbs. KSchG verlangen, daß der Arbeitgeber die Gründe angibt, die zu der getroffenen Sozialauswahl geführt haben. Von der Auskunft erfaßt sind auch Angaben zu den berücksichtigten betrieblichen Interessen, die den Arbeitgeber zur Herausnahme an sich vergleichbarer Arbeitnehmer aus der sozialen Auswahl veranlaßt haben. Kommt der Arbeitgeber dem Verlangen des Arbeitnehmers nicht nach, ist die streitige Kündigung ohne weiteres als sozialwidrig anzusehen. Auf den Prüfungsmaßstab der groben Fehlerhaftigkeit kommt es dann nicht mehr an (BAG

10. 2. 1999 AP KSchG 1969, § 1 Soziale Auswahl Nr. 40 = NZA 1999, 702).

Der Arbeitnehmer trägt schließlich die Darlegungslast dafür, daß die Ver- **511** mutungswirkung des § 125 Abs. 1 Nr. 1 InsO deshalb nicht gilt, weil sich die Sachlage nach Zustandekommen des Interessenausgleichs wesentlich geändert hat. Hingegen obliegt es dem Insolvenzverwalter darzulegen, daß er die Kündigung erst nach Zustandekommen des Interessenausgleichs ausgesprochen hat.

3. Beteiligung des Betriebsrats

Der Abschluß des **Interessenausgleichs** nach § 125 InsO **ersetzt nicht** die Be- **512** teiligung des Betriebsrats vor dem Kündigungsausspruch nach § 102 BetrVG (BAG 20. 5. 1999 NZA 1999, 1101, – 2 AZR 148/99 – ZVb.). Dies ergibt sich schon aus dem Wortlaut von § 125 Abs. 2 InsO, nach dem der Interessenausgleich (nur) die Stellungnahme des Betriebsrats nach § 17 Abs. 3 Satz 2 KSchG ersetzt. Eine entsprechende Vorschrift für das Verfahren nach § 102 BetrVG fehlt. Der Insolvenzverwalter kann aber bei der Mitteilung nach § 102 BetrVG weitgehend auf die dem Betriebsrat bereits aus einem vorangegangenen Interessenausgleichsverfahren bekannten Kündigungsgründe Bezug nehmen. Dies gilt auch auf die mitzuteilenden Sozialdaten und die anzuwendende Kündigungsfrist bzw. -endtermin, wenn diese Angaben entweder im Interessenausgleich enthalten sind, oder dem Betriebsrat bereits während des Interessenausgleichsverfahrens mitgeteilt worden sind. Im letztgenannten Fall reicht eine pauschale Bezugnahme des Insolvenzverwalters aus (dazu Rn. 697).

III. Beschlußverfahren zum Kündigungsschutz

1. Voraussetzungen

Durch § 126 InsO wird es dem Insolvenzverwalter ermöglicht, in einem **513** Beschlußverfahren vor dem Arbeitsgericht seine Berechtigung zum Kündigungsausspruch feststellen zu lassen. Ein solches Verfahren ist dem Insolvenzverwalter aber nur eröffnet, wenn (1) der Betrieb über keinen Betriebsrat verfügt oder (2) aus anderen Gründen innerhalb von drei Wochen nach Verhandlungsbeginn oder schriftliche Aufforderung zur Aufnahme von Verhandlungen ein Interessenausgleich nach § 125 InsO mit dem Betriebsrat nicht zustandegekommen ist. Voraussetzung ist stets, daß der **Verwalter zuvor den Betriebsrat rechtzeitig und umfassend über die geplante Betriebsänderung unterrichtet** hat. Fehlt es hieran, ist der Antrag abzuweisen, eine Heilung im Verfahren ist nicht zulässig. Der Insolvenzverwalter kann aber seinen ursprünglichen Antrag zurücknehmen und nach der vollständigen Unterrichtung die Einleitung eines neuen Verfahrens beantragen. Daneben ist Prozeßvoraussetzung für das Beschlußverfahren das Vorliegen einer Betriebsänderung, da § 126 InsO den § 125 InsO nur für **betriebsratslose Betriebe** bzw. **der Nichteinigung bei einer bevorstehenden Betriebsänderung ergänzt** (*Stahlhacke/Preis/Vossen* Rn. 1338; *Fischermeier* NZA 1997, 1089, 1099; a. A. ErfK/*Ascheid* § 126 InsO Rn. 1; KR/*Weigand* InsO Rn. 52). § 126 InsO ist daher nicht anwendbar, wenn im betroffenen Betrieb nicht mehr als 20 wahlberechtigte Arbeitnehmer beschäftigt oder die Zahlgrenzen für das Vorliegen einer Betriebsänderung (§§ 111, 112 a BetrVG) nicht erreicht werden. Das Beschlußverfahren nach § 126 InsO kann sowohl auf beabsichtigte, wie auch auf bereits ausgesprochene Kündigungen des Insolvenzverwalters erstreckt werden. Unerheblich ist auch, ob es sich um Beendigungs- oder Änderungskündigungen handelt (*Stahlhacke/Preis/Vossen* Rn. 1339 mwN.).

2. Verfahrensgrundsätze

514 Gegenstand der arbeitsgerichtlichen Entscheidung ist die Frage, ob die Kündigung der betroffenen Arbeitnehmer durch **dringende betriebliche Erfordernisse** bedingt und sozial gerechtfertigt ist. Zu der sozialen Rechtfertigung zählt auch die Frage der **Sozialauswahl,** die nur im Hinblick auf die Dauer der Betriebszugehörigkeit, das Lebensalter und die Unterhaltsverpflichtungen nachgeprüft werden kann. Eine Einschränkung des Prüfungsmaßstabes auf grobe Fehlerhaftigkeit oder eine Privilegierung zu Gunsten einer ausgewogenen Personalstruktur findet bei der Überprüfung durch das Arbeitsgericht im Gegensatz zu § 125 Abs. 1 Nr. 2 InsO nicht statt. Verfahrensgegenstand des Beschlußverfahrens ist aber **nicht die mögliche Unwirksamkeit einer ausgesprochenen Kündigung aus anderen Gründen iSd. § 13 Abs. 3 KSchG.**

515 Für das Beschlußverfahren nach § 126 InsO gelten die Vorschriften des Arbeitsgerichtsgesetzes über das Beschlußverfahren (§§ 80 ff. ArbGG) entsprechend. Nach § 126 Abs. 2 InsO sind Verfahrensbeteiligte (§ 83 Abs. 3 ArbGG) der Insolvenzverwalter, ggf. der Betriebsrat und die im Antrag bezeichneten Arbeitnehmer, soweit sie nicht mit der Beendigung ihrer Arbeitsverhältnisse oder den geänderten Arbeitsbedingungen einverstanden sind. Ihre Beteiligung entfällt, wenn der Insolvenzverwalter entweder zu Beginn des Verfahrens oder in dessen Verlauf dem Gericht eine entsprechende Einverständniserklärung vorliegt. Im Gegensatz zum Kündigungsschutzprozeß gilt für das Beschlußverfahren nach § 126 InsO der **Untersuchungsgrundsatz** (§ 83 Abs. 1 Satz 1 ArbGG). Danach ist das Gericht verpflichtet, den Sachverhalt von Amts wegen zu erforschen. Nicht die Beteiligten, sondern das Arbeitsgericht trägt die Verantwortung für die Ermittlung des entscheidungserheblichen Sachverhalts. Die Beteiligten sind aber zur Mitwirkung verpflichtet und haben sich entsprechend der Aufforderung des Gerichts zu erklären. Eine **Darlegungs- und Beweislast** wie im Kündigungsschutzprozeß besteht im Beschlußverfahren nicht. Bleiben jedoch nach Ausschöpfung aller Erkenntnismöglichkeiten **Zweifel an der Erweislichkeit** einer Tatsache, geht dies zu Lasten des Beteiligten, der ansonsten von ihrem Vorliegen begünstigt würde. Insoweit ist die Verteilung der Beweislast in § 1 KSchG auch für das Beschlußverfahren nach § 126 InsO entsprechend übertragbar. Der Antrag ist abzuweisen, wenn das Gericht den Wegfall der Beschäftigungsmöglichkeit für die im Antrag genannten Arbeitnehmer nicht feststellen kann. Entsprechendes gilt nach § 1 Abs. 3 Satz 4 KSchG für die Sozialauswahl. Ist das Arbeitsgericht von der Fehlerhaftigkeit der vom Insolvenzverwalter vorgenommenen Auswahlentscheidung nicht überzeugt, geht dies zu Lasten des Arbeitnehmers. Hält das Gericht die Kündigung nur von einigen, aber nicht von allen Arbeitnehmern für sozial gerechtfertigt, hat es dies im Tenor auszusprechen und den Antrag im übrigen abzuweisen (*Lakies* RdA 1997, 145, 152).

Ein **Rechtsmittel** findet gegen die Entscheidung des Arbeitsgerichts nur **516** statt, wenn es die Rechtsbeschwerde an das BAG zuläßt (§ 126 Abs. 2 Satz 2 iVm. § 122 Abs. 3 InsO). Eine „Nichtzulassungsbeschwerde" gegen die unterbliebene Zulassung der Rechtsbeschwerde ist nicht statthaft (ErfK/*Ascheid* § 126 Rn. 11 mwN.). Gerichtskosten werden für das Verfahren nach § 126 InsO nicht erhoben, die Erstattung der außergerichtlichen Aufwendungen ist nach Abs. 3 Satz 2 nur für das Verfahren vor dem BAG vorgesehen. Die Aufwendungen des Betriebsrats für die Hinzuziehung eines Verfahrensbevollmächtigten sind regelmäßig nach § 40 BetrVG erstattungsfähig und vom Insolvenzverwalter zu tragen.

3. Bindungswirkung

Wird einem Antrag des Insolvenzverwalters nach § 126 InsO in Bezug auf einen **517** oder mehrere Arbeitnehmer stattgegeben, entfaltet er nach näherer Maßgabe des § 127 InsO im nachfolgenden Kündigungsschutzprozeß Bindungswirkung. Diese bezieht sich nur auf die Frage der sozialen Rechtfertigung, nicht aber auf die Unwirksamkeit der Kündigung aus anderen Kündigung (Sonderkündigungsschutz, Betriebsratsanhörung, Formunwirksamkeit). Insoweit wird die praktische Bedeutung des Verfahrens nach § 126 InsO voraussichtlich gering bleiben. Die Bindungswirkung tritt auch in umgekehrter Richtung ein. Wird der Antrag des Insolvenzverwalters abgewiesen, steht fest, daß die ausgesprochene Kündigung nicht sozial gerechtfertigt ist. Die Bindungswirkung entfällt, wenn sich die Sachlage nach dem Schluß der mündlichen Anhörung vor der Kammer (§ 83 ArbGG) durch Hinzutreten neuer Tatsachen geändert hat.

H. Betriebsbedingte Kündigungen nach dem UmwG

I. Gesetzeszweck

Durch das UmwG soll die Umstrukturierung von Unternehmen erleichtert **518** werden. Anstelle einer Einzelrechtsnachfolge, d. h. einer Vielzahl von Übertragungsvorgängen über das bestehende Betriebsvermögen, soll sich der Formenwechsel nur durch einen Übertragungsvorgang vollziehen. Durch das seit dem 1. Januar 1995 geltende UmwG sind die Regelungen über die gesellschaftsrechtliche Umstrukturierung von Unternehmen zusammengefaßt und systematisiert worden.

II. Umwandlungsarten

Nach § 1 Abs. 1 UmwG können Unternehmen (Rechtsträger) mit Sitz im In- **519** land umgewandelt werden durch
- **Verschmelzung** (§§ 2–122 UmwG),
- **Spaltung** (§§ 123–173 UmwG),
- **Vermögensübertragung** (§§ 174–189 UmwG),
- **Formwechsel** (§§ 190–204 UmwG).

Erfolgt die Umwandlung durch **Verschmelzung** geht das gesamte Vermö- **520** gen eines oder mehrerer Rechtsträger (alter Rechtsträger) als ganzes auf einen anderen Rechtsträger (neuer Rechtsträger) über. Den Anteilseignern der aufgelösten Unternehmen werden als Gegenleistung Anteile oder Mitgliedschaftsrechte an dem übernehmenden (neuen) Rechtsträger gewährt. Die Verschmelzung kann entweder als Verschmelzung zur **Aufnahme** (§ 2 Nr. 1 UmwG) oder zur **Neugründung** (§ 2 Nr. 2 UmwG) durchgeführt werden. Bei letzterer übertragen zumindest zwei Rechtsträger ihr Vermögen als ganzes auf einen neu gegründeten Rechtsträger. Hingegen wird bei der Verschmelzung zur Aufnahme das Vermögen eines oder mehrerer Rechtsträger auf einen bereits bestehenden Rechtsträger übertragen.

Bei der **Spaltung** werden vom Gesetz als Unterformen die Aufspaltung **521** (§ 123 Abs. 1 UmwG), die Abspaltung (§ 123 Abs. 2 UmwG) sowie die Ausgliederung (§ 123 Abs. 3 UmwG) unterschieden. Wird der Rechtsträger **aufgespalten,** wird sein gesamtes Aktiv- und Passivvermögen aufgeteilt und auf zumindest zwei schon bestehende oder noch zu gründende Rechtsträger übertragen. Anschließend erlischt der übertragene Rechtsträger. Hingegen bleibt er bei der **Abspaltung** bestehen. Hier werden nur die im Spaltungsvertrag bezeichneten und dem aufnehmenden Rechtsträger zugeordneten Gegenstände des Aktiv- und Passivvermögens übertragen. Gemeinsam ist Auf- und Abspaltung, daß diese Umwandlungsvorgänge gegen Gewährung von Anteilen oder Mitgliedschaften an die Anteilseigner des übertragenden, d. h. abgebenden Rechtsträgers erfolgen. Bei der **Ausgliederung** werden aus dem Vermögen des übertragenden Rechtsträgers ein oder mehrere Teile ausgegliedert und auf einen bereits bestehenden oder neu zu gründenden Rechtsträger übertragen. Als Gegenleistung fallen dem übertragenden Rechtsträger die dem Wert der Übertragung entsprechenden Anteile des übernehmenden bzw. neuen Rechtsträgers zu.

522   Die **Vermögensübertragung** kann entweder als sog. Vollübertragung (§ 174 Abs. 1 UmwG) oder als Teilübertragung (§ 174 Abs. 2 UmwG) durchgeführt werden. Die Vollübertragung entspricht einer Verschmelzung, jedoch werden keine Anteile, sondern Geld oder andere Wirtschaftsgüter an den übertragenden Rechtsträger gewährt. Die **Vollübertragung** entspricht der Verschmelzung, weshalb nach § 176 Abs. 1 UmwG im wesentlichen für die Vollübertragung die Verschmelzungsvorschriften gelten. Die **Teilübertragung** ist der Spaltung nachgebildet; die Gegenleistung wird aber nicht in Anteilen oder Mitgliedschaften, sondern gleichfalls in Geld erbracht. Entsprechend gelten nach § 177 Abs. 1 UmwG für die Teilübertragung die Spaltungsvorschriften. Wichtigster Anwendungsbereich für die Vermögensübertragung ist der Bereich des öffentlichen Dienstes, da dort nur eingeschränkt Anteile übertragen werden dürfen.

523   Bei dem **Formwechsel** findet schließlich kein Übertragungsvorgang statt, da die rechtliche und wirtschaftliche Identität des bisherigen Rechtsträgers fortbesteht. Lediglich die Rechtsform verändert sich. § 191 Abs. 1 UmwG enthält eine abschließende Aufzählung der Rechtsträger, die durch Formwechsel eine neue Rechtsform annehmen können.

III. Kündigungsschutzrechtliche Regelungen des UmwG

524   Das UmwG enthält in seinen §§ 322–324 arbeitsrechtliche Regelungen, die beim Ausspruch einer betriebsbedingten Kündigung von Bedeutung sein können.

1. Beibehaltung der kündigungsrechtlichen Stellung (§ 323 Abs. 1 UmwG)

525   § 323 Abs. 1 UmwG bestimmt, daß sich die kündigungsrechtliche Stellung eines Arbeitnehmers, der vor dem Wirksamwerden einer **Spaltung** (§ 123 ff. UmwG) oder **Teilübertragung** (§ 174 Abs. 2 UmwG) zu dem übertragenden (alten) Rechtsträger in einem Arbeitsverhältnis steht, aufgrund der Spaltung oder Teilübertragung für die Dauer von zwei Jahren ab dem Zeitpunkt ihres Wirksamwerdens nicht verschlechtert. § 323 Abs. 1 gilt nur für eine Spaltung oder Teilübertragung, nicht aber für andere Umwandlungsarten (Verschmelzung, Vollübertragung bzw. Formwechsel). Wird der Arbeitnehmer nach Wirksamwerden der Spaltung oder Teilübertragung in einem Gemeinschaftsbetrieb beschäftigt, gilt neben § 323 Abs. 1 UmwG noch zusätzlich § 322 Abs. 2 UmwG (dazu Rn. 529).

Lebhaft umstritten ist in der arbeitsrechtlichen Literatur die Frage, wie **526**
weit der Begriff der „**kündigungsrechtlichen Stellung**" reicht. Bereits aus der
Gesetzesbegründung ergibt sich, daß dem Arbeitnehmer der allgemeine Kündigungsschutz erhalten bleibt, wenn bei dem neuen Rechtsträger die nach
§ 23 Abs. 1 KSchG notwendige Arbeitnehmerzahl nicht erreicht wird (BT-
Drucks. 12/6669, S. 175; KR/*Friederich* UmwG Rn. 38; ErfK/*Ascheid* § 323
UmwG Rn. 3 jeweils mwN.). Darüber hinaus bleibt dem Arbeitnehmer für
einen Zeitraum von zwei Jahren eine ggf. bestehende **tarifliche Unkündbar-
keit**, sofern der Tarifvertrag beim neuen Rechtsträger nicht anwendbar ist
(*Düwell* NZA 1996, 393, 397; *Däubler* RdA 1995, 136, 143; anders *Bauer/
Lingemann* NZA 1994, 1057, 1060 f.). Dies gilt gleichfalls für die zum
Zeitpunkt des Umwandlungsvorgangs geltenden **Kündigungsfristen** (ErfK/
Ascheid § 323 UmwG Rn. 4). Endet das **Betriebsratsamt** eines Arbeitneh-
mers durch den Übertragungsvorgang, verlängert sich sein nach § 15 Abs. 1
Satz 2 KSchG bestehender nachwirkender Kündigungsschutz auf zwei Jahre.

Zu weitgehend ist allerdings die Auffassung, wonach für die **Weiterbe-** **527**
schäftigungsmöglichkeit auf einem anderen Arbeitsplatz (§ 1 Abs. 2 KSchG)
für die Dauer von zwei Jahren ein einheitlicher Betrieb fingiert wird (so KR/
Friederich UmwG Rn. 38, 41; ähnlich *Löwisch* § 1 Rn. 261 – Erstreckung
auf andere aus der Umwandlung hervorgegangene Unternehmen; *Däubler*
RdA 1995, 136, 143; *Düwell* NZA 1996, 393, 397; *Trümner* AiB 1995,
309, 313). Eine solche Rechtsfolge hat der Gesetzgeber gerade nur für den
Gemeinschaftsbetrieb (§ 322 Abs. 2 UmwG) vorgesehen, nicht aber für Einheiten, die nach dem Umwandlungsvorgang getrennt weitergeführt werden
(ErfK/*Ascheid* § 323 UmwG Rn. 4; *Willemsen* NZA 1996, 791, 799 f.). Entsprechendes gilt auch für die **Sozialauswahl**, auch diese ist nur auf die Arbeitnehmer des neuen Betriebes beschränkt (ErfK/*Ascheid* § 323 UmwG
Rn. 5 mwN.). Schließlich erstreckt sich die Übernahmeverpflichtung des Arbeitgebers für Betriebsratsmitglieder bei Schließung einer Betriebsabteilung
(§ 15 Abs. 5 KSchG) nicht auf den alten Rechtsträger, sondern ist gleichfalls
auf den neuen Rechtsträger begrenzt.

Voraussetzung für das Eingreifen des § 323 Abs. 1 UmwG ist, daß sich die **528**
kündigungsrechtlichen Verschlechterungen für den Arbeitnehmer **kausal** aus
der Spaltung oder Teilübertragung ergeben. Die 2-Jahres-Frist beginnt mit
dem Tag der Eintragung der Umwandlung im Register am Sitz des übertragenen Rechtsträgers (§ 131 UmwG).

2. Kündigungsschutz im Gemeinschaftsbetrieb (§ 322 UmwG)

Nach § 322 Abs. 2 UmwG wird für die kündigungsschutzrechliche Stellung **529**
des Arbeitnehmers ein **gemeinschaftlicher Betrieb** (dazu auch Rn. 42 der an
einer Spaltung oder Teilübertragung beteiligten Rechtsträger **fingiert**, wenn
diese nach Wirksamwerden der Umwandlung den Betrieb gemeinsam führen.
§ 322 Abs. 2 UmwG ergänzt § 323 Abs. 1 UmwG bei Vorliegen eines Gemeinschaftsbetriebes, jedoch gilt die gesetzliche Fiktion für das Vorliegen eines Gemeinschaftsbetriebs **zeitlich unbegrenzt**.

530   Voraussetzung für die Vermutung eines Gemeinschaftsbetriebs ist, daß der bisher von einem der Rechtsträger geführte Betrieb nach der Spaltung oder Teilübertragung verschiedenen Rechtsträger zugeordnet ist, während auf betrieblicher Ebene **keine wesentlichen Organisationsänderungen** vorgenommen worden sind. Insbesondere muß die Leitung des Betriebes im wesentlichen unverändert beibehalten worden sein (ErfK/*Eisemann* § 322 UmwG Rn. 2). Die Vermutung für das Vorliegen eines Gemeinschaftsbetriebes gilt nach § 322 Abs. 1 UmwG ausdrücklich nur für das Betriebsverfassungsrecht. Sie ist aber für den in Abs. 1 genannten Fall auch auf die kündigungsschutzrechtliche Stellung des Arbeitnehmers übertragbar (*Kittner/Trittin* § 322 UmwG Rn. 19; anders *Wlotzke* DB 1995 40, 44). Zur Weiterbeschäftigungsmöglichkeit im Gemeinschaftsbetrieb (Rn. 211) zur Sozialauswahl (Rn. 292).

3. Zuordnung der Arbeitnehmer durch Interessenausgleich (§ 323 Abs. 2 UmwG)

531   Bei einer Umwandlung in Form einer Verschmelzung, Spaltung oder Vermögensübertragung kann durch einen **Interessenausgleich** die **Zuordnung der Arbeitnehmer zu einem bestimmten Betrieb oder Betriebsteil** erfolgen (§ 323 Abs. 2 UmwG). Auf diese Weise können Abgrenzungsschwierigkeiten bei der Zuordnung der einzelnen Arbeitsplätze bzw. Beschäftigungsmöglichkeiten in Zusammenhang mit dem Übergang auf den neuen Rechtsträger vermieden werden. Sind die Arbeitnehmer in dem Interessenausgleich namentlich bezeichnet und dem zu übertragenen Betriebsteil zugeordnet worden, darf das Arbeitsgericht die vorgenommene Zuordnung nur auf grobe Fehler überprüfen (§ 323 Abs. 3 UmwG). Insbesondere bei Arbeitnehmern ohne festen Arbeitsplatz bzw. -bereich können so nachfolgende Streitigkeiten um die zutreffende Zuordnung vermieden werden. Ungeachtet der Aufnahme in einen Interessenausgleich können die Arbeitnehmer gegen den Übergang ihrer Arbeitsverhältnisse Widerspruch erheben (zum Widerspruchsrecht beim Betriebsübergang Rn. 489).

532   Eine **willkürliche Einbeziehung** oder **Herausnahme** eines Arbeitnehmers aus den Rechtsfolgen der Übertragung wird als grob fehlerhaft zu bezeichnen sein. Die Zuordnung kommt deshalb nur dann in Betracht, wenn sie aufgrund seiner bisherigen Tätigkeit und Arbeitsvertragsgestaltung im übertragenen Rechtsträger zumindest nicht eindeutig, d.h. zweifelhaft ist (ErfK/*Ascheid* § 323 Rn. 10).

4. Kündigungsverbot (§ 324 UmwG)

533   Nach § 324 UmwG bleiben § 613a Abs. 1 und 4 BGB durch die Wirkungen der Eintragung einer Verschmelzung, Spaltung oder Vermögensübertragung unberührt. Damit trägt der Gesetzgeber dem Umstand Rechnung, daß sich der Übergang der Vermögensgegenstände bei den genannten Umwandlungsarten durch Gesamtrechtsnachfolge vollzieht. Die Vorschrift war zu Gunsten der betroffenen Arbeitnehmer erforderlich, da § 613a BGB bei Umwand-

214

lungsvorgängen nicht direkt anwendbar ist. Es fehlt regelmäßig an dem notwendigen Rechtsgeschäft für die Übertragung des Betriebs- bzw. -teils, da das Vermögen bzw. die Vermögensteile des übertragenden Rechtsträgers mit der Eintragung in das Handelsregister (§§ 20, 131, 176f. UmwG) kraft Gesetzes auf den neuen Rechtsträger übergehen. Durch § 324 UmwG wird die bis zu seinem Inkrafttreten bestehende Rechtsprechung des BAG gesetzlich abgesichert. Das Gericht hatte bei einer Verschmelzung von Rechtsträgern § 613a BGB im Wege einer richtlinienkonformen Auslegung der EG-Richtlinie vom 24. Februar 1977 (77/187/EWG, Abl. EG Nr. L 61 S. 26) entsprechend angewandt (BAG 5. 10. 1993 AP BetrAVG § 1 Zusatzversorgungskassen Nr. 42 = NZA 1994, 848).

Aufgrund der Verweisung in § 324 UmwG ist das **Kündigungsverbot** des **534** § 613a Abs. 4 BGB anwendbar, wenn die Kündigung **wegen der Verschmelzung, Spaltung oder Vermögensübertragung** ausgesprochen wird. Jedoch ist § 324 UmwG keine bloße Rechtsfolgenverweisung, sondern eine Rechtsgrundverweisung (ErfK/*Preis* § 324 UmwG Rn. 3 mwN.). Erforderlich ist deshalb, daß durch die Umwandlungsmaßnahme ein Betrieb bzw. Betriebsteil iSv. § 613a BGB (dazu ausführlich ErfK/*Preis* § 613a BGB Rn. 5ff., 10ff.) auf den neuen Rechtsträger übergeht. Sind die betrieblichen Voraussetzungen für den Übergang eines Betriebes oder Betriebsteils nicht erfüllt, greift das Kündigungsverbot der §§ 324 UmwG, 613a Abs. 4 BGB nicht ein. Eine andere Auslegung würde zu einer sachlich nicht gerechtfertigten Besserstellung von Arbeitnehmern führen, denen in Zusammenhang mit einem Umwandlungsvorgang gekündigt wird. Die Kündigung ist aber entsprechend den bei § 613a Abs. 4 BGB geltenden Grundsätzen nur dann unwirksam, wenn das den Kündigenden **bestimmende Motiv** in dem Umwandlungsvorgang liegt. Betriebsbedingte Kündigungen in Zusammenhang mit einer Umwandlung bleiben zulässig, wenn diese unabhängig vom Betriebsübergang eine Kündigung rechtfertigen würden. Insoweit gelten die Ausführen zur Zulässigkeit einer betriebsbedingten Kündigung in Zusammenhang mit einem Betriebsübergang entsprechend (dazu Rn. 481).

I. Die außerordentliche betriebsbedingte Kündigung

Ist eine ordentliche Kündigung **durch Tarifvertrag oder Einzelarbeitsvertrag** **535** **ausgeschlossen,** kann der Arbeitgeber ausnahmsweise nach Maßgabe des § 626 BGB kündigen, wenn das Arbeitsverhältnis auf Dauer nicht mehr erfüllt werden kann. Dies ist insbesondere bei der Schließung des einzigen Betriebes eines Unternehmens der Fall. Dahinter steht der Grundsatz, daß nach der Rechtsordnung weder Unmögliches noch schlechthin Unzumutbares verlangt werden kann (BAG 17. 9. 1998 AP BGB § 626 Nr. 148 = NZA 1999, 258; 5. 2. 1998 AP BGB § 626 Nr. 143 = NZA 1998, 771; 22. 7. 1992 EzA § 626 BGB n. F. Nr. 141 = DB 1993, 1192; 29. 8. 1991 AP BetrVG 1972 Nr. 58 = NZA 1992, 416; KR/*Fischermeier* § 626 Rn. 155; *Stahlhacke/Preis/Vossen* Rn. 539; Staudinger/*Preis* § 626 BGB Rn. 254; a. A. – gegen ein außerordentliches Kündigungsrecht RGRK/*Corts* § 626 BGB Rn. 28). § 113 Abs. 1 InsO sieht ausdrücklich vor, daß das Arbeitsverhältnis im Fall der **Insolvenz** auch bei einem vereinbarten Ausschluß der ordentlichen Kündigung unter Einhaltung der gesetzlichen Frist gekündigt werden kann (dazu KR/*Fischermeier* § 626 BGB Rn. 158 mwN. sowie Rn. 499, 501 f.).

In einem Fall **tariflicher Unkündbarkeit** ist aber stets ein **besonders stren-** **536** **ger Maßstab** an das Vorliegen eines wichtigen Grundes nach § 626 Abs. 1 BGB anzulegen. Dringende betriebliche Erfordernisse können regelmäßig nur eine ordentliche Kündigung rechtfertigen. Bei der gebotenen **Abwägung im Einzelfall** besteht die Schwierigkeit, daß für die Prüfung der Zumutbarkeit nicht auf die fiktive Einhaltung der Kündigungsfrist abgestellt werden kann, weil dem Arbeitgeber die ordentliche Kündigung oder ein vereinbartes Vertragsende als Alternative gerade nicht zur Verfügung stehen. Deshalb muß zu seinen Gunsten die infolge der „Unkündbarkeit" verursachte lange Vertragsbindung gewürdigt werden. Auf der anderen Seite darf sich der erhöhte Bestandsschutz nicht zu Lasten des gekündigten Arbeitnehmers auswirken (kritisch wegen der darin liegende Rechtsunsicherheit *Bröhl*, FS Schaub, S. 55, 60 f., 65 ff. sowie *Höland* Anm. AP BGB § 626 Nr. 143 unter II 1 – „dilemmatische Situation").

Neben diesen ambivalenten Umständen ist zu berücksichtigen, inwieweit **537** der Arbeitgeber selbst das wirtschaftliche Risiko infolge der Unkündbarkeit übernommen hat: Verzichtet ein Arbeitgeber in einem **Haustarifvertrag** für Arbeitnehmer mit bestimmtem Lebensalter und längerer Betriebszugehörigkeit als Gegenleistung für Einkommensverluste darauf, für eine gewisse Zeit betriebsbedingte Kündigungen zu erklären („betriebliches Bündnis für Arbeit"), ist ihm die bezahlte Freistellung des Arbeitnehmers für einen längeren Zeitraum zuzumuten als einem Arbeitgeber, der einem **Flächentarifvertrag** unterworfen ist, in dem der vertragsschließenden Verbande ihm ein entsprechendes Kündigungsverbot auferlegt. Bei einem **einzelvertraglichen Ausschluß** der ordentlichen Kündigung spielt es eine Rolle, ob der Arbeitgeber das Wirtschaftsrisiko für die Dauer der von ihm eingegangenen Bindung übernommen hat, auch wenn keine Beschäftigungsmöglichkeit mehr vorhanden ist (BAG 22. 7. 1992 EzA § 626 n. F. Nr. 141; KR/*Fischermeier* § 626 BGB Rn. 158). Dieser Gesichtspunkt kann auch dazu führen, daß der Arbeitgeber gegenüber dem unkündbaren Arbeitnehmer nur eine außerordentliche Änderungskündigung aussprechen kann, die eine veränderte Tätigkeit zu unverändertem Arbeitsentgelt zum Gegenstand hat. Bei der Interessenabwägung ist zu beachten, daß sich der Arbeitgeber nach § 624 BGB sogar auf Lebenszeit binden kann. Deshalb kann er sich im Einzelfall nur dann im Wege einer außerordentlichen Kündigung aus dem Arbeitsverhältnis lösen, wenn für sein Unternehmen ansonsten eine wirtschaftliche Notlage entstünde, die zum Wegfall der Geschäftsgrundlage führt und das einzel- bzw. Tarifvertraglich übernommene Risiko nicht mehr deckt (vgl. *Preis/Hamacher*, FS Arbeitsgerichtsbarkeit Rheinland-Pfalz, S. 245, 260). Zu letzteren zählt insbesondere die Stillegung des einzigen Betriebs (*Kania/Kramer* RdA 1995, 287, 295; das BAG legt offenbar bei Tarifverträgen einen weniger strengen Maßstab zugrunde, vgl. BAG 5. 2. 1998 AP BGB § 626 Nr. 143 = NZA 1998, 771 – eine fünfjährige Vergütungszahlung ohne Arbeitsleistung stellt eine unzumutbare wirtschaftliche Belastung dar). Entscheidend sind aber stets die Umstände des Einzelfalls.

538 Die Weiterbeschäftigung ist nur unzumutbar, wenn der Arbeitnehmer in einem anderen Betrieb des Unternehmens weder zu gleichen noch zu geänderten Bedingungen beschäftigt werden kann. Zwar kann der Arbeitgeber nicht verpflichtet werden, auf aus seiner Sicht zweckmäßige technische und organisatorische Veränderungen zu verzichten. Um ein vielzitiertes Beispiel zu nennen: Der Arbeitgeber kann nicht verpflichtet werden, Dampflokomotiven zu unterhalten, um die Heizer vertragsgemäß weiterzubeschäftigen. Jedoch sind von einem Arbeitgeber zumutbare Organisationsmaßnahmen auf der Umsetzungsebene zu verlangen, sofern dadurch eine Beschäftigungsmöglichkeit geschaffen werden kann (BAG 17. 9. 1998 AP BGB § 626 Nr. 148 = NZA 1999, 258; 5. 2. 1998 AP BGB § 626 Nr. 143 = NZA 1998, 771; 28. 3. 1985 AP BGB § 626 Nr. 86; *Ascheid* Rn. 141; *Groeger* NZA 1999, 850, 854; HKK/*Weller/Dorndorf* § 1 Rn. 976; KR/*Fischermeier* BGB § 626 Rn. 155 mit Beispielen unter Rn. 158; MünchKomm/*Schwerdtner* § 626 BGB Rn. 127; *Stahlhacke/Preis/Vossen* Rn. 539; Staudinger/*Preis* § 626 BGB Rn. 230 ff.). Legt der „unkündbare" Arbeitnehmer dar, wie er sich eine anderweitige Beschäftigung vorstellt, muß der Arbeitgeber unter Vorlage der Stellenpläne substantiiert darlegen, weshalb das Freimachen eines geeigneten Arbeitsplatzes oder dessen Schaffung durch eine entsprechende Umorganisation nicht möglich oder nicht zumutbar gewesen sein soll. Auch das zu erwartende Freiwerden eines Arbeitsplatzes aufgrund üblicher Fluktuation ist zu berücksichtigen (BAG 17. 9. 1998 AP BGB § 626 Nr. 148 = NZA 1999, 258). Voraussetzung für die Berücksichtigung anderweitiger Beschäftigungen ist, daß die unternehmerische Entscheidung durch die personelle Umsetzung nicht berührt wird; so ist eine Umschulung oder Fortbildung z. B. dem Arbeitgeber nicht zuzumuten, wenn sie über einen längeren Zeitraum zu einer Doppelbesetzung der Stelle führt.

Läßt sich der Vertrag nicht nur vorübergehend, sondern dauerhaft mit den **539** vereinbarten Bedingungen nicht mehr durchzuführen, muß der Arbeitgeber gegenüber dem ordentlich unkündbaren Arbeitnehmer eine außerordentliche Änderungskündigung aussprechen. Bisher hat das BAG bisher noch nicht ausdrücklich entschieden, ob der Arbeitgeber auch gehalten sein kann, Arbeitsplätze **freizukündigen,** auf denen der ordentlich unkündbare Arbeitnehmer **nach einer Vertragsänderung** weiterbeschäftigt werden kann. Die Frage ist zu bejahen. Anderenfalls würde der besondere Kündigungsschutz bei einem engen vertraglichen Einsatzbereich des Arbeitnehmers praktisch keine Wirkung entfalten, wenn der Arbeitgeber der Beschäftigungsmöglichkeit durch eine unternehmerische Entscheidung den Boden entzieht, wie dies z.B. im Fall der Streichung der Stelle einer Chefsekretärin der Fall ist (BAG 5. 2. 1998 AP BGB § 626 Nr. 143 = NZA 1998, 771, das in diesem Fall die außerordentliche Kündigung für gerechtfertigt hielt; a. A. *Stahlhacke/Preis/Vossen* Rn. 539). Ist ein ordentlich unkündbarer Arbeitnehmer (ggf. nach kurzer Einarbeitung) für eine Beschäftigung auf der nächst unteren Ebene der Betriebshierarchie geeignet, muß der Arbeitgeber ihm gegenüber eine entsprechende außerordentliche Änderungskündigung aussprechen, wenn der Arbeitnehmer dies nicht von vornherein endgültig und vorbehaltlos abgelehnt hat. In der Konsequenz dieser außerordentlichen Änderungskündigung entsteht in dieser Gruppe ein entsprechender Beschäftigungsüberhang, dem der Arbeitgeber durch die ordentliche Kündigung eines anderen Arbeitnehmers Rechnung tragen kann. Die Auswahlentscheidung erfolgt dabei nach Maßgabe des § 1 Abs. 3 KSchG, wobei der ordentlich unkündbare Arbeitnehmer nach allgemeinen Grundsätzen aus dem Kreis der vergleichbaren Arbeitnehmer herauszunehmen ist (Rn. 316 ff). Daß damit letztlich der ordentlich unkündbare den ordentlich kündbaren Arbeitnehmer verdrängt, ist kein Systembruch. Der Arbeitgeber muß zwar die Vergleichbarkeit zwischen ordentlich kündbaren Arbeitnehmern nicht herstellen, indem er gegenüber dem sozial schutzbedürftigeren, auf einer höheren Ebene der Betriebshierarchie beschäftigten Arbeitnehmer eine Änderungskündigung ausspricht (Rn. 301). Im Gegensatz dazu verlangt der besondere Kündigungsschutz aber gerade, daß der Arbeitgeber vorrangig die Beschäftigung des ordentlich unkündbaren Arbeitnehmer sichert (a.A. *Groeger* NZA 1999, 850, 855).

Ist die außerordentliche Kündigung ausnahmsweise möglich, dürfen die **540** Maßstäbe einer ordentlichen Kündigung nicht unterschritten werden. Der Arbeitgeber hat die **tarifvertragliche** oder **gesetzliche Kündigungsfrist** einzuhalten, die gelten würde, wenn die ordentliche Kündigung nicht ausgeschlossen wäre. Insoweit ist der Tatbestand des § 626 Abs. 1 BGB, wonach das Arbeitsverhältnis „ohne Einhaltung einer Kündigungsfrist" gekündigt werden kann, teleologisch zu reduzieren. Es würde einen Wertungswiderspruch darstellen, den Arbeitnehmer mit besonderem tariflichem Kündigungsschutz durch die fristlose Kündigung schlechter zu stellen als den Arbeitnehmer, der die tarifvertraglichen bzw. gesetzlichen Fristen für sich in Anspruch nehmen könnte und dem aus demselben Grund (z.B. Betriebsstillegung) nur ordentlich gekündigt werden könnte (BAG 5. 2. 1998 AP BGB § 626 Nr. 143 zu II 3c mit zust. Anm. *Höland* unter III 1; 28. 3. 1985 AP BGB § 626 Nr. 86 = NZA 1985,

559; HKK/*Weller/Dorndorf* § 1 Rn. 976; KR/*Etzel* § 1 KSchG Rn. 597; KR/
Fischermeier § 626 BGB Rn. 304; *Stahlhacke/Preis/Vossen* Rn. 429; Münch-
Komm/*Schwerdtner* § 626 Rn. 128; a.A. *Löwisch* vor § 1 Rn. 116; mit an-
derem methodischen Ansatz *Bröhl*, FS Schaub, S. 55 ff., dazu Rn. 18). Diese
Auslauffrist ist bei einer systemimmanenten Anwendung des § 626 BGB ge-
boten und hat nicht mit einer wie immer gearteten sozialen Auslauffrist zu
tun. Treffender ist der Begriff einer befristeten außerordentlichen Kündigung
(*Höland* Anm. AP BGB § 626 Nr. 143 unter II 1; *Schwerdtner,* FS Kissel,
S. 1077, 1087, 1091).

541   Aus demselben Rechtsgedanken muß der Arbeitgeber bei einer ausnahmsweise zulässigen außerordentlichen Kündigung „unkündbarer" Arbeitnehmer
eine **soziale Auswahl** entsprechend § 1 Abs. 3 KSchG durchführen (BAG 5. 2.
1998 AP BGB § 626 Nr. 143 zu II 3e mit zust. Anm. *Höland* unter III 2 =
NZA 1998, 771). Der Arbeitgeber hat eine soziale Auswahl immer dann vorzunehmen, wenn **mehrere unkündbare Arbeitnehmer** um die verbleibenden
Beschäftigungsmöglichkeiten konkurrieren. Der Arbeitgeber muß dem sozial
stärksten Arbeitnehmer gegenüber eine Änderungskündigung zu den Bedingungen aussprechen, die seinem ursprünglichen Vertragsstatus am nächsten
kommen. Beschäftigungsmöglichkeiten, die nach § 242 BGB aus Sicht eines
verständigen Arbeitgebers nicht in Betracht kommen, scheiden aus. Besteht
am Ende keine Möglichkeit anderweitiger Beschäftigung, liegt ein wichtiger
Grund zur Kündigung vor. Die Frage einer sozialen Auswahl stellt sich dagegen in der Regel nicht, wenn ein ordentlich unkündbarer Arbeitnehmer auf
einem anderen Arbeitsplatz zu gleichen oder zu veränderten Bedingungen
weiterbeschäftigt werden kann. Der Arbeitgeber hat Tätigkeiten stets dem
„unkündbaren" Arbeitnehmer im Rahmen seines Direktionsrechts zuzuweisen, solange er den Arbeitnehmer noch vertragsgemäß beschäftigen kann.
Daß sich in diesen Fällen der gesetzliche Kündigungsschutz für den ordentlich kündbaren Arbeitnehmer verkürzt, ist als Reflexwirkung des besonderen
Kündigungsschutzes hinzunehmen. Der ordentlich unkündbare Arbeitnehmer ist nur dann in die soziale Auswahl im Verhältnis zu ordentlich
unkündbaren Arbeitnehmern einzubeziehen, wenn der besondere tarifliche
Kündigungsschutz die Grundrechte drittbetroffener Arbeitnehmer aus
Art. 12 GG nicht ausreichend wahrt und deshalb partiell unwirksam ist
(Rn. 318 ff.), oder soweit die Sozialauswahl durch den einzelvertraglichen
Kündigungsausschluß gezielt beeinflußt werden sollte (Rn. 322 ff.).

J. Sonderkündigungsschutz einzelner Personengruppen

I. Sonderkündigungsschutz nach dem MuSchG

1. Vorbemerkung

§ 9 Abs. 1 Satz 1 MuSchG verbietet die Kündigung gegenüber einer Frau **542** vom Beginn der Schwangerschaft an bis zum Abschluß von vier Monaten nach der Entbindung, wenn dem Arbeitgeber zum Zeitpunkt der Kündigung die Schwangerschaft oder Entbindung bekannt war bzw. ihm diese Tatsache nachträglich bekannt wird. Nach § 9 Abs. 3 MuSchG kann die jeweils zuständige staatliche Stelle ausnahmsweise die Kündigung für zulässig erklären. § 9 MuSchG enthält ein absolutes Kündigungsverbot mit Erlaubnisvorbehalt, das – bei Bestehen der sonstigen Voraussetzungen – neben dem allgemeinen Kündigungsschutz oder einen etwaigen bestehenden Sonderkündigungsschutz (z. B. als Betriebsratsmitglied, § 15 KSchG) tritt.

2. Voraussetzungen

a) Arbeitsverhältnis

Das Kündigungsverbot erfaßt nur Frauen, die in einem wirksamen Arbeits- **543** verhältnis stehen. Aufgrund der Verweisungen in den §§ 3 Abs. 2, 19 BBiG findet es auch auf Berufsausbildungsverhältnisse und sonstige Ausbildungsverhältnisse Anwendung. Ohne Bedeutung ist der zeitliche Umfang der Beschäftigung. § 9 MuSchG erfaßt auch die Arbeitsverhältnisse von geringfügig oder kurzfristig Beschäftigten (§ 8 SGB IV). Einbezogen sind auch Heimarbeiterinnen und die ihnen Gleichgestellten, soweit sich die Gleichstellung auf die §§ 29, 29 a HAG erstreckt. Keine Anwendung findet § 9 MuSchG hingegen auf faktische Arbeitsverhältnisse oder Eingliederungsverhältnisse (§§ 229 ff. SGB III), da diese jederzeit ohne Ausspruch einer Kündigung als beendet bzw. gescheitert (§ 232 Abs. 2 SGB III) werden können. Gleiches gilt für die Vertragsverhältnisse von arbeitnehmerähnlichen Personen oder für Dienstverhältnisse von Organmitgliedern juristischer Personen. Auch für diese gilt § 9 MuSchG nicht.

b) Schwangerschaft bzw. Entbindung

aa) Schwangerschaft. Der Kündigungsschutz beginnt mit der Befruchtung. § 9 **544** MuSchG schützt die Schwangere vor einer Kündigung, die ihr nach diesem Zeitpunkt zugeht. Wann sie den Machtbereich des Arbeitgebers verlassen hat, ist unerheblich. Tritt die Schwangerschaft aber erst nach dem Kündigungszugang ein, etwa während des Laufs der Kündigungsfrist, ist § 9 MuSchG nicht anwendbar. Da der genaue Zeitpunkt der Befruchtung medizinisch nicht feststellbar ist, erfolgt die Bestimmung des Schwangerschaftsbeginns nach der Rechtsprechung durch Rückrechnung um 280 Tage von dem ärztlich festgestellten voraussichtlichen Entbindungstermin (BAG 7. 5. 1998 AP MuSchG 1968 § 9 Nr. 24 = NZA 1998, 1049; 12. 12. 1985 AP MuSchG 1968 § 9 Nr. 15 = NZA 1998, 613 – entsprechende Anwendung von § 5 MuSchG; einschränkend LAG Niedersachsen 12. 5. 1997 LAGE § 9 MuSchG Nr. 23 = NZA-RR 1997, 460 – Rückrechnung nur um 266 Tage). Entbindet die Arbeitnehmerin zu einem späteren als dem im Attest angegebenen Zeitpunkt, hat dies auf den Kündigungsschutz keine Auswirkung.

545 **bb) Entbindung.** Eine Definition des Begriffs der Entbindung enthält das MuSchG nicht. Aus diesem Grund wird allgemein auf die Begriffsbestimmungen des Personenstandsrechts zurückgegriffen. Nach § 29 der VO zur Ausführung des Personenstandsgesetzes (PStV) idF. der 13. Verordnung zur Änderung der PStV vom 24. 3. 1994 (BGBl. I S. 621) liegt eine Lebendgeburt vor, wenn bei dem Kind nach der Scheidung vom Mutterleib entweder das Herz geschlagen, die Nabelschnur pulsiert oder die natürliche Lungenatmung eingesetzt hat (Abs. 1). Eine Entbindung iSd. § 9 MuSchG liegt auch bei einer Totgeburt vor, weshalb der Arbeitnehmerin der viermonatige Kündigungsschutz erhalten bleibt. Er entfällt hingegen nach überwiegender Ansicht bei einer Fehlgeburt (BAG 16. 2. 1973 AP MuSchG 1968 § 9 Nr. 2 = NJW 1973, 1431; zu Recht kritisch *Kittner/Trittin* § 9 MuSchG Rn. 54). Um eine Fehlgeburt handelt es sich, wenn das Gewicht der Totgeburt weniger als 500 Gramm betragen hat (§ 29 Abs. 3 PersStdGAV). Keine Entbindung iSd. § 9 MuSchG stellt auch der Schwangerschaftsabbruch dar.

c) Kenntnis des Arbeitgebers

546 **aa) Positive Kenntnis.** Das Kündigungsverbot greift nur, wenn der Arbeitgeber bei Zugang der Kündigung positive Kenntnis von der Schwangerschaft oder Entbindung hatte. Fehlt es hieran, steht der Kündigung § 9 MuSchG nicht entgegen. Selbst wenn die Unkenntnis des Arbeitgebers verschuldet war und er von der Schwangerschaft bzw. Entbindung bei richtigem Verhalten Kenntnis hätte erlangen können, steht dies seiner positiven Kenntnis nicht gleich. Andererseits ist unerheblich, auf welche Weise er von der Schwangerschaft oder Entbindung erfahren hat. Neben dem Arbeitgeber selbst muß sich dieser auch die Kenntnis eines Kündigungsberechtigten von der Schwangerschaft oder Entbindung anrechnen lassen (BAG 6. 7. 1972 AP BGB § 626 Ausschlußfrist Nr. 3 = NJW 1973, 214; 18. 12. 1965 AP MuSchG § 9 Nr. 26 – zum Begriff des Kündigungsberechtigten). Bei der Kenntnis wird man insgesamt auf die Grundsätze für die Kenntnis des Kündigungsberechtigten beim Ausspruch einer außerordentlichen Kündigung zurückgreifen können (dazu ErfK/*Müller-Glöge* § 626 BGB Rn. 260 ff.).

547 **bb) Nachträgliche Kenntnis.** Die Kündigung ist wegen Verstoß gegen § 9 Abs. 1 MuSchG auch dann unwirksam, wenn der Arbeitgeber innerhalb einer Frist von zwei Wochen nach dem Kündigungszugang positive Kenntnis von der Schwangerschaft oder Entbindung erhält. Unerheblich ist, wann die

Arbeitnehmerin hiervon erfahren hat (BAG 13. 6. 1996 AP MuSchG 1968 § 9 Nr. 22 = NZA 1996, 1154). Das Gesetz räumt der Frau eine **Überlegungsfrist** für die Mitteilung von zwei Wochen ein, die sie voll ausschöpfen kann, ohne daß für sie deshalb Rechtsnachteile entstehen. Ausreichend ist auch die Mitteilung der Arbeitnehmerin, daß sie das Vorliegen einer Schwangerschaft vermute oder diese wahrscheinlich sei, wenn sie selbst über ihren Zustand noch keine Gewißheit hat (BAG 15. 11. 1990 AP MuSchG 1968 § 9 Nr. 17 = NZA 1991, 669). Erforderlich ist aber, daß sich aus der Mitteilung ergibt, daß die **Schwangerschaft bereits zum Zeitpunkt des Kündigungszugangs vorgelegen hat.** Hingegen ist ein besonderes „Berufen" auf den Sonderkündigungsschutz nicht erforderlich. Für die Fristberechnung gelten die §§ 187 ff. BGB. Das rechtzeitige Absenden innerhalb der Frist ist nicht ausreichend; maßgeblich ist der Zugang beim Arbeitgeber.

Das **Überschreiten der Frist ist** nach § 9 Abs. 1 Satz 1 MuSchG unschäd- **548** lich, wenn (1) die Fristversäumung auf einem von der Arbeitnehmerin nicht zu vertretenden Grund beruht und (2) sie die Mitteilung unverzüglich nachholt. Beide Voraussetzungen müssen kumulativ vorliegen, damit der Sonderkündigungsschutz erhalten bleibt. Nach der Rechtsprechung ist die Fristversäumnis von der Schwangeren zu vertreten, wenn sich deren Versäumung als ein gröblicher Verstoß gegen das von einem verständigen Menschen im eigenen Interesse billigerweise zu erwartenden Verhalten darstellt, wobei aber auf die Umstände des Einzelfalles abzustellen ist (BAG 6. 10. 1983 AP MuSchG 1968 § 9 Nr. 12 = NJW 1984, 1418 mwN.). Um eine **zu vertretende Fristversäumnis** handelt es sich beispielsweise, wenn Tatsachen vorliegen, die mit **Sicherheit für eine bestehende Schwangerschaft** sprechen und die Schwangere sich über ihren Zustand keine Gewißheit verschafft. Dies dürfte der Fall sein, wenn bis zum Ablauf der 2-Wochen-Frist zwei Regelblutungen bei der Arbeitnehmerin ausgeblieben sind. Nicht vorwerfbar und damit nicht zu vertreten sein dürfte jedoch der Fall sein, in dem die Arbeitnehmerin innerhalb der Nachholfrist des § 9 MuSchG positive Kenntnis von ihrer Schwangerschaft hat, aber noch ermitteln will, ob diese bereits zum Zeitpunkt der Kündigung bestanden hat. Gleiches gilt, wenn sie an der rechtzeitigen Mitteilung der Schwangerschaft durch von ihr nicht zu vertretende Umstände gehindert ist (BAG 13. 6. 1996 AP MuSchG 1968 § 9 Nr. 22 = NZA 1996, 1154).

Das **Nachholen der Mitteilung der Schwangerschaft muß unverzüglich,** **549** d. h. ohne schuldhaftes Zögern (§ 121 BGB) erfolgen. Die Rechtsprechung hat sich bisher noch nicht auf eine Regelfrist festgelegt. Ein Zeitraum von bis zu einer Woche dürfte in jedem Fall noch ausreichend sein (so offenbar BAG 6. 10. 1983 AP MuSchG 1968 § 9 Nr. 12 = NJW 1984, 1418; großzügiger LAG Berlin 26. 4. 1988 LAGE MuSchG § 9 Nr. 8–13 Tage).

d) Kündigung des Arbeitgebers

Unter den Sonderkündigungsschutz des § 9 MuSchG fallen sämtliche ordent- **550** liche oder außerordentliche Kündigungen des Arbeitgebers, unabhängig davon, ob sie als Beendigungs- oder Änderungskündigung ausgesprochen werden. § 9 MuSchG erfaßt schließlich noch Kündigungen, die im Rahmen einer

Massenentlassung, Betriebsstillegung oder während des Insolvenzverfahrens ausgesprochen werden. Die Arbeitnehmerin kann auf den **Sonderkündigungsschutz nicht** im voraus **verzichten.** Sein Eingreifen setzt aber das Erheben einer unmittelbar oder mittelbar gegen die Kündigung gerichteten Klage voraus. Da es sich bei einem Verstoß gegen § 9 MuSchG um eine Unwirksamkeit aus anderen Gründen (§ 13 Abs. 3 KSchG) handelt, ist die Klageerhebung innerhalb der Frist des § 4 KSchG nicht erforderlich. Eine Ausnahme besteht lediglich, wenn die Kündigung während der Insolvenz des Arbeitgebers ausgesprochen wird. In diesem Fall muß sie binnen der 3-Wochen-Frist des § 113 Abs. 2 InsO angegriffen werden. Auf **andere Beendigungstatbestände** (Aufhebungsvertrag, Anfechtung, Befristung, Bedingung oder die Geltendmachung der Nichtigkeit des Arbeitsvertrages) findet § 9 Abs. 1 MuSchG keine Anwendung, auch eine Analogie scheidet aus. Eine Eigenkündigung der Arbeitnehmerin wird gleichfalls durch § 9 Abs. 1 MuSchG nicht ausgeschlossen. Im Kündigungsschutzprozeß ist ein Auflösungsantrag des Arbeitgebers (§ 9 KSchG) unzulässig, wenn die Kündigung auch gegen § 9 Abs. 1 MuSchG verstößt (BAG 10. 11. 1994 AP KSchG 1969 § 9 Nr. 24 = NZA 1995, 309). Hingegen kann die Arbeitnehmerin einen Auflösungsantrag stellen, wenn sie innerhalb der Frist des § 4 KSchG Klage erhoben hat und die Voraussetzungen des § 9 Abs. 1 KSchG für die Auflösung vorliegen.

e) Darlegungs- und Beweislast

551 Will die Arbeitnehmerin gegenüber einer ausgesprochenen Kündigung einwenden, daß sie gegen das Kündigungsverbot des § 9 Abs. 1 MuSchG verstößt, trägt sie hierfür grundsätzlich die Darlegungs- und Beweislast. Danach hat sie zunächst die Tatsachen vorzutragen, aus denen sich ihre Schwangerschaft zum Zeitpunkt des Kündigungszugangs ergibt. Diese Darlegungslast erfüllt sie regelmäßig durch Vorlage einer ärztlichen Bescheinigung über den mutmaßlichen Tag der Entbindung, wenn der Zugang der Kündigung innerhalb von 280 Tagen vor diesem Termin liegt. Der Beweiswert der ärztlichen Bescheinigung kann jedoch vom Arbeitgeber erschüttert werden, wenn er Umstände darlegt, aufgrund derer es wissenschaftlich gesicherten Erkenntnissen widersprechen würde, daß die Schwangerschaft der Arbeitnehmerin bereits zum Zeitpunkt des Kündigungszugangs bestanden hat. Dann obliegt es wiederum der Arbeitnehmerin weitere Tatsachen vorzutragen, aus denen sich die Schwangerschaft ergibt und diese ggf. zu beweisen (BAG 7. 5. 1998 AP MuSchG 1968 § 9 Nr. 24 = NZA 1998, 1049). Keine Erleichterungen bei der Darlegungs- und Beweislast kann die Arbeitnehmerin in Anspruch nehmen, wenn sie geltend macht, die Schwangerschaft sei bereits früher eingetreten, d.h. vor dem Zeitpunkt, der sich aus der Rückrechnung von 280 Tagen vor dem bescheinigten voraussichtlichen Entbindungstermin ergibt.

552 Daneben hat die Arbeitnehmerin darzulegen und ggf. zu beweisen, daß der **Arbeitgeber** entweder zum Zeitpunkt des Kündigungszugangs **positive Kenntnis von ihrer Schwangerschaft gehabt hat** oder sie die Mitteilung innerhalb der 2-Wochen-Frist nachgeholt hat. Ist die Mitteilung nicht innerhalb der Frist nachgeholt worden, hat die Arbeitnehmerin diejenigen Tatsachen darzulegen und ggf. zu beweisen, aus denen sich der Fristbeginn, die unverzügliche Nachholung und das fehlende Verschulden ergibt (BAG 20. 5. 1988 AP MuSchG 1968 § 9 Nr. 16 = NZA 1988, 799; 6. 10. 1983 AP MuSchG 1968 § 9 Nr. 12 = NJW 1984, 1418).

3. Behördliche Zulässigkeitserklärung (§ 9 Abs. 3 MuSchG)

a) Zustimmung vor Kündigungsausspruch

Nach § 9 Abs. 2 MuSchG kann die für den Arbeitsschutz zuständige oberste **553** Landesbehörde oder eine von ihr bestimmte Stelle ausnahmsweise die Kündigung für zulässig erklären. Die von der Behörde erteilte Zustimmung muß vor Ausspruch der Kündigung vorliegen. Eine nachträglich erteilte Erlaubnis heilt die Nichtigkeit der bereits ausgesprochenen Kündigung nicht mehr. Will der Arbeitgeber eine außerordentliche Kündigung aussprechen, muß er binnen der Kündigungserklärungsfrist des § 626 Abs. 2 BGB den Antrag auf Zulässigkeitserklärung stellen. Erteilt die Behörde die Zustimmung, ist die Kündigung noch rechtzeitig ausgesprochen, wenn sie unverzüglich erfolgt, selbst wenn zu diesem Zeitpunkt die Frist des § 626 Abs. 2 BGB bereits abgelaufen ist. Umstritten ist, ob Voraussetzung für die Kündigungserklärung die Bestandskraft des Bescheides ist, insoweit fehlt eine dem § 18 Abs. 4 SchwbG vergleichbare Vorschrift. Empfehlenswert ist für den Arbeitgeber daher stets die Beantragung der sofortigen Vollziehung der Zulässigkeitserklärung. Gegenüber einer stattgebenden Entscheidung steht der Arbeitnehmerin aber der vorläufige Rechtsschutz nach § 80 Abs. 5 VwGO zu.

b) Voraussetzungen

Eine Zulässigkeitserklärung kommt nach § 9 Abs. 3 Satz 1 MuSchG nur in **554** Betracht, wenn ein besonderer Fall vorliegt, der nicht mit dem Zustand der Frau während der Schwangerschaft oder ihrer Lage bis zum Ablauf von vier Monaten nach der Entbindung in Zusammenhang steht. Im Zusammenhang mit einer betriebsbedingten Kündigung liegt ein „besonderer Fall" nur vor, wenn der Arbeitgeber keine Möglichkeit mehr hat, die Arbeitnehmerin im Betrieb oder Unternehmen weiterzubeschäftigen. Die vollständige Schließung eines Betriebes stellt regelmäßig einen solchen besonderen Fall dar. Ausnahmsweise gilt dies nicht, wenn die durch § 9 MuSchG geschützte Arbeitnehmerin auf einen anderen Arbeitsplatz im Unternehmen umgesetzt werden kann (BVerwG 18. 8. 1977 AP MuSchG 1968 § 9 Nr. 5). Eine Weiterbeschäftigungsmöglichkeit setzt nicht das Bestehen eines freien Arbeitsplatzes voraus. Ausreichend ist, daß der Arbeitgeber die Arbeitnehmerin mit anderen Tätigkeiten im Betrieb oder Unternehmen weiterbeschäftigen kann.

4. Formerfordernis

Nach der seit dem 1. 1. 1997 geltenden Fassung des § 9 Abs. 3 Satz 2 MuSchG **555** hat der Arbeitgeber die Kündigung schriftlich zu erklären und dabei den zulässigen Kündigungsgrund anzugeben. Bei der genannten Vorschrift handelt es sich um ein gesetzliches Schriftformerfordernis, dessen Nichteinhaltung nach § 125 BGB zur Nichtigkeit der ausgesprochenen Kündigung führt. Gleiches gilt, wenn der Arbeitgeber es unterläßt, die für die Kündigung maßgebenden Tatsachen mitzuteilen. Zur Substantiierungspflicht des Arbeitgebers sind die zu § 15 Abs. 3 BBiG entwickelten Grundsätze heranzuziehen (dazu BAG 22. 2. 1972 AP BBiG § 15 Nr. 1). Nicht ausreichend ist es, wenn der Arbeitgeber der Arbeitnehmerin vor oder bei der Aushändigung des Kündigungsschreibens die Kündigungsgründe im einzelnen mündlich erläutert hat; erforderlich ist stets deren Aufnahme in das Kündigungsschreiben.

II. Sonderkündigungsschutz nach dem BErzGG

1. Voraussetzungen

a) Begünstigter Personenkreis

556 Der Sonderkündigungsschutz des § 18 BErzGG gilt für alle Arbeitnehmer, die Erziehungsurlaub in Anspruch nehmen können (BAG 17. 2. 1994 AP BGB § 626 Nr. 116 = NZA 1994, 656). Die von § 18 BErzGG angesprochene Anspruchsberechtigung ergibt sich aus § 15 BErzGG (zu den Anspruchsvoraussetzungen im einzelnen ErfK/*Dörner* § 15 BErzGG Rn. 4ff.). Der Sonderkündigungsschutz erstreckt sich insbesondere auch auf die zu ihrer Berufsbildung oder in Heimarbeit Beschäftigten sowie die ihnen Gleichgestellten (§ 20 BErzGG). Die nach § 9 MuSchG bestehende Beschränkung für Heimarbeiterinnen gilt im Rahmen des § 18 BErzGG nicht.

b) Zeitlicher Geltungsbereich

557 Das Kündigungsverbot für den Arbeitgeber beginnt ab dem Zeitpunkt, von dem an der Arbeitnehmer Erziehungsurlaub verlangt hat, höchstens jedoch sechs Wochen vor Beginn des Erziehungsurlaubes (sog. **Ankündigungsfrist**). Erfolgt das Verlangen früher als sechs Wochen vor Beginn des Erziehungsurlaubes, besteht der Kündigungsschutz nach § 18 BErzGG nicht bereits mit dem Verlangen des Berechtigten, sondern erst ab dem Beginn der Ankündigungsfrist. Bei einem Verlangen vor diesem Zeitpunkt greift der Sonderkündigungsschutz des § 18 BErzGG (noch) nicht. Eine in Zusammenhang mit dem Verlangen nach Erziehungsurlaub ausgesprochene Kündigung kann jedoch nach § 612a BGB unwirksam sein.

558 Die Fristberechnung für den Antritt des Erziehungsurlaubs richtet sich nach § 16 Abs. 1 Satz 1 BErzGG. Der Arbeitnehmer muß dem Arbeitgeber spätestens vier Wochen vor dem beabsichtigten Antritt des Erziehungsurlaubes erklären, für welchen Zeitraum bzw. welche Zeiträume er Erziehungsurlaub in Anspruch nehmen will. Sind die Anspruchsvoraussetzungen für den

Erziehungsurlaub erfüllt und hat der Arbeitnehmer eine Erklärung nach § 16 BErzGG abgegeben, kann er zum vorgesehenen Beginn des Erziehungsurlaubes und für dessen Dauer der Arbeit fernbleiben; eine **Einverständniserklärung des Arbeitgebers für den Antritt des Erziehungsurlaubes ist nicht erforderlich** (BAG 17. 2. 1994 AP BGB § 626 Nr. 116 = NZA 1994, 656). Die 4-Wochen-Frist des § 16 Abs. 1 BErzGG dient der Dispositionsmöglichkeit des Arbeitgebers, der die Vertretung für den Ausfall des Erziehungsurlaubsberechtigten sicherstellen muß. Hält der Arbeitnehmer diese Ankündigungsfrist nicht ein, erlischt sein Anspruch auf Erziehungsurlaub nicht, sondern beginnt erst nach Ablauf von vier Wochen nach Eingang der entsprechenden Erklärung beim Arbeitgeber.

Der **Sonderkündigungsschutz des § 18 BErzGG endet mit Beendigung des** **559** **Erziehungsurlaubes.** Unterbricht der Arbeitnehmer seinen Erziehungsurlaub und lebt in dieser Zeit das ursprüngliche Arbeitsverhältnis auf, findet bis zum erneuten Antritt des Erziehungsurlaubes § 18 BErzGG keine Anwendung. Eine in diesem Zeitraum ausgesprochene Kündigung kann jedoch gegen § 612a BGB verstoßen, wenn die Inanspruchnahme des Erziehungsurlaubs bestimmend für den Kündigungsentschluß war.

2. Teilzeitbeschäftigte (§ 18 Abs. 2 BErzGG)

Nach § 5 Abs. 4 Satz 1 BErzGG ist eine vereinbarte Teilzeitbeschäftigung **560** während des Erziehungsurlaubes zulässig, wenn sie auch tatsächlich eine **wöchentliche Arbeitszeit von 19 Stunden nicht übersteigt.** Übt der im Erziehungsurlaub befindliche Arbeitnehmer eine solche Teilzeitbeschäftigung bei dem gleichen Arbeitnehmer aus, erstreckt sich das Kündigungsverbot des § 18 BErzGG nicht nur auf das (während des Erziehungsurlaubes suspendierte) Arbeitsverhältnis, sondern auch auf das Teilzeitarbeitsverhältnis, das während des Erziehungsurlaubes oder eines Teils hiervon begründet worden ist. Dies gilt jedenfalls, wenn die mit der reduzierten Stundenzahl ausgeübte Tätigkeit der bisherigen inhaltlich entspricht. Fraglich ist, ob die bisherigen Arbeitsparteien während des Erziehungsurlaubs auch ein neues und rechtlich selbständiges Arbeitsverhältnis begründen können, welches nicht unter den Kündigungsschutz des § 18 BErzGG fällt (offengelassen von BAG 28. 6. 1995 AP BErzGG § 15 Nr. 18 = NZA 1996, 151). Dem steht jedoch der Wortlaut von § 18 Abs. 2 Nr. 1 BErzGG entgegen, der das Kündigungsverbot des Abs. 1 allgemein auf Teilzeitarbeitsverhältnisse erstreckt und nicht von der Fortführung der bisherigen oder einer vergleichbaren Tätigkeit abhängig macht. Auch § 15 Abs. 4 BErzGG enthält keine entsprechende Einschränkung.

Durch § 18 Abs. 2 Nr. 2 BErzGG wird der Kündigungsschutz auf **Teilzeit-** **561** **beschäftigte ohne Erziehungsurlaub** erweitert, sofern sie Erziehungsgeld beziehen oder nur wegen eines übersteigenden Einkommens (§ 6 BErzGG) nicht beziehen. Voraussetzung ist aber, daß diese (teilzeitbeschäftigten) Arbeitnehmer das Kind selbst betreuen und erziehen (§ 15 Abs. 1 Nr. 2 BErzGG). Dadurch ist ihre Gleichbehandlung gegenüber den zunächst über 19 Stunden beschäftigten Arbeitnehmern gesichert, die während der Dauer des Erziehungsurlaubes ihre Arbeitszeit ermäßigt oder die Beschäftigung ganz aufgegeben haben. Hat der Arbeitnehmer nach Beginn seines Erziehungsurlaubs jedoch bei einem **anderen Arbeitgeber** ein Teilzeitarbeitsverhältnis begründet (§ 15 Abs. 4 BErzGG), fällt dieses nicht unter das Kündigungsverbot des § 18 BErzGG. § 18 BErzGG schützt nur solche Teilzeitarbeitsverhältnisse bei Dritten, die zum Zeitpunkt des Beginns des Erziehungsurlaubes bereits bestanden haben.

3. Behördliche Zulässigkeitserklärung (§ 18 Abs. 1 BErzGG)

562 Nach § 18 Abs. 1 Satz 2–4 BErzGG kann die zuständige Verwaltungsbehörde auf Antrag des Arbeitgebers die Kündigung ausnahmsweise für zulässig erklären, wenn ein „besonderer Fall" vorliegt. Hierzu ist § 2 der Verwaltungsvorschrift zum Kündigungsschutz bei Erziehungsurlaub vom 2. 1. 1986 zu beachten, der eine Aufzählung von besonderen Fällen enthält (BAnz. Nr. 1 v. 3. 1. 1986, S. 4). Für den Kündigungsausspruch gelten die oben zu § 9 MuSchG aufgeführten Verfahrensgrundsätze entsprechend. Wird die Kündigung durch die Verwaltungsbehörde für zulässig erklärt, kann sie – bei Fehlen von sonstigen Formvorschriften – auch formlos erklärt werden. § 18 BErzGG enthält keine dem § 9 MuSchG vergleichbare Formvorschrift.

4. Prozessuales

563 Wie der Sonderkündigungsschutz des § 9 MuSchG tritt auch das Kündigungsverbot des § 18 BErzGG neben einen etwaigen allgemeinen und besonderen Kündigungsschutz. Wird eine Kündigung trotz eines bestehenden Sonderkündigungsschutzes nach § 18 BErzGG ausgesprochen, ist diese nach § 134 BGB nichtig (BAG 17. 2. 1984 AP BGB § 626 Nr. 116 = NZA 1994, 656). Zur Klagefrist und die Möglichkeiten zur Auflösung des Arbeitsverhältnisses gelten die Ausführungen zum Sonderkündigungsschutz nach dem MuSchG entsprechend (Rn. 550).

564 Macht der Arbeitnehmer geltend, daß eine ausgesprochene Kündigung gegen § 18 BErzGG verstößt, ist er grundsätzlich darlegungs- und ggf. beweispflichtig für das Vorliegen der anspruchsbegründenden Voraussetzungen für die Erziehungsurlaubsberechtigung und den fristgerechten Zugang des Verlangens auf Erteilung von Erziehungsurlaub. Die Ausnahmetatbestände des § 15 Abs. 2 BErzGG (fehlende Anspruchsberechtigung) hat demgegenüber der Arbeitgeber darzulegen. Leistet ein bisher über 19 Wochenstunden beschäftigter Arbeitnehmer während des Erziehungsurlaubes eine Teilzeitbeschäftigung und wird er während dieser Beschäftigung von seinem Arbeitgeber gekündigt, hat er darzulegen und ggf. zu beweisen, daß der Umfang seiner Teilzeitarbeit rechtlich und tatsächlich 19 Wochenstunden nicht übersteigt. Im Fall der Teilzeitarbeit nach § 18 Abs. 2 Nr. 2 BErzGG hat er die Darlegungs- und Beweislast für den zumindest dem Grunde nach gegebenen Anspruch auf Erziehungsgeld. Die Zulässigkeit der Kündigung wegen einer

vorliegenden behördlichen Zulässigkeitserklärung (§ 18 Abs. 1 BErzGG) hat der Arbeitgeber darzulegen und ggf. zu beweisen.

III. Sonderkündigungsschutz nach dem SchwbG

1. Vorbemerkung

Die Kündigung des Arbeitsverhältnisses von Schwerbehinderten (§§ 1, 2 **565** SchwbG) durch den Arbeitgeber bedarf der vorherigen Zustimmung durch die Hauptfürsorgestelle (§ 15 SchwbG). Die Vorschrift enthält ein Kündigungsverbot mit Erlaubnisvorbehalt (zu den Ausnahmen Rn. 570) und erfaßt alle Kündigungsarten (ordentliche, außerordentliche sowie Änderungskündigung). Endet das Arbeitsverhältnis auf andere Weise als durch Kündigung, bedarf es keiner Zustimmung der Hauptfürsorgestelle. Hiervon ausgenommen ist nach § 22 SchwbG der Fall der Beendigung des Arbeitsverhältnisses eines Schwerbehinderten bei teilweiser oder befristeter Erwerbsminderung, Berufsunfähigkeit oder Erwerbsunfähigkeit auf Zeit.

2. Voraussetzungen

a) Schwerbehinderte/Gleichgestellte

Das Kündigungsverbot des § 15 SchwbG gilt zunächst für Schwerbehinderte **566** iSd. § 1 SchwbG. Dies sind Personen mit einem Grad der Behinderung von wenigstens 50, sofern sie ihren Wohnsitz, gewöhnlichen Aufenthalt oder ihre Beschäftigung auf einem Arbeitsplatz innerhalb der Bundesrepublik Deutschland haben. Maßgeblich für den Eintritt des Kündigungsschutzes ist die objektiv bestehende **Schwerbehinderteneigenschaft.** Ihre Feststellung (§ 4 SchwbG) hat **nur deklaratorische** und **keine konstitutive Wirkung** (BAG 10. 12. 1987 AP SchwbG § 18 Nr. 11 = NZA 1988, 428). Neben den Schwerbehinderten erfaßt der Sonderkündigungsschutz des § 15 SchwbG auch die ihnen Gleichgestellten (§ 2 SchwbG). Voraussetzung für eine Anerkennung als einem Schwerbehinderten Gleichgestellter ist (1) ein Grad der Behinderung von wenigstens 30 und (2) daß sie aufgrund ihrer Behinderung ohne die Gleichstellung einen geeigneten Arbeitsplatz nicht erlangen oder behalten können. Die **Gleichstellung** erfolgt nur auf **Antrag.** Wird diesem entsprochen, erlangt der gleichstellte Arbeitnehmer den Sonderkündigungsschutz bereits mit dem Tag der Antragstellung (§ 2 Abs. 1 Satz 2 SchwbG).

b) Arbeitnehmer

Als Arbeitnehmer iSd. §§ 15, 21 SchwbG gelten auch leitende Angestellte, **567** Heimarbeiter und diesen Gleichgestellte (§ 49 Abs. 2 Satz 2 SchwbG) sowie Auszubildende (BAG 10. 12. 1987 AP SchwbG § 18 Nr. 11 = NZA 1988, 428). Die Rechtsverhältnisse von arbeitnehmerähnlichen Personen und Organvertretern werden hingegen vom Sonderkündigungsschutz des SchwbG nicht erfaßt.

c) Kenntnis des Arbeitgebers

568 Der Sonderkündigungsschutz der §§ 15 ff. SchwbG knüpft allein an den objektiven Bestand der Schwerbehinderung an. Da der Arbeitgeber regelmäßig am Anerkennungsverfahren nicht beteiligt ist und nach Begründung des Arbeitsverhältnisses keine Verpflichtung des Arbeitnehmers besteht, ihm die Anerkennung mitzuteilen, hat der Arbeitgeber oftmals keine Kenntnis von der Schwerbehinderteneigenschaft des Arbeitnehmers, den er zu kündigen beabsichtigt. Hat der Arbeitgeber keine Kenntnis von der Schwerbehinderung, ist der Arbeitnehmer verpflichtet, dem Arbeitgeber innerhalb einer Regelfrist von einem Monat nach Zugang der Kündigung Mitteilung von der Anerkennung als Schwerbehinderter oder einer zwischenzeitlich erfolgten Antragstellung beim Versorgungsamt zu machen. Versäumt er diese Frist, verwirkt er den Sonderkündigungsschutz (BAG 16. 8. 1991 AP SchwbG 1986 § 15 Nr. 2 = NZA 1992, 23; 5. 7. 1990 AP SchwbG 1986 § 15 Nr. 1 = NZA 1991, 667). Ist die Schwerbehinderung jedoch offensichtlich (Blindheit, Taubheit), besteht der Sonderkündigungsschutz nach § 15 SchwbG auch ohne ausdrückliche Feststellung.

569 Hält der Arbeitnehmer die Regelfrist von einem Monat ein und wird seine **Schwerbehinderteneigenschaft** aufgrund des zum Kündigungszugangs bereits gestellten Antrages **später festgestellt,** kann er sich auf den Sonderkündigungsschutz berufen. Erfährt der Arbeitgeber erst nachträglich, d.h. nach Zugang der Kündigung, aber innerhalb der Monatsfrist von der bereits oder nachträglich festgestellten Schwerbehinderteneigenschaft bzw. entsprechenden Gleichstellung und hat er zu der ausgesprochenen Kündigung die Zustimmung der Hauptfürsorgestelle nicht eingeholt, ist diese wegen Verstoß gegen § 15 SchwbG unwirksam. Der Arbeitgeber muß dann eine neue Kündigung aussprechen, wenn die Hauptfürsorgestelle zuvor ihre Zustimmung erteilt hat. Teilt der Arbeitnehmer dem Arbeitgeber entweder vor Kündigungsausspruch oder innerhalb der Regelfrist von einem Monat mit, daß er einen **Antrag auf Anerkennung als Schwerbehinderter** gestellt hat, ist die Kündigung zunächst nicht wegen eines Verstoß gegen § 15 SchwbG nichtig. Die Unwirksamkeit tritt nur ein, wenn aufgrund des zum Kündigungszugang gestellten Antrages das Versorgungsamt die Anerkennung als Schwerbehinderter ausspricht. Stellt es jedoch lediglich einen Grad der Behinderung unter 50 fest, gilt der Arbeitnehmer nicht als Schwerbehinderter iSd. § 1 SchwbG, weshalb die Kündigung nicht gegen § 15 SchwbG verstößt. Der Arbeitgeber kann aber in einem solchen Fall – um das Risiko der Unwirksamkeit nach § 15 SchwbG zu vermeiden – ein **vorsorgliches Zustimmungsverfahren** bei der Hauptfürsorgestelle einleiten für den Fall, daß zugunsten des Arbeitnehmers die Schwerbehinderteneigenschaft anerkannt wird. Wird von der Hauptfürsorgestelle die Zustimmung erteilt, kann der Arbeitgeber (vorsorglich) eine zweite Kündigung, für den Fall aussprechen, daß die erste Kündigung gegen § 15 SchwbG verstößt (BAG 16. 8. 1991 AP SchwbG 1986 § 15 Nr. 2 = NZA 1992, 23).

3. Ausnahmen vom Zustimmungserfordernis

§ 20 SchwbG regelt bestimmte Ausnahmen vom Zustimmungserfordernis der **570**
Kündigung eines Schwerbehinderten. Die Zustimmung ist nicht erforderlich,
wenn
– das Arbeitsverhältnis zum Zeitpunkt des Kündigungszugangs noch nicht 6
  Monate bestanden hat (Nr. 1),
– der schwerbehinderte Arbeitnehmer auf einem Arbeitsplatz beschäftigt
  wird, der bei der Berechnung der Beschäftigungspflicht nicht mitgerechnet
  wird (§ 7 Abs. 2 Nr. 2–6 SchwbG, Nr. 2),
– der Schwerbehinderte nach Vollendung des 58. Lebensjahres ausscheidet
  und einen Abfindungsanspruch aus einem Sozialplan (gleichgestellt sind entsprechend tarifliche Vereinbarungen) bzw. Anspruch auf Knappschafts-
  ausgleichsleistung nach dem SGB VI oder Anpassungsgeld für entlassene
  Arbeitnehmer des Bergbaus hat und der Arbeitgeber ihnen die Kündigungsabsicht rechtzeitig mitteilt und sie der beabsichtigten Kündigung bis
  zu deren Ausspruch nicht widersprechen (Nr. 3).
Kein Zustimmungserfordernis besteht nach § 20 Abs. 2 SchwbG auch, **571**
wenn der Schwerbehinderte aus **Witterungsgründen** entlassen wird und seine
Wiedereinstellung bei Wiederaufnahme der Arbeit gewährleistet ist. Kommt
der Arbeitgeber seiner Wiedereinstellungsverpflichtung nicht nach, bleibt die
Kündigung wirksam. Der Arbeitnehmer ist auf die Durchsetzung seines Ein-
stellungsanspruchs angewiesen (*Stahlhacke/Preis/Vossen* Rn. 886 a).

4. Zustimmungsverfahren

a) Ordentliche Kündigung (§ 18 SchwbG)

Das Antragsverfahren und die Entscheidung der Hauptfürsorgestelle sind in **572**
den §§ 17 – 19 SchwbG geregelt. Der Antrag auf Zustimmung zu einer beabsichtigten Kündigung ist in doppelter Ausfertigung bei der für den Sitz des
Betriebes oder der Dienststelle zuständigen Hauptfürsorgestelle schriftlich zu
beantragen (§ 17 Abs. 1 SchwbG). Die Hauptfürsorgestelle trifft ihre Entscheidung nach vorheriger Anhörung des zuständigen Arbeitsamtes, der Arbeitnehmervertretung und der Schwerbehindertenvertretung sowie des Antragstellers. Nach § 18 Abs. 1 SchwbG soll eine Entscheidung der Hauptfürsorgestelle binnen einer Frist von einem Monat ergehen. Die Fristversäumung führt aber – abgesehen von dem Fall der außerordentlichen Kündigung –
nicht zu einer Zustimmungsfiktion. Der Bescheid der Hauptfürsorgestelle muß
eine Begründung sowie eine Rechtsmittelbelehrung enthalten. Er ist dem Arbeitgeber und dem schwerbehinderten Arbeitnehmer **zuzustellen** (§ 18 Abs. 2
SchwbG). Der Arbeitgeber kann eine ordentliche Beendigungs- oder Änderungskündigung erst **nach der förmlichen Zustellung** der Zustimmung erklären. Eine zuvor ausgesprochene Kündigung ist unwirksam (BAG 16. 10. 1991
AP SchwbG 1968 § 18 Nr. 1 = NZA 1992, 503). Ausreichend ist die Zustel-

lung an den Arbeitgeber; wann die Zustellung an den Schwerbehinderten erfolgt, ist unerheblich.

573　Die Bestandskraft des Zustimmungsbescheids muß der Arbeitgeber nicht abwarten, da **Widerspruch und Anfechtungsklage** des Arbeitnehmers **keine aufschiebende Wirkung** haben (§ 18 Abs. 4 SchwbG). Nach § 18 Abs. 3 SchwbG muß der Arbeitgeber die Kündigung innerhalb eines Monats nach Zustellung des zustimmenden Bescheides der Hauptfürsorgestelle erklären. Nach Ablauf der Frist wird die erteilte Zustimmung unwirksam; gleiches gilt für die nach Ablauf der Monatsfrist ausgesprochene Kündigung. Möglich ist aber die Beantragung einer (erneuten) Zustimmung zu einer Kündigung (BAG 17. 2. 1982 AP SchwbG § 15 Nr. 1 = NJW 1982, 2630).

b) Außerordentliche Kündigung (§ 21 SchwbG)

574　Der Sonderkündigungsschutz für Schwerbehinderte gilt auch bei außerordentlichen Kündigungen (§ 21 Abs. 1 SchwbG). Das **Ermessen** der Hauptfürsorgestelle bei der Entscheidung über die Zustimmung zu einer außerordentlichen Kündigung ist weitgehend gebunden. Die Zustimmung soll erteilt werden, wenn die Kündigung aus einem Grund erfolgt, der nicht im Zusammenhang mit der Behinderung steht (§ 21 Abs. 4 SchwbG). Zur Beschleunigung des Verfahrens vor der Hauptfürsorgestelle enthält § 21 SchwbG jedoch einige bedeutsame Abweichungen. Daneben verlängert sie die Kündigungserklärungsfrist für den Ausspruch einer außerordentlichen Kündigung gegenüber einem Schwerbehinderten.

575　Die **Zustimmung** der Hauptfürsorgestelle zur beabsichtigten außerordentlichen Kündigung eines Schwerbehinderten kann nur innerhalb von **zwei Wochen** nach Kenntnis der für die Kündigung maßgebenden Tatsachen **beantragt** werden (§ 21 Abs. 2 SchwbG). Fristbeginn und -berechnung richten sich nach den für die Kündigungserklärungsfrist des § 626 Abs. 2 BGB geltenden Grundsätzen. Die Hauptfürsorgestelle hat ihre Entscheidung über die Zustimmung zur beantragten Kündigung innerhalb von zwei Wochen nach Eingang des Antrages zu treffen (§ 21 Abs. 3 Satz 1 SchwbG). Wird eine Entscheidung innerhalb dieser Frist nicht getroffen, gilt die Zustimmung zur beantragten außerordentlichen Kündigung als erteilt (sog. **Zustimmungsfiktion**). Die Hauptfürsorgestelle kann jedoch den Zeitrahmen voll ausschöpfen. Die Zustimmungsfiktion tritt nicht ein, wenn innerhalb der 2-Wochen-Frist eine ablehnende Entscheidung über den Zustimmungsantrag ergeht und zur Post gegeben wird (BAG 9. 2. 1994 AP SchwbG 1986 § 21 Nr. 3 = NZA 1994, 1030). Die Zustellung einer innerhalb der Frist getroffenen Entscheidung kann deshalb auch außerhalb des genannten 2-Wochen-Zeitraumes liegen.

576　Eine Entscheidung im Sinne von § 21 Abs. 3 Satz 1 SchwbG ist durch die Hauptfürsorgestelle getroffen, wenn sie den Antrag entweder stattgegeben oder abgelehnt hat. Der Arbeitgeber kann bei Stattgabe die (außerordentliche) Kündigung bereits dann aussprechen, wenn ihm die Zustimmung mündlich oder fernmündlich durch die Behörde bekannt gegeben worden ist (BAG 15. 11. 1990 AP SchwbG 1986 § 21 Nr. 6 = NZA 1991, 553). Einer vorherigen förmlichen Zustellung des Bescheides bedarf es im Gegensatz zu einer

Zustimmung bei einer beabsichtigten ordentlichen Kündigung (§ 18 Abs. 2 SchwbG) nicht. Beruht die Zustimmung auf dem Eintritt der Zustimmungsfiktion, muß dem Arbeitgeber bekannt sein, daß innerhalb der Frist von der Behörde eine Entscheidung nicht getroffen worden ist.

Eine Erleichterung für den Arbeitgeber beim **Kündigungsausspruch** gegen- **577** über einem schwerbehinderten Arbeitnehmer enthält § 21 Abs. 5 SchwbG. Danach kann die (außerordentliche) Kündigung eines Schwerbehinderten auch **außerhalb der Frist des § 626 Abs. 2 Satz 1 BGB** erfolgen, wenn sie nur **unverzüglich**, d.h. ohne schuldhaftes Zögern nach Erteilung der Zustimmung der Hauptfürsorgestelle erklärt wird. Dabei ist unbeachtlich, ob die Zustimmung auf einer ausdrücklichen Entscheidung oder dem Eintritt der Zustimmungsfiktion beruht.

Der Arbeitgeber kann den Antrag auf **Zustimmung** zu einer außerordentli- **578** chen **mit dem zu einer hilfsweise zu erklärenden ordentlichen Kündigung verbinden.** Erteilt die Hauptfürsorgestelle die Zustimmungen zu beiden Kündigungen, ist beim Kündigungsausspruch vom Arbeitgeber zu beachten, daß er bei der (vorsorglichen) ordentlichen Kündigung die förmliche Zustellung des Bescheides abwarten muß, während er die außerordentliche Kündigung bereits nach Bekanntgabe der stattgebenden Entscheidung der Hauptfürsorgestelle erklären kann. Erteilt die Hauptfürsorgestelle die Zustimmung nur zu einer außerordentlichen Kündigung, liegt hierin nicht zugleich die Zustimmung auch zu einer (hilfsweise) oder lediglich als ordentliche Kündigung ausgesprochenen Maßnahme des Arbeitgebers (BAG 16. 10. 1991 RzK IV 8b Nr. 4; LAG Schleswig-Holstein 8. 9. 1998 LAGE § 21 SchwbG 1986 Nr. 2; LAG Berlin 9. 7. 1984 NZA 1985, 95; anders aber KR/*Etzel* § 15 SchwbG Rn. 35 für eine Zustimmung, die auf Gründe gestützt wird, die mit der Behinderung in Zusammenhang stehen).

5. Prozessuales

Will der Arbeitnehmer den Sonderkündigungsschutz nach § 15 SchwbG in An- **579** spruch nehmen, hat er im gerichtlichen Verfahren das Vorliegen einer Schwerbehinderung (§ 1 SchwbG) oder seine Anerkennung als Gleichgestellter (§ 2 SchwbG) zum Zeitpunkt der Kündigung darzulegen. Daneben ist es erforderlich, daß er angibt, daß dem Arbeitgeber die Schwerbehinderung oder die Gleichstellung zum Zeitpunkt des Kündigungsausspruchs positiv bekannt war oder diese Kenntnis innerhalb eines Monats nach dem Kündigungszugang nachgeholt worden ist. Hingegen obliegt es dem Arbeitgeber, die Tatsachen anzugeben, aus denen sich die Zustimmung der Hauptfürsorgestelle vor Ausspruch der Kündigung ergibt. Bei der **ordentlichen Kündigung** ist dementsprechend der Zeitpunkt der Zustellung des zustimmenden Bescheides darzulegen. Bei der **außerordentlichen Kündigung** ist zu unterscheiden. Will der Arbeitgeber geltend machen, die Zustimmung sei kraft der Zustimmungsfiktion des § 21 Abs. 3 SchwbG eingetreten, hat er darzulegen, wann sein Antrag bei der Hauptfürsorgestelle eingegangen ist und daß diese eine Entscheidung bis zum Fristablauf nicht getroffen sowie daß er in Kenntnis dieser Tatsache die Kündigung ausgesprochen hat. Ansonsten ist anzugeben, wann und auf welche Weise er von der zustimmenden Entscheidung der Hauptfürsorgestelle erfahren hat.

580   Gegen die Zustimmung zur Kündigung durch die Hauptfürsorgestelle kann der Arbeitnehmer Widerspruch und Klage erheben, die jedoch keine aufschiebende Wirkung (§ 18 Abs. 4 SchwbG) haben. Die Bestandskraft des **Zustimmungsbescheides** der Hauptfürsorgestelle ist jedoch Wirksamkeitsvoraussetzung für die ausgesprochene Kündigung des Arbeitgebers. Wird er entweder im Widerspruchs- oder verwaltungsgerichtlichen Verfahren rechtskräftig aufgehoben, ist die ausgesprochene Kündigung unwirksam. Ob angesichts dieser **Vorgreiflichkeit** das arbeitsgerichtliche Verfahren nach § 148 ZPO **auszusetzen** ist, ist umstritten. Dabei ist wie folgt zu differenzieren: Ergibt die Prüfung des Arbeitsgerichts, daß die Kündigung auch aus anderen Gründen (z. B. § 1 KSchG, § 102 BetrVG) unwirksam ist, bedarf es keines Zuwartens auf die verwaltungsgerichtliche Entscheidung, die Klage ist abzuweisen. Hält das Arbeitsgericht die Kündigung für wirksam hält, kommt eine Aussetzung regelmäßig nicht in Betracht, wenn die Entscheidung von einer **Beweisaufnahme** abhängig ist. Durch das Zuwarten auf eine Entscheidung der Verwaltungsgerichte wird eine Beweiserhebung weitgehend entwertet, da das Erinnerungsvermögen der Zeugen durch den Zeitablauf erheblich beeinträchtigt wird. Auch die zeitnahe Durchführung einer Beweisaufnahme und ein Abwarten auf die verwaltungsgerichtliche Entscheidung ist nicht unproblematisch, weil regelmäßig nicht gewährleistet ist, daß über den Rechtsstreit die Kammer in der damaligen Besetzung entscheiden wird.

581   Weist das Arbeitsgericht die Kündigungsschutzklage ab und obsiegt der Kläger nachfolgend vor den Verwaltungsgerichten, kann eine zuvor ergangene und für ihn nachteilige rechtskräftige Entscheidung der Arbeitsgerichte mit der **Restitutionsklage** (§§ 578, 580 ZPO) angefochten werden (BAG 26. 9. 1991 AP KSchG 1969 § 1 Krankheit = NZA 1990, 1073, 25. 11. 1980 AP SchwbG § 12 Nr. 7 = NJW 1981, 2023).

IV. Kündigungsschutz von betriebsverfassungs- und personalvertretungsrechtlichen Mandatsträgern

1. Geschützter Personenkreis

582   Der Sonderkündigungsschutz des § 15 KSchG soll unberechtigte Kündigungen von Mandatsträgern durch den Arbeitgeber verhindern und die Kontinuität ihrer Amtsführung während einer Wahlperiode sichern. Die Vorschrift schützt dementsprechend sowohl die individuelle Rechtsposition des einzelnen Amtsträgern (Schutz vor Kündigung) wie auch die kollektiven Interessen der Belegschaft an der personellen Zusammensetzung der von ihnen gewählten Arbeitnehmervertretung.

583   Der Sonderkündigungsschutz erstreckt sich auf
– **Betriebsratsmitglieder** einschließlich der in den Gesamt- und Konzernbetriebsrat entsandten Vertreter,

- Mitglieder der **Jugend-** und **Auszubildendenvertretungen** einschließlich der in die Gesamtjugend- und Auszubildenenvertretung entsandten Vertreter,
- Mitglieder der örtlichen **Personalräte** und **Stufenvertretungen** im öffentlichen Dienst sowie die der Betriebsvertretungen für deutsche Arbeitnehmer bei den alliierten Streitkräften (BAG 29. 1. 1981 AP KSchG 1969 § 15 Nr. 10 = NJW 1982, 252),
- Mitglieder der **Schwerbehindertenvertretung** (§ 26 Abs. 3, 24 Abs. 6 Satz 2 SchwbG),
- **Heimarbeiter** (§ 29a HAG),
- Mitglieder des **Wahlvorstands** und **Wahlbewerber**, d.h. die Kandidaten für eine Betriebs- oder Personalratswahl, sofern sie wählbar sind (BAG 26. 9. 1996 AP KSchG 1969 § 15 Wahlbewerber Nr. 3 = NZA 1997, 666).

Nicht dem besonderen Kündigungsschutz unterliegen   **584**

- Mitglieder von **Einigungsstellen**, betrieblichen oder tariflichen **Schlichtungsstellen** und des **Wirtschaftsausschusses**. Sie erhalten erhöhten Bestandsschutz lediglich im Rahmen des betriebsverfassungsrechtlichen Benachteiligungsverbots (§ 78 BetrVG),
- Mitglieder des **Sprecherausschusses** der leitenden Angestellten,
- **Arbeitnehmervertreter im Aufsichtsrat**, sofern sie nicht gleichzeitig Betriebsratsmitglieder sind (BAG 4. 4. 1974 AP BGB § 626 Arbeitnehmervertreter im Aufsichtsrat Nr. 1 = DB 1974, 1067),
- Mitglieder einer **zusätzlichen Arbeitnehmervertretung** nach § 3 I Nr. 1 BetrVG,
- Bewerber für die Bestellung als **Wahlvorstandsmitglieder** (LAG Baden-Württemberg 31. 5. 1974 NJW 1975, 232 = BB 1974, 885)
- **Ersatzmitglieder**, sofern sie nicht im Vertretungsfall zu Betriebsratsaufgaben herangezogen werden.

2. Beginn des Kündigungsschutzes

a) Wahlvorstand und -bewerber

Mitglieder des Wahlvorstands erhalten den Sonderkündigungsschutz des § 15   **585** Abs. 3 KSchG mit ihrer Bestellung (§§ 16 Abs. 1–2, 17 Abs. 1 und 3 BetrVG). Dies gilt nicht, wenn die **Wahl zum Wahlvorstand nichtig** war, da insoweit keine wirksame Bestellung vorliegt. Nichtigkeit der Wahl des Wahlvorstands liegt etwa vor, wenn die Einladung zu einer Betriebsversammlung nicht so bekannt gemacht worden ist, daß alle Arbeitnehmer des Betriebs hiervon Kenntnis nehmen konnten, auch nicht in anderer Weise tatsächlich hiervon erfahren haben und durch das Fernbleiben der nicht unterrichteten Arbeitnehmer das Wahlergebnis beeinflußt werden konnte (BAG 7. 5. 1986 AP KSchG 1969 § 15 Nr. 18 = NZA 1986, 753).

Der Sonderkündigungsschutz als **Wahlbewerber** tritt nur ein, wenn der Arbeit-   **586** nehmer wählbar ist und mit seiner Aufstellung einverstanden ist. Die Wählbarkeit setzt eine Betriebszugehörigkeit von zumindest 6 Monaten voraus (§ 8 BetrVG). Weitere Voraussetzung ist die erfolgte Bestellung eines Wahlvorstands, da der Kündigungsschutz nicht außerhalb, d.h. vor Beginn eines

Wahlverfahrens erworben werden kann. Schließlich muß der schriftliche Wahlvorschlag des Bewerbers mit der notwendigen Anzahl von Stützunterschriften versehen sein (§ 14 Abs. 5–7 BetrVG); seine Einreichung beim Wahlvorstand ist für den Kündigungsschutz nicht erforderlich (BAG 5. 12. 1980 AP KSchG 1969 § 15 Nr. 9 = DB 1981, 1142). Kein wirksamer Wahlvorschlag liegt vor, wenn der Wahlvorstand später Unterschriften streicht (§ 8 Nr. 3 WahlO) und dies zur Ungültigkeit führt (anders aber BAG 5. 12. 1980 AP KSchG 1969 § 15 Nr. 9 = DB 1981, 1142; wie hier ErfK/*Ascheid* § 15 KSchG Rn. 11). Ist ein Wahlvorschlag aber zunächst gültig und wird er nachträglich ungültig, entfällt der Kündigungsschutz erst ab diesem Zeitpunkt (BAG 9. 10. 1986 AP KSchG 1969 § 15 Nr. 23 = NZA 1987, 279; KR/*Etzel* § 15 KSchG Rn. 71).

587   Wird die Kündigung eines Mitglieds des Wahlvorstands oder -bewerbers vor Eingreifen des Kündigungsschutzes nach § 15 Abs. 3 KSchG in zeitlichen Zusammenhang mit einer bevorstehenden Betriebsratswahl ausgesprochen, kann sie wegen unzulässiger **Wahlbehinderung** bzw. -beeinflussung (§§ 20 Abs. 1 bzw. 2 BetrVG) unwirksam sein (BAG 4. 4. 1974 AP BGB § 626 Arbeitnehmervertreter im Aufsichtsrat Nr. 1 = DB 1974, 1067).

b) Betriebsrats-/Personalratsmitglieder

588   Für die Mitglieder der Arbeitnehmervertretungen beginnt der Sonderkündigungsschutz mit der Beginn der Amtszeit ihres Gremiums. Vor diesem Zeitpunkt, d.h. bis zur Ablauf der Amtszeit der bisherigen Arbeitnehmervertretung, ist bei erstmals gewählten Mitgliedern § 103 BetrVG entsprechend anzuwenden. Ansonsten wären sie zwar durch den nachwirkenden Kündigungsschutz als Wahlbewerber geschützt, ihre Kündigung könnte aber ohne Zustimmung des (noch amtierenden) Betriebsrats ausgesprochen werden (*Stahlhacke/Preis/Vossen* Rn. 978).

589   War die **Wahl** zur Arbeitnehmervertretung **fehlerhaft**, entfällt der Kündigungsschutz nur bei Nichtigkeit der Wahl, allerdings bleibt der nachwirkende Kündigungsschutz als Wahlbewerber erhalten (BAG 7. 5. 1986 AP KSchG 1969 § 15 Nr. 18 = NZA 1986, 753 – Geltendmachung der Nichtigkeit durch den Arbeitgeber erst im Kündigungsschutzprozeß; 27. 4. 1976 AP BetrVG 1972 § 19 Nr. 4 = NJW 1976, 2229). Ist die Wahl lediglich anfechtbar, besteht der Kündigungsschutz bis zur Rechtskraft der Entscheidung über die Unwirksamkeit der Wahl (BAG 29. 9. 1983 AP KSchG 1969 § 15 Nr. 15 = DB 1984, 302).

c) Ersatzmitglieder

590   Sie erhalten den besonderen Kündigungsschutz des § 15 Abs. 1 KSchG erst, wenn sie für ein verhindertes oder ausgeschiedenes Betriebsratsmitglied zur Betriebsratstätigkeit herangezogen werden. Vor diesem Zeitpunkt haben sie nur den nachwirkenden Kündigungsschutz des (erfolglosen) Wahlbewerbers. Ein Vertretungsfall liegt bei Krankheit, Urlaub oder dienstlicher Verhinderung des regulären Betriebsratsmitglieds vor. Allerdings ist das objektive Bestehen eines Verhinderungsfalls keine Voraussetzung für das Eingreifen des Kündigungsschutzes nach § 15 Abs. 1 Satz 1 KSchG wie auch des nachwirkenden Kündigungsschutzes, sofern das Ersatzmitglied Betriebsratstätigkeit geleistet hat. Auf den zeitlichen Umfang der Tätigkeit des Ersatzmitglieds kommt es nicht an. Der Kündigungsschutz bleibt bestehen, selbst wenn das ordentliche Betriebsratsmitglied tatsächlich nicht verhindert war. Er entfällt nur bei einem rechtsmißbräuchlichen Zusammenspiel von Betriebsrats- und Ersatzmitglied, wenn der Verhinderungsfall nur dazu dienen sollte, dem Ersatzmitglied den besonderen **Kündigungsschutz** nach § 15 Abs. 1 KSchG zu sichern oder einen bereits bestehenden Schutz „**aufzufrischen**", d. h. zu verlängern. Ein solches Verhalten setzt aber die positive Kenntnis des Ersatzmitglieds von dem fehlenden Bestehen des Verhinderungsfall voraus (BAG 5. 9. 1986 AP KSchG 1969 § 15 Nr. 26 = DB 1987, 1641). In diesem Fall besteht auch kein nachwirkender Kündigungsschutz für die „erschlichene" Betriebsratstätigkeit.

Nimmt ein Ersatzmitglied für ein verhindertes Betriebsratsmitglied dessen **591** Aufgaben war, besteht **mit Zugang der Ladung Kündigungsschutz** nach § 15 Abs. 1 KSchG für die gesamte Dauer der Vertretung zuzüglich einer ausreichenden Vorbereitungszeit (regelmäßig 3 Tage). Einer besonderen Annahme- bzw. Übernahmeerklärung des Ersatzmitglieds bedarf es nicht (BAG 6. 9. 1979 AP KSchG 1969 § 15 Nr. 7 = DB 1980, 451; 17. 1. 1979 AP KSchG 1969 § 15 Nr. 5 = DB 1979, 1136). Diese Grundsätze gelten entsprechend für die Heranziehung eines Mitglieds der **Jugend- und Auszubildendenvertretung** (BAG 23. 3. 1986 BPersVG § 9 Nr. 3 = NZA 1986, 836). Ist das zunächst geladene Ersatzmitglied seinerseits an der Betriebsratstätigkeit verhindert, rückt das an nächster Stelle stehende Ersatzmitglied nach. In diesem Fall erwerben beide Ersatzmitglieder den Kündigungsschutz nach § 15 Abs. 1 KSchG (ErfK/*Ascheid* § 15 KSchG Rn. 12 mwN.).

Scheidet ein ordentliches Betriebsratsmitglied aus dem Betriebsrat aus, rückt **592** an seiner Stelle ein Ersatzmitglied nach (zum Verfahren vgl. § 25 Abs. 2 BetrVG), ohne daß es einer besonderen **Annahmeerklärung** bedarf (BAG 17. 1. 1979 AP KSchG 1969 § 15 Nr. 5 = DB 1979, 1136). Der Kündigungsschutz besteht dementsprechend mit Wirksamwerden des Ausscheiden des bisherigen Betriebsratsmitglieds.

3. Ende des vollen Kündigungsschutzes

Für erfolglose Wahlbewerber und Mitglieder des Wahlvorstands, die nicht **593** zu Betriebsratsmitgliedern gewählt werden, endet der volle Kündigungsschutz mit der Bekanntgabe des Wahlergebnisses (§ 15 Abs. 3 Satz 1 iVm. §§ 18 Abs. 3 BetrVG, 23 Abs. 2 BPersVG, BAG 30. 5. 1978 AP KSchG 1969 § 15 Nr. 4). Vor diesem Zeitpunkt endet der volle Kündigungsschutz bei Mitgliedern des Wahlvorstand mit der Niederlegung ihres Amts oder – bei Wahlbewerbern – bei Rücknahme ihrer Kandidatur (KR/*Etzel* § 15 KSchG Rn. 71).

Bei Mandatsträgern endet der volle Kündigungsschutz (§ 15 Abs. 1 Satz 1 **594** KSchG)
– mit dem Ende der Amtszeit (§ 21 BetrVG),
– der Auflösung des Betriebsrats (§ 23 Abs. 1 BetrVG) oder

– dem Ausscheiden des einzelnen Mitglieds aus dem Organ oder dem Arbeitsverhältnis bzw. durch Versetzung in einen anderen Betrieb.

595   Endet die Amtszeit des bisherigen Betriebsrats aufgrund der in § 13 Abs. 2 Nr. 1–3 BetrVG genannten Tatbestände (wesentliche Veränderung der Arbeitnehmerzahl, Absinken der Zahl der Betriebsratsmitglieder, Rücktritt des Betriebsrats) **führt der Betriebsrat die Geschäfte weiter,** bis der neue Betriebsrat gewählt und das Wahlergebnis bekanntgegeben worden ist (§ 22 BetrVG). Bis zu diesem Zeitpunkt bleibt den amtierenden Betriebsratsmitgliedern **der volle Kündigungsschutz** des § 15 Abs. 1 Satz 1 KSchG **erhalten** (BAG 27. 9. 1957 AP KSchG 1951 § 13 Nr. 7). Endet die Mitgliedschaft hingegen durch gerichtliche Entscheidung aus den in § 24 Abs. 1 Nr. 5 und 6 BetrVG genannten Gründen (Ausschluß aus dem Betriebsrat bzw. dessen Auflösung, Feststellung der Nichtwählbarkeit), besteht der volle **Kündigungsschutz noch bis zur Rechtskraft der gerichtlichen Entscheidung** (BAG 29. 9. 1983 AP KSchG 1969 § 15 Nr. 15 = DB 1984, 302). Sinkt die Zahl der wahlberechtigten Arbeitnehmer unter fünf, verliert der gewählte Betriebsobmann zwar mit Wegfall der nach § 1 BetrVG erforderlichen Betriebsgröße seinen vollen Kündigungsschutz, nach dem Ausscheiden des 5. Arbeitnehmers schließt sich aber noch der nachwirkende Kündigungsschutz des § 15 Abs. 1 Satz 2 KSchG an. Wird ein Betrieb nach dem UmwG abgespalten, endet für den Arbeitnehmer des abgespaltenen Betriebsteils seine Mitgliedschaft im Betriebsrat des (Haupt-)Betriebs. Aufgrund der Regelung in § 323 Abs. 1 UmwG behält er aber für zwei Jahre den nachwirkenden Schutz des § 15 Abs. 1 Satz 2 KSchG. Insoweit wird § 15 Abs. 1 Satz 2 KSchG durch § 323 Abs. 1 UmwG bei der Dauer des nachwirkenden Kündigungsschutzes modifiziert.

4. Nachwirkender Kündigungsschutz

596   Nach der Beendigung des vollen Kündigungsschutzes besteht für die Dauer eines Jahres zu Gunsten der Wahlbewerber, Mitglieder des Wahlvorstands und die bisherigen Mandatsträger der **nachwirkende Kündigungsschutz** (§ 15 Abs. 3 Satz 2 bzw. Abs. 1 Satz 2 KSchG). Für Mitglieder der Bordvertretung beträgt er 6 Monate. Die Verlängerung des Kündigungsschutzes dient der Beruhigung eventueller Spannungen zwischen den Arbeitsvertragsparteien, die während der Zeit des vollen Kündigungsschutzes aufgetreten sind (BAG 13. 6. 1996 AP KSchG 1969 § 15 Wahlbewerber Nr. 2 = NZA 1996, 1032 spricht von „Abkühlung").

597   Für den Arbeitgeber bestehen während des Zeitraum des nur nachwirkenden Kündigungsschutzes bei der Kündigung des ansonsten durch § 15 Abs. 1 Satz 1 bzw Abs. 3 Satz 1 KSchG geschützten Personenkreises **nur verfahrensmäßige Erleichterungen.** Nach Ablauf des vollen Kündigungsschutzes braucht der Arbeitgeber keine Zustimmung des Betriebs- oder Personalrats nach §§ 103 BetrVG, 47 Abs. 1, 108 Abs. 1 BPersVG zu einer außerordentlichen Kündigung einzuholen bzw. sie bei Verweigerung gerichtlich ersetzen zu lassen. Jedoch bleibt auch im Nachwirkungszeitraum die **ordentliche Kündigung aus-**

geschlossen, es sei denn, die Voraussetzungen des § 15 Abs. 4 und 5 KSchG (Stillegung des Betriebs oder einer Betriebsabteilung) liegen vor. Außerhalb dieser Tatbestände ist die Beendigung des Arbeitsverhältnisses nur durch eine außerordentliche Kündigung möglich. Ohne Bedeutung ist, ob Tatsachen vorliegen, die eine außerordentliche Kündigung rechtfertigen würden und der Arbeitgeber nur das mildere Mittel der ordentlichen Kündigung wählt. Das Gesetz knüpft an die ausgesprochene Kündigungsart und nicht daran an, ob an sich ein Recht zur außerordentlichen Kündigung besteht (BAG 5. 7. 1979 AP KSchG 1969 § 15 Nr. 6 = DB 1979, 2327). Eine ohne Vorliegen der Voraussetzungen des § 15 Abs. 4 bzw. 5 KSchG ausgesprochene ordentliche Kündigung ist daher stets unwirksam, ohne daß es auf die zugrunde liegenden Vorwürfe ankommt. Eine Beteiligung einer bestehenden Arbeitnehmervertretung zu einer beabsichtigten außerordentlichen Kündigung im Nachwirkungszeitraum erfolgt dementsprechend nur im Rahmen der §§ 102 BetrVG, 79 Abs. 3 BPersVG (BAG 30. 5. 1978 AP KSchG 1969 § 15 Nr. 4 = NJW 1980, 80).

Ist auch der Zeitraum für den **nachwirkenden Kündigungsschutz abgelaufen,** kann der Arbeitgeber den vorher durch § 15 KSchG geschützten Arbeitnehmer wie jeden anderen Arbeitnehmer kündigen. Die Kündigung kann dabei auch auf Pflichtverletzungen des Arbeitnehmers gestützt werden, die der Arbeitnehmer während des vollen oder nur nachwirkenden Kündigungsschutzes begangen hat und die erkennbar nicht in einem Zusammenhang mit seiner Amtstätigkeit stehen und deshalb keinen Interessenkonflikt mit seinen arbeitsrechtlichen Pflichten begründet haben (BAG 13. 6. 1996 AP KSchG 1969 § 15 Wahlbewerber Nr. 2 = NZA 1996, 1032). Auch eine vorherige Zustimmung der Arbeitnehmervertretung oder deren gerichtliche Ersetzung ist für eine nach Ablauf des Nachwirkungszeitraums zugegangene Kündigung nicht notwendig. **598**

5. Ordentliche Kündigungen

a) Generelles Kündigungsverbot

§ 15 KSchG schließt gegenüber dem geschützten Personenkreis (Rn. 583) während des vollen und des nachwirkenden Kündigungsschutzes den Ausspruch einer ordentlichen Kündigung aus (Ausnahme bei Betriebs- und Betriebsteilstillegungen, dazu Rn. 616). Das Kündigungsverbot gilt auch für Änderungskündigungen, selbst wenn sie im Zusammenhang mit Massenänderungskündigungen ausgesprochen werden. Nach Ansicht des BAG soll allerdings bei einer Änderungskündigung, die den Amtsträger nicht wegen seiner durch § 15 KSchG geschützten Stellung trifft, nicht die gleichen Prüfungsmaßstäbe wie bei einer Beendigungskündigung heranzuziehen sein. Ein wichtiger Grund für die Änderungskündigung liege bereits dann vor, wenn **die vorgesehene Änderung der Arbeitsbedingungen für den Arbeitgeber unabweisbar ist** und **die geänderten Arbeitsbedingungen für den Funktionsträger zumutbar sind** (BAG 21. 6. 1995 AP KSchG § 15 Nr. 36 = NZA 1995, 1157). **599**

Der genannten BAG-Entscheidung lag folgender Sachverhalt zugrunde: Ein Kaufhausunternehmen schaffte im Rahmen einer allgemeinen Umstrukturie- **600** rung in seinen Filialen die Position der „Kassenaufsicht" ab. Alle hiervon betroffenen Arbeitnehmer erhielten eine Änderungskündigung mit dem Ziel der Beschäftigung als (geringer vergütete) Verkäuferin mit Kassierertätigkeiten. Zu der Gruppe der bisher als Kassenaufsicht Beschäftigten zählte auch ein Betriebsratsmitglied. Ihm gegenüber war die ordentliche Änderungskündigung grundsätzlich ausgeschlossen, weshalb ihm das Unternehmen eine außerordentliche Änderungskündigung mit sozialer Auslauffrist aussprach. Nach Ansicht des BAG war diese gerechtfertigt, da eine Weiterbeschäftigung zu den bisherigen Bedingungen nicht möglich war; auf die Einhaltung einer fiktiven Kündigungsfrist komme es nicht an (BAG 21. 6. 1995 AP KSchG § 15 Nr. 36 = NZA 1995, 1157). Da der Betriebsrat seine Zustimmung zum Ausspruch der Änderungskündigung zuvor verweigert hatte, konnte der Arbeitgeber erst nach gerichtlicher Ersetzung der Zustimmung und nach über 2 ½ Jahren Verfahrensdauer eine Änderungskündigung aussprechen.

601   Die Auffassung des BAG ist im **arbeitsrechtlichen Schrifttum** auf z. T. heftigen Widerstand gestoßen, da sie das Betriebsratsmitglied **ungerechtfertigt begünstige.** § 15 KSchG solle nur die ungerechtfertigte bzw. willkürliche Kündigung eines Amtsträgers verhindern, nicht dessen Besserstellung gegenüber vergleichbaren (und nicht besonders geschützten) Arbeitnehmern. Gehe es aber bei der Änderungskündigung nicht um den Bestand, sondern lediglich um den Inhalt des Arbeitsverhältnis des Mandatsträgers, sei der Bestand des Arbeitsverhältnisses aber nicht in Gefahr, weshalb der Schutz des § 15 KSchG in diesen Fällen zu einer Besserstellung des von ihm erfaßten Personenkreises führe. Aus diesem Grund sei die Vorschrift entgegen ihrem Wortlaut auf die Fallgestaltungen nicht anzuwenden, in denen es (nur) den Inhalt des Arbeitsverhältnisses des Amtsträgers gehe. **Werde er nur als Mitglied der Belegschaft** des Betriebs, der Betriebsabteilung oder einer Gruppe abstrakt **betroffen,** sei **auch eine ordentliche Änderungskündigung zulässig** (*Stahlhacke/Preis/Vossen* Rn. 991a; ErfK/*Ascheid* § 15 KSchG Rn. 20 jeweils mwN.; *Stahlhacke,* FS Hanau, S. 281, 285 ff.; *Oetker,* Anm. EzA § 15 n. F. KSchG Nr. 43).

602   Die Kritik der Literatur ist im Ausgangspunkt berechtigt. Bei einer betriebsbedingten Massenänderungskündigung führt der vollen Sonderkündigungsschutz zu einer nicht gerechtfertigten Besserstellung des Mandatsträgers. Allerdings liegt die **Begünstigung** nicht in dem Erfordernis des wichtigen Grundes, sondern **im Zustimmungserfordernis des Betriebsrats** vor Ausspruch der Änderungskündigung. Auch einer beabsichtigten Änderungskündigung des durch § 15 Abs. 1 Satz 1 bzw. Abs. 3 Satz 1 KSchG geschützten Personenkreises muß die jeweilige Arbeitnehmervertretung zustimmen. Das Einverständnis wird in der Praxis aber nur selten erteilt; der Arbeitgeber ist dann zur Durchführung des Zustimmungsersetzungsverfahrens gezwungen, will er die geänderten Arbeitsbedingungen durchsetzen. Bis zur rechtskräftigen Ersetzung der Zustimmung der Arbeitnehmervertretung bestehen die bisherigen Arbeitsbedingungen weiter Auch bei Obsiegen im Zustimmungsersetzungsverfahren ist der Ausspruch einer Änderungskündigung, die zu einer rückwirkenden Änderung der Arbeitsbedingungen führt, nicht zulässig. Der Sonderkündigungsschutz wirkt deshalb faktisch wegen der Notwendigkeit der Zustimmungsersetzung und der entsprechenden Verfahrensdauer für die Mandatsträger begünstigend (dazu insbesondere das Beispiel bei Rn. 600). Die Besserstellung von Mandatsträgern hat aber zu unterbleiben (vgl. § 78 Satz 2 BetrVG). Aus diesem Grund muß die Verfahrensregelung in § 103 BetrVG im Wege **teleologischer Reduktion bei der betriebsbedingten Änderungskündigung** eingeschränkt werden. Gegenüber dem geschützten Personenkreis ist der Ausspruch einer außerordentlichen (betriebsbedingten) Änderungskündigung aus wichtigem Grund auch ohne vorherige Zustimmung der jeweiligen Arbeitnehmervertretung zulässig, wenn diese den Gekündigten entweder wie alle Arbeitnehmer des Betriebs oder einer bestimmten, nach objektiven Merkmalen abgrenzbaren Gruppe von Arbeitnehmern trifft und nicht mit der Amtsausübung in Verbindung steht. Zu einem Amtsverlust kommt es auch dann nicht, wenn das Betriebsratsmitglied das Änderungsangebot unter Vorbehalt annimmt. Entsprechendes gilt für die Regelungen in den Personalvertretungsgesetzen. Da das betriebs- oder personalvertretungsrechtliche Mandat auch nicht zu einer Schlechterstellung führen darf, ist der **Kündigungsausspruch mit einer Auslauffrist** zu verbinden. Erst nach deren Ablauf wird die Änderung der Arbeitsbedingungen wirksam. Diese Auslauffrist muß zumindest der fiktiven ordentlichen Kündigungsfrist des geschützten Mandatsträgers entsprechen.

Von dem Sonderkündigungsschutz nicht erfaßt werden **andere Beendigungsformen** des Arbeitsverhältnisses (Aufhebungsvertrag, Anfechtung, Befristung, auflösende Bedingung). Auch die Vorbereitung einer Kündigung durch Ausspruch einer Abmahnung gegen über einem durch § 15 KSchG geschützten Arbeitnehmer ist während des vollen oder nur nachwirkenden Kündigungsschutzes nach allgemeinen Grundsätzen zulässig (BAG 19. 7. 1983 AP BetrVG 1972 § 87 Betriebsbuße Nr. 5 = DB 1983, 2695 mwN.; zur Zulässigkeit einer Abmahnung eines Mandatsträgers wegen einer Amtspflichtverletzung vgl. *Koch* S. 125 ff.). **603**

b) Zeitpunkt

Für das Eingreifen des Kündigungsverbots ist der Zeitpunkt des Kündigungszugangs maßgeblich, nicht, wann sie den Machtbereich des Arbeitgebers verlassen haben oder (bei einer ordentlichen Kündigung) die Kündigungsfrist abläuft. War dem Arbeitnehmer bereits vor Beginn des Sonderkündigungsschutzes des § 15 KSchG eine Kündigung ausgesprochen, ist daher ein später wirksam werdender Kündigungsschutz bei der Beurteilung ihrer Wirksamkeit ohne Bedeutung. § 15 KSchG enthält insoweit keine Rückwirkung auf bereits zugegangene Kündigungen, auch wenn die Kündigungsfrist erst später abläuft. Zum Kündigungsschutz von Betriebsratsmitgliedern vor Beginn der Amtszeit Rn. 588. **604**

6. Außerordentliche Kündigungen

a) Zustimmung der Arbeitnehmervertretung

Besteht der volle Sonderkündigungsschutz, ist gegenüber den durch § 15 KSchG geschützten Mitgliedern nur der Ausspruch einer außerordentlichen, **605**

d. h. fristlosen Kündigungen möglich, für die ein wichtiger Grund iSv. § 626 Abs. 1 BGB vorliegen muß. Während dieses Zeitraums kann die außerordentliche Kündigung nur ausgesprochen werden, wenn die jeweilige Arbeitnehmervertretung ihre Zustimmung zum beabsichtigten Kündigungsausspruch erteilt hat. Eine ohne vorherige Zustimmung ausgesprochene Kündigung verstößt gegen § 15 KSchG und ist unheilbar nichtig (BAG 30. 5. 1978 AP KSchG 1969 § 15 Nr. 4 = NJW 1980, 80 – keine nachträgliche Zustimmung möglich). Hierin liegt der Unterschied zum nur nachwirkenden Kündigungsschutz des § 15 KSchG, bei dem eine vorherige Zustimmung zur außerordentlichen Kündigung nicht erforderlich ist. Die außerordentliche Kündigung kann auch aus sozialen Gründen mit einer Auslauffrist versehen werden. Notwendig ist jedoch, daß sie eindeutig und unmißverständlich als außerordentliche erklärt wird (BAG 3. 12. 1954 AP KSchG 1951 § 13 Nr. 2 = NJW 1955, 606).

606 In **betriebsratslosen Betrieben** muß der Arbeitgeber bei der außerordentlichen Kündigung eines Wahlbewerbers oder Mitglieds des Wahlvorstands in entsprechender Anwendung des § 15 Abs. 3 Satz 1 KSchG die Zustimmung durch das Arbeitsgericht ersetzen lassen (BAG 30. 5. 1978 AP KSchG 1969 § 15 Nr. 4 = NJW 1980, 80). Gleiches gilt bei der Kündigung eines **Betriebsobmanns**, wenn ein Ersatzmitglied nicht vorhanden ist. Auch hier entfällt das Zustimmungserfordernis nicht, der Arbeitgeber kann die Kündigung erst nach rechtskräftiger Ersetzung durch das Arbeitsgericht aussprechen (BAG 16. 12. 1982 AP KSchG 1969 § 15 Nr. 13 = DB 1983, 1049).

607 Erforderlich ist die ausdrückliche Erteilung der **Zustimmung** der zuständigen Arbeitnehmervertretung (Betriebs- oder Personalrat). Äußert sich der Betriebsrat nicht innerhalb der 3-Tages-Frist des § 102 Abs. 2 Satz 3 BetrVG, gilt dies als Ablehnung des Antrag des Arbeitgebers. Die Zustimmungsfiktion des § 102 Abs. 2 Satz 2 BetrVG ist im Rahmen des § 103 BetrVG nicht (auch nicht entsprechend) anzuwenden. Wird die Zustimmung verweigert, muß der Arbeitgeber noch innerhalb der Kündigungserklärungsfrist des § 626 Abs. 2 BGB beim Arbeitsgericht beantragen, die Zustimmung der Arbeitnehmervertretung gerichtlich zu ersetzen (§ 103 Abs. 2 Satz 1 BetrVG). Wird der Antrag nicht rechtzeitig, d. h. innerhalb der 2-Wochen-Frist des § 626 Abs. BGB gestellt, ist er abzuweisen, da die außerordentliche Kündigung bzw. die notwendige Zustimmungsersetzung nicht rechtzeitig beantragt worden ist. Die Arbeitnehmervertretung kann nach Ablauf der 3-Tages-Frist des § 102 Abs. 2 Satz 3 BetrVG die Zustimmung nicht mehr nachträglich erteilen. Der Arbeitgeber ist dann auf den Ausspruch einer neuen Kündigung verwiesen. Hat er aber die Zustimmungsersetzung bei Gericht rechtzeitig beantragt, kann der Betriebsrat auch noch während des gerichtlichen Verfahrens (nachträglich) seine Zustimmung erteilen. In diesem Fall ist das anhängige Beschlußverfahren in der Hauptsache erledigt (§ 83 a ArbGG, dazu BAG 17. 9. 1981 AP BetrVG 1972 § 103 Nr. 14 = NJW 1982, 2891).

608 Im Zustimmungsverfahren nach § 103 BetrVG ist das **Betriebsratsmitglied,** dem gekündigt werden soll, **rechtlich verhindert,** an der Beratung und Beschlußfassung des Betriebsrats über die Kündigung teilzunehmen. Für das betroffene Betriebsratsmitglied ist ein Ersatzmitglied gemäß § 25 Abs. 1 Satz 2

BetrVG zu laden. Ein Verstoß führt zur Nichtigkeit des dennoch gefaßten Beschlusses (BAG 3. 8. 1999 – 1 ABR 30/98 – zVb.). Nach den Grundsätzen des Vertrauensschutzes darf der Arbeitgeber aber grundsätzlich auf die Wirksamkeit eines Zustimmungsbeschlusses nach § 103 BetrVG vertrauen, wenn ihm der Betriebsratsvorsitzende oder sein Vertreter mitteilt, der Betriebsrat habe die beantragte Zustimmung erteilt. Kein Vertrauensschutz besteht, wenn der Arbeitgeber die Tatsachen kennt oder kennen muß, aus denen die Unwirksamkeit des Beschlusses folgt. Eine Erkundigungspflicht des Arbeitgebers besteht insoweit allerdings nicht (BAG 23. 8. 1984 AP BetrVG 1972 § 103 Nr. 17 = NZA 1985, 254).

Wird die Zustimmung zur außerordentlichen Kündigung vom Betriebsrat **609** nicht erteilt, kann der Arbeitgeber ihre **Ersetzung durch das Arbeitsgericht** beantragen (§ 103 Abs. 2 Satz 1 BetrVG). Im Bereich des öffentlichen Dienstes ist der Rechtsweg zu den Verwaltungsgerichten gegeben (§§ 47, 108 BPersVG). Der Antrag ist abzulehnen, wenn bereits der Arbeitgeber das Zustimmungsverfahren gegenüber der Arbeitnehmervertretung nicht oder nicht ordnungsgemäß eingeleitet hat. Insoweit bestehen für ihn die gleichen Informationspflichten wie vor dem Ausspruch einer Kündigung eines nicht durch § 15 KSchG geschützten Arbeitnehmers (dazu ausführlich Rn. 702). Der Arbeitgeber kann von der vorherigen Durchführung des Zustimmungsverfahrens gegenüber dem Betriebs- oder Personalrat nicht Abstand nehmen bzw. verzichten und sofort das gerichtliche Verfahren nach § 103 Abs. 2 Satz 1 BetrVG anstrengen. Er muß außerdem den Ablauf der Erklärungsfrist der Arbeitnehmervertretung von 3 Tagen abwarten, bevor er das Arbeits- bzw. Verwaltungsgericht anruft. Auch **ein vorzeitiger Zustimmungsersetzungsantrag ist unzulässig** und wird nicht mit der (nachfolgenden) Zustimmungsverweigerung des Betriebs- bzw. Personalrats zulässig (BAG 24. 10. 1996 AP BetrVG 1972 § 103 Nr. 32 = NZA 1997, 371; 7. 5. 1986 AP BetrVG 1972 § 103 Nr. 18 = NZA 1986, 719). Das Arbeitsgericht entscheidet im Beschlußverfahren (§§ 2a Abs. 1 Nr. 1, 80 ff. ArbGG), das betroffene Betriebsratsmitglied ist Beteiligter (§ 103 Abs. 2 Satz 2 BetrVG). Ist die Zustimmung zur beabsichtigten Kündigung ersetzt, wird für das nachfolgende Kündigungsschutzverfahren zugleich das Bestehen des wichtigen Grunds iSv. § 626 BGB festgestellt; insoweit hat das Beschlußverfahren eine präjudizierende Wirkung (BAG 18. 9. 1997 AP BetrVG 1972 § 103 Nr. 35 = NZA 1998, 189; 24. 4. 1975 AP BetrVG 1972 § 103 Nr. 3 = DB 1975, 1610).

b) Kündigungsausspruch

Stimmt der Betriebsrat der beabsichtigten außerordentlichen Kündigung zu, **610** muß der Arbeitgeber diese innerhalb der 2-Wochen-Frist des § 626 Abs. 2 BGB erklären, d.h. den Zugang der Kündigung beim Arbeitnehmer bewirken. Die Frist für den Antrag auf Zustimmung zur beabsichtigten Kündigung verlängert oder hemmt die Kündigungserklärungsfrist des § 626 Abs. 2 BGB nicht (BAG 18. 8. 1977 AP BetrVG 1972 § 103 Nr. 10 = NJW 1978, 661). Wird die Zustimmung erst durch das Gericht ersetzt, hat der Kündigungsausspruch unverzüglich nach Eintritt der Rechtskraft zu erfolgen (BAG 22. 1.

1987 AP BetrVG 1972 § 103 Nr. 24 = NZA 1987, 563). In **betriebsratslosen Betrieben** ist der Arbeitgeber somit besser gestellt, da der Antrag auf die gerichtliche Zustimmung lediglich innerhalb der 2-Wochen-Frist beim Arbeitsgericht eingehen muß.

611   Genießt das zu kündigende Betriebsratsmitglied zugleich den Sonderkündigungsschutz für **Schwerbehinderte** (§§ 15, 21 SchwbG, dazu Rn. 572), kann die Kündigung auch nach Ablauf der Frist des § 626 Abs. 2 BGB ausgesprochen werden. Voraussetzung ist, daß entweder die (rechtzeitig beantragte) Zustimmung der Hauptfürsorgestelle oder die Zustimmungsfiktion (§ 21 Abs. 3 Satz 2 SchwbG) erst außerhalb der Kündigungserklärungsfrist erteilt wird bzw. eintritt und die Kündigung dann unverzüglich erfolgt. Entsprechendes gilt bei Ablehnung der Zustimmung des Betriebsrats; auch hier kann der Arbeitgeber vor Einleitung des Zustimmungsersetzungsverfahren beim Arbeitsgericht die Entscheidung der Hauptfürsorgestelle abwarten. Wird die Zustimmung der Hauptfürsorgestelle erteilt oder wegen des Fristablaufs fingiert, kann der Arbeitgeber das Beschlußverfahren nach § 103 Abs. 2 BetrVG auch außerhalb der Frist des § 626 Abs. 2 BGB einleiten, wenn dies nur unverzüglich nach Erteilung der Zustimmung durch die Hauptfürsorgestelle oder nach Eintritt der Zustimmungsfiktion erfolgt (BAG 22. 1. 1987 AP BetrVG 1972 § 103 Nr. 24 = NZA 1987, 563 – analoge Anwendung von § 21 Abs. 5 SchwbG).

c) Wichtiger Grund

612   **aa) Grundsätze.** Die außerordentliche Kündigung ist nur begründet, wenn ein wichtiger Grund iSv. § 626 BGB für den Kündigungsausspruch besteht. Für den Begriff des wichtigen Grundes gelten grundsätzlich die gleichen Grundsätze, wie sie für die außerordentliche Kündigung gegenüber den nicht durch § 15 KSchG geschützten Arbeitnehmern auch gelten (BAG 21. 6. 1995 AP KSchG 1969 § 15 Nr. 36 = NZA 1995, 1157). Ein wichtiger Grund besteht bei ihnen, wenn dem Arbeitgeber nach einer umfassenden Interessenabwägung die Fortsetzung des Arbeitsverhältnisses bis zum Ablauf der ordentlichen Kündigungsfrist nicht zumutbar ist. Die Übertragung dieser Grundsätze auf den § 15 KSchG geschützten Personenkreis ist nicht ohne weiteres möglich, weil ihnen ordentlich nicht gekündigt werden kann. Das Gesetz enthält insoweit eine **Regelungslücke.** Nach der bisherigen Auffassung des BAG war bei der Zumutbarkeitsprüfung als fiktive diejenige Kündigungsfrist als Maßstab heranzuziehen, die gelten würde, wenn dem Funktionsträger ordentlich gekündigt werden könnte (BAG 18. 2. 1993 AP KSchG 1969 § 15 Nr. 35 = NZA 1994, 74 mwN.). Für den Fall einer betriebsbedingten Massenänderungskündigung hat das Gericht diese Rechtsprechung aber ausdrücklich aufgegeben (BAG 21. 6. 1995 AP KSchG 1969 § 15 Nr. 36 = NZA 1995, 1157; dazu Rn. 599). In der Literatur wird überwiegend bei der Frage der Zumutbarkeit auf die fiktive ordentliche Kündigungsfrist (*Stahlhacke/Preis/Vossen* Rn. 1001c), teilweise hingegen auf den Zeitpunkt der ersten Entlassungsmöglichkeit nach Ablauf des (nachwirkenden) Sonderkündigungsschutzes abgestellt (KR/*Etzel* § 15 KSchG Rn. 22 mwN. zum Streitstand). Letztere

Auffassung ist für verhaltens- und personenbedingte Kündigungen aus gesetzessystematischen Gründen abzulehnen, weil nicht ersichtlich ist, daß der Gesetzgeber den Begriff des wichtigen Grundes in § 15 KSchG anders als in § 626 BGB verstanden haben will. Daneben würde ein Abstellen auf das Ende des nachwirkenden Kündigungsschutzes zu einer nicht gerechtfertigten Benachteiligung der Mandatsträger führen. So kann dem Arbeitgeber die Fortsetzung des Arbeitsverhältnisses bis zum Ablauf der fiktiven ordentlichen Kündigungsfrist durchaus zuzumuten sein, nicht aber bis zum (späteren) Ablauf des Sonderkündigungsschutzes. Stellt man auf den letztgenannten Zeitpunkt ab, wäre dem Arbeitgeber das Festhalten am Arbeitsverhältnis angesichts der langen Zeitspanne häufiger unzumutbar als wenn die fiktive ordentliche Kündigungsfrist für die Beurteilung einschlägig wäre. Dann aber würde der durch § 15 KSchG bezweckte Schutz der Mandatsträger in sein Gegenteil verkehrt.

bb) Betriebsbedingte Gründe. Eine außerordentliche (Beendigungs-) Kündigung aus betriebsbedingten Gründen gegenüber einem Amtsträger wird durch § 15 KSchG weder während des vollen noch des nachwirkenden Kündigungsschutzes ausgeschlossen. Allerdings käme sie nach den soeben dargestellten Grundsätzen nur in Betracht, wenn ein Beschäftigungsbedürfnis für den Funktionsträger nicht mehr besteht und dem Arbeitgeber die Fortsetzung des Arbeitsverhältnisses bis zum Ablauf der fiktiven Kündigungsfrist nicht zuzumuten ist. Ob das BAG an diesen Rechtssätzen für die betriebsbedingte Kündigung festhält, ist nach seinen Entscheidungen zur tariflichen Unkündbarkeit zumindest zweifelhaft geworden (BAG 17. 9. 1998 AP BGB § 626 Nr. 148 = NZA 1999, 258; 5. 2. 1998 AP BGB § 626 Nr. 143 = NZA 1998, 771). Danach kann die außerordentliche Kündigung gegenüber einem tariflich unkündbaren Arbeitnehmer aus betriebsbedingten Gründen ausnahmsweise unter Einhaltung der fiktiven ordentlichen Kündigungsfrist zulässig sein, wenn der Arbeitsplatz des Arbeitnehmers weggefallen ist und der Arbeitgeber den Arbeitnehmer auch unter Einsatz aller zumutbaren Mittel, ggf. durch Umorganisation seines Betriebes, nicht weiterbeschäftigen kann. Nach Auffassung des BAG ist es dem Arbeitgeber nicht zumutbar, ein wegen fehlender Beschäftigungsmöglichkeit des Arbeitnehmers „inhaltsleer" gewordenes Arbeitsverhältnis unter Fortzahlung der Vergütung aufrechtzuerhalten. Wörtlich führt das Gericht dazu aus:

„Da der Arbeitgeber prinzipiell die Möglichkeit haben muß, sein Unternehmen aufzugeben, muß er wirksam kündigen können. Er muß auch das Recht haben, darüber zu entscheiden, welche Größenordnung sein Unternehmen haben soll. Kündigungsbeschränkungen, die diese Entscheidungsfreiheit beseitigen, sind verfassungsrechtlich angreifbar. Art. 12 Abs. 1 GG schließt es ebenso aus, vom Arbeitgeber zu verlangen, ein unzumutbares Arbeitsverhältnis aufrechtzuerhalten. Unverzichtbar sind danach z.B. Beendigungsmöglichkeiten, die der Anpassung des Arbeitnehmerbestandes an die Entwicklung des Unternehmens dienen (BAG 5. 2. 1998 AP BGB § 626 Nr. 143 = NZA 1998, 771)."

Diesen Rechtssätzen ist im Grundsatz uneingeschränkt zuzustimmen. Überträgt man diese Grundsätze aber auf die (gesetzlichen) Kündigungsbeschränkungen des § 15 KSchG, liegt ein wichtiger Grund für die Beendigung des ge-

613

schützten Arbeitsverhältnisses vor, wenn für den Funktionsträger eine dauerhafte Beschäftigungsmöglichkeit entfällt. Insoweit besteht im Ergebnis zwischen dem Tatbestand des § 15 Abs. 5 KSchG und dem wichtigen Grund iSd. § 626 Abs. 1 BGB im Rahmen der § 15 Abs. 1 bzw. 3 KSchG bei einer betriebsbedingten Beendigungskündigung im Grunde kein Unterschied. Ein Arbeitsverhältnis ohne Beschäftigungsmöglichkeit braucht der Arbeitgeber nicht aufrechtzuerhalten, unabhängig davon, ob er nur einzelne Arbeitsplätze abbaut oder eine Betriebsabteilung schließt. Zur Schaffung einer anderweitigen Beschäftigungsmöglichkeit gegenüber einem durch § 15 KSchG geschützten Arbeitnehmer ist der Arbeitgeber in gleichem Maß wie bei einem tariflich unkündbaren Arbeitnehmer verpflichtet, insoweit gelten die Ausführungen unter Rn. 538 ff. entsprechend.

614   Besteht danach keine Beschäftigungsmöglichkeit, kann der Arbeitgeber das Arbeitsverhältnis durch Ausspruch einer außerordentlichen Kündigung beenden. Dabei muß allerdings eine Schlechterstellung des Funktionsträgers unterbleiben. Dementsprechend hat sie stets unter Einhaltung einer **Auslauffrist** zu erfolgen, die **der fiktiven ordentlichen Kündigungsfrist des Mandatsträgers entspricht.** Nur so wird ein systematischer Bruch mit der Regelungen in § 15 Abs. 4 bzw. 5 KSchG vermieden, die eine ordentliche Kündigung bei Stillegung des Betriebs oder einer Betriebsabteilung zulassen.

615   Die Eröffnung eines **Insolvenzverfahrens** stellt für sich allein keinen wichtigen Grund für die außerordentliche Kündigung eines Mandatsträgers dar (BAG 29. 3. 1977 AP BetrVG 1972 § 102 Nr. 11 = NJW 1977, 2182, dazu auch Rn. 496). Ein solcher kommt erst in Betracht, wenn im Betrieb oder Unternehmen keine dauerhafte Beschäftigungsmöglichkeit mehr besteht.

7. Ordentliche Kündigung bei Stillegung des Betriebs oder einer Betriebsabteilung

a) Betriebsstillegung

616   Legt der Arbeitgeber den Betrieb still, in dem der Amtsträger beschäftigt wird, ist nach § 15 Abs. 4 KSchG der Ausspruch einer ordentlichen Kündigung zulässig (BAG 14. 10. 1982 AP KSchG 1969 § 1 Konzern Nr. 1 = NJW 1984, 381). Für den Begriff der Betriebsstillegung iSd. § 15 Abs. 4 KSchG gelten gegenüber dem des § 1 KSchG keine Besonderheiten, insoweit wird auf die Ausführungen in Rn. 124 verwiesen. § 15 Abs. 4 KSchG findet auch Anwendung, wenn ein Betriebsteil geschlossen wird, für den ein eigenständiger Betriebsrat gewählt ist (§ 4 BetrVG).

617   Entgegen dem einschränkenden und insoweit mißverständlichen Wortlaut des § 15 Abs. 4 KSchG ist eine Kündigung des Arbeitsverhältnisses des Mandatsträgers nicht möglich, wenn dieser in einem **anderen Betrieb des Unternehmens** weiterbeschäftigt werden kann. Diese Einschränkung ergibt sich nicht aus § 15 Abs. 4 KSchG, der für die Kündigung die Betriebsstillegung ausreichen läßt. Neben der genannten Norm ist nach überwiegender Ansicht aber § 1 Abs. 2 KSchG zumindest entsprechend anwendbar. Der Sonderkündigungsschutz des § 15 KSchG sollte die kündigungsrechtliche Stellung der

Funktionsträger verbessern und nicht gegenüber § 1 KSchG zurückbleiben (BAG 13. 8. 1992 AP KSchG 1969 § 15 Nr. 32 = NZA 1993, 224 mwN. – teleologische Reduktion; KR/*Etzel* § 15 KSchG Rn. 93 f.; *Nerreter* NZA 1995, 54, 56; anders *Herschel/Löwisch* § 15 Rn. 4 a – Betrieb maßgeblich). Besteht nur für einen Teil der von der Betriebsstillegung betroffenen Arbeitnehmer eine Weiterbeschäftigungsmöglichkeit in einem anderen Betrieb des Unternehmens finden die allgemein Grundsätze Anwendung. Die Auswahl hat in entsprechender Anwendung des § 1 Abs. 3 KSchG zu erfolgen (ähnlich BAG 15. 12. 1994 AP KSchG 1969 § 1 Betriebsbedingte Kündigung Nr. 66 = NZA 1995, 413 – § 315 BGB, zum Streitstand umfassend Rn. 266).

618 Bei der Auswahl führt der Sonderkündigungsschutz des § 15 KSchG zu **keinem Vorrang des Funktionsträgers.** Dementsprechend ist auch die Kündigung eines Arbeitnehmers in einem **anderen Betrieb** nicht erforderlich, um dem Funktionsträger dort eine Beschäftigungsmöglichkeit zu verschaffen. Eine solche Übernahmeverpflichtung würde zu einer mit § 78 BetrVG nicht zu vereinbarenden Besserstellung des Amtsträgers führen. Der Vollzug der Betriebsstillegung führt gleichermaßen zur Beendigung seines Amts und des Sonderkündigungsschutzes bzw. der sich daraus ergebenen Begünstigungen.

619 Die (ordentliche) Kündigung nach § 15 Abs. 4 KSchG kann erst zum **Zeitpunkt der Betriebsstillegung** ausgesprochen werden. Eine vorher wirksam werdende Kündigung kann nur als außerordentliche betriebsbedingte Beendigungskündigung unter den Voraussetzungen der § 15 Abs. 1–3 KSchG erfolgen (dazu Rn. 613). Deshalb kann die Entlassung, d.h. das rechtliche Ausscheiden des durch § 15 KSchG geschützten Personenkreises erst mit der letzten Arbeitnehmergruppe vorgenommen werden, wenn die Betriebsstillegung in Stufen erfolgt (BAG 26. 10. 1967 AP KSchG 1951 § 13 Nr. 17 = DB 1968, 134). Etwas gilt nur, wenn nur noch Rest- und Abwicklungsarbeiten zu erledigen sind und der durch § 15 KSchG geschützte Personenkreis hiermit nicht betraut werden kann (*Nerreter* NZA 1995, 54, 55).

620 Da es sich bei der Kündigung nach § 15 Abs. 4 KSchG um eine ordentliche Kündigung handelt, muß die für das Arbeitsverhältnis maßgebende Kündigungsfrist eingehalten werden. Dies gilt auch, wenn der Zeitpunkt der Betriebsstillegung vor dem Ablauf der Kündigungsfrist liegt (BAG 29. 3. 1977 AP BetrVG § 102 Nr. 11 = NJW 1977, 2182). In der Insolvenz kann der Insolvenzverwalter mit der Frist des § 113 Abs. 1 Satz 2 InsO (3 Monate zum Monatsende) kündigen, wenn die ansonsten einschlägige Kündigungsfrist das Arbeitsverhältnis zu einem späteren Termin beenden würde. Ist das Arbeitsverhältnis des Mandatsträgers aufgrund einer **tariflichen** oder **einzelvertraglichen Kündigungsbeschränkung** nur aus **wichtigem Grund** kündbar, ist die Stillegung des Betriebs geeignet, eine außerordentliche Kündigung zu rechtfertigen. Der Arbeitgeber muß dann aufgrund der vertraglichen oder tariflichen Kündigungsbeschränkung eine außerordentliche (nicht ordentliche) Kündigung aussprechen und diese mit einer Auslauffrist verbinden, die der ansonsten geltenden gesetzlichen oder tariflichen Kündigungsfrist entspricht (BAG 17. 9. 1998 AP BGB § 626 Nr. 148 = NZA 1999, 258; 5. 2. 1998 AP BGB § 626 Nr. 143 = NZA 1998, 771). Das Vorliegen der Voraussetzungen des § 15 Abs. 4 KSchG führt nur dazu, daß diese außerordentliche Kündigung **ohne**

vorherige Zustimmung des Betriebsrats ausgesprochen werden kann (BAG 18. 9. 1997 AP BetrVG 1972 § 102 Nr. 35 = NZA 1998, 189). Ansonsten wird § 15 Abs. 4 KSchG verdrängt, sofern der Entlassungstermin nach der tatsächlichen Betriebseinstellung liegt.

621   Der Betriebsrat ist vor Ausspruch einer ordentlichen Kündigung nach § 15 Abs. 4 KSchG entsprechend den allgemeinen Grundsätzen nach § 102 BetrVG zu beteiligen. Erfolgt die Beteiligung nicht oder fehlerhaft, ist die ausgesprochene Kündigung nach § 102 Abs. 1 Satz 3 BetrVG unwirksam (BAG 29. 3. 1977 AP BetrVG 1972 § 102 Nr. 11 = NJW 1977, 2182). Die vorherige Zustimmung nach § 103 Abs. 1 BetrVG ist nicht erforderlich, da es sich nicht um eine außerordentliche Kündigung handelt.

b) Betriebsabteilung

622   **aa) Stillegung einer Betriebsabteilung.** § 15 Abs. 5 KSchG erlaubt die ordentliche Kündigung des durch § 15 KSchG geschützten Personenkreises, wenn (1) der Arbeitgeber eine Betriebsabteilung stillegt, (2) der Funktionsträger in dieser Betriebsabteilung zum Zeitpunkt der Stillegung beschäftigt ist und (3) nicht in eine andere Betriebsabteilung übernommen werden kann.

623   Eine **Betriebsabteilung** iSd. § 15 Abs. 5 KSchG setzt voraus
– einen organisatorisch abgegrenzten Teil eines Betriebes,
– eine personelle Einheit, der eigene Betriebsmittel zur Verfügung stehen,
– ein eigener Betriebszweck, der auch in einem bloßen Hilfszweck bestehen kann (BAG 11. 10. 1989 AP KSchG 1969 § 1 Betriebsbedingte Kündigung Nr. 47 = NZA 1990, 607).
Von einem Betriebsteil unterscheidet sich die Betriebsabteilung durch ihren **eigenständigen Zweck,** der in ihr verfolgt wird. Maßgeblich ist dementsprechend nicht die organisatorische, sondern die arbeitstechnische Abgrenzbarkeit (BAG 20. 1. 1984 AP KSchG 1969 § 15 Nr. 16 = NZA 1984, 38). Problematisch ist die Definition der Betriebsabteilung, wenn in einzelnen (unselbständigen) Betriebsteilen teilweise derselbe arbeitstechnische Zweck verfolgt wird. Besteht der Betrieb aus mehreren Betriebsteilen, ist der Begriff der Betriebsabteilung in der Regel betriebs- und nicht betriebsteilbezogen zu verstehen ist. Das BAG neigt hier offenbar großzügig zur Bildung einer betriebsteilübergreifenden Betriebsabteilung, wenn nur der in den einzelnen Betriebsteilen verfolgte arbeitstechnische Zweck identisch ist (BAG 20. 1. 1984 AP KSchG 1969 § 15 Nr. 16 = NZA 1984, 38). Voraussetzung ist aber selbst bei räumlich beieinanderliegenden Betriebsteilen, daß diese unter einer einheitlichen Leitung stehen (stärker einschränkend auch KR/*Etzel* § 15 KSchG Rn. 121). Auch **Nebenbetriebe** mit einem eigenständigen arbeitstechnischen Zweck, die dem Hauptbetrieb zugeordnet sind, stellen eine Betriebsabteilung dar (KR/*Etzel* § 15 KSchG Rn. 123). Für den Begriff der „Stillegung" gelten gegenüber dem Begriff der Betriebsstillegung bei der betriebsbedingten Kündigung iSd. § 1 KSchG keine Besonderheiten; insoweit wird auf die Ausführungen in Rn. 124 verwiesen. Erforderlich ist insbesondere die endgültige Auflösung der Arbeits- und Produktionsgemeinschaft zwischen Unternehmer und Belegschaft, die auf einem entsprechenden Willensentschluß des Unternehmers beruht.

bb) Übernahme in eine andere Betriebsabteilung. Wird die Betriebsabteilung **624** stillgelegt, ist der in ihr beschäftigte Funktionsträger in eine andere Betriebsabteilung zu übernehmen. Ist die Übernahme in eine andere Betriebsabteilung nicht möglich, besteht aber in einem anderen Betrieb den Unternehmens eine Weiterbeschäftigungsmöglichkeit, so ist – trotz des Wortlauts des § 15 Abs. 5 KSchG – der Amtsträger dorthin zu übernehmen, da § 1 Abs. 2 KSchG zumindest entsprechend anwendbar ist. Insoweit gelten die Ausführungen unter Rn. 211, 617 entsprechend.

Ist die Übernahme auf einen **freien Arbeitsplatz** in einer anderen Betriebs- **625** abteilung für den Arbeitgeber im Wege des Direktionsrechts möglich, hat der Arbeitgeber dem Amtsträger gegenüber eine Versetzung auszusprechen. Verweigert der Betriebsrat das ggf. hierfür erforderliche Einverständnis, ist die Übernahme aus Rechtsgründen nicht möglich iSd. § 15 Abs. 5 KSchG. Der Arbeitgeber kann dann von der ordentlichen Kündigungsmöglichkeit Gebrauch machen. Er ist nicht verpflichtet, ein Zustimmungsersetzungsverfahren (§ 99 BetrVG) durchzuführen. Ist zur Weiterarbeit in der anderen Betriebsabteilung die Änderung der vereinbarten Arbeitsbedingungen des Amtsträgers erforderlich, hat ihm der Arbeitgeber ein entsprechendes Änderungsangebot zu unterbreiten. Wird dies endgültig abgelehnt, kann der Arbeitgeber das Arbeitsverhältnis gleichfalls nach § 15 Abs. 5 KSchG kündigen. Im nachfolgenden Kündigungsschutzverfahren kann sich der Gekündigte nicht mehr auf die seinerzeit vorhandene Weiterbeschäftigungsmöglichkeit berufen. Äußert sich der Amtsträger nicht oder nicht eindeutig, muß der Arbeitgeber eine (ordentliche) Änderungskündigung aussprechen, um die notwendige Änderung des Arbeitsvertrags herbeizuführen (dazu ausführlich Rn. 248). Diese bedarf nicht der vorherigen Zustimmung des Betriebsrats.

Der Arbeitgeber ist regelmäßig zum Angebot einer **gleichwertigen Beschäf- 626 tigungsmöglichkeit** verpflichtet; eine geringwertige Beschäftigung erfüllt diese Voraussetzung nicht (BAG 1. 2. 1957 AP KSchG 1951 § 13 Nr. 5 = ArbuR 1957, 287), selbst wenn die bisherige Vergütung beibehalten wird. Nur wenn die Übernahme auf eine gleichwertige Beschäftigungsmöglichkeit nicht möglich ist, muß der Arbeitgeber dem Amtsträger auch **geringwertige** Weiterbeschäftigungsmöglichkeiten anbieten. Dabei scheiden entsprechend der zu § 1 KSchG vertretenen Auffassung nur solche Arbeitsplätze als ungeeignet aus, die vom Standpunkt eines objektiv urteilenden Arbeitgebers, gemessen an dem ursprünglichen Anforderungsprofil sowie an ihrem wirtschaftlichen und sozialen Status, für einen vergleichbaren Arbeitnehmer nach Treu und Glauben unter Berücksichtigung der Verkehrssitte schlechterdings nicht in Betracht kommen (dazu ausführlich Rn. 259 mwN.).

Bei **Konkurrenz mehrerer Funktionsträger** um eine Weiterbeschäftigungs- **627** möglichkeit, haben Mitglieder von (gewählten) Arbeitnehmervertretungen Vorrang vor Arbeitnehmern mit nur nachwirkenden Kündigungsschutz, da die Sicherung der Zusammensetzung einer bestehenden Arbeitnehmervertretung Vorrang vor dem individuellen Bestandsschutz hat. Innerhalb dieser Gruppen hat die Auswahl nach sozialen Gesichtspunkten zu erfolgen (§ 1 Abs. 3 KSchG analog).

628   Der Mandatsträger ist selbst dann in eine andere Betriebsabteilung zu übernehmen, wenn dort **kein zusätzlicher Beschäftigungsbedarf** besteht. Maßgeblich ist nur, daß er entsprechend seiner Qualifikation beschäftigt werden kann. Der Arbeitgeber ist verpflichtet, für den zu übernehmenden Amtsträger einem anderen Arbeitnehmer kündigen, d. h. erst eine Weiterbeschäftigungsmöglichkeit in der anderen Betriebsabteilung schaffen muß (sog. **Freikündigen**, wie hier *Berkowsky* § 19 Rn. 69 ff.; *Matthes* DB 1980, 1165, 1168 f.). Die demgegenüber vertretende Auffassung lehnt einen absoluten Vorrang der Amtsträger und hält ein Freikündigen erst nach einer Abwägung seiner Interessen mit denen des ansonsten von der Kündigung betroffenen Arbeitnehmers für zulässig (LAG Düsseldorf 25. 11. 1997 LAGE § 15 KSchG Nr. 16 = BB 1998, 1317; KR/*Etzel* § 15 KSchG Rn. 126; *Fitting* § 103 Rn. 16; *Stahlhacke/Preis/Vossen* Rn. 994 a mwN.).

629   Letzterer Sichtweise kann nicht gefolgt werden, sie wird der kündigungsschutzrechtlichen Stellung des Betriebsratsmitglieds nicht gerecht und führt zu keinen überzeugenden Ergebnissen. § 15 Abs. 5 KSchG stellt auf die objektive Einsatzmöglichkeit ab. Eine Sozialauswahl ist ebensowenig vorgesehen, wie eine Interessenabwägung. Diese würde überdies zu nicht mehr vorhersehbaren Ergebnissen führen. Abzuwägen wären nämlich soziale Kriterien, das Interesse des Betriebsrats an der Beibehaltung seiner bisherigen Zusammensetzung sowie Leistungsgesichtspunkte (*Stahlhacke/Preis/Vossen* Rn. 994 a mwN.). Ein Rückgriff auf die Grundkriterien des § 1 Abs. 3 KSchG zur Strukturierung der Auswahlentscheidung ist daher nicht möglich.

630   Der Arbeitgeber ist aber nicht verpflichtet, für den zu übernehmenden Amtsträger erst **eine Beschäftigungsmöglichkeit zu schaffen,** wenn diese zum Ablauf seiner ordentlichen Kündigungsfrist nicht besteht. In diesem Fall ist eine Übernahme nicht möglich und die Kündigung nach § 15 Abs. 5 Satz 2 KSchG ausnahmsweise zulässig. Hinsichtlich der einzuhaltenden **Kündigungsfrist** sowie der Mitwirkung der Arbeitnehmervertretung an der Kündigung des Mandatsträgers gelten die Ausführungen zu § 15 Abs. 4 KSchG entsprechend.

631   Allerdings besteht der **Vorrang nicht bei dem Personenkreis des § 15 KSchG während des nur noch nachwirkenden Kündigungsschutzes.** Der erweiterte Schutz des § 15 Abs. 5 KSchG ist nur gerechtfertigt, soweit das kollektive Interesse der Belegschaft am unveränderten Fortbestand der (bereits in der Vergangenheit) gewählten Arbeitnehmervertretung, beeinträchtigt wird. Der ansonsten durch § 15 KSchG bezweckte Schutz vor einer unberechtigten oder willkürlichen Kündigung des Arbeitgeber wird bei der Schließung einer Betriebsabteilung nicht berührt. Der Sonderkündigungsschutz würde vielmehr zu einer sachlich nicht gerechtfertigten Begünstigung und durch § 78 Satz 2 BetrVG unzulässigen Besserstellung der betroffenen Funktionsträger führen, da der durch die Schließung einer Betriebsabteilung zukünftig eintretende Personalüberhang nicht mit der (vergangenheitsbezogenen) Amtsführung des Funktionsträgers in Zusammenhang steht. Der Anwendungsbereich von § 15 Abs. 5 KSchG ist daher teleologisch zu reduzieren und auf die Arbeitnehmer beschränkt, die zum bei Ablauf der ordentlichen Kündigungsfrist Mitglieder einer der in § 15 KSchG genannten Arbeitnehmervertretungen sind.

Die ordentliche betriebsbedingte Kündigung von Funktionsträgern mit nur nachwirkenden Kündigungsschutz ist bei Schließung einer Betriebsabteilung daher zulässig, wenn für sie keine Weiterbeschäftigungsmöglichkeit mehr besteht. Allerdings sind sie nach den allgemeinen Grundsätzen ggf. in eine Sozialauswahl mit anderen Arbeitnehmern des Betriebs einzubeziehen, wenn die Tätigkeit vergleichbar sind. Ihr früheres Mandat bleibt bei der Auswahl nach § 1 Abs. 3 KSchG jedoch unberücksichtigt.

8. Prozessuales

Verstößt die Kündigung gegen § 15 Abs. 1–3 KSchG, ist sie nach § 134 BGB **632** nichtig. Ein entsprechender Verstoß kann auch außerhalb der Frist des § 4 KSchG gerichtlich geltend gemacht werden (Ausnahme: Insolvenzverfahren, § 113 Abs. 2 InsO); insoweit handelt es sich um einen sonstigen Unwirksamkeitsgrund iSv. § 13 Abs. 3 KSchG (anders nur *Herschel/Löwisch* § 15 KSchG Rn. 4). Ohne Bedeutung ist, ob die unwirksame Kündigung während des vollen oder nur nachwirkenden Kündigungsschutzes ausgesprochen worden ist bzw. es sich um eine Beendigungs- bzw. Änderungskündigung handelt (BAG 9. 4. 1987 AP Nr. 28 = NZA 1987, 807; 6. 3. 1986 AP KSchG 1969 § 15 Nr. 19 = NZA 1987, 102). Ein **Auflösungsantrag des Arbeitgebers** scheidet bei einem Verstoß gegen das Kündigungsverbot der § 15 Abs. 1–3 KSchG aus. § 13 Abs. 1 Satz 3 KSchG eröffnet nur dem Arbeitnehmer die Möglichkeit des Auflösungsantrages bei Unwirksamkeit einer außerordentlichen Kündigung.

Gleiches gilt für die Unwirksamkeit einer auf § 15 Abs. 4 bzw. 5 KSchG ge- **633** stützten ordentlichen Kündigung, da diese eine Schutznorm zu Gunsten des Arbeitnehmers darstellt und in diesen Fällen ein (einseitiger) Auflösungsantrag des Arbeitgebers ausscheidet (BAG 10. 11. 1994 AP KSchG 1969 § 9 Nr. 24 = NZA 1995, 309). Hingegen ist das Arbeitsverhältnis auf **Antrag des Arbeitnehmers aufzulösen,** selbst wenn die ausgesprochene Kündigung gegen den Sonderkündigungsschutz des § 15 KSchG verstößt, sofern sie (auch) sozialwidrig ist und dem Arbeitnehmer die Fortsetzung des Arbeitsverhältnisses nicht zuzumuten ist (§§ 9 Abs. 1, 13 Abs. 1 Satz 3 KSchG, BAG 20. 3. 1997 AP KSchG 1969 § 9 Nr. 30 = NZA 1997, 937 mwN.; KR/*Spilger* § 9 KSchG Rn. 62; anders KR/*Etzel* § 15 Rn. 94, 112; ErfK/*Ascheid* § 15 KSchG Rn. 44).

K. Beteiligungsrechte des Betriebsrats beim Kündigungsausspruch

I. Vorbemerkung

Die Pflicht, den Betriebsrat vor Ausspruch einer Kündigung zu beteiligen, **634** zählt systematisch zu den in §§ 99–105 BetrVG geregelten Beteiligungsrechten des Betriebsrats bei personellen Einzelmaßnahmen. Die Vorschrift dient dem individualrechtlichen, nach Auffassung des BAG jedoch primär dem kollektiven Interessenschutz (BAG 27. 6. 1985 AP BetrVG 1972 § 102 Nr. 37 = NZA 1986, 426; 9. 11. 1977 AP Internat. Privatrecht, Arbeitsrecht Nr. 13 = NJW 1978, 1124). Durch sie soll der Einfluß des Betriebsrats auf die Zusammensetzung der Belegschaft gewährleistet werden (BAG 15. 12. 1994 AP KSchG 1969 § 1 Betriebsbedingte Kündigung Nr. 67 = NZA 1995, 521; *Kraft*, FS Kissel, S. 611, 613f. MünchArbR/*Matthes* § 348 Rn. 2). Die Beteiligung des Betriebsrats soll in geeigneten Fällen dazu beitragen, daß der Ausspruch der Kündigung überhaupt unterbleibt. In der Praxis wird durch § 102 BetrVG aber der **individuelle Kündigungsschutz** des Arbeitnehmers verstärkt. Nach Abs. 1 Satz 3 ist eine ohne Beteiligung des Betriebsrats ausgesprochene Kündigung unwirksam. Die Unwirksamkeitsfolge tritt auch ein, wenn das Beteiligungsverfahren nicht gänzlich unterbleibt, sondern vom Arbeitgeber fehlerhaft durchführt wird.

II. Geltungsbereich

1. Arbeitnehmereigenschaft

a) Abgrenzung

Die Mitwirkungspflicht des Betriebsrats beim Kündigungsausspruch besteht **635** nur für Arbeitnehmer im Bereich der Privatwirtschaft. Für Beschäftigte im Öffentlichen Dienst gilt das BetrVG nicht (§ 130 BetrVG), sondern die Personalvertretungsgesetze des Bundes und der Länder. Im Bereich der öffentlich-rechtlich organisierten Kirchen bestehen eigene Vertretungsregelungen. Arbeitnehmer iSd. BetrVG sind Arbeiter und Angestellte einschließlich der zu ihrer Berufsausbildung Beschäftigten (§ 5 Abs. 1 BetrVG). Nicht zu den Arbeitnehmern zählen die in § 5 Abs. 2 bis 4 BetrVG genannten Personen. Dies sind

– Vertreter juristischer Personen (sog. Organvertreter, Abs. 2 Nr. 1),
– Mitglieder von Personengesamtheiten (GbR, KG, nicht rechtsfähiger Verein, OHG, Abs. 2 Nr. 2),

– aus karitativen oder religiösen Gründen Tätige (Abs. 2 Nr. 3, Ordens-
  schwestern, Diakonissen, Gastschwestern, dazu BAG 14. 12. 1994 AP
  BetrVG 1972 Rotes Kreuz § 5 Nr. 3),
– aus medizinischen oder erzieherischen Gründen Beschäftigte (Abs. 2 Nr. 4,
  dazu BAG 25. 10. 1989 AP BetrVG 1972 § 5 Nr. 40 = DB 1990, 1192)
  sowie
– Familienangehörige des Arbeitgebers (Abs. 2 Nr. 5, Ehegatte, Eltern und
  Kinder, nicht Verlobte oder Verwandte weiteren Grades),
– leitende Angestellte (Abs. 3, dazu auch Rn. 639).

636 Der **Arbeitnehmerbegriff** des § 5 Abs. 1 BetrVG bestimmt sich – vorbe-
haltlich der Abweichungen in § 5 Abs. 2 bis 4 BetrVG – nach den **allgemeinen arbeitsrechtlichen Grundsätzen** (dazu ausführlich ErfK/*Preis* § 611 BGB
Rn. 44 ff. sowie Rn. 27) und gilt einheitlich für das gesamte Betriebsverfassungsrecht (BAG 25. 3. 1992 AP BetrVG 1972 § 5 Nr. 48 = NZA 1992,
899). Der Betriebsrat ist dementsprechend bei Kündigungen von **Probe-,
Aushilfs- oder Teilzeitarbeitsverhältnissen** (einschließlich der von geringfügig
oder kurzfristig Beschäftigten, § 8 SGB IV) zu beteiligen. Der zeitliche Umfang der Beschäftigung ist für den Arbeitnehmerstatus unerheblich. Gleiches
gilt für die Dauer der zurückgelegten Betriebszugehörigkeit. Die Anhörungspflicht entfällt nicht, wenn das Arbeitsverhältnis noch nicht mehr als 6 Monate bestanden hat (zum Umfang der Mitteilung Rn. 722). Allerdings hat der
Arbeitnehmer vor Ablauf der Wartezeit des § 1 KSchG **keinen Weiterbeschäftigungsanspruch** nach § 102 Abs. 5 BetrVG, da er noch keine auf den
1. Abschnitt des KSchG gestützte (Kündigungsschutz-)Klage (§ 1 Abs. 1
KSchG) erheben kann.

637 Für die Arbeitnehmereigenschaft iSv. § 102 BetrVG und dementsprechend
das Bestehen eines Beteiligungsrechts beim Kündigungsausspruch ist sowohl
der (rechtliche) Bestand eines Arbeitsverhältnisses als auch **die faktische Eingliederung** des Arbeitnehmers in eine bestimmte Arbeitsorganisation erforderlich (BAG 21. 3. 1996 AP BetrVG 1972 § 102 Nr. 81 = NZA 1996, 974),
was insbesondere bei Kündigungen mit Auslandsbezug (Rn. 641) oder im
Konzern (Rn. 689) bedeutsam wird.

638 aa) Leiharbeitnehmer. Bei gesetzlich zulässiger Leiharbeit bleibt der Leih-
arbeitnehmer während der Zeit seiner Arbeitsleistung in dem Entleiherbetrieb Angehöriger des entsendenden Verleiherbetriebs (§ 14 AÜG). Eine
Beteiligungspflicht nach § 102 BetrVG besteht nur, wenn der **Verleiher das
Arbeitsverhältnis durch Kündigung beenden will** und beim Verleiher ein
Betriebsrat besteht. Die bloße Beendigung eines Arbeitseinsatzes im Entleiherbetrieb löst weder bei dessen Betriebsrat, noch bei dem des Verleihers
Beteiligungsrechte nach § 102 BetrVG aus. Dies gilt jedenfalls dann, wenn
die vorzeitige Beendigung nicht zugleich mit dem Ausspruch einer Kündigung verbunden ist. Ist der Vertrag zwischen Verleiher und Leiharbeitnehmer nach § 9 Nr. 1 AÜG (Fehlen der erforderlichen Erlaubnis) unwirksam,
gilt nach näherer Maßgabe von § 10 Abs. 1 AÜG ein Arbeitsverhältnis zwischen Entleiher und Leiharbeitnehmer als zustande gekommen. Tritt die Fiktion nach § 10 AÜG ein, kann der Entleiher das entstandene Arbeitsverhält-

nis mit dem (ehemaligen) Leiharbeitnehmer kündigen, die Kündigung kann auch vorsorglich ausgesprochen werden. In diesen Fällen ist vor Kündigungsausspruch der Betriebsrat des Entleiherbetriebs nach § 102 BetrVG zu beteiligen.

bb) Leitende und AT-Angestellte. Auf die Kündigung von Arbeitsverhältnis- **639** sen mit leitenden Angestellten findet § 102 BetrVG keine Anwendung, da diese **keine Arbeitnehmer** iSv. § 5 Abs. 1 BetrVG sind. Dem Betriebsrat ist die Kündigung eines leitenden Angestellten nach § 105 BetrVG lediglich rechtzeitig mitzuteilen. Das Fehlen der Mitteilung an den Betriebsrat führt nicht zur individualrechtlichen Unwirksamkeit der gegenüber dem leitenden Angestellten ausgesprochenen Kündigung (BAG 7. 12. 1979 AP BetrVG 1972 § 102 Nr. 21; 19. 8. 1975 AP BetrVG 1972 § 105 Nr. 1). Nach § 31 Abs. 2 SprAuG ist aber ein bestehender **Sprecherausschuß** der leitenden Angestellten vor jeder Kündigung eines leitenden Angestellten zu hören. Eine ohne seine Beteiligung ausgesprochene Kündigung ist unwirksam (§ 31 Abs. 2 Satz 3 SprAuG). Ob der von der Kündigung betroffene Arbeitnehmer leitender Angestellter ist, bestimmt sich nach der **unabdingbaren Regelung in § 5 Abs. 3 und 4 BetrVG.** Ohne Belang ist es, ob der Arbeitgeber, der Sprecherausschuß oder der Betriebsrat den zu Kündigenden für einen leitenden Angestellten halten oder der Status eines leitenden Angestellten arbeitsvertraglich vereinbart ist. Unerheblich ist auch, ob der Arbeitnehmer in der Vergangenheit bei der Wahl zum Sprecherausschuß oder der Betriebsratswahl mitgewählt hat. Schließlich wird der Status auch durch ein Zuordnungsverfahren (§ 18 a BetrVG) im Zusammenhang mit der Betriebsrats- bzw. Sprecherausschußwahl nicht festgelegt, was sich insbesondere aus § 18 a Abs. 5 BetrVG ergibt. Dementsprechend kann noch im Kündigungsschutzverfahren die Beteiligung der falschen Arbeitnehmervertretung (Betriebsrat/Sprecherausschuß) von dem Gekündigten geltend gemacht werden (BAG 19. 8. 1975 AP BetrVG 1972 § 105 Nr. 1). Will der Arbeitgeber in Zweifelsfällen die Unwirksamkeitsfolge vermeiden, kann er zur Kündigung sowohl den Betriebsrat wie auch den Sprecherausschuß parallel beteiligen (zur Einleitung des Beteiligungsverfahrens Rn. 702). Ein **Weiterbeschäftigungsanspruch** nach § 102 Abs. 5 BetrVG besteht nur für Arbeitnehmer iSv. § 5 Abs. 1 BetrVG und nicht für leitende Angestellte. Eine Beteiligungspflicht des Betriebsrats vor dem Kündigungsausspruch nach § 102 BetrVG besteht uneingeschränkt bei sog. **AT-Angestellten.** Als solche wird die Angestelltengruppe bezeichnet, die Tätigkeiten ausübt, die außerhalb des persönlichen Geltungsbereichs der einschlägigen Tarifverträge liegt (BAG 28. 9. 1994 AP BetrVG 1972 § 87 Lohngestaltung Nr. 68 = NZA 1995, 277). Diese sind Arbeitnehmer iSv. § 5 Abs. 1 BetrVG.

cc) Heimarbeiter. Für Heimarbeiter gilt das KSchG nicht, insoweit erhalten **640** sie durch § 102 BetrVG einen (wenn auch sehr begrenzten) individuellen Kündigungsschutz (ErfK/*Ascheid* § 1 KSchG Rn. 69). Heimarbeiter gelten als Arbeitnehmer des Betriebs, für den sie in der Hauptsache tätig werden (§ 6 Abs. 1 Satz 2, Abs. 2 Satz 2 BetrVG). Der Begriff des Heimarbeiters ergibt sich aus § 2 Abs. 1, 2 HAG (BAG 25. 3. 1992 AP BetrVG 1972 § 5 Nr. 48 =

NZA 1992, 899). Zu den Heimarbeitern zählen auch die **Hausgewerbetrei-**
bende, nicht aber die ihnen nur nach § 1 Abs. 2 HAG gleichgestellten Personen (GK-BetrVG/*Kraft* § 6 Rn. 12). Unerheblich ist der zeitliche Umfang
ihrer Tätigkeit, die Höhe des Verdienstes und ob sie den Lebensunterhalt
überwiegend mit Heimarbeit verdienen (BAG 27. 9. 1974 AP BetrVG 1972
§ 6 Nr. 1). Ihre Beschäftigung für den Betrieb muß aber gegenüber der Leistung von Heimarbeit für andere Auftraggeber überwiegen, weshalb sie betriebsverfassungsrechtlich **nur einem Betrieb zugeordnet** werden (BAG 25. 3.
1992 AP BetrVG 1972 § 5 Nr. 48; ErfK/*Eisemann* § 5 BetrVG Rn. 19). Vor
der Kündigung eines Heimarbeiters, der hauptsächlich für den Betrieb arbeitet, ist der Betriebsrat nach § 102 BetrVG anzuhören, ansonsten ist die Kündigung des Heimarbeitsverhältnisses nach § 102 Abs. 1 Satz 3 BetrVG unwirksam (BAG 7. 11. 1995 AP BetrVG 1972 § 102 Nr. 74 = NZA 1996,
380). Die Mitwirkungspflicht nach § 102 BetrVG entfällt, wenn der Heimarbeiter überwiegend für einen anderen Auftraggeber tätig ist.

b) Auslandsbezug

641 Eine Beteiligungspflicht nach § 102 BetrVG besteht nur für Arbeitnehmer
von Betrieben, die unter den räumlichen Geltungsbereich des BetrVG fallen.
Für letzteres gilt das Territorialitätsprinzip, der **Betriebssitz** muß sich auf
dem **Gebiet der Bundesrepublik Deutschland** befinden (BAG 30. 4. 1987 AP
SchwbG § 12 Nr. 15 mit krit. Anm. *Gamillscheg* = NZA 1988, 135; 21. 10.
1980 AP Internat. Privatrecht, Arbeitsrecht Nr. 17 = NJW 1981, 1175;
9. 11. 1977 AP Internat. Privatrecht, Arbeitsrecht Nr. 13 = NJW 1978, 1124).
Für einen im **Ausland gelegenen Betrieb eines deutschen Unternehmens** gilt
§ 102 BetrVG nicht, selbst wenn die Parteien des Arbeitsvertrags die Anwendbarkeit deutschen Rechts vereinbart haben. Für im Inland gelegene Betriebe eines ausländischen Unternehmens ist grundsätzlich das BetrVG anwendbar. Ohne Bedeutung ist die Staatsangehörigkeit von Arbeitgeber und
Arbeitnehmer oder das Bestehen einer wirksamen Vereinbarung über die
Geltung ausländischen Rechts (offengelassen von BAG 9. 11. 1977 AP Internat. Privatrecht, Arbeitsrecht Nr. 13 = NJW 1978, 1124 nur für den Fall,
daß in dem ausländischen Unternehmen einzelvertraglich mit sämtlichen Betriebsangehörigen die Geltung ausländischen Rechts vereinbart worden ist;
wie hier KR/*Etzel* § 102 BetrVG Rn. 16).

642 Die Anwendbarkeit des BetrVG für im Ausland tätige Arbeitnehmer ist eine Frage des persönlichen, nicht des räumlichen Geltungsbereichs des Gesetzes. Hat das Arbeitsverhältnis Auslandsbezug, entfällt die Beteiligungspflicht
nach § 102 BetrVG nur, wenn der Arbeitnehmer kein Betriebsangehöriger
des im Inland gelegenen Betriebs ist. Es ist auf im Ausland tätige Arbeitnehmer anwendbar, wenn sich deren Auslandtätigkeit als **Ausstrahlung** des In-
landsbetriebs darstellt (BAG 7. 12. 1989 AP Internat. Privatrecht, Arbeitsrecht Nr. 27 = NZA 1990, 658; 30. 4. 1987 AP SchwbG § 12 Nr. 15 = NZA
1988, 135). Danach gilt folgendes: Arbeitnehmer, die nur vorübergehend in
das Ausland entsandt werden, sind regelmäßig dem deutschen Betrieb zuzurechnen (Montagearbeiter, Fliegendes Personal). Die Zuordnung wird vom

BAG weiterhin bejaht, wenn der Arbeitnehmer zunächst in einem inländischen Betrieb tätig war und sich hieran ein nur vorübergehender Auslandseinsatz anschließt (Vertretung in einer ausländischen Niederlassung, BAG 21. 10. 1980 AP Internat. Privatrecht, Arbeitsrecht Nr. 17 = NJW 1981, 1175). Bei einer dauernden Entsendung und Eingliederung in einen Auslandsbetrieb fehlt es hingegen an der Ausstrahlung, die Beteiligungspflicht nach § 102 BetrVG entfällt. Ob eine nur **vorübergehende oder dauernde Auslandstätigkeit** vorliegt, ist nach den getroffenen Vereinbarungen zu beurteilen. Als Anhaltspunkt für den nur vorübergehenden Auslandseinsatz spricht insbesondere seine zeitliche Befristung oder die arbeitsvertragliche Verpflichtung des Arbeitnehmers, ggf. im Inland tätig zu werden (sog. Rückrufmöglichkeit). Eine Zugehörigkeit zum Inlandsbetrieb trotz eines dauerhaften Auslandseinsatzes besteht, wenn der Arbeitnehmer seine Weisungen aus dem Inlandsbetrieb erhält, dieser etwa die Einsatzplanung des Arbeitnehmers im Ausland vornimmt. Hier liegt keine Eingliederung in den ausländischen Betrieb vor. Wird der Arbeitnehmer aber nicht nur vorübergehend in eine organisatorisch eigenständige Auslandsniederlassung eingegliedert, ist bei fehlender Rückrufmöglichkeit der für die Beteiligungspflicht notwendige Inlandsbezug nicht gegeben. Dies gilt insbesondere, wenn der Arbeitnehmer ausschließlich für einen Auslandseinsatz eingestellt worden und eine vorherige Tätigkeit in einem inländischen Betrieb nicht erfolgt ist (BAG 30. 4. 1987 AP SchwbG § 12 Nr. 15 = NZA 1988, 135).

Ist **die Zuordnung zum Inlandsbetrieb** umstritten, hat der Arbeitgeber **643** darzulegen und ggf. zu beweisen, daß keine Beteiligungspflicht vor Ausspruch der Kündigung besteht, wenn der Arbeitnehmer zuvor in einem Inlandsbetrieb beschäftigt war. Auch bei einem langjährigen Auslandseinsatz besteht **keine Vermutung** zu seinen Gunsten, daß der Arbeitnehmer nicht mehr Betriebsangehöriger ist (anders LAG Rheinland-Pfalz 10. 12. 1996 DB 1997, 1723 = BB 1997, 2002). Hat der Arbeitnehmer hingegen im Inland keine Arbeitsleistung erbracht, so ist er für die tatsächlichen Voraussetzungen der Ausstrahlung, d.h. eines Inlandsbezugs darlegungs- und beweispflichtig.

c) Tendenzbetriebe

Die Mitwirkung des Betriebsrats beim Ausspruch von Kündigungen kann bei **644** Tendenzbetrieben eingeschränkt sein. Um solche handelt es sich bei Unternehmen und Betrieben, die unmittelbar und überwiegend den in § 118 Abs. 1 Nr. 1 und 2 BetrVG genannten Bestimmungen oder Zwecken dienen. Auf diese finden die Vorschriften des BetrVG keine Anwendung, soweit die Eigenart des Unternehmens oder Betriebs dem entgegensteht (§ 118 Abs. 1 2. Halbs. BetrVG). Eine Einschränkung des Mitwirkungsrechts kommt aber nur bei Kündigungen von sog. Tendenzträgern in Betracht. Dies sind Arbeitnehmer, für deren Tätigkeit die Bestimmungen und Zwecke der in § 118 BetrVG genannten Unternehmen und Betriebe prägend sind. Nicht zu den Tendenzträgern zählen Arbeitnehmer in einem Tendenzbetrieb, die keine tendenzbezogenen Aufgaben wahrzunehmen haben (BAG 3. 11. 1982 AP KSchG 1969 § 15 Nr. 12 = NJW 1983, 1221). Bei Kündigungen gegenüber

Nicht-Tendenzträgern besteht das Beteiligungsrecht des Betriebsrats uneingeschränkt.

645 Die Rechtslage bei der Kündigung eines **Tendenzträgers** ist umstritten. Vereinzelt wird vertreten, daß das Verfahren nach § 102 BetrVG stets durch eine Mitteilungspflicht analog § 105 BetrVG ersetzt wird (HSG/*Hess* § 118 Rn. 47 ff.). Für eine derart weitreichende Beschränkung der Beteiligungsrechte bietet § 118 Abs. 1 BetrVG aber keine gesetzliche Grundlage, vielmehr ist zunächst nach den Kündigungsgründen zu differenzieren. Erfolgt die Kündigung nicht aus tendenzbezogenen Gründen, ist § 102 BetrVG nach überwiegender Ansicht uneingeschränkt anwendbar (KR/*Etzel* § 102 BetrVG Rn. 13 mwN.; anders *Richardi* § 118 Rn. 166 – kein Widerspruchsrecht). Tendenzbezogene Gründe liegen nicht vor, wenn der Arbeitgeber seine Kündigung auf eine Schlechtleistung stützt und sich die behaupteten Leistungsmängel nicht tendenzbezogen auswirken (Häufiges Zuspätkommen, fehlender Nachweis der Arbeitsunfähigkeitsbescheinigung).

646 Erfolgt die Kündigung aus **tendenzbedingten Gründen,** unterliegt der Arbeitgeber bei der Mitteilung der Kündigungsgründe keinen Einschränkungen, auch tendenzbezogene Kündigungsgründe sind dem Betriebsrat vollständig darzulegen (BVerfG 6. 11. 1979 AP BetrVG 1972 § 118 Nr. 14 = NJW 1980, 1084, 1093 – kein Verstoß gegen Pressefreiheit; BAG 3. 11. 1982 AP KSchG 1969 § 15 Nr. 12 = NJW 1983, 1221). Bei seinen Einwendungen ist der Betriebsrat nach Ansicht des BAG aber auf soziale Gesichtspunkte beschränkt, weshalb kein Weiterbeschäftigungsanspruch nach § 102 Abs. 5 BetrVG besteht (BAG 7. 11. 1975 AP BetrVG 1972 § 118 Nr. 4 = NJW 1976, 727). Dem ist nicht zuzustimmen. Auch bei einer Kündigung aus tendenzbedingten Gründen steht dem Betriebsrat grundsätzlich das volle Beteiligungsrecht nach § 102 BetrVG zu, wozu auch die Erhebung eines Widerspruchs zählt (Abs. 3). Der Weiterbeschäftigungsanspruch (Abs. 5) entfällt nach § 118 Abs. 1 2. Halbs. BetrVG nur, wenn die Weiterbeschäftigung die Tendenzverwirklichung beeinträchtigt, was der Arbeitgeber konkret dazulegen hat.

647 Nach § 118 Abs. 2 BetrVG findet das BetrVG und damit auch § 102 BetrVG keine Anwendung bei Kündigungen von Arbeitnehmern, die bei **Religionsgemeinschaften** sowie ihren karitativen bzw. erzieherischen Einrichtungen beschäftigt sind. Von dieser Vorschrift nicht betroffen sind Mitarbeiter der öffentlich-rechtlich organisierten Kirchen. Sie werden bereits durch § 130 aus dem BetrVG ausgeklammert. § 118 Abs. 2 BetrVG betrifft daher nur privatrechtlich organisierte Religionsgemeinschaften sowie ihre karitativen und erzieherischen Einrichtungen.

d) Abdingbarkeit

648 Die Beteiligungspflicht des Betriebsrats nach § 102 BetrVG steht regelmäßig nicht zur Disposition von Betriebsrat und Arbeitnehmer. Beide können nicht wirksam auf die Durchführung des Anhörungsverfahrens verzichten. Ein Verzicht des Betriebsrats auf Mitbestimmungsrechte ist unzulässig (grundsätzlich BAG 26. 8. 1997 AP BetrVG 1972 § 112 Nr. 117 = NZA 1998, 216; 23. 6. 1992 AP BetrVG 1972 § 77 Nr. 55 = NZA 1993, 229; für die

Beteiligung nach § 102 KR/*Etzel* § 102 BetrVG Rn. 75). Dies gilt im Ergebnis auch für einen **Verzicht des Arbeitnehmers,** da das Beteiligungsverfahren nach Ansicht des BAG auch das kollektive Interesse des Betriebsrats an der Zusammensetzung der Belegschaft schützt (BAG 27. 6. 1985 AP BetrVG 1972 § 102 Nr. 37 = NZA 1986, 426; 9. 11. 1977 AP Internat. Privatrecht, Arbeitsrecht Nr. 13 = NJW 1978, 1124). Die Mitwirkung des Betriebsrats steht daher nicht im Belieben des Arbeitnehmers, es sei denn, kollektive Interessen würden ausnahmsweise vom Kündigungsausspruch nicht berührt. Voraussetzung für einen individualrechtlichen Verzicht wäre dann eine nach Bekanntwerden der Kündigungsabsicht eindeutige und unmißverständliche Erklärung des Arbeitnehmers, ein vor diesem Zeitpunkt erklärter Verzicht ist unwirksam. Davon zu trennen ist die Auswirkung eines vom Arbeitnehmer erklärten unwirksamen Verzichts im nachfolgenden Kündigungsschutzverfahren. In diesem ist er gehindert, die Unwirksamkeit der Kündigung nach § 102 Abs. 1 Satz 3 BetrVG geltend zu machen, wenn er zuvor den Arbeitgeber von der Durchführung des Anhörungsverfahrens abgehalten hat. Ein solches Verhalten verstößt gegen das **Verbot widersprüchlichen Verhaltens** (venire contra factum proprium, § 242 BGB, wie hier KR/*Etzel* § 102 BetrVG Rn. 75; anders GK-BetrVG/*Kraft* § 102 Rn. 82).

e) Sonderkündigungsschutz (§ 102 Abs. 7 BetrVG)

Andere Mitwirkungsrechte des Betriebsrats nach dem KSchG werden durch **649** § 102 BetrVG nicht berührt, was dessen Abs. 7 ausdrücklich klarstellt. Der gekündigte Arbeitnehmer kann binnen einer Woche nach der Kündigung Einspruch beim Betriebsrat einlegen (§ 3 KSchG), daneben wird die Beteiligungspflicht des Betriebsrats beim Ausspruch von anzeigepflichtigen Massenentlassungen (§ 17 Abs. 2–3 b KSchG, dazu Rn. 464) durch das Verfahren nach § 102 BetrVG nicht ersetzt.

2. Kündigung und andere Beendigungsformen

a) Kündigung

aa) Grundsätze. Die Beteiligungspflicht besteht für alle Formen der Kündi- **650** gung, die zur Vertragsbeendigung führen können. Erfaßt werden aber nur Kündigungen des Arbeitgebers, nicht des Arbeitnehmers. Unerheblich für die Mitwirkungspflicht ist das Eingreifen des allgemeinen Kündigungsschutzes (§ 1 KSchG), auch bei einer Kündigung vor Ablauf der Wartezeit ist der Betriebsrat anzuhören (zum Umfang der Mitteilungspflicht Rn. 702, zur Kündigung vor Dienstantritt Rn. 656). Gleiches gilt für die Kündigung eines **Aushilfs- und Probearbeitsverhältnisses,** ebenso besteht die Beteiligungspflicht bei der Beendigung eines Arbeitsverhältnisses mit einer tariflich zulässigen Eintagesfrist (LAG Hamm 5. 7. 1995 BB 1996, 959), auch wenn hierdurch eine zeitliche Verzögerung eintritt. Der Betriebsrat ist auch anzuhören bei einer **vorsorglichen** (Hauptanwendungsfall: außerordentliche, hilfsweise ordentliche Kündigung, dazu insbesondere Rn. 770) und **bedingten** Kündigung. Deren Ausspruch ist zwar regelmäßig bedingungsfeindlich, eine Ausnahme macht die Rechtsprechung aber bei Kündigungen, bei denen der Eintritt der Bedingung ausschließlich vom Willen des Kündigungsempfängers abhängt (sog. Potestativbedingung, BAG 9. 7. 1981 AP BGB § 620 Bedingung Nr. 4 = NJW 1982, 788; 10. 11. 1994 AP KSchG 1969 § 9 Nr. 24 = NZA 1995, 309 – Zustimmung eines Dritten). Schließlich bedarf auch die Kündigung eines betrieblichen **Ausbildungsverhältnisses** (Auszubildende, Praktikanten, Volontäre, Umschüler) der vorherigen Anhörung des Betriebsrats. Endet das Arbeitsverhältnis hingegen auf andere Weise als durch Kündigung, besteht keine Beteiligungspflicht des Betriebsrats nach § 102 BetrVG.

651 **bb) Wiederholungskündigung.** Nach § 102 Abs. 1 Satz 1 BetrVG ist der Betriebsrat vor „jeder" Kündigung anzuhören. Problematisch sind die Fälle, in denen der Arbeitgeber bereits eine Beteiligung nach § 102 BetrVG durchgeführt und eine Kündigung ausgesprochen hat, später aber eine weitere, auf den gleichen Sachverhalt gestützte Kündigung ausspricht (sog. Wiederholungskündigung). Durch diese will er oftmals keinen neuen Beendigungstatbestand setzen, sondern lediglich die Wirksamkeit der Kündigung überhaupt erst herstellen. Dies ist etwa notwendig, wenn eine zuvor ausgesprochene Kündigung dem Arbeitnehmer nicht zugegangen ist oder der Arbeitgeber hierüber keine Gewißheit hat, etwa weil der Zugang nicht zweifelsfrei nachweisbar ist. Hat der Arbeitgeber den Betriebsrat bereits angehört und ist der **Zugang der Kündigungserklärung an den Arbeitnehmer bisher fehlgeschlagen,** kann der Arbeitgeber ohne erneute Betriebsratsbeteiligung die Kündigung aussprechen, d.h. ihren Zugang bewirken, wenn noch ein zeitlicher Zusammenhang zur Anhörung besteht und der Sachverhalt sich nicht geändert hat (BAG 6. 2. 1997 EzA § 102 BetrVG 1972 Nr. 95).

652 Ist die **erste Kündigung** dem Arbeitnehmer jedoch **zugegangen,** führt dies nach Ansicht des BAG regelmäßig zu einer erneuten Beteiligungspflicht nach § 102 BetrVG (BAG 16. 9. 1993 AP BetrVG 1972 § 102 Nr. 62 = NZA 1994, 311; 11. 10. 1989 AP BetrVG 1972 § 102 Nr. 55 = NZA 1990, 748). Das Gericht beurteilt die Erforderlichkeit eines nochmaligen Anhörungsverfahrens danach, ob der Arbeitgeber seinen ursprünglichen Kündigungswillen bereits verwirklicht hat. Das Gestaltungsrecht und mit ihr die erfolgte Betriebsratsanhörung ist daher mit Zugang der Kündigungserklärung regelmäßig verbraucht. Dies gilt auch, wenn dem Arbeitgeber beim Ausspruch der Wiederholungskündigung der Zugang der ersten Kündigung nicht bekannt ist. Erfolgt beispielsweise die Kündigung eines Schwerbehinderten zunächst ohne Mitwirkung der Hauptfürsorgestelle, ist deshalb vor einem nachfolgenden Kündigungsausspruch nach deren zwischenzeitlich erklärter Zustimmung das Verfahren nach § 102 BetrVG zu wiederholen (LAG Hamm 13. 4. 1992 LAGE § 102 BetrVG 1972 Nr. 31; anders aber LAG Hamm 10. 12. 1996 BB 1997, 2002 bei zeitlichem Zusammenhang von erster und zweiter Kündigung). In diesen Fällen war der ursprüngliche Kündigungsentschluß des Arbeitgebers bereits verwirklicht und die bereits durchgeführte Betriebsratsanhörung verbraucht. Einen „**Verbrauch**" des **Kündigungsrechts** nimmt das BAG auch an, wenn ein Bevollmächtigter für den Arbeitgeber kündigt und dieser wegen nachträglich eintretender Zweifel an der Zurechenbarkeit der ersten Kündigung eine weitere Kündigung ausspricht (BAG 31. 1. 1996 AP BetrVG 1972 § 102 Nr. 80 = NZA 1996, 649). Eine **erneute Beteiligung des Betriebsrats** nach einer bereits ausgesprochenen Kündigung ist nach dem BAG nur entbehrlich, wenn das frühere Anhörungsverfahren ordnungsgemäß war, der Betriebsrat der Kündigung vorbehaltlos zugestimmt hat und die Wiederholungskündigung in engem zeitlichen Zusammenhang ausgesprochen und auf denselben Sachverhalt gestützt wird (BAG 16. 9. 1993 AP BetrVG 1972 § 102 Nr. 62 = NZA 1994, 311; 11. 10. 1989 AP BetrVG 1972 § 102 Nr. 55 = NZA 1990, 748). Gleiches gilt, wenn etwa der Arbeitgeber vor Ablauf des Beteiligungsverfahrens kündigt und nach dessen Beendigung die Kündigung wiederholt. Hier ist die erste Kündigung ohne Beteiligung des Betriebsrats ausgesprochen und die Kündigungsabsicht, zu der die Arbeitnehmervertretung angehört wurde, noch nicht verbraucht.

Die Auffassung des BAG zur Wiederholungskündigung ist zu restriktiv und **653** insoweit abzulehnen. Bei der Erforderlichkeit eines erneuten Beteiligungsverfahrens **ist nicht auf einen bereits erfolgten Zugang** der ersten Kündigung, sondern auf **die (subjektiven) Vorstellungen des Arbeitgebers** abzustellen. Der Betriebsrat ist nicht erneut zu beteiligen, wenn der Arbeitgeber keine „neue" Kündigung aussprechen will, also **keinen neuen Kündigungsentschluß** faßt. An einem neuen Kündigungsentschluß fehlt es, wenn er eine frühere Kündigung lediglich bestätigt und zu dieser das Beteiligungsverfahren ordnungsgemäß durchgeführt hatte (LAG Baden-Württemberg 28. 4. 1997 LAGE § 102 BetrVG 1972 Nr. 57; offengelassen von BAG 16. 9. 1993 AP BetrVG 1972 § 102 Nr. 62 = NZA 1994, 311), die Formnichtigkeit einer früheren Kündigung heilen oder den Zugang der ersten Kündigung zur Sicherheit erneut bewirken will (wie hier GK-BetrVG/*Kraft* § 102 Rn. 28; anders wohl aber BAG 11. 10. 1989 AP BetrVG 1972 § 102 Nr. 55 = NZA 1990, 748). In diesen Fällen berücksichtigt der Arbeitgeber keine neuen kündigungsrelevanten Tatsachen, zu denen er den Betriebsrat zuvor nicht beteiligt hat und die eine (erneute) Beteiligung nach § 102 BetrVG erfordern würden. Von der Wiederholungskündigung zu unterscheiden ist die Problematik, wie lange nach Beteiligung des Betriebsrats der Arbeitgeber mit dem Kündigungsausspruch warten darf (sog. **Vorratskündigung**, dazu Rn. 680). Zur Umdeutung einer außerordentlichen in eine ordentliche Kündigung Rn. 770.

cc) Änderungskündigung. Der Betriebsrat ist auch vor Ausspruch einer Än- **654** derungskündigung (§ 2 KSchG) zu beteiligen. Wegen des notwendigerweise in der Änderungskündigung enthaltenen Ausspruchs einer Beendigungskündigung ist die vorherige Beteiligung des Betriebsrats nach § 102 BetrVG niemals entbehrlich. Nimmt der Arbeitnehmer allerdings das Änderungsangebot vorbehaltlos an, bleibt eine unterlassene Betriebsratsmitwirkung für den Arbeitgeber ohne Folgen, da die geänderten Vertragsbedingungen dann nicht einseitig, sondern einvernehmlich vereinbart werden. Der Arbeitnehmer kann die fehlende oder fehlerhafte Beteiligung nach § 102 BetrVG nach Annahme des Vertragsangebots nicht (mehr) geltend machen. Nimmt er hingegen das Angebot unter Vorbehalt an und erhebt er fristgerecht Änderungsschutzklage, kann er diese neben der Sozialwidrigkeit der geänderten Vertragsbedingungen auch auf die Unwirksamkeit der Änderungskündigung nach § 102 BetrVG stützen. Die fehlende oder fehlerhafte Betriebsratsbeteiligung kann nach § 13 Abs. 3 KSchG auch bei einer unter Vorbehalt angenommenen Änderungskündigung gerichtlich geltend gemacht werden, wenn die Klage außerhalb der 3-Wochen-Frist des § 4 KSchG erhoben wird (BAG 28. 5. 1998 AP KSchG 1969 § 2 Nr. 48 = NZA 1998, 1167). Liegt in der durch die Änderungskündigung beabsichtigten Änderung der Arbeitsbedingungen gleichzeitig eine Versetzung, ist in Betrieben mit in der Regel mehr als 20 wahlberechtigten Arbeitnehmern der Betriebsrat sowohl nach § 102 BetrVG zur beabsichtigten Änderungskündigung anzuhören und darüber hinaus nach § 99 BetrVG zu beteiligen (dazu ausführlich Rn. 446).

655 **dd) Teilkündigung/Widerrufsvorbehalt.** Die Teilkündigung stellt die einseitige Änderung der Vertragsbedingungen gegen den Willen der anderen Vertragspartei dar. Trotz ihres mißverständlichen Wortlauts wird von der Kündigung das Arbeitsverhältnis nicht in seinem gesamten Bestand erfaßt, der Kündigende will sich vielmehr unter Aufrechterhaltung des Arbeitsverhältnisses im übrigen nur von einzelnen Rechten oder Pflichten aus dem Arbeitsverhältnis lösen. Im Gegensatz zur Änderungskündigung **fehlt ihr das Element der Beendigungskündigung** des gesamten Arbeitsverhältnisses (BAG 14. 11. 1990 AP BGB § 611 Arzt-Krankenhaus-Vertrag Nr. 25 = NZA 1991, 377; 7. 10. 1982 AP BGB § 620 Teilkündigung Nr. 5 = NJW 1983, 2284). Nach Ansicht der Rechtsprechung ist die Teilkündigung im Arbeitsrecht grundsätzlich unzulässig. Nur wenn das Recht zu ihrem Ausspruch dem Kündigenden entweder durch Vertrag, Tarifvertrag oder Betriebsvereinbarung eingeräumt wird und sie nicht zu einer Umgehung von zwingenden Kündigungsvorschriften führt, wird sie als zulässig angesehen (BAG 14. 11. 1990 AP BGB § 611 Arzt-Krankenhaus-Vertrag Nr. 25 = NZA 1991, 377). Nach überwiegender Ansicht ist der Betriebsrat vor Ausspruch einer Teilkündigung nicht nach § 102 BetrVG zu beteiligen, da das Arbeitsverhältnis nicht insgesamt gekündigt werde (GK-BetrVG/*Kraft* § 102 Rn. 26 mwN.). Zur Begründung wird im wesentlichen auf die fehlende Kündigung des gesamten Arbeitsverhältnisses verwiesen. Dem kann nicht gefolgt werden. Nach dem Wortlaut von § 102 Abs. 1 Satz 1 BetrVG ist der Betriebsrat vor jeder Kündigung zu hören, eine Kündigung des gesamten Arbeitsverhältnisses wird nicht verlangt. Ist aber die Möglichkeit zur Teilkündigung vereinbart und wird hiervon Gebrauch gemacht, so ist der Betriebsrat nach § 102 BetrVG zu beteiligen. Ohne Belang ist es, ob die Teilkündigung materiell-rechtlich zulässig ist. Keine Beteiligungspflicht besteht aber bei dem Widerruf einer unter Widerrufsvorbehalt gestellten Leistung durch den Arbeitgeber, da es sich schon vom Wortlaut her um keine Kündigung handelt.

656 **ee) Kündigung vor Dienstantritt.** Eine Kündigung vor Dienstantritt ist grundsätzlich zulässig. Etwas anderes gilt nur, wenn die Parteien eine abweichende Vereinbarung getroffen haben. Der vertragliche Ausschluß setzt entweder eine ausdrückliche Regelung oder einen erkennbaren beiderseitigen Willen der Vertragsparteien voraus (BAG 9. 5. 1985 AP BGB § 620 Nr. 4 = NZA

1986, 671). Diese Grundsätze gelten auch für die Kündigung eines befristeten Arbeitsvertrages (BAG 19. 6. 1980 AP BGB § 620 Befristeter Arbeitsvertrag Nr. 55 = NJW 1981, 246) und eines Berufsausbildungsverhältnisses (BAG 17. 9. 1987 AP BBiG § 15 Nr. 7 = NZA 1988, 735). Bei einer vor Vertragsbeginn erklärten Kündigung ist entgegen der wohl herrschenden Ansicht der Betriebsrat nach § 102 BetrVG nicht anzuhören (so aber LAG Frankfurt 31. 5. 1985 DB 1985, 2689; DKK/*Kittner* § 102 Rn. 15). Der Gekündigte ist bei Zugang der Kündigung **noch nicht in die betriebliche Organisation eingegliedert** und damit noch nicht Arbeitnehmer iSd. § 102 BetrVG (BAG 21. 3. 1996 AP BetrVG 1972 § 102 Nr. 81 = NZA 1996, 974, Rn. 637), weshalb die Legitimation für eine Vertretung durch den Betriebsrat entfällt. Auch kollektive Interessen werden durch eine Kündigung vor Dienstantritt nicht berührt, sie führt zu keiner Beeinträchtigung der (bestehenden) Zusammensetzung der Belegschaft, selbst wenn der Betriebsrat der Einstellung bereits zugestimmt hatte.

b) Andere Beendigungsformen

Keine Beteiligung des Betriebsrats erfolgt bei der Beendigung der Beschäftigung durch   **657**

– **Anfechtung** des Arbeitsvertrags (h.A. BAG 11. 11. 1993 AP BGB § 123 Nr. 38; KR/*Etzel* § 102 BetrVG Rn. 25 mwN.; anders DKK/*Kittner* § 102 Rn. 21),
– Beendigung eines **faktischen Arbeitsverhältnisses**,
– Abschluß eines **Aufhebungsvertrags** (anders nur *Keppeler* ArbuR 1996, 263, 265 f.),
– auflösende **Bedingung**,
– gerichtliches **Auflösungsurteil** (§§ 9, 10 KSchG),
– **Versetzung/Abordnung** zu einer Arbeitsgemeinschaft,
– Erklärung über das Scheitern eines **Eingliederungsvertrags** (§ 232 Abs. 2 SGB III, *Fitting* § 102 Rn. 12a; *Hanau* DB 1997, 1278, 1280; anders *Gerntke/Ulber* AiB 1997, 511, 519).

Keine Beteiligungspflicht nach § 102 BetrVG besteht bei der Beendigung eines **befristeten Arbeitsverhältnisses** durch Zeitablauf. Spricht der Arbeitgeber hingegen während eines befristeten Arbeitsverhältnisses eine Kündigung aus, ist der Betriebsrat vorher anzuhören. Gleiches gilt, wenn der Arbeitgeber das befristete Arbeitsverhältnis (vorsorglich) zum Ablauf der Befristungsdauer kündigt. Vom Kündigungsausspruch zu unterscheiden ist die sog. **Nichtverlängerungsmitteilung.** Als solche wird eine Erklärung des Arbeitgebers bezeichnet, in der dieser dem Arbeitnehmer erklärt, nach Fristablauf den Vertrag nicht fortsetzen zu wollen. Eine solche Erklärung stellt regelmäßig keine Kündigung dar, wenn der Arbeitgeber damit nur seine Rechtsauffassung zum Ausdruck bringt, wonach das abgeschlossene Arbeitsverhältnis aufgrund der vereinbarten Befristung enden wird (BAG 28. 10. 1986 AP BetrVG 1972 § 118 Nr. 32 = NZA 1987, 531; 24. 10. 1979 AP BGB § 620 Befristeter Arbeitsvertrag Nr. 49). Nur wenn der Arbeitgeber die Nichtverlängerungsmitteilung darüber hinaus mit einer eigenständigen Kündigungserklärung ver-   **658** bindet, bleibt es bei der Mitwirkungspflicht des Betriebsrats nach § 102 BetrVG. Ob in der Erklärung des Arbeitgebers lediglich auf den Fristablauf hingewiesen wird oder darüber hinaus eine Kündigungserklärung liegt, ist durch Auslegung des Erklärungsinhalts zu ermitteln. Besteht zwischen den Arbeitsparteien (bisher) noch kein Streit über die Wirksamkeit der Befristung, so stellt nach Ansicht des BAG die Nichtverlängerungsmitteilung regelmäßig keine Kündigung dar (BAG 26. 4. 1979 AP BGB § 620 Befristeter Arbeitsvertrag Nr. 47). Liegt in dieser ausnahmsweise doch eine Kündigung und ist diese wegen fehlender Beteiligung des Betriebsrats unwirksam, führt dies nicht zum Bestehen eines unbefristeten Arbeitsverhältnisses, wenn die vorgenommene Befristung zulässig war. In diesem Fall ist zwar die Kündigung nach § 102 Abs. 1 Satz 3 BetrVG unwirksam, das Arbeitsverhältnis endet aber aufgrund der wirksamen Befristung.

3. Betriebsrat

a) Betriebsratsloser Betrieb

659 Besteht in einem Betrieb kein Betriebsrat oder ist dessen Amtszeit beendet, ohne daß es zu einer Neuwahl gekommen ist, entfällt das Mitwirkungsrecht nach § 102 BetrVG. Unerheblich ist, aus welchen Gründen ein Betriebsrat nicht gebildet ist oder ein bestehender Betriebsrat nach Ablauf seiner Amtszeit nicht wiedergewählt wurde. Ist in einem Unternehmen mit mehreren Betrieben für einen Betrieb kein Betriebsrat gebildet, tritt nicht an dessen Stelle ein auf Unternehmensebene gebildeter **Gesamtbetriebsrat** (§§ 47 ff. BetrVG). Das gilt auch, wenn der zuvor gebildete Betriebsrat den Gesamtbetriebsrat gem. § 50 Abs. 2 BetrVG mit der Wahrnehmung seiner Beteiligungsaufgaben nach § 102 BetrVG beauftragt hatte. Diese Bevollmächtigung endet bei fehlender Neuwahl des Einzelbetriebsrats mit dessen Amtszeitende.

b) Nichtigkeit der Wahl und Anfechtung

660 Ist für einen Betrieb ein Betriebsrat gewählt, dessen Wahl aber nichtig, gilt der Betrieb als betriebsratslos. Der Arbeitgeber ist nicht verpflichtet, den aus einem nichtigen Wahlverfahren hervorgegangenen Betriebsrat zu beteiligen. Eine Betriebsratswahl ist aber nur **nichtig,** wenn bei ihr gegen allgemeine Grundsätze einer ordnungsgemäßen Wahl in einem so hohen Maße verstoßen worden ist, daß auch der Anschein einer gesetzmäßigen Wahl nicht mehr vorliegt (BAG 29. 5. 1991 AP BetrVG 1972 § 9 Nr. 2 = NZA 1992, 36; 10. 6. 1983 AP BetrVG 1972 § 19 Nr. 10). Das hat die Rechtsprechung bisher nur in Ausnahmefällen angenommen (BAG 9. 2. 1982 AP BetrVG 1972 § 118 Nr. 24 – Kirchliches Krankenhaus; LAG Köln 16. 9. 1987 LAGE BetrVG 1972 § 19 Nr. 5 – fehlende Versiegelung der Wahlurnen). Nichtigkeit tritt **nicht schon ein, wenn lediglich der Betriebs-** (BAG 13. 9. 1984 AP BetrVG 1972 § 1 Nr. 3 = NZA 1985, 293) oder **Arbeitnehmerbegriff** (BAG 29. 5. 1991 AP BetrVG 1972 § 9 Nr. 2 = NZA 1992, 36) verkannt wird. Ist eine Betriebsratswahl aber nichtig, besteht **kein Vertrauensschutz** eines

hieraus hervorgegangenen Betriebsrats (BAG 27. 4. 1976 AP BetrVG 1972 § 19 Nr. 4 = NJW 1976, 2229). Unerheblich ist deshalb, ob der Arbeitgeber das aus einer nichtigen Wahl hervorgegangene Gremium bereits vorher beteiligt hat (KR/*Etzel* § 102 BetrVG Rn. 19 mwN.). Die Nichtigkeit einer Betriebsratswahl kann jederzeit geltend gemacht werden. Der Arbeitgeber kann sich daher noch im Rahmen eines Kündigungsschutzprozesses auf die Nichtigkeit der Betriebsratswahl berufen (LAG Köln 13. 5. 1993 LAGE § 611 BGB Beschäftigungspflicht Nr. 35), selbst wenn er den Betriebsrat vor dem Kündigungsausspruch noch beteiligt hat. Ist die Betriebsratswahl lediglich **anfechtbar**, besteht das Mitwirkungsrecht nach § 102 BetrVG für den gewählten Betriebsrat bis zur Rechtskraft einer gerichtlichen Entscheidung (DKK/*Kittner* § 102 Rn. 27). Gleiches gilt bis zur Rechtskraft einer gerichtlichen Entscheidung über die Auflösung des Betriebsrats (§ 23 BetrVG).

c) Konstituierung des Betriebsrats

Der Arbeitgeber muß einen bei ihm gebildeten Betriebsrat vor Ausspruch **661** einer Kündigung beteiligen. Umstritten ist, ob die Beteiligungspflicht bereits mit Bekanntgabe des Wahlergebnisses des gewählten Betriebsrats beginnt oder erst nach dessen Konstituierung, d. h. nach Wahl des Betriebsratsvorsitzenden und seines Stellvertreters (§ 27 Abs. 3 BetrVG). Nach Auffassung des 6. Senats des BAG besteht bis zur Vorsitzendenwahl grundsätzlich keine Anhörungspflicht des Arbeitgebers nach § 102 BetrVG. Folgt man dem, muß er auch nicht mit dem Ausspruch der Kündigung warten, bis sich der **Betriebsrat konstituiert** hat (BAG 23. 8. 1984 AP BetrVG 1972 § 102 Nr. 36 = NZA 1985, 566; *Stahlhacke/Preis/Vossen* Rn. 226). Nach der Gegenauffassung besteht die Beteiligungspflicht bereits mit **Bekanntgabe des Wahlergebnisses** (§ 21 BetrVG) und unabhängig von der Konstituierung (BAG 28. 9. 1983 AP BetrVG 1972 § 21 Nr. 1 = NZA 1984, 52; GK-BetrVG/*Kraft* § 102 Rn. 13). Dem ist zuzustimmen, da auch die Amtszeit des Betriebsrats von seiner Konstituierung unabhängig ist. Allerdings kann der Arbeitgeber vor der Wahl des Vorsitzenden und seines Stellvertreters jedes Betriebsratsmitglied über seine Kündigungsabsicht unterrichten. Mit dem Zugang der Mitteilung hat er das Beteiligungsverfahren eingeleitet. Aufgabe der neugewählten Betriebsratsmitglieder bzw. des Wahlvorstands ist es, innerhalb der Äußerungsfristen des § 102 Abs. 2 BetrVG die Handlungs- bzw. Beschlußfähigkeit herbeizuführen. Bis zum Ablauf der Äußerungsfrist muß der Arbeitgeber aber mit dem Kündigungsausspruch warten.

d) Funktionsfähigkeit des Betriebsrats

Besteht ein Betriebsrat, entfällt die Beteiligungspflicht nach § 102 BetrVG **662** nur, wenn alle Betriebsrats- und Ersatzmitglieder gleichzeitig und nicht nur kurzfristig an der Amtsausübung gehindert sind. In diesem Fall ist der Betriebsrat funktionsunfähig (BAG 18. 8. 1982 AP BetrVG 1972 § 102 Nr. 24 = NJW 1983, 2836). Ist ein reguläres Betriebsratsmitglied verhindert, rückt nach § 25 Abs. 1 Satz 2 BetrVG ein **Ersatzmitglied** nach. Gleiches gilt bei

Verhinderung mehrerer Betriebsratsmitglieder. Sinkt ihre Zahl – nach vollständiger Erschöpfung der Liste der Ersatzmitglieder – unter die im letzten Wahlausschreiben angegebene Zahl, ist der Betriebsrat neu zu wählen (§ 13 Abs. 2 Nr. 2 BetrVG). Bis zur Neuwahl führt der bisherige Betriebsrat die Geschäfte weiter (§ 22 BetrVG) und ist vor dem Kündigungsausspruch nach § 102 BetrVG vom Arbeitgeber zu beteiligen. Das Anhörungsrecht besteht auch, wenn der Betriebsrat aufgrund des Absinkens der Mitgliederzahl nicht mehr **beschlußfähig** ist. Beschlußfähigkeit setzt die Teilnahme von zumindest der Hälfte der (regulären) Betriebsratsmitglieder an der Beschlußfassung voraus (§ 33 Abs. 2 BetrVG). Funktions- und Beschlußfähigkeit sind jedoch zu unterscheiden. Die (vorläufige) Geschäftsführungsbefugnis nach § 22 BetrVG setzt eine bestimmte Mindestanzahl von Betriebsratsmitgliedern für die Beschlußfähigkeit des verbleibenden Betriebsrats nicht voraus. Bei der Beschlußfähigkeit des Betriebsrats ist dementsprechend von der Zahl der die Geschäfte weiterführenden Betriebsratsmitglieder auszugehen. Der Betriebsrat ist beschlußfähig, wenn mindestens die Hälfte der verbleibenden Betriebsratsmitglieder an der Beschlußfassung teilnimmt (BAG 18. 8. 1982 AP BetrVG 1972 § 102 Nr. 24 = NJW 1983, 2836).

663   Der Betriebsrat ist solange **funktionsfähig,** wie auch nur ein einziges Betriebsrats- bzw. Ersatzmitglied sein Amt ausüben kann. Dies gilt selbst dann, wenn der Betriebsrat während des Beteiligungsverfahrens dauerhaft oder nur vorübergehend nach § 33 Abs. 2 BetrVG nicht beschlußfähig ist. Das BAG wendet in diesem Fall § 22 BetrVG entsprechend an. Danach sind die verbleibenden Mitglieder des Betriebsrats als befugt anzusehen, während der Zeit der Verhinderung der anderen Betriebsratsmitglieder die Geschäfte des Betriebsrats weiterzuführen. Der verbleibende Betriebsrat ist beschlußfähig und kann zu der Kündigungsabsicht Stellung nehmen, wenn zumindest die Hälfte der anwesenden Betriebsratsmitglieder an der Beschlußfassung teilnimmt (BAG 18. 8. 1982 AP BetrVG 1972 § 102 Nr. 24 = NJW 1983, 2836). Zur Frage, wen der Arbeitgeber bei Nichterreichbarkeit des Betriebsratsvorsitzenden bzw. seines Stellvertreters über die Kündigungsabsicht unterrichten muß, Rn. 693.

664   Umstritten ist die Funktionsfähigkeit des Betriebsrats nur, wenn alle Betriebsratsmitglieder an der Amtsausübung vorübergehend verhindert sind. Als Verhinderungsfälle kommen Krankheit, Urlaub bzw. Betriebsferien, dienstliche Abwesenheit und Befangenheit in Betracht. Allerdings führt die **Erkrankung** eines Betriebsratsmitgliedes nicht stets zur Verhinderung des Betriebsratsmitglieds. Im Krankheitsfall besteht zunächst nur eine tatsächliche Vermutung für die Unfähigkeit zur Amtsausübung. Das Betriebsratsmitglied ist aber nicht stets an der Amtsausübung gehindert, da die Erkrankung zwar nicht die Erbringung der Arbeitsleistung, wohl aber die Mandatswahrnehmung zulassen kann (BAG 15. 11. 1984 AP BetrVG 1972 § 25 Nr. 2 = NZA 1985, 367; KR/*Etzel* § 102 BetrVG Rn. 24a). Zeigt das (erkrankte) Betriebsratsmitglied seine Fähigkeit zur Amtsausübung an, gilt es als nicht verhindert. Darüber hinaus ist der Arbeitgeber bei einer Erkrankung des Betriebsobmanns zu dessen Beteiligung verpflichtet, wenn er ihn in einer anderen mitbestimmungspflichtigen Angelegenheit zuvor durch einen Telefonanruf zu Hause beteiligt hat (BAG 15. 11. 1984 AP BetrVG 1972 § 25 Nr. 2 = NZA 1985, 367).

Ob eine Beteiligungspflicht bei **Betriebsferien** und **vorübergehender Abwe- 665 senheit aller Betriebsratsmitglieder** besteht, ist umstritten. Teilweise wird von einer vollen Beteiligungspflicht ausgegangen (*Richardi* § 102 Rn. 30), wobei allerdings offenbleibt, auf welche Weise sich die Anhörung vollziehen soll. Daneben wird vertreten, daß der Betriebsrat in diesem Fall funktionsunfä- hig und nicht zu beteiligen ist (HSG/*Schlochauer* § 102 Rn. 12). Weiterhin wird angenommen, daß bei Betriebsferien grundsätzlich eine Fristhemmung (§§ 202, 205 BGB analog) eintritt (DKK/*Kittner* § 102 Rn. 35). Noch anders hält *Etzel* grundsätzlich den Arbeitgeber für verpflichtet, nach seinem Kün- digungsentschluß abzuwarten, ob der Betriebsrat innerhalb der gesetzlichen Äußerungsfristen wieder funktionsfähig wird. Ist dies nicht der Fall, so kön- ne der Arbeitgeber nach Ablauf der Frist die Kündigung aussprechen. Nur wenn mit an Sicherheit grenzender Wahrscheinlichkeit die Funktionsfähig- keit nicht vor dem Fristablauf eintritt, könne er – ohne abzuwarten – sogleich die Kündigung aussprechen (KR/*Etzel* § 102 BetrVG Rn. 24c; ähn- lich *Klebe/Schumann* S. 40 – Abwarten einer gewissen Zeitspanne).

Bei **einer vorübergehenden Verhinderung sämtlicher Betriebsratsmitglieder** 666 ist der Betriebsrat **funktionsunfähig**, weshalb die Beteiligungspflicht nach § 102 BetrVG entfällt. Der Arbeitgeber ist nicht verpflichtet, mit dem Kün- digungsausspruch bis zur Wiederherstellung der Funktionsfähigkeit zu war- ten. Das Bestehen eines funktionsfähigen Gremiums zählt zur **Risikosphäre des Betriebsrats** und führt nicht zur Verhinderung oder Verzögerung der be- absichtigten Kündigung. Auch der Grundsatz der vertrauensvollen Zusam- menarbeit (§ 2 Abs. 1 BetrVG) rechtfertigt im allgemeinen keine abweichen- de Auffassung (BAG 23. 8. 1984 AP BetrVG 1972 § 102 Nr. 36 = NZA 1985, 566). Etwas anderes gilt, wenn der Arbeitgeber die Funktionsunfähig- keit des Betriebsrats herbeigeführt hat, um sich dem Anhörungsverfahren zu entziehen. Hier ist er am Kündigungsausspruch gehindert und muß bis zur Wiederherstellung der Funktionsfähigkeit des Betriebsrats warten. Nicht ausreichend ist es aber, wenn er die Funktionsunfähigkeit lediglich mitzuver- treten hat (so aber KR/*Etzel* § 102 BetrVG Rn. 24d f., der jedoch bei Nachteilen für den Arbeitgeber auf einen fiktiven Einleitungszeitpunkt ab- stellen will; DKK/*Kittner* § 102 Rn. 37 – kein Abwarten bei Unzumutbar- keit). Allerdings ist der Betriebsrat nicht funktionsunfähig, wenn Möglich- keiten zur Kontaktaufnahme mit dem Vorsitzenden, seinem Stellvertreter oder einem sonst vom Betriebsrat benannten Mitglied bestehen. Nur wenn eine Kontaktperson nicht erreichbar ist, kann die Kündigung ohne vorherige Anhörung des Betriebsrats erfolgen (*Fitting* § 102 Rn. 12).

e) Amtszeitende

Eine Beteiligungspflicht besteht nicht mehr, wenn die Amtszeit des Betriebs- 667 rats abgelaufen ist (§ 21 BetrVG). Das Amt eines Betriebsrats endet nach § 21 Satz 1 BetrVG im Regelfall mit Ablauf der **vierjährigen Amtsperiode**, spätestens aber am 31. Mai des Jahres, in dem die regelmäßigen Betriebs- ratswahlen (§ 13 Abs. 1 BetrVG – alle vier Jahre, 2002, 2006 usw.) stattfinden (Satz 3). Die Amtszeit endet nach Ablauf von 4 Jahren auch vor dem 31. Mai, selbst wenn (noch) kein neuer Betriebsrat gewählt ist (h. M. *Fitting* § 102 Rn. 17ff.; anders *Richardi* § 102 Rn. 13 – Amtszeitende erst mit Bekanntgabe des Wahlergebnisses des neuen Betriebsrats, spätestens aber am 31. Mai des Wahljahres). Wird der Betriebsrat **außerhalb des regelmäßigen Wahlzeitraumes** gewählt, ist die Amtszeit kürzer als vier Jahre, wenn der Betriebsrat zum 1. 3. des nächstfolgenden regelmäßigen Wahlzeitraums ein Jahr oder länger im Amt war (§ 13 Abs. 3 BetrVG). Die Amtszeit ist länger als vier Jahre, wenn der Betriebsrat zum gleichen Zeitpunkt weniger als 1 Jahr im Amt war. Die Amtszeit eines außerhalb des regelmäßigen Wahlzeitraums gewählten Betriebsrat endet mit der Bekanntgabe des Wahlergebnisses des neu gewählten Betriebsrats (BAG 28. 9. 1983 AP BetrVG 1972 § 21 Nr. 1 = NZA 1984, 52; ErfK/*Eisemann* § 21 BetrVG Rn. 5). Nach Beendigung seiner Amtszeit führt der alte Betriebsrat die Amtsgeschäfte nicht, auch nicht nur vorläufig, weiter, selbst wenn kein neuer Betriebsrat gewählt ist. Bis zu einer Neuwahl ist der Betrieb als betriebsratslos anzusehen, die Beteiligungspflicht nach § 102 BetrVG entfällt (KR/*Etzel* § 102 BetrVG Rn. 20).

668 Daneben kann das **Betriebsratsamt** in den Fällen des § 13 Abs. 2 BetrVG **vorzeitig enden.** Nach § 22 BetrVG führt aber der Betriebsrat in den Fällen des § 13 Abs. 2 Nr. 1 bis 3 BetrVG die Geschäfte weiter, bis der neue Betriebsrat gewählt und das Wahlergebnis bekanntgegeben ist. Dabei handelt es sich um die Fälle
– der Veränderung der Arbeitnehmerzahl (Nr. 1),
– des Absinkens der Gesamtzahl der Betriebsratsmitglieder (Nr. 2),
– des Rücktritts des Betriebsrats (Nr. 3).

669 **Der geschäftsführende Betriebsrat** ist vor dem Ausspruch jeder beabsichtigten Kündigung unabhängig von seiner Mitgliederzahl zu beteiligen (LAG Düsseldorf 20. 9. 1974 DB 1975, 454). Wird allerdings dem letzten geschäftsführenden Betriebsratsmitglied gekündigt, so ist dieses während der Dauer des Kündigungsschutzprozesses an der Amtsausübung gehindert und der Betriebsrat funktionsunfähig. Etwas anderes gilt nur, wenn dem Betriebsratsmitglied während des Kündigungsschutzprozesses im Vergleichswege oder durch gerichtliche Entscheidung die Amtsausübung ermöglicht ist.

670 In den Fällen des § 13 Abs. 2 Nr. 4 (erfolgreiche Anfechtung der Betriebsratswahl) und 5 BetrVG (Auflösung durch gerichtliche Entscheidung) endet das Betriebsratsamt seiner Mitglieder mit **Rechtskraft der Entscheidung.** Eine Weiterführung der Geschäfte nach § 22 BetrVG ist nicht vorgesehen, weshalb der Betriebsrat nach diesem Zeitpunkt funktionsunfähig ist. Der Arbeitgeber kann bis zu einer möglichen Neuwahl des Betriebsrats Kündigungen ohne Mitwirkung einer Arbeitnehmervertretung aussprechen. Das Betriebsratsamt wird auch beendet, wenn die Zahl der wahlberechtigten Arbeitnehmer unter die in § 1 BetrVG genannte Grenze sinkt (*Fitting* § 21 Rn. 32; GK-BetrVG/*Kraft* § 21 Rn. 37; *Richardi* § 21 Rn. 23). Mit Absinken der Mindestarbeitnehmerzahl entfällt die Mitwirkungspflicht nach § 102 BetrVG (KR/*Etzel* § 102 BetrVG Rn. 23).

f) Betriebsstillegung

Der Betriebsrat ist grundsätzlich auch im Fall einer Betriebsstillegung zu be- **671** teiligen. Dies gilt zunächst für die vom Arbeitgeber in Zusammenhang mit der Betriebsstillegung ausgesprochenen Kündigungen. Das Amt der Betriebsratsmitglieder endet erst mit der **tatsächlichen Betriebseinstellung** und nicht bereits mit dem zugrundeliegenden Beschluß. Darüber hinaus besteht ein **Restmandat** des Betriebsrats zur Wahrnehmung seiner mit der Betriebsstillegung zusammenhängenden gesetzlichen Aufgaben, selbst wenn die reguläre Amtszeit nach § 21 BetrVG zwischenzeitlich beendet ist (BAG 16. 6. 1987 AP BetrVG 1972 § 111 Nr. 20 = NZA 1987, 858; 29. 3. 1977 AP BetrVG 1972 § 102 Nr. 11 = NJW 1977, 2182). Nach der tatsächlichen Betriebsstillegung besteht das Restmandat des Betriebsrats auch fort, wenn die Arbeitsverhältnisse der einzelnen Betriebsratsmitglieder durch Kündigung oder auf andere Weise beendet worden sind. Es erlischt erst, wenn **keine beteiligungspflichtigen Angelegenheiten** mehr wahrzunehmen sind (DKK/ *Buschmann* § 21 Rn. 42). Dementsprechend muß der Arbeitgeber vor Kündigungen im Zusammenhang mit einer Betriebsstillegung und anschließenden Abbruch- bzw. Aufräumarbeiten den Betriebsrat nach § 102 BetrVG beteiligen.

g) Betriebsübergang/-spaltung

Ein Betriebsübergang oder eine Funktionsnachfolge führen regelmäßig **nicht 672 zur Beendigung des Betriebsratsmandats.** Nach der Rechtsprechung des BAG ist der bloße Wechsel des Betriebsinhabers ohne Bedeutung für die betriebsverfassungsrechtliche Stellung des für diesen Betrieb gewählten Betriebsrats. Dieser behält das ihm durch die Wahl vermittelte Mandat zur Wahrnehmung der betriebsverfassungsrechtlichen Aufgaben (BAG 11. 10. 1995 AP BetrVG 1972 § 21 Nr. 2 = NZA 1996, 495; 28. 9. 1988 AP BetrVG 1972 § 99 Nr. 55 = NZA 1989, 188). Dies gilt jedenfalls bei Fortbestehen der bisherigen Betriebsorganisation auch nach dem Betriebsübergang (BAG 27. 7. 1994 AP BGB § 613a Nr. 118 = NZA 1975, 222; 28. 9. 1988 AP BetrVG 1972 § 99 Nr. 55 = NZA 1989, 188). Für die Rechtsstellung des Betriebsrats ist es ohne Belang, ob der Betrieb im Wege des Rechtsgeschäfts oder der bloßen Funktionsnachfolge auf den Betriebsübernehmer übergeht, solange nur die Identität des Betriebs fortbesteht. Die gleiche Situation besteht, wenn ein selbständiger Betriebsteil (§ 4 BetrVG), für den ein eigener Betriebsrat gewählt ist, auf einen Erwerber übergeht.

Anders ist es, wenn lediglich ein **Betriebsteil** für den ein eigenständiger Be- **673** triebsrat nicht gewählt worden ist, **übernommen** wird. Wird dieser ursprünglich nicht betriebsverfassungsrechtlich eigenständige Betriebsteil vom Betriebserwerber als selbständiger Betrieb fortgeführt, endet damit die Zuständigkeit des Betriebsrats des abgebenden Betriebs für den abgetrennten Betriebsteil und die in ihm beschäftigten Arbeitnehmer. Umstritten ist, ob in diesen Fällen der Betriebsrat des abgebenden Betriebs für eine Übergangszeit bis zur Wahl eines eigenen Betriebsrats für den abgetrennten Betriebsteil die

Betriebsratsaufgaben gegenüber dem neuen Inhaber des früheren Betriebsteils wahrnimmt (sog. **Übergangsmandat**). Das BAG hat dies noch in einer
älteren Entscheidung vor Inkrafttreten des neuen UmwG verneint (BAG
23. 11. 1988 AP BGB § 613a Nr. 77 = NZA 1989, 433; ebenso KR/*Etzel*
§ 102 BetrVG Rn. 23a – keine Analogie zu § 321 UmwG; *Bauer/Lingemann*
NZA 1994, 1057, 1059, *Henssler* NZA 1994, 294, 300). Demgegenüber
wird im Schrifttum wegen fehlender spezialgesetzlicher Regelungen außerhalb des UmwG zu Recht § 321 UmwG auf alle Formen von tatsächlichen
Änderungen der Betriebsstruktur entsprechend angewandt, soweit sie nicht
von Spezialgesetzen erfaßt werden (ausführlich dazu DKK/*Buschmann* § 21
Rn. 68). Besteht ein Übergangsmandat, ist der Betriebsrat verpflichtet, unverzüglich die Betriebsratswahl für den abgetrennten Betriebsteil einzuleiten.
Es endet mit Bekanntgabe des Wahlergebnisses des neugewählten Betriebsrats, ansonsten spätestens nach sechs Monaten (ErfK/*Eisemann* § 21 BetrVG
Rn. 10). **Während eines Übergangsmandats** ist der Betriebsrat vor dem **Kündigungsausspruch** derjenigen Arbeitnehmer zu beteiligen, die dem abgebenden Betrieb angehört haben. Bejaht man eine entsprechende Anwendung von
§ 321 UmwG, so gilt folgendes:

674   Wird ein **Betrieb** oder selbständiger **Betriebsteil** in einen anderen **eingegliedert**, erlischt regelmäßig das Amt des Betriebsrats des eingegliederten
Betriebs bzw. -teils. Besteht in dem aufnehmenden Betrieb bereits ein Betriebsrat, erstreckt sich dessen betriebsverfassungsrechtliche Stellung nunmehr auch auf die Arbeitnehmer des eingegliederten Betriebs (LAG Frankfurt 1. 9. 1988 NZA 1989, 226; *Fitting* § 21 Rn. 39; anders wohl
DKK/*Buschmann* § 21 Rn. 34, der sich für ein Übergangsmandat ausspricht). Allerdings kann unter den Voraussetzungen des § 13 Abs. 2 Nr. 1
BetrVG die Notwendigkeit einer Neuwahl wegen Veränderung der Arbeitnehmerzahl bestehen. In diesem Fall führt der Betriebsrat des aufnehmenden
Betriebs nach § 22 BetrVG die Geschäfte weiter. Bestand in dem aufnehmenden Betrieb kein Betriebsrat, so hat der Betriebsrat des eingegliederten
Betriebs bzw. -teils (nur) für dessen Arbeitnehmer ein Übergangsmandat
(*Oetker/Busche* NZA 1991, Beil. 1 S. 18, 24; anders DKK/*Buschmann* § 21
Rn. 64; *Fitting* § 21 Rn. 47 – Übergangsmandat für alle Arbeitnehmer). Entsprechendes gilt, wenn nur ein unselbständiger Betriebsteil in einen anderen
Betrieb eingegliedert wird. Nur wenn im aufnehmenden Betrieb kein Betriebsrat besteht, hat der Betriebsrat des abgebenden Betriebs ein Über-
gangsmandat.

675   Werden **mehrere Betriebe** zu einem neuen Betrieb **zusammengelegt,** so
nimmt in entsprechender Anwendung von § 321 Abs. 2 UmwG der Betriebsrat des der Zahl der wahlberechtigten Arbeitnehmer nach größten Betriebs
oder -teils, der an dem Zusammenschluß beteiligt ist, das Übergangsmandat
wahr (*Fitting* § 21 Rn. 48). Fällt schließlich der Betrieb nach der Betriebsübernahme nicht mehr unter den Geltungsbereich des BetrVG (Übernahme
durch einen kirchlichen Träger, Absinken der Arbeitnehmerzahl), so endet
mit der Übernahme der Leitungsmacht des Betriebserwerbers das Betriebsratsamt (BAG 9. 2. 1982 AP BetrVG 1972 § 118 Nr. 24 = NJW 1982, 1894;
einschränkend DKK/*Buschmann* § 21 Rn. 46).

h) Umwandlung

Wird ein Betrieb infolge einer Spaltung oder Teilübertragung eines Rechts- **676** trägers nach dem UmwG gespalten, so ist ein Übergangsmandat des Betriebsrats in § 321 UmwG vorgesehen. Danach bleibt der bestehende Betriebsrat im Amt und führt die Geschäfte für die ihm bislang zugeordneten Betriebsteile weiter, soweit sie über die Mindestarbeitnehmerzahl (§ 1 BetrVG) verfügen und nicht in einem Betrieb eingegliedert werden, in dem ein Betriebsrat besteht. Dieses (gesetzliche) **Übergangsmandat endet,** sobald in den Betriebsteilen ein neuer Betriebsrat gewählt und das Wahlergebnis bekanntgegeben ist, spätestens aber 6 Monate nach Wirksamwerden der Spaltung oder der Teilübertragung des Rechtsträgers. Während des Übergangsmandats hat der Arbeitgeber bei einer Kündigung der Arbeitnehmer im abgespaltenen Betriebsteil den vor der Abspaltung zuständigen Betriebsrat anzuhören. Werden durch die Spaltung verschiedene Betriebe zu einem Betrieb zusammengefaßt, so nimmt der Betriebsrat das Übergangsmandat wahr, dem der größte Betriebsteil zugeordnet war. Maßgeblich dabei ist die Zahl der wahlberechtigten Arbeitnehmer (§ 321 Abs. 2 Satz 1 UmwG). Diese Regelung gilt nach Satz 2 entsprechend, wenn Betriebe zu einem neuen Betrieb zusammengefaßt werden.

III. Gang des Beteiligungsverfahrens

1. Zeitpunkt der Einleitung

Nach § 102 Abs. 1 Satz 1 BetrVG ist der Betriebsrat vor jeder Kündigung **677** zu hören. Die Beteiligung des Betriebsrats muß **vor Ausspruch der Kündigung** erfolgt sein. Eine ordnungsgemäße Anhörung liegt nicht vor, wenn der Arbeitgeber den Betriebsrat erst einschaltet, nachdem er die Kündigung bereits erklärt hat. Die Kündigung ist dann nach Abs. 1 Satz 3 unwirksam. Zutreffend stellt das BAG auf die Verwirklichung der Kündigungsabsicht ab. Die Kündigung gilt – anders als nach den allgemeinen Grundsätzen über den Zugang von Willenserklärungen – bereits dann als ausgesprochen, wenn sie den **Machtbereich des Arbeitgebers verlassen** hat (BAG 28. 9. 1978 AP BetrVG 1972 § 102 Nr. 19 = NJW 1976, 694; 28. 2. 1974 AP BetrVG 1972 § 102 Nr. 2 = NJW 1974, 1526). Bei einer schriftlichen Kündigung ist das der Fall, wenn das Kündigungsschreiben zur Post aufgegeben wird (BAG 13. 11. 1975 AP BetrVG 1972 § 102 Nr. 7 = NJW 1976, 694). Hat der Arbeitgeber seinen Kündigungsentschluß bereits verwirklicht und gilt die Kündigung als ausgesprochen, kann auch eine nachträglich vom Betriebsrat erteilte Zustimmung die Unwirksamkeitsfolge des Abs. 1 Satz 3 nicht beseitigen (BAG 28. 2. 1974 AP BetrVG 1972 § 102 Nr. 2 = NJW 1974, 1526). Eine vom Betriebsrat nachträglich erklärte Zustimmung kann allerdings zur Entbehrlichkeit einer erneuten Betriebsratsbeteiligung vor Ausspruch einer Wiederholungskündigung führen (dazu Rn. 651).

678   Ohne Belang für die Wirksamkeit des Anhörungsverfahrens ist es, ob der Kündigende seinen **Kündigungswillen** bereits zum Zeitpunkt der Einleitung **abschließend gebildet** hat. Ein möglicherweise bereits feststehender Kündigungsentschluß des Arbeitgebers führt nicht zur Unwirksamkeit, solange die Kündigung noch nicht seinen Machtbereich verlassen hat. Bis zu diesem Zeitpunkt ist es nicht ausgeschlossen, daß der Betriebsrat auf den Kündigungswillen des Arbeitgebers Einfluß nimmt (BAG 28. 9. 1978 AP BetrVG 1972 § 102 Nr. 19 = NJW 1976, 694; 28. 2. 1974 AP BetrVG 1972 § 102 Nr. 2 = NJW 1974, 1526; anders *Fitting* § 102 Rn. 26). Für die Wirksamkeit des Anhörungsverfahrens ist es dementsprechend unschädlich, wenn der Arbeitgeber dem Betriebsrat bereits einen **fertigen Entwurf oder das bereits unterschriebene Original des Kündigungsschreibens** vorlegt. Die Unwirksamkeitsfolge tritt nur ein, wenn der Arbeitgeber die Stellungnahme des Betriebsrats überhaupt nicht zur Kenntnis nimmt (dazu auch Rn. 768).

679   Der Arbeitgeber muß aber zum Zeitpunkt der Einleitung einen **konkreten Kündigungsentschluß** bereits getroffen haben. Nicht ausreichend ist es, wenn er die Kündigung nur in Erwägung zieht, etwa dann, wenn der zugrundeliegende Kündigungssachverhalt zum Zeitpunkt der Einleitung des Beteiligungsverfahrens noch nicht eingetreten ist. In diesem Fall würde die Anhörung zu einer gutachterlichen Stellungnahme des Betriebsrats zu einem nur denkbaren Kündigungssachverhalt führen (BAG 19. 1. 1983 AP BetrVG 1972 § 102 Nr. 28 = NJW 1983, 2047; LAG Schleswig-Holstein 28. 6. 1994 LAGE § 102 BetrVG 1972 Nr. 42). Dementsprechend ist der Betriebsrat nicht bereits zu einem vom Arbeitnehmer nur angekündigten, aber noch nicht eingetretenen Verhalten anzuhören, wenn der Arbeitgeber nicht die Ankündigung selbst, sondern erst das zu erwartende (Fehl-)Verhalten des Arbeitnehmers als Grundlage für eine Kündigung nehmen will.

680   Hiervon zu unterscheiden ist die sog. **Vorratskündigung.** Für diese ist kennzeichnend, daß der Arbeitgeber ursprünglich aufgrund bestimmter, bereits feststehender Tatsachen seine Absicht zur Kündigung gefaßt hat. Der Ausspruch der Kündigung erfolgt dann aber nicht unmittelbar nach Beendigung des Beteiligungsverfahrens, sondern erst mit einem **(erheblichen) zeitlichen Abstand zur Anhörung des Betriebsrats.** Hier ist fraglich, ob bei längerem Zuwarten das Verfahren nach § 102 BetrVG erneut durchgeführt werden muß. Teilweise wird vertreten, daß eine erneute Anhörung des Betriebsrats stets erforderlich wird, wenn der Arbeitgeber längere Zeit von seinem Kündigungsrecht keinen Gebrauch macht (LAG Hamm 29. 8. 1977 DB 1978, 259 – 4 Monate; LAG Frankfurt 18. 3. 1976 DB 1977, 125 – 6 Monate; LAG Hamm 18. 2. 1975 ArbuR 1975, 250 – 10 Wochen). Das BAG berücksichtigt neben dem Zeitmoment, ob sich zwischenzeitlich der dem Betriebsrat unterbreitete **Kündigungssachverhalt geändert** hat. Bei einer wesentlichen Änderung der Sachlage, insbesondere bei Hinzutreten neuer Kündigungsgründe, muß dem Betriebsrat nochmals Gelegenheit gegeben werden, zur beabsichtigten Kündigung Stellung zu nehmen (BAG 26. 5. 1977 AP BetrVG 1972 § 102 Nr. 14 = NJW 1978, 603).

681   Wartet der Arbeitgeber allerdings nicht willkürlich, sondern entweder aufgrund objektiv oder subjektiv nachvollziehbarer Gründe mit dem Ausspruch seiner Kündigung, so führt dies nicht zur Unwirksamkeit des durchgeführten und zur Erforderlichkeit eines erneuten Anhörungsverfahrens. Ein solcher Fall kann z.B. dann vorliegen, wenn der Arbeitgeber den Betriebsrat zur **Kündigung eines Schwerbehinderten** angehört hat, die Zustimmung der Hauptfürsorgestelle aber erst im Widerspruchsverfahren erteilt wird (BAG 18. 5. 1994 AP BPersVG § 108 Nr. 3 = NZA 1995, 65). Entscheidend sind letztlich die (subjektiven) Vorstellungen des Arbeitgebers. Die Kündigung muß nicht unmittelbar nach Beendigung des Anhörungsverfahrens erfolgen. Ein längeres Zuwarten (länger als 4 Wochen) kann aber für das Fehlen einer ernsthaften oder abschließend gebildeten Kündigungsabsicht zum Zeitpunkt der Einleitung sprechen. Kündigt der Arbeitgeber nach Ablauf einer angemessenen Zeitspanne, so besteht eine Vermutung für einen neuen oder zwischenzeitlich erst abschließend gebildeten Kündigungsentschluß. Zu diesem ist der Betriebsrat vor dem Kündigungsausspruch erneut zu beteiligen. Etwas anderes gilt aber, wenn der Arbeitgeber von der Kündigung durch noch ausstehende behördliche Genehmigungen (Hauptfürsorgestelle, Arbeitsamt) oder die fehlende Anschrift des Arbeitnehmers abgehalten wird. Hängt sein Kündigungsentschluß hingegen von der weiteren Entwicklung eines in Zusammenhang mit der Kündigung stehenden Geschehens ab (Verhalten bzw. Eignung des Arbeitnehmers, wirtschaftliche Situation des Betriebs), so sind diese Umstände auch regelmäßig für den (späteren) Kündigungsentschluß maßgeblich, weshalb der Betriebsrat erneut anzuhören ist.

2. Arbeitgeber

Arbeitgeber ist nach der allgemeinen arbeitsrechtlichen Definition derjenige, **682** der zumindest einen Arbeitnehmer beschäftigt (BAG 2. 12. 1992 AP TVG § 3 Nr. 14 = NZA 1993, 655; zum betriebsverfassungsrechtlichen Arbeitgeberbegriff allgemein DKK/*Däubler* Einleitung Rn. 135 ff.; *Richardi* Einleitung 118 ff.). Eine eigenständige Definition des Arbeitgeberbegriffs enthält das BetrVG weder in § 102 BetrVG noch an anderer Stelle. Ebenso fehlt eine eindeutige und abschließende Regelung darüber, ob und ggf. durch wen sich der Arbeitgeber bei der Wahrnehmung der betriebsverfassungsrechtlichen Aufgaben gegenüber dem Betriebsrat vertreten lassen darf. Lediglich in den §§ 43 Abs. Satz 3, 108 Abs. Satz 1 BetrVG ist eine **Vertretungsmöglichkeit** für den Arbeitgeber vorgesehen. Zu Recht hat das BAG aber einen Umkehrschluß abgelehnt, daß im übrigen nur der Arbeitgeber selbst bzw. seine gesetzlichen Vertreter gegenüber dem Betriebsrat auftreten dürfen. Ebenso hat es einer entsprechenden Anwendung der für das BPersVG geltenden Regelung eine Absage erteilt, wonach für die Dienststelle im wesentlichen nur deren Leiter die Beteiligungsrechte gegenüber der Personalvertretung wahrnimmt (BAG 11. 12. 1991 AP BetrVG 1972 § 90 Nr. 2 = NZA 1992, 850; zu den Folgen eines nach PersVG nicht ordnungsgemäß eingeleiteten Beteiligungsverfahren BAG 27. 2. 1997 AP LPVG Rheinland-Pfalz § 82 Nr. 1 = DB 1997, 1573).

Die **Arbeitgeberfunktion** ist im BetrVG vielmehr nach **der konkreten be- 683** trieblichen Aufgabenverteilung** zu bestimmen. Der Arbeitgeber bzw. seine gesetzlichen Vertreter müssen nicht selbst die Beteiligungsrechte gegenüber dem Betriebsrat wahrnehmen, eine Stellvertretung ist grundsätzlich möglich. Ihre Grenzen sind von Art und Funktion des in Frage stehenden Beteiligungsrechts abhängig (BAG 5. 2. 1991 AP BGB § 613 a Nr. 98 = NZA 1991, 639). Auch eine rein formale Begrenzung der Vertretung auf leitende Angestellte (§ 5 Abs. 3 BetrVG) ist nicht möglich (BAG 11. 12. 1991 AP BetrVG 1972 § 90 Nr. 2 = NZA 1992, 850). Im Anhörungsverfahren muß dem Betriebsrat zunächst nur derjenige Sachverhalt mitgeteilt werden, auf den die Kündigung gestützt werden soll. Diese Mitteilung braucht ihm nicht vom Kündigungsberechtigten selbst, sondern kann auch von einem (nicht kündigungsberechtigten) autorisierten Vertreter übermittelt werden (Mitarbeiter der Personalabteilung). Allerdings erfordern Sinn und Zweck des Anhörungsverfahrens, daß der Kündigungsberechtigte vor dem tatsächlichen Ausspruch der Kündigung die im Anhörungsverfahren erhobenen Einwendungen des Betriebsrats inhaltlich zur Kenntnis nimmt (dazu Rn. 768). Die Kenntnisnahme eines nicht zur Kündigung Berechtigten ist nicht ausreichend, dieser kann aber die Mitteilungen des Betriebsrats dem Kündigenden übermitteln, bevor die Kündigung seinen Machtbereich verläßt.

3. Form der Mitteilung

684 Nach § 102 Abs. 1 Satz 2 BetrVG hat der Arbeitgeber dem Betriebsrat die Gründe für die Kündigung mitzuteilen. Besondere Anforderungen an die Form bestehen nach dem Gesetz nicht. Anders als bei den Bedenken des Betriebsrats nach Abs. 2 Satz 1 ist die **Schriftform nicht Wirksamkeitsvoraussetzung für die Einleitung des Anhörungsverfahrens.** Zu Beweiszwecken ist allerdings die schriftliche Unterrichtung des Betriebsrats über die Person und Kündigungsgründe zu empfehlen. Daneben sollte der Betriebsratsvorsitzende oder der sonstige Adressat des Anhörungsschreibens den Zeitpunkt der Übergabe gesondert quittieren. Auf diese Weise kann im Kündigungsschutzprozeß der Ablauf der Anhörungsfrist vor Ausspruch der Kündigung in geeigneter Form nachgewiesen werden. Umstritten ist, ob der Arbeitgeber verpflichtet ist, dem Betriebsrat **Unterlagen** über die Person oder **Beweismittel** zu den Kündigungsgründen zur Verfügung zu stellen. Dies wird teilweise unter Hinweis auf § 80 Abs. 2 BetrVG vertreten, der auch im Rahmen des § 102 BetrVG Anwendung finden soll (LAG Hamm 6. 1. 1994 LAGE § 102 BetrVG 1972 Nr. 40; DKK/*Kittner* § 102 Rn. 47 – letzterer ebenfalls für ein Einsichtsrecht in die Personalakte oder den Arbeitsvertrag des betroffenen Arbeitnehmers). Die überwiegende Ansicht folgt dem nicht (BAG 6. 2. 1997 AP BetrVG 1972 § 102 Nr. 85 = NZA 1997, 656; 26. 1. 1995 AP BetrVG 1972 § 102 Nr. 69 = NZA 1995, 672; KR/*Etzel* § 102 BetrVG Rn. 68 mwN.). Dem ist zuzustimmen, da der Bereich der personellen Mitbestimmung (§§ 99, 102 BetrVG) diesbezüglich abschließende Sonderregelungen gegenüber § 80 Abs. 2 BetrVG enthält. Zutreffend ist auch der Hinweis des BAG, daß der Betriebsrat nur die Kündigungsabsicht des Arbeitgebers zu beurteilen habe, nicht aber die Erfolgsaussichten im Kündigungsschutzprozeß.

4. Adressat der Mitteilung

a) Zuständiger Betriebsrat

aa) Beschäftigungsbetrieb. Für das Mitwirkungsverfahren bei Kündigungen **685** ist grundsätzlich der Betriebsrat des Betriebs zuständig, dem der Arbeitnehmer angehört (BAG 7. 11. 1990 – 2 AZR 225/90 – nv.). Maßgeblich ist der Betrieb, in dem der Arbeitnehmer nicht nur vorübergehend, sondern dauerhaft seine Arbeitsleistung erbringt. Bei einer nur zeitlich befristeten **Versetzung,** nach deren Ablauf der Arbeitnehmer in seinen ursprünglichen Beschäftigungsbetrieb zurückkehren soll, ist bei einer Kündigung – auch innerhalb der Versetzungszeit – der Betriebsrat des ursprünglichen Beschäftigungsbetriebs zu beteiligen. Wird ein kraft Gesetzes oder vertraglicher Vereinbarung **ruhendes Arbeitsverhältnis** gekündigt, ist der Betriebsrat des Betriebs zu beteiligen, in dem der Arbeitnehmer zuletzt dauerhaft beschäftigt war. Ist für einen Betriebsteil oder Nebenbetrieb (§ 4 BetrVG) ein einheitlicher Betriebsrat im Hauptbetrieb gewählt worden, so ist dieser regelmäßig auch bei der Kündigung eines im Betriebsteil oder Nebenbetrieb beschäftigten Arbeitnehmers zu beteiligen. Dies gilt jedenfalls, wenn die Betriebsratswahl nicht wirksam angefochten wurde oder nichtig ist (dazu das Beispiel bei KR/*Etzel* § 102 BetrVG Rn. 46). Ist umgekehrt für einen Betriebsteil in Verkennung der Voraussetzungen des § 4 BetrVG ein Betriebsrat gewählt worden und dessen Wahl nicht angefochten, gilt wegen der Fiktion des § 4 BetrVG der Betriebsteil als eigenständiger Betrieb (BAG AP BetrVG 1972 § 4 Nr. 7 = NZA 1996, 164). Bilden mehrere Unternehmen einen **gemeinsamen Betrieb,** so ist der einheitlich gewählte Betriebsrat bei Ausspruch der Kündigung zu beteiligen (BAG 7. 11. 1990 – 2 AZR 255/90 – nv.).

bb) Betriebs-/Personalausschuß. Nach § 27 Abs. 1 Satz 1 BetrVG ist vom **686** Betriebsrat ein Betriebsausschuß zu bilden, wenn der Betriebsrat neun oder mehr Mitglieder hat. Der Betriebsausschuß führt die laufenden Geschäfte des Betriebsrats, darüber hinaus kann ihm der Betriebsrat mit der Mehrheit der Stimmen seiner Mitglieder Aufgaben zur selbständigen Erledigung übertragen (Abs. 3 Satz 2 1. Halbs.). Ist ein Betriebsausschuß gebildet, **bleibt grundsätzlich der Betriebsrat für das Beteiligungsverfahren nach § 102 BetrVG zuständig.** Zu den laufenden Geschäften, die dem Betriebsausschuß nach Abs. 3 Satz 1 durch Gesetz übertragen sind, zählt nicht die Ausübung des Mitwirkungsrechts in personellen Angelegenheiten (GK-BetrVG/*Kraft* § 102 Rn. 43; KR/*Etzel* § 102 BetrVG Rn. 93). Eine **Zuständigkeit des Betriebsausschusses** besteht nur, wenn ihm die Wahrnehmung des Beteiligungsrechts nach § 102 BetrVG entsprechend der Regelung in § 27 Abs. 3 Satz 2 BetrVG vom Betriebsrat **wirksam übertragen** worden ist. Erforderlich ist hierzu ein ausdrücklicher Beschluß des Betriebsratsgremiums mit der Mehrheit der Stimmen seiner Mitglieder (qualifizierte Mehrheit), der dem Betriebsausschuß die Beteiligungsrechte nach § 102 BetrVG zur selbständigen Erledigung überträgt. In diesem Fall ist der Ausschußvorsitzende berechtigt, die Erklärungen des Arbeitgebers im Anhörungsverfahren entgegenzunehmen (BAG 4. 8. 1975

AP BetrVG 1972 § 102 Nr. 4). Der Betriebsrat bleibt für das Beteiligungsverfahren zuständig, bis er dem Arbeitgeber mitgeteilt hat, daß er seine Zuständigkeit auf einen Ausschuß übertragen und ihm den Namen des Ausschußvorsitzenden bzw. seines Stellvertreters bekanntgegeben hat (*Fitting* § 26 Rn. 46). Zur Einleitung gegenüber dem Ausschußvorsitzenden auch Rn. 693.

687 Ist die Übertragung der Zuständigkeit auf einen Ausschuß nicht wirksam erfolgt, bleibt es bei der Zuständigkeit des Betriebsrats für das Beteiligungsverfahren nach § 102 BetrVG. Die Unwirksamkeit kann sich dabei aus einer Mißachtung der Formvorschriften des § 27 Abs. 3 BetrVG (absolute Stimmenmehrheit, Schriftform) wie auch der allgemeinen Bestimmungen über das Zustandekommen von Betriebsratsbeschlüssen (dazu Rn. 750) ergeben. **Die Beteiligung des (unzuständigen) Ausschusses führt aber nur zur Unwirksamkeit** der Kündigung nach § 102 Abs. 2 Satz 3 BetrVG, wenn der **Arbeitgeber den zugrundeliegenden Mangel** bei Einleitung des Anhörungsverfahrens **erkannt hat,** bloße Zweifel sind nicht ausreichend. In diesem Fall beruht die fehlerhafte Verfahrenseinleitung nicht auf Gründen in der Sphäre des Arbeitgebers (LAG Bremen 26. 10. 1982 DB 1983, 354). Etwas anders gilt nur, wenn schon die gesetzlichen Voraussetzungen für die Bildung eines besonderen Ausschusses nicht bestanden haben.

688 In Betrieben, in denen ein Betriebsausschuß zu bilden ist, kann der Betriebsrat **weitere Ausschüsse** bilden und ihnen u. a. auch die Zuständigkeit für das Beteiligungsverfahren nach § 102 BetrVG übertragen (§ 28 Abs. 1 Satz 1, 3 BetrVG – Übertragung auf den Personalausschuß, dazu BAG 12. 7. 1984 AP BetrVG 1972 § 102 Nr. 32 = NZA 1985, 96; 4. 8. 1975 AP BetrVG 1972 § 102 Nr. 4). In Betracht kommt schließlich die Übertragung der Mitwirkungsrechte nach § 102 BetrVG auf einen nach § 28 Abs. 3 BetrVG gebildeten **paritätischen Personalausschuß.** Dies erscheint nicht unbedenklich, weil dem Betriebsrat bzw. seinen Ausschüssen wesentliche Aufgaben entzogen werden können. Eine Kündigung ist nach Ansicht des BAG aber nicht nach § 102 BetrVG unwirksam, wenn sämtliche Mitglieder des Betriebsrats im paritätischen Ausschuß der Kündigung zugestimmt haben (BAG 12. 7. 1984 AP BetrVG 1972 § 102 Nr. 32 = NZA 1985, 96).

689 cc) Gesamt-/Konzernbetriebsrat. Grundsätzlich geht das BetrVG bei der Ausübung von personellen Maßnahmen von der Zuständigkeit der Einzelbetriebsräte des Beschäftigungsbetriebs aus. Der Gesamtbetriebsrat ist nach § 50 Abs. 1 Satz 1 BetrVG nur zuständig, wenn die Angelegenheit das Gesamtunternehmen oder mehrere Betriebe betrifft und nicht durch die einzelnen Betriebsräte innerhalb ihrer Betriebe geregelt werden kann. Eine möglicherweise oder tatsächlich bestehende Weiterbeschäftigungsmöglichkeit in einem anderen Betrieb des Unternehmens erfüllt diese Voraussetzungen aber nicht (h. M. KR/*Etzel* § 102 BetrVG Rn. 47; anders *Richardi* § 50 Rn. 23). Eine **Zuständigkeit** des Gesamtbetriebsrats nach § 50 Abs. 1 BetrVG ist nur **denkbar,** wenn ein **Arbeitsverhältnis mehreren Betrieben des Unternehmens gleichzeitig zuzuordnen** ist (BAG 21. 3. 1996 AP BetrVG 1972 § 102 Nr. 81 = NZA 1996, 974). Allerdings reicht die bloße vertragliche Möglichkeit, einen Arbeitnehmer auch in anderen Betrieben eines Unternehmens einzusetzen, nicht zur Begründung der Zuständigkeit des Gesamtbetriebsrats aus. Erforderlich ist vielmehr ein dauerhafter Einsatz des Arbeitnehmers (**Eingliederung**) in mehr als einem Betrieb (DKK/*Kittner* § 102 Rn. 128). Der Gesamtbetriebsrat wird insbesondere nicht zuständig, wenn ein Arbeitnehmer einem Betriebsübergang widerspricht und vom Arbeitgeber bis zum Kündigungsausspruch in keinen anderen Betrieb des Unternehmens (tatsächlich) eingegliedert wird (BAG 21. 3. 1996 AP BetrVG 1972 § 102 Nr. 81 = NZA 1996, 974). Die Zuständigkeit des Gesamtbetriebsrats kann aber aufgrund einer **Delegation** durch den Einzelbetriebsrat nach § 50 Abs. 2 BetrVG im Einzelfall (... eine Angelegenheit) begründet werden. Zulässig ist eine Übertragung der Beteiligungsrechte in Zusammenhang mit Kündigungen, die im Rahmen einer konkreten Betriebsänderung bzw. Massenentlassung zu erwarten sind (DKK/*Kittner* § 102 Rn. 129). Hat der Einzelbetriebsrat darüber hinaus die Zuständigkeit für alle Beteiligungsverfahren nach § 102 BetrVG generell dem Gesamtbetriebsrat übertragen, wird die Zuständigkeit des Gesamtbetriebsrats nicht begründet (LAG Köln 20. 12. 1983 DB 1984, 937). Der Gesamtbetriebsrat kann die Übertragung von Aufgaben ablehnen (str., wie hier *Fitting* § 50 Rn. 52; KR/*Etzel* § 102 Betr-VG Rn. 48; anders DKK/*Trittin* § 50 Rn. 72; GK-BetrVG/*Kreutz* § 50 Rn. 49).

690 Ist der Gesamtbetriebsrat entweder nach § 50 Abs. 1 BetrVG originär zuständig oder hat ihm der Betriebsrat wirksam nach § 50 Abs. 2 BetrVG eine Angelegenheit übertragen und dies dem Arbeitgeber angezeigt, muß dieser den Gesamtbetriebsrat beteiligen. Hört er dennoch den Einzelbetriebsrat an oder ist der **Übertragungsbeschluß** nach § 50 Abs. 2 BetrVG **unwirksam**, ist das **Anhörungsverfahren gleichfalls fehlerhaft** und die ausgesprochene Kündigung nach § 102 Abs. 1 Satz 3 BetrVG unwirksam (LAG Köln 20. 12. 1983 DB 1984, 937 f.). Es empfiehlt sich bei unklarer Sach- bzw. Rechtslage für den Arbeitgeber stets, vorsorglich beide Gremien zu beteiligen.

691 Eine Zuständigkeit des **Konzernbetriebsrats** (§§ 54 ff. BetrVG) für das Beteiligungsverfahren besteht regelmäßig nicht. Nach § 58 Abs. 1 BetrVG ist er zuständig für die Behandlung von Angelegenheiten, die den Konzern oder mehrere Konzernunternehmen betreffen und nicht durch die einzelnen Gesamtbetriebsräte innerhalb ihrer Unternehmen geregelt werden können. Entsprechend der **Zuständigkeit** des Gesamtbetriebsrats ist auch der Konzernbetriebsrat nur zu beteiligen, wenn **der zu kündigende Arbeitnehmer für den gesamten Konzern oder mehrere Konzernunternehmen vertraglich eingestellt ist** und **dauerhaft seine Tätigkeit gleichzeitig in mehreren Konzernunternehmen erbringt** (DKK/*Kittne*r § 102 Rn. 131; KR/*Etzel* § 102 BetrVG Rn. 48 a). Ist allerdings der Arbeitsvertrag nur mit der Konzernobergesellschaft abgeschlossen und wird der Arbeitnehmer tatsächlich aber in mehreren Konzerngesellschaften eingesetzt, bleibt es bei der Zuständigkeit eines ggf. bei der Konzernobergesellschaft gebildeten Betriebsrats, wenn diesem Arbeitnehmer gekündigt werden soll. Dies gilt sowohl bei einem dauerhaften wie auch bei einem nur vorübergehenden Einsatz bei einer anderen bzw. anderen Konzerngesellschaften. Hier scheidet eine Zuständigkeit des Einzelbetriebsrats aus, da der Arbeitsvertrag mit der Konzernobergesellschaft geschlossen ist und allein die (tatsächliche) Eingliederung des Arbeitnehmers in einen Betrieb – im Gegensatz zur Einstellung (§ 99 BetrVG) – nicht zur Zuständigkeit des Betriebsrats nach § 102 BetrVG führt (BAG 21. 3. 1996 AP BetrVG 1972 § 102 Nr. 81 = NZA 1996, 974). Schließlich kann nach § 58 Abs. 2 BetrVG der Gesamtbetriebsrat eine Angelegenheit auf den Konzernbetriebsrat delegieren, insoweit gelten die obigen Ausführungen zu § 50 Abs. 2 BetrVG sinngemäß.

692 **dd) Andere Vertretungen.** Ist nach § 3 Abs. 1 Nr. 2 BetrVG durch Tarifvertrag eine andere Arbeitnehmervertretung anstelle des Betriebsrats gebildet, so ist diese zu beteiligen. Gleiches gilt für eine nach § 117 Abs. 2 BetrVG für den **Flugbetrieb** eingerichtete andere Vertretung. Im Bereich der Schiffahrt ist beim Ausspruch von Kündigungen die nach § 115 BetrVG gebildete Bordvertretung nach näherer Maßgabe des Abs. 7 anzuhören. In **Seebetrieben** nimmt der Seebetriebsrat (§ 116 BetrVG) die Beteiligungsrechte bei Ausspruch einer Kündigung nach näherer Maßgabe des Abs. 6 wahr.

b) Betriebsrats-/Ausschußvorsitzender

693 Zur Entgegennahme von Mitteilungen über die Kündigungsabsicht des Arbeitgebers ist stets der **Betriebsratsvorsitzende oder im Verhinderungsfall dessen Stellvertreter berechtigt,** aber auch **verpflichtet** (§ 26 Abs. 3 Satz 2 BetrVG). Die dem Vorsitzenden oder sonstigen Empfangsberechtigten angekündigte Kündigungsabsicht und das dabei übermittelte Wissen ist dem Betriebsrat zuzurechnen (BAG 27. 6. 1985 AP BetrVG 1972 § 102 Nr. 37 = NZA 1986, 426). Hat der Betriebsrat einen **besonderen Ausschuß** (dazu Rn. 686) gebildet und diesem formgerecht die Zuständigkeit für das Beteiligungsverfahren übertragen, ist der Ausschußvorsitzende zur Entgegennahme der Erklärungen des Arbeitgebers im Beteiligungsverfahren berechtigt und verpflichtet (BAG 26. 9. 1991 AP KSchG 1969 § 1 Krankheit Nr. 28 = NZA 1992, 1073; 27. 6. 1985 AP BetrVG 1972 § 102 Nr. 37 = NZA 1986, 426). Ist die Übertragung der Zuständigkeit für das Beteiligungsverfahren nach § 102 BetrVG auf einen Ausschuß oder den Gesamtbetriebsrat nicht wirksam erfolgt (dazu Rn. 687 f.), bleibt es bei der Mitteilungspflicht an den Betriebsratsvorsitzenden (LAG Köln 20. 12. 1983 DB 1984, 937). Zur Unwirksamkeit der Kündigung nach § 102 Abs. 1 Satz 3 BetrVG führt die Beteiligung des unzuständigen Gremiums nur bei Kenntnis des Arbeitgebers von der Unwirksamkeit der Übertragung bzw. den zugrundeliegenden Tatsachen. Bei **Verhinderung** des Vorsitzenden und seines Stellvertreters kann der Arbeitgeber das Anhörungsverfahren gegenüber jedem Betriebsratsmitglied einleiten (BAG 27. 6. 1985 AP BetrVG 1972 § 102 Nr. 37 = NZA 1986, 426, dazu im Einzelnen Rn. 693). Mit Zugang der Mitteilung beginnt auch der Lauf der Anhörungsfristen des § 102 Abs. 2 BetrVG.

c) Betriebsratsmitglied

694 Der Betriebsrat oder ein für das Beteiligungsverfahren nach § 102 BetrVG zuständiger Ausschuß können ein Betriebsrats- bzw. Ausschußmitglied zur

Entgegennahme von Erklärungen des Arbeitgebers in Zusammenhang mit dem Kündigungsausspruch ermächtigen. Der Arbeitgeber kann dann das Beteiligungsverfahren auch durch eine Mitteilung seiner Kündigungsabsicht gegenüber dem beauftragten Betriebsratsmitglied einleiten. Dieses steht dem Betriebsratsvorsitzenden bzw. seinem Stellvertreter nicht nur gleich, wenn die Ermächtigung ausdrücklich erfolgt ist (so allerdings noch BAG 27. 6. 1985 AP BetrVG 1972 § 102 Nr. 37 = NZA 1986, 426). Vielmehr ist ausreichend, wenn sich die **Bevollmächtigung** eindeutig aus den Umständen ergibt. Dies ist anzunehmen, wenn das Mitglied vom Betriebsrat zu regelmäßig stattfindenden Kündigungsvorgesprächen mit Arbeitgeber und Arbeitnehmer oder zu einer Besprechung mit der Hauptfürsorgestelle in einer Kündigungsangelegenheit entsandt wird (BAG 26. 9. 1991 AP KSchG 1969 § 1 Krankheit Nr. 28 = NZA 1992, 1073). Die Ermächtigung muß jedoch auf einem Beschluß des Betriebsrats beruhen, die bloße Delegation durch den Vorsitzenden bzw. Stellvertreter ist nicht ausreichend. Nimmt es der Betriebsrat hin, daß der Arbeitgeber mehrfach einem bestimmten und hierzu nicht bevollmächtigten Betriebsratsmitglied gegenüber das Beteiligungsverfahren nach § 102 BetrVG einleitet, so folgt hieraus allein noch keine Ermächtigung. Die bloße Hinnahme durch das Gremium ersetzt den für eine Ermächtigung erforderlichen Beschluß gerade nicht, weshalb auch eine Duldungsvollmacht ausscheidet (anders aber die h. M. vgl. KR/*Etzel* § 102 BetrVG Rn. 85 a mwN.). Eine Bevollmächtigung durch den Betriebsrat liegt schließlich nicht vor, wenn das Betriebsratsmitglied **nur auf Wunsch des Arbeitnehmers** (§ 82 Abs. 2 Satz 2 BetrVG) an einem Kündigungsgespräch teilgenommen hat (BAG 27. 6. 1985 AP BetrVG 1972 § 102 Nr. 37 = NZA 1986, 426), da es auch hier an einem (ermächtigenden) Beschluß des Betriebsrats fehlt. Darüber hinaus ist das Betriebsratsmitglied zur Verschwiegenheit über den Gesprächsinhalt verpflichtet (§ 82 Abs. 2 Satz 3 BetrVG), wovon es nur durch den betroffenen Arbeitnehmer entbunden werden kann.

695 Neben dem ermächtigten Betriebsratsmitglied bleiben die in § 26 Abs. 3 Satz 2 BetrVG genannten Personen (Betriebsrats-/Ausschußvorsitzender bzw. Stellvertreter) zur Entgegennahme der Erklärungen des Arbeitgebers im Beteiligungsverfahren nach § 102 BetrVG berechtigt und verpflichtet. Die **gesetzliche Vertretungsregelung** in § 26 BetrVG ist insoweit **nicht abdingbar.** Ein an sich nicht zur Entgegennahme von Arbeitgeberinformationen ermächtigtes Betriebsratsmitglied wird aber für Mitteilungen des Arbeitgebers über eine beabsichtigte Kündigung zuständig, wenn an einem bestimmten Arbeitstag der Betriebsratsvorsitzende, sein Stellvertreter oder sonstige besonders ermächtigte Betriebsratsmitglieder nicht nur kurzfristig abwesend oder für den Arbeitgeber nicht erreichbar sind (BAG 27. 6. 1985 AP BetrVG 1972 § 102 Nr. 37 = NZA 1986, 426; LAG Frankfurt 28. 11. 1989 DB 1990, 1728 – bei Fehlen einer Vertretungsregelung).

696 Ist das Betriebsratsmitglied nicht oder nicht ordnungsgemäß zur Entgegennahme von Äußerungen des Arbeitgebers im Verfahren nach § 102 BetrVG ermächtigt worden, handelt es lediglich als **Erklärungsbote** des Arbeitgebers. Dessen Mitteilungen über eine beabsichtigte Kündigung gehen dem Betriebsrat nur und erst zu, wenn sie von dem unzuständigen Mitglied entweder an den Vorsitzenden, ein zum Empfang ermächtigtes Betriebsratsmitglied oder den gesamten Betriebsrat/Ausschuß weitergeleitet werden (BAG 26. 9. 1991 AP KSchG 1969 § 1 Krankheit Nr. 28 = NZA 1992, 1073). Erst mit dem Zugang an diesen Empfängerkreis beginnt der Lauf der Anhörungsfristen nach § 102 Abs. 2 BetrVG. Das **Risiko der vollständigen Übermittlung der dem Erklärungsboten mitgeteilten Tatsachen trägt der Arbeitgeber** (BAG 27. 6. 1985 AP BetrVG 1972 § 102 Nr. 37 = NZA 1986, 426). Ein nicht zur Entgegennahme von Erklärungen ermächtigtes Betriebsratsmitglied braucht den Arbeitgeber nicht auf seine fehlende Zuständigkeit für die Einleitung des Beteiligungsverfahrens hinzuweisen (KR/*Etzel* § 102 BetrVG Rn. 85). Der Arbeitgeber ist aufgrund der Regelung in § 26 Abs. 3 Satz 2 BetrVG grundsätzlich gehalten, sich an den Betriebsrats-/Ausschußvorsitzenden zu wenden. Nimmt er diese Möglichkeit nicht wahr, muß er sich über eine mögliche Ermächtigung besonders vergewissern. Die Funktion des Erklärungsboten setzt schließlich das Einverständnis des Betriebsratsmitglieds und Arbeitgebers voraus, für diesen die Wissensvermittlung an den Betriebsrat vorzunehmen (BAG 27. 6. 1985 AP BetrVG 1972 § 102 Nr. 37 = NZA 1986, 426).

d) Eigenkenntnis des Betriebsrats

697 Der Arbeitgeber ist von der Mitteilungspflicht über seine Kündigungsabsicht weitgehend befreit, wenn der Betriebsrat über den erforderlichen Kenntnisstand verfügt, um sich über die Stichhaltigkeit der Kündigungsgründe ein Bild zu machen und eine Stellungnahme hierzu abzugeben. Nach Auffassung des BAG ist die Mitteilung sogar entbehrlich, wenn nur der Arbeitgeber aufgrund der gegebenen Umstände als **sicher annehmen** kann, daß **der Betriebsrat über den erforderlichen Kenntnisstand verfügt** (BAG 27. 6. 1985 AP BetrVG 1972 § 102 Nr. 37 = NZA 1986, 426). Letzterem ist nicht zuzustimmen. Aus Sinn und Zweck des Anhörungsverfahrens ergibt sich, daß der Betriebsrat den für seine Stellungnahme erforderlichen Kenntnisstand auch tatsächlich besitzen muß, für dessen Vermittlung letztlich der Arbeitgeber verantwortlich ist. Die Mitteilung des Kündigungssachverhalts wegen bereits vorhandener Kenntnis des Betriebsrats ist nur entbehrlich, wenn dieser auch tatsächlich hierüber verfügt, die „sichere Annahme" ist nicht ausreichend.

698 Die Verpflichtung des Arbeitgebers zu einer genauen und umfassenden Darlegung der Kündigungsgründe entfällt, wenn er den (gesamten) **Betriebsrat vor Beginn des Anhörungsverfahrens** bereits erschöpfend **über die Kündigungsgründe unterrichtet hatte**. In einem solchen Fall genügt er seiner Mitteilungspflicht, wenn er im Anhörungsverfahren pauschal auf die bereits mitgeteilten Kündigungsgründe verweist (BAG 19. 5. 1993 AP KSchG 1969 § 2 Nr. 31 = NZA 1993, 1075). Gleiches gilt, wenn der (gesamte) Betriebsrat von dem Kündigungssachverhalt auf andere Weise Kenntnis erlangt hat. Hier kann sich der Arbeitgeber gleichfalls mit einem **pauschalen Hinweis** auf das vorhandene Wissen begnügen. Unerheblich ist, ob dieses auf einer Unterrichtung durch die empfangsberechtigten Vertreter beruht oder durch andere Betriebsratsmitglieder aus eigener Initiative oder wegen ihres Überblicks über die betrieblichen Verhältnisse vermittelt worden ist (BAG 27. 6. 1985 AP BetrVG 1972 § 102 Nr. 37 = NZA 1986, 426). Der erforderliche Informati-

onsstand kann sich etwa aus vorangegangenen Verhandlungen und dem Abschluß eines Interessenausgleichs mit einer Namensliste der zu kündigenden Arbeitnehmer ergeben (BAG 20. 5. 1999 NZA 1999, 1101). Durch die pauschale Mitteilung der Kündigungsgründe bzw. den Hinweis auf das vorhandene Wissen des Betriebsrats muß für diesen aber erkennbar sein, welchen Kündigungssachverhalt der Arbeitgeber in Bezug genommen hat und als Grundlage für die auszusprechende Kündigung nehmen will (ArbG Wetzlar 12. 11. 1986 BB 1987, 686 – Bezugnahme auf vorherige Abmahnungen bzw. Betriebsablaufstörungen). Kann der Betriebsrat das für den Kündigungsausspruch notwendige Wissen erst durch Lektüre von umfangreichem schriftlichen Informationsmaterial des Arbeitgebers erlangen, reicht daher der pauschale Hinweis des Arbeitgebers nicht aus (LAG Hamm 24. 10. 1991 LAGE § 102 BetrVG 1972 Nr. 32). Gleiches gilt, wenn der Betriebsrat erst nach Einleitung des Anhörungsverfahrens eigene Ermittlungen anstellt und erst hierdurch den erforderlichen Kenntnisstand erhält (BAG 2. 11. 1983 AP BetrVG 1972 § 102 Nr. 29).

Die **Kenntnis einzelner Betriebsratsmitglieder** steht der Eigenkenntnis des **699** Betriebsrats nur gleich, wenn es sich um den Personenkreis des § 26 Abs. 3 Satz 2 BetrVG oder um ein besonders ermächtigtes Betriebsratsmitglied handelt. Woher deren Kenntnis rührt, ist allerdings unerheblich (LAG München 11. 5. 1988 LAGE § 102 BetrVG 1972 Nr. 24 = NZA 1989, 280; einschränkend LAG Nürnberg 24. 2. 1994 LAGE § 102 BetrVG 1972 Nr. 38; wie hier KR/*Etzel* § 102 BetrVG Rn. 69a). Nicht ausreichend ist es aber, wenn nur einzelne und nicht empfangsberechtigte Betriebsratsmitglieder über einen ausreichenden Wissensstand verfügen. Ihr Wissen wird dem Gremium nicht zugerechnet, da sie nicht kraft ihres Betriebsratsamts zur Weitergabe verpflichtet sind. Eine solche Verpflichtung folgt insbesondere nicht aus dem Gebot der vertrauensvollen Zusammenarbeit (BAG 27. 6. 1985 AP BetrVG 1972 § 102 Nr. 37 = NZA 1986, 426; anders noch BAG 6. 7. 1978 AP BetrVG 1972 § 102 Nr. 16).

5. Zeit und Zugang der Mitteilung

Der Arbeitgeber hat nach dem Grundsatz der vertrauensvollen Zusammen- **700** arbeit (§ 2 Abs. 1 BetrVG) das Anhörungsverfahren **während der Arbeitszeit** des Betriebsratsvorsitzenden oder (bei dessen Verhinderung) seines Stellvertreters einzuleiten (BAG 27. 8. 1982 AP BetrVG 1972 § 102 Nr. 25 = NJW 1983, 2835). Gleiches gilt, wenn ein Betriebsratsmitglied zur Entgegennahme von Arbeitgebererklärungen in Kündigungsangelegenheiten besonders ermächtigt ist (dazu Rn. 694). Der Betriebsratsvorsitzende oder im Verhinderungsfall sein Stellvertreter sind regelmäßig nicht verpflichtet, **außerhalb der Arbeitszeit** oder **Betriebsräume** Mitteilungen über die Kündigungsabsicht vom Arbeitgeber entgegenzunehmen. Etwas anderes gilt nur, wenn in der Vergangenheit eine entsprechende Handhabung praktiziert worden ist. Der Arbeitgeber kann gegenüber einer empfangsberechtigten Person des Betriebsrats das Anhörungsverfahren ansonsten nur mit deren Einverständnis außerhalb der Arbeitszeit bzw. Betriebsräume einleiten. Nimmt ein für die Vertretung des Betriebsrats zuständiges Mitglied eine solche Mitteilung aber **widerspruchslos entgegen,** ist das Anhörungsverfahren vom Arbeitgeber ordnungsgemäß in Gang gesetzt worden (BAG 27. 8. 1982 AP BetrVG 1972 § 102 Nr. 25 = NJW 1983, 2835; DKK/*Kittner* § 102 Rn. 138; GK-BetrVG/*Kraft* § 102 Rn. 45; KR/*Etzel* § 102 BetrVG Rn. 84 a).

701 Eine mündlich oder fernmündlich gegenüber einem Empfangsberechtigten abgegebene Mitteilung des Arbeitgebers über die Kündigungsabsicht wird grundsätzlich zu dem Zeitpunkt wirksam, zu dem die Äußerung gehört und verstanden wird (BAG 27. 8. 1982 AP BetrVG 1972 § 102 Nr. 25 = NJW 1983, 2835). Für die schriftliche Mitteilung an den Betriebsrat gilt § 130 Abs. 1 BGB. Danach wird eine unter Abwesenden abgegebene Willenserklärung zu dem Zeitpunkt wirksam, in welchem sie dem Empfänger zugeht. Der **Zugang** ist bewirkt, sobald sie in verkehrsüblicher Weise in seine **tatsächliche Verfügungsgewalt** gelangt ist und für ihn unter gewöhnlichen Verhältnissen die Möglichkeit besteht, von dem Inhalt des Schreibens Kenntnis zu nehmen. Verfügt der Betriebsrat über ein Postfach, geht ein Anhörungsschreiben dem Betriebsrat erst am Folgetag zu, wenn es zu einem Zeitpunkt in das Postfach gelegt wird, zu dem nicht mehr mit seiner Leerung am selben Tag gerechnet werden kann (BAG 12. 12. 1996–2 AZR 803/95 – nv.). Zur Berechnung der Anhörungsfrist Rn. 741.

6. Inhalt der Mitteilung

a) Aufforderung zur Stellungnahme

702 Nach § 102 BetrVG ist der Arbeitgeber gegenüber dem zuständigen Betriebsratsgremium zur vollständigen und rechtzeitigen Unterrichtung über seine Kündigungsabsicht verpflichtet. Eine gesonderte Aufforderung zur Stellungnahme ist grundsätzlich entbehrlich, da diese regelmäßig in der Mitteilung der Kündigungsabsicht liegt (BAG 7. 12. 1979 AP BetrVG 1972 § 102 Nr. 21; 28. 2. 1974 AP BetrVG 1972 § 102 Nr. 2 = NJW 1974, 1526). Bei einer Unterrichtung über eine beabsichtigte Kündigung besteht für den Betriebsrat eine **Obliegenheit, sich zu dieser Mitteilung zu äußern,** insoweit hat er seine rechtlichen Möglichkeiten zu kennen (GK-BetrVG/*Kraft* § 102 Rn. 34). Er muß aber aus der Mitteilung ersehen können, daß die Beteiligung im Rahmen des § 102 BetrVG erfolgt. Dies kann fraglich sein, wenn das Vertragsverhältnis **eines leitenden Angestellten oder freien Mitarbeiters** beendet werden soll, da nur bei der Kündigung eines Arbeitnehmers ein Anhörungsrecht besteht. Eine Information nach § 105 BetrVG über die beabsichtigte Kündigung eines leitenden Angestellten ersetzt die nach § 102 BetrVG erforderliche Beteiligung nicht, selbst wenn dem Betriebsrat die Kündigungsgründe bekanntgegeben werden oder ihm bereits bekannt sind (BAG 19. 8. 1975 AP BetrVG 1972 § 105 Nr. 1). Davon zu unterscheiden ist die Frage, ob im Einzelfall eine Beteiligung des Betriebsrats nach § 102 BetrVG oder § 105 BetrVG vorliegt. Stellt der Arbeitgeber bei Einleitung des Beteiligungsverfahrens ausdrücklich klar, daß es sich um ein Anhörungsverfahren handeln soll, oder fordert er den Betriebsrat zur Stellungnahme auf, sind weitere Zweifel nicht angebracht. Im übrigen ist die **Äußerung des Arbeitgebers auszulegen.** Ausreichend ist es, wenn der Betriebsrat der Mitteilung des Arbeitgebers entnehmen kann, daß damit (auch) ein Anhörungsverfahren nach § 102 Abs. 1 BetrVG eingeleitet werden soll (BAG 7. 12. 1979 AP BetrVG 1972 § 102 Nr. 21; 19. 8. 1975 AP BetrVG 1972 § 105 Nr. 1). Bei Kündigungen von vermeintlichen leitenden Angestellten und freien Mitarbeitern ist es zulässig und für den Arbeitgeber ratsam, den Betriebsrat nach § 102 BetrVG zu beteiligen und die Kündigung erst nach Beendigung des Anhörungsverfahrens auszusprechen.

b) Datenschutz

Der Arbeitgeber ist nicht durch datenschutzrechtliche Vorschriften gehindert, dem Betriebsrat Auskunft über die persönlichen Daten des gekündigten und etwaiger in eine Sozialauswahl miteinbezogener Arbeitnehmer zu übermitteln (dazu allgemein BAG 17. 3. 1983 AP BetrVG 1972 § 80 Nr. 18 = NJW 1983, 2463; BVerwG 9. 10. 1996 AP BPersVG § 79 Nr. 12; ArbG Berlin 6. 7. 1982 EzA § 1 KSchG Betriebsbedingte Kündigung Nr. 17). Der Betriebsrat ist ein unselbständiger Teil der datenspeichernden Stelle, also des Arbeitgebers (BAG 11. 11. 1997 AP BDSG § 36 Nr. 1 = NZA 1998, 385). Die Weitergabe von Daten im Rahmen des Beteiligungsverfahrens nach § 102 BetrVG stellt daher keine Datenübermittlung iSv. § 28 BDSG dar (*Fitting* § 1 Rn. 175). **703**

c) Grundsatz: Subjektive Determination

Nach § 102 Abs. 1 Satz 2 BetrVG hat der Arbeitgeber dem Betriebsrat die Gründe für die Kündigung mitzuteilen. Welche Tatsachen im einzelnen unter die Mitteilungspflicht fallen, geht aus der Vorschrift nicht hervor. Nach **Sinn und Zweck** der Vorschrift soll das Anhörungsverfahren in geeigneten Fällen dazu beitragen, daß es gar **nicht zum Ausspruch einer Kündigung kommt.** Um diesen Zweck zu erreichen, muß der Inhalt der Mitteilung so bemessen sein, daß sich der Betriebsrat über den Kündigungssachverhalt ein Bild machen kann. Nur so wird er in die Lage versetzt, seine Überlegungen zu der Kündigungsabsicht des Arbeitgebers sachgerecht vorzubringen. Der Umfang der Mitteilung wird durch den vom BAG entwickelten **Grundsatz der subjektiven Determinierung** geprägt. Der Arbeitgeber ist danach nur verpflichtet, dem Betriebsrat die Kündigungsgründe mitzuteilen, auf die er seine Kündigung stützen will. Der Betriebsrat ist bereits dann ordnungsgemäß angehört, wenn ihm der Arbeitgeber die aus seiner Sicht tragenden Umstände unterbreitet hat (BAG 15. 11. 1995 AP BetrVG 1972 § 102 Nr. 73 = NZA 1996, 419; 15. 12. 1994 AP KSchG 1969 § 1 Betriebsbedingte Kündigung Nr. 67 = NZA 1995, 521). Zur der nur beschränkten Geltung der subjektiven Determination bei der Bezeichnung der Person des Arbeitnehmers Rn. 707. **704**

Für das Anhörungsverfahren gilt **der Grundsatz der vertrauensvollen Zusammenarbeit** zwischen Arbeitgeber und Betriebsrat (§ 2 Abs. 1 BetrVG), **705** der die Betriebspartner u. a. zur gegenseitigen Ehrlichkeit und Offenheit verpflichtet. Eine einseitige und verfälschende Darstellung der Kündigungsgründe steht nicht im Einklang mit dem Normzweck des § 102 BetrVG und führt zur Unwirksamkeit der Kündigung nach Abs. 1 Satz 3. Stellt der Arbeitgeber dem Betriebsrat die für seinen Kündigungsentschluß maßgebenden Kündigungsgründe **bewußt und gewollt unrichtig oder unvollständig** dar, kann sich der Betriebsrat kein zutreffendes Bild von den Kündigungsgründen machen. Dies ist zunächst der Fall, wenn der Arbeitgeber die mitgeteilten Tatsachen bewußt „aufbereitet", um die Kündigungsgründe möglichst überzeugend darzustellen. Eine **irreführende Mitteilung des Kündigungssachverhalts** liegt auch in dem **Verschweigen** gegen die Kündigung sprechender und den Arbeitnehmer **entlastender Informationen** (BAG 22. 9. 1994 AP BetrVG 1972 § 102 Nr. 68 = NZA 1995, 363; 31. 8. 1989 AP LPVG Schleswig-Holstein § 77 Nr. 1 = NZA 1990, 658). Kennt der Arbeitgeber die den Arbeitnehmer möglicherweise entlastenden Tatsachen, so hat er diese dem Betriebsrat gegenüber mitzuteilen (BAG 31. 8. 1989 AP LPVG Schleswig-Holstein § 77 Nr. 1 = NZA 1990, 658 – **Gegendarstellung**; 2. 11. 1983 AP BetrVG 1972 § 102 Nr. 29 – **Entlastungszeuge**; 22. 9. 1994 AP BetrVG 1972 § 102 Nr. 68 = NZA 1995, 336 – **Informationen von Dritten**; LAG Schleswig-Holstein 15. 4. 1997 NZA-RR 1997, 483 = DB 1997, 1339 – **Beweggründe** des Arbeitnehmers). Tatsachen, die der Arbeitgeber aber selbst nicht als entlastend ansieht, muß er dem Betriebsrat nicht mitteilen (BAG 27. 2. 1997 – 2 AZR 37/96 – nv.). Gleiches gilt für Umstände, die die Glaubwürdigkeit eines Zeugen betreffen (BAG 22. 9. 1994 AP BetrVG 1972 § 102 Nr. 68 = NZA 1995, 363). Der Betriebsrat ist aber zu einer Kündigung ordnungsgemäß angehört worden, wenn sich die vom Arbeitgeber mitgeteilten Tatsachen **später als unzutreffend herausstellen**. Etwas anderes kommt nur in Betracht, wenn der Arbeitgeber den Betriebsrat bewußt täuschen wollte (LAG Schleswig-Holstein 12. 10. 1987 BB 1987, 2300).

706 An den Umfang der Mitteilungspflicht des Arbeitgebers im Anhörungsverfahren **sind nicht dieselben Anforderungen zu stellen, wie an die Darlegungslast im Kündigungsschutzprozeß.** Die Betriebsratsanhörung nach § 102 BetrVG soll nicht die selbständige Überprüfung der Wirksamkeit der beabsichtigten Kündigung gewährleisten, sondern beschränkt sich darauf, im Vorfeld der Kündigung eine Einflußnahme auf die Willensbildung des Arbeitgebers zu ermöglichen (BAG 22. 9. 1994 AP BetrVG 1972 § 102 Nr. 68 = NZA 1995, 363; 8. 9. 1988 AP BetrVG 1972 § 102 Nr. 49 = NZA 1989, 852). Der Betriebsrat ist bereits dann ordnungsgemäß angehört, wenn ihm der Arbeitgeber die aus **seiner subjektiven Sicht tragenden Umstände in der „Substanz"** unterbreitet hat (BAG 11. 7. 1991 AP BetrVG 1972 § 102 Nr. 57 = NZA 1992, 38; 8. 9. 1988 AP BetrVG 1972 § 102 Nr. 49 = NZA 1989, 852). Allerdings darf der Arbeitgeber gegenüber dem Betriebsrat die Kündigungsgründe regelmäßig **nicht nur pauschal, schlagwort- oder stichwortartig** bezeichnen. Der von ihm als maßgebend angesehene Sachverhalt muß unter Angabe von Tatsachen so beschrieben werden, daß der Betriebsrat ohne zusätzliche eigene Nachforschungen in die Lage versetzt wird, die Stichhaltigkeit der Kündigungsgründe zu prüfen und sich über eine Stellungnahme schlüssig zu werden (BAG 15. 11. 1995 AP BetrVG 1972 § 102 Nr. 73 = NZA 1996, 419; 22. 9. 1994 AP BetrVG 1972 § 102 Nr. 68 = NZA 1995, 363). Die bloße Mitteilung eines Werturteils ohne Angabe der für die Bewertung maßgebenden Tatsachen erfüllt die Mitteilungspflicht nicht, wenn für den Betriebsrat das Zustandekommen der Bewertung des Arbeitgebers nicht nachvollziehbar ist (BAG 26. 1. 1995 AP KSchG 1969 § 1 Verhaltensbedingte Kündigung Nr. 34 = NZA 1995, 517; 13. 7. 1978 AP BetrVG 1972 § 102 Nr. 17 = NJW 1979, 1677). Das Anhörungsverfahren ist aber nicht bereits dann unwirksam, wenn der Arbeitgeber die Mitteilung von solchen Tatsachen unterläßt, die **den Kündigungssachverhalt lediglich erläutern oder illustrieren,** ohne selbst einen eigenständigen Kündigungsgrund zu bilden oder dem mitgeteilten Sachverhalt erst das Gewicht eines Kündigungsgrundes zu geben (BAG 18. 12. 1980 AP BetrVG 1972 § 102 Nr. 22 = NJW 1981, 2316). Teilt der Arbeitgeber objektiv kündigungsrechtlich erhebliche Tatsachen dem Betriebsrat deshalb nicht mit, weil er darauf die Kündigung (zunächst) nicht stützen will oder weil er sie bei seinem Kündigungsentschluß für unerheblich oder entbehrlich hält, ist die Anhörung selbst ordnungsgemäß. Die (in objektiver Hinsicht) unvollständige Anhörung kann aber für den Arbeitgeber zu einem **Verwertungsverbot** im Kündigungsschutzprozeß führen. Dies gilt jedenfalls für solche Gründe, die über die Erläuterung des mitgeteilten Sachverhalts hinausgehen (BAG 22. 9. 1994 AP BetrVG 1972 § 102 Nr. 68 = NZA 1995, 363; zum Nachschieben von Kündigungsgründen Rn. 776).

Allerdings gilt der **Grundsatz der subjektiven Determination** auch nach Ansicht des BAG **nicht uneingeschränkt.** So ist der Arbeitgeber stets zur Angabe von Lebensalter und Betriebszugehörigkeitszeit des Arbeitnehmers verpflichtet (dazu im einzelnen unter Rn. 709). Weitere Mitteilungspflichten ergeben sich aus Sinn und Zweck des Beteiligungsrechts des Betriebsrats. Der Arbeitgeber ist zur Mitteilung der Tatsachen verpflichtet, die der Betriebsrat zur Ausübung seines Widerspruchsrechts nach § 102 Abs. 3 BetrVG benötigt, wenn das Arbeitsverhältnis vom allgemeinen Kündigungsschutz erfaßt wird. Ob der Arbeitgeber diese Angaben beim Kündigungsausspruch berücksichtigt hat, ist unbeachtlich. Die Geltendmachung von Beteiligungsrechten ist nicht von der Einschätzung des Arbeitgebers abhängig. So kann der Betriebsrat etwa im Bereich der echten Mitbestimmung (z.B. § 87 BetrVG) initiativ werden und die Regelung bestimmter Materien verlangen. Um eine vergleichbare Rechtsposition handelt es sich bei der Ausübung des Widerspruchsrechts nach § 102 Abs. 3 BetrVG. Voraussetzung für die sachgerechte Ausübung eines Beteiligungsrecht ist aber die vorherige Information der Arbeitnehmervertretung, weshalb sich für den Arbeitgeber – unabhängig von seiner Sichtweise – besondere Mitteilungspflichten ergeben können, wenn sie für die Ausübung des Widerspruchrechts nach § 102 Abs. 3 BetrVG erforderlich sind. Diese betreffen im wesentlichen die mögliche Weiterbeschäftigung auf einem anderen Arbeitsplatz und die Sozialauswahl (dazu auch Rn. 730 ff.).

707

285

d) Person des Arbeitnehmers

708 Der Arbeitgeber muß den Betriebsrat eindeutig wissen lassen, wen er zu kündigen beabsichtigt. Notwendig ist daher stets die Angabe der **Personalien** des von der Kündigung betroffenen Arbeitnehmers, da sie (auch) zu dessen Konkretisierung gegenüber dem Betriebsrat dienen. Der Arbeitgeber ist verpflichtet, die erforderlichen Angaben dem Betriebsrat **unaufgefordert mitzuteilen,** eine Nachforschungspflicht besteht für den Betriebsrat nicht. Kennt allerdings der Betriebsratsvorsitzende oder eine sonstige empfangsberechtigte Person die fehlenden Daten, ist das Anhörungsverfahren nicht unwirksam. Unterläuft dem Arbeitgeber bei der Mitteilung der Sozialdaten ein Irrtum, so führt dies nicht zur Unwirksamkeit des Beteiligungsverfahrens. Etwas anderes gilt, wenn es sich um eine bewußte, d.h. vorsätzliche Falschmitteilung des Arbeitgebers handelt.

709 Zu den stets erforderlichen Angaben zählen zunächst **Name** und **Vorname** des Arbeitnehmers. Nicht notwendig ist hingegen die Angabe der Anschrift (LAG Hamm 27. 2. 1992 LAGE § 1 KSchG Personenbedingte Kündigung Nr. 10). In größeren Betrieben kann es erforderlich sein, **weitere Identifikationsmerkmale** (Personalnummer, Arbeitsbereich) anzugeben, um eine Verwechslungsgefahr auszuschließen (BAG 16. 9. 1993 AP BetrVG 1972 § 102 Nr. 62 = NZA 1994, 311). Das BAG verlangt neben den Personalien des Arbeitnehmers regelmäßig eine Auskunft über sein **Lebensalter** und die zurückgelegte **Betriebszugehörigkeit,** ohne die dem Betriebsrat eine sachgemäße Stellungnahme (etwa zur Länge der Kündigungsfrist) nicht möglich ist. Dies gilt auch, wenn der Arbeitgeber sie nicht berücksichtigt hat, insoweit gilt der Grundsatz der subjektiven Determination nur eingeschränkt (BAG 15. 12. 1994 AP KSchG 1969 § 1 Betriebsbedingte Kündigung Nr. 67 = NZA 1995, 521). Allerdings führt die fehlende Mitteilung der genauen Sozialdaten des zu kündigenden Arbeitnehmers nicht zur Unwirksamkeit der Kündigung nach § 102 BetrVG, wenn es dem Arbeitgeber wegen der **Schwere der Kündigungsvorwürfe** auf die genauen Sozialdaten nicht ankommt und der Betriebsrat die Kündigungsabsicht ausreichend beurteilen kann, weil ihm Lebensalter und Betriebszugehörigkeitszeiten des Arbeitnehmers ungefähr bekannt sind (BAG 15. 11. 1995 AP BetrVG 1972 § 102 Nr. 73 = NZA 1996, 419).

710 **Unterhaltspflichten** und **Familienstand** des betroffenen Arbeitnehmers sind nicht stets anzugeben. Sie zählen zu den mitzuteilenden Sozialdaten, wenn sie bei einer Sozialauswahl Bedeutung erlangen. Kommt eine Sozialauswahl aus Sicht des Arbeitgebers nicht in Betracht, entfällt nach dem Grundsatz der subjektiven Determination gegenüber dem Betriebsrat die Mitteilungspflicht (BAG 22. 1. 1998 AP BGB § 613a Nr. 173 = NZA 1998, 536; LAG Köln 5. 10. 1994 LAGE § 102 BetrVG 1972 Nr. 44; LAG Köln 28. 1. 1994 LAGE § 1 KSchG Betriebsbedingte Kündigung Nr. 25; LAG Düsseldorf 2. 3. 1993 LAGE § 102 BetrVG Nr. 35; anders LAG Nürnberg 15. 3. 1994 LAGE § 102 BetrVG 1972 Nr. 39). Sie sind nur mitzuteilen, wenn der Arbeitgeber sie – unabhängig von einer Sozialauswahl – bei seinem Kündigungsentschluß berücksichtigt hat. Der Arbeitgeber ist gegenüber dem Betriebsrat nur zur Angabe der ihm bekannten Daten, etwa der auf der

Lohnsteuerkarte eingetragenen Kinderzahl, verpflichtet, eine weitergehende Nachforschungspflicht hat er nicht (LAG Baden-Württemberg 9. 11. 1990 LAGE § 102 BetrVG 1972 Nr. 25 = DB 1991, 554).

Der Arbeitgeber muß beim Ausspruch einer ordentlichen Kündigung stets **711** angeben, welche **Tätigkeit** mit dem Arbeitnehmer **arbeitsvertraglich vereinbart** ist. Nur so kann der Betriebsrat erkennen, ob er der Kündigung ggf. nach § 102 Abs. 3 Nr. 3 oder Nr. 5 BetrVG **widersprechen** kann. Setzt die Weiterbeschäftigungsmöglichkeit eine Vertragsänderung voraus (Nr. 5), hat der Arbeitnehmer bis zur Beendigung des Anhörungsverfahrens sein Einverständnis mit den geänderten Arbeitsbedingungen erklären, ansonsten ist der Widerspruch unbeachtlich. Die Angabe ist selbst dann unerläßlich, wenn der Arbeitgeber eine Weiterbeschäftigung nicht oder nicht ernsthaft in Erwägung gezogen hat. Die Möglichkeit des Betriebsrats, dem Arbeitgeber eine anderweitige Beschäftigungsmöglichkeit aufzuzeigen und deshalb einer ordentlichen Kündigung zu widersprechen, besteht bereits dann, wenn aus Sicht der Arbeitnehmervertretung eine Weiterbeschäftigungsmöglichkeit in Betracht kommt. Die Einschätzung des Arbeitgebers ist für die Erhebung des Widerspruchs ohne Belang. Auch insoweit gilt deshalb der Grundsatz der subjektiven Determination bei der Mitteilung des Arbeitgebers nur eingeschränkt. Die Angabe der vertraglich vereinbarten Beschäftigungsmöglichkeit ist auch dann notwendig, wenn der Arbeitgeber keine Sozialauswahl für erforderlich hält, da der Betriebsrat nur bei Kenntnis der arbeitsvertraglich vereinbarten Tätigkeit die rechtliche Vergleichbarkeit der in die Sozialauswahl einbezogenen Arbeitnehmer nachvollziehen kann.

Mitzuteilen sind schließlich die Tatsachen, die einen **besonderen Kündi-** **712** **gungsschutz** des Arbeitnehmers begründen. Hierzu zählen Schwangerschaft, Schwerbehinderteneigenschaft, vertragliche/tarifliche Unkündbarkeit sowie Zugehörigkeit zu dem Personenkreis des § 15 KSchG (BAG 15. 12. 1994 AP KSchG 1969 § 1 Betriebsbedingte Kündigung Nr. 67 = NZA 1995, 521). War dem Arbeitgeber beim Kündigungsausspruch jedoch nicht bekannt, daß der Arbeitnehmer einen Antrag auf Anerkennung als Schwerbehinderter gestellt hat, ist das Beteiligungsverfahren nicht unwirksam (LAG Berlin 24. 6. 1991 NZA 1992, 79). Gleiches gilt, wenn der Arbeitgeber dem Betriebsrat den Grad der Behinderung eines nicht schwerbehinderten (§ 1 SchwbG) oder gleichgestellten Arbeitnehmers nicht mitteilt.

Bei einer **Massenentlassung** bestehen für den Arbeitgeber keine Erleichterun- **713** gen hinsichtlich seiner Mitteilungspflichten. Selbst wenn der Betrieb zu einem bestimmten Zeitpunkt völlig stillgelegt werden soll, sind dem Betriebsrat insbesondere Alter, Betriebszugehörigkeit und etwaige Kündigungsbeschränkungen mitzuteilen (BAG 16. 9. 1993 AP BetrVG 1972 § 102 Nr. 62 = NZA 1994, 311; LAG Hamm 6. 4. 1995 LAGE § 102 BetrVG 1972 Nr. 52; anders LAG Hamm 21. 7. 1975 DB 1975, 1899 = BB 1976, 1270).

Streitig ist, ob die Person des zu Kündigenden ausreichend bezeichnet ist, **714** wenn der Arbeitgeber dem **Betriebsrat** Namen von Arbeitnehmern benennt, aus denen dieser **die zu kündigenden Arbeitnehmer auswählen soll.** Dies ist zu verneinen, wenn der Arbeitgeber abweichend von der Auswahlentscheidung nur einem Teil der vom Betriebsrat benannten Arbeitnehmer kündigt

(LAG Berlin 14. 9. 1981 EzA § 102 BetrVG Nr. 46). Hält sich der Arbeitgeber jedoch an die Vorgaben des Betriebsrats, ist das Anhörungsverfahren nicht bereits aus diesem Grund unwirksam (wie hier *Richardi* § 102 Rn. 46; anders zu § 1 Abs. 3 KSchG aber BAG 16. 2. 1961 AP ZPO § 565 Nr. 1).

e) Kündigungsart

715 Der Arbeitgeber muß dem Betriebsrat die Art der beabsichtigten Kündigung mitteilen, insbesondere ob der Ausspruch einer ordentlichen oder außerordentlichen Kündigung beabsichtigt ist. Will er sich im Fall einer außerordentlichen Kündigung die Möglichkeit einer Umdeutung in eine ordentliche Kündigung offen halten, ist der Betriebsrat **vorsorglich** auch zu der **ordentlichen Kündigung** anhören. Die Beteiligung allein zu einer außerordentlichen Kündigung ersetzt nicht die Anhörung zu einer ordentlichen Kündigung, diese ist vielmehr wegen Verstoß gegen § 102 BetrVG unwirksam. Etwas anders gilt nur, wenn der nur zu einer **außerordentlichen Kündigung** angehörte Betriebsrat dieser **ausdrücklich und vorbehaltlos zugestimmt** hat und auch sonst nicht ersichtlich ist, daß er für den Fall der Unwirksamkeit der außerordentlichen Kündigung einer ordentlichen Kündigung entgegengetreten wäre (BAG 16. 3. 1978 AP BetrVG 1972 § 102 Nr. 15 = NJW 1979, 76; dazu auch Rn. 770). Insbesondere bei einem vertraglich oder tariflich **unkündbaren Arbeitnehmer** hat der Arbeitgeber dem Betriebsrat mitzuteilen, ob er eine außerordentliche Kündigung (ggf. mit Auslauffrist) oder eine ordentliche Kündigung aussprechen will. Stellt er diesen Umstand nicht klar, ist die Kündigung bereits nach § 102 BetrVG unwirksam (BAG 29. 8. 1991 AP BetrVG 1972 § 102 Nr. 58 = NZA 1992, 416).

716 Der Arbeitgeber hat dem Betriebsrat auch mitzuteilen, wenn er eine **Änderungskündigung** aussprechen will. Dabei hat er den Betriebsrat über das Änderungsangebot zu unterrichten (BAG 10. 3. 1982 AP KSchG 1969 § 2 Nr. 2 = NJW 1982, 2839). Hat der Arbeitgeber den Betriebsrat zu einer Beendigungskündigung angehört und will er hiervon abweichend lediglich eine Änderungskündigung aussprechen, hat er erneut das Beteiligungsverfahren nach § 102 BetrVG durchzuführen (BAG 27. 5. 1982 DB 1984, 620). Gleiches gilt im umgekehrten Fall, wenn der Arbeitgeber anstatt der angekündigten Änderungskündigung eine Beendigungskündigung aussprechen will (BAG 30. 11. 88 AP BetrVG 1972 § 102 Nr. 53 = NZA 1990, 529; anders GK-BetrVG/*Kraft* § 102 Rn. 50; MünchArbR/*Matthes* § 348 Rn. 17). Der Auffassung des BAG ist zuzustimmen. Zwar wird der Betriebsrat im Rahmen der ursprünglich beabsichtigten Änderungskündigung grundsätzlich zu der Möglichkeit der Beendigung des Arbeitsverhältnisses angehört, durch die Ankündigung des Änderungsangebotes kann dieser aber möglicherweise von der Erhebung eines Widerspruchs (§ 102 Abs. 3 BetrVG) abgesehen haben.

f) Kündigungsfrist/-endtermin

717 Will der Arbeitgeber eine ordentliche Kündigung aussprechen, hat er dem Betriebsrat grundsätzlich die Kündigungsfrist mitzuteilen, mit der das Arbeitsverhältnis beendet werden soll (h. M. vgl. DKK/*Kittner* § 102 Rn. 64; KR/*Etzel* § 102 BetrVG Rn. 59 jeweils mwN.; anders GK-BetrVG/*Kraft* § 102 Rn. 52 – keine Angabe erforderlich). Das BAG sieht die Frist als einen notwendigen Baustein für die Interessenabwägung an. Daneben wird auf diese Weise dem Betriebsrat die **Prüfung** ermöglicht, ob die mitgeteilten **Kündigungsgründe** auch tatsächlich **zum Entlassungszeitpunkt vorliegen** (BAG 15. 12. 1994 AP KSchG 1969 § 1 Betriebsbedingte Kündigung Nr. 67 = NZA 1995, 521; 3. 4. 1987 NZA 1988, 37). Der Arbeitgeber muß die Kündigungsfrist auch bei einer ordentlichen Änderungskündigung angeben (BAG 29. 3. 1990 AP BetrVG 1972 § 102 Nr. 56 = NZA 1990, 894), sie entfällt nur bei Ausspruch einer außerordentlichen Beendigungs- bzw. Änderungskündigung. Allerdings muß der Arbeitgeber dem Betriebsrat nur seine **subjektive Vorstellung über die anwendbare Kündigungsfrist** mitteilen. Das Anhörungsverfahren ist nicht unwirksam, wenn diese nicht mit der objektiven Rechtslage übereinstimmt (BAG 15. 12. 1994 AP KSchG 1969 § 1 Betriebsbedingte Kündigung Nr. 67 = NZA 1995, 521). Gleiches gilt, wenn der Arbeitgeber die Kündigung mit einer längeren anstelle einer dem Betriebsrat gegenüber mitgeteilten kürzeren Kündigungsfrist ausspricht (LAG Schleswig-Holstein 23. 2. 1995 LAGE § 102 BetrVG 1972 Nr. 45 = BB 1995, 1593).

Die Mitteilung der Kündigungsfrist ist entbehrlich, wenn diese dem Betriebsrat **bekannt** ist (BAG 15. 12. 1994 AP KSchG 1969 § 1 Betriebsbedingte Kündigung Nr. 67 = NZA 1995, 521; 29. 1. 1986 AP BetrVG 1972 § 102 Nr. 42 = NZA 1987, 32). Ausreichend ist auch, wenn er über die für die Berechnung der Kündigungsfrist notwendigen Kenntnisse verfügt. Dies ist anzunehmen, wenn dem Betriebsrat bekannt ist, daß für die Kündigungsfristenregelung entweder die gesetzlichen oder die tariflichen Kündigungsfristen einheitlich im Betrieb Anwendung finden und der Arbeitgeber die zur Berechnung erforderlichen Daten mitgeteilt hat. Diese Kenntnis kann sich beispielsweise aus einer, dem Betriebsrat bekannten bisherigen Handhabung oder entsprechenden Erklärung des Arbeitgebers ergeben (LAG Hamm 15. 7. 1993 ZTR 1994, 85). Die Mitteilung der Kündigungsfrist ist schließlich entbehrlich, wenn der Arbeitgeber einen konkreten Beendigungstermin für das Wirksamwerden der Kündigung angibt. **718**

Teilt der Arbeitgeber bei einer ordentlichen Kündigung dem Betriebsrat die **719** beabsichtigte Kündigungsfrist mit oder ist diese dem Betriebsrat bereits bekannt, bedarf es **keiner weiteren Angabe des Kündigungstermins bzw. -endtermins,** also dem Zeitpunkt, zu dem die Kündigung wirksam werden soll (BAG 15. 12. 1994 AP KSchG 1969 § 1 Betriebsbedingte Kündigung Nr. 67 = NZA 1995, 521; 29. 3. 1990 AP BetrVG 1972 § 102 Nr. 56 = NZA 1990, 894; für Mitteilung noch BAG 28. 2. 1974 AP BetrVG 1972 § 102 Nr. 2 = NJW 1974, 1526). Die Angabe des Kündigungsendtermins ist bei Angabe der Kündigungsfrist regelmäßig entbehrlich, da der Betriebsrat zumindest das ungefähre Ende des Arbeitsverhältnisses einschätzen kann. Dies gilt jedenfalls, wenn der Arbeitgeber die Kündigung alsbald nach Abschluß des Anhörungsverfahrens zum nächst möglichen Termin aussprechen will (BAG 29. 1. 1986 AP BetrVG 1972 § 102 Nr. 42 = NZA 1987, 32). Daneben kann der Arbeitgeber bei Einleitung des Anhörungsverfahrens oftmals nicht sicher beurteilen, zu welchem Zeitpunkt die beabsichtige Kündigung dem Arbeitnehmer zugehen wird. Fehlt die Angabe der Kündigungsfrist, führt die nur irrtümliche Falschbezeichnung des Kündigungsendtermins nicht zur Unwirksamkeit der Kündigung nach § 102 BetrVG. Etwas anders gilt, wenn der Arbeitgeber dem Betriebsrat zwei mögliche Beendigungstermine nennt, dieser also über die voraussichtliche Beendigung des Arbeitsverhältnisses im unklaren bleibt (LAG Bremen 10. 6. 1986 LAGE § 102 BetrVG 1972 Nr. 19 = DB 1987, 544). In diesem Fall kann der Betriebsrat gerade einen Zusammenhang zwischen den Kündigungsgründen und der Beendigung des Arbeitsverhältnisses nicht nachprüfen. Gleiches gilt, wenn der Arbeitgeber gänzlich offen läßt, wann unter Einhaltung welcher Kündigungsfrist und zu welchem Zeitpunkt Kündigungen ausgesprochen werden sollen (BAG 7. 10. 1993 RzK III 1 d Nr. 8; 3. 4. 1987 NZA 1988, 34).

g) Kündigungsgründe

720 **aa) Grundsätze.** Die Anforderungen an den Inhalt der Begründungspflicht bewegen sich im Spannungsfeld der Auswahlüberlegungen des Arbeitgebers und dem Normzweck des § 102 BetrVG (dazu Rn. 634). Der Arbeitgeber braucht grundsätzlich dem Betriebsrat nur die Tatsachen mitzuteilen, die er bei seinem Kündigungsentschluß berücksichtigt hat (**Grundsatz der subjektiven Determination,** dazu Rn. 704). Das Beteiligungsrecht des Betriebsrats kann aber von diesem nur sachgerecht wahrgenommen werden, wenn er über einen Kenntnisstand verfügt, der ihm eine ausreichende Auseinandersetzung mit den subjektiven Vorstellungen des Arbeitgebers ermöglicht (. . . vom Kündigungssachverhalt ein Bild machen). Aus diesem Grund sind pauschale, schlagwortartige Begründungen des Arbeitgebers nur ausreichend, wenn der Betriebsrat den zugrunde liegenden Sachverhalt bereits kennt und einen Bezug zu den Angaben des Arbeitgebers herstellen kann (BAG 15. 12. 1994 AP KSchG 1969 § 1 Betriebsbedingte Kündigung Nr. 67 = NZA 1995, 521; 22. 11. 1983 AP BetrVG 1972 § 102 Nr. 29). Ist dies nicht der Fall, so fehlt dem Betriebsrat von vornherein die Möglichkeit der Auseinandersetzung mit den Vorstellungen des Arbeitgebers. Das Anhörungsverfahren ist fehlerhaft und die Kündigung bereits nach § 102 BetrVG unwirksam. Schon deshalb wird durch das Beteiligungsverfahren sichergestellt, daß sich der Arbeitgeber in einem Mindestumfang mit der Person des zu Kündigenden und den zugrunde liegenden Kündigungsgründen auseinandersetzt, was auch bereits vor Ablauf der Wartezeit zu einem gewissen Kündigungsschutz führt.

721 Die Anhörung vor einer Kündigung ist aber **kein vorgezogener Kündigungsschutzprozeß.** Es ist daher unzulässig, die Unwirksamkeit einer vielleicht materiell nicht eindeutigen Kündigung mit überhöhten Anforderungen an die Mitteilungspflicht zu begründen. Vom Arbeitgeber können im Anhörungsverfahren keine Ausführungen verlangt werden, die seiner Darlegungspflicht im Kündigungsschutzprozeß entsprechen (zutreffend insoweit BAG 8. 9. 1988 AP BetrVG 1972 § 102 Nr. 49 = NZA 1989, 852). So wird er oftmals beim Kündigungsausspruch keine oder nur eine vage Kenntnis der Anforderungen haben, denen sein Vortrag im gerichtlichen Verfahren unterliegt. Dort richtet sich seine **Substantiierungspflicht** (auch) nach der Einlassung des Arbeitnehmers, die ihm bei Einleitung des Beteiligungsverfahrens oftmals noch nicht bekannt ist. Der Umfang der mitzuteilenden Kündigungsgründe durch den Arbeitgeber kann daher nicht schematisch, sondern nur im Einzelfall bestimmt werden.

bb) Vor Ablauf der Wartezeit. Die Überprüfbarkeit einer ordentlichen Kün- **722** digung des Arbeitgebers auf ihre soziale Rechtfertigung (§ 1 KSchG) erfolgt erst nach Ablauf der Wartezeit (dazu Rn. 45). Der Arbeitgeber ist aber verpflichtet, auch bei Kündigungen während der Wartezeit den Betriebsrat zu beteiligen. Bei den Anforderungen an die mitzuteilenden Kündigungsgründe trägt das BAG dem fehlenden Kündigungsschutz des Arbeitnehmers Rechnung. Die Substantiierungspflicht des Arbeitgebers bestimmt sich ausschließlich nach dem Grundsatz der subjektiven Determination. Trotz fehlenden Kündigungsschutzes ist er verpflichtet, ihm bekannte und konkretisierbare Kündigungsgründe nicht nur pauschal, sondern substantiiert mitzuteilen. Hat allerdings der Arbeitgeber keine Gründe oder wird sein Kündigungsentschluß allein von subjektiven Vorstellungen bestimmt, erfüllt er seine Unterrichtungspflicht, wenn er dem Betriebsrat die aus seiner Sicht maßgebliche Motivation oder das zugrunde liegende Werturteil mitteilt (schlechte Arbeitsleistungen). Bewußt unrichtige oder unvollständige Sachdarstellungen des Arbeitgebers führen aber trotz des fehlenden Kündigungsschutzes zur Fehlerhaftigkeit des Beteiligungsverfahrens und zur Unwirksamkeit der Kündigung nach § 102 Abs. 1 Satz 3 BetrVG (BAG 3. 12. 1998 AP BetrVG § 102 Nr. 99 = NZA 1999, 477; 18. 5. 1994 AP BetrVG 1972 § 102 Nr. 64 = NZA 1995, 24; 11. 7. 1991 AP BetrVG 1972 § 102 Nr. 57 = NZA 1992, 38; für einen großzügigeren Maßstab hingegen *Richardi* § 102 Rn. 55; HSG/ *Schlochauer* § 102 Rn. 42). Nach anderer Ansicht soll die Angabe eines Werturteils nicht ausreichend sein, jedoch die Unwirksamkeitsfolge des § 102 Abs. 1 Satz 3 BetrVG bei einer Kündigung in den ersten sechs Monaten entfallen (*Raab* ZfA 1995, 479, 528 ff.; dagegen aber zutreffend BAG 18. 5. 1994 AP BetrVG 1972 § 102 Nr. 64 mit abl. Anm. *Kraft* = NZA 1995, 24).

cc) Nach Ablauf der Wartezeit. Eine betriebsbedingte Kündigung ist sozial **723** gerechtfertigt, wenn aufgrund einer Unternehmerentscheidung ein Beschäftigungsbedürfnis für einen oder mehrere Arbeitnehmer nicht mehr besteht. Können nicht mehr alle Arbeitnehmer weiterbeschäftigt werden, so ist unter den vergleichbaren Arbeitnehmern eine Sozialauswahl zu treffen.

(1) Unternehmerentscheidung/Beschäftigungswegfall. Ausgangspunkt für ei- **724** ne betriebsbedingte Kündigung ist stets die Unternehmerentscheidung, die sich konkret nachteilig auf die Einsatzmöglichkeiten eines oder mehrerer Arbeitnehmer auswirken muß. Nach ihrer tatsächlichen Umsetzung muß die Beschäftigungsmöglichkeit für einen oder mehrere Arbeitnehmer entfallen. Die Unternehmerentscheidung kann dabei entweder auf innerbetrieblichen (Rationalisierungsmaßnahmen, Umstellung bzw. Einschränkung der Produktion, Verdichtung) oder außerbetrieblichen Gründen (Auftragsmangel bzw.

Umsatzrückgang) beruhen. Die Kündigung ist begründet, wenn sie notwendige Folge dieser betrieblichen Erfordernisse ist. Im Rahmen des Anhörungsverfahrens hat der Arbeitgeber daher zunächst darzustellen, ob und ggf. welche Unternehmerentscheidung er getroffen hat.

725 Begründet er die Kündigung mit **außerbetrieblichen Umständen,** etwa einem Umsatzrückgang, so hat er dessen Auswirkungen, d.h. die Kausalität darzustellen. Dabei muß er insbesondere das „Durchschlagen" des Umsatzrückganges auf den Arbeitsplatz oder den Arbeitsbereich des betroffenen Arbeitnehmers erläutern, also inwieweit der rückläufige Umsatz sich auf den Arbeitsbereich der von der Kündigung beabsichtigten Arbeitnehmer auswirkt (KR/*Etzel* § 102 BetrVG Rn. 62 c; *Bitter* NZA 1991 Beil. 3 S. 16, 19).

726 Der Betriebsrat hat dann aufgrund der mitgeteilten Tatsachen ggf. die Möglichkeit, sein **Initiativrecht auf Einführung von Kurzarbeit** (§ 87 Abs. 1 Nr. 3 BetrVG) nutzen, wenn er den Umsatzrückgang nur für vorübergehend hält. Entsprechendes gilt für die Mitteilung des Arbeitgebers bei einer Kündigung, die aufgrund einer Streichung von Drittmitteln erfolgen soll. Hier muß der dem Betriebsrat mitgeteilte Sachverhalt erkennen lassen, daß durch den zeitweisen oder endgültigen Fortfall der Zuwendungen die bisherigen Beschäftigungsmöglichkeiten nicht mehr im bisherigen Umfang aufrechterhalten werden können.

727 Beruht die Kündigung hingegen auf **innerbetrieblichen Gründen** und hat der Arbeitgeber eine sog. gestaltende Unternehmerentscheidung getroffen, sind dem Betriebsrat **der zukünftige Arbeitsablauf** und dessen **Auswirkungen auf die Arbeitsplätze** darzustellen. Dies gilt insbesondere in den Fällen der Leistungsverdichtung und Veränderungen des Arbeitsablaufs aufgrund Rationalisierungsmaßnahmen. Nicht ausreichend ist der bloße Hinweis auf eine getroffene Unternehmerentscheidung, allerdings muß die Mitteilung gegenüber dem Betriebsrat nicht die Qualität eines schlüssigen Vortrags im Kündigungsschutzprozeß erreichen. Die Art der getroffenen Unternehmerentscheidung und der geänderte (tatsächliche) Betriebsablauf müssen aber für den Betriebsrat erkennbar werden. Ein **Auswechseln von inner- bzw. außerbetrieblichen Gründen** im nachfolgenden Kündigungsschutzprozeß ist nicht ohne erneute Beteiligung des Betriebsrats möglich. Hierbei handelt es sich nicht um eine Frage der Substantiierung, d.h. Ergänzung oder Erläuterung der Kündigungsgründe. Gleiches gilt, wenn der Arbeitgeber eine (Änderungs-)Kündigung zunächst auf die fehlende Rentabilität eines Betriebsteils gestützt hat. Die Rechtfertigung der Kündigung auch mit der wirtschaftlichen Lage des Gesamtbetriebs stellt demgegenüber einen eigenständigen Kündigungsgrund dar (BAG 11. 10. 1989 AP KSchG 1969 § 1 Betriebsbedingte Kündigung Nr. 47). Zur Darlegung bei einer Betriebsstillegung unten Rn. 737.

728 Im **öffentlichen Dienst** ergeben sich Besonderheiten bei dem Ausspruch von betriebsbedingten Kündigungen aufgrund Vorgaben in Haushalts- und Stellenplänen. Hat der Haushaltsgesetzgeber den Fortfall bestimmter Stellen beschlossen, ersetzt dies zwar die unternehmerische Entscheidung, nicht aber die entsprechende Darlegung gegenüber der Arbeitnehmervertretung. Die entsprechenden Vorgaben sind ihr im Rahmen des Beteiligungsverfahrens vor dem Kündigungsausspruch mitzuteilen. Daneben muß der öffentliche

Arbeitgeber angeben, wie der **Betriebsablauf künftig gestaltet werden soll.** Fehlt es hieran und beschränkt sich der Arbeitgeber nur auf die Mitteilung der haushaltsrechtlichen Vorgaben (bestehender allgemeiner „Kw-Vermerk"), ist bereits das Beteiligungsverfahren nicht ordnungsgemäß eingeleitet und die Kündigung aus diesem Grund unwirksam.

Ausführungen des Arbeitgebers zur **Vermeidbarkeit des Beschäftigungs- 729 wegfalls** durch alternative technische, organisatorische oder wirtschaftliche Maßnahmen sind **regelmäßig** gegenüber dem Betriebsrat im Anhörungsverfahren **entbehrlich.** Als solche kommen der Abbau von Überstunden, die Ersetzung von Leiharbeitnehmern, Arbeitsstreckung bzw. –zeitverkürzung in Betracht (dazu Rn. 186). Hierzu sind nur Angaben erforderlich, wenn der Arbeitgeber solche Maßnahmen zur Vermeidung der Kündigung(en) ernsthaft in Betracht gezogen hat. Nur dann waren sie für seinen Kündigungsentschluß maßgebend und sind dem Betriebsrat mitzuteilen. Hatte dieser allerdings in zeitlichem Zusammenhang mit der Kündigung dem Arbeitgeber ausdrücklich zur Abwendung der Kündigung(en) entsprechende Vorschläge gemacht, muß der Arbeitgeber hierzu gegenüber dem Betriebsrat im Anhörungsverfahren Stellung nehmen, auch wenn er sie nicht aufgreifen will.

(2) Weiterbeschäftigungsmöglichkeit. Dringende betriebliche Erfordernisse 730 für eine Kündigung iSv. § 1 Abs. 2 KSchG liegen nur vor, wenn ein Bedürfnis für die Weiterbeschäftigung eines oder mehrerer Arbeitnehmer entfällt (BAG 18. 1. 1990 AP KSchG 1969 § 2 Nr. 27 = NZA 1990, 734). Der Arbeitgeber muß daher vor dem Kündigungsausspruch stets prüfen, ob eine **Weiterbeschäftigung auf einem anderen Arbeitsplatz ggf. nach Umschulungs- oder Fortbildungsmaßnahmen möglich ist.** In der Anhörung des Betriebsrats zu einer beabsichtigten Kündigung liegt deshalb regelmäßig seine Erklärung, daß eine Weiterbeschäftigungsmöglichkeit für den Arbeitnehmer nicht besteht (BAG 29. 3. 1990 AP KSchG 1969 § 1 Betriebsbedingte Kündigung Nr. 50 = NZA 1991, 181; 30. 10. 1987 RzK III 2 a Nr. 11). Gesonderte Angaben sind nur erforderlich, wenn der Arbeitgeber bestimmte freie Arbeitsplätze ernsthaft in Betracht gezogen oder sogar dem Arbeitnehmer angeboten hat (DKK/*Kittner* § 102 Rn. 92; GK-BetrVG/*Kraft* § 102 Rn. 62). Gleiches gilt, wenn ihm entweder vom Betriebsrat oder von dem gekündigten Arbeitnehmer **eine konkrete Weiterbeschäftigungsmöglichkeit vor Einleitung des Beteiligungsverfahrens aufgezeigt** worden ist. Zu dieser hat er sich im Anhörungsverfahren ausdrücklich zu äußern, da ansonsten der Kündigungsentschluß gegenüber dem Betriebsrat nur unvollständig dargestellt ist (im Ergebnis ebenso ArbG Hameln 21. 9. 1989 DB 1990, 52). Stellt sich aber erst nach dem Kündigungsausspruch, etwa im Kündigungsschutzverfahren heraus, daß ein Arbeitsplatz entgegen der Ansicht des Arbeitgebers für den zu kündigenden Arbeitnehmer geeignet war, führt dies nicht schon zur Unwirksamkeit der Kündigung nach § 102 Abs. 1 Satz 3 BetrVG (BAG 30. 10. 1987 RzK III 2 a Nr. 11).

(3) Sozialauswahl. Der Arbeitgeber hat bei einer betriebsbedingten Kündi- 731 gung den Betriebsrat über die Gründe für die vorgenommene Sozialauswahl (§ 1 Abs. 3 KSchG) zu unterrichten. Die **Begründung** der Auswahlentschei-

dung ist dem Betriebsrat **unaufgefordert,** d. h. ohne ein entsprechendes Verlangen, mitzuteilen (BAG 15. 12. 1994 AP KSchG 1969 § 1 Betriebsbedingte Kündigung Nr. 67 = NZA 1995, 521; 29. 3. 1984 AP BetrVG 1972 § 102 Nr. 31 = NZA 1984, 169; anders noch BAG 6. 7. 1978 AP BetrVG 1972 § 102 Nr. 16 = NJW 1979, 1672 – Mitteilung nur auf Verlangen des Betriebsrats). Der Betriebsrat kann aber nicht verlangen, daß ihm der Arbeitgeber die sozialen Daten der nur vom Betriebsrat (und nicht vom Arbeitgeber) als vergleichbar angesehenen Arbeitnehmer mitteilt (anders KR/*Etzel* § 102 BetrVG Rn. 62 h). Nimmt der Arbeitgeber keine Sozialauswahl vor, etwa weil er andere Arbeitnehmer nicht für vergleichbar hält, ist das Anhörungsverfahren selbst dann nicht unwirksam, wenn sich diese Einschätzung nachträglich als unrichtig herausstellt (BAG 29. 3. 1984 AP BetrVG 1972 § 102 Nr. 31 = NZA 1984, 169; wohl auch 22. 1. 1998 AP BGB § 613 a Nr. 173 = NZA 1998, 536). In diesem Fall ist die Kündigung nicht nach § 102 BetrVG, möglicherweise aber nach § 1 Abs. 3 KSchG unwirksam.

732   Hat der Arbeitgeber hingegen eine Sozialauswahl durchgeführt, sind dem Betriebsrat die vom Arbeitgeber als **vergleichbar angesehenen Arbeitnehmer namentlich zu benennen,** die er Arbeitgeber in die Sozialauswahl einbezogen hat. Daneben hat er deren **Sozialdaten** anzugeben, wie er sie bei der Bewertung der sozialen Schutzwürdigkeit zugrunde gelegt hat. Die Mitteilungspflicht des Arbeitgebers ist beschränkt auf die ihm zum Zeitpunkt der Einleitung bekannten Sozialdaten, eine Pflicht zur Nachfrage bei den betroffenen Arbeitnehmern nach deren Sozialdaten besteht nicht (LAG Baden-Württemberg 9. 11. 1990 LAGE § 102 BetrVG 1972 Nr. 25 = DB 1991, 554; anders offenbar LAG Hamburg 1. 10. 1987 LAGE § 102 BetrVG 1972 Nr. 22). Anzugeben sind dementsprechend die zentralen Gesichtspunkte der Sozialauswahl wie Betriebszugehörigkeit, Lebensalter und Unterhaltspflichten (BAG 18. 1. 1990 AP KSchG 1969 § 1 Soziale Auswahl Nr. 19 = NZA 1990, 729). Werden soziale Kriterien vom Arbeitgeber nicht oder nicht ausreichend berücksichtigt, berührt dies die Wirksamkeit des Anhörungsverfahrens nicht, kann aber nach § 1 Abs. 3 KSchG zur fehlenden sozialen Rechtfertigung der Kündigung führen.

733   Die Mitteilungspflicht des Arbeitgebers umfaßt auch die **Begründung seiner Auswahlentscheidung.** Dem Betriebsrat ist nachvollziehbar darzulegen, wieso der Arbeitgeber gerade den zu kündigenden Arbeitnehmer als sozial stärker als die im Betrieb verbleibenden Arbeitnehmer ansieht. Die Mitteilung der Sozialdaten allein ist nicht ausreichend, wenn sich aus den Daten nicht zugleich die Begründung für die Auswahlentscheidung, d. h. die Gewichtung der maßgeblichen Kriterien zueinander, eindeutig ergibt (Beispiel: Der Arbeitgeber sieht nur zwei Arbeitnehmer als vergleichbar an. Aus den mitgeteilten Sozialdaten der beiden Arbeitnehmer wird erkennbar, daß der zu kündigende Arbeitnehmer sowohl über eine kürzere Betriebszugehörigkeitszeit, ein geringeres Lebensalter und keine oder weniger Unterhaltspflichten verfügt. In diesem Fall ist die getroffene Auswahl aus sich heraus für den Betriebsrat verständlich. Etwas anderes gilt, wenn aus den mitgeteilten Kriterien keine eindeutige Gewichtung ersichtlich wird. Hier muß der Arbeitgeber besonders erläutern, aufgrund welcher Wertung er den Kreis der zu kündigenden Arbeitnehmer bestimmt hat. Ansonsten ist die Auswahlentscheidung nicht begründet).

Will der Arbeitgeber entsprechend der Regelung des **§ 1 Abs. 3 Satz 2 KSchG** **734** einen oder mehrere Arbeitnehmer aus der **Sozialauswahl herausnehmen,** hat er die aus seiner Sicht tragenden Gründe für die betrieblichen Interessen dem Betriebsrat zu erläutern. Fehlt es hieran, kann er sich im nachfolgenden Kündigungsschutzprozeß zur Begründung der betriebsbedingten Kündigung nicht auf die Ausnahme des § 1 Abs. 3 Satz 2 KSchG berufen (LAG Berlin 20. 8. 1996 LAGE § 1 KSchG 1969 Soziale Auswahl Nr. 19 = NZA-RR 1997, 260; zu einer Auswahlentscheidung aufgrund von Leistungsmängeln BAG 5. 2. 1981 AP LPVG NW § 72 Nr. 1).

Das **Beteiligungsverfahren** ist **fehlerhaft** eingeleitet und die Kündigung un- **735** wirksam, wenn schon die Begründung für die Auswahlentscheidung oder die Angabe der Sozialdaten der vom Arbeitgeber als vergleichbar angesehenen Arbeitnehmer unterbleibt. Gleiches gilt, wenn er von ihm als vergleichbar angesehene Arbeitnehmer gegenüber dem Betriebsrat nicht in eine Sozialauswahl einbezieht oder deren Sozialdaten bewußt falsch angibt (BAG 26. 10. 1995 AP Einigungsvertrag Art. 20 Nr. 35 = NZA 1996, 703; 16. 1. 1987 BB 1987, 2302). Durch die unvollständige bzw. wissentlich unrichtige Mitteilung ist der Betriebsrat gehindert, den Kündigungsentschluß des Arbeitgebers nachzuvollziehen und durch seine Stellungnahme auf diesen einzuwirken.

Besteht für die beabsichtigten Kündigungen im Betrieb eine **Auswahlricht-** **736** **linie** zur Sozialauswahl (§§ 1 Abs. 4 KSchG, 95 BetrVG), kann die Angabe der Sozialdaten der vergleichbaren Arbeitnehmer schon ausreichend sein, wenn die Auswahlrichtlinie im Rahmen eines starren Punkteschemas abgefaßt ist. Soll aber die Auswahl des kündigungsrelevanten Personenkreises erst nach einer **Einzelfallbeurteilung** erfolgen und weicht die Auswahl des Arbeitgebers vom (rechnerischen) Ergebnis der Auswahlrichtlinie ab, hat der Arbeitgeber dem Betriebsrat darüber hinaus seine Auswahlüberlegungen noch darzulegen. Erst bei Kenntnis der im Rahmen der Einzelfallabwägung herangezogenen Gesichtspunkte kann der Betriebsrat die Auswahlentscheidung des Arbeitgebers nachvollziehen.

dd) Betriebsstillegung/Massenentlassung. Will der Arbeitgeber den gesam- **737** ten Betrieb stillegen, hat er dies regelmäßig unter Angabe des genauen Stillegungsdatums dem Betriebsrat mitzuteilen (BAG 16. 9. 1993 AP BetrVG 1972 § 102 Nr. 62 = NZA 1994, 311; LAG Bremen 10. 6. 1986 LAGE § 102 BetrVG 1972 Nr. 19 = DB 1987, 544; LAG Köln 13. 1. 1993 LAGE § 102 BetrVG 1972 Nr. 34). Die nähere Darlegung der Gründe für die Betriebseinstellung ist entbehrlich, wenn sie dem Betriebsratsvorsitzenden oder einer anderen empfangsberechtigten Person (dazu Rn. 693) bereits aus einem Interessenausgleichsverfahren (§§ 111 f. BetrVG, dazu BAG 20. 5. 1999 – 2 AZR 532/98 – zVb.) oder dem Wirtschaftsausschuß (§§ 106 ff. BetrVG, dazu BAG 22. 1. 1998 AP BGB § 613 a Nr. 173 = NZA 1998, 536) bekannt sind. Auch in Betrieben mit idR. weniger als 21 wahlberechtigten Arbeitnehmern liegt in der bloßen Mitteilung des Arbeitgebers über die beabsichtigte Betriebsstillegung nicht zugleich die Anhörung über die beabsichtigte ordentliche Kündigung aller Betriebsangehörigen zum Zeitpunkt der Stillegung bzw. zum frühest möglichen Zeitpunkt nach der Stillegung (anders LAG Hamm 21. 7. 1975 DB 1975, 1899; teilweise enger KR/*Etzel* § 102 BetrVG Rn. 61). Wird ein Betrieb etappenweise stillgelegt, hat der Arbeitgeber dem Betriebsrat im Rahmen der Beteiligungsverfahrens nach § 102 BetrVG mitzuteilen, in welcher zeitlichen Abfolge welche Bereiche eingeschränkt, welche Arbeitnehmer zunächst weiterbeschäftigt und zu welchem Zeitpunkt welche Arbeitnehmer entlassen werden sollen. Darüber hinaus ist der endgültige Stillegungszeitpunkt mitzuteilen (LAG Hamm 17. 2. 1995 LAGE § 102 BetrVG 1972 Nr. 54).

738 ee) Änderungskündigung. Will der Arbeitgeber eine Änderungskündigung aussprechen, hat er dem Betriebsrat sowohl die (betriebsbedingten) Gründe für die Änderung der Arbeitsbedingungen wie auch das Änderungsangebot selbst mitzuteilen (BAG 30. 11. 1989 AP BetrVG 1972 § 102 Nr. 53 = NZA 1990, 529; 20. 3. 1986 AP KSchG 1969 § 2 Nr. 14 = NZA 1986, 824). Hierzu zählt auch die Angabe der bisherigen und zukünftigen Arbeitsvertragsbedingungen, wenn einzelne Vertragsbestandteile geändert werden sollen (LAG Hamm 15. 7. 1997 DB 1997, 1722 = BB 1997, 2053 – Änderung der Vergütung). Spricht der Arbeitgeber eine betriebsbedingte Änderungskündigung aus und ist eine Sozialauswahl vorzunehmen, richtet sich der Umfang der Mitteilung nach den für die betriebsbedingte Kündigung geltenden Grundsätzen (dazu Rn. 723).

739 ff) Außerordentliche Kündigung. Vor Ausspruch einer außerordentlichen betriebsbedingten Kündigung hat der Arbeitgeber dem Betriebsrat im Verfahren nach § 102 BetrVG die Tatsachen mitzuteilen, die aus seiner Sicht einen wichtigen Grund für die Beendigung des Arbeitsverhältnisses bilden. Anzugeben ist auch der Zeitpunkt, an dem der Arbeitgeber von dem Kündigungsgrund Kenntnis erlangt hat, um dem Betriebsrat eine Stellungnahme zur Einhaltung der 2-Wochen-Frist des § 626 Abs. 2 BGB (sog. **Kündigungserklärungsfrist**) zu ermöglichen. Spricht der Arbeitgeber gegenüber einem vertraglich oder tariflich unkündbaren Arbeitnehmer eine außerordentliche Kündigung unter Einhaltung einer sozialen Auslauffrist aus, hat er dies gegenüber dem Betriebsrat ausdrücklich anzugeben. Fehlt es hieran, ist die Kündigungsart nicht bezeichnet und das Anhörungsverfahren nicht ordnungsgemäß eingeleitet. Die Aussage, allen Arbeitnehmern werde mit der gesetzlichen oder tariflichen Kündigungsfrist gekündigt, ist hierfür nicht ausreichend (BAG 29. 8. 1991 AP BetrVG 1972 § 102 Nr. 58 = NZA 1992, 416). Durch die Anhörungsfrist des § 102 BetrVG wird der Lauf der 2-Wochen-Frist des § 626 Abs. 2 BGB nicht gehemmt.

7. Anhörungsfrist

a) Fristberechnung

740 Die Frist zur Stellungnahme für den Betriebsrat beträgt bei einer außerordentlichen Kündigung längstens drei Tage (Abs. 2 Satz 3), bei einer ordentlichen Kündigung eine Woche (Abs. 2 Satz 1). Sie verlängert sich auch bei Massenentlassungen nicht automatisch um einen bestimmten, für angemessen anzusehenden Zeitraum (BAG 14. 8. 1986 AP BetrVG 1972 § 102 Nr. 43 = NZA 1987, 601; anders Bösche S. 38). Für die Fristberechnung gelten die §§ 187 ff. BGB. Bei der Berechnung wird der Tag nicht mitgezählt, an dem die Mitteilung des Arbeitgebers dem Betriebsratsvorsitzenden bzw. einer empfangsberechtigten Person zugeht (sog. Ereignistag, § 187 Abs. 1 BGB). Die Äußerungsfrist endet bei einer außerordentlichen Kündigung spätestens mit Ablauf des 3. (Kalender-)Tages, bei einer ordentlichen Kündigung nach Ablauf der Wochenfrist. Die Frist endet aber erst um 24.00 Uhr des letzten Tages, nicht bereits mit Dienstschluß der Personalverwaltung (BAG 12. 12. 1996 RzK III 1 e Nr. 2; anders LAG Hamm 11. 2. 1992 LAGE § 102 BetrVG 1972 Nr. 33 = DB 1992, 2640; wie hier KR/*Etzel* § 102 BetrVG Rn. 86). Der **Einwurf einer schriftlichen Stellungnahme nach Arbeitsende** reicht zur Fristwahrung am letzten Tag des Anhörungsverfahrens regelmäßig nicht mehr aus, da das Schreiben erst am nächsten Tag zugeht. In diesen Fällen muß der Betriebsrat für den Zugang seiner Stellungnahme bis zum Fristablauf selbst sorgen. Allerdings ist der Arbeitgeber – wie der Betriebsrat – grundsätzlich nicht verpflichtet, außerhalb der Arbeitszeit Äußerungen des Betriebsrats entgegenzunehmen (dazu Rn. 700). Ist der letzte Tag der Frist ein Samstag, Sonntag oder ein gesetzlicher Feiertag, ist der Eingang der Stellungnahme bis zum Ablauf des nächsten Werktages (24.00 Uhr) ausreichend (§ 193 BGB).

b) Verlängerung und Verkürzung der Anhörungsfrist

Die Frist für die Stellungnahme zu einer außerordentlichen oder ordentlichen **741** Kündigung kann durch den Arbeitgeber **nicht einseitig verkürzt** werden. Dies gilt auch in sog. Eilfällen (BAG 29. 3. 1977 AP BetrVG 1972 § 102 Nr. 11 = NJW 1977, 2182; 13. 12. 1975 AP BetrVG 1972 § 102 Nr. 7 = NJW 1976, 694, 1766). Das Verbot der einseitigen Verkürzung der Äußerungsfrist gilt auch für die außerordentliche Kündigung (*Fitting* § 102 Rn. 13; GK-BetrVG/ *Kraft* § 102 Rn. 94; *Richardi* § 102 Rn. 95). Die gegenteilige Ansicht (KR/*Etzel* § 102 BetrVG Rn. 91; HSG/*Schlochauer* § 102 Rn. 22) findet im Gesetz keine Grundlage. Aus der Pflicht des Betriebsrats zur unverzüglichen Stellungnahme folgt kein korrespondierendes Recht des Arbeitgebers, die Länge der Stellungnahmefrist einseitig festzulegen. Selbst wenn der Betriebsrat nicht unverzüglich, d. h. ohne schuldhaftes Zögern, zur Kündigungsabsicht des Arbeitgebers Stellung nimmt, endet die Anhörungsfrist erst nach Ablauf von drei Tagen und nicht bereits zu dem Zeitpunkt, zu dem der Betriebsrat bei objektiver Betrachtung eine Stellungnahme hätte abgeben können. Gegen eine einseitige Verkürzung der Äußerungsfrist sprechen auch der individualrechtliche Schutzzweck des § 102 BetrVG und das Gebot der Rechtssicherheit. Die einseitig vom Arbeitgeber veranlaßte Abkürzung der gesetzlichen Anhörungsfristen hat das BAG – allerdings ohne nähere Begründung – bei einer Betriebsstillegung in Betracht gezogen, wenn sich die wirtschaftliche Lage des Betriebs plötzlich und unvorhergesehen derart verschlechtert, daß der sofortige Ausspruch von Kündigungen unabweisbar notwendig ist (BAG

13. 12. 1975 AP BetrVG 1972 § 102 Nr. 7 = NJW 1976, 694, 1766; dagegen zutreffend GK-BetrVG/*Kraft* § 102 Rn. 94). Eine **Vereinbarung zwischen Arbeitgeber und Betriebsrat über die Abkürzung der Frist ist grundsätzlich möglich** (h. M. vgl. GK-BetrVG/*Kraft* § 102 Rn. 96; anders KR/*Etzel* § 102 BetrVG Rn. 98). Bei dieser handelt es sich nicht um einen – unzulässigen – Verzicht auf Mitbestimmungsrechte des Betriebsrats, sondern nur um eine Verfahrensregelung. Praktische Bedeutung dürfte diese Streitfrage aber wegen der Möglichkeit des Betriebsrats, durch eine abschließende Stellungnahme (dazu Rn. 745) das Anhörungsverfahren abzukürzen, ohnehin nicht haben.

742   Eine **Verlängerung** der Fristen des § 102 Abs. 2 BetrVG kann durch eine Vereinbarung (freiwillige Betriebsvereinbarung oder Regelungsabrede) zwischen Arbeitgeber und Betriebsrat erfolgen. Wie die einseitige Verkürzung der Äußerungsfristen durch den Arbeitgeber ist hingegen deren einseitige Verlängerung durch den Betriebsrat nicht zulässig. Auch ein entsprechender Anspruch des Betriebsrats auf Fristverlängerung besteht nicht (h. M. KR/*Etzel* § 102 BetrVG Rn. 87 mwN.; anders *Kittner/Trittin* § 102 BetrVG Rn. 28). Nach Ansicht des BAG kann aber das Berufen des Arbeitgebers auf die fehlende Einhaltung der Wochenfrist bei **Massenentlassungen** rechtsmißbräuchlich sein, etwa wenn der Betriebsrat durch die Vielzahl der beabsichtigten Kündigungen erkennbar in der Wahrnehmung seines Beteiligungsrechts beeinträchtigt wird und ein berechtigtes Interesse des Arbeitgebers an der vorgesehenen zeitlichen Abwicklung des Anhörungsverfahrens innerhalb einer Woche nicht ersichtlich ist (BAG 14. 8. 1986 AP BetrVG 1972 § 102 Nr. 43 = NZA 1987, 601 – automatische Verlängerung der Stellungnahmefristen abgelehnt). Rechtsmißbrauch liegt hingegen nicht vor, wenn der Arbeitgeber den Betriebsrat zuvor im Verfahren nach den §§ 111 f. BetrVG ausführlich über die Kündigungsgründe und den Personenkreis informiert und der Betriebsrat seinerseits das Interessenausgleichsverfahren verschleppt hat.

c) Abschluß des Beteiligungsverfahrens

743   Eine Kündigung des Arbeitgebers ist nach § 102 Abs. 1 Satz 3 BetrVG unwirksam, wenn bei ihrem Ausspruch die Äußerungsfristen des § 102 Abs. 2 BetrVG noch nicht abgelaufen sind und dem Arbeitgeber keine abschließende Stellungnahme des Betriebsrats vorliegt (BAG 13. 11. 1975 AP BetrVG 1972 § 102 Nr. 7 = NJW 1976, 694, 1766).

744   aa) Fristablauf. Äußert sich der Betriebsrat nicht innerhalb der Fristen des § 102 Abs. 2 BetrVG, so gilt nach Abs. 2 Satz 2 seine Zustimmung zu einer ordentlichen Kündigung als erteilt. Der Arbeitgeber kann eine außerordentliche und eine ordentliche Kündigung **stets nach Ablauf der Äußerungsfristen aussprechen.** Bei diesen handelt es sich um materiell-rechtliche Ausschlußfristen. Eine Wiedereinsetzung in den vorherigen Stand kommt auch bei unverschuldeter Fristversäumnis des Betriebsrats (verspätete Widerspruchseinlegung) nicht in Betracht, da die Vorschriften der §§ 233 ff. ZPO nur bei Versäumung prozessualer Fristen anwendbar sind. Auch die Vorschriften über die Hemmung und Unterbrechung der Verjährungsfristen (§§ 202 ff. BGB) finden im Rahmen von § 102 Abs. 2 BetrVG keine (entsprechende)

Anwendung (BAG 14. 8. 1986 AP BetrVG 1972 § 102 Nr. 43 = NZA 1987, 601). Zur Berechnung der Anhörungsfrist bei Ergänzung der Mitteilung Rn. 754.

bb) Abschließende Stellungnahme des Betriebsrats. Das Beteiligungsverfah- **745** ren nach § 102 BetrVG ist vor Ablauf der Äußerungsfristen beendet, wenn der Betriebsrat dem Arbeitgeber gegenüber eine abschließende Stellungnahme abgibt. Eine solche setzt stets eine Äußerung des Betriebsrats voraus, sein anfängliches Schweigen schließt eine spätere Stellungnahme bis zum Fristablauf nicht aus. Jedoch ist nicht jede Erklärung des Betriebsrats als abschließende Stellungnahme zu werten, die zur vorzeitigen Beendigung des Anhörungsverfahrens führt. Vielmehr muß sich **aus der Mitteilung für den Arbeitgeber eindeutig ergeben, daß der Betriebsrat eine weitere Erörterung des Falles nicht mehr wünscht** (BAG 12. 3. 1987 AP BetrVG 1972 § 102 Nr. 47 = NZA 1988, 137; 26. 5. 1977 AP BetrVG 1972 § 102 Nr. 13 = NJW 1977, 2230). Ob eine abschließende Äußerung des Betriebsrats vorliegt, ist ggf. durch deren **Auslegung** zu ermitteln (BAG 26. 1. 1995 AP BetrVG 1972 § 102 Nr. 69 = NZA 1995, 672; 20. 9. 1984 AP BGB § 626 Nr. 80 = NZA 1985, 286, 588). In der schriftlichen Erklärung eines Widerspruchs, von Bedenken oder einer Zustimmung durch den Betriebsrat liegt regelmäßig eine abschließende Stellungnahme, wenn er sich nicht ausdrücklich weitere Ausführungen vorbehalten hat. Gleiches gilt, wenn der Betriebsrat mitteilt, „er habe keine Bedenken" gegen die beabsichtigte Kündigung (BAG 11. 7. 1991 AP BetrVG 1972 § 102 Nr. 57 = NZA 1992, 38). In der Mitteilung, er werde sich zu der mitgeteilten Kündigungsabsicht nicht äußern, liegt nur eine abschließende Stellungnahme, wenn der Arbeitgeber nach einer bestehenden **Absprache** oder **Übung** im Betrieb davon ausgehen kann, daß eine Äußerung des Betriebsrats nicht mehr erfolgt (BAG 12. 3. 1987 AP BetrVG 1972 § 102 Nr. 47= NZA 1988, 137; LAG Hamm 17. 8. 1982 DB 1983, 48). Eine abschließende Stellungnahme kann auch in einer mündlichen Äußerung des Betriebsrats liegen, wenn dieser der Kündigung zustimmt oder erklärt, diese zur Kenntnis zu nehmen. Ansonsten muß sie eindeutig erkennen lassen, daß der Betriebsrat von einer weiteren (schriftlichen) Äußerung absieht. Dies gilt insbesondere für einen nur in mündlicher Form vorgebrachten Widerspruch oder die Äußerung von Bedenken, da sie nur rechtliche Bedeutung erlangen, wenn sie schriftlich vorgebracht werden. Keine abschließende Äußerung liegt auch vor, wenn der Betriebsrat seine Erklärung unter einer Bedingung abgibt oder von der Erfüllung weiterer Forderungen abhängig macht.

Der Arbeitgeber kann von einer **abschließenden Stellungnahme** nur ausge- **746** hen, wenn diese entweder schriftlich oder mündlich vom **Betriebsrats-/Ausschußvorsitzenden oder einem sonstigen besonders ermächtigten Betriebsratsmitglied** abgegeben wird. Ohne Hinzutreten besonderer Umstände kann er die Äußerung eines einzelnen Betriebsratsmitglieds nicht als abschließende Erklärung des Gremiums ansehen (BAG 28. 2. 1974 AP BetrVG 1972 § 102 Nr. 2 = NJW 1974, 1526). Gibt allerdings der Betriebsratsvorsitzende oder ein sonst ermächtigtes Betriebsratsmitglied eine abschließende Stellungnahme ab, genießt der Arbeitgeber **Vertrauensschutz** und kann die Kündigung vorzeitig aussprechen. Bestehenden Zweifeln über die zutreffende Behandlung der Kündigungsangelegenheit durch den Betriebsrat braucht er nicht nachzugehen. Etwas anders gilt nur, wenn etwa der Betriebsratsvorsitzende eines mehrköpfigen Gremiums unmittelbar im Anschluß an die Mitteilung der Kündigungsabsicht der Kündigung ohne weiteren Vorbehalt zustimmt. In diesem Fall ist für den Arbeitgeber positiv erkennbar, daß dieser Äußerung eine Willensbildung des gesamten Betriebsrats nicht zugrunde gelegen hat (BAG 28. 3. 1974 AP BetrVG 1972 § 102 Nr. 3 = NJW 1974, 1726). Die Beurteilung der Kündigungsabsicht zählt nicht zu den laufenden Geschäften des Betriebsrats, die dem Betriebsratsvorsitzenden zur alleinigen Erledigung übertragen werden kann. Informiert der Arbeitgeber in einer Betriebsratssitzung das Gremium über seine Kündigungsabsicht und erklären die Betriebsratsmitglieder spontan aber ohne Aussprache und Beschlußfassung ihre Zustimmung zu der beabsichtigten Kündigung, ist das Anhörungsverfahren noch nicht beendet (LAG Hamm 21. 9. 1982 ZIP 1983, 110; anders KR/ *Etzel* § 102 BetrVG Rn. 104a). Die Zustimmung des Betriebsrats erfordert die vorherige Beschlußfassung, die – wenn auch übereinstimmende – Meinungsäußerung ist nicht ausreichend.

8. Beteiligung des betroffenen Arbeitnehmers

747 Nach § 102 Abs. 2 Satz 4 BetrVG soll der Betriebsrat vor seiner Stellungnahme den betroffenen Arbeitnehmer hören. Die Anhörung dient dem Betriebsrat zur Prüfung der Stichhaltigkeit der vom Arbeitgeber dargestellten Gründe. Daneben soll er entscheiden, ob er Widerspruch iSv. Abs. 3 erhebt, der dem Arbeitnehmer eine vorläufige Weiterbeschäftigungsmöglichkeit eröffnen kann. Ein **Anspruch** des von der Kündigung betroffenen Arbeitnehmers **auf Anhörung durch den Betriebsrat besteht nicht** (*Richardi* § 102 Rn. 100). Die Anhörungspflicht des betroffenen Arbeitnehmers ist zwar als Sollvorschrift ausgestattet, dennoch wird man den Betriebsrat regelmäßig für verpflichtet halten, den Arbeitnehmer anzuhören. Etwas anderes kann aber gelten, wenn der Arbeitnehmer hieran kein Interesse hat, der Betriebsrat ohnehin zu einem Widerspruch entschlossen ist oder bereits über eine ausreichende Sachverhaltskenntnis verfügt. Ein **Verstoß des Betriebsrats** gegen seine Pflicht, den Arbeitnehmer anzuhören, bleibt **ohne Sanktion** und führt insbesondere nicht zur Unwirksamkeit des Beteiligungsverfahrens nach § 102 BetrVG (BAG 2. 4. 1976 AP BetrVG 1972 § 102 Nr. 9 = NJW 1976, 1519). Ein wiederholter und grundloser Verstoß gegen die Verpflichtung aus § 102 Abs. 2 Satz 4 BetrVG kann aber einen Auflösungsantrag nach § 23 Abs. 1 BetrVG rechtfertigen (*Fitting* § 102 Rn. 36), was aber kaum von praktischer Bedeutung sein wird.

9. Schweigepflicht der Betriebsratsmitglieder

748 Nach § 102 Abs. 2 Satz 5 iVm. § 99 Abs. 1 Satz 3 BetrVG haben die Betriebsratsmitglieder über die ihnen im Rahmen des Beteiligungsverfahrens bekannt gewordenen persönlichen Verhältnisse und Angelegenheiten der betroffenen Arbeitnehmer Stillschweigen zu bewahren, wenn sie ihrer Bedeutung oder ihrem Inhalt nach einer vertraulichen Behandlung bedürfen. Die Schweigepflicht dient der Sicherung der Intimsphäre des Arbeitnehmers, sie **gilt für alle Betriebsratsmitglieder.** Eine Ausnahme besteht nur bei der Weitergabe von Informationen an die in § 79 BetrVG genannten Arbeitnehmervertretungen, die ihrerseits der Verschwiegenheit unterliegen. Die Schweigepflicht gilt insbesondere für die Familienverhältnisse sowie persönliche Eigenschaften (beispielsweise Krankheiten, Schwangerschaft, Schwerbehinderung oder Vorstrafen, vgl. *Richardi* § 99 Rn. 166). Diese Umstände unterliegen selbst dann der Verschwiegenheit, wenn sie vom Arbeitgeber oder Arbeitnehmer (bei seiner Anhörung) nicht ausdrücklich als geheimhaltungsbedürftig oder vertraulich bezeichnet werden (GK-BetrVG/*Kraft* § 99 Rn. 108). Auch die Kündigungsabsicht des Arbeitgebers unterliegt der Schweigepflicht gegenüber anderen Belegschaftsangehörigen (anders KR/*Etzel* § 102 BetrVG Rn. 101), **nicht jedoch die Mitteilung der Kündigungsabsicht gegenüber dem betroffenen Arbeitnehmer.** Hört der Betriebsrat diesen nach § 102 Abs. 2 Satz 4 BetrVG im Rahmen des Beteiligungsverfahrens nach § 102 BetrVG zur Kündigungsabsicht des Arbeitgebers an, ist dem Arbeitnehmer der Grund für seine Anhörung vorher mitzuteilen.

Eine Verletzung der Verschwiegenheitspflicht führt nicht zur Unwirksamkeit der nachfolgenden Kündigung, kann aber Schadenersatzansprüche aus unerlaubter Handlung (§ 823 Abs. 2 BGB) gegenüber dem einzelnen Betriebsratsmitglied begründen, da § 102 Abs. 2 Satz 5 BetrVG ein Schutzgesetz zugunsten des Arbeitnehmers ist (GK-BetrVG/*Kraft* § 99 Rn. 109) Daneben ist ein entsprechender Verstoß eine Amtspflichtverletzung iSv. § 23 Abs. 1 BetrVG, die zu einem Ausschluß aus dem Betriebsrat führen kann und nach näherer Maßgabe des § 120 BetrVG strafbar. **749**

IV. Reaktionen des Betriebsrats

1. Beschlußfassung

Nach der Mitteilung der Kündigungsabsicht an den Betriebsratsvorsitzenden oder sonstigen Empfangsbevollmächtigten (dazu Rn. 693) ist der Betriebsrat verpflichtet, sich mit der Kündigungsabsicht des Arbeitgebers zu befassen. Die dem **Vorsitzenden oder sonstigen Empfangsberechtigten angekündigte Kündigungsabsicht und das dabei übermittelte Wissen** ist dem **Betriebsrat zuzurechnen** (BAG 27. 6. 1985 AP BetrVG 1972 § 102 Nr. 37 = NZA 1986, 426, dazu Rn. 693). Die Willensbildung des Betriebsrats zu der mitgeteilten Kündigungsabsicht vollzieht sich kollektiv, d.h. durch das gesamte Gremium. Der Betriebsratsvorsitzende kann weder allgemein noch im Einzelfall von den Betriebsratsmitgliedern ermächtigt werden, sich gegenüber dem Arbeitgeber ohne vorherige Befassung des Betriebsrats zu äußern. Die Stellungnahme im Rahmen des Verfahrens nach § 102 BetrVG zählt nicht zu den laufenden Geschäften, die dem Betriebsratsvorsitzenden oder ande- **750** ren Betriebsratsmitgliedern nach § 27 Abs. 4 BetrVG übertragen werden können (BAG 28. 2. 1974 AP BetrVG 1972 § 102 Nr. 2 = NJW 1974, 1526).

751 Die Willensbildung des Betriebsrats erfolgt im Rahmen einer **Betriebsratssitzung** (§ 29 Abs. 2 BetrVG). Zu dieser sind die Betriebsratsmitglieder rechtzeitig und unter Mitteilung der Tagesordnung zu laden. Die Tagesordnung muß erkennen lassen, daß eine Beschlußfassung zu einer bestimmten Kündigungsabsicht des Arbeitgebers erfolgen soll. Ihre vorherige Mitteilung soll den Betriebsratsmitgliedern Gelegenheit geben, sich ein Bild über die in der Sitzung anstehende Entscheidung zu machen und ihnen die Vorbereitung der Beratung ermöglichen. Fehlt es hieran, kann ein Beschluß in dieser Sitzung regelmäßig nicht getroffen werden. Bei fehlender oder nicht ordnungsgemäßer Mitteilung der Tagesordnung kommt eine Beschlußfassung nur in Betracht, wenn der Betriebsrat vollständig versammelt ist und ihr kein Betriebsratsmitglied widerspricht. Möglich ist auch die (einstimmige) Ergänzung der Tagesordnung um die zu behandelnde Kündigungsangelegenheit oder die Einberufung einer außerordentlichen Betriebsratssitzung im Anschluß an die Beendigung der Sitzung, zu der nicht ordnungsgemäß eingeladen wurde. Wegen der fehlenden Vorbereitungsmöglichkeit ist gleichfalls die Beschlußfassung in einer Kündigungsangelegenheit unter **dem Tagesordnungspunkt „Verschiedenes"** unzulässig, dennoch gefaßte Beschlüsse unwirksam (BAG 28. 10. 1992 AP BetrVG 1972 § 29 Nr. 4 = NZA 1993, 466; 28. 4. 1988 AP BetrVG 1972 § 29 Nr. 2 = NZA 1989, 223).

752 Die Beschlußfassung erfolgt regelmäßig nach einer Aussprache der Betriebsratsmitglieder und ggf. nach Anhörung des betroffenen Arbeitnehmers (§ 102 Abs. 2 Satz 4 BetrVG, dazu Rn. 747). Die Beschlußfassung des Betriebsrats erfolgt mit der Mehrheit der Stimmen der anwesenden Mitglieder, bei Stimmengleichheit ist ein Antrag abgelehnt (§ 33 Abs. 1 BetrVG). Der Betriebsrat ist nur **beschlußfähig,** wenn zumindest die Hälfte der Betriebsratsmitglieder oder die an ihre Stelle getretenen Ersatzmitglieder an der Beschlußfassung teilnehmen (§ 33 Abs. 2 BetrVG, zur Funktionsfähigkeit des Betriebsrats bei Absinken der Mitgliederzahl Rn. 662). Der Beschluß des Betriebsrats ist in seinem Wortlaut und der Stimmenmehrheit, mit der er gefaßt wird, in die Sitzungsniederschrift (Protokoll) der Betriebsratssitzung aufzunehmen (§ 34 Abs. 1 Satz 1 BetrVG). Eine schriftliche Beschlußfassung ist nicht notwendig, die Niederschrift ist von dem Vorsitzenden und einem weiteren Mitglied (regelmäßig dem Schriftführer) zu unterzeichnen (§ 34 Abs. 1 Satz 2 BetrVG). Eine **Beschlußfassung im Umlaufverfahren** ist nach überwiegender Ansicht unzulässig. Entsprechende Beschlüsse führen nach allgemeiner Ansicht zur Unwirksamkeit, selbst wenn alle Betriebsratsmitglieder mit einer solchen Beschlußfassung einverstanden sind (BAG 4. 8. 1975 AP BetrVG 1972 § 102 Nr. 4; LAG Köln 9. 2. 1994 ARSt. 1994, 182). Überlegenswert erscheint aber, Beschlüsse im Umlaufverfahren zuzulassen, wenn kein Betriebsratsmitglied Einwendungen hiergegen erhebt und eine Aussprache hierzu entweder schon vorher stattgefunden hat oder wegen eines einfach gelagerten Sachverhalts entbehrlich ist (ähnlich LAG München 8. 6. 1974 DB 1975, 1228). Zur Rücknahmemöglichkeit von Beschlüssen Rn. 760.

Die **Teilnahme des Arbeitgebers** an einer Betriebsratssitzung ist jedenfalls 753
dann zulässig, wenn es sich um eine auf sein Verlangen einberufene Sitzung
handelt (§ 29 Abs. 3 BetrVG). Bei der Beschlußfassung des Betriebsrats muß
der Arbeitgeber den Raum verlassen. Ein in seiner Anwesenheit gefaßter Beschluß führt aber nicht zur Unwirksamkeit des Anhörungsverfahrens nach
§ 102 BetrVG (BAG 24. 3. 1977 AP BetrVG 1972 § 102 Nr. 12 = NJW
1978, 122). Zu den Auswirkungen fehlerhafter Beschlüsse auf das Anhörungsverfahren siehe Rn. 763.

2. Nachfrage

Der Betriebsrat kann beschließen, vom Arbeitgeber ergänzende Informatio- 754
nen zur Person des zu Kündigenden oder zu den Kündigungsgründen einzuholen. Eine solche Rückfrage führt **nicht automatisch zur Unterbrechung
oder zur Hemmung der Äußerungsfrist nach § 102 Abs. 2 BetrVG** (LAG
Frankfurt 21. 3. 1973 DB 1973, 1806). Erhält der Betriebsrat auf seine
Rückfrage die von ihm erbetenen Informationen vom Arbeitgeber, so ist wie
folgt zu differenzieren: Hatte der Arbeitgeber auch ohne die nachträglichen
Angaben seine Mitteilungspflicht nach § 102 BetrVG erfüllt, beginnt die Äußerungsfrist nur erneut zu laufen, wenn dies zwischen Betriebsrat und Arbeitgeber vereinbart wird. Ohne eine solche Vereinbarung muß der Betriebsrat
seine abschließende Stellungnahme innerhalb der ursprünglichen Äußerungsfrist abgeben. Reichen erst die zusätzlichen Informationen aus, um die Mitteilungspflicht des Arbeitgebers nach § 102 BetrVG zu erfüllen, beginnt mit
Eingang dieser Tatsachen die Äußerungsfrist des Abs. 2 (erstmals) zu laufen.
In diesem Fall steht dem Betriebsrat noch die volle Äußerungsfrist für seine
Stellungnahme zur Verfügung (BAG 6. 2. 1997 AP BetrVG 1972 § 102
Nr. 85 = NZA 1997, 656; LAG Schleswig-Holstein 15. 4. 1997 NZA-RR
1997, 483 = DB 1997, 1339). Sind auch die ergänzenden Angaben nicht
ausreichend, ist das Anhörungsverfahren fehlerhaft und die Kündigung nach
§ 102 BetrVG unwirksam. Der Arbeitgeber kann nicht darauf vertrauen, daß
er mit den zusätzlich zur Verfügung gestellten Angaben seiner Unterrichtungspflicht genügt. Deren Umfang bestimmt sich nicht nach den subjektiven Vorstellungen des Betriebsrats, sondern objektiven Kriterien. Eine **Verpflichtung
des Betriebsrats, den Arbeitgeber auf die Unvollständigkeit seiner Mitteilung
hinzuweisen, besteht nach allgemeiner Ansicht nicht** (*Fitting* § 102 Rn. 16).
Hingegen hält das BAG den Betriebsrat im Rahmen des Verfahrens nach
§ 99 BetrVG für verpflichtet, den Arbeitgeber innerhalb der Wochenfrist auf
die seiner Ansicht nach bestehenden Mängel bei der Unterrichtung hinzuweisen (BAG 28. 1. 1986 AP BetrVG 1972 § 99 Nr. 34 = NZA 1986, 490).

3. Zustimmung

Das Anhörungsverfahren ist abgeschlossen, wenn der Betriebsrat der beab- 755
sichtigten Kündigung des Arbeitgebers zustimmt und dies gegenüber dem
Arbeitgeber erklärt (BAG 28. 9. 1978 AP BetrVG 1972 § 102 Nr. 19 = NJW

1979, 2421). Teilt der Betriebsratsvorsitzende oder eine sonstige zur Erklärung ermächtigte Person dem Arbeitgeber die **Zustimmung** des Betriebsrats mit, ist das Anhörungsverfahren auch **vor Ablauf der Frist des Abs. 2 beendet.** Der Arbeitgeber kann dann die Kündigung aussprechen. Dies gilt allerdings nur, wenn die Zustimmung ohne jeglichen Vorbehalt oder Bedingungen ausgesprochen wird. Hat der Arbeitgeber von einem nicht zur Abgabe von Erklärungen berechtigten Betriebsratsmitglied von der Zustimmung erfahren, ist das Anhörungsverfahren noch nicht beendet. Die Zustimmungserklärung ist ansonsten an keine besondere Form gebunden, sie kann mündlich oder schriftlich erfolgen. Der Betriebsrat kann einen getroffenen Zustimmungsbeschluß wieder aufheben, wenn die Zustimmung dem Arbeitgeber durch den Betriebsratsvorsitzenden oder ein ermächtigtes Betriebsratsmitglied noch nicht mitgeteilt worden ist. In diesem Fall bleibt der ursprünglich gefaßte Beschluß ohne Auswirkungen, insbesondere wird ein bereits beendetes Anhörungsverfahren nicht wieder eröffnet. In diesem Fall muß der Arbeitgeber mit dem Ausspruch der Kündigung bis zum Abschluß des Anhörungsverfahrens oder einer anderen abschließenden Stellungnahme warten (GK-BetrVG/*Kraft* § 102 Rn. 90; KR/*Etzel* § 102 BetrVG Rn. 126, zur „Rücknahme" eines Widerspruchs Rn. 760). Hingegen ist eine Anfechtung des (zustimmenden) Betriebsratsbeschlusses aus den Gründen der §§ 119, 123 BGB nicht möglich, der Betriebsrat ist auf die Abänderung seines ursprünglich gefaßten Beschlusses beschränkt. (im Ergebnis ebenso die h.M. KR/*Etzel* § 102 BetrVG Rn. 127 mwN.; anders HSG/*Schlochauer* § 102 Rn. 71).

4. Schweigen

756 Der Betriebsrat ist **nicht verpflichtet, sich gegenüber der mitgeteilten Kündigungsabsicht durch den Arbeitgeber zu äußern.** Er kann nicht nur von einer sachlichen Stellungnahme, sondern von einer Äußerung überhaupt absehen. In diesem Fall endet das Anhörungsverfahren nach Ablauf der gesetzlichen Äußerungsfristen des § 102 Abs. 2 BetrVG. Vor deren Ablauf kann der Arbeitgeber die Kündigung nicht aussprechen. Auch das Schweigen des Betriebsrats muß auf einen entsprechenden **Beschluß** (dazu Rn. 750) zurückgehen. Nach § 102 Abs. 2 Satz 2 BetrVG gilt das Schweigen des Betriebsrats nur bei einer ordentlichen Kündigung als dessen Zustimmung. Bei einer außerordentlichen Kündigung führt die Nichtäußerung des Betriebsrats **nicht zur Fiktion einer Zustimmung,** da § 102 Abs. 2 Satz 2 BetrVG nur auf die in Satz 1 angesprochene ordentliche Kündigung Bezug nimmt (BAG 18. 8. 1977 AP BetrVG 1972 § 103 Nr. 10 = NJW 1978, 661). Praktische Bedeutung hat diese Streitfrage nur bei der Zustimmung zur Kündigung eines Betriebsratsmitglieds, bei § 102 BetrVG aber nicht.

5. Absehen von Stellungnahme

757 Der Betriebsrat kann beschließen, von einer inhaltlichen Stellungnahme zu der Kündigungsabsicht des Arbeitgebers abzusehen (BAG 12. 3. 1987 AP

BetrVG 1972 § 102 Nr. 47 = NZA 1988, 137). Teilt der Betriebsrat diesen Beschluß dem Arbeitgeber mit, liegt hierin regelmäßig eine abschließende Stellungnahme, die zur Beendigung des Anhörungsverfahrens führt (LAG Frankfurt 18. 6. 1997 LAGE § 626 BGB Nr. 114, dazu auch Rn. 745). Betriebsverfassungsrechtlich entspricht das Absehen von einer Stellungnahme dem Schweigen des Betriebsrats und führt nach Abs. 2 Satz 2 zu Fiktionen der Zustimmung.

6. Bedenken

Nach § 102 Abs. 2 Satz 1 BetrVG hat der Betriebsrat Bedenken gegen eine **758** ordentliche Kündigung dem Arbeitgeber innerhalb von einer Woche schriftlich unter Angabe der Gründe mitzuteilen. Mit der Äußerung von Bedenken will der Betriebsrat regelmäßig keine eindeutige Stellungnahme für oder gegen die Kündigung abgeben, sondern seine Erwägungen in den Willensbildungsprozeß des Arbeitgebers einbringen (GK-BetrVG/*Kraft* § 102 Rn. 103). Im Gegensatz zu den Gründen für einen Widerspruch kann der Betriebsrat mit den erhobenen **Bedenken auf beliebige Gründe zurückgreifen,** die aus seiner Sicht gegen die Kündigung sprechen. Er kann beispielsweise zum Ausdruck bringen, daß er die Kündigung für eine überzogene Maßnahme des Arbeitgebers hält, die in keinem Verhältnis zu den für den Arbeitnehmer zu erwartenden wirtschaftlichen und sozialen Folgen steht. Die Äußerung von Bedenken verbessert im Gegensatz zu einem form- und fristgerecht eingelegten Widerspruch die kündigungsschutzrechtliche Stellung des Arbeitnehmers nicht, eröffnet ihm insbesondere **keine Weiterbeschäftigungsmöglichkeit** nach § 102 Abs. 5 BetrVG. Äußert der Betriebsrat vor Ablauf der Äußerungsfrist die aus seiner Sicht gegenüber der Kündigung bestehenden Bedenken, ist das Anhörungsverfahren mit Zugang dieser Erklärung beim Arbeitgeber beendet, wenn es sich um eine abschließende Stellungnahme handelt (dazu Rn. 745). Der Arbeitgeber kann dann die Kündigung vorzeitig aussprechen.

7. Widerspruch

Die schärfste Reaktion des Betriebsrats auf eine mitgeteilte Kündigungsab- **759** sicht ist die Erhebung eines Widerspruchs. Dieser ist in § 102 Abs. 3 BetrVG ausdrücklich nur bei Ausspruch einer ordentlichen Kündigung vorgesehen. Ob der Betriebsrat auch einer außerordentlichen Kündigung widersprechen kann, ist umstritten, hat aber nur praktische Bedeutung für den Weiterbeschäftigungsanspruch (dazu Rn. 815). Das BAG wendet § 102 Abs. 5 BetrVG im Fall einer außerordentlichen Kündigung eines vertraglich oder tariflich unkündbaren Arbeitnehmers und bei gleichzeitigem Widerspruch des Betriebsrats entsprechend an (BAG 5. 2. 1998 AP BGB § 626 Nr. 143 = NZA 1998, 771; 4. 2. 1993 EzA § 626 n.F. BGB Nr. 144). Ein Widerspruch des Betriebsrats liegt nur vor, wenn der Betriebsrat **eindeutig und unmißverständlich** zu erkennen gibt, daß **er die Kündigung ablehnt,** d.h. sie einschränkungslos für nicht gerechtfertigt ansieht (LAG Düsseldorf 23. 5. 1975

EzA § 102 BetrVG 1972 Beschäftigungspflicht Nr. 4). Die Stellungnahme muß nicht notwendigerweise als „Widerspruch" bezeichnet werden, sofern nur die Ablehnung der Kündigung durch den Betriebsrat hinreichend deutlich zum Ausdruck kommt. Auch Bezeichnungen wie „Ablehnung" bzw. „Verweigerung der Zustimmung" sind ausreichend (DKK/*Kittner* § 102 Rn. 169; KR/*Etzel* § 102 BetrVG Rn. 136), insoweit unterliegt die Erklärung des Betriebsrats der Auslegung. Für einen Widerspruch spricht insbesondere eine Bezugnahme auf die in Abs. 3 genannten Widerspruchsgründe.

760   Eine **„Rücknahme" des Widerspruchs** ist grundsätzlich nur durch einen entsprechenden abändernden bzw. aufhebenden Beschluß des Betriebsrats möglich, Anfechtung oder Widerruf scheiden aus (anders nur HSG/*Schlochauer* § 102 Rn. 97). Ein abändernder oder aufhebender Beschluß entfaltet aber nur Rechtswirkungen, wenn zugunsten des Arbeitnehmers nicht bereits ein Vertrauenstatbestand geschaffen worden ist. Dies ist der Fall, wenn ihm die Kündigung bereits zugegangen und der Widerspruch vom Betriebsratsvorsitzenden oder einem zur Erklärung ermächtigten Betriebsratsmitglied mitgeteilt worden ist. Gleiches gilt, wenn ihm gleichzeitig mit oder nach dem Kündigungsausspruch durch den Arbeitgeber eine Abschrift der Stellungnahme des Betriebsrats nach § 102 Abs. 4 BetrVG zugeleitet worden ist. In diesem Fall hängt der Weiterbeschäftigungsanspruch nur noch von seiner Initiative ab (Erhebung der Kündigungsschutzklage und Weiterbeschäftigungsverlangen). An einer schutzwürdigen Rechtsposition fehlt es hingegen bis zum Zugang der Kündigung beim Arbeitnehmer (LAG Berlin 20. 3. 1978 ArbuR 1979, 253; GK-BetrVG/*Kraft* § 102 Rn. 106; weitergehender *Stege/Weinspach* § 102 Rn. 170 – jederzeitige Rücknahmemöglichkeit), selbst wenn ihn der Betriebsrat vor Zugang der Kündigung bereits über den Widerspruch unterrichtet hat (KR/*Etzel* § 102 BetrVG Rn. 141). Der Arbeitgeber könnte die gleiche Rechtsfolge durch die Einleitung eines neuen Anhörungsverfahrens und Ausspruch einer Folgekündigung herbeiführen, gegenüber der vom Betriebsrat kein Widerspruch erhoben wird (dazu Rn. 854).

V. Rechtsfolgen unterlassener und fehlerhafter Beteiligung

1. Fehlende Anhörung

761 Nach § 102 Abs. 1 Satz 3 BetrVG ist eine ohne Anhörung des Betriebsrats ausgesprochene Kündigung **unwirksam.** Dies gilt zunächst für den Fall, daß der Arbeitgeber den Betriebsrat vor Ausspruch der Kündigung überhaupt nicht beteiligt. Die Anhörung vor Ausspruch einer Kündigung ist zivilrechtliche **Wirksamkeitsvoraussetzung,** ihr Fehlen führt stets zu deren Nichtigkeit (vgl. nur BAG 1. 4. 1976 AP BetrVG 1972 § 102 Nr. 8; 4. 8. 1975 AP BetrVG 1972 § 102 Nr. 4). Fehlt es an der vorherigen Anhörung des Betriebsrats, tritt die Unwirksamkeit der Kündigung ohne Rücksicht auf die materiellen Kündigungsgründe ein (*Fitting* § 102 Rn. 25), insoweit erhalten Arbeitnehmer ohne allgemeinen Kündigungsschutz (etwa vor Ablauf der Wartezeit des § 1 KSchG) bereits einen gewissen (formellen) Schutz vor willkürlicher Auflösung des Arbeitsverhältnisses (dazu auch Rn. 722). Ein fehlendes Verschulden des Arbeitgebers an der unterbliebenen Anhörung ist unbeachtlich (*Stahlhacke/Preis/Vossen* Rn. 295). Auch ein drohender Fristablauf, wenn etwa bei Einhaltung der Anhörungsfrist eine außerordentliche Kündigung wegen der Kündigungserklärungsfrist (§ 626 Abs. 2 BGB) nicht mehr ausgesprochen werden könnte, führt nicht zur Entbehrlichkeit des Beteiligungsverfahrens.

Bei gänzlich fehlender Anhörung des Betriebsrats **tritt die Unwirksamkeits-** **762** **folge auch ein, wenn er der Kündigung nachträglich zustimmt.** Nach bereits erfolgter Kündigung hat der Betriebsrat keine Möglichkeit mehr, auf den bereits verwirklichten Kündigungsentschluß des Arbeitgebers einzuwirken (BAG 27. 6. 1985 AP BetrVG 1972 § 102 Nr. 37 = NZA 1986, 426; 28. 2. 1974 AP BetrVG 1972 § 102 Nr. 2 = NJW 1974, 1526). Die Nichtigkeitsfolge bei fehlender Beteiligung gilt für ordentliche und außerordentliche Kündigung gleichermaßen. **Der fehlenden Anhörung des Betriebsrats steht der Kündigungsausspruch vor Abschluß des Beteiligungsverfahrens gleich** (dazu Rn. 743). Hat der Arbeitgeber zunächst ohne Beteiligung des Betriebsrats eine Kündigung ausgesprochen, kann er – nach erneuter Beteiligung des Betriebsrats oder Abschluß des Anhörungsverfahrens – eine weitere Kündigung aussprechen (zur Problematik der Wiederholungs- bzw. Vorratskündigung Rn. 651, 680 zur Umdeutung einer außerordentlichen in eine ordentliche Kündigung Rn. 770). Nach einem rechtskräftig abgeschlossenen Kündigungsschutzverfahren kann der Arbeitgeber eine Folgekündigung aus den gleichen Gründen aussprechen, wenn die vorherige Kündigung ausschließlich wegen Vorstoß formelle Vorschriften (etwa §§ 102 BetrVG, 15, 21 SchwbG, 9 MuSchG) unwirksam war. Einer Nichtanhörung steht es gleich, wenn die Informationen an ein nicht empfangsberechtigtes Betriebsratsmitglied übermittelt werden, dieses aber dem Gremium seine Kenntnis nicht mitteilt (BAG 27. 6. 1985 AP BetrVG 1972 § 102 Nr. 37 = NZA 1986, 426). Entsprechendes gilt, wenn der Arbeitgeber ein unzuständiges Betriebsratsgremium (Gesamtbetriebsrat, Betriebsratsausschuß, dazu Rn. 685) beteiligt oder eine Wiederholungskündigung ohne erneute Anhörung ausspricht (Rn. 651).

2. Fehlerhafte Anhörung

a) Grundsätze

Im Gegensatz zur fehlenden ist die nur fehlerhafte Beteiligung des Betriebs- **763** rats nicht ausdrücklich von der Sanktion in Abs. 1 Satz 3 erfaßt. Das BAG erstreckt dessen **Nichtigkeitsfolge** jedoch auf die fehlerhafte Beteiligung des Betriebsrats im Anhörungsverfahren, insbesondere **wenn der Arbeitgeber seiner Unterrichtungspflicht nicht ausführlich genug nachkommt** (BAG 29. 1. 1997 AP BGB § 626 Nr. 131 = NZA 1997, 813; 16. 9. 1993 AP BetrVG 1972 § 102 Nr. 62 = NZA 1994, 311). Allerdings wird die dogmatische Begründung für diesen Ansatz nicht immer ganz deutlich (GK-BetrVG/*Kraft* § 102 Rn. 74 verweist zu Recht auf die verwirrende Terminologie in der Entscheidung vom 16. 9. 1993 (BAG 16. 9. 1993 AP BetrVG 1972 § 102 Nr. 62 =

NZA 1994, 311). Die Gegenauffassung will hingegen Abs. 1 Satz 3 nur dann anwenden, wenn der Fehler im Beteiligungsverfahren derart mangelhaft ist, daß die fehlerhafte der fehlenden Anhörung gleichzustellen ist (GK-BetrVG/ *Kraft* § 102 Rn. 75; *Raab* ZfA 1995, 479, 522 ff.; vgl. auch *Oppertshäuser* NZA 1997, 919, 927). Danach soll die Unwirksamkeit nur eintreten, wenn die Sachverhaltsdarstellung des Arbeitgebers so unrichtig ist, daß sie dem Betriebsrat eine völlig irrige Vorstellung von dem zugrunde liegenden Sachverhalt vermittelt (so GK-BetrVG/*Kraft* § 102 Rn. 75). Nachdem das BAG die Anforderungen für die Substantiierung im Beteiligungsverfahren – zumindest faktisch – zurückgenommen hat (BAG 15. 12. 1994 AP KSchG 1969 § 1 Betriebsbedingte Kündigung Nr. 67 = NZA 1995, 521), dürften sich die Ergebnisse im Einzelfall weitgehend entsprechen. Ist das Anhörungsverfahren nicht gänzlich unterblieben, tritt die Unwirksamkeitsfolge aber nur ein, wenn auftretende Fehler der Sphäre des Arbeitgebers zuzurechnen sind. Liegen sie hingegen im Verantwortungsbereich des Betriebsrats, bleiben sie regelmäßig ohne Auswirkung (Zur Hinweispflicht des Betriebsrats bei fehlerhafter Einleitung Rn. 754).

b) Sphäre des Arbeitgebers

764 Nach Ansicht des BAG teilt sich das Anhörungsverfahren in **zwei aufeinanderfolgende Verfahrensabschnitte,** die nach ihrem Zuständigkeits- und Verantwortungsbereich voneinander abzugrenzen sind. Der Arbeitgeber hat zunächst den Betriebsrat über die Person des zu Kündigenden und die Kündigungsgründe zu unterrichten. Im Anschluß daran ist es Aufgabe des Betriebsrats, sich mit der beabsichtigten Kündigung zu befassen und über eine mögliche Stellungnahme zu entscheiden (BAG 4. 8. 1975 AP BetrVG 1972 § 102 Nr. 4). Dementsprechend führen im wesentlichen zur Unwirksamkeit der Kündigung nach § 102 Abs. 1 Satz 3 BetrVG die
- unrichtige Bezeichnung der Person des Arbeitnehmers (dazu Rn. 708),
- fehlende Angabe von Kündigungsfrist bzw. Beendigungstermin (dazu Rn. 715),
- unzureichende Information über die Kündigungsgründe (dazu Rn. 720),
- bewußt wahrheitswidrige oder unvollständige Information (dazu Rn. 705).

c) Sphäre des Betriebsrats

765 Mängel im Zuständigkeits- und Verantwortungsbereich des Betriebsrats während des Beteiligungsverfahrens wirken **sich grundsätzlich nicht zu Lasten des Arbeitgebers** aus und führen nicht zur Unwirksamkeit der Kündigung nach § 102 Abs. 1 Satz 3 BetrVG. Das Beteiligungsverfahren ist nur fehlerhaft, wenn der Arbeitgeber den Verfahrensfehler des Betriebsrats selbst veranlaßt (BAG 15. 5. 1997 AP BetrVG 1972 § 104 Nr. 1 = NZA 1997, 1106; 24. 3. 1977 AP BetrVG 1972 § 102 Nr. 12 = NJW 1978, 122). Dies gilt selbst dann, wenn der Arbeitgeber im Zeitpunkt der Kündigung weiß oder den Umständen nach vermuten kann, daß die Behandlung der Angelegenheit durch den Betriebsrat nicht fehlerfrei gewesen ist (zutreffend BAG 2. 4. 1976 AP BetrVG 1972 § 102 Nr. 9 = NJW 1976, 1519; 4. 8. 1975 AP

BetrVG 1972 § 102 Nr. 4). Nach der Gegenauffassung wirken sich Verstöße bei der Beschlußfassung des Betriebsrats zu Lasten des Arbeitgebers aus, wenn für diesen Anhaltspunkte für eine fehlerhafte Sachbehandlung bestanden (*Fitting* § 102 Rn. 23; *Griese* BB 1990, 1899, 1903 f.).

Nach der Auffassung des BAG berühren deshalb insbesondere Fehler bei **766** der Willensbildung des Betriebsrats (dazu Rn. 750) die Wirksamkeit des Anhörungsverfahrens nicht und gehen letztlich zu Lasten des gekündigten Arbeitnehmers. Ohne Auswirkung bleiben daher
– die nicht ordnungsgemäße Einladung zur Betriebsratssitzung,
– Fehler bei der Beschlußfassung,
– die fehlende oder unrichtige Weitergabe der vom Arbeitgeber erhaltenen Informationen durch den Betriebsratsvorsitzenden oder ein sonstiges zum Empfang berechtigtes Betriebsratsmitglied,
– formelle Fehler bei Abgabe der Stellungnahme,
– der verspätete Eingang der Stellungnahme beim Arbeitgeber.

Um keinen Fehler in der Risikosphäre des Betriebsrats handelt es sich, wenn **767** der **Betriebsratsvorsitzende sofort zu der mitgeteilten Kündigungsabsicht Stellung nimmt und der Arbeitgeber daraufhin sofort die Kündigung ausspricht** (BAG 28. 3. 1974 AP BetrVG 1972 § 102 Nr. 3 = NJW 1974, 1726; ähnlich KR/*Etzel* § 102 BetrVG Rn. 116 – Betriebsratsvorsitzender erklärt, keine Sitzung einzuberufen, weshalb keine Stellungnahme erfolgen werde). Durch die Äußerung des Vorsitzenden wird das Anhörungsverfahren noch nicht abgeschlossen, es handelt sich nicht eine abschließende Stellungnahme des gesamten Betriebsrats. Ist die **Eigenmächtigkeit** des Vorsitzenden **für den Arbeitgeber erkennbar** und wartet dieser mit dem Kündigungsausspruch nicht bis zum Fristablauf, ist die Kündigung vor Beendigung des Anhörungsverfahrens ausgesprochen und nach § 102 Abs. 1 Satz 3 BetrVG unwirksam.

VI. Kündigungsausspruch

1. Vorherige Kenntnisnahme der Stellungnahme durch den Arbeitgeber

Nach Ansicht des BAG gliedert sich das Beteiligungsverfahren in zwei unter- **768** schiedliche Teile (vgl. nur BAG 27. 6. 1985 AP BetrVG 1972 § 102 Nr. 37 = NZA 1986, 426). Aufgabe des Arbeitgebers ist es, den Betriebsrat umfassend über die Kündigungsgründe zu unterrichten und die Kündigung erst nach Fristablauf bzw. einer abschließenden Stellungnahme des Betriebsrats auszusprechen. Hingegen zählt die Herbeiführung einer kollektiven Willensbildung und der Übermittlung an den Arbeitgeber zu den Pflichten des Betriebsrats. Durch den Zugang der Stellungnahme beim Arbeitgeber wird das Beteiligungsverfahren aber noch nicht abgeschlossen. Äußert sich der Betriebsrat zu der Kündigungsabsicht des Arbeitgebers, muß dieser vor dem Kündigungsausspruch die Stellungnahme inhaltlich zur Kenntnis nehmen, nur dann ist der Betriebsrat vor Ausspruch der Kündigung „angehört" iSv. § 102 Abs. 1 BetrVG. **Nimmt der Arbeitgeber die vom Betriebsrat erhobenen Einwendungen überhaupt nicht zur Kenntnis, ist die Kündigung nach § 102**

Abs. 1 Satz 3 BetrVG unwirksam. Dies ergibt sich aus Sinn und Zweck des Beteiligungsverfahrens (dazu Rn. 634), insoweit ist es nicht zutreffend, wenn das BAG nur von einer Zweistufigkeit des Anhörungsverfahrens spricht. Der Arbeitgeber soll bei seiner Entscheidung die von der Arbeitnehmervertretung erhobenen Bedenken, ggf. auch deren Widerspruch gegen die beabsichtigte Kündigung berücksichtigen (BAG 15. 12. 1994 AP KSchG 1969 § 1 Betriebsbedingte Kündigung Nr. 67 = NZA 1995, 521; 2. 11. 1983 AP BetrVG 1972 § 102 Nr. 29). Das Beteiligungsrecht wäre weitgehend entwertet, könnte der Arbeitgeber die Kündigung ohne vorherige Kenntnis der erhobenen Bedenken aussprechen. Im Gegensatz zu den Beteiligungsverfahren im Bereich des Personalvertretungsrechts begründet § 102 BetrVG zwar **keine Erörterungspflicht des Arbeitgebers, wohl aber die zu einer gedanklichen Auseinandersetzung** mit den Argumenten des Betriebsrats. Erhebt dieser Bedenken oder widerspricht er der Kündigung, kann der Arbeitgeber seinen Kündigungsentschluß erst nach Kenntnisnahme der Stellungnahme verwirklichen. Ohne Bedeutung ist es dabei, ob sich der Betriebsrat schriftlich äußert.

2. Beifügen der Stellungnahme des Betriebsrats

769 Auch ein form- und fristgerecht eingelegter Widerspruch des Betriebsrats hindert den Arbeitgeber nicht an dem Ausspruch der Kündigung, was durch Abs. 4 ausdrücklich klargestellt wird. Der Arbeitgeber muß lediglich dem Arbeitnehmer eine Abschrift des Widerspruchs übersenden. Die Mitteilungspflicht gilt auch dann, wenn das Arbeitsverhältnis (noch) nicht unter den Geltungsbereich des KSchG fällt (*Richardi* § 102 Rn. 178). Allerdings besteht in diesen Fällen keine Weiterbeschäftigungspflicht, da der Gekündigte keine Klage nach § 4 KSchG erheben kann. Die Kenntnis von der Stellungnahme des Betriebsrats soll es dem Arbeitnehmer ermöglichen, die Erfolgsaussichten eines Kündigungsschutzprozesses und/oder eines Weiterbeschäftigungsverlangens (§ 102 Abs. 5 BetrVG) einzuschätzen (KR/*Etzel* § 102 BetrVG Rn. 179). Ein **Verstoß** des Arbeitgebers gegen seine Verpflichtung aus Abs. 4 führt **nicht zur Unwirksamkeit der Kündigung,** da es sich nicht um eine Formvorschrift für die Kündigungserklärung handelt (richtig deshalb GK-BetrVG/*Kraft* § 102 Rn. 133; anders *Düwell* NZA 1988, 866, 867ff.; MünchArbR/ *Berkowsky* § 144 Rn. 41). Der Arbeitnehmer kann bis zum Abschluß des Kündigungsschutzprozesses die Überlassung der Stellungnahme gerichtlich durchsetzen (KR/*Etzel* § 102 BetrVG Rn. 179). Ein schuldhafter Verstoß des Arbeitgebers gegen seine Verpflichtung aus Abs. 4 kann einen Schadenersatzanspruch des Arbeitnehmers begründen (GK-BetrVG/*Kraft* § 102 Rn. 134ff., der aber zu Recht ein Mitverschulden des Arbeitnehmers berücksichtigen will). Bei Vorliegen der subjektiven Voraussetzungen kommt schließlich noch ein Verfahren nach § 23 Abs. 3 BetrVG in Betracht (*Fitting* § 102 Rn. 53; anders KR/*Etzel* § 102 BetrVG Rn. 181 – kein Rechtsschutzinteresse wegen der Möglichkeit des Betriebsrats, die Stellungnahme selbst zuzuleiten).

3. Verbindung von außerordentlicher und ordentlicher Kündigung

Der Arbeitgeber hat grundsätzlich für jede Kündigung ein Beteiligungsver- **770** fahren nach § 102 BetrVG durchzuführen. Will er eine außerordentliche Kündigung und nur hilfsweise eine ordentliche Kündigung aussprechen, hat er dies dem Betriebsrat bei Einleitung des Beteiligungsverfahrens mitzuteilen. Die **Anhörungsverfahren** können **miteinander verbunden werden.** Der Arbeitgeber muß aber klarstellen, daß er sowohl den Ausspruch einer außerordentlichen wie auch einer (hilfsweise) ordentlichen Kündigung beabsichtigt (BAG 11. 10. 1989 AP BetrVG 1972 § 102 Nr. 55 = NZA 1990, 748; 16. 3. 1978 AP BetrVG 1972 § 102 Nr. 15 = NJW 1976, 76, dazu auch Rn. 715). Beteiligt der Arbeitgeber den Betriebsrat ausschließlich zu einer außerordentlichen Kündigung, kommt eine Umdeutung für den Fall ihrer Unwirksamkeit in eine ordentliche Kündigung regelmäßig nicht in Betracht. Die **Anhörung** allein **zur außerordentlichen Kündigung ersetzt nicht die Anhörung zu einer ordentlichen Kündigung,** diese ist nach § 102 Abs. 1 Satz 3 BetrVG unwirksam. Nur ausnahmsweise ist eine **Umdeutung** möglich, **wenn** der lediglich zu einer außerordentlichen Kündigung angehörte Betriebsrat dieser **ausdrücklich und vorbehaltlos zugestimmt** hat und auch aus sonstigen Gründen nicht zu ersehen ist, daß er für den Fall der Unwirksamkeit der außerordentlichen Kündigung der dann verbleibenden ordentlichen Kündigung entgegengetreten wäre (BAG 20. 9. 1984 AP BGB § 626 Nr. 80 = NZA 1985, 286, 588; 16. 3. 1978 AP BetrVG 1972 § 102 Nr. 15 = NJW 1976, 76). Die Gegenauffassung hält eine Beteiligung zu einer (hilfsweise ausgesprochenen) ordentlichen Kündigung nur dann für entbehrlich, wenn der Betriebsrat ausdrücklich erklärt, er könne nur einer ordentlichen Kündigung zustimmen (LAG Baden-Württemberg 3. 11. 1976 DB 1977, 777; GK-BetrVG/*Kraft* § 102 Rn. 49; *Bitter* NZA 1991, Beil. 3 S. 16, 18; einschränkend auch auf bestimmte Kündigungsarten HSG/*Schlochauer* § 102 Rn. 148 f.). Dem BAG ist insoweit zuzustimmen: In der Zustimmung zur außerordentlichen Kündigung liegt zugleich die zu der den Arbeitnehmer weniger belastenden fristgerechten Kündigung, soweit diese auf die **gleichen Kündigungsgründe** gestützt wird. Die Umdeutung setzt aber die ordnungsgemäße Beteiligung des Betriebsrats zu der außerordentlichen Kündigung voraus. Ist diese nach § 102 BetrVG unwirksam, scheidet die Umdeutung aus (BAG 12. 8. 1976 AP BetrVG 1972 § 102 Nr. 10 = NJW 1976, 2366).

Bei dem Ausspruch einer außerordentlichen, hilfsweise ordentlichen Kündi- **771** gung ist aber **die Einhaltung der Anhörungsfristen des § 102 Abs. 2 BetrVG** zu beachten. Der Arbeitgeber kann eine außerordentliche Kündigung bereits nach Ablauf von 3 Tagen aussprechen, während er bei einer ordentlichen Kündigung die Wochenfrist des Abs. 2 Satz 1 abwarten muß. Durch die **Verbindung** einer außerordentlichen mit einer ordentlichen Kündigung **tritt keine Verkürzung der Wochenfrist** ein. Eine ordentliche Kündigung kann der Arbeitgeber nur bei einer abschließenden Stellungnahme des Betriebsrats vor Ablauf der Wochenfrist erklären. Eine Umdeutung ist daher ausgeschlossen, wenn der Arbeitgeber die außerordentliche Kündigung vor Ablauf der Wochenfrist oder einer abschließenden Stellungnahme des Betriebsrats erklärt. In diesem Fall ist die (hilfsweise) ausgesprochene ordentliche Kündigung bereits nach § 102 Abs. 1 Satz 3 BetrVG unwirksam, da sie vor Beendigung des Anhörungsverfahrens erklärt worden ist (BAG 20. 9. 1984 AP BGB § 626 Nr. 80 = NZA 1985, 286, 588). Will der Arbeitgeber mit dem Ausspruch der außerordentlichen Kündigung nicht bis zum Ablauf der Wochenfrist warten, kann er zunächst diese nach Ablauf der 3-Tages-Frist erklären. Dies kann etwa erforderlich werden, wenn der Ausspruch einer außerordentlichen Kündigung bei Abwarten der Wochenfrist nicht mehr zulässig wäre. **Durch die Anhörungsfrist wird der Ablauf der zweiwöchigen Kündigungserklärungsfrist des § 626 Abs. 2 BGB nicht gehemmt.** Die ordentliche Kündigung kann dann erst nach Ablauf des Frist des § 102 Abs. 2 Satz 1 BetrVG oder einer vorherigen abschließenden Stellungnahme des Betriebsrats erfolgen. Hat der Arbeitgeber bereits vor Ablauf der Wochenfrist eine außerordentliche und hilfsweise ordentliche Kündigung ausgesprochen, kann er den Ausspruch der ordentlichen Kündigung nach deren Ablauf wiederholen.

VII. Kündigungsschutzprozeß

1. Klagefrist

772 Findet auf das Arbeitsverhältnis das KSchG Anwendung, hat der Arbeitnehmer nach § 4 KSchG innerhalb von drei Wochen nach Zugang der Kündigung Klage zu erheben, will er die Sozialwidrigkeit der Kündigung (§ 1 KSchG) geltend machen. Nach § 13 Abs. 3 KSchG kann die Unwirksamkeit der Kündigung aus anderen Gründen auch außerhalb der Frist des § 4 KSchG geltend gemacht werden. Zu den **sonstigen Unwirksamkeitsgründen** zählt auch die fehlende bzw. fehlerhafte Beteiligung des Betriebsrats nach § 102 BetrVG (BAG 28. 2. 1974 AP BetrVG 1972 § 102 Nr. 2 = NJW 1974, 1526). Eine Ausnahme besteht in der **Insolvenz.** Nach § 113 Abs. 2 InsO muß der Arbeitnehmer die Klage bei einer Kündigung durch den Insolvenzverwalter stets innerhalb von 3 Wochen erheben (dazu Rn. 501). Ansonsten kommt bei längerem Zuwarten mit der Anspruchserhebung die **Verwirkung** des Klagerechts in Betracht (BAG 30. 6. 1988 – 2 AZR 49/88 – nv.; 21. 11. 1985 – 2 AZR 33/85 – nv.; ArbG Bielefeld 22. 11. 1984 NZA 1985, 187 – drei Monate genügen für das Zeitmoment). Eine gesonderte Feststellungsklage ist bei einem Verstoß gegen § 102 BetrVG nicht erforderlich. Der Arbeitnehmer kann die Unwirksamkeit im Rahmen einer Vergütungs- oder Beschäftigungsklage geltend machen.

2. Darlegungs- und Beweislast

773 Die Darlegungs- und Beweislast für die ordnungsgemäße Beteiligung des Betriebsrats liegt beim **Arbeitgeber** (BAG 17. 11. 1975 AP BetrVG 1972 § 130 Nr. 1 = BB 1976, 270; 19. 8. 1975 AP BetrVG 1972 § 102 Nr. 5 = NJW 1976, 310 KR/*Etzel* § 102 BetrVG Rn. 192 mwN.). Die Darlegungslast des

Arbeitgebers wird aber nur ausgelöst, wenn der Arbeitnehmer die ordnungsgemäße Beteiligung des Betriebsrats rügt bzw. bezweifelt, was auch noch in der Berufungsinstanz erfolgen kann (BAG 9. 10. 1986 RzK I 5d Nr. 16, 23. 6. 1983 AP KSchG 1969 § 1 Krankheit Nr. 10 = NJW 1984, 1836; weitergehend – Existenz des Betriebsrats genügt – KR/*Etzel* § 102 BetrVG Rn. 192). Ist die **Existenz eines Betriebsrats unstreitig,** muß bei Zweifeln das Gericht nach § 139 ZPO fragen, ob der Arbeitnehmer die ordnungsgemäße Beteiligung des Betriebsrats in Frage stellt. Ist zwischen den Parteien **umstritten,** ob bei **Kündigungsausspruch ein Betriebsrat bestanden hat,** ist für die zugrunde liegenden Tatsachen der **Arbeitnehmer** darlegungs- und beweispflichtig (ArbG Mainz 25. 9. 1997 BB 1998, 106). Besteht tatsächlich ein Betriebsrat, so obliegt hingegen dem Arbeitgeber die Darlegung der Tatsachen, aus denen sich die Nichtigkeit seiner Wahl ergibt (dazu Rn. 660). Hat der Arbeitnehmer aber die Existenz eines Betriebsrats nicht behauptet und ergeben sich aus dem unstreitigen Parteivorbringen keine entsprechenden Anhaltspunkte, so darf auch das Gericht hiernach nicht fragen (KR/*Etzel* § 102 BetrVG Rn. 192c).

Zur ordnungsgemäßen Darlegung der Betriebsratsbeteiligung zählt insbesondere: **774**

– die Mitteilung der Person des zu kündigenden Arbeitnehmers (Name, Vorname, Lebensalter, Betriebszugehörigkeitszeit, arbeitsvertraglich vereinbarte Tätigkeit, dazu Rn. 708),
– ggf. die Kündigungsfrist bzw. der Endtermin (dazu Rn. 715),
– die Kündigungsgründe (dazu Rn. 720),
– der Zugangszeitpunkt der Mitteilung bei einer empfangsberechtigten Person (dazu Rn. 685),
– die Bezeichnung des Gremiums, welches beteiligt worden ist (Betriebsrat/-ausschuß, dazu Rn. 686),
– bei fehlender oder unvollständiger Mitteilung der Person oder Kündigungsgründe die zusätzlichen Tatsachen, die dem Betriebsrat bei der Beschlußfassung bekannt waren und auf die Bezug genommen worden ist (dazu Rn. 697),
– ggf. die den vorzeitigen Abschluß des Beteiligungsverfahrens begründenden Tatsachen (abschließende Stellungnahme, dazu Rn. 745),
– ggf. die inhaltliche Kenntnisnahme der Stellungnahme des Betriebsrats durch den Kündigenden (dazu Rn. 768),
– ggf. bei einer Wiederholungskündigung den fehlgeschlagenen Zugang der zunächst ausgesprochenen Kündigung (dazu Rn. 651).

Behauptet der Arbeitnehmer substantiiert, der Arbeitgeber habe den **Kündigungssachverhalt bewußt irreführend dargestellt,** so obliegt diesem die Beweislast für die den Grundsätzen der subjektiven Determination (dazu Rn. 705) entsprechende Unterrichtung des Betriebsrats (BAG 22. 9. 1994 AP BetrVG 1972 § 102 Nr. 68 = NZA 1995, 363). Trägt der Arbeitgeber schlüssig Tatsachen vor, aus denen sich die Ordnungsgemäßheit der Betriebsratsbeteiligung ergibt, so kann der Arbeitnehmer diesen Vortrag regelmäßig mit **Nichtwissen bestreiten** (§ 138 Abs. 3 ZPO, GK-BetrVG/*Kraft* § 102 Rn. 84; KR/*Etzel* § 102 BetrVG Rn. 192). Ein qualifiziertes Bestreiten kann nicht **775** verlangt werden, wenn dem Arbeitnehmer die Einzelheiten der Beteiligung des Betriebsrats nicht bekannt sind. Auch eine Pflicht zur Nachfrage beim Betriebsrat besteht nicht bzw. führt nicht zur Erforderlichkeit eines qualifizierten Bestreitens (so aber LAG Köln 31. 1. 1994 LAGE § 102 BetrVG 1972 Nr. 38; *Spitzweg/Lücke* NZA 1995, 406, 411).

3. Nachschieben von Kündigungsgründen

a) Grundsätze

776 Beim Nachschieben will der Arbeitgeber weitere Kündigungsgründe in das Verfahren einführen, da die bisherigen, dem Betriebsrat mitgeteilten Tatsachen nach seiner Auffassung (oder des Gerichts) den Kündigungsausspruch nicht rechtfertigen. Um **kein Nachschieben** von Kündigungsgründen handelt es sich, wenn der Arbeitgeber die dem Betriebsrat bereits mitgeteilten **Kündigungsgründe** im Prozeß nur weiter **erläutert und konkretisiert,** ohne daß dies den Kündigungssachverhalt wesentlich verändert (BAG 27. 2. 1997 AP KSchG 1969 § 1 Verhaltensbedingte Kündigung Nr. 36 = NZA 1997, 761; 10. 4. 1985 AP BetrVG 1972 § 102 Nr. 39 = NZA 1986, 674). Wo die Grenze zwischen Nachschieben und Konkretisierung von Kündigungsgründen verläuft, kann nicht generell, sondern nur im Einzelfall beantwortet werden. Der Arbeitgeber ist bei der Darstellung der Kündigungsgründe zur Mitteilung der Tatsachen verpflichtet, die seinen Kündigungsentschluß tragen. Diese hat er vollständig dem Betriebsrat gegenüber mitzuteilen (dazu Rn. 704). Dennoch kann es erforderlich ein, daß der Arbeitgeber im Kündigungsschutzprozeß den Sachverhalt substantiierter darstellen muß als gegenüber dem Betriebsrat. Dies kann sich z. B. bei Ausübung des richterlichen Fragerechts (§ 139 ZPO) ergeben, etwa weil dem Gericht die betrieblichen Abläufen nicht bekannt sind (BAG 18. 12. 1980 AP BetrVG 1972 § 102 Nr. 22 = NJW 1981, 2316). Eine gegenüber dem Beteiligungsverfahren erweiterte und zulässige Darlegung im Prozeß kann auch ein **qualifiziertes Bestreiten der Kündigungsgründe** (einschließlich der Weiterbeschäftigungsmöglichkeit und Sozialauswahl) durch den Arbeitnehmer erfordern. Hält sich der Vortrag des Arbeitgebers im Rahmen des dem Betriebsrat bereits mitgeteilten Sachverhalts, liegt lediglich eine jederzeit zulässige Konkretisierung vor, die ohne erneute Beteiligung des Betriebsrats zulässig ist. Greift der Arbeitgeber zur Begründung seiner Kündigung aber auf dem Betriebsrat nicht mitgeteilte Sachverhalte zurück, so handelt es sich um ein Nachschieben von Kündigungsgründen.

777 Trägt der Arbeitgeber aber erst im Prozeß Tatsachen vor, die dem bisherigen Vortrag **erst das Gewicht eines kündigungsrechtlich erheblichen Grundes** geben, stellen diese gleichfalls keine lediglich erläuternden und ergänzenden Angaben dar. In diesem Fall war der Vortrag des Arbeitgebers schon nicht „an-sich-geeignet", einen Kündigungsgrund darzustellen (BAG 18. 12. 1980 AP BetrVG 1972 § 102 Nr. 22 = NJW 1981, 2316). Eine (bloße) Konkretisierung liegt schließlich nicht vor, wenn die im Verfahren mitgeteilten Tatsachen eine **andere Kündigungsart** rechtfertigen (BAG 3. 4. 1986 AP BGB

§ 626 Verdacht strafbarer Handlung Nr. 18 = NZA 1986, 677, dazu Rn. 715).

Trägt der Arbeitgeber im Kündigungsschutzprozeß zur Verteidigung seiner **778** getroffenen **Sozialauswahl** Umstände vor, die er dem Betriebsrat nicht mitgeteilt hat, stellt dies nicht stets ein Nachschieben eines neuen Kündigungssachverhalts dar. Hat er die im Prozeß angesprochenen Umstände übersehen oder zu Unrecht für unerheblich gehalten (Beispiel: unrichtige Vergleichsgruppenbildung), war er nicht zur vorherigen Beteiligung des Betriebsrats verpflichtet, da seine Mitteilungspflicht subjektiv determiniert ist. Gleiches gilt, wenn der Arbeitgeber im Kündigungsschutzprozeß erst auf einen entsprechenden Vortrag zu einer Weiterbeschäftigungsmöglichkeit Stellung nimmt, die er selbst beim Kündigungsausspruch nicht in Betracht gezogen hat. Hatte der Arbeitgeber jedoch diese Umstände berücksichtigt und dem Betriebsrat nicht mitgeteilt, liegt ein Nachschieben eines neuen Kündigungssachverhalts vor (BAG 29. 3. 1990 AP KSchG 1969 § 1 Betriebsbedingte Kündigung Nr. 50 = NZA 1991, 181).

Ein Nachschieben von Kündigungsgründen kommt nur in Betracht, wenn **779** die vorherige Anhörung zur Kündigung nicht bereits nach § 102 Abs. 1 Satz 3 BetrVG unwirksam ist. Eine (**rückwirkende**) **Heilung** der betriebsverfassungsrechtlichen Unwirksamkeitsfolge ist nicht möglich. Besteht zum Zeitpunkt des Nachschiebens der Kündigungsgründe kein Betriebsrat (mehr), ist ein nachträgliches Einführen der Kündigungsgründe, die zum Zeitpunkt des Kündigungsausspruchs bereits bekannt waren, uneingeschränkt möglich (KR/ *Etzel* § 102 BetrVG Rn. 185 d). Besteht zum Zeitpunkt des Nachschiebens im Betrieb erstmals ein Betriebsrat, so ist dieser nicht zu beteiligen, da die beteiligungspflichtige Kündigung bereits ausgesprochen ist (anders KR/*Etzel* § 102 BetrVG Rn. 185 c).

b) Die Auffassung des BAG

Nach Auffassung des BAG können materiell-rechtlich Kündigungsgründe, **780** die bereits bei Ausspruch der Kündigung entstanden waren, im Kündigungsschutzprozeß uneingeschränkt nachgeschoben werden (grundlegend BAG 11. 4. 1985 AP BetrVG 1972 § 102 Nr. 39 = NZA 1986, 674; 18. 1. 1980 AP BGB § 626 Nachschieben von Kündigungsgründen Nr. 1 = NJW 1980, 2486). Besteht aber zum Zeitpunkt der Kündigung ein Betriebsrat, gilt dies nur eingeschränkt. Gründe, die dem Arbeitgeber **bereits bei Einleitung des Anhörungsverfahrens bekannt waren, die er aber dem Betriebsrat nicht mitgeteilt hat, können grundsätzlich nicht nachgeschoben werden** (BAG 11. 4. 1985 AP BetrVG 1972 § 102 Nr. 39 = NZA 1986, 674; 18. 12. 1980 AP BetrVG 1972 § 102 Nr. 22 = NJW 1981, 2316). Dies gilt auch dann, wenn der Betriebsrat zuvor der beabsichtigten Kündigung bereits aufgrund der mitgeteilten Gründe zugestimmt hat (BAG 26. 9. 1991 AP KSchG 1969 § 1 Krankheit Nr. 28 = NZA 1992, 1073). Der Arbeitgeber kann lediglich eine erneute Kündigung nach vorheriger Beteiligung des Betriebsrats zu den noch nicht mitgeteilten Gründen aussprechen. Vor Ausspruch der Kündigung kann der Arbeitgeber – auch nach Einleitung des Anhörungsverfahrens –

seine Informationen gegenüber dem Betriebsrat jederzeit ergänzen (BAG 6. 2. 1997 AP BetrVG 1972 § 102 Nr. 85 = NZA 1997, 656; 3. 4. 1987 RzK III 1 d Nr. 3; dazu auch Rn. 754). Erfährt der Arbeitgeber noch weitere kündigungsrelevante Tatsachen vor Ausspruch der Kündigung aber nach Einleitung bzw. Beendigung des Anhörungsverfahrens, sind diese im Kündigungsschutzprozeß nur verwertbar, wenn sie vor Kündigungsausspruch dem Betriebsrat mitgeteilt werden. Dies kann dazu führen, daß der Arbeitgeber ein erneutes Beteiligungsverfahren nach § 102 BetrVG einleiten muß oder – bei der Ergänzung eines bereits in Gang gesetzten Anhörungsverfahrens – vor Ausspruch der Kündigung dessen Beendigung abwarten muß (BAG 6. 2. 1997 AP BetrVG 1972 § 102 Nr. 85 = NZA 1997, 656; 1. 4. 1981 AP BetrVG 1972 § 102 Nr. 23 = NJW 1981, 2772).

781 **Kündigungsgründe, die bei Ausspruch der Kündigung bereits entstanden waren, dem Arbeitgeber aber erst später bekannt geworden sind, können im Kündigungsschutzprozeß nachgeschoben werden, wenn der Arbeitgeber zuvor den Betriebsrat hierzu erneut angehört hat** (BAG 11. 4. 1985 AP BetrVG 1972 § 102 Nr. 39 = NZA 1986, 674; 18. 12. 1980 AP BetrVG 1972 § 102 Nr. 22 = NJW 1981, 2316). Gleiches dürfte auch dann anzunehmen sein, wenn der Arbeitgeber ausnahmsweise nach Kündigungsausspruch entstandene Gründe in den Kündigungsprozeß einführen will.

c) Die Auffassung des Schrifttums

782 In der arbeitsrechtlichen Literatur ist die Zulässigkeit des Nachschiebens von Kündigungsgründen umstritten. Zum Teil wird sie grundsätzlich abgelehnt (vgl. etwa MünchKommBGB/*Schwerdtner* Vor § 620 Rn. 413 ff.; *Preis*, Prinzipien, S. 72 jeweils mwN.). Überwiegend wird die Zulässigkeit des Nachschiebens von Kündigungsgründen jedenfalls dann verneint, wenn sie dem Arbeitgeber im Zeitpunkt der Unterrichtung des Betriebsrats bereits bekannt waren (KR/*Etzel* § 102 BetrVG Rn. 185 e mwN.; anders HSG/*Schlochauer* § 102 Rn. 47 – Nachschieben ohne Beteiligung des Betriebsrats möglich). Das Nachschieben von Kündigungsgründen, die dem Arbeitgeber nach Einleitung des Beteiligungsverfahrens aber vor dem Kündigungsausspruch bekannt werden, werden gleichfalls nach vorheriger Beteiligung des Betriebsrats für zulässig gehalten (GK-BetrVG/*Kraft* § 102 Rn. 142 – neuer Sachverhalt; KR/*Etzel* § 102 BetrVG Rn. 186).

783 Werden die Kündigungsgründe dem Arbeitgeber erst nach Ausspruch der Kündigung bekannt, wird überwiegend nach vorheriger Beteiligung des Betriebsrats ein Nachschieben für zulässig gehalten (*Fitting* § 102 Rn. 18 a; anders GK-BetrVG/*Kraft* § 102 Rn. 143; – Nachschieben stets ohne Betriebsrat möglich). Schließlich soll eine Beteiligung des Betriebsrats zu nachgeschobenen Kündigungsgründen jedenfalls dann entbehrlich sein, wenn dieser bereits aufgrund der zunächst mitgeteilten Kündigungsgründe der Kündigung zugestimmt hat, die Kündigung aufgrund der nachgeschobenen Kündigungsgründe nicht in einem neuen Licht erscheint und der Arbeitgeber die ursprünglich geltend gemachten Kündigungsgründe nach wie vor weiter verfolgt (KR/ *Etzel* § 102 BetrVG Rn. 189; vgl. im übrigen auch die Zusammenfassung des

Meinungsstandes bei BAG 11. 4. 1985 AP BetrVG 1972 § 102 Nr. 39 = NZA 1986, 674).

d) Stellungnahme

Dem Arbeitgeber ist es verwehrt, bereits zum Zeitpunkt des Kündigungsaus- **784** spruchs bekannte Gründe in den Kündigungsschutzprozeß einzuführen, wenn er den Betriebsrat zuvor nicht beteiligt hat. Dies folgt aus dem Grundsatz der subjektiven Determination (dazu Rn. 704). Danach hat der Arbeitgeber dem Betriebsrat die für seinen Entschluß maßgeblichen Kündigungsgründe vollständig und umfassend mitzuteilen. Die Kündigungsabsicht beruht regelmäßig auf sämtlichen, dem Arbeitgeber vor Einleitung des Anhörungsverfahrens bekannten Umständen. Es erscheint schwer nachvollziehbar, daß er seinen Kündigungsentschluß nur auf einen Teil der ihm bekannten Tatsachen stützen will und einen anderen – ihm aber bekannten – Sachverhalt bei dem Kündigungsentschluß nicht berücksichtigt. Gesteht man dem Arbeitgeber mit dem BAG zu, daß er nur die ihn bestimmenden „Gründe" mitteilen muß, so wäre es ein Verstoß gegen den Grundsatz der subjektiven Determination, wenn die zunächst nicht maßgeblichen Gründe über den Umweg des Nachschiebens doch Geltung beanspruchen könnten. Keine Besonderheiten bestehen, wenn dem Arbeitgeber kündigungsrechtlich erhebliche Tatsachen nach Einleitung des Anhörungsverfahrens, aber vor Ausspruch der Kündigung bekannt werden. Diese hat er dem Betriebsrat noch vor dem Kündigungsausspruch mitzuteilen, wenn er sie im gerichtlichen Verfahren verwerten will. Etwas anderes gilt nur, wenn es sich um die Konkretisierung (dazu Rn. 706) des dem Betriebsrat bereits mitgeteilten Sachverhalts handelt.

Nicht gefolgt werden kann dem BAG und der überwiegenden Ansicht im **785** Schrifttum, soweit es **das Nachschieben von Gründen betrifft, die dem Arbeitgeber erst nach Kündigungsausspruch bekannt werden.** Diese sind im **Kündigungsschutzprozeß auch ohne vorherige Beteiligung des Betriebsrats verwertbar.** Dies ergibt sich im wesentlichen aus dem Normzweck des Beteiligungsverfahrens (dazu Rn. 634). Durch die vorherige Beteiligung soll der Arbeitgeber im günstigsten Fall von dem Kündigungsausspruch abgehalten werden. Ist aber die Kündigung bereits ausgesprochen, kann dieser Zweck auch durch eine Beteiligung des Betriebsrats zu den nachgeschobenen Kündigungsgründen nicht (mehr) erreicht werden. Der vom BAG vertretene Grundsatz der subjektiven Determination wäre vielmehr konsequent verwirklicht, wenn in diesem Fall auf eine erneute Information des Betriebsrats verzichtet würde. Der Arbeitgeber hat durch die Beteiligung des Betriebsrats zu den ihm bekannten Tatsachen seine Anhörungspflicht erfüllt. Gegen die vom BAG vertretene Auffassung spricht auch, daß das Gericht beim Nachschieben von Kündigungsgründen auf die Einhaltung der 2-Wochen-Frist verzichtet und dies mit dem Normzweck des § 626 Abs. 2 begründet (BAG 4. 6. 1997 AP BGB § 626 Nachschieben von Kündigungsgründen Nr. 5 = NZA 1997, 1158 – wegen des bereits erfolgten Kündigungsauspruchs kann beim Arbeitnehmer keine Unsicherheit mehr über die drohende außerordentliche Kündigung bestehen). In gleicher Weise kann auch der Normzweck des § 102 BetrVG nach dem Kündigungsausspruch nicht mehr greifen.

4. Auflösungsantrag und -urteil

786 Wird durch gerichtliches Urteil festgestellt, daß das Arbeitsverhältnis durch eine Kündigung nicht aufgelöst ist, kann der Arbeitnehmer nach näherer Maßgabe von § 9 Abs. 1 Satz 1 KSchG einen Auflösungsantrag stellen. Das Gericht hat das Arbeitsverhältnis gegen Zahlung einer Abfindung aufzulösen, wenn dem Arbeitnehmer seine Fortsetzung nicht zuzumuten ist. Auf Antrag des Arbeitgebers ist das Arbeitsverhältnis aufzulösen, wenn Gründe vorliegen, die **eine den Betriebszwecken dienliche weitere Zusammenarbeit nicht erwarten lassen**. Voraussetzung für Auflösungsantrag bzw. -urteil ist die Klageerhebung nach § 4 KSchG, d. h. das Arbeitsverhältnis muß vom allgemeinen Kündigungsschutz des KSchG (§§ 1, 23 KSchG) erfaßt sein (zu den Voraussetzungen für einen Auflösungsantrag allgemein KR/*Spilger* § 9 KSchG Rn. 26 ff.). In jedem Fall ist für ein Auflösungsurteil die **Sozialwidrigkeit** der Kündigung (§ 1 KSchG) Voraussetzung, bei einer Unwirksamkeit nur aus anderen Gründen (§ 13 Abs. 3 KSchG) ist die gerichtliche Auflösung des Arbeitsverhältnisses ausgeschlossen. Tritt neben die Sozialwidrigkeit auch die Unwirksamkeit nach § 102 BetrVG, so ist zu unterscheiden. Das Gericht kann das Arbeitsverhältnis auf Antrag des Arbeitnehmers bei einem Verstoß gegen § 102 BetrVG gegen Zahlung einer Abfindung auflösen. Hingegen kommt die gerichtliche Auflösung des Arbeitsverhältnisses auf Antrag des Arbeitgebers nur in Betracht, wenn die Kündigung nicht gegen eine zugunsten des Arbeitnehmers bestehende Schutznorm verstößt (BAG 10. 11. 1994 AP KSchG 1969 § 9 Nr. 24 = NZA 1995, 309). Danach ist bei einem Verstoß der Kündigung auch gegen § 102 BetrVG eine Auflösung auf Antrag des Arbeitnehmers, nicht aber des Arbeitgebers möglich, da § 102 BetrVG auch den individualrechtlichen Schutz des Arbeitnehmers bezweckt (KR/*Etzel* § 102 BetrVG Rn. 191 mwN.; anders *Stahlhacke/Preis/Vossen* Rn. 1194). Führt der Arbeitgeber in unzulässiger Weise Kündigungsgründe ohne vorherige Beteiligung des Betriebsrats als Auflösungsgründe in das gerichtliche Verfahren ein, können sie dennoch zugunsten des Arbeitgebers bei der Auflösungsentscheidung herangezogen werden. Die Auflösung des Arbeitsverhältnisses nach § 9 KSchG fällt nicht unter § 102 BetrVG und verlangt keine Mitwirkung des Betriebsrats (offengelassen von BAG 18. 12. 1980 AP BetrVG 1972 § 102 Nr. 22 = NJW 1981, 2316).

L. Beschäftigungs- und Weiterbeschäftigungsanspruch

I. Vorbemerkung

Beschäftigungsanspruch und Weiterbeschäftigungsanspruch sind inhaltlich **787** und begrifflich voneinander zu trennen. **Während eines bestehenden Arbeitsverhältnisses** hat der Arbeitnehmer einen **Beschäftigungsanspruch.** Nach dessen (faktischer) **Beendigung** mit Zugang einer außerordentlichen Kündigung oder Ablauf der Kündigungsfrist kann sich hieran ein **Weiterbeschäftigungsanspruch** anschließen. Die Weiterbeschäftigungspflicht des Arbeitgebers nach tatsächlicher Beendigung des Arbeitsverhältnisses ist deshalb von der Beschäftigungspflicht im Rahmen eines bestehenden Arbeitsverhältnisses zu unterscheiden. Ein Weiterbeschäftigungsanspruch des Arbeitnehmers besteht längstens bis zu einer rechtskräftigen Entscheidung über den Bestand des Arbeitsverhältnisses im Rahmen eines gerichtlichen Verfahrens. Wird darin die Unwirksamkeit der Kündigung festgestellt, schließt sich wiederum ein Beschäftigungsanspruch an, sofern nicht weitere Beendigungstatbestände (Folgekündigungen, Aufhebungsvertrag, Befristungsablauf usw.) aufgetreten sind. Ein Weiterbeschäftigungsanspruch kommt in Betracht entweder
– bei einer offensichtlich unwirksamen Kündigung in unmittelbarem Anschluß an das Ausscheiden aus dem Betrieb (dazu Rn. 796);
– nach obsiegendem Urteil in der 1. Instanz im Rahmen eines Kündigungsschutzverfahrens (dazu Rn. 794);
– bei einer ordentlichen Kündigung nach einem form- und fristgerechten Widerspruch des Betriebsrats (§ 102 Abs. 5 BetrVG, dazu Rn. 814 ff.).

II. Beschäftigungsanspruch

1. Rechtsgrundlage

Im Dienstverhältnis fehlt es im Gegensatz zu anderen Vertragsarten an einer **788** gesetzlichen Pflicht für den Arbeitgeber, die vom Arbeitnehmer angebotene Dienstleistung auch tatsächlich anzunehmen (zur Abnahmepflicht beim Werkvertrag vgl. § 640 Abs. 1 BGB). Trotz Fehlen einer ausdrücklichen gesetzlichen Grundlage wird ein Anspruch des Arbeitnehmers auf **tatsächliche Beschäftigung im Rahmen eines bestehenden Arbeitsverhältnisses** allgemein anerkannt. Der Beschäftigungsanspruch ist richterrechtlich entwickelt worden. Das BAG hat bereits frühzeitig aus dem allgemeinen Persönlichkeitsrecht des Arbeitnehmers eine Beschäftigungspflicht in einem bestehenden Arbeitsverhältnis hergeleitet (BAG 10. 11. 1955 AP BGB § 611 Beschäftigungspflicht Nr. 2). Dieses Ergebnis hat der Große Senat im Jahr 1985 bestätigt und als Rechtsgrundlage des Beschäftigungsanspruchs die §§ 611, 613

BGB iVm. § 242 BGB herangezogen. Der Arbeitgeber ist danach zur Förderung der Beschäftigungsinteressen des Arbeitnehmers aus dem bestehenden Arbeitsvertrag verpflichtet, was sich aus der verfassungsrechtlichen Wertentscheidung der Art. 1, 2 GG ergibt, die über § 242 BGB auch im Rahmen des Arbeitsverhältnisses zu berücksichtigen ist (BAG GS 27. 2. 1985 AP BGB § 611 Beschäftigungspflicht Nr. 14 = NZA 1985, 702). Die Beschäftigungspflicht zählt aber nicht zu den im Gegenseitigkeitsverhältnis stehenden Hauptpflichten, sondern stellt lediglich eine Nebenpflicht des Arbeitgebers dar (MünchArbR/*Blomeyer* § 93 Rn. 8; Ermann/*Hanau* § 611 Rn. 353; offengelassen von ErfK/*Preis* § 611 BGB Rn. 826).

2. Voraussetzungen

789 Eine Beschäftigungspflicht des Arbeitgebers besteht nur im Rahmen eines bestehenden Arbeitsverhältnisses. **Kein Beschäftigungsanspruch** besteht daher, wenn das Arbeitsverhältnis noch **nicht wirksam begründet** ist (BAG 28. 9. 1983 AP BGB § 611 Beschäftigungspflicht Nr. 9 = NJW 1984, 829) oder **sein Bestand zwischen den Vertragsparteien umstritten und das Bestreiten des Arbeitgebers nicht offensichtlich unbegründet ist** (LAG Hamburg 30. 9. 1994 LAGE § 611 BGB Beschäftigungspflicht Nr. 39 – Betriebsübergang). Daneben kann eine Beschäftigungspflicht **ausdrücklich** zwischen Arbeitgeber und Arbeitnehmer **vereinbart werden.** Der vertragliche Anspruch tritt dann in Konkurrenz zu der richterrechtlich entwickelten Beschäftigungspflicht. Praktische Bedeutung hat eine solche Abrede insbesondere, wenn sich die tatsächliche Beschäftigung fördernd auf die Aufnahme von sich anschließenden (Folge-)Arbeitsverhältnissen oder die weitere Vermittelbarkeit auf dem Arbeitsmarkt für den Arbeitnehmer auswirkt. Eine eigenständige Vereinbarung kommt insbesondere bei Künstlern, Wissenschaftlern oder leitenden Angestellten in Betracht (MünchArbR/*Blomeyer* § 93 Rn. 15). Beim Abschluß eines Arbeitsvertrages kann hingegen in der Vereinbarung einer bestimmten Tätigkeit allein keine stillschweigende oder schlüssige Vereinbarung eines Anspruchs auf tatsächliche Beschäftigung gesehen werden. Der Beschäftigungsanspruch entsteht nach der Rechtsprechung (arbeits-)täglich neu, weshalb er von Ausschlußfristen nicht erfaßt wird (BAG 15. 5. 1991 AP BGB § 611 Beschäftigungspflicht Nr. 23 = NZA 1991, 979).

3. Suspendierung

790 Der Beschäftigungsanspruch entfällt, wenn der Arbeitnehmer in zulässiger Weise vom Arbeitgeber von der Arbeitspflicht freigestellt wird (Suspendierung). Die Suspendierung allein berührt den Bestand des Arbeitsverhältnisses nicht, sondern berechtigt den Arbeitgeber, den Arbeitnehmer von der Arbeitspflicht zu befreien. Eine **einseitige,** d. h. gegen den Willen des Arbeitnehmers erfolgte **Suspendierung** ist nur zulässig, wenn **das Interesse des Arbeitgebers an der tatsächlichen Nichtbeschäftigung des Arbeitnehmers überwiegt.** Dies ist anerkannt für den Fall, wenn gegenüber dem Arbeitnehmer der Verdacht einer Straftat besteht oder der Arbeitgeber weitere Auseinandersetzungen zwischen Arbeitskollegen unterbinden will (BAG GS 27. 2 1985 AP BGB § 611 BGB Beschäftigungspflicht Nr. 14 = NZA 1985, 702). Gleiches gilt, wenn für den Arbeitnehmer **objektiv keine Beschäftigungsmöglichkeit** (mehr) besteht.

Der Beschäftigungsanspruch besteht auch grundsätzlich nach Ausspruch **791** der Kündigung während der **Kündigungsfrist**. Während dieses Zeitraums ist eine Freistellung gegen den Willen des Arbeitnehmers gleichfalls nur zulässig, wenn die schutzwürdigen Interessen des Arbeitgebers an der Freistellung überwiegen (BAG 19. 8. 1976 AP BGB § 611 Beschäftigungspflicht Nr. 4 = NJW 1977, 215; LAG Hamm 3. 11. 1993 LAGE § 611 BGB Beschäftigungspflicht Nr. 36 = DB 1994, 148 – Assistent der Geschäftsleitung). Eine einseitige Freistellung von der Arbeitspflicht kommt nur in Betracht, wenn eine entsprechende **Vereinbarung** besteht. Das Recht zur Suspendierung kann tarif- oder einzelvertraglich vereinbart werden. Rechtlich unzulässig sind aber Vereinbarungen in Formulararbeitsverträgen, wonach dem Arbeitgeber ein umfassendes und an keine weiteren Voraussetzungen geknüpftes Recht zur uneingeschränkten Arbeitsfreistellung eingeräumt wird. Hierdurch wird dem Arbeitnehmer gerade der sich aus dem allgemeinen Persönlichkeitsrecht ergebende Schutz ohne die erforderliche Interessenabwägung entzogen. Zulässig sind aber einzelvertragliche Vereinbarungen, wonach der Arbeitgeber nach Zugang einer Kündigung berechtigt ist, den Arbeitnehmer unter Anrechnung von etwaigen Resturlaubsansprüchen von der Arbeitsleistung unwiderruflich freizustellen (*Schaub* § 110 III 1 b).

Während der Suspendierung besteht der **Vergütungsanspruch** des Arbeit- **792** nehmers regelmäßig fort. Eine Ausnahme besteht nur, wenn für den Arbeitgeber die Annahme der Arbeitsleistung des Arbeitnehmers nicht zumutbar ist (*Schaub* § 110 III 2). Zu einem ausdrücklichen Angebot seiner Arbeitsleistung ist der Arbeitnehmer nicht verpflichtet, da der Arbeitgeber durch die einseitige Freistellung seiner ihm obliegenden **Mitwirkungshandlung** (Zur-Verfügung-stellen eines Arbeitsplatzes) nicht nachkommt (dazu ErfK/*Preis* § 615 BGB Rn. 29, 31). Insoweit entspricht die Vornahme der einseitigen Suspendierung dem Ausspruch einer Kündigung durch den Arbeitgeber. Voraussetzung für den Vergütungsanspruch ist allerdings die Leistungsbereitschaft und -willigkeit des Arbeitnehmers. Zur **Anzeige** einer zwischenzeitlich eintretenden **Arbeitsunfähigkeit** bleibt der Arbeitnehmer auch während der Suspendierung nach § 5 Abs. 1 EFZG verpflichtet, da insoweit andere Rechte und Pflichten aus dem Arbeitsverhältnis durch die Freistellung nicht berührt werden. Ist der Arbeitnehmer rechtmäßig einseitig von der Arbeitsleistung freigestellt, kommt eine **Verrechnung mit Urlaubsansprüchen** nur in Betracht, wenn der Arbeitgeber zugleich mit der Freistellung dem Arbeitnehmer Urlaub erteilt. In diesem Fall ist die Arbeitsfreistellung unwiderruflich, der Arbeitnehmer kann nicht einseitig vom Arbeitgeber zur Arbeitsleistung aufgefordert werden. Wird der Arbeitnehmer vom Arbeitgeber zu Unrecht nicht beschäftigt, steht ihm grundsätzlich ein Zurückbehaltungsrecht nach § 273 Abs. 1 BGB zu, in Betracht kommt auch ein Schadenersatzanspruch (dazu insgesamt MünchArbR/*Blomeyer* § 93 Rn. 23 ff.). Schließlich kann der **Arbeitnehmer** bei einer **unberechtigten Freistellung nach vorheriger Abmahnung das Arbeitsverhältnis fristlos kündigen** und ggf. Ersatz des durch die Aufhebung des Arbeitsverhältnisses entstandenen Schadens verlangen (§ 624 Abs. 2 BGB). Stellt der Arbeitgeber einen Arbeitnehmer während der Kündigungsfrist von der Arbeitsleistung frei, ist zu der Freistellung der **Betriebsrat** weder nach § 102 BetrVG zu hören, noch bedarf die Suspendierung nach § 99 BetrVG seiner Zustimmung (BAG 22. 1. 1998 AP BGB § 174 Nr. 11 = NZA 1998, 699).

4. Durchsetzung

793 Der Beschäftigungsanspruch kann vom Arbeitnehmer gerichtlich durchgesetzt werden. Richtige Klageart ist die (Leistungs-)Klage auf zukünftige Leistung (§ 259 ZPO), sofern die Besorgnis besteht, daß sich der Arbeitgeber seiner Beschäftigungspflicht entziehen wird (BAG 13. 6. 1985 AP BGB § 611 Beschäftigungspflicht Nr. 19 = NZA 1986, 562). Effektiven Rechtsschutz wird der Arbeitnehmer aber regelmäßig nur durch eine **einstweilige Verfügung** erlangen können. Umstritten ist dabei, ob der Arbeitnehmer neben den Voraussetzungen für den Verfügungsanspruch noch weitere Umstände für die Glaubhaftmachung des **Verfügungsgrundes** vorbringen muß. Dies ist zu verneinen. Die Glaubhaftmachung eines besonderen Verfügungsgrunds für die Eilbedürftigkeit ist entbehrlich, wenn die Voraussetzungen für den Beschäftigungsanspruch zweifelsfrei vorliegen, da bei der Nichtbeschäftigung des Arbeitnehmers ansonsten eine dauernde Anspruchsvereitelung drohen würde (LAG München 19. 8. 1992 NZA 1993, 1130; anders LAG Hamm 18. 2. 1998 NZA-RR 1998, 422; LAG Hamburg 6. 5. 1986 LAGE § 611 BGB Beschäftigungspflicht Nr. 15 = DB 1986, 1629 – Glaubhaftmachung des Verfügungsgrunds bzw. Notlage erforderlich). Auch die zwangsläufig eintretende Vorwegnahme der Hauptsache steht dem nicht entgegen. Die Zwangsvollstreckung eines Beschäftigungsurteils erfolgt nach § 888 Abs. 1 ZPO (dazu Rn. 807).

III. Allgemeiner Weiterbeschäftigungsanspruch

1. Grundsätze

794 Das BAG hatte schon früh in einem bestehenden Arbeitsverhältnis einen Beschäftigungsanspruch des Arbeitnehmers bejaht (BAG 10. 11. 1955 AP BGB § 611 Beschäftigungspflicht Nr. 2). Umstritten war, ob der Arbeitnehmer darüber hinaus nach Wirksamwerden der Kündigung einen Anspruch auf (vorläufige) Weiterbeschäftigung bis zum rechtskräftigen Abschluß des Kündigungsschutzprozesses hat. Der Zweite Senat des BAG lehnte dies in einer Entscheidung aus dem Jahr 1977 grundsätzlich ab (BAG 26. 5. 1977 AP BGB § 611 Beschäftigungspflicht Nr. 5 = NJW 1978, 239). Nach seiner Ansicht kam ein Weiterbeschäftigungsanspruch während des Kündigungsschutz-

prozesses außerhalb von § 102 Abs. 5 BetrVG nur in den Fällen der offensichtlichen Unwirksamkeit der Kündigung (dazu Rn. 796) in Betracht. Dem gegenüber erkannte der Große Senat des BAG im Jahre 1985, daß der Arbeitnehmer auch dann seine Weiterbeschäftigung verlangen könne, wenn seine (1) **Kündigungsschutzklage vor dem Arbeitsgericht erfolgreich gewesen ist und (2) besondere Interessen des Arbeitgebers an der Nichtbeschäftigung nicht bestünden** (BAG GS 27. 2. 1985 AP BGB § 611 Beschäftigungspflicht Nr. 14 = NZA 1985, 702). Das Gericht leitete den (allgemeinen) Weiterbeschäftigungsanspruch im wesentlichen aus dem Beschäftigungsanspruch während des bestehenden Arbeitsverhältnisses her. Dieser setze sich nach Ablauf der Kündigungsfrist fort, wenn die Kündigung unwirksam ist und die Interessen des Arbeitnehmers an der Beschäftigung die des Arbeitgebers an der Nichtbeschäftigung überwiegen. Habe ein Arbeitsgericht durch ein (noch nicht rechtskräftiges) Urteil der Kündigungsschutzklage stattgegeben, spreche eine gewisse Wahrscheinlichkeit für die Rechtsunwirksamkeit der Kündigung, was bei der gebotenen Interessenabwägung zu Gunsten des Arbeitnehmers zu berücksichtigen sei. Außerhalb der Regelung des § 102 Abs. 5 BetrVG kann der Arbeitnehmer nach den vom Großen Senat aufgestellten Grundsätzen seine Weiterbeschäftigung während eines Kündigungsschutzverfahrens verlangen
– bei einer offensichtlich unwirksamen Kündigung,
– nach einem der Kündigungsschutzklage stattgebendem Urteil erster Instanz, es sei denn, die Interessen des Arbeitgebers an der Nichtbeschäftigung des Arbeitnehmers überwiegen im Einzelfall.

795 Die dogmatische Begründung der Entscheidung des Großen Senats ist in der arbeitsrechtlichen Literatur nahezu einhellig auf Ablehnung gestoßen (dazu die Nachweise bei ErfK/*Ascheid* § 4 KSchG Rn. 95). Zu Recht wird bemängelt, daß der Große Senat aus der vorläufigen Vollstreckbarkeit arbeitsgerichtlicher Urteile einen materiellen Anspruch auf eine Weiterbeschäftigung herleitet (zutreffend ErfK/*Ascheid* § 4 KSchG Rn. 95 – „materieller Verdachtsanspruch") und dabei die Grenzen richterlicher Rechtsfortbildung überschritten habe (so insbesondere MünchArbR/*Wank* § 118 Rn. 89 ff.). Die Streitfrage hat in der Praxis kaum Bedeutung, die Instanzgerichte sind dem Großen Senat zwischenzeitlich jedenfalls im Ergebnis überwiegend gefolgt (anders LAG Niedersachsen 7. 2. 1986 DB 1986, 1126 = BB 1986, 1118).

2. Offensichtlich unwirksame Kündigung

796 Der Arbeitnehmer hat nach Wirksamwerden der Kündigung einen Weiterbeschäftigungsanspruch bis zur rechtskräftigen Beendigung des Kündigungsrechtsstreits, wenn die ausgesprochene Kündigung offensichtlich unwirksam ist. Eine offensichtlich unwirksame Kündigung liegt vor, wenn sich **ihre Unwirksamkeit bereits aus dem unstreitigen Sachverhalt ohne Beurteilungsspielraum jedem Kundigen aufdrängt**, d.h. die Unwirksamkeit ohne jeden vernünftigen Zweifel in rechtlicher oder tatsächlicher Hinsicht offen erkennbar ist (BAG 19. 12. 1985 AP BGB § 611 Beschäftigungspflicht Nr. 17 = NZA 1986, 566; 27. 2. 1985 AP BGB § 611 Beschäftigungspflicht Nr. 14 = NZA 1985, 702). Dies ist der Fall, wenn die Kündigung ohne Beteiligung des Betriebsrats ausgesprochen ist (§ 102 Abs. 1 Satz 3 BetrVG) oder gegen die §§ 15 ff. SchwbG, 9 MuSchG, 103 BetrVG verstößt und dies eindeutig erkennbar ist. Gleiches gilt, wenn der Arbeitgeber eine Folgekündigung auf dieselben Gründe stützt, die nach Auffassung des Arbeitsgerichts bereits für die erste Kündigung nicht ausgereicht haben (BAG 19. 12. 1985 AP BGB § 611 Beschäftigungspflicht Nr. 17 = NZA 1986, 566, sog. Trotz- bzw. Wiederholungskündigung).

797 Die **Durchsetzung** des allgemeinen Weiterbeschäftigungsanspruchs bei einer offensichtlich unwirksamen Kündigung kann durch eine auf Beschäftigung gerichtete Leistungsklage erfolgen, die gesonderte Erhebung einer Klage nach § 4 KSchG ist empfehlenswert, aber wegen § 13 Abs. 3 KSchG regelmäßig nicht erforderlich (Ausnahme: Trotz- bzw. Wiederholungskündigung, dazu BAG 26. 8. 1993 AP BGB § 626 Nr. 113 = NZA 1994, 70). Bei einem Antrag auf Erlaß einer **einstweilige Verfügung** sind die Tatsachen glaubhaft zu machen, aus denen sich die offensichtliche Unwirksamkeit der Kündigung ergibt (z. B. fehlende Beteiligung des Betriebsrats, Schwangerschaft, Kenntnis des Arbeitgebers von einer bestehenden Schwerbehinderteneigenschaft). Hingegen ist ein Glaubhaftmachung von Tatsachen für das Vorliegen eines **Verfügungsgrundes** entbehrlich (Rn. 842; anders LAG Rheinland-Pfalz 21. 8. 1986 LAGE § 611 BGB Beschäftigungspflicht Nr. 19). An einem Verfügungsgrund fehlt es aber, wenn der Weiterbeschäftigungsantrag nicht alsbald nach der tatsächlichen Beendigung des Arbeitsverhältnisses, d. h. nach Ablauf der Kündigungsfrist bzw. Zugang der außerordentlichen Kündigung, gerichtlich geltend gemacht wird. Zur Orientierung für die zeitliche Grenze ist – ohne Hinzutreten besonderer Umstände – die 3-Wochen-Frist des § 4 KSchG heranzuziehen. Verlangt man hingegen für den Erlaß einer einstweiligen Verfügung die besondere Darlegung eines Verfügungsgrunds, sind Tatsachen glaubhaft zu machen, aus denen sich das besondere Interesse des Arbeitnehmers an seiner Beschäftigung bis zum Erlaß eines erstinstanzlichen Urteils ergibt (z. B. Verlust von beruflichen Qualifikationen, bevorstehender Abschluß von Bildungsmaßnahmen, der durch die Nichtbeschäftigung vereitelt oder erheblich verzögert wird). Hingegen ist das **materielle Interesse des Arbeitnehmers, als Gegenleistung für seine Beschäftigung eine Vergütung zu erhalten, beim Verfügungsgrund nicht berücksichtigungsfähig.** Die Durchsetzung des Weiterbeschäftigungsanspruchs nach einer offensichtlich unwirksamen Kündigung soll nach dem Großen Senat nur der Verwirklichung des grundrechtlich geschützten Beschäftigungsinteresse des Arbeitnehmers dienen. Sein auf die Erlangung des Arbeitsentgelts gerichtetes Beschäftigungsinteresse ist im allgemeinen hinreichend durch § 615 BGB gesichert. Wird der Arbeitnehmer während des Kündigungsprozesses trotz fortbestehenden Arbeitsverhältnisses nicht beschäftigt, gerät der Arbeitgeber in Annahmeverzug, so daß er zur Zahlung der vereinbarten Vergütung verpflichtet ist, ohne vom Arbeitnehmer die Nachleistung der Dienste verlangen zu können (BAG GS 27. 2. 1985 AP BGB § 611 Beschäftigungspflicht Nr. 14 = NZA 1985, 702).

Ein Weiterbeschäftigungsanspruch bis zu einer erstinstanzlichen Entschei- **798** dung besteht **außerhalb der offensichtlich unwirksamen Kündigung** nicht. Nicht ausreichend ist es deshalb, wenn nur eine größere Wahrscheinlichkeit für die Unwirksamkeit der Kündigung spricht, selbst wenn die Interessen des Arbeitnehmers an seiner Beschäftigung die Interessen des Arbeitgebers an der Nichtbeschäftigung eindeutig überwiegen (anders LAG Köln 26. 11. 1985 LAGE § 611 BGB Beschäftigungspflicht Nr. 8 = NZA 1986, 136 – unmittelbar bevorstehender Abschluß einer Qualifikationsmaßnahme; LAG Berlin 22. 2. 1991 NZA 1991, 472 = DB 1991, 814 – Auszubildender). Hier ist der Arbeitnehmer auf die Erhebung von Verzugslohn- bzw. Schadenersatzansprüchen beschränkt.

3. Allgemeiner Weiterbeschäftigungsanspruch

a) Voraussetzungen

Nach den Ausführungen des Großen Senats kommt ein Weiterbeschäfti- **799** gungsanspruch des Arbeitnehmers in Betracht, wenn das Arbeitsgericht in seinem Urteil der Kündigungsschutzklage stattgegeben hat. In diesem Fall überwiegen nach Auffassung des BAG regelmäßig die Interessen des Arbeitnehmers an seiner Weiterbeschäftigung während des Kündigungsschutzprozesses. Das BAG hat im Anschluß an die Entscheidung des Großen Senats einen Weiterbeschäftigungsanspruch auf andere Bestandsstreitigkeiten erstreckt, wenn der Arbeitnehmer in erster Instanz obsiegt hat (BAG 21. 3. 1996 AP BGB § 123 Nr. 42 = NZA 1996, 1030 – **Aufhebungsvertrag;** 14. 5. 1987 AP BPersVG § 9 Nr. 4 = NZA 1987, 820 – **Weiterbeschäftigungsverlangen** nach § 78 a BetrVG; 13. 6. 1985 AP BGB § 611 Beschäftigungspflicht Nr. 19 = NZA 1986, 562 – **Befristung** und **auflösende Bedingung**). Kein Weiterbeschäftigungsanspruch zu unveränderten Bedingungen besteht bei Streit um die Wirksamkeit einer **Änderungskündigung**, wenn der Arbeitnehmer das Änderungsangebot unter Vorbehalt (§ 2 KSchG) angenommen hat (BAG 18. 1. 1990 AP KSchG 1969 § 2 Nr. 27 = NZA 1990, 734; 28. 3. 1985 AP ZPO § 767 Nr. 4 = NZA 1985, 709; einschränkend LAG Köln 30. 5. 1989 DB 1989, 2032 – nach Verkündung des Urteils in 2. Instanz möglich, wenn keine Zulassung der Revision erfolgt ist, dazu auch Rn. 816).

Als **überwiegende Interessen des Arbeitgebers** an der Nichtbeschäftigung des **800** Arbeitnehmers gelten nach dem Beschluß des Großen Senats Auftragsmangel, d.h., die fehlende Möglichkeit zur tatsächlichen Beschäftigung, Wegfall der Vertragsgrundlage, die mögliche Gefährdung von Betriebsgeheimnissen (BAG GS 27. 2. 1985 AP BGB § 611 Beschäftigungspflicht Nr. 14 = NZA 1985, 702). Gleiches gilt, wenn der Arbeitgeber im Kündigungsschutzprozeß eines **leitenden Angestellten** einen zulässigen **Auflösungsantrag** gestellt hat (BAG 16. 11. 1995 AP Einigungsvertrag Art. 20 Anlage I Kap. XIX Nr. 47 = NZA 1996, 589; ErfK/*Ascheid* § 4 KSchG Rn. 98). In diesem Fall kann eine Interessenabwägung gegen eine Weiterbeschäftigungspflicht und zur Abweisung eines vom Arbeitnehmer gestellten Weiterbeschäftigungsantrags im Urteil führen, was aber einen entsprechenden Tatsachenvortrag des Arbeitgebers voraussetzt. Ist das Vorliegen der entgegenstehenden Interessen des Arbeitgebers streitig, ist über die zugrunde liegenden Tatsachen ggf. Beweis zu erheben.

b) Inhalt

801 Wird der Arbeitgeber zur Weiterbeschäftigung des Arbeitnehmers durch das Arbeitsgericht verurteilt, steht es dem Arbeitnehmer frei, ob er von der Weiterbeschäftigungsmöglichkeit Gebrauch macht. Eine **Pflicht** zur Weiterbeschäftigung besteht nicht (*Stahlhacke/Preis/Vossen* Rn. 1318). Fordert der Arbeitgeber aber den Arbeitnehmer nach der Verurteilung zum Arbeitsantritt auf, stellt der Nichtantritt der Beschäftigung ein **böswilliges Ausschlagen einer anderweitigen Verdienstmöglichkeit** iSd. §§ 615 Satz 2 BGB, 11 Nr. 2 KSchG dar, wenn im Einzelfall keine besonderen Umstände den Nichtantritt der Arbeit rechtfertigen (LAG Köln 14. 12. 1995 AP BGB § 615 Böswilligkeit Nr. 6 = NZA-RR 1996, 361). Ob Böswilligkeit bereits vorliegt, wenn der Arbeitnehmer nach einer stattgebenden Entscheidung über den Weiterbeschäftigungsantrag grundlos die ihm durch das Gericht eingeräumte Beschäftigungsmöglichkeit nicht antritt, ist bisher nicht entschieden, dürfte aber ohne Hinzutreten besonderer Umstände zu bejahen sein. Mit der Antragsstellung im Kündigungsschutzprozeß hat der Arbeitnehmer gerade erklärt, daß er die Weiterbeschäftigung für zumutbar hält.

802 Wird der Arbeitnehmer während eines Kündigungsschutzprozesses tatsächlich weiterbeschäftigt, liegt im Zweifel, d.h., bei Fehlen einer anderweitigen Vereinbarung lediglich eine Weiterbeschäftigung bis zum rechtskräftigen Abschluß des Kündigungsrechtsstreits zur Abwendung der Zwangsvollstreckung vor (BAG 4. 9. 1986 AP BGB § 611 Beschäftigungspflicht Nr. 22 = NZA 1987, 376). Wird ein gekündigter Arbeitnehmer während des Kündigungsschutzprozesses weiterbeschäftigt, ohne daß die Parteien eine Vereinbarung über die Fortsetzung des gekündigten Arbeitsverhältnisses für die Zeit des Kündigungsrechtsstreits getroffen haben, hat er bei Wirksamkeit der Kündigung gegen den Arbeitgeber nur Anspruch auf **Wertersatz nach den Grundsätzen der ungerechtfertigten Bereicherung** (§ 812 Abs. 1 Satz 1 1. Alt. BGB). Dieser bestimmt sich regelmäßig nach der dafür üblichen Vergütung (BAG 12. 2. 1992 AP BGB § 611 Weiterbeschäftigung Nr. 9 = NZA 1993, 177; 10. 3. 1987 AP BGB § 611 Weiterbeschäftigung Nr. 1 = NZA 1987, 373; anders MünchKommBGB/*Schaub* § 612 Rn. 5; *von Hoyningen-Huene* Anm. AP BGB § 611 Weiterbeschäftigung Nr. 1). Während der erzwungenen Weiterbeschäftigung entsteht **kein Urlaubsanspruch**, weshalb der Arbeitnehmer nach Abweisung der Kündigungsschutzklage nicht dessen Abgeltung verlangen kann (BAG 17. 1. 1991 AP BGB § 611 Weiterbeschäftigung Nr. 8 = NZA 1991, 769; 10. 3. 1987 AP BGB § 611 Weiterbeschäftigung Nr. 1 = NZA 1987, 373). Gleiches gilt für die **Entgeltfortzahlung im Krankheitsfall.**

803 Etwas anderes gilt nur, wenn die Parteien eine **Vereinbarung** über die Fortsetzung des Arbeitsverhältnisses bis zum rechtskräftigen Abschluß des Kündigungsschutzverfahrens treffen. Dann gelten für das Beschäftigungsverhältnis die vertraglich vereinbarten Arbeitsbedingungen weiter. Das Arbeitsverhält-

nis wird also auflösend bedingt bis zu einer rechtskräftigen Entscheidung im Kündigungsrechtsstreit fortgesetzt. Dementsprechend hat der Arbeitnehmer Anspruch auf Zahlung der vereinbarten Vergütung, auf Entgeltfortzahlung im Krankheitsfall und erwirbt Urlaubsansprüche. Darlegungs- und beweispflichtig für eine entsprechende Abrede ist aber der Arbeitnehmer (BAG 17. 1. 1991 AP BGB § 611 Weiterbeschäftigung Nr. 8 = NZA 1991, 769).

c) Durchsetzung

Der Weiterbeschäftigungsanspruch wird regelmäßig gemeinsam mit der Kün- **804**
digungsschutzklage in einem Verfahren verfolgt werden. Er kann dabei sowohl als **unechter Hilfsantrag** für den Fall des Obsiegens mit dem Kündigungsschutzantrag gestellt werden, wie auch als eigenständiger Antrag im Wege der objektiven Klagehäufung (BAG 8. 4. 1988 AP BGB § 611 Weiterbeschäftigung Nr. 4 = NZA 1988, 741; KR/*Etzel* § 102 BetrVG Rn. 284). Die Beschränkung der Weiterbeschäftigungspflicht für die Zeit des Kündigungsschutzverfahrens ist im Klageantrag mit aufzunehmen. In Zweifelsfällen hat das Gericht nach § 139 ZPO die Reichweite des Weiterbeschäftigungsantrags zu erfragen. Wird dies versäumt, kann eine Auslegung des Vorbringens des Klägers eine Beschränkung seines Weiterbeschäftigungsverlangens bis zum rechtskräftigen Abschluß des Verfahrens ergeben. Eine **Aussetzung** der Entscheidung über den Weiterbeschäftigungsantrag bis zur rechtskräftigen Beendigung des Kündigungsrechtsstreits kommt regelmäßig nicht in Betracht. Es fehlt schon an der Vorgreiflichkeit iSv. § 148 ZPO, da der Weiterbeschäftigungsanspruch gerade nicht vom rechtskräftigen Abschluß des Kündigungsschutzverfahrens abhängig ist. Vielmehr ist dem Weiterbeschäftigungsverlangen regelmäßig stattzugeben, wenn das Arbeitsgericht die Unwirksamkeit der Kündigung bejaht und der Arbeitgeber keine Tatsachen für ein überwiegendes Interesse an der Nichtbeschäftigung des Arbeitnehmers vorgetragen hat (LAG Köln 17. 5. 1991 NZA 1992, 84).

Bei Vorliegen eines **Betriebsübergangs** ist zu unterscheiden. Hat der Ar- **805**
beitnehmer in zulässiger Weise sein Widerspruchsrecht ausgeübt, kommt nur eine **Weiterbeschäftigung bei dem Betriebsveräußerer** in Betracht. Gegen diesen ist der Weiterbeschäftigungsantrag zu richten. Dabei ist zu beachten, daß in der Antragstellung auf Weiterbeschäftigung beim Betriebsveräußerer zugleich die Ausübung des bestehenden **Widerspruchsrechts** gegen den Übergang des Arbeitsverhältnisses liegen kann. Will hingegen der Arbeitnehmer **beim Betriebserwerber weiterbeschäftigt** werden, ist der (Weiterbeschäftigungs-)Antrag gegen diesen zu richten. Geht der Betrieb erst im Verlauf des Rechtsstreits auf den Betriebserwerber über, ist der ursprünglich gegen den Betriebsveräußerer gerichtete Antrag nach Wirksamwerden des Betriebsübergangs nunmehr gegen den Betriebserwerber zu richten. Möglich ist allerdings auch die Erteilung einer vollstreckbaren Ausfertigung nach den §§ 727, 731 ZPO gegen den Betriebserwerber als Rechtsnachfolger des Betriebsveräußerers (BAG 17. 12. 1976 AP ZPO § 325 Nr. 1 = DB 1977, 680). Diese Möglichkeit besteht nicht, wenn der Betriebsübergang vor Rechtshängigkeit erfolgt ist (BAG 18. 21999 NZA 1999, 648).

d) Beendigung

806 Der Weiterbeschäftigungsanspruch endet mit der **rechtskräftigen Entscheidung im Kündigungsschutzprozeß.** Wird die Kündigungsschutzklage abgewiesen, hat ein Arbeitsverhältnis über den Zeitpunkt des Wirksamwerdens der Kündigung hinaus nicht bestanden. In diesem Fall ist das vom Arbeitnehmer erzwungene Weiterbeschäftigungsverhältnis nach den Grundsätzen der ungerechtfertigten Bereicherung rückabzuwickeln (dazu Rn. 802). Wird der Kündigungsschutzklage hingegen stattgegeben, hat der Arbeitnehmer auch für den Weiterbeschäftigungszeitraum einen Anspruch auf Nachzahlung der Vergütung aus § 11 KSchG. Bei Folgekündigungen besteht ein erneuter Weiterbeschäftigungsanspruch regelmäßig erst nach einer stattgebenden Entscheidung über die nachfolgend ausgesprochene Kündigung. Etwas anderes gilt nur, wenn diese offensichtlich unwirksam ist.

e) Zwangsvollstreckung

807 Die Vollstreckung des Weiterbeschäftigungsanspruchs erfolgt nach § 888 ZPO, sofern der Tenor bestimmt genug ist und einen **vollstreckungsfähigen Inhalt** hat. Dies ist nicht der Fall bei einer Verurteilung zur „Weiterbeschäftigung zu unveränderten Arbeitsbedingungen". Notwendig ist eine inhaltliche Bezeichnung der beanspruchten Tätigkeit (LAG Berlin 8. 1. 1993 BB 1993, 732 = EzA § 888 ZPO Nr. 9; LAG Frankfurt 27. 11. 1992 LAGE § 888 ZPO Nr. 30 = BB 1993, 1740, das aber zur Auslegung Tatbestand und Gründe heranziehen will; LAG Rheinland-Pfalz 7. 1. 1986 LAGE § 888 ZPO Nr. 6 – bei Streit der Parteien um Inhalt des Anspruchs; einschränkend LAG Hamm 29. 8. 1984 DB 1984, 2204 = BB 1984, 1750). In die Antragstellung können zur Konkretisierung der Weiterbeschäftigungspflicht aber nur solche Elemente des Vertragsverhältnisses aufgenommen werden, auf deren Erfüllung der Arbeitnehmer einen arbeitsvertraglichen Anspruch hat. Die Verurteilung zu einer bestimmten Tätigkeit kann nur verlangt werden, wenn sie vertraglich vereinbart worden ist, was ggf. vom Arbeitnehmer darzulegen zu beweisen ist. Besteht keine vertragliche Vereinbarung oder kann sie nicht bewiesen werden, ist der Antrag insoweit abzuweisen.

808 Im **Vollstreckungsverfahren** kann der Anspruchsinhalt nicht (mehr) geklärt werden (LAG Nürnberg 17. 3. 1993 NZA 1993, 864; LAG Rheinland-Pfalz 7. 1. 1986 NZA 1986, 196). Wird der Arbeitnehmer nach der Verurteilung zur Weiterbeschäftigung zu bestimmten Arbeitsbedingungen auf einen anderen Arbeitsplatz versetzt, kann der Arbeitgeber diese Einwendung nur durch **Vollstreckungsabwehrklage (§ 767 ZPO)**, nicht aber im Vollstreckungsverfahren geltend machen. Andererseits kann der Arbeitnehmer seine Beschäftigung zu den bisherigen Arbeitsbedingungen im Vollstreckungsverfahren nicht durchsetzen, wenn diese im Tenor nicht enthalten sind.

809 Die Vollstreckung des Weiterbeschäftigungsanspruchs erfolgt nach § 888 ZPO durch Verhängung von **Zwangsgeld** bzw. Zwangshaft, da der Arbeitgeber eine Mitwirkungshandlung erbringen muß (Zuweisung eines Arbeitsplatzes). Grundlage der Vollstreckung ist das (vorläufig vollstreckbare) Urteil

des Arbeitsgerichts, mit dem der Arbeitgeber zur Weiterbeschäftigung verurteilt wird. Ein Versäumnisurteil ist ausreichend, gleiches gilt für einen Beschluß im einstweiligen Verfügungsverfahren. Die Androhung eines Zwangsgelds im Urteil kommt regelmäßig nicht in Betracht, da § 888 ZPO – im Gegensatz zu § 890 Abs. 2 ZPO – keine Androhung von Ordnungsmitteln im Erkenntnisverfahren vorsieht (LAG Frankfurt 23. 9. 1988 NZA 1989, 513; anders ArbG Münster 11. 2. 1981 DB 1981, 948).

Bei der Androhung und nachfolgenden Verhängung des **Zwangsgelds** ist ein **810** Betrag für die Nichterfüllung **für jeden Arbeitstag** zu bestimmen. Die Festsetzung in einem (Höchst-)Betrag kommt nicht in Betracht, da der Beschäftigungsanspruch tageweise neu entsteht und entsprechend vom Arbeitgeber zu erfüllen ist (wie hier LAG Hamburg 7. 7. 1988 LAGE § 888 ZPO Nr. 17; LAG Bremen 21. 2. 1983 LAGE § 62 ArbGG 1979 Nr. 10; anders – für Festsetzung in einem Betrag LAG Köln 24. 10. 1995 NZA-RR 1996, 108; LAG München 11. 9. 1993 LAGE § 888 ZPO Nr. 34 = BB 1994, 1083; KR/*Etzel* § 102 BetrVG Rn. 222c). Steht fest, daß der Arbeitnehmers nicht entsprechend seinem Antrag beschäftigt werden kann, etwa weil sein **Arbeitsplatz ersatzlos entfallen** ist (Stillegung des Betriebs bzw. -teils) oder ist die Kündigung lediglich aus formellen Gründen unwirksam, kann eine Vollstreckung unzulässig sein, da der Arbeitgeber seiner tatsächlichen Weiterbeschäftigungspflicht nicht nachkommen kann (LAG Köln 24. 10. 1995 NZA-RR 1996, 108 f.; LAG Hamm 29. 11. 1985 LAGE § 888 ZPO Nr. 5).

Im Gegensatz zu einer auf § 102 Abs. 5 BetrVG gestützten Entscheidung **811** kann das Arbeitsgericht die **Vollstreckung** des Anspruchs auf tatsächliche Beschäftigung nach § 62 Abs. 1 Satz 2 ArbGG wegen eines dem Arbeitgeber drohenden und nicht zu ersetzenden Nachteils **aussetzen.** Hierfür ist die Glaubhaftmachung des Arbeitgebers erforderlich, daß die Vollstreckung des Weiterbeschäftigungsanspruchs für ihn einen nicht zu ersetzenden Nachteil darstellen würde. Ein solcher liegt jedoch nicht bereits in der Verurteilung zur Weiterbeschäftigung (KR/*Etzel* § 102 BetrVG Rn. 294; *Berkowsky* BB 1981, 1038, 1039). Eine Entbindung von der Weiterbeschäftigungspflicht in entsprechender Anwendung des § 102 Abs. 5 Satz 2 BetrVG ist nicht zulässig, da diese Norm eine Sonderregelung für die Weiterbeschäftigung bei einem Widerspruch des Betriebsrats darstellt. Nach Erlaß eines Urteils kann die Zwangsvollstreckung von dem Gericht, bei dem die Hauptsache anhängig ist, unter den gleichen Voraussetzungen nach § 62 Abs. 1 Satz 3 ArbGG iVm. §§ 707, 719 ZPO eingestellt werden (dazu LAG Berlin 14. 7. 1993 LAGE § 62 ArbGG 1979 Nr. 20; *Germelmann/Matthes/Prütting* § 62 Rn. 29 ff.).

Die **Zwangsvollstreckung endet** erst, wenn sie vom Rechtsmittelgericht **812** einstweilen eingestellt worden ist oder es unter Abänderung des Urteils des Arbeitsgericht die Klage abgewiesen hat (LAG Hamm 11. 5. 1989 DB 1989, 1577 = BB 1989, 1412). Eine Vollstreckung ist schließlich nicht mehr nach rechtskräftiger Beendigung des Kündigungsrechtsstreits möglich, sondern erfordert einen neuen Beschäftigungstitel (LAG Frankfurt 11. 3. 1988 NZA 1988, 743; LAG Köln 17. 2. 1988 LAGE § 888 ZPO Nr. 13 = DB 1988, 660).

813 Schließlich kann das Arbeitsgericht auf Antrag des Arbeitnehmers den Arbeitgeber zur Zahlung einer **Entschädigung** verurteilen, wenn er den Arbeitnehmer nicht binnen einer vom Gericht festzusetzenden Frist weiterbeschäftigt (§ 61 Abs. 2 ArbGG). Die Höhe der Entschädigung kann in das Ermessen des Gerichts gestellt werden. Wurde im Urteil eine Entschädigung festgesetzt, ist eine Zwangsvollstreckung nach § 888 ZPO ausgeschlossen (§ 61 Abs. 2 Satz 2 ArbGG). Gleiches gilt für eventuelle Schadensersatzansprüche wegen der Nichtbeschäftigung (BAG 20. 2. 1997 AP BGB § 611 Haftung des Arbeitgebers Nr. 4 = NZA 1997, 880).

IV. Weiterbeschäftigungsanspruch nach § 102 Abs. 5 BetrVG

1. Voraussetzungen

a) Vorbemerkung

814 Nach dem Willen des Gesetzgebers des BetrVG 1972 soll durch die Möglichkeit der vorläufigen Weiterbeschäftigung bis zum rechtskräftigen Abschluß des Kündigungsrechtsstreits nach einem form- und fristgerechten Widerspruch des Betriebsrats (Abs. 5) wird der Bestandsschutz des Arbeitsverhältnisses während des gerichtlichen Verfahrens und damit die Weiterbeschäftigung nach rechtskräftigen Obsiegen gesichert werden (BT-Drucks. VI/2729, 52). Jedoch hat der Weiterbeschäftigungsanspruch nach § 102 Abs. 5 BetrVG nach der Entscheidung des Großen Senats des BAG (BAG GS 27. 2. 1985 AP BGB § 611 Beschäftigungspflicht Nr. 14 = NZA 1985, 702) viel an praktischer Bedeutung verloren. Bis zu dessen Entscheidung konnte der Arbeitnehmer seinen Anspruch auf Weiterbeschäftigung während des Kündigungsrechtsstreits nur unter den Voraussetzungen des § 102 Abs. 5 BetrVG durchsetzen, sieht man von dem seltenen Fall der offensichtlich unwirksamen Kündigung (Rn. 796) einmal ab. Nach den vom Großen Senat aufgestellten Grundsätzen besteht nun ein allgemeiner Weiterbeschäftigungsanspruch bei einer stattgebenden Entscheidung des Arbeitsgerichts, sofern nicht ausnahmsweise die Interessen des Arbeitgebers an der Nichtbeschäftigung überwiegen (Rn. 794). Beim Ausspruch einer ordentlichen Kündigung und form- und fristgerechtem Widerspruch des Betriebsrats können der **allgemeine** und **der Weiterbeschäftigungsanspruch nach § 102 Abs. 5 BetrVG in Konkurrenz** zueinander treten. Für den Arbeitnehmer ist eine Weiterbeschäftigung nach § 102 Abs. 5 BetrVG im Fall einer Klageabweisung im Kündigungsschutzverfahren deutlich vorteilhafter, als der allgemeine Weiterbeschäftigungsanspruch, den er erst nach Erlaß des arbeitsgerichtlichen Urteils durchzusetzen kann. Bei einer Weiterbeschäftigung entsprechend § 102 Abs. 5 BetrVG wird das Arbeitsverhältnis bis zur rechtskräftigen Beendigung des Kündigungsrechtsstreits zu den bisherigen Bedingungen fortgesetzt; die Abwicklung erfolgt also entsprechend dem Arbeitsvertrag und unabhängig von einer abweisenden Entscheidung des Arbeitsgerichts. Selbst bei rechtskräftiger Klageabweisung und anschließender Arbeitslosigkeit ist die Situation für den Arbeitnehmer deutlich günstiger, da der Arbeitgeber bis zur Beendigung des Weiterbeschäftigungsverhältnisses die vereinbarte Arbeitsvergütung (Rn. 838) zu zahlen hat. Dementsprechend können sich möglicherweise die Beitragszeiten in der Sozialversicherung verlängern; überdies tritt der Bezug von Arbeitslosengeld erst mit rechtskräftiger Abweisung der Kündigungsschutzklage ein. Stützt der Arbeitnehmer sein Weiterbeschäftigungsverlangen hingegen ausschließlich auf den allgemeinen Weiterbeschäftigungsanspruch, bestehen überhaupt keine Ansprüche, wenn das Arbeitsgericht die Klage abweist. Selbst bei einer Weiterbeschäftigung nach einer stattgebenden erstinstanzlichen Entscheidung bleiben die bis zu einer Entscheidung des Berufungsgerichts entstehenden (Vergütungs-)Ansprüche hinter denen des Weiterbeschäftigungsverhältnisses nach § 102 Abs. 5 BetrVG zurück, da der Arbeitgeber nach der Rechtsprechung des BAG bei erzwungener Weiterbeschäftigung nur Wertersatz schuldet (Rn. 802). Daneben setzt der allgemeine Weiterbeschäftigungsanspruch erst nach Verkündung des erstinstanzlichen Urteils ein, während die Weiterbeschäftigung nach § 102 Abs. 5 BetrVG bereits nach Ablauf der Kündigungsfrist einsetzt.

b) Ordentliche Kündigung

Ein Widerspruch des Betriebsrats ist grundsätzlich gegenüber einer ordentlichen wie auch einer außerordentlichen Kündigung möglich. Ein Weiterbeschäftigungsanspruch nach Abs. 5 kommt aber nur bei einem form- und fristgerechten Widerspruch gegenüber einer ordentlichen Kündigung in Betracht (KR/*Etzel* § 102 BetrVG Rn. 198). Kündigt der Arbeitgeber einem tariflich oder vertraglich unkündbaren Arbeitnehmer **außerordentlich** mit einer Auslauffrist, sind für den Widerspruch und den Weiterbeschäftigungsanspruch § 102 Abs. 3, 5 BetrVG entsprechend anwendbar (BAG 5. 2. 1998 AP BGB § 626 Nr. 143 = NZA 1998, 771; 4. 2. 1993 EzA § 626 n.F. BGB Nr. 144). Auch die Kündigung eines Betriebsratsmitglieds nach § 15 Abs. 4, 5 KSchG kann bei ordnungsgemäßer Widerspruchserhebung eine Weiterbeschäftigungspflicht begründen (KR/*Etzel* § 15 KSchG Rn. 96; *Gamillscheg* ZfA 1977, 239, 276; anders LAG Düsseldorf 20. 10. 1980 EzA § 102 BetrVG 1972 Beschäftigungspflicht Nr. 8). Hat der Arbeitgeber eine **außerordentliche Kündigung** und nur hilfsweise eine ordentlichen Kündigung ausgesprochen, wird eine Weiterbeschäftigungsmöglichkeit nach Abs. 5 teilweise verneint (LAG Frankfurt 28. 5. 1973 EzA § 102 BetrVG 1972 Beschäftigungspflicht Nr. 1; LAG Hamm 18. 5. 1982 DB 1982, 1679 – Weiterbeschäftigung nur bei rechtsmißbräuchlicher außerordentlicher Kündigung; KR/*Etzel* § 102 BetrVG Rn. 198 mwN.). Nach der Gegenauffassung wird der Weiterbeschäftigungsanspruch nur ausgeschlossen, wenn der Arbeitgeber ausschließlich außerordentlich kündigt, da ansonsten für ihn die Möglichkeit bestehe, den gesetzlichen Weiterbeschäftigungsanspruch zu umgehen (*Fitting* § 102 Rn. 57). Nach einer vermittelnden Ansicht soll auch bei einer Verbindung einer außerordentlichen mit einer hilfsweise ausgesprochenen ordentlichen Kündigung ein Weiterbeschäftigungsanspruch bestehen, der Arbeitgeber aber die Möglichkeit zur Entbindung bei Unzumutbarkeit über die Gründe des Abs. 5 Satz 2 hinaus haben (GK-BetrVG/*Kraft* § 102 Rn. 160).

815

Die zuletzt genannten Auffassungen sind abzulehnen. Beim Ausspruch einer außerordentlichen, hilfsweise ordentlichen Kündigung kommt eine Weiterbeschäftigungsmöglichkeit nicht in Betracht. Nach dem Wortlaut des Abs. 5 ist dieser auf die ordentliche Kündigung des Arbeitgebers beschränkt. Etwas anderes gilt nur dann, wenn der Arbeitgeber die außerordentliche Kündigung „zurücknimmt" (so auch *Schaub* NJW 1981, 1807, 1810), ihre Unwirksamkeit durch Teilurteil rechtskräftig festgestellt wird (KR/*Etzel* § 102 BetrVG Rn. 198; *Richardi* § 102 Rn. 199) oder – entsprechend den Grundsätzen des Großen Senats zum allgemeinen Weiterbeschäftigungsanspruch – durch eine gerichtliche Entscheidung die Unwirksamkeit der außerordentlichen Kündigung festgestellt wird (DKK/*Kittner* § 102 Rn. 249; *Heinze* Rn. 592; anders MünchArbR/*Matthes* § 348 Rn. 380). Schließlich besteht ein Weiterbeschäftigungsanspruch nach Abs. 5 bei offensichtlicher Unwirksamkeit der ausgesprochenen außerordentlichen Kündigung.

816 Bei einer **Änderungskündigung** besteht eine Weiterbeschäftigungsmöglichkeit nach Abs. 5 jedenfalls dann nicht, wenn der Arbeitnehmer das Änderungsangebot des Arbeitgebers vorbehaltlos annimmt (DKK/*Kittner* § 102 Rn. 251; KR/*Etzel* § 102 BetrVG Rn. 199a; dazu auch Rn. 419). In diesem Fall wäre auch die Klage nach § 4 KSchG offensichtlich ohne Erfolgsaussicht (Abs. 5 Satz 2 Nr. 1). Lehnt der Arbeitnehmer das Änderungsangebot des Arbeitgebers vorbehaltlos ab, liegt eine Beendigungskündigung vor, für die Abs. 5 ohne Einschränkung gilt. Nimmt der Arbeitnehmer die Änderungskündigung unter Vorbehalt an und erhebt er fristgerecht Klage, entfällt die Möglichkeit einer Weiterbeschäftigung nach Abs. 5, da nur über den Inhalt und nicht den Bestand des Arbeitsverhältnisses gestritten wird (zutreffend BAG 18. 1. 1990 AP KSchG 1969 § 2 Nr. 27 = NZA 1990, 734; 28. 3. 1985 AP ZPO § 767 Nr. 4 = NZA 1985, 709). Nach der Gegenauffassung soll eine Weiterbeschäftigungsmöglichkeit bestehen, da bei einer Nichtbeschäftigung am alten Arbeitsplatz „vollendete Tatsachen" geschaffen werden könnten (DKK/*Kittner* § 102 Rn. 251; *Enderlein* ZfA 1992, 20, 49 ff.; im Ergebnis auch LAG Düsseldorf 25. 1. 1993 DB 1993, 1680; ArbG Köln 26. 5. 1981 ArbuR 1982, 260). Der Arbeitgeber darf den Arbeitnehmer aber bei einer Annahme unter Vorbehalt nicht zu den geänderten Arbeitsbedingungen beschäftigen, wenn diese eine Versetzung des Arbeitnehmers iSv. §§ 99, 95 Abs. 3 BetrVG darstellen und der Betriebsrat seine Zustimmung nicht erteilt hat oder diese durch das Arbeitsgericht ersetzt wird. Hier ist der Arbeitgeber an der tatsächlichen Beschäftigung zu den neuen Arbeitsbedingungen gehindert (BAG 30. 9. 1993 AP KSchG 1969 § 2 Nr. 33 = NZA 1994, 615, dazu Rn. 450). Eine (vorläufige) Beschäftigung ist nur unter den Voraussetzungen des § 100 BetrVG zulässig, zum Verfahren Rn. 273.

c) Widerspruch des Betriebsrats

817 **aa) Frist und Form.** Die Weiterbeschäftigung nach Abs. 5 setzt die Erhebung eines form- und fristgerechten Widerspruchs des Betriebsrats voraus, die Äußerung von Bedenken reicht nicht aus. Nach Abs. 2 Satz 1 muß der Widerspruch spätestens **innerhalb der Anhörungsfrist** von einer Woche nach Zugang der Mitteilung über die Kündigungsabsicht beim Arbeitgeber eingegangen sein (dazu Rn. 740). Ein späterer Eingang ist nur fristgemäß, wenn Arbeitgeber und Betriebsrat einvernehmlich die Anhörungsfrist verlängert haben (dazu Rn. 743). Einen Anspruch auf eine Erhebung des Widerspruchs hat der von der Kündigung betroffene Arbeitnehmer nicht (*Fitting* § 102 Rn. 38). Nach § 102 Abs. 2 Satz 1 BetrVG muß der Widerspruch **schriftlich** innerhalb der Anhörungsfrist erfolgen (GK-BetrVG/*Kraft* § 102 Rn. 104; *Richardi* § 102 Rn. 84). Das Schriftformerfordernis ergibt sich nur mittelbar aus dem Gesetz (Abs. 2 Satz 1 . . . Bedenken . . . schriftlich mitzuteilen). Die Wahrung der Schriftform setzt die eigenhändige Unterschrift des Betriebsratsvorsitzenden oder eines entsprechend bevollmächtigten Betriebsratsmitglieds voraus. Die Unterschrift muß die geltend gemachten Widerspruchsgründe mit umfassen, zur Wahrung der Schriftform reicht auch ein Fax (anders *Fitting* § 102 Rn. 32), nicht aber die Übermittlung durch E-mail. Die Frist ist nicht eingehalten, wenn dem Arbeitgeber noch innerhalb der Wochenfrist die Widerspruchsbegründung mündlich mitgeteilt wird und die schriftliche Stellungnahme erst nach Ablauf der Äußerungsfrist eingeht (KR/*Etzel* § 102 BetrVG Rn. 142; anders *Klebe/Schumann* S. 73 f.). Der Betriebsrat muß innerhalb der Wochenfrist seine Widerspruchsgründe abschließend mitteilen. Nach Ablauf der Äußerungsfrist kann er keine neuen Widerspruchsgründe nachschieben (BAG 6. 12. 1984 – 2 AZR 542/83 – nv.; anders *Klebe/Schumann* S. 60 ff. bei zunächst ordnungsgemäßer Widerspruchserhebung). Der Widerspruch des Betriebsrats entfaltet nur Wirkungen, wenn er auf einem ordnungsgemäßen Beschluß beruht (LAG Nürnberg 27. 10. 1992 LAGE § 102 BetrVG 1972 Beschäftigungspflicht Nr. 11; KR/*Etzel* § 102 BetrVG Rn. 145, dazu auch Rn. 750). Eine (rückwirkende) Heilung einer fehlerhaften Beschlußfassung ist nicht möglich. Allerdings kann ein entsprechender Beschluß als neue Beschlußfassung Rechtswirkungen entfalten, wenn er dem Arbeitgeber noch innerhalb der Äußerungsfrist und ansonsten formgerecht mitgeteilt wird (KR/*Etzel* § 102 BetrVG Rn. 145a; anders *Klebe/Schumann* S. 67). Zur den Wirkungen der Rücknahme eines Widerspruchs Rn. 760.

bb) Begründung. Der Betriebsrat kann der beabsichtigten Kündigung grundsätzlich aus beliebigen Gründen widersprechen. Zu einer Weiterbeschäftigungspflicht nach Abs. 5 führt aber nur ein ordnungsgemäßer begründeter Widerspruch. Dieses Erfordernis ist nur erfüllt, wenn er sich auf einen der in Abs. 3 Nr. 1 bis 5 abschließend genannten Widerspruchsgründe stützt und eine Begründung enthält. Stützt der Betriebsrat seinen Widerspruch nur auf andere als in Abs. 3 genannte Gründe, besteht kein Weiterbeschäftigungsanspruch nach Abs. 5 (LAG München 16. 8. 1995 LAGE § 102 BetrVG 1972 Beschäftigungspflicht Nr. 22; LAG Brandenburg 15. 12. 1992 LAGE § 102 BetrVG 1972 Beschäftigungspflicht Nr. 13; DKK/*Kittner* § 102 Rn. 184). Deshalb liegt kein ordnungsgemäßer Widerspruch vor, wenn der Betriebsrat die Betriebsbedingtheit der Kündigung bestreitet (anders ArbG Rheine 23. 12. 1981 BB 1982, 431 = ArbuR 1982, 355). Unschädlich ist aber die Angabe von weiteren Einwendungen neben den Widerspruchsgründen des Abs. 3 (LAG Düsseldorf 23. 5. 1975 EzA § 102 BetrVG 1972 Beschäftigungspflicht Nr. 4; *Richardi* § 102 Rn. 141).

818

819   Die Angabe von Tatsachen soll dem Arbeitgeber die Prüfung der Stichhaltigkeit der vom Betriebsrat erhobenen Einwendungen und eine Einschätzung der Erfolgsaussicht eines möglichen Weiterbeschäftigungsverlangens des Arbeitnehmers ermöglichen. An der ordnungsgemäßen Begründung fehlt es daher, wenn der Widerspruch lediglich den Gesetzeswortlaut wiederholt oder nur die entsprechende Norm angibt (LAG Düsseldorf 15. 3. 1978 DB 1978, 1282; anders nur *Klebe/Schumann* S. 124). Ebensowenig ausreichend sind die Angabe von Leerformeln ohne konkreten Inhalt (BAG 17. 6. 1999 – 2 AZR 608/98 – zVb.; 24. 3. 1988 RzK I 5i Nr. 35), Gerüchten und Vermutungen ohne nachprüfbare Substanz (LAG Düsseldorf 20. 12. 1976 DB 1977, 1610) oder bloße Andeutungen (LAG Hamm 1. 7. 1986 LAGE § 102 BetrVG 1972 Beschäftigungspflicht Nr. 8). An die Begründung des Betriebsrats dürfen andererseits keine allzu hohen inhaltlichen Anforderungen gestellt werden; eine schlüssige Darlegung der einen Widerspruchsgrund begründenden Tatsachen ist nicht erforderlich (*Fitting* § 102 Rn. 38; GK-BetrVG/*Kraft* § 102 Rn. 105). Dies ergibt sich letztlich aus der Gesetzessystematik. Zur Entbindung des Arbeitgebers von der Weiterbeschäftigungspflicht führt nur ein „offensichtlich unbegründeter" Widerspruch des Betriebsrats (Abs. 5 Satz 2 Nr. 3). Der Gesetzgeber hat damit die Weiterbeschäftigungsverpflichtung des Arbeitgebers bei einem „nur" unbegründeten Widerspruch bewußt in Kauf genommen. Der Widerspruch ist daher ausreichend begründet, wenn seine **Begründung** es nur als **möglich erscheinen läßt**, daß einer der Widerspruchsgründe des § 102 Abs. 3 BetrVG geltend gemacht wird und dem Arbeitgeber eine inhaltliche Auseinandersetzung mit den erhobenen Einwendungen des Betriebsrats vor dem Kündigungsausspruch ermöglicht (LAG Schleswig-Holstein 5. 3. 1996 LAGE § 102 BetrVG 1972 Beschäftigungspflicht Nr. 23; LAG München 16. 8. 1995 LAGE § 102 BetrVG 1972 Beschäftigungspflicht Nr. 22; KR/*Etzel* § 102 BetrVG Rn. 144 mwN.). Nicht verzichtbar ist aber eine konkrete, d. h. individualisierbare Stellungnahme, die eine Auseinandersetzung mit den vom Arbeitgeber im Anhörungsverfahren vorgetragenen Kündigungsgründen erkennen läßt (BAG 6. 12. 1984 – 2 AZR 542/83 – nv.). Zu den Rechtsfolgen bei Rücknahme des Widerspruchs Rn. 760.

d) Widerspruchsgründe (Abs. 3)

820   Die Widerspruchsgründe des Abs. 3 gelten nicht nur bei betriebsbedingten, sondern grundsätzlich auch bei verhaltens- und personenbedingten Kündigungen (BAG 24. 3. 1988 RzK I 5i Nr. 35; 22. 7. 1982 AP KSchG 1969 § 1 Verhaltensbedingte Kündigung Nr. 5 mit zust. Anm. *Otto* = NJW 1983, 700; KR/*Etzel* § 102 BetrVG Rn. 146 mwN.; anders LAG Berlin 11. 6. 1974 DB 1974, 1629; HSG/*Schlochauer* § 102 Rn. 92 f. – nur bei fehlendem Verschulden des Arbeitnehmers; *Gamillscheg*, FS BAG, S. 117, 128).

821   **aa) Fehlende oder fehlerhafte Sozialauswahl (Nr. 1).** Der Betriebsrat kann einer ordentlichen Kündigung des Arbeitgebers widersprechen, wenn dieser bei der Auswahlentscheidung soziale Gesichtspunkte nicht oder nicht ausreichend berücksichtigt hat. Nach Nr. 1 kann der Betriebsrat nur bei betriebsbedingten Kündigungen widersprechen (h. M., DKK/*Kittner* § 102 Rn. 186;

GK-BetrVG/*Kraft* § 102 Rn. 108; KR/*Etzel* § 102 BetrVG Rn. 149 jeweils mwN.; anders *Bösche* Rn. 150). Beruht die Kündigungsabsicht des Arbeitgebers neben betriebs- auch auf personen- bzw. verhaltensbedingten Gründen, scheidet daher eine Weiterbeschäftigung bei einem ausschließlich auf Abs. 3 Nr. 1 gestützten Widerspruch des Betriebsrats aus (anders *Klebe/Schumann* S. 139). Dieser kann nur zu einem Weiterbeschäftigungsanspruch nach Abs. 5 führen, wenn der Arbeitgeber die Kündigung später nur noch auf betriebsbedingte Gründe stützt oder die personen- oder verhaltensbedingten Gründe im arbeitsgerichtlichen Urteil als nicht ausreichend angesehen werden. Insoweit entspricht die Rechtslage der Situation bei dem Ausspruch einer außerordentlichen und hilfsweise ordentlichen Kündigung (dazu Rn. 815).

Der Widerspruch ist nicht ordnungsgemäß erhoben, wenn er sich nur gegen **822** die **Betriebsbedingtheit** der Kündigung wendet (anders ArbG Rheine 23. 12. 1981 BB 1982, 431 = ArbuR 1982, 355). Eine fehlende bzw. fehlerhafte Unternehmerentscheidung kann einen Widerspruch nach Nr. 1 nicht begründen, selbst wenn sich diese aus Sicht des Betriebsrats rechtsmißbräuchlich darstellt. Gleiches gilt für den fehlenden Wegfall der bisherigen Beschäftigungsmöglichkeit, der als Widerspruchsgrund nicht unter Nr. 1 fällt (zum Widerspruch wegen einer Weiterbeschäftigungsmöglichkeit auf demselben Arbeitsplatz Rn. 828). Zulässig ist aber die Verbindung von Einwendungen gegen die Betriebsbedingtheit bei einem ansonsten ordnungsgemäß auf Nr. 1 gestützten Widerspruch (LAG Düsseldorf 23. 5. 1975 EzA § 102 BetrVG 1972 Beschäftigungspflicht Nr. 4; KR/*Etzel* § 102 BetrVG Rn. 149; *Richardi* § 102 Rn. 141). Bei einer Kündigung wegen einer beabsichtigten Betriebsstillegung ist ein Widerspruch nach Nr. 1 nur offensichtlich unbegründet, wenn allen Arbeitnehmern zum Stillegungstermin gekündigt wird (LAG Düsseldorf 20. 11. 1980 EzA § 102 BetrVG 1972 Beschäftigungspflicht Nr. 8). Erfolgt die Betriebseinstellung etappenweise oder kündigt der Arbeitgeber zu unterschiedlichen Zeitpunkten, kommt ein Widerspruch nach Nr. 1 grundsätzlich in Betracht.

Zur ordnungsgemäßen Widerspruchsbegründung des Betriebsrats gehört **823** es, daß dieser dem Arbeitgeber gegenüber die fehlende oder fehlerhafte Sozialauswahl beanstandet. Umstritten ist dabei, ob zu einer ordnungsgemäßen Widerspruchsbegründung die **namentliche Bezeichnung** anderer, sozial stärkerer Arbeitnehmer zählt (die pauschale Bezeichnung halten für ausreichend LAG Brandenburg 15. 12. 1992 LAGE § 102 BetrVG 1972 Beschäftigungspflicht Nr. 13; DKK/*Kittner* § 102 Rn. 188; KR/*Etzel* § 102 BetrVG Rn. 151; hingegen verlangen namentliche Benennung LAG Düsseldorf 5. 1. 1976 DB 1976, 1065 = BB 1976, 1462; ArbG München 22. 5. 1975 DB 1975, 1081). Der Umfang der Begründungspflicht kann nicht generell bestimmt werden, sondern ist abhängig von der Darstellung des Arbeitgebers. Macht der Arbeitgeber im Rahmen einer betriebsbedingten Kündigung keine Ausführung zur Sozialauswahl, ist es für eine ordnungsgemäße Widerspruchsbegründung ausreichend, wenn der Betriebsrat pauschal auf die seiner Ansicht nach fehlende Sozialauswahl hinweist. Teilt der Arbeitgeber mit, daß er andere Arbeitnehmer nicht als vergleichbar ansieht, muß der Betriebsrat die seiner Ansicht nach als vergleichbar anzusehenden Arbeitnehmer bzw. -gruppe benennen.

Dafür ist es ausreichend, daß er sie nur pauschal nach abstrakten Merkmalen (Beispiel: „Schlosser im Neubaubereich") bezeichnet. Eine namentliche Benennung des seiner Auffassung nach vergleichbaren Arbeitnehmerkreises ist insoweit nicht erforderlich. Teilt der Arbeitgeber dem Betriebsrat die Namen und Sozialdaten der seiner Ansicht nach vergleichbaren Arbeitnehmer mit und hält der Betriebsrat die vom Arbeitgeber getroffene Auswahlentscheidung für unrichtig, hat er dem Arbeitgeber den oder die sozialen Gesichtspunkte zur Begründung seines Widerspruchs anzugeben, die er nicht oder nicht ausreichend berücksichtigt sieht. Er kann dann nicht mehr mit der (nur pauschalen) Begründung widersprechen, der Arbeitgeber habe soziale Gesichtspunkte nicht ausreichend berücksichtigt. Eine namentliche Benennung eines anderen zu kündigenden Arbeitnehmers ist (mittelbar) dann erforderlich, wenn nur zwei Personen zur Auswahl stehen und der Betriebsrat die vom Arbeitgeber getroffene Wahl beanstandet. Zu den Anforderungen an die Mitteilungspflicht des Arbeitgebers zur Sozialauswahl Rn. 731.

824 bb) Verstoß gegen Auswahlrichtlinie (Nr. 2). Ein Verstoß gegen Auswahlrichtlinien kommt regelmäßig nur bei betriebsbedingten und nur ausnahmsweise bei personenbedingten Kündigungen in Betracht. Für die Sozialauswahl ergibt sich ihre Zulässigkeit aus den §§ 95 BetrVG, 1 Abs. 4 KSchG (dazu Rn. 381). Besteht im Betrieb eine Auswahlrichtlinie über die Durchführung der Sozialauswahl, ist diese bei Fehlen einer anderen Vereinbarung bindend. Der Arbeitgeber muß seine Auswahlentscheidung entsprechend den in der Richtlinie bezeichneten Kriterien und Wertungen durchzuführen. Zu diesem Zweck hat er den Betriebsrat sowohl über den auswahlrelevanten Personenkreis, dessen Sozialdaten und die „Punktzahl" der einzelnen Arbeitnehmer zu unterrichten. Der Betriebsrat kann der Auswahlentscheidung widersprechen, wenn sie seiner Ansicht nach nicht entsprechend der Auswahlrichtlinie getroffen worden ist. Hierzu muß er konkret die vom Arbeitgeber nicht oder fehlerhaft berücksichtigten Tatsachen bezeichnen (Beispiel: unzutreffende Betriebszugehörigkeit oder Unterhaltspflichten eines oder mehrerer Arbeitnehmer).

825 cc) Weiterbeschäftigungsmöglichkeit auf einem anderen Arbeitsplatz (Nr. 3). Der Betriebsrat kann der Kündigung widersprechen, wenn eine Weiterbeschäftigungsmöglichkeit für den Arbeitnehmer an einem anderen Arbeitsplatz in demselben Betrieb oder einem anderen Betrieb des Unternehmens besteht. Dieser Widerspruchsgrund entspricht dem absoluten Sozialwidrigkeitsgrund des § 1 Abs. 2 Satz 2 Nr. 1 b KSchG (dazu ausführlich Rn. 212). Ein Widerspruch nach Nr. 3 ist nur begründet, wenn der Arbeitnehmer kraft Direktionsrecht auf den anderen Arbeitsplatz umgesetzt werden kann. Zur Ausübung des Widerspruchsrechts ist dem Betriebsrat daher stets die mit dem Arbeitnehmer vereinbarte Tätigkeit mitzuteilen. Ist die Zuweisung der neuen Tätigkeit nicht aufgrund Direktionsrechts, sondern nur durch eine Vertragsänderung möglich, besteht ausschließlich eine Widerspruchsmöglichkeit nach Nr. 5. Diese ist aber an das zuvor erklärte Einverständnis des Arbeitnehmers gebunden. Hingegen ist die Ausübung des Widerspruchrechts nach Nr. 3 nicht an die vorherige Einwilligung des Arbeitnehmers mit einem Arbeitsplatzwechsel geknüpft (KR/*Etzel* § 102 BetrVG Rn. 167; anders HSG/

Schlochauer § 102 Rn. 121). Keine Widerspruchsmöglichkeit besteht aber, wenn der Arbeitnehmer in Kenntnis der bevorstehenden Kündigung ausdrücklich gegenüber Arbeitgeber oder Betriebsrat die Übertragung einer anderen Tätigkeit abgelehnt hat. Hat der Betriebsrat eine hinreichend bestimmbare Weiterbeschäftigungsmöglichkeit dargelegt, ist für die Ordnungsgemäßheit des Widerspruchs unbeachtlich, ob der Arbeitnehmer auch tatsächlich dort weiterbeschäftigt werden kann (LAG München 16. 8. 1995 LAGE § 102 BetrVG 1972 Beschäftigungspflicht Nr. 22; ArbG Stuttgart 5. 6. 1996 NZA-RR 1997, 260).

Nr. 3 beschränkt die Weiterbeschäftigungsmöglichkeit ausdrücklich auf den **826** Betrieb und das Unternehmen. Umstritten ist, ob der Betriebsrat auch auf Weiterbeschäftigungsmöglichkeiten im **Konzern** verweisen kann. So ist der Bestandsschutz nach dem KSchG grundsätzlich nicht konzernbezogen (BAG 27. 11. 1991 AP KSchG 1969 § 1 Konzern Nr. 6 = NZA 1992, 644; 22. 5. 1986 AP KSchG 1969 § 1 Konzern Nr. 4 = NZA 1987, 125; dazu auch Rn. 826). Wegen des auf den Betrieb bzw. das Unternehmen beschränkten Gesetzeswortlauts kann der Betriebsrat regelmäßig der beabsichtigten Kündigung nicht schon unter Hinweis auf freie Arbeitsplätze in einem anderen Konzernunternehmen widersprechen (so aber LAG Schleswig-Holstein 5. 3. 1996 LAGE § 102 BetrVG 1972 Beschäftigungspflicht Nr. 23 – Widerspruch in analoger Anwendung von Nr. 3 möglich). Auch ein „bestimmender Einfluß" oder eine mögliche Selbstbindung des Arbeitgebers bei konzernweiten Versetzungen ist für einen Widerspruch nicht ausreichend (anders DKK/*Kittner* § 102 Rn. 195; wohl auch *Fitting* § 102 Rn. 45 b; GK-BetrVG/ *Kraft* § 102 Rn. 110). Eine analoge Anwendung von Nr. 3 kommt nur in Betracht, wenn mit dem Arbeitnehmer die konzernweite Einsatzmöglichkeit arbeitsvertraglich vereinbart ist (DKK/*Kittner* § 102 Rn. 195; *Fitting* § 102 Rn. 45 b; GK-BetrVG/*Kraft* § 102 Rn. 110; anders KR/*Etzel* § 102 BetrVG Rn. 163; *Richardi* § 102 Rn. 167; HSG/*Schlochauer* § 102 Rn. 119; Münch-ArbR/*Matthes* § 348 Rn. 68). Die soeben dargestellten Grundsätze gelten auch für eine Weiterbeschäftigungsmöglichkeit in einer Beschäftigungsgesellschaft. Ein hierauf gerichteter Widerspruch nach Nr. 3 setzt die arbeitsvertragliche Möglichkeit zum Einsatz des Arbeitnehmers in der Beschäftigungsgesellschaft voraus, an der es regelmäßig fehlen wird. Bei seinem Einverständnis mit einer Beschäftigung in einer Konzern- oder Beschäftigungsgesellschaft kommt aber die Widerspruchsmöglichkeit nach Nr. 5 in Betracht.

Bei der anderweitigen Beschäftigungsmöglichkeit muß es sich um einen **827** **freien Arbeitsplatz** handeln. Dabei ist der Begriff des Arbeitsplatzes im Sinne einer anderweitigen Beschäftigungsmöglichkeit für den von der Kündigung betroffenen Arbeitnehmer zu verstehen (*Richardi* § 102 Rn. 155). Keine Verpflichtung besteht für den Arbeitgeber, für den Gekündigten einen neuen Arbeitsplatz zu schaffen oder besetzte Arbeitsplätze frei zu machen (BAG 29. 3. 1990 AP KSchG 1969 § 1 Betriebsbedingte Kündigung Nr. 50 = NZA 1991, 181; GK-BetrVG/*Kraft* § 102 Rn. 111). Daher kann der Widerspruch nicht darauf gestützt werden, daß gegenwärtig fremdvergebene Arbeiten im Betrieb ausgeführt oder zurückgeholt werden könnten, da diese Arbeitsplätze erst noch eingerichtet werden müßten (ArbG Berlin 20. 7. 1977 DB 1977,

2454 = BB 1977, 1761). Als frei ist ein Arbeitsplatz anzusehen, wenn er zum Zeitpunkt des Kündigungszugangs unbesetzt ist. Kann der Arbeitgeber beim Kündigungsausspruch mit hinreichender Sicherheit vorhersehen, daß ein Arbeitsplatz bis zum Ablauf der Kündigungsfrist zur Verfügung stehen wird, ist er gleichfalls als unbesetzt anzusehen (BAG 15. 12. 1994 AP KSchG 1969 § 1 Betriebsbedingte Kündigung Nr. 67 = NZA 1995, 521; 29. 3. 1990 AP KSchG 1969 § 1 Betriebsbedingte Kündigung Nr. 50 = NZA 1991, 181). Darüber hinaus sind auch solche Arbeitsplätze als frei anzusehen, bei denen im Kündigungszeitpunkt feststeht, daß sie in absehbarer Zeit nach Ablauf der Kündigungsfrist frei werden und die Überbrückung bis zu diesem Zeitpunkt dem Arbeitgeber zumutbar ist. Dies ist zumindest der Zeitraum, den ein anderer Stellenbewerber zur Einarbeitung benötigt (BAG 15. 12. 1994 AP KSchG 1969 § 1 Betriebsbedingte Kündigung Nr. 67 = NZA 1995, 521 – Probezeit als Maßstab; vgl. auch *Kiel* S. 88 f., 128 f., dazu Rn. 225). Nach dem BAG ist der Arbeitgeber aber nur zu einer Beschäftigung auf einem vergleichbaren, d. h. gleichwertigen Arbeitsplatz und nicht zum Angebot einer Beförderungsstelle verpflichtet (BAG 15. 11. 1994 AP KSchG 1969 § 1 Betriebsbedingte Kündigung Nr. 67 = NZA 1995, 521; 29. 3. 1990 AP KSchG 1969 § 1 Betriebsbedingte Kündigung Nr. 50 = NZA 1991, 181, Rn. 235). Auch ein gegenwärtig von einem **Leiharbeitnehmer** besetzter Arbeitsplatz ist als frei anzusehen, wenn dessen Einsatz in absehbarer Zeit beendet werden kann (ArbG Stuttgart 5. 6. 1996 NZA-RR 1997, 260; DKK/*Kittner* § 102 Rn. 198). Gleiches gilt für den Einsatz in einer anderen **Schicht**, auch hierauf kann ein Widerspruch nach Nr. 3 gestützt werden (ArbG Ludwigshafen 6. 3. 1972 EzA § 102 BetrVG 1972 Nr. 1). Eine Beschäftigungsmöglichkeit für den Arbeitnehmer besteht auch, wenn in einer bestimmten Abteilung regelmäßig und für eine nicht absehbare Zeit **Mehrarbeit** anfällt und zeitlich ein Volumen erreicht, das die Weiterbeschäftigung eines oder mehrerer Arbeitnehmer zu ihren bisherigen Arbeitsbedingungen zuläßt (DKK/*Kittner* § 102 Rn. 199, vgl. auch Rn. 225).

828 Der Betriebsrat kann der Kündigung nicht mit der Begründung widersprechen, der Arbeitnehmer könne auf seinem **bisherigen Arbeitsplatz** weiterbeschäftigt werden (BAG 17. 6. 1999 NZA 1999, 1154; 12. 9. 1985 AP BetrVG 1972 § 102 Weiterbeschäftigung Nr. 7 = NZA 1986, 424; LAG München 2. 3. 1994 NZA 1994, 1000; LAG Hamburg 27. 9. 1982 DB 1983, 126; LAG Hamm 31. 1. 1979 LAGE § 102 BetrVG 1972 Beschäftigungspflicht Nr. 6 = DB 1979, 1232 – Krankheit; GK-BetrVG/*Kraft* § 102 Rn. 110; anders LAG Düsseldorf 26. 6. 1980 DB 1980, 2043; *Fitting* § 102 Rn. 47; KR/*Etzel* § 102 BetrVG Rn. 164). Die Gegenauffassung steht im Widerspruch zu der Systematik des Abs. 3. Ein Weiterbeschäftigungsanspruch nach Abs. 5 soll dann entstehen, wenn entweder die Sozialauswahl fehlerhaft ist oder eine anderweitige Beschäftigungsmöglichkeit besteht. Bei einem Streit um den Wegfall der ursprünglichen Beschäftigungsmöglichkeiten ist sie vom Gesetz gerade nicht vorgesehen.

829 Die Widerspruchsbegründung des Betriebsrats muß **erkennen** lassen, wie er sich die **anderweitige Beschäftigungsmöglichkeit** des Arbeitnehmers vorstellt. Nicht ausreichend ist die Angabe von Gerüchten und Vermutungen über freie oder freiwerdende Arbeitsplätze (LAG Düsseldorf 20. 12. 1976 DB 1977, 1610). Der freie Arbeitsplatz muß dabei zwar nicht konkret angegeben werden (so aber LAG Düsseldorf 26. 6. 1980 DB 1980, 2043). Aus den mitgeteilten Tatsachen muß aber für den Arbeitgeber erkennbar sein, welche anderweitige Beschäftigungsmöglichkeit der Betriebsrat aufzeigen will (LAG Hamm 1. 7. 1986 LAGE § 102 BetrVG 1972 Beschäftigungspflicht Nr. 8 – Angabe des Bereichs; LAG Hamm 17. 8. 1994 LAGE § 102 BetrVG 1972 Beschäftigungspflicht Nr. 18 – Bezugnahme auf geplanten Vorruhestand; KR/*Etzel* § 102 BetrVG Rn. 163). Eine pauschale Bezugnahme auf eine Weiterbeschäftigungsmöglichkeit ist hingegen nicht ausreichend (zu weitgehend daher BAG 31. 8. 1978 AP BetrVG 1972 § 102 Weiterbeschäftigungspflicht Nr. 1; zutreffend hingegen BAG 17. 6. 1999 NZA 1999, 1154). Sind mehrere Arbeitnehmer von der Kündigung betroffen und steht nur eine geringere Zahl von freien Arbeitsplätzen zur Verfügung, so muß der Betriebsrat entsprechend diesen Vorgaben darlegen, für welche Arbeitnehmer er eine Weiterbeschäftigungsmöglichkeit sieht (BAG 6. 12. 1984 – 2 AZR 542/83 – nv.).

Zeigt der Betriebsrat in seinem Widerspruch einen anderen Arbeitsplatz oder **830** eine andere Beschäftigungsmöglichkeit für den Arbeitnehmer auf, liegt hierin zugleich die **Absichtserklärung,** einer **geplanten Versetzung** zuzustimmen (DKK/*Kittner* § 102 Rn. 205). Entspricht der Arbeitgeber den Vorstellungen des Betriebsrats und verweigert anschließend der Betriebsrat die nach § 99 BetrVG erforderliche Zustimmung, ist der Arbeitsplatz nicht mehr als frei anzusehen, was zu einer Entbindungsmöglichkeit des Arbeitgebers nach Abs. 5 führen kann. Ausnahmsweise kann die Zustimmung des Betriebsrats entfallen, wenn dieser einen ganz konkret bezeichneten Arbeitsplatz benennt und andere Bewerber nicht vorhanden sind (GK-BetrVG/*Kraft* § 102 Rn. 113; KR/*Etzel* § 102 BetrVG Rn. 165; *Richardi* § 102 Rn. 158; HSG/*Schlochauer* § 102 Rn. 122, die alle von der generellen Entbehrlichkeit eines gesonderten Zustimmungsverfahrens nach § 99 BetrVG ausgehen). Besteht die Beschäftigungsmöglichkeit in einem anderen Betrieb des Unternehmens, ist der widersprechende Betriebsrat nicht für die Herstellung des Einverständnisses mit dem Betriebsrat des aufnehmenden Betriebs verantwortlich. Ein ordnungsgemäßer Widerspruch liegt bereits dann vor, wenn in dem anderen Betrieb eine Weiterbeschäftigungsmöglichkeit besteht (GK-BetrVG/*Kraft* § 102 Rn. 114; anders KR/*Etzel* § 102 BetrVG Rn. 166). Verweigert der Betriebsrat des aufnehmenden Betriebs seine Zustimmung, so ist der andere Arbeitsplatz nicht als frei anzusehen, was der Arbeitgeber ggf. im Entbindungsverfahren noch vorbringen kann.

dd) Umschulungs- und Fortbildungsmaßnahmen (Nr. 4). Der Betriebsrat **831** kann einer beabsichtigten Kündigung widersprechen, wenn die Weiterbeschäftigung des Arbeitnehmers nach zumutbaren Umschulungs- oder Fortbildungsmaßnahmen möglich ist. Nach § 1 Abs. 2 Satz 3 KSchG führt das Vorhandensein einer entsprechenden Weiterbeschäftigungsmöglichkeit zur Sozialwidrigkeit der ausgesprochenen Kündigung. Zum Begriff der zumutbaren Umschulungs- und Fortbildungsmaßnahmen Rn. 239. Als Beschäftigungsmöglichkeit nach Durchführung der Qualifikation sind sämtliche Arbeitsplätze im Betrieb oder Unternehmen einzubeziehen, im Gegensatz zur Nr. 3 auch die Weiterbeschäftigung auf dem bisherigen Arbeitsplatz des von der Kündigung bedrohten Arbeitnehmers (GK-BetrVG/*Kraft* § 102 Rn. 116; KR/ *Etzel* § 102 BetrVG Rn. 169a). Allerdings muß es sich wie bei Nr. 3 um einen freien Arbeitsplatz handeln. Der Arbeitgeber ist nicht verpflichtet, durch die Kündigung eines anderen Arbeitnehmers oder durch Herstellung eines neuen Arbeitsplatzes eine Beschäftigungsmöglichkeit zu schaffen (BAG 7. 2. 1991 AP KSchG 1969 § 1 Umschulung Nr. 1 = NZA 1991, 806). Der Widerspruch ist dementsprechend nicht ordnungsgemäß, wenn der Arbeitsplatz zum Kündigungszeitpunkt oder bei dem voraussichtlichen Abschluß der Maßnahme nicht frei, d.h. unbesetzt ist (LAG Baden-Württemberg 30. 8. 1993 ArbuR 1994, 200). Die Durchführung der Fortbildungsmaßnahme ist regelmäßig nur mit Einverständnis des betroffenen Arbeitnehmers möglich (dazu Rn. 247). In entsprechender Anwendung von Abs. 3 Nr. 5 muß dieses Einverständnis spätestens dann vorliegen, wenn der Widerspruch des Betriebsrats beim Arbeitgeber eingeht (GK-BetrVG/*Kraft* § 102 Rn. 120; KR/ *Etzel* § 102 BetrVG Rn. 169c). Mit dem Widerspruch erklärt der Betriebsrat gleichzeitig seine Bereitschaft, einer entsprechenden betrieblichen Bildungsmaßnahme nach § 98 BetrVG zuzustimmen (zu einer möglichen Versetzung auf einen anderen Arbeitsplatz Rn. 450).

832 ee) Weiterbeschäftigung nach Vertragsänderung (Nr. 5). Der Betriebsrat kann der beabsichtigten Kündigung widersprechen, wenn eine Weiterbeschäftigung zu geänderten Vertragsbedingungen möglich ist und der Arbeitnehmer hierzu sein Einverständnis erklärt hat. Im Gegensatz zu Abs. 3 Nr. 3 bedarf es vor Aufnahme der anderweitige Beschäftigungsmöglichkeit einer Vertragsänderung, die Zuweisung der Tätigkeit durch Direktionsrecht ist nicht möglich. Das Einverständnis des Arbeitnehmers mit den vom Betriebsrat vorgeschlagenen anderen Arbeitsbedingungen muß bei Einlegung des Widerspruchs durch den Betriebsrat vorliegen (h.M. KR/*Etzel* § 102 BetrVG Rn. 172b mwN.; *Richardi* § 102 Rn. 166; anders DKK/*Kittner* § 102 Rn. 220 – bei Nichterreichbarkeit mit dem Weiterbeschäftigungsverlangen; *Klebe/Schumann* S. 164 – Einverständnis mit Erhebung der Kündigungsschutzklage ausreichend). Unerheblich ist, ob dem Arbeitnehmer ein konkretes Vertragsangebot des Arbeitgebers vorliegt; das Einverständnis muß sich nur auf die vom Betriebsrat vorgeschlagenen geänderten Arbeitsbedingungen beziehen. Seine Erklärung kann der Arbeitnehmer bis zur Einlegung des Widerspruchs auch gegenüber dem Arbeitgeber abgeben.

833 Das Einverständnis kann vom Arbeitnehmer unter dem **Vorbehalt** der sozialen Rechtfertigung der geänderten Arbeitsbedingungen (§ 2 KSchG) **erklärt** werden (DKK/*Kittner* § 102 Rn. 221; KR/*Etzel* § 102 BetrVG Rn. 173; anders HSG/*Schlochauer* § 102 Rn. 135). Gibt der Arbeitnehmer lediglich eine Erklärung unter Vorbehalt ab, kann der Arbeitgeber anschließend anstatt der Beendigungskündigung nur eine Änderungskündigung aussprechen, da erstere unverhältnismäßig wäre und gegen den ultima-ratio-Grundsatz verstoßen würde (GK-BetrVG/*Kraft* § 102 Rn. 126, dazu ausführlich Rn. 248). Das Einverständnis zu der vom Betriebsrat vorgeschlagenen Vertragsänderung kann sich insbesondere auch auf verschlechternde Vertragsbedingungen erstrecken, soweit diesen nicht gesetzliche oder zwingende Vorschriften in Betriebsvereinbarungen oder Tarifverträgen entgegenstehen (DKK/*Kittner* § 102 Rn. 218; GK-BetrVG/*Kraft* § 102 Rn. 130; KR/*Etzel* § 102 BetrVG Rn. 172a).

e) Klageerhebung

Voraussetzung für den Weiterbeschäftigungsanspruch ist die Erhebung der **834** Kündigungsschutzklage durch den Arbeitnehmer. Die Klage muß zum Zeitpunkt des Weiterbeschäftigungsverlangens bereits erhoben, d.h. bei Arbeitsgericht eingegangen sein. Vor Anhängigkeit der Klage kann der Arbeitnehmer ein Weiterbeschäftigungsverlangen nicht wirksam stellen. Ein bereits erklärtes Verlangen erlangt aber nach Klageerhebung durch entsprechende Bezugnahme auf den vorherigen Antrag Wirksamkeit; daneben kann es beliebig häufig wiederholt werden. Hat dieser die 3-Wochen-Frist des § 4 KSchG versäumt oder stützt er seine Klage nur auf sonstige Unwirksamkeitsgründe, entfällt ein Weiterbeschäftigungsanspruch nach § 102 Abs. 5 BetrVG (GK-BetrVG/*Kraft* § 102 Rn. 162). Versäumt der Arbeitnehmer zunächst die Klagefrist des § 4 KSchG und wird diese nachträglich zugelassen, besteht der Weiterbeschäftigungsanspruch erst mit Rechtskraft des Beschlusses nach § 5 KSchG (GK-BetrVG/*Kraft* § 102 Rn. 163; KR/*Etzel* § 102 BetrVG Rn. 207; anders DKK/*Kittner* § 102 Rn. 258 – Weiterbeschäftigung bereits bei Erhebung des Zulassungsantrags). Nimmt der Arbeitnehmer die Kündigungsschutzklage zurück, entfällt sein Weiterbeschäftigungsanspruch. Gleiches gilt, wenn der Arbeitnehmer einen Antrag nach § 9 KSchG auf Auflösung des Arbeitsverhältnisses stellt (*Fitting* § 102 Rn. 59; anders DKK/*Kittner* § 102 Rn. 276), nicht jedoch bei einem Antrag des Arbeitgebers.

f) Weiterbeschäftigungsverlangen

Voraussetzung für den Weiterbeschäftigungsanspruch nach Abs. 5 ist das Verlangen **835** des Arbeitnehmers auf vorläufige Weiterbeschäftigung. Notwendig ist dazu eine hinreichend deutliche Erklärung des Arbeitnehmers oder eines Bevollmächtigten, während des Kündigungsschutzprozesses weiterbeschäftigt werden zu wollen. Der Betriebsrat kann nur bei ausdrücklicher Vollmacht durch den Arbeitnehmer dessen Weiterbeschäftigung gegenüber dem Arbeitgeber geltend machen. Der Antrag unterliegt keinen Formerfordernissen und kann insbesondere mündlich gestellt werden. In der Erhebung der Kündigungsschutzklage oder dem Angebot der Arbeitsleistung liegt ohne Hinzutreten besonderer Umstände regelmäßig kein Weiterbeschäftigungsverlangen (h.M. KR/*Etzel* § 102 BetrVG Rn. 209; MünchArbR/*Matthes* § 348 Rn. 87; anders *Richardi* § 102 Rn. 209 – Arbeitsangebot ausreichend). Das Weiterbeschäftigungsverhältnis wird nicht bereits mit Abgabe der Erklärung, sondern mit dessen Zugang beim Arbeitgeber begründet. Kein Weiterbeschäftigungsverlangen nach § 102 Abs. 5 BetrVG liegt in einem auf den allgemeinen Weiterbeschäftigungsanspruch gestützten Antragstellung im Kündigungsschutzprozeß (BAG 17. 6. 1999 NZA 1999, 1154). Es empfiehlt sich deshalb für den Arbeitnehmer die Klarstellung, daß es sich bei seinem Anliegen um ein Weiterbeschäftigungsverlangen nach § 102 Abs. 5 BetrVG handelt.

836   Das Gesetz hat keine **Frist** für die Erhebung des Weiterbeschäftigungsverlangens vorgesehen. Aus diesem Grund wird vertreten, daß die zeitliche Geltendmachung des Weiterbeschäftigungsverlangens durch den Arbeitnehmer
ausschließlich durch die Grundsätze der Verwirkung begrenzt wird (BAG
31. 8. 1978 AP BetrVG 1972 § 102 Weiterbeschäftigung Nr. 1; GK-BetrVG/
Kraft § 102 Rn. 165; *Schaub* NJW 1981, 1807, 1811). Nach der Gegenauffassung muß der Arbeitnehmer sein Weiterbeschäftigungsverlangen unverzüglich nach Vorliegen der gesetzlichen Voraussetzungen (Widerspruch und
Klageerhebung), spätestens aber bis zum Ablauf der Kündigungsfrist geltend
machen (LAG Hamm 28. 4. 1976 DB 1976, 1917; *Fitting* § 102 Rn. 58;
KR/*Etzel* § 102 Rn. 209). Das Gesetz räumt dem Arbeitnehmer ein Wahlrecht ein, ob er neben der Erhebung der Kündigungsschutzklage zusätzlich
seine vorläufige Weiterbeschäftigung verlangt. Der Weiterbeschäftigungsanspruch soll jedoch die unterbrechungslose, d.h. durchgehende Beschäftigung
des Arbeitnehmers im Betrieb ermöglichen. Dieses Ziel wird nur erreicht,
wenn das Weiterbeschäftigungsverlangen dem Arbeitgeber während der Kündigungsfrist zugeht. Aus diesem Grund kann der Arbeitnehmer nicht zeitlich
unbegrenzt mit der seinem Weiterbeschäftigungsverlangen warten. Dies folgt
auch aus dem Gesetzeswortlaut, der auf die „Weiterbeschäftigung", d.h.
eine Beschäftigung unmittelbar nach Ablauf der Kündigungsfrist, anknüpft.
Diese Sichtweise trägt überdies auch den Interessen des Arbeitgebers, möglichst bald Klarheit über eine Weiterbeschäftigung des Arbeitnehmers zu erhalten, ausreichend Rechnung (zu dieser Sichtweise tendiert nunmehr auch
BAG 17. 6. 1999 NZA 1999, 1154 unter Hinweis auf die Entstehungsgeschichte des § 102 BetrVG).

2. Anspruchsinhalt

837   Liegen die Voraussetzungen für einen Weiterbeschäftigungsanspruch nach
Abs. 5 vor, ist der Arbeitnehmer bis zum rechtskräftigen Abschluß des Kündigungsrechtsstreits zu unveränderten Arbeitsbedingungen weiterzubeschäftigen. Das bisherige Arbeitsverhältnis besteht – auflösend bedingt durch die
rechtskräftige Abweisung der Kündigungsschutzklage – kraft Gesetzes mit den
bisherigen beiderseitigen Hauptpflichten fort (BAG 12. 9. 1985 AP BetrVG
1972 § 102 Weiterbeschäftigung Nr. 7 = NZA 1986, 424; anders *Fitting*
§ 102 Rn. 56; HSG/*Schlochauer* § 102 Rn. 161 – gesetzliches Schuldverhält-
nis). Über die inhaltliche Ausgestaltung des Weiterbeschäftigungsverhältnisses nach § 102 Abs. 5 BetrVG besteht aber weitgehend Einigkeit, so daß der
Meinungsstreit – soweit ersichtlich – ohne praktische Relevanz ist (GK-Betr-
VG/*Kraft* § 102 Rn. 168). Nach Ablauf der Kündigungsfrist wird das Arbeitsverhältnis mit seinem bisherigen Inhalt fortgeführt. Die bei Ablauf der
Kündigungsfrist geltenden Bedingungen finden unabhängig davon Anwendung, ob die Kündigung wirksam war oder nicht. Für den Arbeitnehmer ergeben sich dementsprechend Ansprüche auf Beschäftigung und Vergütung,
ohne daß es darauf ankommt, ob das Arbeitsverhältnis sich trotz der Kündigung als fortbestehend erweist (BAG 10. 3. 1987 AP BGB § 611 Weiterbeschäftigung Nr. 1 = NZA 1987, 373).

Aufgrund der unverändert fortbestehenden Hauptpflichten hat der Arbeit- **838** nehmer einen **Anspruch auf tatsächliche Beschäftigung** (BAG 10. 3. 1987 AP BGB § 611 Weiterbeschäftigung Nr. 1 = NZA 1987, 373; LAG München 10. 2. 1984 LAGE § 102 BetrVG 1972 Beschäftigungspflicht Nr. 14; anders nur *Adomeit* DB 1971, 2360, 2363; *Weber* BB 1974, 698, 702). Allerdings geht der Anspruch auf tatsächliche Beschäftigung nicht weiter als in einem ungekündigten Arbeitsverhältnis (dazu BAG GS 27. 2. 1985 AP BGB § 611 Beschäftigungspflicht Nr. 14 = NZA 1985, 702; LAG Berlin 27. 6. 1986 LAGE § 15 KSchG Nr. 4 = DB 1987, 178; *Richardi* § 102 Rn. 218; zum Beschäftigungsanspruch Rn. 788). Hat der Arbeitgeber ein überwiegendes Interesse an der Nichtbeschäftigung des Arbeitnehmers, entfällt der Beschäftigungsanspruch des nach § 102 Abs. 5 Satz 1 BetrVG vorläufig weiterbeschäftigten Arbeitnehmers. Insofern erweitert Abs. 5 das Recht auf tatsächliche Beschäftigung nicht über den Standard in einem ungekündigt bestehenden Arbeitsverhältnis hinaus. Besteht zwischen Arbeitgeber und Arbeitnehmer ein Weiterbeschäftigungsverhältnis nach Abs. 5, wird aber der Arbeitnehmer vom Arbeitgeber nicht beschäftigt, gerät dieser bei Vorliegen der allgemeinen Voraussetzungen in Annahmeverzug (§ 615 BGB). Erforderlich ist regelmäßig ein Angebot des Arbeitnehmers zur Erbringung seiner Arbeitsleistung. Die **Vergütungspflicht** des Arbeitgebers entfällt nicht, wenn er sich im Annahmeverzug befindet und der Arbeitnehmer seine tatsächliche Beschäftigung nicht (gerichtlich) durchsetzt, selbst wenn die Kündigungsschutzklage später rechtskräftig abgewiesen wird. Auch insoweit unterscheidet sich die Rechtslage nicht von der im Rahmen eines ungekündigt bestehenden Arbeitsverhältnisses. Eine erfolgreiche Entbindung des Arbeitgebers von der Weiterbeschäftigungspflicht nach Abs. 5 berührt grundsätzlich nicht die bis dahin entstandenen Vergütungsansprüche des Arbeitnehmers (BAG 7. 3. 1996 AP BetrVG 1972 § 102 Weiterbeschäftigung Nr. 9 = NZA 1996, 930). Spricht bereits das Arbeitsgericht die Entbindung aus, besteht der Weiterbeschäftigungsanspruch nach Abs. 5 nur bis zum Zeitpunkt der Entscheidungszustellung und nicht bis zu deren Bestätigung durch das Landesarbeitsgericht (offen gelassen von BAG 7. 3. 1996 AP BetrVG 1972 § 102 Weiterbeschäftigung Nr. 9 = NZA 1996, 930). Verlangt der Arbeitnehmer seine Weiterbeschäftigung nach Abs. 5, erscheint er aber nicht zur Arbeitsleistung im Betrieb, so entfällt sein Vergütungsanspruch (ohne Arbeit kein Lohn).

Der Arbeitgeber kann einen nach Abs. 5 weiterbeschäftigten Arbeitnehmer **839** nicht nach Ablauf der Kündigungsfrist von **Leistungen,** die an Arbeitnehmer **in gekündigtem Zustand** nicht erbracht werden (Sonderzuwendungen), ausschließen. Das Weiterbeschäftigungsverhältnis nach Abs. 5 entspricht nicht dem zuvor gekündigten Arbeitsverhältnis, sondern wird bis zu einer rechtskräftigen Entscheidung im Kündigungsschutzprozeß neu begründet (h.M. DKK/*Kittner* § 102 Rn. 271; KR/*Etzel* § 102 BetrVG Rn. 219 jeweils mwN.; anders *Fitting* § 102 Rn. 65; GK-BetrVG/*Kraft* § 102 Rn. 167; HSG/ *Schlochauer* § 102 Rn. 164). Deshalb ist auch die Zeit der Weiterbeschäftigung nach Abs. 5 auf die Leistungen anzurechnen, die von der Dauer der Betriebszugehörigkeit abhängen, da diese regelmäßig auf die tatsächliche Zugehörigkeit zum Betrieb abstellen (anders MünchArbR/*Matthes* 348 Rn. 98).

840   Wird der Arbeitnehmer tatsächlich weiterbeschäftigt, gilt er betriebsverfassungsrechtlich als **Teil der Belegschaft,** ist insbesondere bei Betriebsratswahlen aktiv und passiv wahlberechtigt (LAG Berlin 2. 5. 1994 BB 1994, 1857). Er kann während der vorläufigen Weiterbeschäftigung vom Arbeitgeber im Rahmen des Direktionsrechts auf einen anderen Arbeitsplatz versetzt werden, wobei der Betriebsrat nach § 99 BetrVG zu beteiligen ist. Werden ihm im Weiterbeschäftigungszeitraum weitere Kündigungen ausgesprochen, ist ein zwischenzeitlich erworbener Sonderkündigungsschutz (§§ 9 MuSchG; 15 ff. SchwbG) zu seinen Gunsten zu berücksichtigen (KR/*Etzel* § 102 BetrVG Rn. 221). Wird allerdings das Arbeitsverhältnis aufgrund der ursprünglichen Kündigung beendet, sind die Folgekündigungen trotz des zwischenzeitlich eingetretenen Sonderkündigungsschutzes gegenstandslos. Ein nach Abs. 5 weiterbeschäftigter Arbeitnehmer kann sich auch an Arbeitskämpfen beteiligen (DKK/*Kittner* § 102 Rn. 274).

3. Durchsetzung

a) Erkenntnisverfahren

841   Der Anspruch auf vorläufige Weiterbeschäftigung nach Abs. 5 kann vom Arbeitnehmer durch Klage oder Antrag auf einstweilige Verfügung geltend gemacht werden. Richtige Verfahrensart ist das Urteilsverfahren, da es sich um eine Streitigkeit zwischen Arbeitnehmer und Arbeitgeber aus dem Arbeitsverhältnis oder über das Bestehen eines Arbeitsverhältnisses handelt (§ 2 Abs. 1 Nr. 3a, b ArbGG), obwohl es sich um einen Anspruch aus dem BetrVG handelt. Der Arbeitnehmer kann sich auch nach rechtskräftiger Abweisung seiner Kündigungsschutzklage darauf beschränken, die sich aus dem vorläufigen Weiterbeschäftigungsverhältnis ergebenden Vergütungsansprüche gegen den Arbeitgeber durchzusetzen. In diesem Fall muß er die anspruchsbegründenden Tatsachen (ordentliche Kündigung, form- und fristgerechter Widerspruch des Betriebsrats, Klageerhebung, Weiterbeschäftigungsverlangen und Annahmeverzug) darlegen und ggf. beweisen (GK-BetrVG/*Kraft* § 102 Rn. 175, zur Vergütungspflicht Rn. 838). Verweigert der Arbeitgeber die vorläufige Weiterbeschäftigung, kann der Arbeitnehmer den Erlaß einer **einstweiligen Verfügung** auf tatsächliche Beschäftigung beim Arbeitsgericht beantragen (h. M. LAG München 16. 8. 1995 LAGE § 102 BetrVG 1972 Beschäftigungspflicht Nr. 22; LAG Hamburg 25. 1. 1994 LAGE § 102 BetrVG 1972 Beschäftigungspflicht Nr. 21; LAG Hamm 24. 1. 1994 ArbuR 1994, 310; LAG Nürnberg 27. 10. 1992 LAGE § 102 BetrVG 1972 Beschäftigungspflicht Nr. 11 = BB 1993, 444; KR/*Etzel* § 102 BetrVG Rn. 222 mwN.; anders LAG Schleswig-Holstein 25. 8. 1987 RzK I 10j Nr. 8). Wie im Klageverfahren hat der Arbeitnehmer auch im einstweiligen Verfügungsverfahren die anspruchsbegründenden Tatsachen glaubhaft zu machen, wozu insbesondere die ordnungsgemäße Beschlußfassung des Betriebsrats zählt (ArbG Hamm 18. 1. 1990 DB 1990, 944 = BB 1990, 1206, dazu Rn. 750).

842   Ob neben den Tatsachen für den Verfügungsanspruch auch solche für einen **Verfügungsgrund** glaubhaft gemacht werden müssen, ist umstritten, aber zu

344

verneinen. Zutreffend wird überwiegend auf eine gesonderte Glaubhaftmachung von Tatsachen zum Verfügungsgrund wegen des drohenden (endgültigen) Rechtsverlustes es verzichtet. Auch die zwangsläufig eintretende Vorwegnahme der Hauptsache steht dem nicht entgegen (h. M. LAG München 16. 8. 1995 LAGE § 102 BetrVG 1972 Beschäftigungspflicht Nr. 22; LAG Hamburg 25. 1. 1994 LAGE § 102 BetrVG 1972 Beschäftigungspflicht Nr. 21; LAG Hamm 24. 1. 1994 ArbuR 1994, 310; LAG Nürnberg 27. 10. 1992 LAGE § 102 BetrVG 1972 Beschäftigungspflicht Nr. 11 = BB 1993, 444; DKK/*Kittner* § 102 Rn. 266 mwN.). Nur vereinzelt wird demgegenüber die Darlegung von Tatsachen gefordert, aus denen sich ein (besonderer) Verfügungsgrund ergibt (LAG Baden-Württemberg 30. 8. 1993 NZA 1995, 683; LAG Köln 18. 1. 1984 NZA 1985, 47; LAG München 10. 2. 1994 NZA 1994, 997 – allgemeine Grundsätze gelten). Der Verfügungsgrund entfällt auch dann nicht, wenn zwischenzeitlich ein obsiegendes Urteil eines Arbeitsgerichts vorliegt, aufgrund dessen der Arbeitgeber zur Weiterbeschäftigung verurteilt wird, da der Anspruch nach Abs. 5 inhaltlich weitergehender ist als der allgemeine Weiterbeschäftigungsanspruch (anders LAG Frankfurt 28. 11. 1994 – 16 SaGa 1284/94 – JurisCD, dazu Rn. 814).

Im einstweiligen Verfügungsverfahren nach Abs. 5 Satz 1 kann der Arbeitgeber zur Abwehr des Weiterbeschäftigungsanspruch nach Abs. 5 dem Arbeitnehmer nicht die **Entbindungsgründe des Abs. 5 Satz 2** entgegenhalten (LAG Schleswig-Holstein 5. 3. 1996 LAGE § 102 BetrVG 1972 Beschäftigungspflicht Nr. 23; LAG München 16. 8. 1995 LAGE § 102 BetrVG 1972 Beschäftigungspflicht Nr. 22; LAG Hamburg 25. 1. 1994 LAGE § 102 BetrVG 1972 Beschäftigungspflicht Nr. 21; LAG Hamm 24. 1. 1994 ArbuR 1994, 310; anders *Fitting* § 102 Rn. 68 – auch im Rahmen von Widerspruch oder Berufung), selbst wenn der Antrag des Arbeitnehmers auf Weiterbeschäftigung in der Berufungsinstanz anhängig ist (LAG Baden-Württemberg 18. 3. 1988 LAGE § 102 BetrVG 1972 Beschäftigungspflicht Nr. 9). **843**

b) Zwangsvollstreckung

Für die Vollstreckung des Weiterbeschäftigungsanspruchs gelten zunächst die Ausführungen zum allgemeinen Weiterbeschäftigungsanspruch (Rn. 807). Jedoch kann auf Antrag des Arbeitgebers im Urteil nur die Vollstreckbarkeit der tatsächlichen Beschäftigung ausgeschlossen werden (§ 62 Abs. 1 Satz 2 ArbGG), wenn diese für den Arbeitgeber einen drohenden und nicht zu ersetzenden Nachteils darstellt und er dies glaubhaft macht. In diesem Fall bleibt aber seine Vergütungspflicht bestehen. Diese endet erst mit rechtskräftiger Entbindung von der Weiterbeschäftigungspflicht (dazu Rn. 851). Wie beim allgemeinen Weiterbeschäftigungsantrag kann das Arbeitsgericht auf Antrag des Arbeitnehmers den Arbeitgeber zur Zahlung einer **Entschädigung** verurteilen, wenn er den Arbeitnehmer nicht binnen einer vom Gericht festzusetzenden Frist weiterbeschäftigt (§ 61 Abs. 2 ArbGG). Die Verurteilung kann aber nicht bereits im einstweiligen Verfügungsverfahren nach Abs. 5 Satz 1 erfolgen, da es regelmäßig an einem Verfügungsgrund für die Zahlung der Entschädigung fehlen wird (HdBVR/*Baur* B Rn. 114; anders KR/*Etzel* § 102 BetrVG Rn. 222 d). **844**

4. Beendigung

a) Entbindung des Arbeitgebers (Abs. 5 Satz 2)

845 aa) Entbindungsgründe. Nach Abs. 5 Satz 2 kann der Arbeitgeber durch einstweilige Verfügung von der Verpflichtung zur Weiterbeschäftigung nach Abs. 5 Satz 1 entbunden werden, wenn einer der in Nr. 1 bis 3 genannten Gründe vorliegt. Die Befreiung von der Weiterbeschäftigungspflicht nach Abs. 5 Satz 1 ist nur unter den dort genannten Voraussetzungen zulässig, die Aufzählung der Entbindungsgründe ist abschließend (KR/*Etzel* § 102 BetrVG Rn. 232).

846 *(1) Fehlende Erfolgsaussicht der Kündigungsschutzklage (Nr. 1).* Eine Entbindung des Arbeitgebers kommt in Betracht, wenn die vom Arbeitnehmer erhobene Kündigungsschutzklage keine hinreichende Aussicht auf Erfolg bietet und mutwillig erscheint. Der Wortlaut entspricht dem des § 114 ZPO für die Gewährung von Prozeßkostenhilfe, weshalb die dort geltenden Beurteilungsgrundsätze entsprechend heranzuziehen sind (*Fitting* § 102 Rn. 68). Die hinreichende Erfolgsaussicht fehlt einer Kündigungsschutzklage, wenn diese offensichtlich oder mit hinreichender Wahrscheinlichkeit keinen Erfolg haben wird (LAG Düsseldorf 23. 5. 1975 EzA § 102 BetrVG 1972 Beschäftigungspflicht Nr. 4). Die Klage ist mutwillig erhoben, wenn eine „verständige" Partei ihr Recht nicht in gleicher Weise verfolgen würde (*Richardi* § 102 Rn. 234). Dies wird nur in seltenen Ausnahmefällen in Betracht kommen, etwa wenn der Arbeitnehmer zu einer tatsächlichen Weiterbeschäftigung nicht ernsthaft bereit ist. Da das Gericht im einstweiligen Verfügungsverfahren entscheidet, muß der Arbeitgeber die Tatsachen glaubhaft machen, die zur Aussichtslosigkeit der erhobenen Klage führen (KR/*Etzel* § 102 BetrVG Rn. 225). Nicht ausreichend ist es, wenn er sich auf Einwendungen gegen den erhobenen Widerspruch des Betriebsrats beschränkt. Vielmehr sind beispielsweise bei einer betriebsbedingten Kündigung die Betriebsbedingtheit, fehlende Weiterbeschäftigungsmöglichkeit, ordnungsgemäße Sozialauswahl und Betriebsratsbeteiligung glaubhaft zu machen. Bei einer Kündigung im Rahmen einer Massenentlassung, gilt gleiches für die Voraussetzungen für eine ordnungsgemäße Beteiligung des Arbeitsamtes. Besteht Sonderkündigungsschutz ist die ordnungsgemäße Erteilung der erforderlichen Zustimmungen glaubhaft zu machen. Bei seiner Würdigung hat das Gericht nicht nur die vom Betriebsrat geltend gemachten Widerspruchsgründe, sondern das gesamte Vorbringen des Arbeitnehmers zu berücksichtigen (DKK/*Kittner* § 102 Rn. 287). Eine Entbindung erfolgt nicht schon, wenn der Ausgang des Kündigungsrechtsstreits offen ist oder eine größere Wahrscheinlichkeit für ein Obsiegen des Arbeitgebers spricht. Das Unterliegen des Arbeitnehmers muß aus Sicht eines Rechtskundigen eindeutig sein. Dies ist nicht bereits dann der Fall, wenn der Arbeitnehmer im Kündigungsrechtsstreit in I. Instanz unterlegen ist (so aber ArbG Passau 18. 2. 1992 BB 1992, 928; KR/ *Etzel* § 102 BetrVG Rn. 225 – Arbeitnehmer muß die Erfolgsaussicht für die Berufungsinstanz besonders begründen).

(2) Unzumutbare wirtschaftliche Belastung (Nr. 2). Eine Entbindungsmög- **847** lichkeit besteht auch, wenn die Weiterbeschäftigung des Arbeitnehmers zu einer unzumutbaren wirtschaftlichen Belastung des Arbeitgebers führen würde. Maßgeblich für die Beurteilung der unzumutbaren wirtschaftlichen Belastung ist das Unternehmen, nicht der einzelne Betrieb (DKK/*Kittner* § 102 Rn. 289; anders *Willemsen/Hohenstatt* DB 1995, 215 – Lage des Betriebs maßgeblich). Gehört das Unternehmen einem Konzern an, sind die wirtschaftlichen Verhältnisse des Konzerns nicht maßgeblich, auch wenn eine konzernbezogene Versetzungsmöglichkeit vereinbart wurde (anders DKK/ *Kittner* § 102 Rn. 294). Wann durch die Weiterbeschäftigung eine unzumutbare wirtschaftliche Belastung für den Arbeitgeber entsteht, kann nur im Einzelfall beurteilt werden. Sie ist jedenfalls nicht unzumutbar, wenn der Arbeitnehmer mit anderen Aufgaben betraut werden kann und der Arbeitgeber eine wirtschaftliche Gegenleistung erhält. Gleiches gilt, wenn durch die (vorläufige) Weiterbeschäftigung eine unternehmerische Entscheidung erst verzögert umgesetzt werden kann. Teilweise wird die Unzumutbarkeit schon dann bejaht, wenn für den Arbeitnehmer keine Beschäftigungsmöglichkeit besteht (LAG München 13. 7. 1994 LAGE § 102 BetrVG 1972 Beschäftigungspflicht Nr. 17; anders LAG Hamburg 10. 5. 1993 LAGE § 102 BetrVG 1972 Beschäftigungspflicht Nr. 16). Diese Sichtweise steht mit dem (weitergehenden) Gesetzeswortlaut nicht in Einklang. Bei fehlender tatsächlicher Beschäftigungsmöglichkeit kann aber die tatsächliche Beschäftigungspflicht des Arbeitgebers entfallen, während die Vergütungspflicht fortbesteht (DKK/*Kittner* § 102 Rn. 293; KR/*Etzel* § 102 BetrVG Rn. 228; anders *Willemsen/Hohenstatt* DB 1995, 215, 218).

Die Unzumutbarkeit ist vielmehr abhängig von Größe und Wirtschaftskraft **848** des Unternehmens sowie der sich aus der (vorläufigen) Weiterbeschäftigung ergebenden Belastungen. Auch bei einem Weiterbeschäftigungsverlangen mehrerer Arbeitnehmer bestehen keine starren Grenzen (anders *Willemsen/Hohenstatt* DB 1995, 215, 220 ff. – Heranziehung von § 17 KSchG). Eine unzumutbare Weiterbeschäftigung liegt vor, wenn bei Erfüllung der sich aus Abs. 5 ergebenden Pflichten die Zahlungsunfähigkeit oder eine Überschuldung des Arbeitgebers droht (§§ 17–19 InsO). Unzumutbar ist die Weiterbeschäftigung auch, wenn der Arbeitgeber notwendige Investitionsvorhaben nicht mehr durchführen kann oder ein weiterer Abbau von Arbeitsplätzen erforderlich wird. Insoweit muß die schlechte wirtschaftliche Lage nicht ausschließlich, aber auch auf die Weiterbeschäftigung zurückzuführen sein. Nicht ausreichend ist es deshalb, wenn durch die Weiterbeschäftigung nur die Ertragslage des Betriebs „tangiert" wird (so *Richardi* § 102 Rn. 235), da sich durch die Weiterbeschäftigung regelmäßig das Betriebsergebnis verringern wird. Im gerichtlichen Verfahren ist der Arbeitgeber zur Glaubhaftmachung der sich gerade aus der vermeintlich unzumutbaren Weiterbeschäftigung ergebenden wirtschaftlichen Belastung verpflichtet. Pauschale Angaben sind nicht ausreichend; erforderlich ist eine konkrete und nachvollziehbare Darstellung der gegenwärtigen und zukünftigen Lage des Unternehmens (DKK/*Kittner* § 102 Rn. 291; GK-BetrVG/*Kraft* § 102 Rn. 229). Wendet sich der Arbeitgeber gegen die Weiterbeschäftigung mehrerer Arbeitnehmer, kommt auch eine Entbindung einer geringeren Anzahl in Betracht (KR/*Etzel* § 102 Betr-VG Rn. 227 – Auswahl ist nach sozialen Gesichtspunkten zu treffen).

849 *(3) Offensichtlich unbegründeter Widerspruch (Nr. 3).* Schließlich besteht eine Entbindungsmöglichkeit, wenn der Widerspruch des Betriebsrats offensichtlich unbegründet ist, also die vom Betriebsrat **angeführten Tatsachen nicht vorliegen.** Offensichtliche Unbegründetheit ist gegeben, wenn sich die Grundlosigkeit des Widerspruchs bei unbefangener Beurteilung geradezu aufdrängt (LAG München 5. 10. 1994 LAGE § 102 BetrVG 1972 Beschäftigungspflicht Nr. 19; LAG Hamburg 10. 5. 1993 LAGE § 102 BetrVG 1972 Beschäftigungspflicht Nr. 16 – Grundlosigkeit „auf die Stirn geschrieben steht"; LAG Hamburg 14. 9. 1992 NZA 1993, 140 – keine besondere gerichtliche Aufklärung notwendig; LAG Hamm 1. 7. 1986 LAGE § 102 BetrVG 1972 Beschäftigungspflicht Nr. 8; DKK/*Kittner* § 102 Rn. 295; KR/*Etzel* § 102 BetrVG Rn. 230). Ein Widerspruch ist offensichtlich unbegründet, wenn er sich nicht zumindest auf einen der in § 102 Abs. 3 BetrVG genannten Gründe bezieht oder die im Widerspruch angeführten Tatsachen eindeutig erkennbar nicht vorliegen und der Arbeitgeber dieses glaubhaft macht (KR/*Etzel* § 102 BetrVG Rn. 231; *Richardi* § 102 Rn. 236). Bei der Beurteilung ist der Zeitpunkt der Widerspruchserhebung maßgeblich, nachfolgende tatsächliche Änderungen bleiben außer Betracht (ArbG Hamburg 17. 2. 1994 RzK III 1 f Nr. 14; KR/*Etzel* § 102 BetrVG Rn. 230). So ist ein Widerspruch nach Nr. 1 offensichtlich unbegründet, wenn erkennbar keine Auswahlentscheidung vorzunehmen war. Gleiches gilt für einen auf Nr. 3 bzw. 5 gestützten Widerspruch, wenn die vom Betriebsrat bezeichnete andere Weiterbeschäftigungsmöglichkeit nicht besteht, weil die Arbeitsplätze mit anderen Arbeitnehmern besetzt sind.

850 Darüber hinaus wird die Entbindungsmöglichkeit nach Satz 2 Nr. 3 entsprechend angewandt auf **formell nicht ordnungsgemäß** erhobene Widersprüche des Betriebsrats. Zwar besteht in solchen Fällen – im Gegensatz zur offensichtlichen Unbegründetheit – schon kein Weiterbeschäftigungsanspruch nach Abs. 5 Satz 1, da es bereits an einem ordnungsgemäßen Widerspruch (Abs. 3) fehlt. Die analoge Heranziehung von Satz 2 Nr. 3 ist aber wegen der erheblichen wirtschaftlichen Bedeutung der Weiterbeschäftigung und des Gebots der effektiven Rechtsschutzgewährung gerechtfertigt (h. M. LAG Brandenburg 15. 12. 1992 LAGE § 102 BetrVG 1972 Beschäftigungspflicht Nr. 13; LAG München 5. 10. 1994 LAGE § 102 BetrVG 1972 Beschäftigungspflicht Nr. 19; LAG Baden-Württemberg 30. 8. 1993 ArbuR 1974, 200; LAG Hamm 31. 1. 1979 EzA § 102 BetrVG 1972 Beschäftigungspflicht Nr. 6; KR/*Etzel* § 102 BetrVG Rn. 232 mwN.; anders LAG Frankfurt 2. 11. 1984 NZA 1985, 163 – kein Rechtsschutzbedürfnis; LAG Düsseldorf 5. 1. 1976 DB 1976, 1065 = BB 1976, 1462). Bei einem offensichtlich unbegründeten Widerspruch aus formellen Gründen kann sich der Arbeitgeber im Entbindungsverfahren darauf beschränken, den Inhalt des Widerspruchs glaubhaft zu machen (LAG Brandenburg 15. 12. 1992 LAGE § 102 BetrVG 1972 Beschäftigungspflicht Nr. 13). Ein erst nach Ablauf der Anhörungsfrist eingegangener oder nicht unterschriebener Widerspruch ist formell nicht ordnungsgemäß und kann zur Entbindung führen. Gleiches gilt für einen Widerspruch, dessen Begründung nur den Gesetzeswortlaut wiederholt oder keinen Tatsachenvortrag enthält.

bb) Verfahren. Die Entbindung von der Weiterbeschäftigung nach Abs. 5 **851** Satz 2 erfolgt entsprechend dem Gesetzeswortlaut ausschließlich durch **einstweilige Verfügung.** Über den Antrag entscheidet das Arbeitsgericht im Urteilsverfahren (LAG Düsseldorf 21. 6. 1974 DB 1974, 2112; LAG Berlin 11. 6. 1974 DB 1974, 1629 = BB 1974, 1024). Eine Glaubhaftmachung eines Verfügungsgrundes für die Entbindung ist nicht erforderlich, da Abs. 5 Satz 2 den Arbeitgeber ausdrücklich auf diese Verfahrensart verweist (LAG München 13. 7. 1994 LAGE § 102 BetrVG 1972 Beschäftigungspflicht Nr. 17). Die Entbindung kommt aber erst in Betracht, wenn der Arbeitnehmer seine Weiterbeschäftigung nach Abs. 5 verlangt und seine Arbeitskraft angeboten hat. Vor diesem Zeitpunkt besteht kein Rechtsschutzbedürfnis, auch wenn zwischen Arbeitgeber und Arbeitnehmer unterschiedliche Auffassungen über das Bestehen eines Weiterbeschäftigungsanspruchs bestehen. Die Entbindung von der Weiterbeschäftigungspflicht ist an keine starre zeitliche Grenze gebunden (einschränkend LAG Düsseldorf 19. 8. 1977 LAGE § 102 BetrVG 1972 Beschäftigungspflicht Nr. 5 = DB 1977, 1952 – kein Verfügungsgrund bei Abwarten von mehr als 4½ Monaten). Allerdings kann ein längeres Zuwarten mit dem Entbindungsantrag ohne Hinzutreten neuer Tatsachen gegen die wirtschaftliche Unzumutbarkeit einer Weiterbeschäftigung sprechen (Abs. 5 Nr. 2). Für die Entscheidung nach Abs. 5 Satz 2 ist stets das Arbeitsgericht zuständig, auch wenn der Kündigungsrechtsstreit oder das einstweilige Verführungsverfahren über die Weiterbeschäftigung nach Abs. 5 Satz 1 beim Landesarbeitsgericht anhängig ist (LAG Baden-Württemberg 18. 3. 1988 LAGE § 102 BetrVG 1972 Beschäftigungspflicht Nr. 9; KR/*Etzel* § 102 BetrVG Rn. 235 a).

Über den Antrag hat regelmäßig das Arbeitsgericht unter Mitwirkung der **852** ehrenamtlichen Richter und aufgrund **mündlicher Verhandlung** zu entscheiden. Nur unter den Voraussetzungen des § 62 Abs. 2 Satz 2 ArbGG kann eine mündliche Verhandlung entfallen, in diesem Fall besteht auch ein **Alleinentscheidungsrecht** des Vorsitzenden (§ 53 Abs. 1 ArbGG). Wird dem Entbindungsantrag durch Beschluß entsprochen, kann der Arbeitnehmer **Widerspruch** einlegen, auf den mündliche Verhandlung anzuberaumen ist. In dieser entscheidet das Gericht durch Endurteil, gegen das unter den Voraussetzungen des § 64 ArbGG die Berufung an das Landesarbeitsgericht stattfindet. Wird der Antrag des Arbeitgebers ohne mündliche Verhandlung durch Beschluß zurückgewiesen, ist Beschwerde zum Landesarbeitsgericht statthaft (§ 78 ArbGG). Keine Besonderheiten bestehen, wenn das Arbeitsgericht Termin zur mündlichen Verhandlung anberaumt. Gegen das Urteil kann die unterliegende Partei Berufung einlegen. Das Landesarbeitsgericht entscheidet über den Entbindungsantrag des Arbeitgebers abschließend, ein Revision an das BAG ist gegen seine Entscheidung nicht statthaft.

Der Arbeitgeber kann **neue Tatsachen,** die sein Entbindungsverlangen stüt- **853** zen, während eines laufenden Verfahrens nachschieben, d.h. ergänzen, eine

349

Präklusion tritt nicht ein (Beispiel: Abweisung der Kündigungsschutzklage in 1. Instanz, dazu LAG München 16. 8. 1995 LAGE BetrVG § 102 Beschäftigungspflicht Nr. 22). Der Entbindungsantrag kann schließlich auch nach seiner rechtskräftiger Abweisung wiederholt werden, wenn er auf neue Tatsachen gestützt wird (LAG Köln 19. 5. 1983 DB 1983, 2368; ErfK/*Hanau/Kania* § 102 BetrVG Rn. 41). Wird der Arbeitgeber zunächst durch einstweilige Verfügung von der Weiterbeschäftigungspflicht entbunden und die Entscheidung in der Rechtsmittelinstanz abgeändert, ist § 945 ZPO anwendbar (offengelassen von BAG 31. 8. 1978 AP BetrVG 1972 § 102 Weiterbeschäftigung Nr. 1; KR/*Etzel* § 102 BetrVG Rn. 223 a; *Klebe/Schumann* S. 247; anders *Richardi* § 102 Rn. 244).

b) Sonstige Beendigungsgründe

854 Das Weiterbeschäftigungsverhältnis nach § 102 Abs. 5 BetrVG endet bei einer **rechtskräftigen Entscheidung im Kündigungsschutzprozeß.** Obsiegt der Arbeitnehmer, ist der Fortbestand des ursprünglichen Arbeitsverhältnisses rechtskräftig festgestellt. Wird die Kündigungsschutzklage abgewiesen, endet mit Rechtskraft der Entscheidung auch das Weiterbeschäftigungsverhältnis nach Abs. 5. Hat der Arbeitnehmer gegen eine abweisende Entscheidung **Nichtzulassungsbeschwerde** (§ 72 a ArbGG) erhoben, hat die Einlegung der Beschwerde nach § 72 a Abs. 4 ArbGG aufschiebende Wirkung. Das Weiterbeschäftigungsverhältnis endet dann erst mit Zustellung einer abweisenden Entscheidung des BAG. Eine Beendigung des Weiterbeschäftigungsverhältnisses tritt vor diesem Zeitpunkt ein, wenn sich die Arbeitsvertragsparteien über die Beendigung des Arbeitsverhältnisses in einem **Vergleich** verständigen. Der Arbeitnehmer kann sich von einem nach Abs. 5 begründeten Weiterbeschäftigungsverhältnis nicht durch einseitige Erklärung lossagen (DKK/*Kittner* § 102 Rn. 301; KR/*Etzel* § 102 BetrVG Rn. 238; anders *Bösche* Rn. 238 – nur nicht zur Unzeit; *Heinze* Rn. 619 – Suspendierungsrecht bei Unzumutbarkeit), er ist auf den Ausspruch einer außerordentlichen oder ordentlichen Kündigung beschränkt. Kündigt der Arbeitgeber das Arbeitsverhältnis erneut, endet mit Zugang einer außerordentlichen Kündigung bzw. Ablauf der Kündigungsfrist auch das Weiterbeschäftigungsverhältnis nach Abs. 5 (LAG Düsseldorf 19. 8. 1977 LAGE § 102 BetrVG 1972 Beschäftigungspflicht Nr. 5 = DB 1977, 1952; GK-BetrVG/*Kraft* § 102 Rn. 170; KR/*Etzel* § 102 BetrVG Rn. 239; anders *Klebe/Schumann* S. 221). Hieran kann sich jedoch bei Vorliegen der in Abs. 5 Satz 1 genannten Voraussetzungen ein erneutes Weiterbeschäftigungsverhältnis anschließen. Bei der Berechnung der Kündigungsfrist ist auch die im Weiterbeschäftigungsverhältnis nach Abs. 5 zurückgelegte Zeit als Betriebszugehörigkeitszeit zu berücksichtigen (dazu auch Rn. 839). Der Anspruch nach Abs. 5 endet auch bei Rücknahme der Kündigungsschutzklage, Abschluß eines Vergleichs über die Beendigung des Arbeitsverhältnisses oder wenn der Arbeitnehmer im Kündigungsschutzprozeß einen Auflösungsantrag stellt.

M. Wiedereinstellungsanspruch

Das Gesetz knüpft an **objektive Gegebenheiten** an, die **im Zeitpunkt der** 855
Kündigung vorlagen. Beurteilungszeitpunkt ist der Zugang der Kündigungserklärung (Rn. 25 f., 485). Der nach Ausspruch der Kündigung erteilte und
nicht vorhersehbare Großauftrag ist deshalb für Wirksamkeit der Kündigung
ebenso ohne Einfluß wie etwa die nach einer ernsthaften Entscheidung zu
endgültiger Betriebsstillegung durchgeführte Betriebsübernahme (BAG 4. 12.
1997 AP KSchG 1969 § 1 Wiedereinstellung Nr. 4 = NZA 1998, 701; 27. 2.
1997 AP KSchG 1969 § 1 Wiedereinstellung Nr. 1 = NZA 1997, 757) oder
eine nach Ablauf der Kündigungsfrist, während der Dauer eines Kündigungsschutzprozesses entstehende Beschäftigungsmöglichkeit durch das un-
vorhergesehene Ausscheiden eines anderen Arbeitnehmers (BAG 6. 8. 1997
AP KSchG 1969 § 1 Wiedereinstellung Nr. 2 = NZA 1998, 254; 28. 4. 1988
AP BGB § 613 a Nr. 74 = NZA 1989, 265).

Eine veränderte Tatsachenlage kann jedoch einen **Wiedereinstellungsan-** 856
spruch nach § 242 BGB begründen, sofern sich der Arbeitnehmer auf einen allgemeinen oder besonderen Kündigungsschutz berufen kann. Auf diesem Weg
sind unter bestimmten Voraussetzungen Fehlprognosen über die betriebliche
Entwicklung auszugleichen (BAG 4. 12. 1997 AP KSchG 1969 § 1 Wiedereinstellung Nr. 4 = NZA 1998, 701; 13. 11. 1997 AP BGB § 613 a Nr. 169 =
NZA 1998, 251; 6. 8. 1997 AP KSchG 1969 § 1 Wiedereinstellung Nr. 2
= NZA 1998, 254; 27. 2. 1997 AP KSchG 1969 § 1 Wiedereinstellung Nr. 1
= NZA 1997, 757; 7. 3. 1996 AP KSchG 1969 AP KSchG 1969 § 1 Betriebsbedingte Kündigung = NZA 1996, 931; 29. 1. 1987 AP BGB § 620
Saisonarbeit Nr. 1 = NZA 1987, 627; 15. 3. 1984 AP KSchG 1969 § 1 Soziale Auswahl Nr. 2 = NZA 1984, 226; LAG Hamburg 26. 4. 1990 LAGE
§ 611 BGB Einstellungsanspruch Nr. 2; LAG Köln 10. 1. 1989 LAGE § 611
BGB Einstellungsanspruch Nr. 1 mit Anm. *Preis* = DB 1989, 1475; LAG Baden-Württemberg 18. 3. 1986 DB 1987, 543; ferner zum Schrifttum *Beckschulze* DB 1998, 417; *Berkowsky* § 12 Rn. 10 ff.; *ders.* in MünchArbR
§ 130 Rn. 90; BBDW/*Bram* § 1 Rn. 73, 259; *Brahm/Rühl* NZA 1990,
753 ff.; *Gentges,* Prognoseprobleme im Kündigungsschutzrecht, S. 354 ff.;
Hambitzer, Der Wiedereinstellungsanspruch des Arbeitnehmers nach wirksamer Kündigung; *ders.* NJW 1985, 2239 ff.; HKK/*Weller/Dorndorf* § 1
Rn. 946; *Hueck/von Hoyningen-Huene* § 1 Rn. 156 a ff., 407; KR/*Etzel* § 1
KSchG Rn. 569; *Ricken* NZA 1998, 460; *Langer* NZA 1991, Beil. 3 S. 23 ff.,
26 f.; *Stahlhacke/Preis/Vossen* Rn. 618, 644; *v. Stein,* Fehleinschätzungen bei
der Kündigung von Arbeitsverhältnissen; *ders.* RdA 1991, 85 ff.; *Ziemann*
MDR 1999, 716; a. A. *Adam* ZTR 1999, 113).

Ob bei nachträglichem Wegfall des betrieblichen Erfordernisses ein Wie- 857
dereinstellungsanspruch nach § 242 BGB in Betracht kommt, muß anhand
der Einzelfallumstände entschieden werden. Die methodische Begründung
des Wiedereinstellungsanspruchs ist umstritten. Hauptsächlich wird auf den

normübergreifenden Gesichtspunkt des **Vertrauensschutzes** (BAG 29. 1. 1987 AP BGB § 620 Saisonarbeit Nr. 1 = NZA 1987, 627; *Hueck/von Hoyningen-Huene* § 1 Rn. 156b; MünchArbR/*Berkowsky* § 130 Rn. 89) und auf **§ 242 BGB** zurückgegriffen, wobei eine umfassende Interessenabwägung unter Berücksichtigung aller in Betracht kommenden Umstände des Einzelfalles anzustellen sein soll (LAG Köln 10. 1. 1989 LAGE § 611 BGB Einstellungsanspruch Nr. 1 mit Anm. *Preis* = DB 1989, 1475).

I. Prognoseabweichung während der Kündigungsfrist

858 Mit der neueren Rechtsprechung des BAG erscheint es folgerichtig, einen Wiedereinstellungsanspruch für Abweichungen von der Prognose **während der Kündigungsfrist** aus § 242 BGB abzuleiten. Bis zum Vertragsende hat der Arbeitgeber seine vertragliche Schutz- und Rücksichtnahmepflichten auf die Interessen seines Arbeitnehmers zu erfüllen. Bei der Konkretisierung dieser arbeitsvertraglichen Nebenpflichten ist zu berücksichtigen, daß die betriebsbedingten Gründe aus der Sphäre des Arbeitgebers stammen. Die Befugnis, aufgrund einer Prognose über die weitere betriebliche Entwicklung Kündigungen auszusprechen, liegt in dessen schutzwertem Interesse. Er müßte das Arbeitsentgelt für die Kündigungsfrist zahlen, wenn erst die tatsächlich eingetretenen Umstände eine Kündigung rechtfertigen könnten und er den Arbeitnehmer in dieser Zeit nicht mehr beschäftigt hätte. Die Interessenlage verändert sich hingegen zugunsten des Arbeitnehmers, der nach dem KSchG seinen Arbeitsplatz nicht grundlos verlieren soll, wenn sich während des Laufs der Kündigungsfrist herausstellt, daß sich der Arbeitgeber in seiner Prognose geirrt hat und noch keine weiteren unternehmerischen Dispositionen getroffen hat, die einer Wiedereinstellung entgegenstehen (vgl. BAG 27. 2. 1997 AP KSchG 1969 § 1 Wiedereinstellung Nr. 1 = NZA 1997, 757; *Berkowsky* § 12 Rn. 11). Unzumutbar kann die Wiedereinstellung sein, wenn sich nach endgültiger Stillegungsabsicht und Ausspruch der Kündigungen ein Betriebsübernehmer findet, dessen Unternehmenskonzept eine geringere Personalstärke aufweist (BAG 27. 2. 1997 AP KSchG 1969 § 1 Wiedereinstellung Nr. 1 = NZA 1997, 757; *Stahlhacke/Preis/Vossen* Rn. 655c).

II. Prognoseabweichung nach Ablauf der Kündigungsfrist

859 Erweist sich die **Prognose** über den Beschäftigungsbedarf erst **nach Ablauf der Kündigungsfrist** als **falsch,** ist in aller Regel der Rechtssicherheit und vertraglichen Dispositionsfreiheit des Arbeitgebers der Vorrang vor dem Beschäftigungsinteresse des Arbeitgebers einzuräumen (*Stahlhacke/Preis/Vossen* Rn. 645). Nach Auffassung des 7. Senats des BAG scheidet ein Wiedereinstellungsanspruch aus, wenn im Kündigungszeitpunkt **überhaupt nicht absehbar** war, daß ein Arbeitsplatz während oder nach Ablauf der Kündigungsfrist erneut zur Verfügung steht, und zwar selbst dann, wenn ein vom Arbeitnehmer angestrengtes Kündigungsschutzverfahren andauert. Mit Ablauf der Kündigungsfrist sind die Vertragsbeziehungen zwischen Arbeitgeber und Arbeitnehmer beendet (BAG 6. 8. 1997 AP KSchG 1969 § 1 Wiedereinstellung Nr. 2 = NZA 1998, 254; ErfK/*Ascheid* § 1 KSchG Rn. 473). Dieser Auffassung ist für den Fall zuzustimmen, daß bei einer sozial gerechtfertigten betriebsbedingten Kündigung nach Ablauf der Kündigungsfrist aufgrund eines **neuen Kausalverlaufs** (z. B. durch neue Aufträge oder das Ausscheiden eines Arbeitnehmers) anderweitige Beschäftigungsmöglichkeiten entstehen.

In Abgrenzung zu der Entscheidung des 7. Senats vom 6. 8. 1997 hat es **860** der 2. Senat des BAG ausdrücklich offengelassen, ob ein **Wiedereinstellungsanspruch** auch dann entstehen kann, wenn der Arbeitgeber die zur Kündigung führende Unternehmerentscheidung **nach Ablauf der Kündigungsfrist** aufhebt oder ändert (4. 12. 1997 AP KSchG 1969 § 1 Wiedereinstellung Nr. 4 = NZA 1998, 701). Die Verneinung eines solchen Wiedereinstellungsanspruchs hätte bei einer Massenentlassung wegen beabsichtigter Betriebsstillegung zur Folge, daß der Arbeitgeber, der sich doch zur Betriebsfortführung entschließt, nur die Arbeitnehmer wieder einstellen müßte, deren Kündigungsfrist im Zeitpunkt der Änderung seines Entschlusses noch nicht abgelaufen ist (ablehnend deshalb BBDW/*Bram* § 1 Rn. 259).

Gibt der **Arbeitgeber** seinen **Stillegungsplan auf** und **geht der Betrieb auf 861 einen Dritten über,** besteht ein Wiedereinstellungsanspruch unabhängig davon, ob im Zeitpunkt der Betriebsübernahme noch arbeitsvertragliche Beziehungen bestanden. Die Kündigung ist zwar nicht nach § 1 Abs. 2 KSchG unwirksam; gegen den Betriebsübernehmer besteht aber ein **Einstellungsanspruch,** wenn die Voraussetzungen des § 613 a BGB in Verbindung mit den Richtlinien 77/ 187/EWG des Rates vom 14. 2. 1997 sowie 98/50 des Rates vom 29. 6. 1998 erfüllt sind. Nach der *Ayse Süzen*-Entscheidung des EuGH (EuGH 11. 3. 1997 AP EWG-Richtlinie 77/187 Nr. 14 = NZA 1997, 433) sind auch die etwaige Übernahme der Hauptbelegschaft sowie der Zeitraum einer möglichen Betriebsunterbrechung als Kriterien für einen Betriebsübergang zu würdigen (dazu Rn. 475 ff.). Daraus wird deutlich, daß auch nach Ablauf der Kündigungsfrist und trotz einer Betriebsunterbrechung ein Betriebsübergang angenommen werden kann. Während die vom bisherigen Auftragnehmer nicht gekündigten Arbeitsverhältnisse unter diesen Voraussetzungen kraft Gesetzes (§ 613 a BGB) auf den Auftragsnachfolger übergehen, haben die gekündigten Arbeitnehmer einen Anspruch auf Abschluß eines Arbeitsvertrages zu unveränderten Arbeitsbedingungen unter Wahrung ihres Besitzstandes (BAG 13. 11. 1997 AP BGB § 613 a Nr. 169 = NZA 1998, 251). Das Fortsetzungsverlangen ist unverzüglich gegenüber dem Betriebserwerber zu erklären (BAG 12. 11. 1998 AP BGB § 613 a Nr. 186 = NZA 1999, 311; ferner Rn. 485).

Führt der Arbeitgeber den Betrieb entgegen seiner ursprünglichen Absicht **862** hingegen **selbst weiter,** kann nichts anderes gelten. Es wäre in der Wertung wenig verständlich, wenn ein Arbeitgeber, der einen Betrieb erwirbt, alle Arbeitnehmer übernehmen müßte, während der Arbeitgeber, der seinen Stillegungsplan aufgibt, „personell saniert" wäre. Deshalb muß derjenige, der seinen Betrieb weiterführt, auch die gekündigten Arbeitnehmer nach Ablauf der Kündigungsfrist wieder einstellen, soweit die Kriterien für einen Betriebsübergang erfüllt sind.

863 Ändern sich die betrieblichen Umstände entgegen der im Kündigungszeitpunkt erfolgten Prognose **nach Vertragsende**, kommt ein Wiedereinstellungsanspruch weiterhin in Betracht, wenn der Arbeitnehmer unter Beachtung der sonstigen Umstände aufgrund des Verhaltens des Arbeitgebers darauf vertrauen durfte, er werde bei einer Änderung der Umstände wieder eingestellt. Die **mehrmalige Neubegründung** eines Arbeitsverhältnisses nach **saisonalen Unterbrechungen** (BAG 29. 1. 1987 AP BGB § 620 Saisonarbeit Nr. 1 = NZA 1987, 627) oder bei **witterungsbedingten Kündigungen** (BAG 7. 3. 1996 AP KSchG 1969 § 1 Betriebsbedingte Kündigung Nr. 76 = NZA 1996, 931) kann z. B. einen solchen Tatbestand begründen. Ist die Kündigung aber sozial gerechtfertigt, kann dem durch Art. 12 GG abgesicherten Beschäftigungsinteresse der Arbeitnehmer interessen- und systemgerecht nur über einen Wiedereinstellungsanspruch entsprochen werden.

III. Wiedereinstellungsreihenfolge

864 Systematisch konsequent muß der Arbeitgeber dem gekündigten Arbeitnehmern auch **analog § 1 Abs. 3 KSchG** Einstellungsangebote unterbreiten, wenn sich die Prognose während der Kündigungsfrist als unzutreffend erweist und der Bedarf nicht die Beschäftigung sämtlicher Arbeitnehmer ermöglicht. Der Arbeitgeber muß folglich prüfen, wer sich in einem gekündigten Arbeitsverhältnis befindet, wer analog § 1 Abs. 3 Satz 2 KSchG aus der Sozialauswahl herauszunehmen ist, und muß im übrigen nach den Sozialkriterien des § 1 Abs. 3 Satz 1 KSchG vorgehen (*Beckschulze* DB 1998, 417, 420; *Boemke* WiB 1997, 873, 874; *Brahm/Rühl* NZA 1990, 753, 757; ErfK/*Ascheid* § 1 KSchG Rn. 473; *Hambitzer* NJW 1985, 2239, 2242; *Preis* Anm. LAGE § 611 BGB Einstellungsanspruch Nr. 1; *Stahlhacke/Preis/Vossen* Rn. 645; *Zwanziger* BB 1997, 42, 43). Nach der Gegenauffassung muß die Einstellungsinitiative stets vom Arbeitnehmer ausgehen. Beim Wiedereinstellungsanspruch sei der Vertragsfreiheit der Vorrang einzuräumen. Es gelte das „Prioritätsprinzip", wonach der Arbeitnehmer zuerst zu berücksichtigen sei, der zuerst seine Wiedereinstellung verlange (*Berkowsky* § 12 Rn. 16; *ders.* in MünchArbR § 130 Rn. 90; DLW/*Dörner* D 1217 f.; HKK/*Weller/Dorndorf* § 1 Rn. 947; *Wank* Anm. AP KSchG 1969 § 1 Soziale Auswahl Nr. 2; *ders.*, FS Hanau, S. 295, 311 ff.). Diese Auffassung geht zwar auch davon aus, daß der Wiedereinstellungsanspruch als Korrektiv bei fehlerhafter Prognose über den Beschäftigungsbedarf zum Ende des Arbeitsverhältnisses erforderlich ist, setzt den gesetzlichen Regelungsplan in § 1 Abs. 2 und 3 KSchG aber nicht auf diese Situation um. Dabei gebietet die Vertragsfreiheit gerade diese Einschränkung: Als konsequente Folge des Privilegs einer Prognoseentscheidung sind die Grundsätze des § 1 Abs. 2 und 3 KSchG auf die Einstellungssituation entsprechend anzuwenden.

865 Das BAG hat ursprünglich eine analoge Anwendung des § 1 Abs. 3 KSchG auf den Wiedereinstellungsanspruch abgelehnt BAG 15. 3. 1984 AP KSchG 1969 § 1 Soziale Auswahl Nr. 2 = NZA 1984, 226). Im Urteil vom 4. 12.

1997 (BAG 4. 12. 1997 AP KSchG 1969 § 1 Wiedereinstellung Nr. 4 = NZA 1998, 701) wurde hingegen offengelassen, ob überhaupt und unter welchen Voraussetzungen an dieser Rechtsprechung festzuhalten ist. Jedenfalls sei der Arbeitgeber verpflichtet, bei seiner Einstellungsauswahl die in § 1 Abs. 3 KSchG genannten sozialen Belange der betroffenen Arbeitnehmer einzubeziehen. Das BAG berücksichtigt damit die Sozialdaten im Rahmen der §§ 315, 242 BGB wie schon in anderen Fallgestaltungen, in denen die Vorschriften der Sozialauswahl nicht direkt anwendbar sind (vgl. BAG 15. 12. 1994 AP KSchG 1969 § 1 Betriebsbedingte Kündigung Nr. 66 = NZA 1995, 413). Nur bei entsprechender Anwendung der Grundsätze der Sozialauswahl kann aber dem gesetzlichen Regelungsziel des § 1 KSchG entsprochen werden.

Anders hat sich die Rechtslage bei **Bedarfskündigungen** nach dem **Einigungsvertrag** dargestellt. Soweit das BAG hier eine Auswahlentscheidung nach billigem Ermessen unter Berücksichtigung sozialer Gesichtspunkte hat ausreichen lassen, entspricht dies dem Willen des Gesetzgebers, der abweichend von den Vorschriften des KSchG besondere Kündigungsvorschriften geschaffen und dabei in Kenntnis des § 1 Abs. 3 KSchG auf eine entsprechende Regelung verzichtet hat (BAG 5. 10. 1995 AP Einigungsvertrag Anlage I Kap. XIX Nr. 55 = NZA 1996, 644). Anders ist die Situation auch in **Kleinbetrieben** im Sinne des § 23 KSchG (vgl. zur verfassungskonformen Auslegung Rn. 41). Liegt ein Kleinbetrieb vor, kommt ein Wiedereinstellungsanspruch nach § 242 BGB ebenfalls nicht in Betracht, wenn sich die Verhältnisse während des Laufs der Kündigungsfrist ändern. Allerdings gebietet auch diesem Fall der verfassungsrechtliche Schutz des Arbeitsplatzes in Verbindung mit dem Sozialstaatsprinzip bei der Auswahl der einzustellenden Arbeitnehmer ein gewisses Maß an sozialer Rücksichtnahme (vgl. zum Schutz vor Kündigungen im Kleinbetrieb BVerfG 27. 1. 1998 AP KSchG 1969 § 23 Nr. 17 = NZA 1998, 470). **866**

IV. Rechtsfolgen, prozessuale Konsequenzen

1. Hinweispflicht des Arbeitgebers

Die während des Arbeitsverhältnisses bestehenden arbeitsvertraglichen **867** Schutz- und Rücksichtnahmepflichten verlangen weiterhin, daß der Arbeitgeber nach einer veränderten betrieblichen Situation von sich aus an den gekündigten Arbeitnehmer herantritt und ihm die Wiedereinstellung anbietet. Der Arbeitnehmer kann in aller Regel nicht wissen, daß sich die zur Begründung der Kündigung vorgebrachte Beschäftigungslage geändert hat (*Preis*, Prinzipien, S. 356; a. A. DLW/*Dörner* D 1218; MünchArbR/*Berkowsky* § 134 Rn. 130).

Besetzt der Arbeitgeber den Arbeitsplatz entgegen seiner arbeitsvertraglichen **868** Verpflichtung anderweitig, kann er zur **Freikündigung eines Arbeitsplatzes** gezwungen sein, um den Wiedereinstellungsanspruch des Arbeitnehmers erfüllen zu können (vgl. *Preis*, Prinzipien, S. 356). Eine dahingehende Pflicht besteht, wenn der Arbeitgeber während der Dauer der Kündigungsfrist die veränderte Situation zur Einstellung eines anderen Arbeitnehmers ausnutzt, der noch keinen Bestandsschutz genießt, ihn möglicherweise sogar geringer vergütet und sich hinterher darauf bezieht, der Arbeitsplatz sei nunmehr besetzt (BAG 27. 2. 1997 AP KSchG 1969 § 1 Wiedereinstellung Nr. 1 = NZA 1997, 757). Dies folgt aus dem Rechtsgedanken des § 162 BGB (dazu BAG 15. 12. 1994 AP KSchG 1969 § 1 Betriebsbedingte Kündigung Nr. 67 = NZA 1995, 413).

2. Wiedereinstellungsantrag des Arbeitgebers

869 Aber auch soweit die (außergerichtliche) Initiativpflicht für das Angebot auf Fortsetzung des Arbeitsverhältnisses beim Arbeitgeber liegt, ist ein Wiedereinstellungsanspruch nicht im Rahmen des auf Feststellung der Unwirksamkeit der Kündigung gerichteten Antrags zu prüfen. Hierzu bedarf es eines **eigenständigen,** auf Abgabe einer Willenserklärung gerichteten **Antrags,** der nach § 894 ZPO auf Abschluß eines Arbeitsvertrages zu den bisherigen Bedingungen zu richten ist. Bietet der Arbeitgeber nicht von sich aus den Abschluß eines Vertrages über die Fortsetzung des Arbeitsverhältnisses an, nachdem sich die Verhältnisse während der Dauer der Kündigungsfrist geändert haben, kann in dem Klageantrag auf „Weiterbeschäftigung" bzw. „Wiedereinstellung" das Angebot auf Abschluß eines neuen Vertrages gesehen werden, zu dessen Annahme der Arbeitgeber nach Treu und Glauben verpflichtet ist (BAG 27. 2. 1997 AP KSchG 1969 § 1 Wiedereinstellung Nr. 1 = NZA 1997, 757; BBDW/*Bram* § 1 Rn. 73). Diese Auslegung ist im Hinblick auf die nach § 253 Abs. 2 ZPO erforderliche Bestimmtheit des Antrags nicht unproblematisch (vgl. *Ziemann* MDR 1999, 716, 719). Das Arbeitsgericht hat bei entsprechendem Tatsachenvortrag nach § 139 ZPO auf eine sachgerechte Antragsstellung hinzuweisen. Der Antrag könnte folgendermaßen gefaßt werden:

> den/die Beklagte/n zu verurteilen, das Angebot des Klägers/der Klägerin auf Abschluß eines Arbeitsvertrages nach den Bedingungen des am [Datum] beendeten Arbeitsverhältnisses unter Anrechung der bisher erworbenen Dauer der Betriebszugehörigkeit anzunehmen.

3. Fristen

a) Anspruchserhebung für die Wiedereinstellung

870 Unerheblich für den materiell-rechtlichen Wiedereinstellungsanspruch ist, ob der Arbeitnehmer überhaupt **Kündigungsschutzklage** erhoben oder ein Bestandsschutzverfahren erfolglos durchgeführt hat (*Ziemann* MDR 1999, 716, 720). Der Arbeitnehmer, der eine sozial gerechtfertigte Kündigung akzeptiert, kann nicht schlechter gestellt werden als derjenige, der ungeachtet der vorliegenden Kündigungsgründe (z.B. aufgrund einer ursprünglich beschlossenen Betriebsschließung) die Kündigung gerichtlich anficht (*Berkowsky* § 12 Rn. 12). Die **Dreiwochenfrist** des § 4 KSchG und die **Fiktionswirkung**

des § 7 KSchG **gelten** für den **Wiedereinstellungsanspruch** aber **analog,** wenn der Arbeitgeber (bzw. ein Betriebsübernehmer) die Einstellung ablehnt. Der Zweck des Bestandsschutzes rechtfertigt keine Phasen vermeidbarer Ungewißheit über das Zustandekommen eines Arbeitsvertrages. Nicht zuletzt im Interesse seiner eigenen Beschäftigungs- und Vergütungsansprüche ist deshalb vom Arbeitnehmer zu verlangen, daß er das Fortsetzungsverlangen gegenüber dem Arbeitgeber unverzüglich (§ 121 BGB) nach Kenntniserlangung der die Wiedereinstellung begründenden Tatsachen stellt (BAG 12. 11. 1998 NZA 1999, 311 für einen Wiedereinstellungsanspruch nach Betriebsübergang; ferner Rn. 485). Lehnt der Arbeitgeber die Fortsetzung des Arbeitsverhältnisses ab, hat der Arbeitnehmer den Anspruch spätestens drei Wochen nach der Ablehnung gerichtlich geltend zu machen. Reagiert der Arbeitgeber auf das Fortsetzungsverlangen hingegen nicht, **verwirkt** der Anspruch nach allgemeinen Grundsätzen, setzt also neben dem **Zeit-** ein **Umstandsmoment** voraus. Für das Zeitmoment kann wiederum die Dreiwochenfrist ab vollständiger Tatsachenkenntnis als Anhaltspunkt genommen werden. Ein Umstandsmoment setzt darüber hinaus aber ein besonderes Vertrauen des Arbeitgebers voraus, er werde nicht mehr gerichtlich in Anspruch genommen (BAG 20. 5. 1988 AP BGB § 242 Prozeßverwirkung Nr. 5 = NZA 1989, 16; LAG Köln 13. 12. 1989 LAGE § 242 BGB Prozeßverwirkung Nr. 3).

b) Zeitpunkt der Neubegründung

Das **Arbeitsverhältnis** wird allerdings erst mit der **Geltendmachung des Wiedereinstellungsanspruchs** begründet, also mit **Wirkung für die Zukunft.** Das **871** kann zu unterschiedlichen Rechtswirkungen zwischen gewonnenem Kündigungsschutzprozeß und erfolgreichem Wiedereinstellungsantrag führen, wenn die Kündigungsfrist im Zeitpunkt des Antrags auf Wiedereinstellung verstrichen und der Antrag ausnahmsweise (Rn. 859 ff.) begründet ist. In der Vergangenheit bestehende Annahmeverzugsansprüche können im Gegensatz zu einer unwirksamen Kündigung nur im Wege eines Schadensersatzanspruchs geltend gemacht werden, für die es aber regelmäßig an einem Verschulden des Arbeitgebers fehlen dürfte. *Ziemann* meint, ein Fortsetzungsantrag, der auf die Annahme des Angebots auf einvernehmliche Aufhebung einer Kündigung gerichtet sei, werde der Situation gerechter (MDR 1999, 712, 720). Ebenso wie bei der Rücknahmevereinbarung gehe es in Wirklichkeit um die nahtlose Fortsetzung des alten Arbeitsverhältnisses, das bei einem Prognoseirrtum durchgehend bestehe und vergütet werden müsse. Gegen diese Auffassung ist zu bedenken, daß die Wiedereinstellung nach Vertragsbeendigung und auf veränderter Tatsachengrundlage erfolgt. Mit der Wirksamkeit der Kündigung steht die Beendigung des Arbeitsverhältnisses fest. Der Arbeitgeber, dessen Kündigungsentscheidung rechtlich nicht zu beanstanden ist, muß das Entgeltrisiko erst wieder tragen, wenn der Arbeitnehmer einen Antrag nach § 894 ZPO gestellt hat. Daneben hat der Arbeitnehmer ein Wahlrecht, ob er die ausgesprochene Kündigung und damit die Beendigung des Arbeitsverhältnisses akzeptiert oder seine Wiedereinstellung verlangt.

4. Darlegungs- und Beweislast

872 Die Voraussetzungen eines **Wiedereinstellungsanspruchs** sind vom Arbeitnehmer darzulegen und zu beweisen. Es gilt dabei eine nach § 138 ZPO „**umgekehrt abgestufte**" **Darlegungs- und Beweislast** mit der Folge, daß sich der Arbeitgeber auf einen schlüssigen Arbeitnehmervortrag substantiiert erklären muß. Der Arbeitnehmer muß Tatsachen vortragen, aus denen sich die Prognoseänderung (Betriebsfortführung bzw. -übergang). Der Arbeitgeber muß dann substantiiert darlegen und beweisen, daß sich die Tatsachen entweder nicht geändert haben oder aus welchen Gründen eine Wiedereinstellung gleichwohl nicht in Betracht kommt (*Ziemann* MDR 1999, 716, 722).

Literaturverzeichnis

I. Lehrbücher und Monographien
(Abgekürzt zitierte Kommentarliteratur siehe Nachweise im Abkürzungsverzeichnis)

Alp, Die Berücksichtigung der unternehmerischen Entscheidungsfreiheit im Rahmen des Kündigungsschutzgesetzes, 1998

Ascheid, Kündigungsschutzrecht, 1993

Barnhofer, Kurzarbeit zur Vermeidung betriebsbedingter Kündigung, 1994

Berkowsky, Die betriebsbedingte Kündigung, 4. Aufl., 1997

Bösche, Das Recht des Betriebsrats bei Kündigungen, 1979

Däubler, Das Arbeitsrecht 2, 11. Aufl., 1998

Halbach/Paland/Schwedes/Wlotzke, Übersicht über das Arbeitsrecht, 6. Aufl., 1997

Hambitzer, Der Wiedereinstellungsanspruch nach wirksamer Kündigung, 1987

Heinze, Personalplanung, Einstellung und Kündigung Mitbestimmungsrechte, 1982

Helle, Konzernbedingte Kündigungsschranken bei Abhängigkeit und Beherrschung durch Kapitalgesellschaften, 1989

Henssler, Der Arbeitsvertrag im Konzern, 1983

Kiel, Die anderweitige Beschäftigungsmöglichkeit im Kündigungsschutz, 1990

Klebe/Schumann, Das Recht auf Beschäftigung im Kündigungsschutzprozeß, 1981

Koch, Die Abmahnung eines Betriebsratsmitglieds wegen Amtspflichtverletzung, 1991

Kreitner, Kündigungsschutzrechtliche Probleme beim Betriebsinhaberwechsel, 1989

Lammermann, Aktuelle Probleme im Rahmen der betriebsbedingten Kündigung unter besonderer Berücksichtigung der betrieblichen und sozialen Auswahl, 1996

Linck, Die soziale Auswahl bei betriebsbedingter Kündigung, 1990

Lorenzen/Schmitt/Etzel/Gerhold/Schlatmann, Bundespersonalvertretungsgesetz, 4. Aufl. (Loseblattausgabe)

Meisel, Die Mitwirkung und Mitbestimmung des Betriebsrats in personellen Angelegenheiten, 1984

Oetker, Der arbeitsrechtliche Bestandsschutz unter dem Firmament der Grundrechtsordnung, 1996

Pollmann, Die Sozialauswahl bei der betriebsbedingten Kündigung, 1996

Ruberg, Sozialrechtfertigung als Organisationsschutz, 1999

Säcker/Oetker, Grundlagen und Grenzen der Tarifautonomie, 1992

Schiefer/Worzalla/Will, Arbeits-, sozial- und lohnsteuerrechtliche Änderungen 1999 – Umsetzung und Handhabung in der betrieblichen Praxis, 1999

Schwerdtner, Arbeitsrecht 1, 1976

Silberberger, Weiterbeschäftigungsmöglichkeit und Kündigungsschutz im Konzern, 1994

Steffan, Arbeitsrecht und Unternehmenssanierung in den neuen Bundesländern, 1995

v. Stein, Fehleinschätzungen bei der Kündigung von Arbeitsverhältnissen, 1989

Windbichler, Arbeitsrecht im Konzern, 1989

II. Aufsätze

Abbrent, Personalabbau im Konzern, BB 1988, 756

Adam, Abschied vom „Unkündbaren"?, NZA 1999, 846

– Die zweifelhafte Wirkung der Prognose im Kündigungsrecht, ZTR 1999, 113

Adomeit, Einstellungen und Entlassungen nach dem neuen Betriebsverfassungsgesetz, DB 1971, 2360

Ascheid, Beschäftigungsförderung durch Einbeziehung kollektivvertraglicher Regelungen in das Kündigungsschutzgesetz, RdA 1997, 333

– Betriebsbedingte Kündigung – Unternehmerentscheidung und außerbetriebliche Gründe, DB 1987, 1144
– Die betriebsbedingte Kündigung § 1 KSchG – § 54 AGB-DDR § 613 a IV 2 BGB, NZA 1991, 873
– Tarifvertragliche Regelungen bei der Sozialauswahl, FS Schaub, S. 7

Bader, Das Arbeitsförderungsreformgesetz, ArbuR 1997, 381
– Das Kündigungsschutzgesetz in neuer (alter) Fassung, NZA 1999, 64 ff.
– Neuregelungen im Bereich des Kündigungsschutzgesetzes durch das Arbeitsrechtliche Beschäftigungsförderungsgesetz, NZA 1996, 1125

Bauer/Haußmann, Die Verantwortung des Arbeitgebers für den Arbeitsmarkt, NZA 1997, 1100

Bauer/Klein, Sozialauswahl bei Teilzeitbeschäftigung, BB 1999, 1162

Bauer/Lingemann, Das neue Umwandlungsrecht und seine arbeitsrechtlichen Auswirkungen, NZA 1994, 1057
– Personalabbau und betriebliche Altersstruktur, NZA 1993, 625

Beckschulze, Auswirkungen des § 2 SGB III auf das Arbeitsrecht, BB 1998, 791
– Der Wiedereinstellungsanspruch nach betriebsbedingter Kündigung, DB 1998, 417

Bepler, Der Betriebsbegriff des KSchG und die Kleinbetriebsklausel, ArbuR 1997, 54
– Sozialrechtliche Gestaltung des laufenden Arbeitsverhältnisses durch das neue SGB III – Kündigungsschutz, Sozialplanförderung, Eingliederungsvertrag, ArbuR 1999, 219

Berkowsky, Änderungskündigung, Direktionsrecht und Tarifvertrag – Zur Dogmatik der „überflüssigen Änderungskündigung", NZA 1999, 293
– Beschäftigung, Weiterbeschäftigung und Sozialauswahl, NJW 1996, 291
– Der „doppelte Vorbehalt" bei der Änderungskündigung, BB 1999, 1266
– Die „Betriebsbezogenheit" der Sozialauswahl – Gesetzesbefehl oder Notbremse?, NZA 1996, 290
– Die Änderungskündigung zur Tarifumgehung, DB 1999, 1606
– Die Einstellung der Zwangsvollstreckung aus einem arbeitsgerichtlichen „Weiterbeschäftigungsurteil" nach § 62 Arbeitsgerichtsgesetz, BB 1981, 1038
– Neue Perspektiven im Kündigungsschutzrecht, DB 1996, 778

Bernardi, Krankheitsbedingte Kündigung – Vermeidbarkeit durch Beschäftigung auf einem anderen Arbeitsplatz, NZA 1999, 683

Bertzbach, Verhindert die Anwendung des Kündigungsschutzgesetzes die Sanierung von Unternehmen?, FS Hanau, S. 173

Bieback, Sozialrechtliche Gestaltung des Arbeitsverhältnisses – Allgemeine Grundsätze, Kurzarbeitergeld, subventionierte Beschäftigung, ArbuR 1999, 209

Birk, Umschulung statt Kündigung, FS Kissel, S. 51

Bitter, Der kündigungsrechtliche Dauerbrenner: Unternehmerfreiheit ohne Ende?, DB 1999, 1214
– Grenzen der Analogie „ordnungsgemäßer" Betriebsratsanhörung bei Kündigungen, FS Stahlhacke, S. 57
– Zum Umfang und Inhalt der Informationspflicht des Arbeitgebers gegenüber dem Betriebsrat bei der betriebsbedingten Kündigung insbesondere bei der Sozialauswahl, NZA 1991, Beil. 3, S. 16
– Zur Kombination von Kündigungsschutzklage mit allgemeiner Feststellungsklage – Oder: Zur Schleppnetztheorie des Bundesarbeitsgerichts, DB 1997, 1407

Bitter/Kiel, 40 Jahre Rechtsprechung des Bundesarbeitsgerichts zur Sozialwidrigkeit von Kündigungen, RdA 1994, 333

Bram/Rühl, Praktische Probleme des Wiedereinstellungsanspruchs nach wirksamer Kündigung, NZA 1990, 753

Bröhl, Die Orlando-Kündigung: Zwischenwort zur außerordentlichen Kündigung tariflich unkündbarer Arbeitnehmer, FS Schaub, S. 55

Buschmann, Namensliste ade – auch bei Altfällen?, ArbuR 1999, 81

Coen, Der Kündigungsschutz im Konzern, RdA 1983, 348

Colneric, in: Betriebsbedingte Kündigungen im Widerstreit, Schriftenreihe Otto-Brenner-Stiftung, Bd. 73, S. 21

Däubler, Das Arbeitsrecht im neuen Umwandlungsrecht, RdA 1995, 136

– Das Gesetz zu Korrekturen in der Sozialversicherung und zur Sicherung der Arbeitnehmerrechte, NJW 1999, 601

Denck, Betriebsbedingte Kündigung und Kurzarbeitergeld, ZfA 1985, 249

Dörner, H.-J., Der Kündigungsschutz Schwerbehinderter bei betriebsbedingten Kündigungen und das Grundgesetz, FS Dieterich, S. 83

Dudenbostel, Vergleichbarkeit und Leistungsbeurteilung bei der sozialen Auswahl nach § 1 Abs. 3 KSchG, DB 1984, 826

Düwell, § 102 IV BetrVG – eine noch zu entdeckende Formvorschrift, NZA 1988, 866

– Umwandlung von Unternehmen und arbeitsrechtliche Folgen, NZA 1996, 393

Ehler, Unbeachtlichkeit tarifrechtlicher Kündigungsschutzregelungen bei der personellen Konkretisierung der Sozialauswahl, BB 1994, 2068

Ende, Das Recht des Arbeitnehmers auf Beendigung seines Arbeitsverhältnisses, NZA 1994, 913

Enderlein, Die Annahme unter Vorbehalt nach § 2 Satz 1 KSchG, ZfA 1992, 20

Ettwig, Keine Änderung im Kündigungsschutz durch das neue SGB III, NZA 1997, 1152

Färber, Die horizontale und vertikale Vergleichbarkeit von Arbeitnehmern im Rahmen der Sozialauswahl, NZA 1985, 175

Fenski, Zur Zulässigkeit von Punktetabellen bei der Sozialauswahl im Rahmen einer betriebsbedingten Kündigung, DB 1990, 1917

Feudner, Zur arbeitsrechtlichen Wertigkeit des „Shareholder-Value", DB 1999, 742

Fiebig, Konzernbezogener Kündigungsschutz nach der Rechtsprechung des BAG, DB 1993, 582

Fischermeier, Die betriebsbedingte Kündigung nach den Änderungen durch das Arbeitsrechtliche Beschäftigungsförderungsgesetz, NZA 1997, 1089

Gajewski, Die betriebsbedingte Kündigung, FS Gaul 1987, 311

Gamillscheg, Betriebsrat und Kündigung, Festschrift 25 Jahre BAG, S. 117

– Kündigung und Versetzung der Vertreter der Arbeitnehmer – Eine rechtsvergleichende Übersicht, ZfA 1977, 239

Gast, Die Amtszeit des Betriebsrats, BB 1987, 331

Gaul, Der Widerruf einer Zustimmungserklärung des Betriebsrats bei Kündigungen, RdA 1979, 267

– Die Weiterbeschäftigung nach zumutbaren Umschulungs- und Fortbildungsmaßnahmen, BB 1995, 2422

– Rechtsprechung zur Namensliste gemäß § 1 Abs. 5 KSchG, AuA 1998, 168

– Wechselbeziehungen zwischen Direktionsrecht und Sozialauswahl, NZA 1992, 673

Gerntke/Ulber, Der Eingliederungsvertrag, AiB 1997, 511

Gester/Zachert, Betriebsverfassungsrechtliche Elemente des allgemeinen Kündigungsschutzes, ArbRGgw. Bd. 12, 87

Giesen, Die Sozialauswahl bei betriebsbedingter Kündigung nach neuem Recht, ZfA 1997, 145

Griebeling, Der Arbeitnehmerbegriff und das Problem der „Scheinselbständigkeit", RdA 1998, 208

Griese, Neuere Tendenzen bei der Anhörung des Betriebsrats vor der Kündigung, BB 1990, 1899

Groeger, Probleme der außerordentlichen betriebsbedingten Kündigung ordentlich unkündbarer Arbeitnehmer, NZA 1999, 850

Grünberger, Die dringenden betrieblichen Erfordernisse bei der betriebsbedingten Kündigung, BRAK-Mitteilungen 1996, 111

Guldan, Beeinflußt das SGB III den Ausspruch von betriebsbedingten Kündigungen?, AuB 1998, 71

Gussone, Weiterbeschäftigungsanspruch des Arbeitnehmers und Gegenantrag des Arbeitgebers nach § 102 Abs. 5 BetrVG, ArbuR 1994, 245

Hager, Die Umdeutung der außerordentlichen in eine ordentliche Kündigung, BB 1989, 693

Hambitzer, Wiedereinstellungsanspruch nach wirksamer betriebsbedingter Kündigung, NJW 1985, 2239

Hanau, Der Eingliederungsvertrag, DB 1997, 1278

– Die Wiederbelebung des § 128 AFG, DB 1992, 2625

Heinz, Zumutbare Beschäftigungen nach dem SGB III, ZTR 1998, 493,

Henssler, Aktuelle Rechtsprobleme des Betriebsübergangs, NZA 1994, 913

– Aufspaltung, Ausgliederung und Fremdvergabe, NZA 1994, 294

Herschel, Betriebsbezogenheit des arbeitsrechtlichen Kündigungsschutzes und ganzheitliche Abwägung, FS Schnorr von Carolsfeld, S. 157

Hillebrecht, Prinzipien des Kündigungsrechts bei Arbeitsverhältnissen und die Rechtsprechung des BAG, ZfA 1991, 87

Hinrichs, Änderungen im Kündigungsschutzrecht, AiB 1999, 1

Hoffmeister, Soziale Auswahl nach Widerspruch bei Betriebsteilübergang, ArbuR 1995, 132

Hofmann, Zur betriebsbedingten Kündigung, ZfA 1984, 295

Hold, Neues ab 1. Januar ´99 im Arbeits- und Sozialrecht, AuA 1999, 52

– Umsetzung des Bonner Sparpakets – Arbeitsrechtliches Beschäftigungsförderungsgesetz, AuA 1996, 365

Hromadka, Möglichkeiten und Grenzen der Änderungskündigung, NZA 1996, 1;

Kania/Kramer, Unkündbarkeitsvereinbarungen in Arbeitsverträgen, Betriebsvereinbarungen und Tarifverträgen, RdA 1995, 287

Keppeler, Der Aufhebungsvertrag – wirklich ein mitbestimmungsfreier Raum?, ArbuR 1996, 263

Kittner, Das neue Recht der Sozialauswahl bei betriebsbedingten Kündigungen und die Ausdehnung der Kleinbetriebsklausel, ArbuR 1997, 182

– Leichter kündigen als änderungskündigen? NZA 1997, 968

– Neues Kündigungsschutzrecht außerhalb des Kündigungsschutzgesetzes, NZA 1998, 731

Konzen, Arbeitnehmerschutz im Konzern, RdA 1984, 65

Kappenhagen, Namensliste nach § 1 Abs. 5 KSchG in einem freiwilligen Interessenausgleich?; NZA 1998, 968

Kothe, Die vertrackte Namensliste. Der qualifizierte Interessenausgleich im neuen Kündigungsrecht, BB 1998, 946

Kraft, Das Anhörungsverfahren gem. § 102 BetrVG und die „subjektive Determinierung" der Mitteilungspflicht, FS Kissel, S. 611

Künzl, Probleme der Sozialauswahl bei betriebsbedingten Kündigungen, ZTR 1996, 385

Lakies, Altes und Neues beim Kündigungsschutz seit dem 1. 1. 1999, NJ 1999, 74

– Die Bedeutung des Haushaltsrechts für die Beendigung von Arbeitsverhältnissen im öffentlichen Dienst, NZA 1997, 745

– Drittfinanzierte Arbeitsverhältnisse in der Privatwirtschaft und deren Beendigung, NZA 1995, 296

– Rechtsprobleme der Neuregelung des Kündigungsschutzgesetzes, NJ 1997, 121

– Zu den arbeitsrechtlichen Vorschriften der InsO, RdA 1997, 145

Langanke, Die soziale Auswahl bei betriebsbedingter Kündigung und der Zweck des Arbeitsverhältnisses, RdA 1993, 219

Langer, Anspruch auf Wiedereinstellung?, NZA Beil. 3/91, 23

Leinemann, Fit für neues Arbeitsvertragsrecht?, BB 1996, 1381

Linck, Die Darlegungs- und Beweislast bei der sozialen Auswahl nach § 1 Abs. 3 KSchG, DB 1990, 1866

– Die soziale Auswahl bei betriebsbedingter Kündigung, AR-Blattei SD 1020.1.2, 1999

Lingemann/Grothe, Betriebsbedingte Kündigung im öffentlichen Dienst, NZA 1999, 1072

Lingemann/von Steinau-Steinrück, Konzernversetzung und Kündigungsschutz, DB 1999, 2161

Löwisch, Das Arbeitsrechtliche Beschäftigungsförderungsgesetz, NZA 1996, 1009
– Der arbeitsrechtliche Teil des sogenannten Korrekturgesetzes, BB 1999, 102
– Kündigung nach altem Recht bis 31. Dezember möglich, BB 1998, 2581 ff.
– Kurzarbeit vor Kündigung zwischen Betriebsverfassungs- und Kündigungsschutzrecht, FS Wiese, S. 249
– Neugestaltung des Interessenausgleichs durch das Arbeitsrechtliche Beschäftigungsförderungsgesetz, RdA 1997, 80
– Tarifliche Regelung von Arbeitgeberkündigungen, DB 1998, 877

Lück, Probleme der Sozialauswahl nach betriebsbedingter Kündigung, DB 1992, 92

Lunk, Widerspruch gegen Betriebsübergang und Sozialauswahl, NZA 1995, 711

Manske, Wiedereinstellungsanspruch in der Rechtsprechung des BAG, FA 1998, 143

Martens, Das Arbeitsverhältnis im Konzern, FS 25 Jahre BAG, S. 367

Matthes, Probleme des Kündigungsschutzes von Betriebsratsmitgliedern, DB 1980, 1165

Matthießen, Die Nichteinbeziehung von Arbeitnehmern in die soziale Auswahl bei betriebsbedingten Kündigungen, NZA 1998, 1153

Mayer-Maly, Betriebliche Erfordernisse, ZfA 1988, 209

Meinhold, Mitbestimmung des Betriebsrates bei der Einführung von Kurzarbeit und betriebsbedingte Kündigung, BB 1988, 623

Meisel, Die soziale Auswahl bei betriebsbedingter Kündigung, DB 1991, 92
– Dringende betriebliche Erfordernisse und Berücksichtigung von Leistungsgesichtspunkten, BB 1963, 1058

Möhn, Gibt es ein entscheidendes Kriterium bei der Sozialauswahl?, BB 1995, 563
– Zur Überprüfbarkeit der unternehmerischen Entscheidung im Rahmen einer betriebsbedingten Kündigung, ZTR 1995, 356

Moll, Die Rechtsstellung des Arbeitnehmers nach einem Betriebsübergang, NJW 1993, 2016

Moll/Steinbach, Sozialauswahl im Rahmen einer betriebsbedingten Kündigung als Prognoseentscheidung, MDR 1997, 711

Müller-Glöge, Bestandsschutz beim Betriebsübergang nach § 613a BGB, 449

Neef, Die Neuregelung des Interessenausgleichs und ihre praktischen Folgen, NZA 1997, 65

Nerreter, Die Kündigung von Betriebsratsmitgliedern bei Stillegung eines Betriebs Nach § 15 Abs. 4 KSchG, NZA 1995, 54

Niesel, Die wichtigsten Änderungen des Arbeitsförderungsrechts durch das Arbeitsförderungs-Reformgesetz, NZA 1997, 580

Oetker, Das Widerspruchsrecht der Arbeitnehmer beim Betriebsübergang zwischen Freiheitsschutz und Bestandsschutz, DZWir 1993, 136
– Arbeitsrechtlicher Bestandsschutz und Grundrechtsordnung, RdA 1997, 9
– Der auswahlrelevante Personenkreis im Rahmen von § 1 Abs. 3 KSchG, FS Wiese, S. 333;

Oetker/Busche, Entflechtung ehemals volkseigener Wirtschaftseinheiten im Lichte des Arbeitsrechts, NZA 1991, Beil. 1 S. 18

Oppertshäuser, Anhörung des Betriebsrats zur Kündigung und Mitteilung der Sozialdaten, NZA 1997, 919

Pakirnus, Sind §§ 1, 23 KSchG in der ab 1. 1. 1999 geltenden Fassung auf vor diesem Tag ausgesprochene Kündigung anzuwenden?, DB 1999, 286 ff.

Pauly, Neue Streitfragen zur sozialen Auswahl bei betriebsbedingter Kündigung, MDR 1997, 513
– Unkündbarkeitsvereinbarungen in Arbeitsverträgen – Kündigung trotz Ausschlusses der Kündigung?, ArbuR 1997, 94

– Zur Frage der unternehmerischen Entscheidungsfreiheit bei betriebsbedingter Kündigung, ZTR 1997, 113

Piehler, Rechtsfolgen einer „Teil-Namensliste" nach § 1 Abs. 5 KSchG, NZA 1998, 970

Plander, Die Betriebsstillegung aus gesellschafts- und arbeitsrechtlicher Sicht, NZA 1999, 505

Preis, B., Betriebsbedingte Kündigung zwischen Arbeitsplatzschutz und unternehmerischer Entscheidungsfreiheit, ArbuR 1997, 60 und NZA 1995, 625

– Rahmen und Grenzen der Sozialauswahl, DB 1984, 2244

Preis, U., Aktuelle Tendenzen im Kündigungsschutzrecht, NZA 1997, 1073

– Autonome Unternehmerentscheidung und „dringendes betriebliches Erfordernis", NZA 1995, 241

– Betriebsbedingte Kündigung, HAS, § 19 F

– Das arbeitsrechtliche Beschäftigungsförderungsgesetz 1996, NJW 1996, 3369

– Der Kündigungsschutz nach dem „Korrekturgesetz", RdA 1999, 311

– Die Verantwortung des Arbeitgebers und der Vorrang betrieblicher Maßnahmen vor Entlassungen (§ 2 Abs. 1 Nr. 2 SGB III), NZA 1998, 449

– Neue Tendenzen im arbeitsrechtlichen Kündigungsschutz, DB 1988, 1387 und 1444

– Unternehmerentscheidung und „dringendes betriebliches Erfordernis", Brennpunkte des Arbeitsrechts 1995, S. 163

Preis, U./Hamacher, Die Kündigung der Unkündbaren, FS Arbeitsgerichtsbarkeit Rheinland-Pfalz, S. 245

Raab, Individualrechtliche Auswirkungen der Mitbestimmung des Betriebsrats gemäß §§ 99, 102 BetrVG, ZfA 1995, 479

Rasch, Zur Darlegungs- und Beweislast für die Richtigkeit der sozialen Auswahl bei der betriebsbedingten Kündigung unter kündigungsschutz- und datenschutzrechtlichen Gesichtspunkten, DB 1982, 2296

Reinecke, Der Kampf um die Arbeitnehmereigenschaft – prozessuale, materielle und taktische Probleme, NZA 1999, 729

Reinfelder/Zwanziger, Teilzeitarbeit und betriebsbedingte Kündigung, DB 1996, 677

Richardi, Mitbestimmung des Betriebsrats über Kündigungs- und Versetzungsrichtlinien, FS Stahlhacke, S. 447

Ricken, Grundlagen und Grenzen des Wiedereinstellungsanspruchs, NZA 1998, 460

Rieble, Der Entscheidungsspielraum des Arbeitgebers bei der Sozialauswahl nach § 1 Abs. 3 KSchG und seine arbeitsgerichtliche Kontrolle, NJW 1991, 65

Rolfs, Arbeitsrechtliche Aspekte des neuen Arbeitsförderungsrechts, NZA 1998, 17

Rost, Die Sozialauswahl bei betriebsbedingter Kündigung, ZIP 1982, 1396

Rühle, Die Sozialauswahl bei Arbeitnehmern mit unterschiedlicher Arbeitszeit, DB 1994, 834

Rumpenhorst, Das berechtigte betriebliche Bedürfnis i.S.d. § 1 Abs. 3 Satz 2 KSchG bei Massenentlassungen, NZA 1996, 214

Rüthers, Reform der Reform des Kündigungsschutzes?, NJW 1998, 283

Schaub, Der Kündigungsschutz bei Änderungskündigungen, RdA 1970, 230

– Die besondere Verantwortung von Arbeitgeber und Arbeitnehmer für den Arbeitsmarkt – Wege aus der Krise oder rechtlicher Sprengstoff – Inhalt und Bedeutung von § 2 SGB III, NZA 1997, 810

– Die betriebsbedingte Kündigung in der Rechtsprechung des Bundesarbeitsgerichts, NZA 1987, 217

– Personalabbau im Betrieb und neuste Rechtsprechung zum Kündigungsschutzrecht, insbesondere zur betriebsbedingten Kündigung, BB 1993, 1089

– Vorläufiger Rechtsschutz bei der Kündigung von Arbeitsverhältnissen, NJW 1981, 1807

Schiefer, Betriebsbedingte Kündigungen nach neuem Recht, Düsseldorfer Schriftenreihe 1999

– Das Arbeitsrechtliche Beschäftigungsförderungsgesetz in der Praxis – Instanzgerichtliche Entscheidungen zu § 1 Abs. 5 KSchG und § 113 Abs. 3 BetrVG, NZA 1997, 915
– Die Rechtsprechung zu den Neuregelungen durch das Arbeitsrechtliche Beschäftigungsförderungsgesetz, DB 1998, 925
– Gesetz zu Korrekturen in der Sozialversicherung und zur Sicherung der Arbeitnehmerrechte – Arbeitsrecht 1999 – oder: Zurück in die Vergangenheit, DB 1999, 48
– Problematische Entwicklung der höchstrichterlichen Rechtsprechung zur betriebsbedingten Kündigung, NZA 1995, 662
– Zur Auslegung von § 1 Abs. 5 KSchG, DB 1997, 2176
Schiefer/Worzalla, Das Arbeitsrechtliche Beschäftigungsförderungsgesetz und seine Auswirkungen für die betriebliche Praxis, 1996
– FA-Spezial 1/1999 (Sonderdruck zur Arbeitsrechtsgesetzgebung zum 1. 1. 1999)
Scholz, Die Berufsfreiheit als Grundlage und Grenze arbeitsrechtlicher Regelungssysteme, ZfA 1981, 265
Schröder, Die Sozialauswahl bei betriebsbedingter Kündigung nach § 1 Abs. 3 KSchG, ZTR 1995, 394
Schwedes, Das Arbeitsrechtliche Beschäftigungsförderungsgesetz, BB 1996 Beilage 17, S. 2
Schwerdtner, Kündigungsschutzrechliche und betriebsverfassungsrechtliche Probleme der Änderungskündigung, Festschrift BAG, S. 555
– Die außerordentliche arbeitgeberseitige Kündigung bei ordentlich unkündbaren Arbeitnehmern, FS Kissel, S. 1077
– Offene Probleme des Kündigungsschutzes bei betriebsbedingter Kündigung, ZIP 1984, 312
Seidel, Sozialauswahl und ausgewogene Altersstruktur, ZTR 1996, 449
Sieger/Hasselbach, Veräußererkündigung mit Erwerberkonzept, DB 1999, 430
Spitzweg/Lücke, Die Darlegungs- und Beweislast gem. § 102 BetrVG im Kündigungsschutzprozeß, NZA 1995, 406
Stahlhacke, Außerordentliche betriebsbedingte Änderungskündigungen von Betriebsratsmitgliedern, FS Hanau, S. 281
– Grundfragen der betriebsbedingten Kündigung, DB 1994, 1361
Stindt, Sozial gerechtfertigte Kündigung älterer Arbeitnehmer?, DB 1993, 1361
Thannheiser, Unkündbarkeit schützt vor Kündigung nicht, AiB 1998, 601
Trittin, Kein verminderter Kündigungsschutz für ältere Arbeitnehmer, ArbuR 1995, 51
Trümner, „Kündigungsrechtliche Stellung" in § 323 Abs. 1 UmwG, AiB 1995, 309
v. Stein, Wiedereinstellungsanspruch des Arbeitnehmers bei Fehlprognose des Arbeitgebers, RdA 1991, 85
Vollmer, Verkürzung der regelmäßigen Arbeitszeit statt Einzelkündigung bei dauerhaften Produktionsrückgang?, DB 1982, 1933
v. Hoyningen-Huene, Betriebsbedingte Kündigungen in der Wirtschaftskrise, NZA 1994, 1009
– Die Sozialauswahl nach § 1 Abs. 3 KSchG bei sog. Doppelverdienern, NZA 1986, 449
– Grundlagen und Auswirkungen einer Versetzung, NZA 1993, 145
v. Hoyningen-Huene/Linck, Betriebsbedingte Kündigung und Weiterbeschäftigungspflicht, DB 1993, 1185
– Neuregelungen des Kündigungsschutzes und befristeter Arbeitsverhältnisse, DB 1997, 41
Wagner, Vorrang der Änderungskündigung vor der Beendigungskündigung, NZA 1986, 632
Waltermann, Kollektivvertrag und Grundrechte, RdA 1990, 138
Wank, Die neue „Selbständigkeit" – Neuerer Ansatz zur Abgrenzung von Arbeitnehmern und Selbständigen, DB 1992, 90
– Die Kündigung außerhalb des Kündigungsschutzgesetzes, FS Hanau, S. 295
– Rechtsfortbildung im Kündigungsschutzrecht, RdA 1987, 129

Weber, Die Verpflichtung zur Weiterbeschäftigung eines gekündigten Arbeitnehmers gem. § 102 Abs. 5 BetrVG, BB 1974, 698

– Rechtsprobleme bei Massenkündigungsschutz, RdA 1986, 341

Weslau, Rechtsprobleme des Wiedereinstellungsanspruchs, BuW 1998, 953

Wiedemann, Die Gestaltungsaufgabe der Tarifvertragsparteien, RdA 1997, 297

Willemsen, Arbeitsrecht im Umwandlungsgesetz – Zehn Fragen aus der Sicht der Praxis, NZA 1996, 791

Willemsen/Hohenstatt, Weiterbeschäftigung und Entbindungsmöglichkeiten nach § 102 Abs. 5 BetrVG insbesondere bei Massenentlassungen, DB 1995, 215

Wißmann, Probleme bei der Umsetzung der EG-Richtlinie über Massenentlassungen in deutsches Recht, RdA 1998, 221

Wlotzke, Arbeitsrechtliche Aspekte des neuen Umwandlungsrechts, DB 1995, 40

– Einschränkungen des Kündigungsschutzes durch Anhebung der Schwellenzahl und Veränderungen bei der Sozialauswahl, BB 1997, 414

Ziemann, Die Klage auf Wiedereinstellung oder Fortsetzung des Arbeitsverhältnisses, MDR 1999, 716

Zimmerling, Zur Beachtlichkeit des Leistungsprinzips bei der betriebsbedingten Kündigung durch den öffentlichen Arbeitgeber, ZTR 1995, 62

Zwanziger, Betriebsbedingte Kündigung im Lichte der Rechtsprechung, NJW 1995, 916

– Neue Tatsachen nach Zugang der Kündigung, BB 1997, 42

– Voraussetzungen und Rechtswirkungen des Interessenausgleichs mit Nennung der zu kündigenden Arbeitnehmer, ArbuR 1997, 427

– Zur Auslegung von § 1 Abs. 5 KSchG, DB 1997, 2174

Sachverzeichnis

Zahlen entsprechen Randnummern

Buchanzeige

Richardi
Arbeitsrecht in der Kirche
Staatliches Arbeitsrecht und kirchliches Dienstrecht

Von Prof. Dr. Reinhard R. Richardi, Universität Regensburg

3. Auflage. 2000
XXXVI, 358 Seiten. In Leinen
DM 88,–/öS 642,–/SFr 80,–
ISBN 3-406-46177-8

Der zweitgrößte Arbeitgeber

in der Bundesrepublik nach dem Staat sind die Kirchen. Sie regeln aufgrund des verfassungsrechtlich garantierten Selbstbestimmungsrechts in eigener Zuständigkeit die dienstvertraglichen Verhältnisse der ihnen zugeordneten Einrichtungen mit deren Mitarbeitern. Das staatliche Arbeitsrecht öffnet daher einen eigenen Weg zur Gestaltung kirchenbezogener Arbeitsverhältnisse.

Das Werk

stellt die Besonderheiten des kirchlichen Arbeitsrechts systematisch dar. Prägnant und anschaulich erläutert werden die Bereiche

- Arbeitsrechtliche Regelungsautonomie als Bestandteil des kirchlichen Selbstbestimmungsrechts
- Kirchenautonomie und Individualarbeitsrecht
- Koalitionsfreiheit und Koalitionsbetätigungsrecht in kirchlichen Einrichtungen
- Arbeitsrechts-Regelungsrecht der Kirchen
- Betriebsverfassungsrecht der Kirchen
- Rechtsschutz

Die Schwerpunkte der Neuauflage:

- Einbeziehung des Europäischen Gemeinschaftsrechts in die staatskirchenrechtlichen Grundlagen für die arbeitsrechtliche Ordnung der Kirche
- Berücksichtigung der als Kirchengesetz für die katholische Kirche erlassenen neuen „Grundordnung des kirchlichen Dienstes im Rahmen kirchlicher Arbeitsverhältnisse" für das Arbeitsvertrags- und das kollektive Arbeitsrecht
- Recht des „Dritten Weges", das im kirchlichen Dienst das Tarifvertragsrecht ersetzt, unter Berücksichtigung der neuesten Rechtsprechung des BAG
- Mitarbeitervertretungsrecht der evangelischen und katholischen Kirche
- Ausgliederung kirchlicher Einrichtungen in eine Kapitalgesellschaft
- Neueste Entwicklungen in Judikatur und Schrifttum

Die Benutzer

dieses Werkes sind alle, die sich mit dem kirchlichen Arbeitsrecht beschäftigen: Arbeitgeber, Personalverantwortliche und Arbeitnehmer in der Kirchenverwaltung sowie kirchliche Vereine und Einrichtungen, Anwälte, Gewerkschaften.

Verlag C. H. Beck · 80791 München